化学工业出版社"十四五"普通高等教育规划教材

基础化学实验

第二版

闵庆旺　侯传金　孙　越　主编

JICHU HUAXUE SHIYAN

 化学工业出版社

·北京·

内容简介

《基础化学实验》(第二版)将四大化学实验融合在一起,注重学生动手能力的训练和培养。书中先介绍了基础化学实验的一些基础知识,如实验报告书写、实验室规则、数据处理等,然后按无机及分析化学实验、有机化学实验、物理化学实验、综合化学实验安排了98个实验,可满足本科阶段的实验需求。实验项目选取时既考虑经典的操作能力训练,又兼顾与专业和应用的紧密结合。

《基础化学实验》(第二版)可用作化学类、环境类、轻化工程类、生物工程类、食品类、材料类、冶金类、海洋工程类等专业本科生的教材,也可作为实验技术人员的参考书。

图书在版编目(CIP)数据

基础化学实验 / 闵庆旺,侯传金,孙越主编.
2版. -- 北京:化学工业出版社,2025.8. -- (化学工业出版社"十四五"普通高等教育规划教材). -- ISBN
978-7-122-48480-2

Ⅰ. O6-3
中国国家版本馆 CIP 数据核字第 202514Y2M7 号

责任编辑:宋林青   文字编辑:刘 莎
责任校对:李雨晴   装帧设计:史利平

出版发行:化学工业出版社
        (北京市东城区青年湖南街 13 号   邮政编码 100011)
印   装:河北鑫兆源印刷有限公司
787mm×1092mm   1/16   印张 24   彩插 1   字数 598 千字
2025 年 9 月北京第 2 版第 1 次印刷

购书咨询:010-64518888   售后服务:010-64518899
网   址:http://www.cip.com.cn
凡购买本书,如有缺损质量问题,本社销售中心负责调换。

定   价:59.80 元

前　　言

化学是一门实用性很强的基础学科。化学实验教学是化学教学的一个极为重要的组成部分，在化学人才培养中起到十分重要的作用。

20 世纪 90 年代以来，我国教育教学思想发生了重大变革，全面推行素质教育，树立人才质量意识。高等教育要加快课程改革和教学改革，调整专业结构和设置，使学生能够尽早地参与科学研究和创新活动，因此，必须加强课程的综合性和实践性，重视实验课教学，培养学生的实际操作能力。

目前国内的本科化学实验教材很多，但由于各学校的教学重点、学科发展方向、实验设备及条件差异较大，所以很难找到普遍适用的实验教材；多数情况是不同学校根据教育部的教学基本要求，结合学校自身特点，编写适合学校使用的实验教材。由于各门实验课程均有自己的教材，有很多内容互相重复，而实验课程的学时有限，所以教材的实际使用率不是很高，给学生造成一定的负担，同时也造成较大的浪费。针对以上问题，我们经过调研，编写出版了《基础化学实验》，本教材包含无机化学实验、分析化学实验、有机化学实验、物理化学实验的实验基本要求、实验内容、常用化学数据、常用实验试剂的配制方法等内容，同时，根据我校多年的科研成果，适当增加了综合性、设计性、研究性实验内容，增加了对学生实际动手能力的训练。本书贯穿整个基础化学实验教学，对学生将来从事的工作亦有较大的参考价值。

本书将工科轻化工类的传统四大化学实验有机地融合在一起，配合理论课程的教学，注重学生动手能力的训练和培养，采用注重基础知识、注重基本操作技能训练的方式，循序渐进，加强能力的培养。本书所选用的实验内容涵盖了教学基本要求的所有内容，综合化学实验部分结合了我校和当前国内的一些研究热点，使学生能够接触到研究领域的最新知识，扩大学生的知识面，充分调动学生主动学习的热情，使他们能够更快地适应毕业后的工作岗位。本书编写时注意以科研促进教学，将科研成果尽快固化为最新的实验内容，以让学生在第一时间充分享受到科研对教学带来的创新思维，有利于学生科研精神的培养、创新能力的培育。其中的综合性、设计性、研究性实验，是我们总结近年教学、科研成果而编写的，经过教学实践的检验，效果非常明显，学生学习兴趣浓厚，综合能力大幅度提高。

本教材适用于化学工程、应用化学、环境工程、轻化工程、生物工程、食品工程、材料学等轻化工类工科相关专业。

本书由大连工业大学闫庆旺、侯传金和辽宁师范大学孙越担任主编，大连工业大学于智慧、李玲、许绚丽任副主编。参加编写工作的有闫庆旺（第 1 章、第 2 章 2.1、实验一～实验三十二、实验八十九～实验九十五、附录一～附录二十、附录二十八～附录三十二）、侯传金（实验四十一～实验四十四、实验五十一、实验五十六、实验五十七、实验六十～实验六十二）、孙越（第 4 章 4.1、实验六十九～实验八十八）、于智慧（实验三十三～实验三十五）、李玲（第 3 章 3.1，实验四十八、实验四十九、实验五十二～实验五十五、实验六十四、附录二十一～附录二十七）、许绚丽（实验三十六～实验三十八）、张蕾予（实验三十九～实验四十）、杨大伟（实验六十三、实验六十八，实验九十六～实验九十八）、付颖寰（实验五十九、实验六十五～实验六十七）、郭宏（实验四十五～实验四十七、实验五十、实验五十八）。

本书在编写过程中得到了大连工业大学各级领导的大力支持，特别是省级教学名师翟滨教授为本书的编写提出了宝贵的意见和建议，王岩和高世萍为本书出版打下了很好的基础，基础化学教学中心的广大教师也给予了很大的帮助，在此我们编写小组表示深深的谢意！

限于编者水平，书中难免有不当之处，敬请批评指正。

编者

2024 年 12 月

目　　录

第1章　基础化学实验基本知识

1.1　基础化学实验概述

化学是一门实践性很强的学科，在轻化工类专业学生的培养过程中，化学类课程占据十分重要的地位。基础化学实验课程的开设，不仅可以更好地帮助学生理解所学习的理论知识，更是提高学生动手能力、创新思维、严谨科学态度的有效途径。化学的发展历史充分证明：化学科学的任何重大发现，无一例外都是经过化学实验所取得的。化学学科发展到今天，化学实验仍然是化学学科发展的基石。学生们可以在实验过程中体会到化学家科学研究的过程，获得科学研究的乐趣和成功的喜悦。

1.1.1　基础化学实验的目的

基础化学实验是高等院校化学及相关专业学生必须开设的实验课程，是学好化学课程的前提和基础。通过实验学生能够养成严谨求实的科学态度，树立勇于开拓的创新意识，为学习后续相关课程、参加工作和开展科学研究打下坚实的基础。

在基础化学实验教学中，要达到以下目的：

① 培养实事求是的科学态度和一丝不苟的工作精神。

② 通过实验学生可以直接获得大量的化学感性认识，加深对课堂上所学基本知识和基本理论的理解和掌握；通过实验学生可以全面学习化学实验的完整过程，掌握基本的实验方法和操作技能，培养解决化学问题的能力；使学生掌握基本的化学实验技术，培养独立操作实验的能力、细致观察和记录现象的能力、正确记录和处理数据的能力，培养分析实验结果、科学研究和创新的能力。

③ 掌握物质化学变化的感性知识，熟悉化合物的重要化学性质和反应，掌握重要化合物的制备、分离、鉴定和重要化学参数的测定方法。

④ 熟悉实验室管理的一般知识、实验室的各项规则、实验工作的基本程序，熟悉实验室可能发生的一般事故及其处理方法，熟悉实验室基本的"三废"处理。

1.1.2　基础化学实验的学习方法

要做好基础化学实验，必须要有正确的学习态度和学习方法，可归纳成以下三个方面：

（1）课前充分预习

预习是做好化学实验的前提和保证，是实验训练能否有收获、实验能否成功的关键。预习包括阅读实验教材及有关参考资料，明确实验目的，熟悉实验原理和实验基本内容等，了解实验中有关仪器的使用方法及注意事项，完成预习报告。预习报告应简明扼要，包括实验题目、实验目的、实验基本原理、主要药品、仪器（装置图）、实验条件、步骤、实验记录等项目。

实验前未进行预习者不准进行实验，必须在完成预习后经指导教师同意择日进行实验。

（2）认真完成实验过程

在实验教师的指导下，学生根据实验教材所要求的方法和步骤独立进行实验。若学生提出新的实验方案，需经教师批准后方可进行实验。

实验过程中应做到以下几点：

① 实验过程中应勤于思考，仔细分析。实验中遇到疑难问题和异常现象时，可请教指导老师，若实验失败或结果误差较大时，应努力查找原因，经指导教师同意后，方可重做实验。

② 实验过程中应规范操作，仔细观察实验现象，并在实验报告中如实详细地记录现象和数据，原始数据应直接记录在实验报告上，不允许写在纸上或其他地方。绝不能弄虚作假，随意修改数据。实验报告不得涂抹，实验数据应交给指导教师审阅并签字。

③ 实验过程中要严格遵守实验室规则，保持实验室的整洁和安静，爱护仪器，注意安全，避免各类事故发生。

④ 实验结束后，应及时清洗所用仪器，整理实验台和试剂架，关闭水、电、气等开关。经指导老师检查后方可离开实验室。

（3）正确书写实验报告

实验结束后，应按要求书写实验报告。实验报告应包含以下内容：实验名称、实验日期、同组实验人（单人一组实验除外）、实验目的、实验原理、实验步骤（尽量用简图或流程图表示）、实验现象或数据记录、数据处理、实验结论、结果讨论等。要求做到字迹工整、叙述简明扼要，实验记录和数据处理应使用表格形式，作图准确清楚，报告整齐清洁。

实验报告完成后应及时交指导老师批阅（一般情况下应当在实验结束后，同时上交报告）。实验报告的基本格式请参阅 1.1.3。

1.1.3　化学实验报告的书写格式

实验报告是实验工作的总结和升华，也是将来科研工作中对基本实验结果凝练的初级训练，同学们应给予充分的重视。

1.1.3.1　实验报告封面格式

实验报告封面格式基本如下：

课程名称＿＿＿＿＿＿＿＿＿＿＿＿＿＿＿＿＿＿＿＿＿＿＿＿＿＿＿＿＿＿＿＿

实验题目＿＿＿＿＿＿＿＿＿＿＿＿＿＿＿＿＿＿＿＿＿＿＿＿＿＿＿＿＿＿＿＿

姓　　名＿＿＿＿＿＿＿＿＿＿＿班级学号＿＿＿＿＿＿＿＿＿＿＿＿＿＿＿＿

同组学号＿＿＿＿＿＿＿＿＿＿＿＿＿＿＿＿＿＿＿＿＿＿＿＿＿＿＿＿＿＿＿

实验时间＿＿＿月＿＿＿日＿＿＿时＿＿＿分至＿＿＿月＿＿＿日＿＿＿时＿＿＿分

如实填写以上各项内容，其中"同组学号"只在分组实验时填写，独立实验不填写。各类实验的报告书写见以下具体示例。

1.1.3.2　无机及分析化学实验报告的书写格式

无机及分析化学实验的实验报告分三种基本形式：制备实验、定量分析实验、元素性质系列实验。

（1）制备实验报告（以粗硫酸铜的提纯为例）

实验目的：

（见实验教材）

实验原理：

（简单明了，不要原书抄写）

实验仪器与试剂：

（写出主要的仪器与试剂）

实验步骤：

（简略叙述实验步骤或用流程图表示）

如：

$$\boxed{\text{粗硫酸铜 7.5g}} \xrightarrow{\text{100mL 烧杯}+\text{30mL 去离子水}} \boxed{\text{搅拌、加热溶解}} \longrightarrow \boxed{\text{滴加 2mL 3\% } H_2O_2} \xrightarrow{\triangle}$$

$$\boxed{\text{滴加 0.5mol·L}^{-1}\text{NaOH 至 pH}\approx 4} \xrightarrow{\text{静置}} \boxed{\text{常压过滤}} \longrightarrow \boxed{\text{滤液转至蒸发皿中，用 1mol·L}^{-1}H_2SO_4\text{ 调 pH}=1\sim 2} \longrightarrow$$

$$\boxed{\text{小火蒸发浓缩至表面局部出现结晶膜}} \longrightarrow \boxed{\text{停止加热，冷却至室温，析出结晶}} \longrightarrow \boxed{\text{减压过滤，吸干水分，计算产率}}$$

实验现象及结论：

产品外观、色泽＿＿＿＿＿＿＿＿＿。产率＿＿＿＿＿＿＿＿＿＿。

思考题：

（简略回答）

（2）定量分析实验报告

① 滴定分析实验，以氢氧化钠标准溶液的标定为例。

实验目的：

（见实验教材）

实验原理：

（简单明了）

如：

本实验以邻苯二甲酸氢钾（$KHC_8H_4O_4$，摩尔质量 204.2g·mol^{-1}）作为基准物质来标定 NaOH 溶液的准确浓度。滴定反应式如下：

$$NaOH + \text{（邻苯二甲酸氢钾结构式）} \Longrightarrow \text{（邻苯二甲酸钾钠结构式）} + H_2O$$

化学计量点时溶液显弱碱性，pH≈9.2，可用酚酞作指示剂。

NaOH 溶液浓度的计算公式为

$$c_{NaOH} = \frac{m_{\text{邻苯二甲酸氢钾}}}{M_{\text{邻苯二甲酸氢钾}} V_{NaOH}}$$

实验仪器与试剂：

（略）

实验步骤：

（略）

数据记录与处理

（根据实验目的及实验步骤设计图表，示例见表 1-1）

表 1-1　实验数据记录表示例

（指示剂：　　）

实验次数		1	2	3
$m_{\text{邻苯二甲酸氢钾}}$/g				
V_{NaOH}/mL	终读数			
	始读数			
	ΔV			

续表

实验次数	1	2	3
$c_{NaOH}/(mol \cdot L^{-1})$			
$\bar{c}_{NaOH}/(mol \cdot L^{-1})$			
个别测定的绝对偏差			
测定结果的相对平均偏差(用百分数表示)			

思考题：

（略）

② 仪器分析实验，以分光光度法测定工业盐酸中的微量铁为例。

实验目的：

（见实验教材）

实验原理：

（简单明了）

如：

在 pH＝2～9 的溶液中，邻二氮菲与 Fe^{2+} 生成稳定的橙红色配离子 $[Fe(phen)_3]^{2+}$。测定铁的总量时，应预先用还原剂如盐酸羟胺将 Fe^{3+} 还原成 Fe^{2+} 后再进行显色测定。

先配制一系列不同浓度的被测物质的标准溶液，在选定的条件下显色，在最大吸收波长下测定相应的吸光度，以浓度 c 为横坐标、吸光度 A 为纵坐标绘制标准曲线。根据朗伯-比耳定律：$A＝\varepsilon bc$，标准曲线应为一条斜率为 εb 的过原点的直线。另取试液经适当处理后，在与上述相同的条件下显色、测定，由测得的吸光度从标准曲线上求出被测物质的含量。

实验仪器与试剂：

（略）

实验步骤：

1. 空白、系列 Fe^{2+} 标准溶液及铁试液的配制

取 7 只 50mL 的容量瓶并编号。按表 1-2 中的用量先后加入 Fe^{2+} 标准溶液（或未知铁试液）、盐酸羟胺溶液、HAc-NaAc 缓冲溶液、邻二氮菲溶液，最后用去离子水稀释至刻度线，摇匀，放置 10min 后待测定。

表 1-2　Fe^{2+} 标准系列及试液

编号　　　项目	1	2	3	4	5	6	7（未知试液）
Fe^{2+} 标准溶液/mL	0.00	1.00	2.00	3.00	4.00	5.00	3.50
盐酸羟胺/mL	2.0	2.0	2.0	2.0	2.0	2.0	2.0
HAc-NaAc/mL	5.0	5.0	5.0	5.0	5.0	5.0	5.0
邻二氮菲/mL	3.0	3.0	3.0	3.0	3.0	3.0	3.0

2. 吸收曲线的绘制

以 1 号溶液为参比液，用分光光度计在 470～540nm 间（每隔 10nm）分别测定并记录 4号（或 5 号）溶液的吸光度（表 1-3）。以波长 λ 为横坐标，吸光度 A 为纵坐标，绘制

$[\mathrm{Fe(phen)_3}]^{2+}$ 吸收曲线，求出最大吸收波长 λ_{max}。

表 1-3　吸收曲线测定结果

标准溶液：_____号

λ/nm	470	480	490	500	510	520	530	540
A								

3. 标准曲线的绘制及铁试液含量的测定

在最大吸收波长下，以 1 号空白溶液为参比液，分别测定 2～7 号溶液的吸光度，并记录在表 1-4 中。

表 1-4　标准曲线和未知试液测定结果

最大吸收波长：_____ nm

V/mL	1.00	2.00	3.00	4.00	5.00	未知铁试液
$\mathrm{Fe^{2+}}/[\mu g\cdot(50\mathrm{mL})^{-1}]$						
A						

以含铁量 $[\mu g\cdot(50\mathrm{mL})^{-1}]$ 为横坐标，相应的吸光度为纵坐标，绘制 $[\mathrm{Fe(phen)_3}]^{2+}$ 标准曲线。在标准曲线上查出未知铁试液的铁含量，并计算原铁试液中的铁含量（以 $\mathrm{mg\cdot L^{-1}}$ 表示）。

思考题：

（略）

（3）元素性质系列实验报告（如铁、钴、镍微型系列实验）

实验目的：

（见实验教材）

实验原理：

（简单明了，可以将主要反应的方程式写上）

实验仪器与试剂：

（写出主要的仪器与试剂）

实验步骤：

（以钴的系列实验为例）

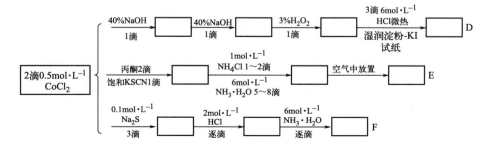

在空格内填写实验现象和物质的化学式。

思考题：

（略）

1.1.3.3　有机化学实验报告的书写格式

有机化学实验报告应包括以下各项内容。

（1）实验目的

明确实验目的对于有效完成实验是很重要的。通过预习归纳总结实验目的，包括通过本实验应该掌握的理论知识、操作手段和仪器使用。

例如：①了解本实验的基本原理；②掌握哪些基本操作；③掌握哪些仪器的使用。

（2）实验原理及主、副反应方程式

实验原理是实验方案的依据，了解反应原理会使我们明白如何使反应按预期方向进行，或者反应异常时如何寻找原因、调整实验条件。

本项内容应包括以下两部分：①文字叙述——要求简单明了、准确无误、切中要害；②主、副反应的反应方程式。

（3）所需仪器及药品

实验过程中所使用的仪器和规格，实验所需的药品、试剂、浓度以及用量。

（4）主要原料及主副产物的物理常数

物理常数包括化合物的性状、分子量、熔点、沸点、相对密度、折射率、溶解度等。查物理常数的目的不仅是学会物理常数手册的查阅方法，更重要的是在某种程度上指导实验操作。

（5）仪器装置图

仪器装置图应包含反应过程及后处理过程的重要装置。画仪器装置图的目的是进一步了解本实验所需仪器的名称、各部件之间的连接次序，即在纸面上进行一次仪器安装。画仪器装置图的基本要求是：横平竖直、比例适当。

（6）实验操作示意流程

实验操作示意流程是实验操作的指南。通常用框图形式（图 1-1）来表示，其基本要求是：简单明了、操作次序准确、突出操作要点。

（7）思考题

简略回答。

（8）实验步骤及现象记录

实验记录是科学研究的第一手资料，是整理实验报告和研究论文的根本依据。这就要求实验者在实验时既要做到认真操作、仔细观察、勤于思考，又要养成边做实验边做记录的良好习惯。

实验记录的内容应包括从仪器安装开始到实验结束全部过程中的每个步骤的操作时间、操作内容（实验操作过程，装置安装、物料加入和处理过程等）、所观察到的现象（如反应温度的变化、体系颜色的改变、液体的分层、固体的溶解、结晶或沉淀的产生或消失、是否放热或有气体放出等）和测得的各种数据等，应及时、准确、实事求是地记录下来。实验记录的基本要求是简单明了、字迹清楚、不得涂改。

（9）结果与讨论

结果：反应产物的名称、性状、理论产量、实际产量、计算产率。

有机化学反应中，理论产量是指根据反应方程式，原料全部转化成产物，同时在分离和纯化过程中没有损失的产物质量。实际产量是指实验中实际分离获得的纯产物的质量。产率是实际产量和理论产量的比值，即

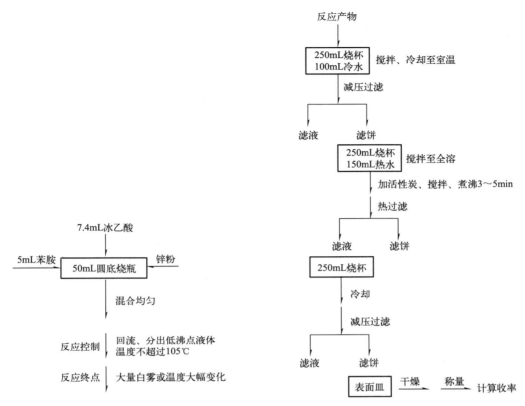

图 1-1　乙酰苯胺制备的实验操作示意流程

$$产率 = \frac{实际产量}{理论产量} \times 100\%$$

若参加反应的物质有两种或两种以上，必须写出反应方程式。为了提高产率，往往增加反应物质之一的用量，在这种情况下应以用量少的物质即全部参加反应的物质为基准来计算理论产量。

例如：用 12.2g 苯甲酸、35mL 乙醇和 4mL 浓硫酸一起回流，得到 12g 苯甲酸乙酯，试计算其产率。

$$C_6H_5COOH \quad + \quad C_2H_5OH \xrightarrow[\triangle]{H_2SO_4} C_6H_5COOC_2H_5 \quad + \quad H_2O$$

M　　　　　122　　　　　　　　46　　　　　　　　　　150　　　　　　　18

加料量　12.2g（0.1mol）　　　35×0.7893　＝　27.6g（0.6mol）

按加料量可知乙醇是过量的，故应以苯甲酸为基准计算：

$$产率 = \frac{实际产量}{理论产量} = \frac{12}{0.1 \times 150} \times 100\% = 80\%$$

讨论内容：针对产品的产量、性状进行讨论，找出实验成功或失败的原因，总结经验和教训；对实验中遇到的问题提出自己的见解，对实验内容、实验方法和教学方法等提出意见或建议；对本次实验进行拓展性讨论。

1.1.3.4　物理化学实验报告的书写格式

一份完整的物理化学实验报告包括两部分：实验预习报告；实验数据处理报告。

（1）预习报告的内容

实验目的：

（本实验要测定的物理化学数据是什么？通过预习总结应掌握的实验技能

实验原理：

（包括实验测定物理化学数据的原理，要求简明扼要）

仪器与药品：

（实验过程中使用的仪器名称、型号，实验所需要的药品、试剂，以及试剂的浓度）

实验装置图：

（用铅笔绘制出实验中所使用的关键仪器，如液体黏度测定中的黏度计，液体饱和蒸气压测定中的等压计等）

实验步骤：

（简述实验过程中的具体步骤）

实验数据记录表：

（为了方便实验过程中记录数据，建议学生将实验书中的实验数据表绘制在实验报告上，这样便于实验结束后指导教师审核、签字）

（2）实验数据处理报告的内容

实验数据处理：

（包括处理后的数据表，作图，计算结果等）

实验误差分析：

$$计算相对误差 = \left| \frac{x_{理} - x}{x_{理}} \right| \times 100\%$$

式中，x 为实验值；$x_{理}$ 为理论值。

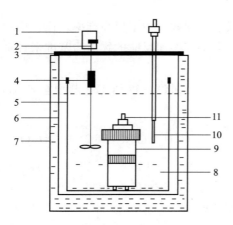

图 1-2　HR-15 型氧弹量热计结构示意图

1—电动机；2—搅拌器轴；3—外套盖；

4—绝热轴；5—量热内桶；6—外套内壁；

7—量热计外套；8—蒸馏水；9—氧弹；

10—数字式温度计；11—氧弹放气阀

思考题：

（略）

（3）实验报告实例

燃烧热的测定

实验目的：

（略）

实验原理：

（略）

仪器与试剂：

（略）

装置图：

实验装置图见图 1-2。

实验步骤：

（略）

实验数据表：

（见表 1-5）

表 1-5　测定燃烧热数据表

量热计系数 <u>14807J·K^{-1}</u>　　　　样品质量 <u>0.747g</u>　　　　实验当日室温 <u>16.9℃</u>

读数序号 （每半分钟）	温度读数 /℃	读数序号 （每半分钟）	温度读数 /℃	读数序号 （每半分钟）	温度读数 /℃
1		11		21	
2		12		22	
3		13		23	
4		14		24	
5		15		25	
6		16		26	
7		17		⋮	
8		18		32	
9		19		⋮	
10		20		41	

实验数据处理：

（略）

$$相对误差 = \left| \frac{x_{理} - x}{x_{理}} \right| \times 100\%$$

误差分析：

（略）

思考题：

（略）

1.1.4　误差、有效数字及实验数据的处理

在化学实验及生产过程中，常常需要进行许多计量或测定。在这些过程中，需要正确记录及处理所得到的各种数据，并对结果进行正确的表示，这样才能从中找出规律，说明分析实验的结果，从而较为客观地反映情况以指导生产。因此，在进行化学实验前，有必要学习实验数据的采集和处理过程中误差与有效数字的概念，以及实验数据的处理和表示结果的基本方法。

1.1.4.1　计量或测定中的误差

在计量或测定过程中，误差总是客观存在的。根据误差产生的原因及性质，误差可以分为系统误差和随机误差。

（1）系统误差

系统误差又称为可测误差，是由测定过程中某些经常性的可确定原因造成的，具有单向性、重复性和可测性，主要由以下原因造成：

① 计量或测定方法不够完善；

② 仪器有缺陷或者没有调整到最佳状态；

③ 实验所用的试剂或纯水不符合要求；

④ 操作者自身的主观因素。

系统误差具有明显的规律。例如，若用已经吸潮的某种基准物质去标定某种溶液的准确

浓度，即使测定几十次甚至更多次，标定的结果总是偏高，原因在于每次所称取的基准物质中实际能被滴定的有效组分的量偏小，相应滴定所消耗的体积也偏少，计算所得浓度值偏高，而且每次偏高的数值基本相同；但是，如果不更换基准物质，是不会发现结果偏高的，只有更换没有吸潮的基准物质，或者将吸潮的基准物质按照要求烘干至恒重后，再称取这种基准物质进行标定，才会发现前面的结果偏高，有系统误差存在。再如定量分析中常用的容量瓶与移液管，若 250mL 容量瓶的体积是准确的，而所用的 25mL 移液管刻度不准，所吸取的溶液体积偏小，那么用这套容量瓶和移液管进行某种物质含量的测定时，多次测定的结果就会系统偏低，同样只有更换了移液管之后才会发现这一问题。

系统误差通常是影响测定结果准确度的重要因素之一，若能找出产生系统误差的原因，是可以设法减免或消除的。例如，在物质组成的测定中，可以选用公认的标准方法或经典方法与之进行比较测定，再用数理统计的方法检验两种测定结果的差异，确认是否存在系统误差。若存在系统误差，可以找出校正数据消除。也可以采用对照试验，即选用已知含量的标准试样（或配制的试样），按照同样的方法、步骤进行测定，然后根据误差的大小判断是否存在系统误差。

误差是指测定的平均值 $\bar{x}$ 与真值 x_T 之差，可以用绝对误差（E）或相对误差（E_r）表示：

$$E = \bar{x} - x_T \tag{1-1}$$

$$E_r = \frac{E}{x_T} \tag{1-2}$$

若测定结果大于真值，所得误差为正值，说明测定结果偏高，反之则偏低。

若计量或测定精度要求较高，应事先对使用的仪器进行校正。由于试剂、纯水或所用的器皿引入被测组分或杂质产生的系统误差，可以通过做空白实验来校正，即用纯水代替被测试样，按照同样的测定方法和步骤进行测定，所得到的结果称为空白值，然后将试样的测定结果扣除空白值即可。当然空白值不能太大，若太大，应进一步找出原因，必要时应提纯试剂，或对纯水进一步处理，或更换器皿。操作人员在进行平行测定时"先入为主"等主观因素所造成的系统误差应努力克服。

（2）随机误差

随机误差又称偶然误差、不定误差。造成随机误差的原因有计量或测定过程中温度、湿度、气压、灰尘等外界因素微小的随机波动、计量读数时的不确定性以及操作上微小的差异等。

随机误差与系统误差不同，它的大小及正负在同一实验中都不是恒定的，很难找出产生的确切原因，也不能完全避免。但是，随机误差的出现还是具有一定的统计规律，而且随着测定次数的增加，随机误差的平均值将会趋于零。因此，在消除系统误差的前提下，可以通过适当增加测定次数取其平均值的办法来减小随机误差。

随机误差通常决定了测定结果的精密度。精密度是指在相同条件下，重复测定时各测定值相互接近的程度。通常用偏差来衡量分析结果的精密度。个别测定的绝对偏差 d_i 是指单次测定值 x_i 与测定的平均值 $\bar{x}$ 之差。在一般化学分析中，对同一试样通常要求平行测定 $3 \sim 4$ 次。

偏差有多种表示方法，如果测定次数较少，例如在一般的化学实验中，一般可以用平均偏差 $\bar{d}$ 或相对平均偏差表示：

$$\bar{d} = \frac{\sum\limits_{i=1}^{n} |x_i - \bar{x}|}{n} = \frac{\sum\limits_{i=1}^{n} |d_i|}{n} \qquad (1\text{-}3)$$

$$相对平均偏差 = \frac{\bar{d}}{\bar{x}} \qquad (1\text{-}4)$$

式中，x_i 为单次测定值；$\bar{x}$ 为测定的平均值；n 为测定次数。

若测定次数较多，或要进行其他的统计处理，可以用标准差（S）或相对标准差（变异系数，S_r）表示：

$$S = \sqrt{\frac{\sum\limits_{i=1}^{n}(x_i - \bar{x})^2}{n-1}} \qquad (1\text{-}5)$$

$$S_r = \frac{S}{\bar{x}} \qquad (1\text{-}6)$$

初学者操作不熟练或不够规范，操作者粗心大意或不按照操作规程而造成的测定过程中溶液溅失、加错试剂、看错刻度、记录错误以及仪器测量参数设置错误等所引起的差错都属于过失。

过失没有任何规律可循，也是造成准确度不高的重要因素之一。例如，在测定某试样中组分含量时，称取一定量的样品溶解后转移到容量瓶中定容，若在溶液转移过程中，由于操作不熟练或不规范，使得试液从烧杯嘴流到烧杯外壁损失了而又没有注意到，即使其余操作很准确、规范，最终得到的测定结果也将偏低。

对于过失，通过加强责任心，严格按操作规程认真操作可以避免。初学者应规范操作训练，多做多练，才能做到熟能生巧，避免过失。

（3）误差的传递、抵消以及允许误差

无论是系统误差还是随机误差，均会发生传递。许多测定结果往往是经过许多计量过程或操作过程最终得到的。例如，采用直接法配制一定体积、一定浓度的 $K_2Cr_2O_7$ 标准溶液，先准确称量基准物 $K_2Cr_2O_7$ 的质量，再经溶解、定量转移到一定体积的容量瓶中，用去离子水稀释至刻度线，摇匀即可。这种标准溶液的准确浓度是通过质量的称量以及体积的计量得到的。这些计量或操作过程中所产生的误差都有可能传递到最后的结果之中。对于系统误差来说，若测定结果是由几个测量值相乘除所得，那么测定结果的相对误差就是各个测量值相对误差之和。

误差在传递过程中也可能会部分抵消。例如，在滴定分析中，若标准溶液浓度的标定（测定标准溶液准确浓度的操作称标定）与样品的测定都要使用容量瓶和移液管，采用同一套容量瓶、移液管进行标定和测定就可以使容量瓶与移液管不配套所产生的系统误差部分抵消掉。又如，用 HCl 标准溶液测定工业纯碱含量，若标定时所用的基准物质在溶解、转移的过程中有所损失，则标定的结果就会偏高；若样品在溶解、转移的过程中也损失了一点，使得滴定所消耗的 HCl 标准溶液偏少，滴定体积偏小与标定浓度偏高相抵消，总的结果偏差就可能较小。但切记不能依赖这种过失抵消误差，还是应该严格认真操作。因为无论是计量还是测定，所得到的实验数据往往都要用来说明问题。如果得到不正确或不可靠的结果，会给许多工作带来影响，甚至可能引起严重的后果。

各种计量或测定都有各自的允许误差范围。例如，在物质组成的测定中，化学分析方法用于测定高纯物质含量时，允许相对误差一般≤0.1%，甚至更低，而用仪器分析方法测定微量组分含量时，往往允许误差较大。要根据具体要求确定适当的允许误差范围，例如，工厂的中间控制分析中，对分析速度的要求较高，允许误差较小，而对准确度的要求相对较低些，允许误差一般也较大。在允许误差较小的测定中，也不是每一步操作都必须极其小心谨慎。例如，在用间接法配制标准溶液时，所用的计量工具就不必非常精确，可以用台式天平或量筒称取溶质的质量或量取纯水、试剂体积，因为间接法配制的标准溶液的准确浓度最终要用基准物或已知准确浓度的其他标准溶液来确定（标定）。

应明确准确度与精密度的关系。对初学者来说，教学实验中所用实验方法一般都较为经典可靠，所用仪器一般也视为是准确的，对系统误差一般可以不用过多考虑，应特别注重随机误差与过失。精密度是保证准确度的前提，但精密度高，不等于准确度就高。因而要学会根据方法或计量、测定的允许误差以及具体要求选择适当测量精度的计量工具；学会判断在一个实验中，什么操作该准确、认真，什么操作可以相对粗略些；要注意培养实事求是的科学态度和耐心细致的工作作风，不能为了好的精密度而人为编凑数据或涂改数据。

总之，为了获得准确的分析结果，首先要根据具体要求选择合适的方法，其次要采用对照试验、空白试验、校正分析方法、校正分析仪器等来检验和消除系统误差。在消除系统误差的前提下，对一试样增加平行测定次数，取其平均值，减小偶然误差。此时平均值较个别测定值可靠，更接近真值。在一般化学分析中，通常要求平行测定3~4次。以减小测量误差，保证分析结果的准确度。

在滴定分析中，需要称量和滴定，应该设法减小这两个步骤中的测量误差。

在一般分析天平上用差减法称量时，可能引起的最大绝对误差为±0.0002g，为了使称量的相对误差小于0.1%，称取的试样质量必须大于0.2g，即

$$试样质量 \geqslant \frac{|绝对误差|}{相对误差} = \frac{0.0002g}{0.1\%} = 0.2g$$

在滴定分析中，滴定管的读数有±0.01mL的绝对误差。完成一次滴定分析操作，需读数两次，造成的最大绝对误差为±0.02mL，为了使体积测量的相对误差小于0.1%，则消耗滴定剂的体积应控制在20mL以上，即

$$滴定剂体积 \geqslant \frac{|绝对误差|}{相对误差} = \frac{0.02mL}{0.1\%} = 20mL$$

实际工作中消耗滴定剂的体积一般控制在20~30mL。

1.1.4.2　有效数字及其有关规则

有效数字即实际能测量得到的数字。也就是说，在一个数据中，除最后一位是不确定的或可疑的以外，其余各位都是确定的。

数字的位数反映测量的准确程度。为了得到准确的分析结果，不仅要准确地进行测量，还要正确地记录和计算。要根据分析方法和测量仪器的准确度来决定数字保留的位数。

例如：量筒可以准确到0.1mL；台式天平可以准确称量到0.1g；pHs-3C型酸度计可以准确到0.01，721型分光光度计可以准确到0.001等。用一支50mL滴定管进行滴定操作，滴定管最小刻度为0.1mL，某次滴定所得滴定体积为20.18mL。这个数据中，前三位数都是准确可靠的，只有最后一位数是估读出来的，属于可疑数字，因而这个数据为四位有效数字，不仅表示具体的滴定体积，还表示计量的精度为±0.01mL。若滴定体积正好是22.70mL，这时应注意，最后一位"0"不能省略，否则22.7mL表示计量的精度只有

±0.1mL，显然这样记录数据无形中就降低了测量精度。

又如，在万分之一的分析天平上称量样品，称量的绝对误差为±0.0001g。假如称取试样质量为0.5162g，则应记录0.5162g，四位有效数字，最后一位数字是可疑的，表示真实质量在0.5161g~0.5163g之间。如若记录为0.516g，三位有效数字，最后一位数字是可疑的，绝对误差为±0.001g，这样的记录与测量时所用分析天平的精度是不符合的。

当采集实验数据时，也不能任意增加位数。例如，滴定管在滴定前调整溶液的液面处于0.01mL，在记录时，若写成0.010mL也是错误的，因为计量所用的滴定管没有达到这样高的精度。

除此之外，还应注意"0"的作用，有时它不是有效数字。例如，称取某物质的质量为0.0536g，这个数据中小数点后的一个"0"只起定位作用，与所取的单位有关，若以mg为单位，则为53.6mg。又如：

$$试样的质量　1.5180g，五位有效数字(分析天平称量)$$

└─ "0"作为普通数字使用，为有效数字

$$0.5182g，四位有效数字(分析天平称量)$$

└─ "0"起定位用，不是有效数字

$$溶液的体积　25.04mL，四位有效数字(滴定管量取)$$

└─ "0"作为普通数字使用，是有效数字

用量筒量取的溶液体积　20.6mL，三位有效数字

标准溶液的浓度　$0.1000\ mol\cdot L^{-1}$，四位有效数字

$0.0987\ mol\cdot L^{-1}$，相当于四位有效数字（第一位有效数字大于或等于8时，有效数字的位数可以多算一位）

对实验数据进行计算时，每个测量数据的误差都会传递到分析结果中去，保留的计算结果中只能有一位不确定的数字。无原则地保留或舍弃过多的位数，会使计算复杂化和使准确度受到影响。运算中应按有效数字修约的规则进行修约，即舍去多余数字后再计算结果。

现在采用"四舍六入五成双"的修约规则，即尾数≤4时舍弃；尾数≥6时进入；尾数＝5时，根据5后面的数字来定：若5后面无数字或都为"0"，5的前一位是奇数则进一，是偶数则舍去；若5后面有非零数字，则进一。例如，将下列数据修约成两位有效数字：

$$4.3468 \rightarrow 4.3 \qquad 0.3050 \rightarrow 0.30$$
$$7.36 \rightarrow 7.4 \qquad 0.0952 \rightarrow 0.10$$
$$2.550 \rightarrow 2.6 \qquad 2.451 \rightarrow 2.5$$

加减法的运算中，各数据及计算结果所保留的有效数字位数取决于各数据中小数点后位数最少即绝对误差最大的那个数据。

例　$20.32 + 8.4054 - 0.0550 = ?$

20.32 小数点后第二位为可疑数字，绝对误差为±0.01，最大；

8.4054 小数点后第四位为可疑数字，绝对误差为±0.0001；

0.0550 小数点后第四位为可疑数字，绝对误差为±0.0001。

因此，为使计算结果只保留一位可疑数字，各数据及计算结果都取到小数点后第二位，可先修约后再运算：

$20.32 + 8.41 - 0.06 = 28.67$

乘除法的运算中，各数据及计算结果的保留位数取决于有效数字位数最少即相对误差最大的那一个数据。

例　$0.0325 \times 5.103 \times 60.06 \div 239.32 = ?$

0.0325，三位有效数字，绝对误差为 ± 0.0001，相对误差 $= \dfrac{\pm 0.0001}{0.0325} = \pm 0.003$；

5.103，四位有效数字，相对误差为 $= \dfrac{\pm 0.001}{5.103} = \pm 0.0002$；

60.06，四位有效数字，相对误差 $= \dfrac{\pm 0.01}{60.06} = \pm 0.0002$；

239.32，五位有效数字，相对误差 $= \dfrac{\pm 0.01}{239.32} = \pm 0.00004$。

可见 0.0325 有效数字位数最少，相对误差最大，故各数据及最后计算结果都应取三位有效数字。

在计算过程中，可以暂时多保留一位有效数字，到最后结果再按规定修约，保留一定的位数。

凡涉及化学平衡的有关计算，一般保留两位有效数字。但应注意，像 pH、pM、$\lg K^{\ominus}$ 等对数值，它们的有效数字位数仅取决于小数部分的位数，整数部分只说明该数的方次。例如 pH = 8.66，只有两位有效数字。对于误差或偏差的表示，一般取一位有效数字就够了，最多只取两位。

1.1.4.3　实验数据的记录

学生应有编有页码的实验记录本（或实验报告纸），文字记录应整齐清洁，数据记录尽量采用表格形式。对于实验过程中的各种测量数据及有关现象，应及时、准确、清楚地如实记录在实验报告上，切忌带有主观因素，更不能随意拼凑和伪造数据。对有些实验，还应记录温度、大气压力、湿度、仪器及其校正情况和所用试剂等。对于实验过程中出现的异常现象，更应如实记录。

在数据采集过程中，不要使用铅笔和橡皮擦或涂改液。如果看错刻度或记错读数，允许改正数据，但不能涂改数据。例如，用酸度计测量某溶液酸度时，记录数据是 pH = 4.38，后来发现记错了，应该是 pH = 4.32，这时不能把原来记录的数据抹去后直接涂改，而是应在原数据上画一杠，在上方写上正确的数据，即：

$$\text{pH} = \overset{4.32}{\cancel{4.38}}$$

1.1.4.4　实验数据作图处理法

化学实验数据常用作图法来处理。作图可直接显示出数据的特点、数据变化的规律，还可以求得斜率、截距等，因此作图正确与否直接会影响实验的结果。

（1）图解法在基础化学实验中的作用

① 表达变量间的定量依赖关系。以主变量为横轴，应变量为纵轴，得一曲线，表示二变量间的定量依赖关系。在曲线所示的范围内，任意主变量值对应的应变量值，均可方便地从曲线上读出。

② 求外推值。有时测定的直接对象不能或不易由实验直接测定，在适当的条件下，可用作图外推的方法获得。所谓外推法，就是将测量数据间的函数关系外推至测量范围以外，

求测量范围外的函数值。显然，只有有充分理由确信外推所得结果可靠时，外推法才有实际价值。外推法常常只在下列情况下应用。

a. 在外推范围及其邻近范围内，测量数据间的函数关系是线性关系或可认为是线性关系。

b. 外推范围离实际测量范围不能太远。

c. 外推所得结果与已有正确经验不能有抵触。

求外推值的具体实例有：强电解质无限稀释溶液的摩尔电导率不能由实验直接测定，因为无限稀的溶液本身就是一个极限的溶液，但可直接测定不同浓度的摩尔电导率，直至可测得准确摩尔电导率的最低浓度为止，然后作图外推至浓度为零，即得无限稀释溶液的摩尔电导率。

③ 求函数的导数（图解微分法）。作图法不仅能表示出测量数据间的定量函数关系，而且可从图上求出各点函数的导数，而不必先求出函数关系的解析表示式，称图解微分法。具体做法是在所得曲线上选定若干点，作出切线，计算出切线的斜率，即得该点函数的导数。求函数的导数在物化实验数据处理中经常遇到，例如，测定不同浓度溶液的表面张力后，计算溶液的表面吸附量时须求表面张力与溶液浓度间函数的导数。

④ 求函数的极值或转折点。函数的极大、极小或转折点，在图形上表现直观且准确，因此，物化实验数据处理中求函数的极值或转折点时，常用作图法。例如，二元恒沸混合物的最低或最高恒沸点及其组成的测定、二元金属混合物相变点的确定等。

⑤ 求导数函数的积分值（图解积分法）。设图形中的应变量是主变量的导数函数，则在不知道该导数函数解析表示式的情况下，亦能利用图形求出定积分值，称图解积分法，求曲线下所包含的面积时常用此法。

⑥ 求测量数据间函数关系的解析表示式。如果找出测量数据间函数关系的解析表示式，则无论对客观事物的认识深度或是对应用的方便而言，都将远远跨前一步。通常找寻这种解析表示式的途径也是从作图入手，即作出测量结果的函数关系的图形表述，变换变数，使图形线性化，即得新函数 y 和新主变量 x 间的线性关系：

$$y = mx + b$$

算出此直线的斜率 m 和截距 b 后，再换回原来的函数和主变量，即得原函数的解析表示式。例如反应速率常数与活化能 E 的关系式为指数函数关系：

$$k = Ae^{-E_a/RT}$$

可使两边均取对数令其直线化，即作 $\ln k$ 和 $1/T$ 的图，由直线斜率和截距分别可求出活化能 E_a 和指前因子 A 的数值。

（2）化学实验中的正确作图方法

作图所需工具主要有铅笔、直尺、曲线板、曲线尺、圆规等。最常用的作图纸是直角毫米坐标纸；半对数坐标纸和对数-对数坐标纸也常用到，前者二轴中有一轴是对数标尺，后者二轴均系对数标尺；在表达三组分体系相图时，则常用三角坐标纸。作图时应注意以下要求。

① 坐标轴的选取。用直角坐标纸作图时，在坐标纸上划两条互相垂直带有箭头的直线，分别为横坐标、纵坐标，代表实验数据的两个变量。习惯上以横坐标表示自变量，纵坐标表示因变量。横、纵坐标的读数不一定从"0"开始。坐标轴旁边应注明所代表变量的名称及单位。坐标轴比例尺的选择应遵循以下原则：

　　a. 从图上读出的有效数字与实验测量的有效数字要一致。

　　b. 所选择的坐标标度应便于读数和计算，通常应使单位坐标格子所代表的变量为 1、2、5 的倍数，而不应为 3、7 的倍数。

　　c. 尽量使数据点分散开，占满纸面，使整个图布局匀称，不要使图形大小只偏于一角。

　　② 描点和连线。作图描点时，代表各组读数的点应该分别用 ⊙、○、●、◇、▲ 等不同符号表示，这些符号的中心位置即为读数值，其面积应近似地表明测量的误差范围。

　　在各点之间描出的线必须是平滑的曲线或直线。连线时尽可能接近或贯穿大多数点，但无须全部通过各点，只要使处于曲线或直线两边的点的数目大致相同。这样描出的曲线或直线就能近似地表示出被测物理量的平均变化情况。

　　最后还应在图上注上图名，说明坐标轴代表的物理量及比例尺，以及主要的测量条件（如温度、压力）。

　　(3) 化学实验中作图法的数据处理

　　对已得图形或曲线进一步计算与处理，以获得所需实验结果。化学实验中许多情况下的实验结果，都不能简单地由所得图形直接读出，因此，图解方法的重要性并不亚于作图。目前常用的图解方法有：内插、外推、计算直线的斜率与截距、图解微分、图解积分、曲线的直线化等。内插、外推都比较简单，其意义与注意点已在前边提到，这里不再赘述，以下介绍后四种的内容。

　　① 计算直线的斜率与截距。设直线方程式为

$$y = mx + b$$

其中 m 为斜率，b 为截距，按解析几何所述，此时欲求 m、b，仅须在直线上选两个点 (x_1, y_1)，(x_2, y_2)，将它们代入方程式，得

$$\begin{cases} y_1 = mx_1 + b \\ y_2 = mx_2 + b \end{cases}$$

则

$$m = \frac{y_2 - y_1}{x_2 - x_1}$$

$$b = y_1 - mx_1 = y_2 - mx_2$$

　　为了减小误差，所取两点不宜相隔太近，所以通常在直线的两个端点邻近位置选择这两点。

　　也可使直线延长与 y、x 轴相交而求出 m、b：若 y 轴即为 $x = 0$ 的轴，则直线与 y 轴相交点的 y 值，即为 b；直线与 x 轴交角 θ 的正切值 $\tan\theta$ 即为 m。但通常很少用该方法。

　　在个别物理化学实验中，斜率对实验最终结果的影响极大，例如用溶液法测定极性分子偶极矩的实验中，介电常数-浓度图的直线斜率值对偶极矩值的影响很大，直线稍加倾斜，即可改变偶极矩值，在这种情况下，不是"巧妙"地凑出一条"好"直线，而是应该"严格"地按前面作图方法中所谈的原则，作出一条"正确"的直线来；或者设法改善介电常数测量的精密度，以求准斜率。另外，这里求出的斜率也有一定的误差范围，或者说，有一定的精密度，这个精密度的大小是与介电常数、浓度的测量精密度有关的。

　　② 图解微分。图解微分的中心问题是如何准确地在曲线上作切线。作切线的方法很多，其中以镜像法最简便可靠，这里只介绍此法。用一块平面镜垂直地放在图纸上，如图 1-3 所示，使镜和图纸的交线通过曲线上某点，以该点为轴旋转平面镜，使曲线在镜中的像和图上

的曲线连续，不形成折线。然后沿镜面作一直线，此直线可被认为是曲线在该点上的法线。再用此镜面按照相同的方法在另半段曲线上找出该点的法线，如与前者不重叠可取此二法线的中线作为该点的法线。再作这根法线的垂线，即得在该点上曲线的切线，或其平行线。求此切线或其平行线的斜率，即得所需导数。

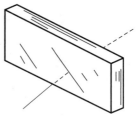

图 1-3　镜像法示意图

③ 图解积分。如图 1-4 所示，设 $y=f(x)$ 为 x 的导数函数，则定积分值 $\int_{x_1}^{x_2} y\mathrm{d}x$ 即为图 1-4 中曲线下阴影的面积，故图解积分仍归结为求此面积的问题，求面积可用求积仪测量或直接数阴影部分小格子数目。

④ 曲线的直线化。从已得图形上曲线的形状，根据解析几何知识，判断曲线类型。然后改用原来二变量的函数重新作图得直线。例如所得曲线形状近似为一抛物线，如图 1-5 所示，按解析几何可知，这种抛物线的解析表示式为

$$y=a+bx^2$$

所以，如果以 y 对 x^2 作图，就可得一直线。

若所得曲线形状近似为一指数曲线，如图 1-6 所示。这种指数曲线的图解表示式为

$$y=A\mathrm{e}^{-x^n}$$

式中，A、n 为常数，e 为自然对数。

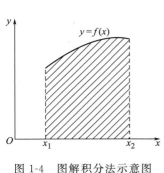

图 1-4　图解积分法示意图

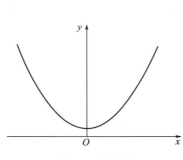

图 1-5　抛物线

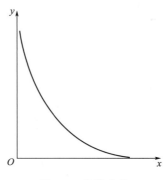

图 1-6　指数曲线

将上式两边取对数，得

$$\ln y=\ln A-x^n$$

故以 $\ln y$ 对 x^n 作图，可得一直线，其截距即为 $\ln A$。

将上式再取对数，得

$$\ln(\ln y)=-n\ln x$$

故以 $\ln(\ln y)$ 对 $\ln x$ 作图，亦得一直线，其斜率为 $-n$。

以上只是两个简例，实际情况还有比这更复杂的，但基本目的均相同，都是使图形直线化后更准确地求取经验常数。

1.2　化学实验室规则及安全常识

1.2.1　化学实验室的工作规则

遵守实验室规则是做好化学实验的前提和保障，必须自觉严格执行。

① 遵守纪律，不迟到，不早退，不准大声喧哗，不得到处乱走。

② 爱护公共财物，小心使用仪器和实验设备（如有故障，必须及时报告），节约使用水、电和气。

③ 实验仪器应摆放整齐，保持实验台面清洁。实验中产生的废纸、火柴梗和碎玻璃等要倒入垃圾箱内，废液必须倒入指定废液桶中。

④ 加强环境保护意识，采取有效措施，减少有毒气体和废液对大气、水和环境的污染。

⑤ 实验结束后，应及时清洗所用仪器，整理实验台和试剂架（摆好仪器和药品），关闭水、电、气等。

1.2.2　化学实验室的安全常识

化学试剂中有很多是易燃、易爆、有腐蚀性或有毒的物质，所以做化学实验必须十分重视安全问题。在实验过程中应集中精力，严格遵守实验安全守则，避免意外事故的发生。

① 实验室内严禁吸烟及饮食，不能把食物带进实验室，化学试剂禁止入口。

② 注意用电安全，不要用湿的手、物接触电源。

③ 能产生有毒、有刺激性或恶臭味气体的实验，应在通风橱中进行。通过嗅觉判别少量气体时，应用手将少量气体轻轻扇向鼻孔，切不可将鼻孔直接对着瓶口或管口。

④ 加热试管时，管口不要对着自己或他人，也不要俯视正在加热的液体，以防被溅出的液体烫伤。

⑤ 稀释浓酸、浓碱（特别是浓硫酸）时，应将酸、碱慢慢加入水中，并不断搅拌，切勿溅到皮肤和衣服上，并注意保护眼睛。

⑥ 一切有易挥发和易燃物质的实验都要远离明火，以免发生爆炸事故。

⑦ 使用有毒试剂（如汞盐、铅盐、钡盐、氰化物、重铬酸盐、砷的化合物等）时，应严防进入口内或接触伤口。有毒废液不许倒入水槽中，应回收后统一处理。

⑧ 使用高压气体钢瓶时，应严格按照操作规程进行，特别是氢气钢瓶要严禁接触明火。

⑨ 洗涤的仪器应放在烘箱里或气流干燥器上干燥，不得用手甩干。

⑩ 实验进行时不得擅离岗位，要随时注意有无异常现象发生，如有应及时报告，以便及时处理。

⑪ 禁止任意混合各种化学试剂，以免发生意外事故，严禁将化学试剂带出实验室。

⑫ 每次实验后，检查水、电、气、门窗，将手洗干净再离开实验室。

1.2.3　化学试剂的使用规则

为了得到准确的实验结果，取用试剂时应遵守以下规则，以保证试剂不受污染和不会变质。

① 不能用手直接接触试剂。

② 应按照实验内容中规定的量取用试剂。没有指明用量时，应注意节约，一般固体用豌豆大小，液体用 3～5 滴。

③ 固体试剂要用洁净、干燥的药匙取用，切勿撒落在实验台上。

④ 液体试剂要用干净的滴管或移液管取用，不应把使用过的滴管或移液管伸入其他液体中。

⑤ 取用试剂时注意不要过量，已取出的试剂不要再倒回原试剂瓶里，以免带入杂质而污染试剂。

⑥ 取完试剂后，一定要立即把瓶塞盖好，放回原处。注意不要乱放瓶塞和滴管，以免盖错而沾污试剂。

⑦ 倒取溶液时，标签应朝上，以免标签被试剂腐蚀。

⑧ 公用试剂必须在指定地点使用，不可挪为己用。

⑨ 使用有毒或强腐蚀性等试剂时，必须严格按有关规定操作。

⑩ 实验结束后，要回收的试剂都应倒入回收瓶内。

1.2.4　化学实验室的常见事故的处理

1.2.4.1　意外事故的预防

（1）割伤的预防

割伤一般是由玻璃仪器的操作不当造成的，预防割伤应注意：

① 截断玻璃管（棒）后，其断面要在火上熔光；

② 将玻璃管、温度计等插入木塞或橡皮塞时，勿用力过猛，可将塞、管用水润湿后，用抹布护手，然后轻轻旋转塞入，不可直插。

（2）火灾的预防

很多化学试剂是易燃物质，因此着火是实验室常见事故，为了防止火灾发生要做到：

① 正确使用酒精灯、酒精喷灯和煤气灯；

② 使用易燃易挥发的试剂要远离火源，切不要在广口容器内直火加热，若加热，一般在水浴或油浴上进行；

③ 实验中的易燃易挥发废弃物不得直接倒入水槽用水冲走，须进行回收处理；

④ 实验室不应大量存放乙醇、乙醚、丙酮等易燃物。

（3）爆炸的预防

为防止爆炸事故的发生，通常应注意以下几方面：

① 常压操作时，切勿在封闭体系内进行加热或反应，反应过程中应经常检查仪器装置的各部分是否堵塞，要保证与大气相通；

② 减压操作时，尽量使用机械强度高的器皿，必要时可戴防护面罩；

③ 对于剧烈反应，应采取降温或控制加料速度等措施来缓和，必要时可设置保护屏；

④ 某些化合物（如过氧化物）易爆炸，一般不能受热或敲击，应严格按照操作规程使用；

⑤ 保持实验室内空气畅通，最好在通风橱内取用易燃试剂，且远离火源；

⑥ 注意试剂的存放，氧化剂类试剂（如浓硝酸）要与有机试剂分开。

（4）中毒的预防

① 有毒试剂应妥善保管，不能乱放；

② 使用有毒或有刺激性气味的试剂时，应在通风橱内进行；

③ 取用有毒试剂时必须佩戴橡皮手套，操作后应立即洗手；

④ 用移液管和吸量管取浓酸、浓碱、洗液、挥发性物质及有毒物质时，应用洗耳球吸取，严禁用嘴吸；

⑤ 严禁在实验室内饮水、进食、吸烟。

1.2.4.2　常见事故的处理

① 割伤。如果伤口较小，可先将玻璃碎片取出，再用去离子水冲洗，涂上红药水或碘酒，撒上消炎粉并用绷带包扎即可。如果伤口较大较深，应用力按住伤口上部，防止大出血，及时到医院治疗。

② 烫伤。轻伤可用高锰酸钾溶液擦洗，再涂上凡士林或烫伤膏。重者应及时送医院治疗。

③ 酸碱灼伤皮肤。应立即用水冲洗，若为酸液，再用饱和碳酸氢钠溶液或稀氨水、肥皂水处理；若为碱液，再用硼酸或醋酸溶液冲洗。最后用水把剩余的酸或碱洗净，再擦上凡士林。严重者应及时就医。

④ 酸碱溅入眼睛。应立即用大量水冲洗，然后用饱和碳酸氢钠溶液或硼酸溶液冲洗，最后再用去离子水冲洗。重伤者初步处理后送医院。

⑤ 溴灼伤。应立即用乙醇洗涤伤口，然后用水冲净，再涂上甘油，用力按摩后将伤处包好。若眼睛受到溴蒸气刺激，可对着酒精瓶内注视片刻。若溅入眼睛，按酸液溅入眼中作急救处理后送医院。

⑥ 苯酚灼伤。先用大量水冲洗，然后用 4:1 的 70%乙醇-1mol·L^{-1}氯化铁的混合溶液进行洗涤。

⑦ 磷灼伤。可用 1%硝酸银、2%硫酸铜或高锰酸钾溶液洗涤伤口，再用绷带包扎。

⑧ 汞洒落。实验时如不慎打坏气压计或水银温度计，则必须尽可能地把汞收集起来，并用硫黄粉盖在洒落的地方，以便使未能收集起来的汞转变为硫化汞。最后清扫干净，并做固体废物处理。

⑨ 毒物误入口。立即将 5~10mL 稀硫酸铜溶液加入一杯温水中，搅匀后内服，再用手伸入咽喉促使呕吐毒物，然后送医院。

⑩ 吸入刺激性或有毒气体。吸入煤气或硫化氢等气体时，应立即到室外呼吸新鲜空气；吸入溴蒸气、氯气或氯化氢等气体时，立即吸入少量酒精和乙醚的混合蒸气，以便解毒，然后到室外呼吸新鲜空气。

⑪ 触电。应立即拉下电闸断电，并尽快地用绝缘物（干燥的木棒、竹竿）将触电者与电源隔离，必要时进行人工呼吸。当情形较严重时，做了上述急救后速送医院治疗。

⑫ 起火。首先要立即熄灭火源，切断电源，移开未着火的易燃物，再针对燃烧物的性质采取适当的灭火措施（切不可将燃烧物包着往外跑，因为跑动时空气更流通，火会烧得更猛）。一般小火可用湿抹布、石棉布或细砂子覆盖着火处，使火熄灭；容器内有机物着火时，可用石棉板盖住容器口（有机物着火不能用水来扑灭），火即熄灭；若火势较大，则用泡沫灭火器扑灭；电器设备起火，必须用四氯化碳或二氧化碳灭火器扑灭；身上衣服着火时，千万不要乱跑，应赶快脱下衣服或躺在地上滚动。当着火范围较大时，应根据火情决定是否报警。

1.3　实验室用水的规格及制备方法

纯水是化学实验中最常用的纯净溶剂和洗涤剂。纯水并不是绝对不含杂质，只是杂质含量极少而已。制备方法和所用仪器的材料不同，纯水中杂质的种类和含量也有所不同。

1.3.1 规格及检验

纯水的质量可以通过检测水中杂质离子含量来确定，纯水质量的主要指标是电导率（或换算成电阻率），通常采用物理方法确定，即用电导率仪测定水的电导率。水的纯度越高，杂质离子的含量越少，水的电导率也就越低。

我国已建立了实验室用水规格的国家标准（GB 6682—2008），标准规定了实验室用水的技术指标、制备方法及检验方法（见表1-6）。

表1-6 实验室用水的级别及主要指标

指标名称	一级	二级	三级
pH 范围(25℃)	—	—	5.0～7.5
电导率(25℃)/(μS·cm^{-1})	≤0.1	≤1.0	≤5.0
可氧化物质(以 O 计)/(mg·L^{-1})	—	<0.08	≤0.4
蒸发残渣(105℃±2℃)/(mg·L^{-1})	—	≤1.0	≤2.0
吸光度(254nm,1cm 光程)	≤0.001	≤0.01	—
可溶性硅(以 SiO$_2$ 计)/(mg·L^{-1})	≤0.01	≤0.02	—

测定电导率应选用适于测定高纯水的（最小量程为 0.02μS·cm^{-1}）电导率仪。一级和二级水的电导率必须"在线"（即将电极装入制水设备的出水管道中）进行测定，电导池常数为 0.1～1。测定三级水时，用烧杯接取约 300mL 水样，立即测定，电导池常数为 0.01～0.1。

纯水在贮存过程中或与空气接触时，容器材料的可溶性成分会被溶解引入纯水中，空气中的 CO$_2$ 等气体也会被吸收，从而引起纯水电导率的改变。水的纯度越高，这些影响越显著，高纯水更要在临用前制备，不宜存放。

在化学分析实验中对水的质量要求较高，应根据所做实验对水质量的要求合理地选用不同规格的纯水。特殊情况下，如生物化学、医药化学等实验的用水往往还需要对其他有关指标进行检验。

1.3.2 制备方法

实验室中所用的纯水常用以下三种方法制备。

（1）离子交换法

离子交换法是将自来水通过装有阳离子交换树脂和阴离子交换树脂的离子交换柱，利用交换树脂中的活性基团与水中杂质离子的交换作用，除去水中的杂质离子，实现水的净化。用此法制得的纯水通常称为"去离子水"，其纯度较高。

此法不能除去水中的非离子型杂质。

去离子水中也常含有微量的有机物。25℃时其电阻率一般在 5MΩ·cm 以上。

（2）蒸馏法

将自来水在蒸馏装置中加热汽化，将水蒸气冷凝即可得到蒸馏水。

此法能除去水中的不挥发性杂质及微生物等，但不能除去易溶于水的气体。

通常使用的蒸馏装置由玻璃、铜和石英等材料制成。由于蒸馏装置的腐蚀，故蒸馏水仍含有微量杂质。尽管如此，蒸馏水仍是化学实验中最常用的较纯净的廉价溶剂和洗涤剂。在 25℃时其电阻率为 1×10^5 Ω·cm。

蒸馏法制取纯水的成本低，操作简单，但能源消耗大。

（3）电渗析法

电渗析法是在离子交换法基础上发展起来的一种方法。将自来水通过由阴、阳离子交换膜组成的电渗析器，在外电场的作用下，利用阴、阳离子交换膜对水中阴、阳离子的选择透过性，使杂质离子自水中分离出来，从而达到净化水的目的。

此法不能除去非离子型杂质。

电渗析水的电阻率一般为 $10^4 \sim 10^5 \Omega \cdot cm$，比蒸馏水的纯度略低。

1.3.3　合理使用

不同的化学实验，对水的质量要求也不同，应根据实验要求，选用适当级别的纯水。在使用时，还应注意节约。

在定量化学分析实验中，主要使用三级水，有时也需要将三级水加热煮沸后使用，特殊情况也使用二级水。仪器分析实验中主要使用二级水。一级水主要用于要求严格的分析实验，包括对微粒有要求的实验，如高效液相色谱分析、电化学分析和原子光谱分析等；二级水主要用于无机痕量分析实验；三级水则用于一般化学分析实验。

本书中的各个实验，除了另有说明外，所用纯水均为去离子水。为了使实验室使用的去离子水保持纯净，去离子水瓶要随时加塞，专用虹吸管内外都应保持干净。

目前实验室所用的洗瓶多是塑料制品，其中装入去离子水，便于实验中加水、涮洗仪器和沉淀，用水量少，使用效果好。为了防止污染，在去离子水瓶附近不要存放浓盐酸、氨水等易挥发的试剂。

第2章　无机及分析化学实验

2.1　无机及分析化学实验常用仪器的使用方法及基本操作

2.1.1　实验室常用玻璃仪器的洗涤和干燥

2.1.1.1　洗涤

化学实验中经常要使用玻璃仪器和瓷器，这些器具是否洁净，将直接影响到实验的成败与结果的准确性，所以实验前必须先把仪器洗涤干净。玻璃仪器的洗涤方法很多，一般应根据实验的要求、污物的性质和沾污程度来选择，常用的洗涤方法如下。

（1）摇荡水洗

主要洗涤易溶性的少量污物，在玻璃仪器内装入约1/3的水，用力摇荡片刻，倒掉，再装水摇荡，倒掉，如此反复操作数次即可。

（2）用水刷洗

用水和毛刷刷洗，再用水冲洗几次，可除去黏附在仪器上的尘土、部分不溶性杂质和可溶性杂质。注意洗刷时不能用端头无毛的毛刷，也不能用力过猛，否则会戳破仪器。对于带有内标的容量玻璃仪器不能采用刷洗，否则将会影响仪器的精度。

（3）用去污粉、肥皂洗

可以洗涤带有少量油污的玻璃仪器。先用少量水将要洗的玻璃仪器润湿，用毛刷蘸取少量去污粉或肥皂刷洗，再用水冲洗。若油污和有机物仍洗不干净，可用热的碱液洗涤。

（4）用洗衣粉或洗涤剂洗

一些具有精确刻度、形状特殊的仪器，不宜刷洗时，可选择用洗涤液淌洗。即先把洗衣粉或洗涤剂配成溶液，倒少量洗涤液于容器内摇荡几分钟或浸泡一会儿后，把洗涤液倒回原瓶，再用水冲洗干净。

（5）用铬酸洗液洗涤

若洗涤剂等仍不能将污物去除，可用铬酸洗液洗涤。向玻璃仪器内加入少量铬酸洗液，使仪器倾斜并慢慢转动，让仪器内壁全部被洗液润湿，转动仪器几圈后将洗液倒回原瓶，再用水清洗。若污物较重，可用铬酸洗液浸泡一段时间，会使洗涤效果明显提高。

使用铬酸洗液时要注意以下几点：

① 被洗涤的仪器内不宜有水，否则铬酸洗液会被稀释而影响洗涤效果。

② 铬酸洗液可以反复使用，用后应倒回原瓶内。当铬酸洗液的颜色由暗红色变为绿色（被还原为硫酸铬）时，铬酸洗液即失效而不能使用。

③ 铬酸洗液吸水性很强，浸泡时，铬酸洗液瓶的瓶塞要塞紧，以防铬酸洗液吸水而失效。

④ 铬酸洗液具有强腐蚀性，会灼伤皮肤和破坏衣服、桌面、橡胶等，使用时要特别小心。若不慎洒落，要立即用水冲洗。

⑤ 由于$Cr(Ⅵ)$毒性很强，所以尽量少用铬酸洗液，不得不用时要注意回收与处理。

（6）超声波洗涤

将所要洗涤仪器置于超声波仪器内，开启仪器即可。超声波洗涤具有简便、易操作、清洗效果好的特点。

除上述洗涤方法外，还可以根据污物的性质选用适当的试剂来处理。比如，AgCl 沉淀可选用氨水洗涤，硫化物沉淀可选用硝酸加盐酸洗涤，粘在器壁上的氧化剂如二氧化锰可用浓盐酸处理。

用上述各种方法洗涤后的仪器，经自来水反复冲洗干净后，往往还会留有 Ca^{2+}、Mg^{2+}、Cl^- 等。如果实验中不允许这些离子存在，应该再用去离子水把它们洗去，洗涤时要遵循少量（每次用量少）、多次（一般洗 3 次）的原则。

洗涤干净的玻璃仪器应该清洁透明，倒转后器壁上只留下一层既薄又均匀的水膜，而不挂水珠。已洗净的仪器不能再用布或纸抹，因为布和纸的纤维会留在器壁上弄脏仪器。

2.1.1.2　干燥

实验时所用的仪器，除必须洗净外，有时还要干燥。一般可采用下面的方法干燥。

① 自然晾干。不急用的仪器，在洗净后可倒置在干净的实验柜内或仪器架上，任其自然干燥。这种方法较为常用。

② 烘箱烘干。将洗净的仪器尽量倒干水分后放进烘箱内烘干（温度控制在约 105℃）。放置时应使仪器口朝下，并在烘箱的最下层放置一搪瓷盘，承接从仪器上滴下的水，以免电热丝上滴到水而损坏，见图 2-1(a)。

③ 热（或冷）风吹干。如急需干燥，可用电吹风机或气流烘干机直接吹干。对于一些不能受热的容量器皿，可用冷吹风干燥。

④ 烤干。能加热的器皿如烧杯、蒸发皿等可放在石棉网上，用小火烤干。试管可以用试管夹夹住后，在火焰上来回移动，直至烤干。但必须使管口低于管底，以免水珠倒流至灼热部位，使试管炸裂，待烤到不见水珠后，将管口朝上赶尽水汽，见图 2-1(b)。

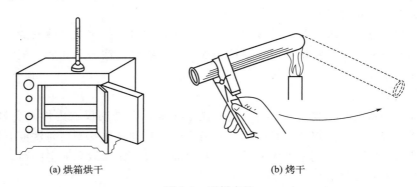

(a) 烘箱烘干　　　　　　　　　　　(b) 烤干

图 2-1　干燥方法

⑤ 用有机溶剂干燥。带有刻度的仪器不能用加热的方法干燥，否则会影响这些仪器的准确度。可加一些易挥发的水溶性有机溶剂（常用乙醇、乙醚和丙酮）到洗净的仪器中，把仪器倾斜并转动，使器壁上的水和有机溶剂互相溶解，然后倒出有机溶剂，少量残留在仪器中的混合液很快挥发而干燥。

2.1.2　实验室常用的加热方法

化学实验经常需要加热，正确地选择加热方法，不仅可以确保安全，而且可以提高实验的效果。

2.1.2.1　加热装置

（1）天然气灯、煤气灯、酒精灯和酒精喷灯

天然气灯是实验室中用于加热的主要工具之一，使用时应先将下面的针阀旋开（此阀最好不要关闭），点燃天然气灯后调节灯管下部的空气进口使火焰分层，再根据加热对象所需温度调节天然气管道的旋钮（阀门），控制天然气量，以此控制温度的高低。天然气灯的灯管高度可调节，如果点火加热后发现加热物放置过高，则可适当升高灯管，火焰状态不会改变。

使用明火加热时，一定要远离药品架、各种仪器及一切易燃易爆物品。使用过程中不得擅自离开，一旦火焰被吹灭，应立即关闭气源管道阀门。还应检查灯与管道阀门相连接的胶管是否因老化或连接不紧密而漏气，发现漏气必须及时处理。实验完毕，离开实验室前，要仔细检查阀门是否关好。

实验室中如果备有煤气，可用煤气灯进行加热。煤气由导管输送到实验台上，用橡皮管将煤气龙头和煤气灯相连。煤气灯由灯座、螺丝栓、下部有小孔的金属管等组成。旋转螺丝栓可调节进入灯座内的煤气量；旋转金属管可调节进入灯座的空气量，以起到控制火焰温度的作用。煤气中含有毒物质（但是它的燃烧产物却是无害的），所以绝不可把煤气逸到室内。不用时，一定要注意把煤气开关关紧。煤气有着特殊的气味，泄漏时极易嗅出。

在没有天然气和煤气的实验室，常使用酒精灯或酒精喷灯进行加热。

酒精灯的温度通常可达 $400\sim500℃$。酒精灯一般是玻璃制的，其灯罩带有磨口。不用时，必须将灯罩罩上，以免酒精挥发。酒精易燃，使用时必须注意安全。点燃时，应该用火柴点燃，切不可用点燃的酒精灯直接去点燃，否则灯内的酒精会洒出，引起燃烧而发生火灾。酒精灯内需要添加酒精时，应把火焰熄灭，利用漏斗把酒精加入灯内，注意灯内酒精不能装得太满，一般不超过其总容量的 2/3。熄灭酒精灯的火焰时，只要将灯罩盖上即可使火焰熄灭，切勿用嘴去吹。

酒精喷灯的温度通常可达 $700\sim1000℃$，酒精喷灯是金属制的。使用前，先在预热盆内注满酒精，然后点燃盆内的酒精，以加热铜质灯管。待盆内酒精将近燃完时，开启开关，这时酒精在灼热灯管内气化，并与来自气孔的空气混合，用火柴在管口点燃，即可得到温度很高的火焰。调节开关螺丝，可以控制火焰的大小。用毕，向右旋紧开关，可使灯焰熄灭。应该注意，在开启开关、点燃以前，灯管必须充分灼烧，否则酒精在灯管内不会全部气化，会有液态酒精由管口喷出，形成“火雨”，甚至会引起火灾。不用时，必须关好储罐的开关，以免酒精漏失，造成危险。

煤气灯和酒精喷灯的构造及使用详见 2.2 节（实验一）。

（2）电炉、电加热套、高温炉和微波炉

电炉和电加热套可通过外接变压器来调节加热温度。使用电炉时，需在加热容器和电炉间垫一块石棉网，使加热均匀。

高温炉包括箱式电阻炉（又称马弗炉）、管式电阻炉（又称管式燃烧炉）和高频感应加热炉。根据热源产生的形式不同又分为电阻丝式、硅碳棒式及高频感应式等。

管式电阻炉有一管状炉膛，最高温度可达 1223K，加热温度可调节，炉膛中插入一根瓷管或石英管，管内放入盛有反应物的反应舟，反应物可在空气或其他气氛中受热反应。常用于矿物、金属或合金中气体成分的分析。

电热式结构的马弗炉的炉膛是由耐高温的氧化硅结合体制成，炉膛四周都有电热丝，通

电后整个炉膛周围受热均匀。炉膛的外围通常包以耐火砖、耐火土、石棉板等，以减少热量损失。马弗炉通常配的是镍铬-镍硅热电偶，测温范围为 $0 \sim 1300\,^\circ\mathrm{C}$。管式炉和马弗炉需用高温计测温，高温计由一副热电偶和一只毫伏表组成。如再连接一只温度控制器，则可自动控制炉温。使用马弗炉时需要注意以下几点：

① 周围不要存放化学试剂及易燃易爆物品。

② 需用专用电闸控制电源，不能用直接插入式插头控制。

③ 在马弗炉内进行熔融或灼烧时，必须严格控制操作条件、升温速度和最高温度，防止样品飞溅、腐蚀和粘接炉膛。若灼烧有机物、滤纸等，必须预先灰化。

④ 灼烧完毕，应先切断电源，不要立即打开炉门，以免炉膛突然受冷碎裂。通常先开一条小缝，待温度降至 $200\,^\circ\mathrm{C}$ 时再开炉门，并用长坩埚钳取出被灼烧物体。

马弗炉常用于物质高温反应，质量分析中沉淀的灼烧、灰分测定及有机物质的碳化等。

高频感应加热炉是利用电子管自激振荡产生的高频磁场和金属在高频磁场作用下产生的旋涡流而发热，致使金属试样熔化，待通入氧气后，通过产生的二氧化碳、二氧化硫等气体进行化学分析。

作为加热分解试样和烘干器皿及样品的新型工具，微波炉以其独特的加热方式已被引入基础化学实验室。微波炉所发射的电磁波频率为 $2450\,\mathrm{MHz}$，它本身并不发热，遇到水、蛋白质等极性分子则被吸收，极性分子吸收了微波的能量后，即以 $2450\,\mathrm{MHz}$ 的频率进行振荡和摩擦，从而自身发热，这就是微波炉加热的基本原理。微波炉的最大输出功率通常为 $700 \sim 1000\,\mathrm{W}$ 不等，加热时间一般在 $1\mathrm{s} \sim 60\mathrm{min}$ 或 $1 \sim 30\mathrm{min}$ 范围内连续可调。炉膛容积为 $10 \sim 30\mathrm{L}$ 不等，内有自动旋转的玻璃圆盘，供放置被加热物体。

用微波炉加热样品和干燥器皿比用电热恒温干燥箱有很多优越之处，主要是快速、节能。由于不需要传热过程，被加热物体受热快而且均匀，炉体的散热损失很小，开机加热的时间很短，能量利用率高。由于微波遇到金属表面会发生反射，故用金属材料做内衬，不仅避免了微波泄漏而伤害人体，而且使暂时未被吸收的微波可被内壁多次反射，直至被吸收，这也提高了能量的利用率。微波对塑料、玻璃、陶瓷等材料有穿透性，使用这类材料作加热容器，可加快加热速度，且便于实验操作。但微波炉也有其局限性，例如不能将金属容器放入微波炉中使用、不能空烧、没有被加热物体时不可开机、加热物体很少时要避免开机时间过长等。总之，使用微波炉时一定要熟悉如何设定所用加热功率和时间，实验中需要用微波炉时，应遵循实验教师的指导和实验室制定的操作规程。

2.1.2.2　加热方法

（1）直接加热

实验室中常用的加热器皿有烧杯、烧瓶、锥形瓶、瓷蒸发皿、试管、坩埚等，这些器皿能承受一定的温度，可以直接加热，但不能骤热或骤冷。因此在加热前，必须将器皿外面的水擦干，加热后不能立即与潮湿的物体接触，以免由于骤热骤冷而破裂。

① 直接加热固体。加热试管中的固体试剂时，其方法不同于液体，通常将试管固定在铁架台上，试管口向下倾斜，略低于管底，避免冷凝在管口的水珠倒流到试管的灼烧处而导致试管炸裂，见图 2-2(a)。

较多固体的加热应在蒸发皿中进行。先用小火预热，再慢慢加大火焰，但火也不能太大过急，以免固体溅出造成损失。加热过程中要充分搅拌，以保证固体受热均匀。

当需要高温灼烧或熔融固体时，可把固体放在坩埚中置于泥三角上，用煤气灯的氧化焰

 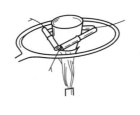  

(a) 加热试管内固体　　　(b) 灼烧坩埚内固体　　　(c) 加热烧杯内液体　　　(d) 加热试管内液体

图 2-2　直接加热

先小火预热，后强火灼烧直至坩埚红热，再维持一段时间后停止加热，见图 2-2(b)。若需灼烧到更高温度，则可将坩埚置于马弗炉中进行强热。移动坩埚时必须用干净的坩埚钳夹取，用后应钳头朝上，平放在石棉网上。

② 直接加热液体。适用于在较高温度下不分解的溶液或纯液体。

在烧杯、烧瓶、锥形瓶等玻璃仪器中加热液体时，仪器必须放在石棉网上，否则容易因受热不均而破裂，烧瓶还要用铁夹固定在铁架上。加热时液体量一般不宜超过烧杯容量的1/2、烧瓶容量的1/3，用烧杯加热时还要适当搅拌液体，以防爆沸。待溶液沸腾后，再把火焰调小，使溶液保持微沸，以免溅出，见图 2-2(c)。

加热盛有液体的试管时，应用试管夹夹住试管的中上部（不能用手拿，以免烫伤），试管口向上微微倾斜，管口不能对着自己或其他人，以免溶液沸腾时溅出把人烫伤、烧伤。先加热液体的中上部，然后慢慢移动试管热及下部，再不停地上下移动试管，使各部分液体受热均匀，避免液体因受热不均而骤然暴沸溅出。管内所装液体的量不能超过试管高度的1/3，见图 2-2(d)。

当需要蒸发浓缩时，可将溶液放入瓷蒸发皿内置于泥三角上用小火慢慢加热，瓷蒸发皿内盛放溶液的量不能超过其容量的2/3。

（2）水浴加热

当被加热物质要求受热均匀，而温度又不能超过 100℃ 时，应采用水浴加热，见图 2-3(a)。

水浴锅是具有可移动的大小不等的同心圆盖的铜制或铝质水锅（有时也可选用大小合适的烧杯代替），一般根据器皿的大小选用圆盖，尽可能使器皿底部的受热面

 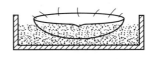

(a) 水浴加热　　　　　(b) 沙浴加热

图 2-3　加热浴

积最大而又不落入水浴。水浴锅内盛放水量不能超过其总容量的2/3，将要加热的容器如烧杯、锥形瓶等浸入水中（不能触及锅底，以免受热不均匀而破裂）后，水面应略高于容器内的被加热物质。注意在加热过程中要随时补充水以保持原体积，切不能烧干。若把水浴锅中的水煮沸，用水蒸气来加热，即成水蒸气浴。

应当指出：离心试管的管底壁玻璃较薄，不宜直接加热，而应在水浴中加热。在蒸发皿中蒸发、浓缩时，也可以在水浴上进行，这样比较安全。

（3）沙浴和油浴加热

当被加热物质要求受热均匀，而温度又需要高于 100℃ 时，可使用沙浴或油浴加热。

沙浴是将细沙均匀地铺在一只平底铁盘内，被加热的器皿放在沙上，底部部分埋入沙中，用煤气灯的非氧化焰加热铁盘（用氧化焰强热会烧穿盘底）。沙浴加热升温比较缓慢，停止加热后散热也较慢，见图 2-3(b)。

油浴是用油代替水浴中的水，其最高温度取决于所使用油的沸点，常用的油有甘油（用于 150℃ 以下的加热）和液体石蜡（用于 200℃ 以下的加热）。油浴的优点是温度易控制在一定范围内，容器内被加热物质受热均匀，但使用油浴要小心，防止着火。

2.1.3　实验试剂、标准溶液的配制及常用容量器皿的使用

2.1.3.1　试剂规格、标准溶液的配制及使用

（1）试剂的规格

化学试剂的纯度对实验结果的准确度影响很大，不同的实验对试剂纯度的要求也不相同，因此，必须了解试剂的分类标准。化学试剂按其中杂质含量的多少，通常可分为五个等级，我国化学试剂等级见表 2-1。

表 2-1　我国化学试剂等级

等 级	一级品	二级品	三级品	四级品	五级品
中文标志	优级纯（保证试剂）	分析纯（分析试剂）	化学纯	实验试剂	生物试剂
英文符号	GR	AR	CP	LR	BR
标签的颜色	绿色	红色	蓝色	黄色或棕色	咖啡色或玫瑰红
适用范围	精密分析 科学研究	定性定量分析	定性分析 化学制备	工业或化学制 备及实验辅助	生化及医化实验

需要指出的是，不要认为试剂越纯越好，应根据实验的要求，本着节约的原则，选用不同规格的试剂。超越具体实验条件去选用高纯试剂，会造成浪费。当然，也不能随意降低规格而影响结果的准确度。

（2）试剂的存放

在实验室中分装化学试剂时，一般把固体试剂装在广口瓶内，液体试剂或配好的溶液放在细口瓶或滴瓶内，见光易分解的试剂（如硝酸银、高锰酸钾等）则放在棕色瓶内，盛放碱液的细口瓶要用橡胶塞。每一个试剂瓶上都要贴上标签，标明试剂的名称、规格或浓度以及日期，在标签的表面涂一薄层蜡作保护。

试剂若存放不当，会变质失效，造成浪费，甚至引起事故，所以应根据试剂的不同性质采取不同的存放方式。

① 一般的单质和无机盐类的固体应保存在通风、干燥、洁净的房间里，以防止污染或变质（吸水性强的试剂应该蜡封，如氢氧化钠等）。

② 氧化剂和还原剂应分开并密封存放；见光易分解的试剂，应避光保存，如过氧化氢、硝酸银等。

③ 易挥发和低沸点的试剂应置于低温阴暗处，如乙醚、乙醇等。

④ 易侵蚀玻璃的试剂应保存于聚乙烯塑料瓶或涂有石蜡的玻璃瓶内，如氢氟酸等。

⑤ 易燃易爆的试剂应分开贮存在阴凉通风、避光的地方，并采取一定的安全措施，如易挥发有机溶剂、高氯酸盐等。

⑥ 剧毒试剂应由专人妥善保管，用时严格登记。极易挥发的有毒试剂应存放在冷藏室

内，如氰化钾、砒霜等。

（3）试剂的取用

取用试剂前，应看清标签。如果瓶塞顶是扁平的，瓶塞取出后可倒置桌上；如果瓶塞顶不是平的，可用食指和中指将瓶塞夹住，或放在清洁的表面皿上，决不可横置在桌上。

① 液体试剂。从细口瓶中取用时，取出瓶盖倒放在桌上，右手握住瓶子，注意让瓶上的标签对着手心，用左手的拇指、食指和中指拿住容器（试管、量筒等），以瓶口靠住容器壁，缓缓倾出所需液体，让液体沿着器壁往下流，见图 2-4。若所用容器为烧杯，则倾注液体时可用玻璃棒引流。倾出所需量后，将瓶口在容器上靠一下，再竖起瓶子，以免留在瓶口的溶液流到瓶子的外壁。用完立刻将瓶盖盖好。

从滴瓶中取用时，要用滴瓶中的滴管，不能用别的滴管。先用拇指和食指提起滴管离开液面，用手指紧捏滴管上部的橡皮头，以赶出滴管中的空气，再将滴管伸入滴瓶中，放开手指吸入试剂。取出滴管，用中指和无名指夹住滴管颈部，用拇指和食指捏橡皮头，使试剂滴入容器中，见图 2-5。滴管必须保持垂直，避免倾斜、倒立弄脏橡皮头或污染试剂瓶中溶液。滴管的尖端不可接触承接容器的内壁，更不能插到其他溶液里，也不能把滴管放在原滴瓶以外的任何地方，以免杂质沾污。

图 2-4　向试管中倾倒液体试剂

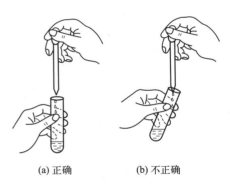

(a) 正确　　(b) 不正确

图 2-5　用滴管向试管中滴加液体试剂

② 固体试剂。用洁净、干燥的药匙（塑料、牛角或不锈钢制）取用，且专匙专用。药匙的两端为大小两个匙，取量大时用大匙，取量小时用小匙。取完试剂后，应立即盖紧瓶塞，放回原处。

称取一定量的固体试剂时，一般应把固体试剂放在称量纸、表面皿或小烧杯内称量，取出的试剂量尽可能不要超过所需量，多取的试剂不能放回原瓶，可分给其他需要的同学使用。具有腐蚀性或易潮解的固体不能放在称量纸上，应放在玻璃器皿内。

（4）试剂的配制

试剂配制一般是指把固体试剂溶于去离子水或其他溶剂配成溶液以及用去离子水把液体试剂或浓溶液稀释为所需的溶液。

① 非标准溶液的配制。配制溶液时，应先计算所需固体试剂的质量，称取后置于烧杯中，加少量去离子水或其他溶剂，搅拌溶解。必要时可加热促使其溶解，再加去离子水或其他溶剂至所需体积，混匀即可。

配制饱和溶液时，所用溶质量要比计算量稍多，加热溶解后，冷却，待结晶析出后，取用上层清液以保证溶液饱和。

配制易水解的盐溶液时，应将这些盐先用相应的酸溶液或碱溶液溶解，以抑制其水解。如配制硝酸铋溶液时，需用硝酸溶液溶解。配制易氧化的盐溶液时，需要加入相应的纯金属，使溶液稳定，防止氧化。如配制二氯化锡溶液时，应加入金属锡粒。

稀释液体试剂或浓溶液时，先根据其密度或浓度算出所需液体试剂或浓溶液的体积，量取后加去离子水至所需体积，混匀即可。稀释浓硫酸时会放出大量的热量，所以必须将浓硫酸慢慢倒入水中，同时不断搅拌散热，否则会使溶液沸腾、溅出造成烧伤，必须使用耐热容器，如烧杯，切不可在细口瓶中配制。

对于经常大量使用的溶液，可预先配制出比所需浓度大 10 倍左右的备用液，在使用时再进行适当稀释。

配制好的溶液盛装在适当的试剂瓶或滴瓶中，贴上标签，标明溶液名称、浓度和配制日期。

② 标准溶液的配制。标准溶液是指已知准确浓度的溶液，在滴定分析中主要用于测定试样中的常量组分，在仪器分析中用于绘制标准工作曲线。所以正确地配制标准溶液、确定其准确浓度、妥善地贮存标准溶液，都关系到分析结果的准确性。

配制标准溶液的方法一般有以下两种。

a. 直接法。用分析天平准确地称取一定量的基准物质，溶于适量去离子水或其他溶剂后定量转移到容量瓶中，稀释至刻度线，定容并摇匀。根据基准物质的质量和定容体积计算该标准溶液的准确浓度。

能用于直接配制标准溶液的物质称为基准物质或基准试剂，也可用来标定某一溶液的准确浓度。作为基准物质应符合下列要求：

• 物质的组成与其化学式完全相符（若含结晶水，其结晶水的含量也应与化学式相符）。

• 纯度必须足够高，一般要求在 99.9% 以上，而所含的杂质应不影响分析的准确度。

• 应具有一定的稳定性。例如，不易吸收空气中的水分和二氧化碳、不易被空气氧化、加热干燥时不易分解等。

• 最好有较大的摩尔质量，这样可以减少称量的相对误差。

常用的基准物质有纯金属和某些纯化合物，如锌、草酸、氯化钠、无水碳酸钠、重铬酸钾等。

b. 间接法。实际上有很多物质（如 NaOH、HCl 等）不是基准物质，不能用直接法来配制标准溶液，只能用间接法。即先配成接近所需浓度的溶液，然后再用基准物质或另一种已知准确浓度的标准溶液标定其准确浓度。

实验中有时也用稀释方法，将浓的标准溶液稀释为稀的标准溶液。即通过移液管或滴定管准确量取一定体积的浓溶液，放入适当的容量瓶中，用去离子水稀释到刻度线，可得到所需浓度的标准溶液。

配制和使用标准溶液时要注意以下事项：

a. 基准物质要预先用规定的方法进行干燥。

b. 配制时要选用符合实验要求纯度的去离子水。

c. 贮存的标准溶液因水分蒸发，水珠会凝于瓶壁，使用前应将溶液摇匀。如果溶液浓度发生变化，在使用前必须重新标定其浓度。

d. 标准溶液均应密闭存放，有些还需避光。能吸收空气中二氧化碳并对玻璃有腐蚀作用的强碱溶液最好装在塑料瓶中，并在瓶口处装一碱石灰管，以吸收空气中的二氧化碳和水；见光易分解的 $AgNO_3$ 和 $KMnO_4$ 等标准溶液应贮存于棕色瓶中，并置于暗处保存。

e. 浓度低于 $0.01mol \cdot L^{-1}$ 的标准溶液不宜长时间存放，应在临用前用浓标准溶液稀释。

f. 对于不稳定的标准溶液，应在使用前标定其浓度。

2.1.3.2 常用容量器皿的使用

基础化学实验室中常用的量器有滴定管、容量瓶、移液管、吸量管、量筒和量杯等。其中滴定管、容量瓶、移液管是定量化学分析中的重要仪器，必须熟练掌握其操作。常用容量器皿的清洗及操作方法详见 2.2 节（实验五）。

2.1.4 实验试纸、滤纸的使用方法

2.1.4.1 实验试纸的使用

试纸是用指示剂或试剂浸过后得到的干纸条，在实验室中经常使用某些试纸来定性检验一些溶液的性质或某些物质的存在，操作简单，使用方便。

（1）试纸的种类

试纸的种类很多，常用的有下面几种。

① 酚酞试纸。将滤纸浸入酚酞的乙醇溶液中，浸透后在洁净、干燥、无氨的空气中晾干而成的白色试纸，遇碱性溶液变红，用水润湿后遇碱性气体（如氨气）变红，常用于检验 pH≥8.3 的稀碱溶液或氨气等。

② 石蕊试纸。由石蕊溶液浸渍滤纸晾干得到，是检验溶液酸碱性最古老的方式之一。石蕊试纸有红色和蓝色两种，碱性溶液(pH≥8)使红色试纸变蓝，酸性溶液(pH≤5)使蓝色试纸变红，但在测试接近中性的溶液时不大准确。

③ pH 试纸。由数种指示剂混合而成的混合指示剂浸染而成，其变色范围由酸至碱即由红、橙、黄、绿、蓝各色连续变化而得，故与石蕊试纸相比能更准确地反映酸碱的强弱程度。pH 试纸包括广泛 pH 试纸和精密 pH 试纸两类，前者的变色范围是 pH=1～14，只能粗略地估计溶液的 pH 值；后者的变色范围可分为多种，如 pH=2.7～4.7、3.8～5.4、5.4～7.0、6.9～8.4、8.2～10.0、9.5～13.0 等，根据待测溶液的酸碱性，选用某一变色范围的试纸，可以较精确地估计溶液的 pH 值。

④ 淀粉-碘化钾试纸。将滤纸浸入含有碘化钾的淀粉液中，然后在无氧化性气体处晾干而成的白色试纸，用来定性检验氧化性气体，如 Cl_2、Br_2 等。当氧化性气体遇到湿润的淀粉-碘化钾试纸后，将试纸上的 I^- 氧化成 I_2，I_2 立即与试纸上的淀粉作用变蓝。如果气体氧化性很强，而且浓度较大时，还可以进一步将 I_2 氧化成无色的 IO_3^- 而使蓝色褪去，所以使用时应仔细观察现象，否则容易出错。

⑤ 醋酸铅试纸。将滤纸浸入 3％醋酸铅溶液中浸渍后，放在无硫化氢气体处晾干而成的白色试纸，用来定性检验硫化氢气体。当含有 S^{2-} 的溶液被酸化时，逸出的硫化氢气体遇到醋酸铅试纸后，与试纸上的醋酸铅反应，生成黑色的硫化铅沉淀而使试纸变黑，并有金属光泽。当溶液中 S^{2-} 浓度较小时，则不易检出。

（2）试纸的使用方法

① 酚酞试纸和石蕊试纸。按以下方法分别检验溶液和气体的酸碱度。

a. 检验溶液的酸碱度。用镊子取一小块试纸放在表面皿、玻璃片或点滴板上，用洁净的玻璃棒蘸取已搅拌均匀的待测溶液滴于试纸的中部，观察试纸颜色的变化，确定溶液的酸碱性。切勿将试纸浸入溶液中，以免污染溶液。

b. 检验气体的酸碱度。先用去离子水把试纸润湿，粘在洁净的玻璃棒的一端，再送到

盛有待测气体的容器口附近，观察试纸颜色的变化，判断气体的酸碱性。注意试纸不能触及器壁。

② pH 试纸。用法同上，待试纸变色后，与标准比色卡比较，确定 pH 值或 pH 值范围。

③ 淀粉-碘化钾试纸和醋酸铅试纸。将小块试纸用去离子水润湿，粘在洁净玻璃棒的一端后，放在试管口，如有待测气体逸出就会变色。逸出气体较少时，可将试纸伸进试管，但必须注意不要让试纸直接接触溶液。

使用试纸时，要注意节约，不要多取。用毕要把瓶盖盖严，以免试纸沾污。用后的试纸应丢弃在垃圾桶内，不能丢弃在水槽内。

2.1.4.2　滤纸的使用

滤纸是化学实验室中常见的过滤工具，形状一般是圆形，多由棉质纤维制成，其表面有无数小孔可供液体通过，体积较大的固体粒子则不能通过，这种性质可使混合在一起的液态及固态物质分离。

滤纸主要分为定性滤纸和定量滤纸两类，定性滤纸经过过滤后有较多的棉质纤维生成，因此只适用于作定性分析；定量滤纸经盐酸、氢氟酸处理过，其中所含大部分杂质已被除去，灼烧后灰分极少，可忽略不计，故可用作定量分析。滤纸按过滤速度和分离性能的不同，又可分为快速、中速和慢速三种。快速滤纸盒上标有白条，适用于过滤无定形沉淀，如氢氧化铁、氢氧化铝等；中速滤纸盒上标有蓝条，适用于过滤一般沉淀，如二氧化硅；慢速滤纸盒上标有红条，适用于过滤微细晶形沉淀，如硫酸钡。

在实验中滤纸多与玻璃漏斗及布氏漏斗等仪器一同使用。使用前需把滤纸折成合适的形状，滤纸的折叠程度愈高，能提供的表面积愈高，过滤效果愈好，但要注意不要过度折叠而导致滤纸破裂。滤纸规格大小通常有 $\phi 9cm$、$\phi 11cm$、$\phi 12.5cm$ 等，所选用的滤纸大小应该与过滤所得的沉淀量相适应，过滤后所得的沉淀一般不超过滤纸圆锥高度的 $1/3$，最多不超过 $1/2$。

2.1.5　溶解、熔融、浓缩、结晶方法

2.1.5.1　溶解与熔融

（1）溶解

把固体试样溶于水、酸或碱等试剂中配成溶液的过程称为溶解。一般根据固体物质的性质选择合适的试剂，可采用搅拌、加热等方法促进其溶解。

用试剂溶解试样时，应先把烧杯适当倾斜，然后把量杯嘴靠近烧杯壁，让试剂缓慢顺杯壁流入，亦可用玻璃棒引流，避免杯内溶液溅出而损失。加入溶剂后，用玻璃棒轻轻搅拌使之完全溶解，注意不能用力过猛和触及容器底部及器壁，在溶解过程中玻璃棒也不能随意取出。

溶解试样时若需加热，则必须用表面皿盖好烧杯，至沸后改用小火，以防止溶液剧烈沸腾和迸溅，待溶样结束后，用洗瓶吹洗表面皿、烧杯（或锥形瓶）内壁，使附着的溶液顺杯壁或玻璃棒流回烧杯（或锥形瓶）内。溶液蒸至稠状时极易迸溅，而且许多物质脱水后很难再溶解，所以加热时还要注意防止溶液蒸干。

有些试样溶解时会有气体产生（如用盐酸溶解碳酸盐），应先用少量水将其润湿成糊状，以防止产生的气体将粉状的试样扬出。为防止反应过于猛烈，应用表面皿将烧杯盖好（凸面向下），再用滴管将溶剂自杯嘴逐滴加入。固体颗粒较大不易溶解时，要预先在洁净干燥的

研钵中研细，研钵中盛放固体的量不能超过其容量的 1/3。

（2）熔融

熔融是将固体物质和固体熔剂混合，在高温下加热至熔融，使固体物质转化为可溶于水或酸的化合物。

根据所用熔剂性质的不同可分为酸熔法和碱熔法。

① 酸熔法。用酸性熔剂（如 $K_2S_2O_7$ 或 $KHSO_4$）熔融分解碱性物质，如 α-Al_2O_3、Cr_2O_3、碱性耐火材料等。

② 碱熔法。用碱性熔剂（如 Na_2CO_3、$NaOH$、Na_2O）熔融分解酸性物质，如硅酸盐、黏土、酸性炉渣等。

熔融一般在很高的温度下进行，因此，需根据熔剂的性质选择合适的坩埚（如铁坩埚、镍坩埚、白金坩埚等）。将固体物质与熔剂在坩埚中混匀后，送入高温炉中灼烧熔融，冷却后用水或酸浸取溶解。

2.1.5.2　蒸发与浓缩

当溶液较稀时，为了使溶质从溶液中析出晶体，需要通过加热蒸发水分，使溶液浓缩到一定程度后，冷却即可析出晶体。蒸发浓缩的程度与溶质的溶解度有关，溶解度较大时，必须蒸发到溶液表面出现晶膜时才可停止加热；溶解度较小或高温时溶解度大而室温时溶解度小，则不需蒸发至出现晶膜就可冷却。蒸发浓缩一般在水浴锅上进行，若溶液很稀，溶质对热的稳定性又较好时，可放在石棉网上直接加热蒸发，蒸发中应用小火，以防溶液爆沸和溅出，然后再放在水浴上加热蒸发。常用的蒸发容器为蒸发皿，皿内盛放的液体不能超过其容量的 2/3，若液体量较多，蒸发皿一次盛不下，则可随水分的不断蒸发而继续添加。

2.1.5.3　结晶与重结晶

溶质从溶液中析出晶体的过程称为结晶，析出的晶体颗粒大小与结晶条件有关。溶液的过饱和程度较低时，结晶的晶核少，晶体易长大，可得到较大的晶体颗粒；反之，溶液的过饱和程度较高时，结晶的晶核多，聚集速率大，析出的晶体颗粒较细小。搅拌溶液和静置溶液可以得到不同的效果，前者有利于细小晶体的生成，后者则有利于大晶体的生成。

当溶液易出现过饱和现象时，可以通过搅拌溶液、摩擦器壁或投入几粒小晶体作为晶种等办法来加速晶体的析出。若第一次结晶所得晶体的纯度不符合要求，可进行重结晶，这是提纯固体物质最有效的方法之一。具体做法是：在加热的情况下，向待提纯的晶体中加入少量去离子水或其他溶剂形成饱和溶液，趁热过滤，除去不溶性杂质，然后冷却结晶，利用水或其他溶剂对被提纯物质和杂质的溶解度的不同，使杂质留在母液中与晶体分离，过滤后便得到较为纯净的晶体。重结晶主要适用于溶解度随温度有明显变化的物质的提纯，当一次重结晶还达不到要求时，可再次重结晶。

2.1.6　分离、过滤、洗涤、干燥和灼烧方法

2.1.6.1　沉淀的分离和洗涤

分离沉淀与溶液常用的方法有三种：倾析法、过滤法和离心分离法。

（1）倾析法

当沉淀的结晶颗粒较大且相对密度较大，静置后能很快沉降至容器的底部时，可用此方法分离。即待沉淀沉降后，倾斜容器，把上部的清液慢慢倾入另一容器中，使沉淀与溶液分离。如需要洗涤沉淀，可在转移完清液后，向沉淀中加入少量去离子水（或其他洗涤液），用玻璃棒充分搅拌、静置、沉降，倾去清液。重复洗涤 2～3 次，即可洗净沉淀，见图 2-6。

（2）过滤法

过滤法是沉淀分离最常用的方法，有常压过滤、减压过滤和热过滤三种。

① 常压过滤。在常压下用普通玻璃漏斗和滤纸过滤，适用于过滤胶体沉淀或细小的晶体沉淀，但过滤速度比较慢。

图 2-6　倾析法　　　　　　　　　　　　　　图 2-7　滤纸的折叠和安放

a. 滤纸的折叠和安放。折叠滤纸时，应先将双手洗干净，揩干，以免弄脏滤纸。滤纸一般按四折法折叠，将滤纸轻轻地对折后再对折（不要压紧），展开后成内角为 60°的圆锥体（图 2-7）。标准漏斗的内角为 60°，正好与滤纸配合。若漏斗角度不够标准，可适当改变滤纸折叠的角度，直到与漏斗密合为止。把该圆锥形滤纸平整地放入洁净的漏斗中，为了使滤纸三层的那边能紧贴漏斗，常把外面两层撕去一角，然后用左手食指按住滤纸中三层的一边，右手持洗瓶挤入少量去离子水润湿滤纸，再用洁净的手指或玻璃棒轻轻按压滤纸边缘，赶走气泡（切勿上下揉搓），使滤纸紧贴在漏斗壁上（一般滤纸边应低于漏斗边缘 0.5～1cm）。加去离子水至滤纸边缘，使之形成水柱，即漏斗颈中充满水，这样可借助水柱的重力加快过滤速度。如果没有形成完整的水柱，可一边用手指堵住漏斗下口，一边稍掀起三层那一边的滤纸，用洗瓶在滤纸和漏斗之间的空隙里加水，使漏斗颈和锥体的大部分被水充满，然后轻轻按下掀起的滤纸，放开堵在出口处的手指，即可形成水柱。

b. 漏斗的安装。将安好滤纸的漏斗放在漏斗架上，下面放一洁净的承接滤液的烧杯等容器，使漏斗颈口斜面长的一边紧贴容器壁，这样滤液可顺容器壁流下，不致溅出。漏斗安装的高度应以其颈口不触及容器中的滤液为宜。

c. 过滤操作。一般先转移清液，后转移沉淀，以免沉淀堵塞滤纸的孔隙而减慢过滤的速度，而且在烧杯中初步洗涤沉淀可提高洗涤效果。

采用倾析法将清液沿着玻璃棒慢慢倾入漏斗中，玻璃棒下端要对着三层滤纸的那一边约 2/3 滤纸高处，尽可能靠近滤纸，但不要碰到滤纸（图 2-8）。注意漏斗内的液面应低于滤纸边缘约 1cm，切勿超过滤纸边缘，以免部分沉淀可能由于毛细作用越过滤纸上缘而损失。清液倾倒完毕后，从洗瓶中挤出少量去离子水（或其他洗涤液）冲洗玻璃棒及盛放沉淀的烧杯并进行搅拌，澄清后，再按上法滤去清液。当倾泻暂停时，要小心把烧杯扶正，玻璃棒不离杯嘴，直至最后一滴溶液流完，立即将玻璃棒收回，直接放入烧杯中（此时玻璃棒不要靠在杯嘴处，因为此处可能沾有少量沉淀），然后将烧杯从漏斗上移开。如此反复洗涤 2～3 次，可将沾附在杯壁的沉淀洗下，并完成杯中沉淀的初步洗涤。

d. 沉淀的转移。先用少量去离子水（或其他洗涤液）冲洗杯壁和玻璃棒上的沉淀，再把沉淀搅起，将悬浮液按上述方法小心转移到滤纸上。如此重复几次，尽可能把大部分沉淀转移到滤纸上。残留的少量沉淀,则按图 2-9 所示方法转移。即左手持烧杯倾斜放在漏斗上方,杯嘴朝向漏斗,用左手食指将玻璃棒横架在烧杯嘴上,其余手指拿住烧杯,杯底略朝上,玻璃棒下端对准滤纸三层处,右手拿洗瓶冲洗杯壁上所黏附的沉淀,使沉淀和溶液一起顺着玻璃棒流入漏斗中(注意勿使溶液溅出)。

e. 沉淀的洗涤。沉淀全部转移到滤纸上以后,要进行洗涤,以除去沉淀表面吸附的杂质和残留的母液。洗涤时应用细小缓慢的液流从滤纸边缘稍下部位开始,沿漏斗壁螺旋向下冲洗(绝不可骤然浇在沉淀上),这样可使沉淀洗得干净,并且可将沉淀集中到滤纸的底部(图 2-10)。洗涤时要遵循"少量多次"的原则,待上一次洗涤液流完后,再进行下一次洗涤。洗涤到什么程度才算干净,可根据具体情况进行检查。若无明确的要求,一般晶形沉淀洗涤 3~4 次就认为已洗净,无定形沉淀可稍多洗涤几次。

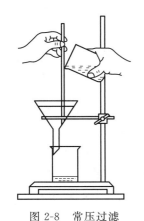

图 2-8 常压过滤　　　　　　图 2-9 转移残留沉淀　　　　　　图 2-10 洗涤沉淀

② 减压过滤。为了快速分离大量沉淀与溶液的混合物,常采用减压过滤(又称吸滤或抽滤),此法过滤速度快,并且将沉淀抽得较干,但不宜过滤颗粒太小的沉淀和胶体沉淀。减压过滤装置由吸滤瓶、布氏漏斗、安全瓶和水泵(或真空泵)组成(图 2-11),其原理是利用水泵(或真空泵)把吸滤瓶中的空气抽出,使瓶内的压力减小,造成吸滤瓶内与布氏漏斗液面上的压力差,从而大大加快过滤速度。安全瓶的作用是防止自来水(或真空泵中的油)倒灌入吸滤瓶中,污染滤液。

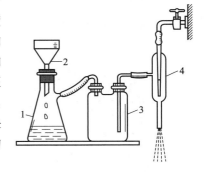

图 2-11 减压过滤装置
1—吸滤瓶;2—布氏漏斗;
3—安全瓶;4—水泵

在减压过滤时,过去常用的水泵虽然简便有效,但会直排大量的自来水,现已限制使用。油泵真空度高,但使用时要设法防止低沸点溶剂、酸气和水汽进入油泵,亦有不便之处。现已逐渐改用电动循环水泵进行减压过滤,长时间连续开机时循环水会升温,温度过高将使真空度有所下降,若影响抽滤,可停机冷却或更换一部分水。

a. 漏斗的安装。布氏漏斗是陶瓷的,中间为多孔瓷板,下端颈部装有橡皮塞,可以与吸滤瓶相连。安装布氏漏斗时,应把布氏漏斗下端的斜口与吸滤瓶的支管相对。

b. 铺滤纸。选用比布氏漏斗的内径略小(约 1~2mm)的滤纸,以恰好盖住瓷板上的所有小孔为宜。将滤纸平铺在布氏漏斗的带孔瓷板上,先以少量去离子水润湿,并慢慢打开自来水龙头（或真空泵），稍微抽吸，使滤纸紧贴在漏斗的瓷板上。

　　c. 过滤操作。将上层清液慢慢地沿玻璃棒倾入布氏漏斗中（注意布氏漏斗中的液体不得超过漏斗容积的 2/3），再开大水龙头（或真空泵），待上层清液滤下后，再转移沉淀（转移方法与常压过滤相同），继续抽吸至沉淀比较干燥为止。为了尽量抽干沉淀，最后可用一个干净的平顶瓶塞挤压沉淀。

　　当过滤完毕关闭水龙头或真空泵时，由于吸滤瓶内压力低于外界压力，自来水（或泵油）会倒流入吸滤瓶，这一现象称为倒吸，所以在吸滤时应随时注意有无倒吸现象。过滤完毕，必须先拆下连接在吸滤瓶上的橡皮管或拔去布氏漏斗，再关水龙头或真空泵，以防止倒吸。

　　d. 沉淀的洗涤。先关小水龙头，让少量去离子水（或其他洗涤液）慢慢透过全部沉淀，然后开大水龙头，抽吸干燥。如果沉淀需要洗涤多次，则重复以上操作，洗至达到要求为止。

　　洗涤完毕，取下布氏漏斗倒放在滤纸上或容器中，轻轻敲打漏斗边缘或用洗耳球从漏斗颈口处向里吹气，即可使滤纸和沉淀脱离漏斗。滤液应从吸滤瓶的上口倒入洁净的容器中，不可从侧面的支管倒出，以免滤液被污染。

　　如果过滤的溶液具有强酸性、强碱性或强氧化性，为避免溶液与滤纸作用，可用涤纶或尼龙布来代替滤纸。如果过滤强酸性或强氧化性溶液，也可采用玻璃砂芯漏斗。

　　③ 热过滤。某些物质在溶液温度降低时，很容易析出晶体，为了滤除其所含的其他难溶性杂质，通常使用热滤漏斗进行过滤（如图 2-12 所示）。即过滤时，把玻璃漏斗放在铜质的热滤漏斗内，后者装有热水以维持溶液温度。热过滤选用的玻璃漏斗颈越短越好，以免过滤时溶液在漏斗颈内停留过久，因散热降温析出晶体而发生堵塞。

　　（3）离心分离法

　　试管中少量溶液与沉淀的混合物常用离心分离法进行分离，操作简单而迅速，一般在离心机（见图 2-13）中进行。

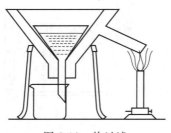

图 2-12　热过滤

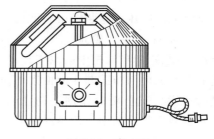

图 2-13　离心机

　　将盛有溶液和沉淀的混合物的离心试管放入离心机的试管套管内，在与之相对称的另一试管套管内要装入一支盛有等质量水的离心试管，以保持离心机的平衡。然后打开电源开关，用转速调节旋钮从慢速缓慢启动离心机，待旋转平稳后再逐渐加速。离心机的转速及转动时间取决于沉淀的性质，一般晶形沉淀需以 1000r/min 的速度离心转动 1～2min，无定形沉淀沉降较慢，需以 2000r/min 的速度离心转动 3～4min。为了避免离心机高速旋转时发生危险，在启动离心机前要盖好盖子，停止时让其自然停下，切不可用手按住离心机的轴，强制其停止转动。

通过离心作用，沉淀聚集到离心试管底部的尖端而和溶液分开，用一干净的滴管将溶液吸出（注意滴管尖端不能接触沉淀），也可将其倾出。如果沉淀需要洗涤，可加入少量去离子水（或其他洗涤液），用玻璃棒充分搅拌，再离心分离，如此重复洗涤2～3次。

2.1.6.2　试样的干燥和灼烧

（1）干燥器的使用

干燥器是保持物品干燥的容器，由厚质玻璃制成（如图2-14所示）。上部是一个带磨口的盖子，磨口上涂有一层薄而均匀的凡士林，使其更好地密封，以免水汽进入；中部是一个带有圆孔的圆形活动瓷板，瓷板下放有无水氯化钙或变色硅胶等干燥剂，瓷板上放置需要干燥存放的物品。

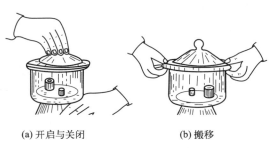

(a) 开启与关闭　　　　(b) 搬移

图 2-14　干燥器的使用

开启干燥器时，不能把盖子往上提，而是左手按住干燥器的下部，右手按住盖子上的圆顶，沿水平方向向前方或旁边推开盖子。盖子取下后应放在桌上安全的地方（注意要磨口向上，圆顶朝下），用左手放入或取出物品（如坩埚或称量瓶），并及时盖好盖子。加盖时，也应当拿住盖子圆顶，沿水平方向推移盖好。

搬动干燥器时，应用两手的大拇指同时将盖子按住，以防盖子滑落而打碎。

使用干燥器时应注意：

① 干燥剂不可放得太多，以免沾污坩埚或称量瓶的底部；

② 当坩埚或称量瓶放入干燥器时，应放在瓷板的圆孔内，但若称量瓶比圆孔小时则应放在瓷板上；

③ 温度很高的物体必须冷却至室温或略高于室温，方可放入干燥器内；

④ 灼烧或烘干后的坩埚和沉淀，在干燥器内不宜放置过久，否则会因吸收一些水分而使质量略有增加；

⑤ 变色硅胶干燥时为蓝色，受潮后变粉红色，可在120℃烘干受潮的硅胶，待其变蓝后反复使用，直至破碎不能用为止；

⑥ 长期存放物品或在冬天，磨口上的凡士林可能凝固而使盖子难以打开，可以用热湿的毛巾温热一下或用电吹风热风吹干燥器的边缘，使凡士林溶化再打开盖子。

（2）试样的干燥

研细的试样具有极大的表面积，会从空气中吸附很多的水分，因此在称样前应作干燥处理，以除去吸附的水，这样才能得到正确的结果。

由于试样的吸湿性不相同，干燥所需要的温度和时间也不一样。所用的温度应既能赶走水分，又不致引起试样中组成水和挥发性组分的损失。一般干燥温度为105～110℃。

干燥时，把试样放在称量瓶内，瓶盖斜搁在瓶口上。将称量瓶置于一只干燥烧杯中，烧杯沿口搁三只玻璃钩或一只玻璃三脚架，上面盖一只表面皿（凸面向下）。干燥试样需一定的温度，而且最好经常搅动，以利于干燥。若处理的试样较多，可平铺于蒸发皿或培养皿中，上面同样盖一表面皿进行干燥。经干燥的试样应在干燥器中保存，但要注意含结晶水的试样不能放在干燥器中。

有的试样也用空气干燥即风干。风干的试样应保存在无干燥剂的干燥器中，或用纸将称量瓶包好放在干净的烧杯内保存。

（3）沉淀的灼烧

灼烧沉淀常用瓷坩埚。

① 坩埚的准备。可用蓝墨水或 $K_4[Fe(CN)_6]$ 给坩埚和盖子编号。将坩埚放入马弗炉中，在灼烧沉淀的温度下灼烧。第一次灼烧约 30min，取出稍冷却后，转入干燥器中冷至室温，称重。第二次再灼烧 15～20min，稍冷后，再转入干燥器中冷至室温，再称重。前后两次称量之差小于 0.2mg，即认为已恒重。

瓷坩埚灼烧时，应斜放在泥三角上，逐渐升温灼烧。灼烧时，瓷坩埚放在氧化焰中，一定要带坩埚盖，但需留一条小缝，不能盖严。灼烧时转动坩埚，使之均匀受热。

② 沉淀的包法。瓷坩埚准备好后，即可将过滤洗净后的沉淀放置其中进行灼烧。自漏斗中取出沉淀和滤纸时，应按一定的操作方法进行。

对于晶形沉淀，可用尖头玻璃棒从漏斗中取出滤纸和沉淀。按照图 2-15（a）所示折叠卷成小包，将沉淀包裹在里面。如漏斗仍沾有微小沉淀，可用滤纸碎片擦下，与沉淀包卷在一起。折叠步骤如下：a. 滤纸对折成半圆形；b. 自右端约 1/3 半径处向左折起；c. 由上向下折，再自右向左折。d. 折成滤纸包，放在已恒重的瓷坩埚中，注意使卷层数较多的一面向上。胶体沉淀的体积较大，不合适上述方法，此时应采用扁头玻璃棒将滤纸边挑起，向中间折叠，将沉淀全部盖住，如图 2-15（b）所示，再用玻璃棒将滤纸转移到已恒重的瓷坩埚中。滤纸的三层厚处应朝上，有沉淀的部分向下，以便滤纸炭化和灰化。

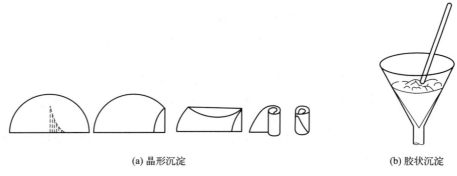

(a) 晶形沉淀　　　　　　　　　　　　　　　(b) 胶状沉淀

图 2-15　沉淀的包法

③ 沉淀的烘干与灼烧。将瓷坩埚斜放在泥三角上，把坩埚盖斜倚在坩埚口的中部（如图 2-16 所示），然后开始用小火加热，火焰对准坩埚盖的中心，如图 2-17（a）所示。热空气由于对流而通过坩埚内部，使水蒸气从坩埚上部逸出，慢慢干燥沉淀和滤纸。在干燥过程中

图 2-16　瓷坩埚的放置

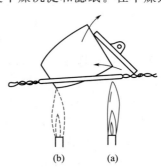

(b)　　　(a)

图 2-17　沉淀的烘干与滤纸的炭化

温度不能太高，否则瓷坩埚与水滴接触易炸裂。

沉淀干燥后，将煤气灯移至坩埚底部，如图 2-17（b）所示，仍以小火继续加热，使滤纸炭化，防止滤纸着火燃烧，以免沉淀微粒飞失。如果滤纸着火，应立即移去灯火，盖好坩埚盖，让火焰自动熄灭，切勿用嘴吹熄。

滤纸完全炭化后，逐渐升高温度，并不断转动坩埚，使滤纸灰化。将碳燃烧成二氧化碳而除去的过程叫灰化。灰化后，将坩埚直立，盖好盖子，继续以氧化焰灼烧沉淀 10～20min，取下坩埚稍冷，转入干燥器中冷却 30～45min 至室温，称重，再灼烧、冷却、称重，直至恒重。

某些沉淀只需烘干即可达到一定的组成，不必在瓷坩埚中灼烧。

有些沉淀因热稳定性差，不能在瓷坩埚中灼烧，此时可采用微孔玻璃坩埚烘干。

微孔玻璃坩埚放入烘箱中烘干时，一般应放在表面皿上，再放入烘箱中，温度在 200℃ 以下（应根据沉淀性质确定其干燥温度）。一般第一次烘干时间要长些，约 2h，第二次烘干时间可短些，约 45min 到 1h，根据沉淀的性质具体处理。沉淀烘干后，取出坩埚，置干燥器中冷却至室温后称重。反复烘干、称重，直至恒重为止。

2.1.7 电子天平及试样的称量方法

2.1.7.1 电子天平

电子天平是最新一代的天平，是利用电子装置来完成电磁力补偿的调节，使物体在重力场中实现力的平衡。电子天平全量程不需要砝码，能自动调零、自动去皮和自动显示称量结果，加快了称量速度，提高了称量的准确性，是一类可靠性强、操作简便的称量仪器。

（1）基本结构

电子天平的结构设计一直在不断改进和提高，但就其基本结构和称量原理来说，各种型号都大同小异。常见电子天平的结构都是机电结合式的，由载荷接受与传递装置、测量与补偿装置等部件组成。可分为顶部承载式和底部承载式两类，目前大多数是顶部承载式的上皿天平。电子天平结构见图 2-18。

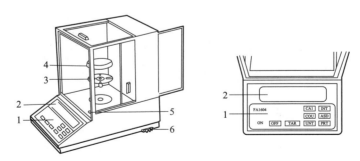

图 2-18 电子天平

1—键盘（控制板）；2—显示器；3—盘托；4—秤盘；5—水平仪；6—水平调节脚

（2）使用方法

① 使用前观察水平仪是否水平，若不水平，需调整天平后面的水平调节脚，使水平仪内空气泡位于圆环中央。

② 接通电源，开启显示器 ON/OFF 键，等待电子显示屏自检，直到显示 0.000g 为止，预热 20～30min。

③ 推开侧门，将干燥的空容器放在秤盘中央，关好侧门后按 $\boxed{\text{TAR}}$ 键清零。

④ 再推开侧门，将称量瓶中试样按要求加入空容器中；关好侧门，电子屏显示出所加试样的质量 m，记录 m 的数值。

⑤ 称量完毕，取出天平内物品，关好侧门后再次按清零键 $\boxed{\text{TAR}}$。

如需继续称量，则重复按步骤③～⑤操作即可。使用完毕按 $\boxed{\text{ON/OFF}}$ 键，关闭显示器，拔掉电源，盖好防尘罩。经老师检查、签字后方可离开。

（3）注意事项

① 电子天平的水平调节和通电预热均由实验室人员提前完成，学生只需按步骤③、④、⑤操作即可，不能乱按，否则会引起功能设置紊乱。

② 电子天平自重较轻，容易被碰移位，造成不水平，从而影响称量结果，因此在使用时动作要轻缓，并经常查看水平仪。

③ 称量过程中，试样不能洒落在秤盘上和天平箱内，若有洒落应用天平刷清扫干净。

④ 天平电源插上即已通电，面板开关只对显示起作用。若天平长期不用（5天以上）应拔去电源插头，每天连续使用则不用切断电源，只关显示器即可（由于常通电，可不预热，随时可用）。

2.1.7.2　试样的称量方法

（1）直接称量法　见 2.1.7.1(2)。

（2）递减称量法

此法用于称取易吸水、易与 CO_2 反应的物质。称固体试样时，将称量试样装入称量瓶中，称得质量为 m_1，然后取出称量瓶。将称量瓶在容器上方倾斜，用称量瓶盖轻敲瓶口上部，使试样慢慢落入容器中。当倾出的试样已接近所需要的质量时，慢慢将瓶竖起，再用称量瓶盖轻敲瓶口的试样落下，然后盖好盖。将称量瓶放回天平盘上，称得质量为 m_2。两次质量之差，就是试样的质量。如此继续进行，可称取多份试样。称量瓶的使用见图 2-19。

(a) 称量瓶的拿法　　　　　(b) 试样的倾倒

图 2-19　称量瓶的使用

2.1.8　酸度计

酸度计是利用电势法测定溶液 pH 值的测量仪器，也叫 pH 计。实验室常用的酸度计型号很多，虽然结构和精密度略有差别，但测量原理和使用方法基本相同。酸度计有一对与仪器相配套的电极：一个是指示电极，其电极电势要随被测溶液的 pH 值变化，通常采用玻璃电极；另一个是参比电极，其电极电势值恒定，与被测溶液的 pH 值无关，通常采用甘汞电极。酸度计主要利用一对电极在不同的 pH 值溶液中能产生不同的电动势，再将此电动势输入仪器，经过电子线路的一系列工作，最后在电表上指示出测量结果。温度对 pH 测定值的影响，用温度补偿器来补偿。下面以 pHS-2 型酸度计为例进行介绍。

2.1.8.1　电极的安装

（1）甘汞电极

如图 2-20 所示，由两层玻璃管组成，内玻璃管中封接一根铂丝，铂丝插入金属汞中，下面是一层 Hg_2Cl_2 与 Hg 的糊状物；外玻璃管中装有 KCl 溶液，外管的下端是烧结陶瓷芯或玻璃砂芯等多孔物质。使用前应检查 KCl 溶液是否浸没内部电极小瓷管下端，是否有KCl 晶体存在，弯管内是否有气泡将溶液隔断。拔去下端的橡皮帽，在测量时允许有少量KCl 溶液流出。拔去支管上的小橡皮塞，以保持足够的液压差，防止测量时被测溶液流入而沾污电极。橡皮帽、橡皮塞应妥善保存。

（2）玻璃电极

如图 2-21 所示，玻璃电极由玻璃管做成，头部是能导电的极薄的玻璃空心球泡，由对 H^+ 有特殊敏感作用的玻璃薄膜组成，球泡内装有一定 pH 值的缓冲溶液，溶液中插入一根覆盖有 AgCl 的银丝。初次使用时，应将玻璃电极的球泡部分放在去离子水中浸泡一昼夜以上，或在 $0.1mol \cdot L^{-1}$ 盐酸溶液中浸泡 12～14h。测量完毕也要浸泡在去离子水中，以便随时使用。检查玻璃电极内部溶液中有无气泡，如有则必须去掉。

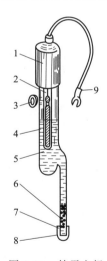

图 2-20　甘汞电极

1—胶木帽；2—铂丝；3—小橡皮塞；4—汞、甘汞内部
电极；5—KCl 溶液；6—KCl 晶体；7—陶瓷芯；
8—橡皮帽；9—电极引线

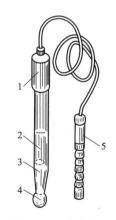

图 2-21　玻璃电极

1—胶木帽；2—Ag-AgCl 电极；
3—盐酸溶液；4—玻璃球泡；
5—电极插头

把玻璃电极、甘汞电极的胶木帽分别夹在电极夹上，并使玻璃电极下端的球泡比甘汞电极的陶瓷芯稍上一些，以免在下移电极或摇动溶液时碰破球泡。玻璃电极的插头插入电极插口内，并将小螺丝旋紧，甘汞电极的引线接在接线柱上。

2.1.8.2　pH 的测定

如图 2-22 所示，按下 pH 按键，指示灯亮，预热 20～30min 后进行操作。

（1）校正

① 将温度补偿器旋至溶液的温度。

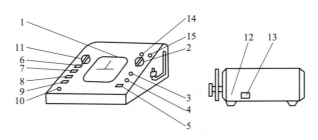

图 2-22　pHS-2 型酸度计

1—指示表；2—量程分挡开关；3—校正调节器；4—定位调节器；5—读数开关；6—电源按键；
7—pH 按键；8—＋mV 按键；9—－mV 按键；10—零点调节器；11—温度补偿器；12—保险丝；
13—电源插座；14—甘汞电极接线柱；15—玻璃电极插口

② 将量程分挡开关旋至"6"位置，调节零点调节器使指针位于"1"处。

③ 将量程分挡开关旋至"校正"位置，调节校正调节器，使指针位于满刻度"2"处。

④ 重复上面两步操作直至所要求值稳定为止。

（2）定位

① 将电极用去离子水冲洗，并用滤纸或吸水纸吸干后插入盛有已知 pH 值的标准缓冲溶液的烧杯中。

② 将量程分挡开关旋至标准缓冲溶液 pH 值范围内，按下读数开关，调节定位调节器，使指示表上的读数加上量程分挡开关上所指的读数之和正好等于标准缓冲溶液的 pH 值。

③ 重复调节定位调节器至读数稳定为止，松开读数开关。

④ 移去标准缓冲溶液，用去离子水仔细冲洗电极，并用滤纸或吸水纸吸干。

（3）测量

① 将电极浸入待测溶液中，轻轻摇动烧杯使溶液均匀。

② 按下读数开关，调节量程分挡开关的挡位，使指示表可读出数值。读完数值后立即松开读数开关。

③ 测量完毕，将量程分挡开关旋至"0"处，关闭电源。

④ 移去待测溶液，用去离子水仔细冲洗电极，并用滤纸或吸水纸吸干。将甘汞电极套上橡皮套和橡皮塞，将玻璃电极浸入去离子水中。

2.1.8.3　电势的测量

① 按下＋mV 按键或－mV 按键，指示灯亮，电源接通（测量电极插头接"－"端，参比电极接"＋"端，如果测量电极的极性和插座极性相同，则选择仪器的＋mV 按键，否则选择仪器的－mV 按键）。

② 将量程分挡开关旋至"0"位置，调节零点调节器使指针位于"1"处，然后将量程分挡开关旋至"校正"位置，调节校正调节器，使指针位于满刻度"2"处，再将量程分挡开关旋回"0"位置，即可进行测量。

③ 测量前拔出金属电极插头，按下读数开关，调节定位调节器，使指针准确指在指示表刻度左边的"0"处，然后将电极再插入接线柱进行测量。

④ 测量时，将量程分挡开关旋至被测溶液的可能电势范围，指针指示的数值和量程分挡开关所指的数值之和再乘以 100，即得被测溶液电势，单位为 mV。

2.1.8.4　注意事项

① 仪器的电极插口必须保持清洁，不用时应将短路插头插入，以防灰尘及水汽侵入。环境湿度较高时，应用干净的布把电极插口擦干。

② 玻璃电极的球泡极薄，千万不能跟硬物或污物接触。一般在安装时，让玻璃电极的球泡比甘汞电极的陶瓷芯稍高一些，以保证球泡不会碰到杯底；若有沾污，可用医用棉花轻擦或用 $0.1mol \cdot L^{-1}$ 盐酸溶液清洗。

③ 玻璃电极和甘汞电极在使用时，必须注意内电极与球泡之间及内电极与陶瓷芯之间是否有气泡停留，如有则必须排除。

④ 为取得正确的结果，用于定位的标准缓冲溶液的 pH 值要可靠，而且越接近待测值越好。

⑤ 仪器经校正、定位后，在使用时一定不要碰触温度补偿、零点、校正和定位旋钮，以免仪器内设定的数据发生变化。

⑥ 读数完毕应立即松开读数开关，使指针回零，否则会由于更换测量样品或停止测量取出电极清洗而使指针频繁摆动，导致仪器损坏。

2.1.8.5　pHS-3C 型酸度计

pHS-3C 型酸度计适用于大专院校、研究院所、工矿企业、食品企业的化验室取样测定水溶液的 pH 值和电位值，还可以配上离子选择性电极，测出该电极的电极电位。仪器由电极、高阻抗直流放大器、功能调节器（斜率和定位）、数字电压表和电源（DC/DC 隔离电源）等组成。pH 测量范围为 0～14，最小显示单位为 0.01；电位测量范围为 0～1999mV。该仪器为 3½ 位 LED 数字显示，具有手动温度补偿功能，温度补偿范围为 0～60℃。配有 pH 复合电极。

pHS-3C 型酸度计的安装与校正方法如下：

① 安装好仪器、电极，按"ON/OFF"按钮，开启仪器；

② 按"pH/mV"按钮，使仪器进入 pH 测量状态；

③ 按"温度"按钮，显示溶液温度值，然后按"确定"按钮；

④ 用蒸馏水或去离子水清洗电极并擦干，插入 pH＝6.86 的标准缓冲溶液中，示数稳定后，按"定位"按钮，调节示数为 6.86，然后按"确定"按钮；

⑤ 用蒸馏水或去离子水清洗电极并擦干，插入 pH＝4.00（或 9.18）的标准缓冲溶液中，示数稳定后，按"斜率"按钮，调节示数为 4.00（或 9.18），然后按"确定"按钮；

⑥ 用蒸馏水或去离子水清洗电极并擦干，插入待测溶液进行测量。

注意：经标定后，"定位"按钮及"斜率"按钮不能再按。

2.1.9　分光光度计

分光光度计是一种利用物质分子对光有选择性吸收而进行定性、定量分析的光学仪器，根据选择光源的波长不同，分为可见光分光光度计、近紫外分光光度计和红外分光光度计。

当一束单色光通过一定液层厚度的溶液时，溶液的吸光度 A 与溶液浓度 c 的关系可以用朗伯-比尔定律表示：

$$A = -\lg T = \varepsilon cb$$

式中　A——吸光度，可从分光光度计上直接读出；

　　　T——透光率，可从分光光度计上直接读出；

ε——有色物质的摩尔吸光系数（特征常数），与入射光的波长以及溶液的性质、温度等有关，$L \cdot mol^{-1} \cdot cm^{-1}$；

c——试液中有色物质的浓度，$mol \cdot L^{-1}$；

b——液层的厚度（比色皿厚度），cm。

吸光物质对波长具有选择性，当溶液的层厚、浓度、溶剂、溶质不变时，用不同波长的入射光可测得一系列对应的吸光度。绘制吸收曲线，选最大吸收波长进行测量，灵敏度最高。在样品测定前，先做 $A\text{-}c$ 标准曲线，测出试样 A 值后，即可从标准曲线上求出浓度。

分光光度计是按上述物理光学的基本原理设计的，虽然种类、型号繁多，但从其结构来讲，都是由光源、单色器、吸收池、检测器和显示器五大部分组成的。

2.1.9.1　721 型分光光度计

721 型分光光度计的外观结构如图 2-23 所示。

（1）使用方法

① 接通电源之前，首先检查 0 和 100%调节旋钮是否处在起始位置，若不是则应分别按逆时针方向轻轻旋转至旋钮不能再动。

② 检查电表指针是否位于 "0" 刻度线，若不是则可调节电表上的零点调整螺丝使指针指零。另外，让灵敏度选择旋钮处于 1 挡（最低挡）。

③ 开启电源开关，打开比色皿暗箱盖（关闭光闸，防止光电管连续光照产生疲劳），预热仪器 20min。

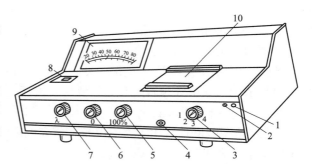

图 2-23　721 型分光光度计

1—电源指示灯；2—电源开关；3—灵敏度选择旋钮；
4—比色皿定位拉杆；5—100%调节旋钮；6—0 调节旋钮；
7—波长调节旋钮；8—波长读数盘；
9—读数电表；10—比色皿暗箱盖

④ 旋动波长调节旋钮，选择需要的单色光波长，其值可由波长读数盘显示。旋转 0 调节旋钮，使电表指针指向透光率为 "0" 处。

⑤ 将盛有参比溶液和待测溶液的比色皿置于暗箱中的比色皿架中，盛放参比溶液的比色皿放在第一格内，待测溶液放在其他格内。

⑥ 将比色皿暗箱盖盖上（此时与盖子联动的光闸被推开，使光电管受到透射光的照射），占据第一格的参比溶液恰好对准光路，旋转 100%调节旋钮，使电表指针指向透光率为 "100" 处（即 $A = 0.00$）。如果旋动 100%调节旋钮，电表指针不能指在 "100" 处，可把灵敏度选择旋钮旋至 2 挡或 3 挡，重新调 0 和 100%调节旋钮。

⑦ 打开比色皿暗箱盖，调整 0 调节旋钮，使电表指针指在 "0" 处；盖上暗箱盖，旋动 100%调节旋钮，使电表指针指在 "100" 处。反复调 0 和 100%调节旋钮，待仪器稳定后即可测量。

⑧ 拉出比色皿定位拉杆，使待测溶液进入光路，从读数电表上读出溶液的吸光度值。

⑨ 测量完毕，将各调节旋钮恢复至初始位置，关闭电源。取出比色皿，洗净后倒置晾干。

（2）注意事项

① 为了避免光电管（或光电池）长时间受光照射而引起疲劳现象，应尽可能减少光电

管受光照射的时间，不测定时应打开暗箱盖。连续使用仪器的时间一般不应超过 2h，否则应间歇 30min 后再使用。

② 仪器不能受潮，使用中若发现仪器底部硅胶干燥筒里的防潮硅胶已变红，应及时更换。

③ 测定时，比色皿先要用待装溶液润洗 2～3 次，盛取溶液时以装至比色皿的 2/3～3/4 为宜，不要过满，避免在测定的拉动过程中溅出，使仪器受潮腐蚀。

④ 要注意保护比色皿的透光面，取用时只能用手指捏住毛玻璃的两面。比色皿外表面有溶液时，要用吸水纸擦干，而透光面只能用绸布或擦镜纸按一个方向轻轻擦拭，不得用力来回摩擦，以免产生划痕。

⑤ 将比色皿放入比色皿架中时，应尽量使其位置前后一致，否则易产生误差。

⑥ 仪器使用过程中，每改变一次波长，都要用参比溶液重新调透光率为"0"和"100"。

⑦ 若大幅度调整波长，应稍等一段时间再调节和测定，让光电管有一定的适应时间。

⑧ 灵敏度挡选择的原则是保证透光率能调到 100% 的情况下，尽可能采用灵敏度较低挡，使仪器有更高的稳定性。

2.1.9.2 72 型分光光度计

72 型光电分光光度计的光学系统如图 2-24 所示。由钨丝灯泡 1 作为光源，通过进光狭缝 2，由反射镜 3 反射，通过透镜 4 成平行光，进入棱镜 5，经棱镜色散成各种波长的单色光，由可转动的镀铝反光镜 6 所反射，其中一束光通过透镜 7 而聚光于出光狭缝 8 上。转动镀铝反光镜即可得所需波长的单色光，此单色光经试样池 9 与光量调节器 10 而达到光电池 11，产生的光电流由微电计 12 转换为透光度或吸光度。

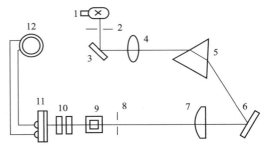

图 2-24　72 型光电分光光度计光学系统示意图

1—钨丝灯泡；2—进光狭缝；3—反射镜；

4、7—透镜；5—棱镜；6—反光镜；

8—出光狭缝；9—试样池；10—光量调节器；

11—光电池；12—微电计

（1）使用方法

① 把光路闸门拨到"黑"点位置，打开微电计电源开关，用零位调节器把光点准确调到透光度标尺"0"位上。

② 开稳压器电源开关和单色器电源开关，光路闸门拨到"红"点上，再按顺时针方向调节光量调节器，至微电计光点达标尺上限附近。约 10min，待硒光电池趋于稳定后再使用仪器。

③ 将光路闸门重新拨至"黑"点，校正微电计"0"位，再开光路闸门。

④ 在四只比色皿中，一只装空白溶液或蒸馏水，其余三只装未知溶液。先使空白溶液正对于光路上，将波长调节器调至所需波长，旋动光量调节器把光点调到透光度 100 的读数上。

⑤ 然后将比色皿拉杆拉出一格，使第二个比色皿的未知溶液进入光路，此时微电计标尺上的读数即为溶液中溶质的吸光度或透光度。然后测定另两个未知液。为了选择合适的波长，可使待测溶液处于光路中，逐渐转动波长调节器，与吸光度最大值相对应的波长即为最佳波长。

（2）注意事项

在被测溶液色度不太强的情况下，尽量采用较低的单色光器光源电压（5.5V）以延长灯泡使用寿命。仪器连续使用不应超过 2h。

2.1.9.3　721E 型分光光度计

721E 型分光光度计采用高品质光栅和设计独特的自准时光路单色器，测试光程为 50mm，可使用 5～50mm 光程比色皿；采用单片机技术，可自动调零、自动调满度，无误差％T/A 转换；内置 RS-232C 接口，可连接计算机和打印机；大屏幕三位半液晶显示器，稳定性和重复性好；单光束，波长范围为 340～1000nm（可扩展至 325nm）。

（1）使用方法

① 仪器接通电源，开机，预热 20min。

② 旋动波长调节旋钮到测试波长位置，按"$\boxed{\frac{0A}{100\%T}}$"键，使吸光度显示为 0.000。

③ 测定。

a. 吸光度测试：仪器默认显示状态为"A"（其他状态下可按"$\boxed{MODE}$"键，选择 A 方式），把参比物质放入光路，按"$\boxed{\frac{0A}{100\%T}}$"键，扣除空白吸光度（显示 0.000），然后把待测物品放入光路，显示值即为样品的实际吸光度。

b. 透光率测试：按"$\boxed{MODE}$"键，选择 T 方式，把参比物质放入光路，按"$\boxed{\frac{0A}{100\%T}}$"键，扣除空白值（显示 100.0），然后把待测样品放入光路，显示值即为样品的实际透过率。

④ 测试结束，及时将样品室中的样品取出，关闭仪器电源。

（2）注意事项

① 仪器在调 100％T 的过程中，显示屏显示"BLA"，请勿着急打开样品室盖，等调整完成显示 100％T（0A）后再进行有关操作。

② 在某特定波长下测试，每次改变波长后，要重新调 100％T！

③ 比色皿的透光面不能有指印、纸絮、溶液残留痕迹等，比色皿应垂直放入样品架，比色皿倾斜放置或透光面沾污都会影响测试结果。

2.2　无机及分析化学基本实验

实验一　玻璃管的加工及酒精喷灯、煤气灯的使用

一、实验目的

1. 了解酒精喷灯的构造和原理，掌握正确的使用方法。

2. 了解煤气灯的构造和原理，掌握正确的使用方法。

3. 练习玻璃管（棒）的截断、熔光、弯曲、拉制等操作。

4. 学习制作滴管、弯管、玻璃棒等。

二、仪器与试剂

酒精喷灯，煤气灯，锉刀，玻璃管，玻璃棒，石棉网，工业酒精。

三、实验步骤

1. 酒精喷灯的使用

酒精喷灯是实验室中常用的热源，按酒精贮存位置可分为座式喷灯（酒精贮存在灯座内）和挂式喷灯（酒精贮存罐悬挂于高处）两种，一般是金属制品。酒精喷灯是将酒精汽化

后与空气混合再燃烧，其外焰温度通常可达 900～1000℃，主要用于需加强热的实验和玻璃加工等。

常用的挂式酒精喷灯构造如图 2-25 所示，使用前把酒精贮罐挂在 1.5m 高的地方，通过橡皮管与灯座相连。使用时，先在预热盆中注入酒精至满并点燃盆内的酒精，以加热铜质灯管。当盆内酒精将近燃完时，依次开启酒精贮罐的旋塞和喷灯开关，来自贮罐的酒精在灯管内受热汽化，与来自气孔的空气混合，这时用火柴在管口点燃，再调节气孔控制空气进入量，使火焰达到所需温度（一般情况下，进入的空气越多，也就是氧气越多，火焰温度越高）。调节喷灯开关，可以控制火焰大小。用毕，向右旋紧喷灯开关，可使灯焰熄灭，同时关闭酒精贮罐下的旋塞。

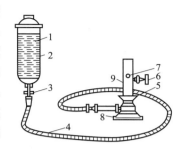

图 2-25　挂式酒精喷灯
1—酒精；2—酒精贮罐；3—旋塞；
4—橡皮管；5—预热盆；6—开关；
7—气孔；8—灯座；9—灯管

必须注意：在开启喷灯开关、点燃管口气体以前，灯管必须充分灼烧，否则酒精在灯管内不能完全汽化，就会有液态酒精由管口喷出形成"火雨"，甚至会引起火灾。不用时必须关好酒精贮罐的旋塞，以免酒精漏失，造成危险。

2. 煤气灯的使用

实验室中如果备有煤气，在加热操作中常用煤气灯。煤气由导管输送到实验台上，用橡皮管将煤气开关和煤气灯相连。煤气中含有毒物质 CO（但其燃烧产物无害），所以切不可把煤气逸到室内，以免发生中毒和引起火灾。不用时，一定要注意把煤气开关关紧（煤气中添加有特殊气味的气体，泄漏时极易嗅出）。

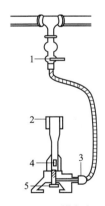

图 2-26　煤气灯
1—煤气开关；2—灯管；
3—煤气入口；4—气孔；
5—煤气调节螺丝

煤气灯的构造如图 2-26 所示，主要由灯管和灯座两部分组成。灯管下端有进入空气的气孔，旋转灯管能够控制气孔的大小以调节空气的进入量。灯座的侧面有煤气入口，调节灯座下的螺丝可控制煤气的进入量。

使用时，应先关闭煤气灯的气孔，将燃着的火柴移近灯口，再慢慢打开煤气开关，即可点燃。然后调节空气和煤气的进入量，使二者的比例合适，形成分层的正常火焰，如图 2-27(a) 所示。煤气灯的正常火焰可以分为三个区域（详见图 2-28）：内层 1 为焰心，在这里空气和煤气进行混合并未燃烧，温度最低；中层 2 为还原焰，在这里煤气不完全燃烧，分解为含碳的产物，火焰具有还原性，温度较高，火焰呈淡蓝色；外层 3 为氧化焰，在这里煤气完全燃烧，但由于含有过量空气，火焰具有氧化性，温度很高，可达 1500℃，火焰呈淡紫色。实验时一般都用氧化焰来加热。

如果空气和煤气的进入量不合适，会产生不正常的火焰，一般有两种情况。

第一种为临空火焰，即煤气和空气两者的进入量过大，使气流冲出管外，火焰在灯管上空燃烧。此时必须立即关闭煤气开关，重新调节后再点燃，以得到正常火焰。

第二种为侵入火焰，这是煤气量过小、空气量过大引起的，其现象是煤气灯管口火焰消失，或者变为细长的一条绿色火焰，并且发出特殊的嘶嘶声。侵入火焰在灯管内燃烧，灯管会被烧得很烫。此时应立即关闭煤气开关，待灯管冷却后再关闭气孔，重新点燃使用，切忌立刻用手去调节灯管，以免烫伤！

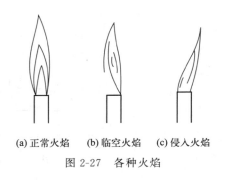

(a) 正常火焰　　(b) 临空火焰　　(c) 侵入火焰

图 2-27　各种火焰

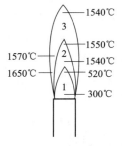

图 2-28　火焰各层温度

1—内层；2—中层；3—外层

煤气量的大小一般用煤气开关来调节，也可用灯座下的螺丝来调节。煤气灯使用完毕，应先关闭煤气开关，使火焰熄灭，再旋紧灯管。

3. 简单的玻璃工操作

（1）截断和熔光玻璃管（棒）

① 锉痕。将玻璃管（棒）平放在桌面上，如图 2-29 所示，用锉刀的棱在左手拇指按住玻璃管（棒）的地方用力向前（或向后）单向锉出一道狭窄且与玻璃管（棒）垂直的凹痕，注意不要来回锉。

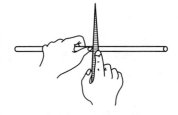

图 2-29　玻璃管的锉痕

② 截断。双手持玻璃管（棒），凹痕向外，用两拇指在凹痕的后面向前推压，同时食指及其余手指把玻璃管（棒）向外拉，折断玻璃管（棒），如图 2-30 所示。

③ 熔光。把截断面斜插入氧化焰中前后移动并不停转动，使其熔烧均匀，直至光滑为止。如图 2-31 所示。

图 2-30　玻璃管的截断

图 2-31　玻璃管的熔光

（2）弯曲玻璃管

① 加热。双手持玻璃管，将待弯曲部分置于氧化焰中（为使受热面积大，可斜放），缓慢均匀地沿着一个方向转动玻璃管，左右移动，用力均等，转速一致，加热至发黄变软（图 2-32）。

② 弯管。自火焰中取出玻璃管，用"V"字形手法弯成所需角度，如图 2-33 所示，弯好后待玻璃管冷却变硬再撒手，放在石棉网上继续冷却。

较小的角度可分几次弯成，先弯成120°左右的角度，待玻璃管稍冷后，再加热弯成较小角度。注意玻璃管第二次受热的位置应较第一次受热的位置略为偏左或偏右一些。待玻璃管完全冷却后，检查弯管角度是否准确及整个玻璃管是否处于同一平面上。

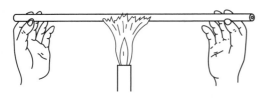

图 2-32　玻璃管的加热

图 2-33　玻璃管的弯曲

（3）拉制熔点管、滴管

① 烧管。拉制玻璃管时，加热玻璃管的方法与弯曲玻璃管基本一致，只是时间稍长，要烧得更软些。

② 拉管。当玻璃管烧到发黄变软时迅速从火焰中取出，控制好速度，沿水平方向边转动边拉（如图 2-34），使狭部至所需粗细，然后一手持玻璃管使玻璃管自然下垂，冷却后按需截断。注意用力要均匀，切记不要在火上拉。

图 2-34　玻璃管的拉细

③ 扩口。将玻璃管口烧熔后在石棉网上轻压成座，冷却后装上橡皮胶头，细口微熔光滑，即成滴管。

制作熔点管需将拉细均匀的部分截断（6～8cm 长），一端微熔光滑，一端灼烧封闭。

4．课堂实践

① 将一根长玻璃管截成 5～6 段。

② 制作一个 90°的弯管。

③ 制作两个滴管。

④ 制作一个玻璃棒。

四、思考题

1．怎样熄灭酒精喷灯？

2．截断玻璃管（棒）时应注意什么？为什么要熔光？

3．怎样拉制毛细管？

4．较小角度的弯管怎样制作？

实验二　硫酸亚铁铵的制备

一、实验目的

1．掌握制备硫酸亚铁铵的原理和方法。

2．学习减压过滤、蒸发、结晶等基本操作。

3．了解目测比色法检验产品质量等级的方法。

二、实验原理

硫酸亚铁铵[$FeSO_4 \cdot (NH_4)_2SO_4 \cdot 6H_2O$]是一种复盐，俗称摩尔盐，为浅绿色单斜晶体，易溶于水，在空气中比一般的亚铁盐稳定，不易被氧化，因此常用来配制亚铁离子的标准溶液。

硫酸亚铁铵在水中的溶解度比硫酸铵和硫酸亚铁的溶解度要小（见表 2-2），因此将制得的硫酸亚铁与硫酸铵按一定的比例在水中溶解、混合，然后再浓缩即可制得硫酸亚铁铵的晶体。反应方程式为：

$$Fe + H_2SO_4(稀) = FeSO_4 + H_2 \uparrow$$

$$FeSO_4 + (NH_4)_2SO_4 + 6H_2O = FeSO_4 \cdot (NH_4)_2SO_4 \cdot 6H_2O(浅绿色晶体)$$

产品中主要的杂质是 Fe^{3+}，产品质量等级常以 Fe^{3+} 含量来评定，本实验采用目测比色法判断 Fe^{3+} 含量。

表 2-2　溶解度数据　　　　　　　　　　单位：$g \cdot (100g 水)^{-1}$

盐	温度/℃				
	10	20	30	50	70
$(NH_4)_2SO_4$	73.0	75.4	73.0	84.5	91.9
$FeSO_4 \cdot 7H_2O$	20.5	26.6	33.2	48.6	56.0
$FeSO_4 \cdot (NH_4)_2SO_4 \cdot 6H_2O$	18.1	21.2	24.5	31.3	38.5

三、仪器与试剂

台式天平，布氏漏斗，吸滤瓶，循环水真空泵，pH 试纸，滤纸，锥形瓶，蒸发皿，泥三角，三脚架，玻璃棒，表面皿或小烧杯，酒精灯，石棉网，量筒，比色管（25mL），吸量管，洗耳球。

铁屑，$H_2SO_4(3mol \cdot L^{-1})$，$Na_2CO_3(10\%)$，$(NH_4)_2SO_4(AR)$，$KSCN(1mol \cdot L^{-1})$，$Fe^{3+}$ 标准溶液$(1.00 \times 10^{-1} mg \cdot mL^{-1})$。

四、实验步骤

1. 铁屑表面油污的去除

称取 1g 铁屑放入锥形瓶中，加入 10mL 10% 的 Na_2CO_3 溶液，小火加热约 10min，用倾析法除去碱液（回收），再用去离子水把铁屑冲洗干净，备用。

2. 硫酸亚铁的制备

将 15mL $3mol \cdot L^{-1}$ H_2SO_4 溶液加入盛有铁屑的锥形瓶中，盖上表面皿或小烧杯，在石棉网上小火加热，直至不再有细小气泡冒出为止（约 20min）。在加热过程中应不断加入少量去离子水，以补充被蒸发掉的水分，这样可以防止 $FeSO_4$ 结晶析出。趁热减压过滤，滤液立即转移至蒸发皿中，此时滤液的 pH 值应在 1 左右。

3. 硫酸亚铁铵的制备

考虑过滤过程中的损失，可根据 $FeSO_4$ 理论产量的 80%～85%，按照反应方程式计算所需 $(NH_4)_2SO_4$ 的质量。称取 2.4g $(NH_4)_2SO_4$ 固体，加入 5mL 去离子水配成饱和溶液，加到硫酸亚铁溶液中，混合均匀，用 $3mol \cdot L^{-1}$ H_2SO_4 调节溶液 pH 值为 1～2。用小火蒸发浓缩至表面出现微晶膜为止（蒸发过程中不宜搅动），放置使溶液慢慢冷却，即可析出浅绿色硫酸亚铁铵晶体。减压过滤，用滤纸吸干晶体，观察晶体的形状、颜色，称重并计算产率。

4. 产品检验（Fe^{3+} 的限量分析）

称取 1g 产品，放入 25mL 比色管中，用 15mL 不含氧的去离子水（将去离子水用小火煮沸 5min，除去所溶解的氧，盖好表面皿，冷却后即可）溶解，加入 1mL 3mol·L^{-1} H_2SO_4 和 1mL 1mol·L^{-1} KSCN，再用不含氧的去离子水稀释至刻度线，摇匀。用目测比色法与 Fe^{3+} 的标准溶液进行比较，确定产品中 Fe^{3+} 含量所对应的级别。

Fe^{3+} 标准溶液的配制（实验室准备）：依次量取 1.00×10^{-1} mg·mL^{-1} 的 Fe^{3+} 标准溶液 0.50mL、1.00mL、2.00mL，分别置于三个 25mL 比色管中，并各加入 1mL 3mol·L^{-1} H_2SO_4 和 1mL 1mol·L^{-1} KSCN，再用不含氧的去离子水稀释至刻度线，摇匀，即可配成如表 2-3 所示的不同等级的标准溶液。

表 2-3　不同等级的 Fe^{3+} 标准溶液

规格	Ⅰ级	Ⅱ级	Ⅲ级
Fe^{3+} 含量/mg	0.05	0.1	0.2

五、思考题

1. 铁屑与稀硫酸反应制取 $FeSO_4$ 的反应中，是铁过量还是硫酸过量？

2. 为什么在制备硫酸亚铁铵的过程中，溶液始终呈酸性？

3. 为什么在检验产品中 Fe^{3+} 含量时，要用不含氧的去离子水？

实验三　粗硫酸铜的提纯

一、实验目的

1. 了解用重结晶法提纯物质的原理。

2. 学习粗硫酸铜提纯及产品纯度检验的原理和方法。

3. 熟练加热、溶解、过滤、蒸发、结晶等基本操作。

二、实验原理

可溶性晶体物质中的杂质可用重结晶法除去。根据物质溶解度的不同，一般可采用溶解、过滤的方法除去易溶于水的物质中所含难溶于水的杂质，然后再用重结晶法使其与少量易溶于水的杂质分离。重结晶的原理是晶体物质的溶解度一般随温度的降低而减小，当热的饱和溶液冷却时，待提纯的物质首先以结晶析出，而少量杂质由于尚未达到饱和，仍留在溶液中。

粗硫酸铜中的不溶性杂质可用过滤法除去，而可溶性杂质通常以 Fe^{2+} 和 Fe^{3+} 为主。可先用氧化剂 H_2O_2 把 Fe^{2+} 氧化成 Fe^{3+}，然后调节溶液的 pH 值约为 4，使 Fe^{3+} 水解成为 $Fe(OH)_3$ 沉淀而除去。反应如下：

$$2Fe^{2+} + H_2O_2 + 2H^+ = 2Fe^{3+} + 2H_2O$$

$$Fe^{3+} + 3H_2O = Fe(OH)_3 \downarrow + 3H^+$$

除去 Fe^{3+} 后的滤液经蒸发、浓缩，即可制得 $CuSO_4 \cdot 5H_2O$ 晶体。其他微量杂质在硫酸铜结晶析出时留在母液中，经过滤即可与硫酸铜分离。

三、仪器与试剂

台式天平，玻璃漏斗，漏斗架，布氏漏斗，吸滤瓶，蒸发皿，循环水真空泵，比色管，滤纸，pH 试纸，烧杯，量筒，玻璃棒，蒸发皿，酒精灯，石棉网，研钵，泥三角。

粗 $CuSO_4$，$NaOH(0.5mol \cdot L^{-1})$，$NH_3 \cdot H_2O(6mol \cdot L^{-1})$，$H_2SO_4(1mol \cdot L^{-1})$，HCl $(2mol \cdot L^{-1})$，H_2O_2（3%），$KSCN(1mol \cdot L^{-1})$。

四、实验步骤

1. 粗硫酸铜的提纯

① 称量和溶解。用台式天平称取研细的粗硫酸铜 7.5g，放入干净的 100mL 烧杯中，加入 30mL 去离子水，加热、搅拌使其完全溶解（溶解时加入 2～3 滴 $1mol \cdot L^{-1}$ 的 H_2SO_4 溶液可以加快溶解速率）。

② 氧化及水解。将烧杯从火焰上拿下来，冷却后边搅拌边往溶液中滴加 2mL3% H_2O_2。继续加热，逐滴加入 $0.5mol \cdot L^{-1}$ NaOH 溶液并不断搅拌，直至 pH≈4。再加热片刻，静置，使红棕色 $Fe(OH)_3$ 沉降［注意：若有浅蓝色的 $Cu(OH)_2$ 出现时，表明 pH 值过高］。

③ 常压过滤。趁热用玻璃漏斗常压过滤硫酸铜溶液，滤液承接在清洁的蒸发皿中。

④ 蒸发、结晶、抽滤。在滤液中滴加 $1mol \cdot L^{-1}$ H_2SO_4 溶液，调 pH＝1～2。小火加热蒸发、浓缩至溶液表面局部出现极薄一层结晶膜时，停止加热（切不可蒸干）。冷却至室温，使 $CuSO_4 \cdot 5H_2O$ 晶体析出，然后减压抽滤。用滤纸将硫酸铜晶体表面的水分吸干，称量并计算产率。

2. 产品纯度检验

用台式天平称取 0.5g 提纯后的硫酸铜晶体，倒入小烧杯中加 3mL 去离子水加热溶解，加入 0.5mL $1mol \cdot L^{-1}$ H_2SO_4 酸化，再加入数滴 3% H_2O_2 氧化，加热至沸使 Fe^{2+} 全部转化为 Fe^{3+}。冷却后，边搅拌边向溶液中滴加 $6mol \cdot L^{-1}$ 氨水至生成的蓝色沉淀全部溶解，此时溶液呈深蓝色。用玻璃漏斗过滤，在取出的滤纸上滴加 $6mol \cdot L^{-1}$ 氨水至蓝色褪去，黄色的 $Fe(OH)_3$ 沉淀留在滤纸上。用滴管滴加 2mL $2mol \cdot L^{-1}$ HCl 溶液至滤纸上，溶解 $Fe(OH)_3$ 沉淀，溶解液可收集在比色管中。然后在溶解液中滴加 1 滴 $1mol \cdot L^{-1}$ KSCN 溶液，将所得溶液与实验室准备好的硫酸铜样品溶液进行比较，根据红色的深浅评定提纯后硫酸铜溶液的纯度。

五、思考题

1. 溶解固体时加热和搅拌起什么作用？

2. 粗硫酸铜中的杂质 Fe^{2+} 为什么要氧化成 Fe^{3+} 后再除去？除 Fe^{3+} 时，为什么要调 pH≈4？pH 太大或太小有何影响？

3. 蒸发溶液时，为什么加热不能过猛？为什么不可将滤液蒸干？

4. 精制后的硫酸铜溶液为什么要加几滴稀 H_2SO_4 调节 pH 值至 1～2，然后再加热蒸发？

5. 抽滤时蒸发皿中的少量晶体，怎样转移到漏斗中？能否用去离子水冲洗？

实验四 缓冲溶液的配制和性质

一、实验目的

1. 学习缓冲溶液的配制方法，掌握缓冲溶液 pH 值的计算方法。

2. 了解缓冲溶液作用原理并试验其缓冲作用。

3. 学习酸度计的使用方法。

二、实验原理

由弱酸及其共轭碱（如 HAc-NaAc）或弱碱及其共轭酸（如 $NH_3 \cdot H_2O$-NH_4Cl）组成，具有一定的 pH 值，不因适当稀释或加入少量强酸或强碱而使其 pH 值有明显改变的溶液，叫作缓冲溶液。

对于由共轭酸碱对组成的缓冲溶液，其 pH 值的计算公式为：

$$pH = pK_a^{\ominus} + \lg \frac{c_b}{c_a} \qquad \left(\text{或 } pH = 14 - pK_b^{\ominus} + \lg \frac{c_b}{c_a} \right)$$

由此可见，缓冲溶液的 pH 值取决于酸碱的解离常数及共轭酸碱对的浓度比。配制时只要按计算值量取一定体积的盐和酸（或碱）的溶液，混合后即可得到一定 pH 值的缓冲溶液。

由于缓冲溶液中有抗酸抗碱成分，故加入少量的强酸、强碱或适当稀释时，其 pH 值几乎不变，但所有缓冲溶液的缓冲能力都是有一定限度的。如果缓冲溶液的组分浓度太小，当溶液稀释的倍数太大，或加入强酸强碱的量也太大时，则会引起溶液的 pH 值急剧改变，失去缓冲作用。

三、仪器与试剂

酸度计，烧杯(50mL)，玻璃棒，量筒(25mL)。

$HAc(1.0 mol \cdot L^{-1}, 0.10 mol \cdot L^{-1})$，$NaAc(1.0 mol \cdot L^{-1}, 0.10 mol \cdot L^{-1})$，$NH_3 \cdot H_2O$ $(1.0 mol \cdot L^{-1})$，$NH_4Cl(0.10 mol \cdot L^{-1})$，$NaOH(0.10 mol \cdot L^{-1})$，$HCl(0.10 mol \cdot L^{-1})$，标准缓冲溶液(pH＝4.00，9.00)。

四、实验步骤

1. 缓冲溶液的配制及其溶液 pH 值的测定

按表 2-4 配制 4 种缓冲溶液，并用酸度计分别测定其 pH 值，记录测定结果，将测定值与计算值进行比较。

表 2-4　缓冲溶液的配制

编　　号	配制溶液(用量筒各取 25.00mL)	pH 测定值	pH 计算值
1	$NH_3 \cdot H_2O(1.0 mol \cdot L^{-1}) + NH_4Cl(0.10 mol \cdot L^{-1})$		
2	$HAc(0.10 mol \cdot L^{-1}) + NaAc(1.0 mol \cdot L^{-1})$		
3	$HAc(1.0 mol \cdot L^{-1}) + NaAc(0.10 mol \cdot L^{-1})$		
4	$HAc(0.10 mol \cdot L^{-1}) + NaAc(0.10 mol \cdot L^{-1})$		

2. 试验缓冲溶液的缓冲作用

在第 4 号缓冲溶液中加入 0.5mL（约 10 滴）$0.10 mol \cdot L^{-1}$ HCl 溶液，摇匀，用酸度计测定其 pH 值；再加入 1.0mL（约 20 滴）$0.10 mol \cdot L^{-1}$ NaOH 溶液，摇匀，用酸度计测定其 pH 值，在表 2-5 中记录测定结果，并与计算值进行比较。

表 2-5　pH 测定结果

4 号缓冲溶液	pH 测定值	pH 计算值
加入 0.5mL HCl 溶液($0.10 mol \cdot L^{-1}$)		
加入 1.0mL NaOH 溶液($0.10 mol \cdot L^{-1}$)		

五、思考题

1. 缓冲溶液缓冲能力的大小主要取决于哪些因素？
2. 若组成缓冲溶液的组分浓度都较小，则缓冲能力如何？
3. 为什么适当稀释，缓冲溶液的 pH 值基本不变？
4. 缓冲溶液 pH 值的实验值为什么与理论值有一定的偏差？

实验五　滴定分析基本操作练习

一、实验目的

1. 认识滴定分析常用仪器，如滴定管、容量瓶和移液管等。
2. 掌握滴定分析常用仪器的洗涤、使用和滴定操作。
3. 练习正确读数。

二、实验原理

滴定分析常用仪器为标有分刻度的滴定管和吸量管以及标有单刻度的容量瓶和移液管等，一般以最大容量作为其规格，标有使用温度，不能加热，不能用作反应容器。

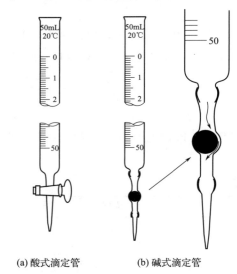

(a) 酸式滴定管　　(b) 碱式滴定管

图 2-35　滴定管

1. 滴定管

滴定管主要是滴定时用来准确度量液体的量器，刻度由上而下数值增大。常用滴定管的容量为 50mL，每一小刻度相当于 0.1mL，而读数可估读到 0.01mL。

滴定管可分为两种：一种是下端带有玻璃旋塞的酸式滴定管，用来盛放酸性溶液和氧化性溶液；一种是碱式滴定管，用于盛放碱性溶液，其下端连一乳胶管，管内有一玻璃珠，可以控制溶液的流出和流速，管下端连一尖嘴玻璃管（见图 2-35）。注意：酸式滴定管不能盛放碱性溶液，因为磨口玻璃旋塞会被碱性溶液腐蚀而难以打开；碱式滴定管不能盛放能与乳胶管发生化学反应的氧化性溶液，如高锰酸钾、碘等。

（1）使用前的准备

① 试漏。酸式滴定管使用前应检查旋塞转动是否灵活以及是否有漏水现象，如有则需将旋塞拆下涂以凡士林。涂凡士林的方法是：把滴定管平放在桌面上，取下旋塞，将旋塞和旋塞槽洗净并用滤纸将水擦干，用手指沾上少量凡士林，在旋塞孔的两边沿圆周涂上一薄层（不宜涂得太多，尤其是在孔的两边，以免堵塞小孔），然后把旋塞插入槽中，向同一方向转动旋塞，直到从外面观察呈均匀透明为止（见图 2-36）。如果发现旋转不灵活或出现纹路，表示凡士林涂得不够；如果有凡士林从旋塞缝隙溢出或被挤入旋塞孔内，则表示凡士林涂得太多，一旦出现上述情况，都必须重新涂凡士林。凡士林涂得恰当的

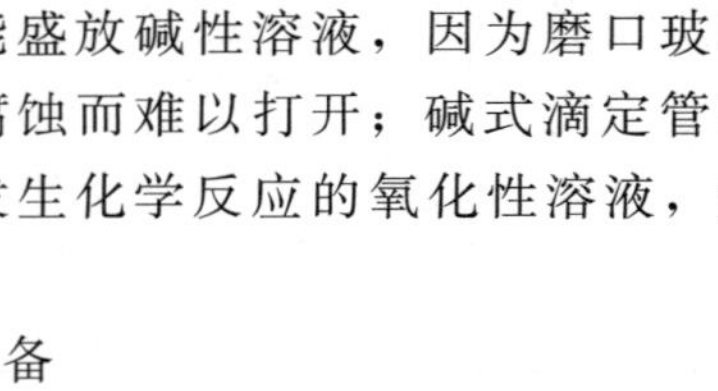

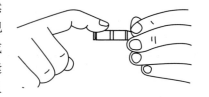

图 2-36　旋塞涂凡士林

旋塞应透明、无气泡、转动灵活。最后还应检查旋塞是否漏水。首先关闭旋塞，装水至"0"刻度线以上，置于滴定管架上，直立约 2min，仔细观察有无水滴滴下，然后将旋塞旋转180°，再直立 2min，观察有无水滴滴下，若没有则可使用，若有则应重新涂凡士林。为防止在使用过程中旋塞脱落，可用橡皮筋将旋塞扎住或用橡皮圈套在旋塞末端的凹槽上。

碱式滴定管使用前应选择与乳胶管粗细合适的玻璃珠，并检查是否漏水，液滴是否能灵活控制，否则应重新调换玻璃珠直至大小合适，若乳胶管已老化失去弹性也应及时更换。碱式滴定管的试漏与酸式滴定管相同，检查不漏水后，应先将滴定管洗涤干净，然后才能装入操作溶液。

② 洗涤。当滴定管没有明显污染时，可以直接用自来水冲洗，亦可用滴定管刷蘸上肥皂水或洗涤剂刷洗，但不能用去污粉。如果用肥皂水或洗涤剂洗不干净，则可用 5～10mL铬酸洗液润洗。洗涤酸式滴定管时，要预先关闭旋塞，倒入洗液后，一手拿住滴定管上端无刻度部分，另一手拿住旋塞上部无刻度部分，边转动边将管口倾斜，使洗液流经全管内壁，然后将滴定管竖起，打开旋塞使洗液从下端放回原洗液瓶中。洗涤碱式滴定管时，应先去掉下端的乳胶管和细嘴玻璃管，接上一小段塞有玻璃棒的乳胶管，再按上述方法洗涤。

用肥皂水、洗涤剂或洗液洗涤后都要用自来水充分洗涤，然后检查滴定管是否洗净，滴定管的外壁亦应保持清洁。

用自来水冲洗以后，再用去离子水洗涤 3 次，每次用量约 10mL。加入去离子水后，要边转动边将管口倾斜，使水布满全管内壁，然后将酸式滴定管竖起，打开旋塞，使水流出一部分以冲洗滴定管的下端，再关闭旋塞，将其余的水从管口倒出。对于碱式滴定管，从下端放水洗涤时，要用拇指和食指轻轻往一边挤压玻璃球外面的乳胶管，并随放随转，将残留的水全部洗出。

③ 装液。在装入操作溶液之前，必须将试剂瓶中的溶液摇匀，使凝结在瓶壁上的水珠混入溶液。装入溶液时，应由试剂瓶直接装入，不得借助其他任何器皿，以免溶液的浓度改变或造成污染。先用操作溶液润洗滴定管 2～3 次，每次用量为 10mL 左右，润洗方法与去离子水洗涤方法相同，然后装入溶液至"0"刻度线以上。

把操作溶液装入滴定管后，应检查下端尖嘴内有无气泡，若有则必须排除。对于酸式滴定管，可用右手拿住管上部无刻度处，将滴定管倾斜约 30°，左手迅速打开旋塞使溶液冲出而将气泡带走。对于碱式滴定管，可把乳胶管向上弯曲，用两指挤压稍高于玻璃球所在处，使溶液从管尖喷出即可排除气泡，然后一边挤压乳胶管，一边把乳胶管放直，等完全放直后再松开手指，否则末端仍会有气泡（见图 2-37）。

图 2-37 碱管排气泡

排除气泡后，再加满操作溶液至"0"刻度线以上，然后把滴定管夹在滴定管架上并保持垂直，等 1～2min 后，再调节液面在"0.00"刻度或接近"0.00"的某一刻度，备用。

（2）滴定管读数

为了正确读数，应遵守下列规则。

① 读数时，应将滴定管从架子上取下，用右手的拇指和食指捏住滴定管上部无刻度处，让其自然下垂，否则会造成读数误差。

② 读数时，对于无色或浅色溶液，视线应在弯月面的最低点处，而且要与液面在同一水平线上，见图 2-38。若溶液颜色太深，不能观察到弯月面时，可读液面两侧的最高点。

蓝线滴定管中溶液的读数与上述方法不同，如图 2-39 所示，无色或浅色溶液有两个弯月面相交于滴定管蓝线的某一点，读数时视线应与此点在同一水平线上；若为有色溶液，仍应读液面两侧的最高点。不管采取哪种读法，初读数与终读数应取同一标准。

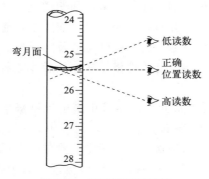

图 2-38　滴定管正确读数

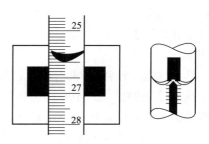

图 2-39　黑白读数卡和蓝线滴定管

③ 读取初读数前，应将管尖悬挂的溶液除去后再读数；读取终读数时，应注意管尖不应悬有溶液。读数必须读到小数点后第二位，即要求估读到 0.01mL。

④ 每次滴定前应将液面调节在 "0.00" 刻度或稍下一点儿的位置，这样可以使每次滴定前后的读数都在滴定管的同一部位，从而消除因上下刻度不匀所造成的误差。

⑤ 为了准确读数，装满溶液或放出溶液后，必须等 1~2min，使附着在内壁上的溶液流下后再读数。

⑥ 为了便于更好地读数，可采用读数卡。读数卡是一张黑纸或涂有一黑长方形的白纸，将其放在滴定管背后，使黑色部分在弯月面下约 1mm，可看到弯月面的反射层成为黑色，读此黑色弯月面的最低点（见图 2-39）。

（3）滴定操作

滴定最好以白瓷板作为背景，在锥形瓶中进行，必要时也可在烧杯中进行。开始滴定前，先将悬挂在滴定管尖端处的液滴除去，读下初读数，然后将滴定管夹在滴定管架上。

使用酸式滴定管时，用左手控制旋塞，拇指在管前，食指和中指在管后，三指轻轻捏住塞柄，无名指和小指向手心弯曲（见图 2-40）。转动旋塞时要注意勿使手心顶着旋塞，以防旋塞被顶出而漏液。使用碱式滴定管时，左手拇指在前，食指和中指在后固定玻璃珠并保持出管口垂直向下，同时拇指和食指捏住乳胶管中玻璃珠所在部位稍上一些的地方，并向右边挤压乳胶管，使其与玻璃珠之间形成一道缝隙，溶液即可流出（见图 2-41）。但要注意，不

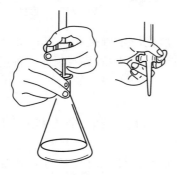

图 2-40　酸式滴定管的操作

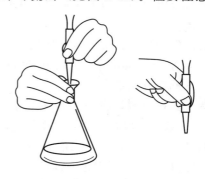

图 2-41　碱式滴定管的操作

能用力捏玻璃珠或使玻璃珠上下移动，更不要捏挤玻璃珠下方的乳胶管，否则就会有空气进入而形成气泡。

滴定时，右手前三指握住锥形瓶瓶颈，将滴定管下端伸入瓶口约 1cm，瓶底离下面白瓷板 2~3cm，然后边滴加溶液边向同一方向摇动锥形瓶使溶液混匀。滴定速度以 10mL·min^{-1}，即 3~4 滴/s 左右为宜。滴定刚开始时，速度可稍快些，但不能滴水成线，而应成滴放出。接近终点时，应逐滴加入，即加一滴，摇几下再加下一滴。马上到终点时，应控制半滴加入，仔细观察滴定管口尖端悬而未落的液滴大小，估计有半滴左右时立即关闭旋塞或松开挤捏胶管的手指，然后用锥形瓶内壁将半滴溶液沾落，再用洗瓶以尽可能少量的去离子水将附于瓶壁上的溶液冲洗下去，继续摇晃锥形瓶，观察颜色变化。如此重复，直至当加入半滴而使被滴溶液颜色发生明显变化且符合终点颜色，并保持半分钟不消失时，即为滴定终点。

注意事项：

① 用酸式滴定管滴定时，左手不能离开旋塞，任溶液自流。

② 摇瓶时，应微动腕关节，使锥形瓶口基本不动，瓶底做圆周运动，瓶内溶液向同一方向旋转，不能前后摇动，否则溶液会溅出。

③ 滴定时，不要去看滴定管上刻度的变化，而应认真观察锥形瓶中溶液颜色的变化，以此来估计滴定反应进行的程度。滴定过程中，要注意观察滴定的滴落点，一般在滴定开始时，由于离终点很远，滴下时无明显变化，随着滴定反应的进行，滴落点周围会出现暂时性的颜色变化。在离终点还比较远时，颜色一般立即消失；随着终点越来越近，颜色消失渐慢；快到终点时，颜色甚至可以暂时扩散到全部溶液，摇动 1~2 次后才完全消失，此时应改为每滴加 1 滴，摇几下。接近终点时，用洗瓶冲洗锥形瓶内壁，把壁上的溶液冲洗下去。最后微微转动活塞，使溶液悬在管尖上形成半滴但未落下，用瓶壁靠上，再用洗瓶冲洗下去，并摇动锥形瓶。如此重复，直到滴定终点。

④ 不管用哪种滴定管，都要正确控制滴定速度，熟练掌握三种加液方法：逐滴连续滴加、只加一滴、加半滴。

滴定结束后，弃去滴定管内剩余溶液（不可倒入原瓶中），用自来水冲洗干净，再用去离子水荡洗 3 次，然后夹在滴定管架上，罩上滴定管盖，备用。

2. 容量瓶

容量瓶是常用的测量所容纳液体体积的容量器皿，为一种细颈梨形平底玻璃瓶，带有磨口玻璃塞或塑料塞。其颈部刻有环形标线，表示在指定温度下，当溶液充满到标线时，所容纳的溶液体积等于瓶上所示的体积，一般有 50mL、100mL、250mL、500mL、1000mL 等规格。容量瓶只能用于配制标准溶液或定量地稀释试样溶液（对需避光的溶液应使用棕色容量瓶），不得长期存放溶液。若需要长期存放，可将溶液转移到磨口试剂瓶中（根据需要可选用无色瓶、棕色瓶或聚氯乙烯塑料瓶等），试剂瓶洗净后必须用容量瓶中的溶液润洗 2~3 次，以保证浓度不变。

（1）使用前的准备

① 试漏。容量瓶使用前应检查是否漏水，方法是加入自来水至标线附近，盖好瓶塞，左手食指压住瓶塞，右手指尖拿住瓶底，将瓶倒立，观察瓶塞周围是否有水渗出，如不漏水，将瓶直立，瓶塞转动 180°，再倒过来检查一次，确无漏水后才可使用。容量瓶的瓶塞应用橡皮筋或细绳系在瓶颈上，不应取下随意乱放，以免沾污、弄错或打碎。

② 洗涤。使用前先用自来水冲洗几次（必要时用洗液或容量瓶专用刷刷洗），接着用去离子水荡洗 3 次，备用。

（2）操作方法

若用固体物质配制溶液，可先将准确称量好的固体物质在小烧杯中溶解，再把溶液定量转移到预先洗净的容量瓶中（热溶液应冷至室温后，才能注入容量瓶中，否则会造成体积误差）。如图 2-42 所示，一手将玻璃棒伸入容量瓶中约 3～4cm，并紧靠瓶内壁；一手拿烧杯，烧杯嘴紧靠玻璃棒，慢慢倾斜烧杯，使溶液沿玻璃棒流下。倾倒完溶液后，将烧杯扶正的同时沿玻璃棒上移 1～2cm，随后离开玻璃棒（可以避免杯嘴与玻璃棒之间的溶液流到烧杯外面），并将玻璃棒小心放回烧杯中，但不得靠在烧杯嘴上（可用食指卡住玻璃棒，以免玻璃棒来回滚动）。然后用少量去离子水或其他溶剂冲洗烧杯及玻璃棒 3～4 次，洗涤液按同样的操作全部转入容量瓶中。若溶解试样时，为防止发生喷溅使用了表面皿，则表面皿接触溶液的一面也应用去离子水或其他溶剂冲洗几次，洗涤液倒入烧杯中，再转入容量瓶。

当溶液量达到约 3/4 容积时，应将容量瓶沿水平方向摇晃作初步混匀，切勿倒转容量瓶。最后，继续加去离子水或其他溶剂稀释至标线以下约 1cm 处，等待 1～2min，使附着在瓶颈内壁的溶液流下后，再用滴管逐滴加至弯月面恰好与标线相切（该操作过程称为定容）。盖好瓶塞，用食指压住瓶塞，另一只手的指尖托住瓶底，倒转过来，使气泡上升到顶部（见图 2-43）。如此反复多次，使溶液充分混合均匀。用手托瓶时，应尽量减少与瓶身的接触面积，以避免体温对溶液的影响。

若用容量瓶稀释溶液，则用移液管移取一定体积的溶液于容量瓶中，然后按上述方法加去离子水至标线，摇匀即可。

容量瓶使用完后，应立即用自来水和去离子水冲洗干净，然后放在指定位置。若长期不用，应将磨口处洗净擦干，并夹一张纸片隔开磨口。

3. 移液管和吸量管

移液管和吸量管是用来准确移取一定体积液体的量器。移液管（见图 2-44）是一根中间膨大的细长玻璃管，上端有一环形标线，亦称"单标线吸量管"，常用规格有 5mL、10mL、25mL、50mL 等。吸量管的全称为"分度吸量管"（见图 2-45），是一具有分刻度的细长玻璃管，一般用于量取小体积且不是整数时使用，常用规格有 1mL、2mL、5mL、10mL 等。

图 2-42　转移操作

图 2-43　溶液的混匀

图 2-44　移液管

图 2-45　吸量管

（1）使用前的准备

移液管和吸量管在使用前都应该洗涤干净。一般先用洗液洗，用洗耳球吸取洗液，立即用食指按紧上管口，小心地将移液管由垂直倒向水平，另一只手拿住下端的细管处。此时应有部分洗液流入移液管中间的鼓起部分，小心转动或倾斜移液管，使整个管内尽量被洗液浸润，然后小心地将洗液从管尖部放回至洗液瓶中。后续的自来水和去离子水洗涤以及用操作溶液润洗方法同上。切忌将溶液从上管口放出。

用去离子水洗涤过的移液管第一次移取溶液前，应先用滤纸将管口尖端内外的水吸净，否则会因水滴的引入而改变溶液的浓度。然后用所移取的溶液再将移液管和吸量管润洗 2～3 次，确保所移取的溶液浓度不变。去离子水和溶液润洗的用量由管的大小决定，移液管以液面上升到膨大部分为限，吸量管则以充满全部体积的 1/5 为限。

（2）溶液移取操作

移液管和吸量管的洗涤以及移取溶液一般是采用橡皮洗耳球进行的。移取溶液时，如图 2-46 所示，一般用右手大拇指和中指拿住管颈上方，把尖端部分插入溶液中 1～2cm。注意不要插得太浅，以防产生空吸，使溶液冲入洗耳球中；也不能插得太深，以免管下口外壁沾附溶液过多。左手拿洗耳球，先把球内空气压出，然后把球的尖端紧按在管上口，慢慢松开左手指，使溶液吸入管内。当液面升高到标线以上时，移去洗耳球，立即用右手的食指按住管上口，大拇指和中指拿住管标线上方，将移液管或吸量管提出液面，管的末端靠在盛溶液器皿的内壁上，稍放松右手食指，用拇指和中指轻轻转动管身，使管内液面平稳下降，直到视线平视溶液的弯月面与标线相切时，立即用食指压紧管口。取出移液管或吸量管，插入承接溶液的器皿中，此时管身应保持垂直，将承接的器皿倾斜，管的末端靠在器皿内壁上，使器皿内壁与管尖约成 45°，松开食指，让管内溶液自然地沿器壁流下（见图 2-47）。

图 2-46　吸取溶液

图 2-47　放出溶液

对于移液管，待溶液下降到管尖后，再停靠 10～15s 后取出即可，此时流出的溶液体积就等于其标示的数值。对于吸量管，一般是让液面从最高标线下降到另一刻度，两刻度间的体积刚好等于所需量取的体积，通常不把溶液放到底部；在同一实验中，尽可能使用同一吸量管的同一段，而且尽可能使用上面部分，不用末端收缩部分。

注意在使用非吹出式的移液管和吸量管时，切勿把残留在管尖的溶液吹出，因为在校准容积时没有把这部分液体包括在内（除非管上注明"吹"字才可吹出残留液）。移液管和吸量管用完后，应立即用自来水和去离子水冲洗干净，然后放在指定管架上。

三、仪器与试剂

酸式滴定管，碱式滴定管，锥形瓶，移液管，容量瓶，洗耳球，烧杯。

四、实验步骤

1. 酸式滴定管旋塞涂凡士林

给酸式滴定管旋塞涂凡士林，直至旋塞与旋塞槽接触的地方呈透明状态、转动灵活、不漏水为止。

2. 碱式滴定管配装玻璃珠

为碱式滴定管配装大小合适的玻璃珠和乳胶管，直至不漏水，液滴能够灵活控制为止。

3. 洗涤滴定分析常用玻璃器皿

洗涤滴定管、容量瓶、移液管、锥形瓶、烧杯等玻璃器皿，直至内壁完全被去离子水均匀润湿，不挂水珠为止。

4. 装溶液

向酸式滴定管和碱式滴定管中装入指定溶液，检查旋塞附近和乳胶管内有无气泡，若有应排除，学会调节液面至"0.00"刻度或接近"0.00"的某一刻度，学会正确读取滴定管读数。

5. 练习正确的滴定操作

练习左手以正确手势操作酸式滴定管的旋塞和碱式滴定管乳胶管中的玻璃珠，控制溶液从滴定管中逐滴连续滴出，学会滴出一滴和半滴（液滴悬而未落）溶液。右手握持锥形瓶，边滴边向一个方向做圆周旋转，两手动作应配合协调。注意实验结束后，滴定管内的剩余溶液应弃去，不得将其倒回原瓶，以免污染整瓶溶液，随即洗净滴定管备用。

6. 容量瓶的定容和摇匀练习

将指定的溶液自烧杯中全部定量转移入容量瓶中，用去离子水稀释至刻度线，摇匀。注意溶液不能撒到容量瓶外，稀释时勿超过刻度线。

7. 练习使用移液管

练习正确吸放一定体积的指定溶液，学会用食指灵活控制调节液面高度。

五、思考题

1. 如何判断玻璃器皿是否洗涤干净？

2. 怎样洗涤移液管？为什么最后要用需移取的溶液来润洗移液管？滴定管和锥形瓶也需要用待装溶液润洗吗？

3. 在滴定管中装入溶液后，为什么先要排气泡然后才能读取液面的读数？如果没有排尽空气泡，将对实验的结果产生什么影响？

4. 使用碱式滴定管时应注意哪些问题？如何排气泡？

5. 滴定至近终点时，为什么要用洗瓶中的去离子水冲洗锥形瓶内壁？

6. 遗留在移液管口内的少量溶液是否需要吹出？

7. 将溶液加入滴定管时，是直接倒入还是借助于漏斗倒入？为什么？

实验六　滴定分析容量器皿的校准

一、实验目的

1. 了解容量器皿校准的意义和方法。

2. 初步掌握滴定管的绝对校准以及容量瓶与移液管之间相对校准的操作。

3. 学习电子天平称量操作。

二、实验原理

目前我国生产的容量器皿的准确度可以满足一般分析测定的要求，但是在准确度要求很高的分析中，必须对所用的容量器皿进行校准。

测量容积的基本单位是标准升，即在真空中质量为 1000g 的纯水，在 3.98℃时所占的体积。但容量器皿的容积随温度改变而有变化，因此必须对容量器皿温度做统一规定。标准升规定的温度（3.98℃）因为太低而不实用，所以采用实验工作时的平均温度，即一般用 20℃作为标准温度。例如一个标有 20℃ 1L 的容量瓶，表示在 20℃时它的容积是 1 标准升。

容量器皿的校准通常有两种：相对校准和绝对校准。当要求两种容量器皿有一定的比例关系时，可采用相对校准，比如用 25mL 移液管取液体的体积应等于 250mL 容量瓶容纳体积的 1/10。而绝对校准是称量器皿中所容纳或放出纯水的质量，根据该温度时纯水的密度计算出容量器皿在 20℃时的容积。但是由于玻璃容器和纯水的体积均受温度的影响，而且称量时也受空气浮力的影响，所以校准时必须考虑三个因素：①纯水的密度随温度而改变；②温度对玻璃膨胀系数的影响；③在空气中称量时，空气浮力的影响。把上述三个因素考虑在内，可以得到一个总校准值，即可计算出在某一温度下，纯水体积恰好等于 20℃下该容器所指示体积时所需纯水的质量。

为了便于计算，将 20℃下容积为 1L 的玻璃容器，在不同温度时所盛纯水的质量列于表 2-6 中，根据此表可以由纯水的质量换算出容量器皿在 20℃时的容积。例如：在 15℃，某 250mL 容量瓶以黄铜砝码称量其容积的纯水重为 249.52g，由表 2-6 查得，纯水的密度为 0.99793g·mL^{-1}，所以容量瓶在 20℃的真正容积为

$$\frac{249.52g}{0.99793g \cdot mL^{-1}} = 250.04mL$$

表 2-6　不同温度下 1L 纯水的质量（在空气里用黄铜砝码称量）

温度/℃	质量/g	温度/℃	质量/g	温度/℃	质量/g	温度/℃	质量/g
0	998.24	11	998.32	21	997.00	31	994.64
1	998.32	12	998.23	22	996.80	32	994.34
2	998.39	13	998.14	23	996.60	33	994.06
3	998.44	14	998.04	24	996.38	34	993.75
4	998.48	15	997.93	25	996.17	35	993.45
5	998.50	16	997.80	26	995.93	36	993.12
6	998.51	17	997.65	27	995.69	37	992.80
7	998.50	18	997.51	28	995.44	38	992.46
8	998.48	19	997.34	29	995.18	39	992.12
9	998.44	20	997.18	30	994.91	40	991.77
10	998.39						

三、仪器与试剂

电子天平，滴定管（50mL），具塞锥形瓶（50mL），移液管（25mL），容量瓶（250mL），普通温度计，洗耳球。

四、实验步骤

1. 滴定管的绝对校准

在洗净的滴定管中装满去离子水到刻度"0.00"处，放出一段水（约 10mL）于已称重的 50mL 具有玻璃塞的锥形瓶中，称重，精确到 0.01g，记录数据。再放出一段水于同一锥形瓶中，再称量。如此逐段放出和称量，直到刻度"50"为止。由各段水的质量计算出滴定管每段的体积。现举例如下。

水温 25℃，水的密度为 0.99617g·mL^{-1}，空瓶重 29.20g，由滴定管中放出 10.10mL 水，其质量为 10.08g，可算出水的实际体积为

$$\frac{10.08g}{0.99617g \cdot mL^{-1}} = 10.12mL$$

故滴定管这段容积的误差为 10.12mL－10.10mL＝＋0.02mL。将此滴定管的校准实验数据列于表 2-7。

表 2-7　滴定管校准实验数据（水的温度＝25℃，水的密度为 0.99617g·mL^{-1}）

滴定管读数/mL	读数的容积/mL	瓶与水的质量/g	水质量/g	实际容积/mL	校准值/mL	总校准值/mL
0.02		29.20(空瓶)				
10.12	10.10	39.28	10.08	10.12	＋0.02	＋0.02
20.09	9.97	49.19	9.91	9.95	－0.02	0.00
30.16	10.07	59.27	10.08	10.12	＋0.05	＋0.05
40.09	10.03	69.24	9.97	10.01	－0.02	＋0.03
49.98	9.79	79.09	9.83	9.86	＋0.07	＋0.10

表中最后一列为总校准值，例如 0mL 与 10mL 之间的校准值为＋0.02mL，而 10mL 与 20mL 之间的校准值为－0.02mL，则 0mL 到 20mL 的总校准值为＋0.02mL－0.02mL＝0.00mL，据此即可校准滴定时所用去的体积（mL）。

2. 容量瓶与移液管的相对校准

① 容量瓶的校准。将洗净的容量瓶干燥，称空瓶重，注入去离子水到标线，附着在瓶颈内壁的水滴应用滤纸吸干，再称得空瓶加水的质量，两次质量之差即为瓶中水的质量，然后除以实验温度下水的密度，即得该容量瓶的真实容积。

② 移液管的校准。将移液管洗净，吸取去离子水到标线以上，缓缓调节液面弧线到标线，将水放入已称重的具塞锥形瓶中，再称重，两次质量之差为量出水的质量，然后除以实验温度下水的密度，即得移液管的真实容积。

③ 容量瓶与移液管的相对校准。在很多分析工作中，容量瓶常和移液管配合使用，以分取一定比例的溶液。这时，重要的不是知道容量瓶和移液管的绝对容积，而是它们之间的体积是否成一定的比例。校准这种相对关系时，只需用移液管吸取去离子水注入干燥的容量瓶中，如此进行 10 次后，观察水面是否与标线相切，如果不相切，可以另做一个标记，使

用时以此标记为标线，用这一移液管吸取一管溶液，就是容量瓶中溶液体积的 1/10。经相互校准后的容量瓶和移液管必须配套使用。

五、思考题

1. 在实验时，为何体积的度量有时要很准确，有时则不需要很准确？哪些容量器皿的度量是准确的，哪些容量器皿的度量是不很准确的？

2. 称量水的质量时，应精确至小数点后几位数字？为什么？

3. 容量瓶与移液管相对校准的意义何在？

4. 滴定管校准时，若锥形瓶外壁有水珠，可能会造成什么问题？为什么要用具塞锥形瓶？

5. 容量瓶与移液管相对校准时，移液管洗净但不晾干，使用前用滤纸将移液管外壁水分擦干，而不将其内壁水分吸干，这样做是否可以？为什么？

6. 容量瓶与移液管相对校准时：

（1）若移液管放出去离子水于容量瓶后没按要求停留约 15s 再取出移液管；

（2）用外力（如吹等）使移液管最后一滴去离子水也流入容量瓶；

（3）移液管移取去离子水后，没用滤纸将移液管外壁水分擦干就插入容量瓶中。

这三种情况对校准各会造成什么结果？

7. 250mL 容量瓶若与标线相差＋0.5mL，问此体积的相对误差为多少？若以此容量瓶的原标线为准配制某一基准物溶液，用以标定某一标准溶液的浓度，会造成什么结果？

8. 影响容量器皿校准的主要因素有哪些？

实验七　酸碱标准溶液的配制与体积比较

一、实验目的

1. 了解用间接法配制标准溶液的方法。

2. 掌握滴定管的正确使用与滴定操作。

3. 掌握用指示剂确定滴定终点的方法。

4. 学习正确记录数据和结果处理的方法。

二、实验原理

酸碱滴定中常用盐酸和氢氧化钠溶液作为标准溶液。但浓盐酸易挥发，氢氧化钠易吸收空气中的水分和二氧化碳，因此只能用间接法配制盐酸和氢氧化钠标准溶液，即先配制近似浓度的溶液，然后用基准物标定其准确浓度。

强酸强碱的中和反应是：

$$H^+ + OH^- \Longrightarrow H_2O$$

当反应达到化学计量点时，$c_{HCl} V_{HCl} = c_{NaOH} V_{NaOH}$

即

$$\frac{V_{NaOH}}{V_{HCl}} = \frac{c_{HCl}}{c_{NaOH}}$$

由此可见，经过比较滴定，可确定 NaOH 与 HCl 完全中和时的体积比，即可确定其浓度比。因此对于 NaOH 与 HCl 的标准溶液，只要用基准物质标定其中一种溶液的准确浓度，就可根据它们的体积比求得另一种溶液的准确浓度。

酸碱指示剂都具有一定的变色范围，其中酚酞的变色范围是 8.2～10.0，甲基橙的变色范围是 3.1～4.4，部分或全部落在 $0.1mol \cdot L^{-1}$ HCl 和 $0.1mol \cdot L^{-1}$ NaOH 中和反应的 pH 突跃范围内，故可选用它们作指示剂。

三、仪器与试剂

酸式滴定管，碱式滴定管，台式天平，锥形瓶，试剂瓶，量筒，烧杯。

NaOH(AR)，HCl($6mol \cdot L^{-1}$)，酚酞指示剂(0.2%)，甲基橙指示剂(0.1%)。

四、实验步骤

1. $0.1mol \cdot L^{-1}$ HCl 溶液的配制

用洁净量筒量取 $6mol \cdot L^{-1}$ HCl 约 16.7mL，倾入 1L 洗净的试剂瓶中，用去离子水稀释至 1L。盖上玻璃塞，充分摇匀，贴上标签。

2. $0.1mol \cdot L^{-1}$ NaOH 溶液的配制

用台式天平称取 NaOH 约 4g，置于小烧杯中，加去离子水约 100mL 使其全部溶解，将溶液倾入 1L 洗净的试剂瓶中，用去离子水稀释至 1L。盖上橡皮塞，充分摇匀，贴上标签。

3. 酸碱标准溶液体积的比较

(1) 滴定管的准备

首先将洗液和自来水洗过的酸式滴定管和碱式滴定管通过洗瓶用去离子水洗涤干净。接着用少量 HCl 标准溶液润洗酸式滴定管三次，用少量 NaOH 标准溶液润洗碱式滴定管三次。每次用溶液 5～10mL，以除去沾在管壁及活塞上的水分，润洗后的溶液从管嘴放出弃去。

将 HCl 和 NaOH 标准溶液分别直接装入酸式滴定管和碱式滴定管中，排除活塞及乳胶管下端的空气泡，将管内液体放出至弧形液面在"0.00"刻度或稍低于"0.00"刻度，静置 1min，记录读数至小数点后第二位。

(2) 酸碱标准溶液体积的比较

将碱式滴定管中的 NaOH 溶液放出约 20～30mL 置于 250mL 的清洁锥形瓶中，放出溶液时不要太快以防溅失。向锥形瓶中滴入 1 滴甲基橙指示剂，然后用酸式滴定管将 HCl 溶液渐渐滴入锥形瓶中，同时不断摇动锥形瓶使溶液混匀。待滴定近终点时可用少许去离子水淋洗瓶壁，使溅起而附于瓶壁上的溶液流下，继续逐滴或半滴滴定直到溶液恰由黄色转变为橙色为止。为了掌握滴定终点，可再将锥形瓶移至碱式滴定管下，慢慢滴入 NaOH 溶液，使溶液再显黄色，然后再以 HCl 溶液滴至橙色。如此反复进行直至能较为熟练地判断滴定终点为止。仔细读取两滴定管的读数，记录之。再次装满两滴定管，另取一锥形瓶，重复上述操作两次。计算 V_{NaOH}/V_{HCl} 的平均值及结果的相对平均偏差。

酸碱标准溶液体积的比较也可用 NaOH 溶液滴定 HCl 溶液，即先从酸式滴定管中放出约 20～30mL HCl 溶液置于 250mL 的清洁锥形瓶中，加 1～2 滴酚酞指示剂，用碱式滴定管中的 NaOH 溶液滴定，溶液由无色突变为粉红色，且摇动后 0.5min 内不褪色即为终点。重复两次，计算 V_{NaOH}/V_{HCl} 的平均值及结果的相对平均偏差。比较两种指示剂的实验结果，并加以讨论。

五、数据记录与处理

数据记录于表 2-8 中。

表 2-8　酸碱标准溶液体积比较数据　　　　　　（指示剂：　　　　）

项　　目		Ⅰ	Ⅱ	Ⅲ
HCl 体积/mL	终读数			
	初读数			
V_{HCl}/mL				
NaOH 体积/mL	终读数			
	初读数			
V_{NaOH}/mL				
V_{NaOH}/V_{HCl}				
V_{NaOH}/V_{HCl} 平均值				
个别测定的绝对偏差				
测定结果的相对平均偏差				

六、思考题

1. 配制酸碱标准溶液时，试剂用量筒量取或台式天平称取，这样做是否太不准确？

2. 滴定管在装入标准溶液之前为什么要以该溶液润洗？应如何操作？

3. 滴定两份相同的试液，若第一份用去标准溶液约 20mL，在滴定第二份试液时，是继续使用余下的溶液滴定还是添加标准溶液重复原来的刻度滴定？为什么？

4. 半滴操作是怎样做的？在什么情况下需要半滴操作？

5. 滴定时加入指示剂的量为什么不能太多？

6. 为什么用 HCl 滴定 NaOH 时常用甲基橙作指示剂，而 NaOH 滴定 HCl 时却用酚酞作指示剂？

实验八　氢氧化钠标准溶液的标定

一、实验目的

1. 学会用基准物质标定 NaOH 溶液浓度。

2. 进一步熟练碱式滴定管的使用和正确的滴定操作。

3. 掌握酚酞作指示剂确定终点的操作要领。

4. 熟练电子天平称量操作。

二、实验原理

NaOH 标准溶液是采用间接法配制的，其准确浓度必须依靠基准物质进行标定，常用的有邻苯二甲酸氢钾和草酸。

本实验以邻苯二甲酸氢钾（$KHC_8H_4O_4$，摩尔质量为 204.2g·mol^{-1}）作为基准物质来标定 NaOH 溶液的准确浓度。反应如下：

$$NaOH + \begin{array}{c} —COOH \\ —COOK \end{array} = \begin{array}{c} —COONa \\ —COOK \end{array} + H_2O$$

化学计量点时溶液显弱碱性，pH≈9.2，可用酚酞作指示剂。

$KHC_8H_4O_4$ 的摩尔质量大，纯度高，不易吸收水分，在空气中稳定，且称量误差较小，是标定碱的一种良好的基准物质。

三、仪器与试剂

电子天平，碱式滴定管，锥形瓶，量筒，电炉。

邻苯二甲酸氢钾（AR），NaOH 标准溶液（$0.1 mol \cdot L^{-1}$），酚酞指示剂（0.2%）。

四、实验步骤

用电子天平准确称取 0.5g 左右的邻苯二甲酸氢钾于 250mL 洁净锥形瓶中，加约 50mL 去离子水，温热使之溶解，冷却至室温。加酚酞指示剂 2 滴，用 NaOH 标准溶液滴定至溶液由无色突变为粉红色，摇动后 0.5min 内不褪色，即为滴定终点。重复平行标定三次，计算 NaOH 标准溶液的摩尔浓度：

$$c_{NaOH} = \frac{m_{邻苯二甲酸氢钾}}{M_{邻苯二甲酸氢钾} V_{NaOH}}$$

五、数据记录与处理

数据记录于表 2-9 中。

（指示剂：　　　）　　　**表 2-9　氢氧化钠标准溶液的标定数据**

项　目		Ⅰ	Ⅱ	Ⅲ
$m_{邻苯二甲酸氢钾}$/g				
NaOH 体积/mL	终读数			
	初读数			
	V_{NaOH}			
c_{NaOH}/mol·L^{-1}				
c_{NaOH} 平均值/mol·L^{-1}				
个别测定的绝对偏差				
测定结果的相对平均偏差				

六、思考题

1. 基准物质应具备哪些条件？草酸可否作为标定氢氧化钠溶液的基准物？

2. 如何计算称取基准物质邻苯二甲酸氢钾的质量范围？称得太多或太少对标定有何影响？

3. 溶解基准物质时加入的 50mL 去离子水，是否需要准确量取？为什么？

4. 指示剂用量多，对滴定结果有什么影响？

5. 若基准物质的烘干温度远低于要求的温度或远高于所规定的温度，则标定氢氧化钠时，结果将偏高还是偏低？

6. 若邻苯二甲酸氢钾加水后加热溶解，不等其冷却就进行滴定，对标定结果有无影响？

实验九　盐酸标准溶液的标定

一、实验目的

1. 学会用基准物质标定 HCl 溶液浓度。

2. 进一步熟练酸式滴定管的使用和正确的滴定操作。

3. 掌握甲基橙作指示剂确定终点的操作要领。

4. 进一步熟练电子天平称量操作。

二、实验原理

标定 HCl 标准溶液常用的基准物质有无水 Na_2CO_3 和硼砂($Na_2B_4O_7 \cdot 10H_2O$)。本实验以无水 Na_2CO_3(摩尔质量为 $106.0 g \cdot mol^{-1}$)作为基准物质来标定 HCl 标准溶液的准确浓度,反应式如下:

$$Na_2CO_3 + 2HCl === 2NaCl + H_2O + CO_2 \uparrow$$

化学计量点时溶液的 $pH \approx 3.9$,可用甲基橙作指示剂,溶液恰由黄色转变为橙色即为滴定终点。

三、仪器与试剂

电子天平,酸式滴定管,锥形瓶,量筒,电炉。

Na_2CO_3(AR),HCl 标准溶液($0.1 mol \cdot L^{-1}$),甲基橙指示剂(0.1%)。

四、实验步骤

用电子天平准确称取 0.13g 左右的无水 Na_2CO_3 于 250mL 洁净锥形瓶中,加约 50mL 去离子水,温热使之溶解,冷却至室温。加甲基橙指示剂 1~2 滴,用 HCl 标准溶液滴定至溶液恰由黄色转变为橙色,加热煮沸 1~2min,冷却后,溶液又变为黄色,继续用 HCl 标准溶液滴定至橙色,直至加热不褪色即为滴定终点。重复平行标定三次,计算 HCl 标准溶液的摩尔浓度:

$$c_{HCl} = \frac{2m_{Na_2CO_3}}{M_{Na_2CO_3} V_{HCl}}$$

五、思考题

1. 用无水 Na_2CO_3 作为基准物质标定 HCl 溶液时,为减小称量误差,最好应采取怎样的操作步骤?

2. 用无水 Na_2CO_3 作为基准物质标定 HCl 溶液时,为什么选用甲基橙作指示剂?用酚酞可以吗?若可以,试写出标定的计算公式。

3. Na_2CO_3 作为基准物质使用前为什么要在 270~300℃ 下进行干燥至恒重?温度过低或过高对标定 HCl 溶液的结果有何影响?

4. 标定 HCl 标准溶液常用的基准物质有哪些?哪一种最好?为什么?

2.3 无机及分析化学提高实验

实验十 电势滴定法测定醋酸含量及解离常数

一、实验目的

1. 掌握用电势滴定法测定醋酸含量和解离常数的原理和方法。

2. 学习绘制 pH-V 滴定曲线,并由曲线确定滴定终点和弱酸的解离常数。

3. 学习酸度计的使用方法。

4. 进一步掌握碱式滴定管的使用。

二、实验原理

用 NaOH 溶液滴定醋酸（HAc）溶液的过程中，随着 NaOH 的不断加入，溶液的 pH 值会不断变化，在化学计量点附近出现 pH 突跃。用酸度计可测得加入不同体积 NaOH 时，溶液相应的 pH 值，由此可绘制 pH-V 曲线（见图 2-48），并由曲线拐点确定滴定终点时的体积 V_{NaOH}，按下式计算出 HAc 的浓度：

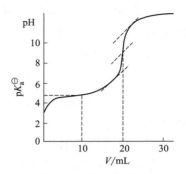

图 2-48　滴定曲线及
终点的确定

$$c_{HAc}V_{HAc} = c_{NaOH}V_{NaOH}$$

HAc 在水溶液中存在下列解离平衡：

$$HAc(aq) \rightleftharpoons H^+(aq) + Ac^-(aq)$$

其解离常数为：$K_a^\ominus = \dfrac{[H^+][Ac^-]}{[HAc]}$

当 HAc 被滴定至 50% 时，溶液中 $[Ac^-] = [HAc]$，根据上式则有：$K_a^\ominus = [H^+]$，即

$$pK_a^\ominus = pH$$

因此在 pH-V 曲线上滴定终点体积的二分之一处所对应的 pH 值即为 HAc 的 $pK_a^\ominus$，由此可以计算出在测定温度下 HAc 的解离常数 $K_a^\ominus$。

三、仪器与试剂

酸度计，碱式滴定管，烧杯（250mL），移液管（25mL），洗耳球，复合电极，滤纸。

NaOH 标准溶液（$0.1000\ mol \cdot L^{-1}$，不含 CO_3^{2-}），HAc（$0.1\ mol \cdot L^{-1}$），酚酞指示剂（$2g \cdot L^{-1}$），标准缓冲溶液（pH＝4.00、6.80）。

四、实验步骤

1. 按照酸度计的使用方法，安装电极，按"温度"按钮，显示溶液温度值，然后按"确定"按钮；电极用蒸馏水或去离子水清洗、擦干后，插入 pH＝6.86 的标准缓冲溶液中，示数稳定后，按"定位"按钮，调节示数为 6.86，按"确定"按钮；再将电极用蒸馏水或去离子水进行清洗、擦干，插入 pH＝4.00 的标准缓冲溶液中，示数稳定后，按"斜率"按钮，调节示数为 4.00，然后按"确定"按钮；最后洗净电极并用滤纸吸干。注意：经标定后，"定位"按钮及"斜率"按钮不能再按。

2. 用移液管准确吸取 25.00mL HAc 溶液于 250mL 烧杯中，加入 40～50mL 去离子水后摇匀（可加入 2 滴酚酞指示剂进行比较），将安装好的复合电极插入 HAc 溶液中至液面以下约 1～2cm。

3. 测定 HAc 溶液的 pH 值，并记录。然后，用 $0.1000\ mol \cdot L^{-1}$ NaOH 标准溶液滴定，开始时，可以每加入约 5mL NaOH 测定一次溶液的 pH 值，并记录 NaOH 溶液的体积及相应的 pH 值。当 pH 值约为 5～6 时，改为每加入 1mL NaOH 测定一次 pH 值。接近化学计量点时（pH 值约为 6.3），每加入 0.1mL（约 2 滴）NaOH 测定一次 pH 值。超过化学计量点后，也要每加入 0.1mL NaOH 测定一次，直至 pH 值接近 11 后，再逐渐放大间隔测定至 pH＝12 以上。注意：体积读数准确到小数点后两位。

五、数据记录与处理

数据记录于表 2-10。

表 2-10 实验数据与处理

NaOH 标准溶液浓度：$0.1000 \text{mol} \cdot \text{L}^{-1}$　　　　　　　　　HAc 溶液体积：25.00mL

$V_{\text{NaOH}}/\text{mL}$	pH	$V_{\text{NaOH}}/\text{mL}$	pH

根据所得数据，在坐标纸上以加入 NaOH 溶液的体积（mL）为横坐标，相应的溶液 pH 值为纵坐标，绘制 pH-V 滴定曲线（也可由 Excel 直接绘制 pH-V 滴定曲线）。然后作出滴定曲线上下两拐点与水平成 45°倾斜角的切线，再作这两条切线的中分线，中分线与曲线的交点即 pH-V 曲线的滴定终点。该点对应的体积就是滴定终点所消耗的 NaOH 的体积 V_{NaOH}，从曲线上查出 $V_{\text{NaOH}}/2$ 处所对应的 pH 值即 HAc 的 $\text{p}K_a^{\ominus}$。计算 HAc 的浓度 c_{HAc} 及解离常数 $K_a^{\ominus}$。

六、思考题

1. 用电势滴定法可以求弱碱的解离常数吗？怎样求？多元弱酸呢？

2. 用电势滴定法判断滴定终点有哪些好处？

3. 当 HAc 完全被中和时，化学计量点的 pH 是否等于 7，为什么？

4. 如何选择标准溶液标正酸度计？

实验十一　EDTA 标准溶液的配制与标定

一、实验目的

1. 掌握配位滴定法的原理，了解配位滴定的特点。

2. 学会配制 EDTA 标准溶液，掌握其标定方法。

3. 了解金属指示剂的作用原理，熟悉铬黑 T 指示剂的应用条件，学会正确判断终点颜色。

二、实验原理

EDTA 标准溶液常用乙二胺四乙酸二钠（$Na_2H_2Y \cdot 2H_2O$，EDTA-2Na）配制。EDTA-2Na 是一种有机氨羧配位剂，由于能与大多数金属离子形成稳定的 1：1 型螯合物，计量关系简单，故常用作配位滴定的标准溶液。

因为 EDTA-2Na 吸附水分和含有少量杂质而不能用直接法配制标准溶液，一般先配成大致浓度的溶液，然后用基准物质标定。标定 EDTA 标准溶液的基准物质有 Zn、Cu、Bi、Ni、Pb 等纯金属以及 ZnO、MgO、$CaCO_3$、$MgSO_4 \cdot 7H_2O$、$ZnSO_4 \cdot 7H_2O$ 等金属氧化物或其盐类。通常选用被测元素的纯金属或化合物作为基准物质，这样标定条件与测定条件比较一致，可以避免引起系统误差。

本实验以 ZnO 作基准物质，用 HCl 溶解后配成锌标准溶液，以铬黑 T（或称 EBT）作指示剂，用 $NH_3 \cdot H_2O$-NH_4Cl 缓冲溶液调节溶液的 pH=10，进行标定。反应式如下。

滴定前：　　　　　　　$Zn^{2+} + HIn^{2-}\ (\text{EBT}) \xrightarrow{\text{pH}=10} ZnIn^{-} + H^{+}$

　　　　　　　　　　　（蓝色）　　　　　　　　　　（酒红色）

滴定开始至化学计量点前：　$Zn^{2+} + HY^{3-} \xrightarrow{pH=10} ZnY^{2-} + H^+$

滴定终点：　　　　　　　　$\underset{\text{(酒红色)}}{ZnIn^-} + HY^{3-} \xrightarrow{pH=10} ZnY^{2-} + \underset{\text{(蓝色)}}{HIn^{2-}} (EBT)$

化学计量点时，加入的 EDTA-2Na 夺取了 $ZnIn^-$ 中的 Zn^{2+}，从而游离出指示剂，使溶液由酒红色变为纯蓝色，显示滴定终点的到达。

三、仪器与试剂

台式天平，电子天平，酸式滴定管，锥形瓶，移液管，试剂瓶，烧杯，量筒，容量瓶。
$Na_2H_2Y \cdot 2H_2O$(AR)，ZnO(AR，800～1000℃灼烧过)，HCl($6mol \cdot L^{-1}$)，铬黑 T 指示剂(1％)，$NH_3 \cdot H_2O\text{-}NH_4Cl$ 缓冲溶液(pH＝10)。

四、实验步骤

1. $0.02mol \cdot L^{-1}$ EDTA 标准溶液的配制

用台式天平称约 4g 乙二胺四乙酸二钠，用 200mL 温水溶解后，转入试剂瓶中，加水至 500mL，充分摇匀。若浑浊，应过滤后使用。

2. 锌标准溶液的配制

用电子天平准确称取 ZnO 0.4～0.5g 于烧杯中，然后逐滴加入 $6mol \cdot L^{-1}$ HCl，边加边搅拌至完全溶解（约 2～3mL，注意在氧化锌完全溶解的前提下，盐酸用量越少越好），切记不能先加水！完全溶解后定量转移至 250mL 容量瓶中，用去离子水定容，摇匀。

3. 用 ZnO 作基准物标定 EDTA 标准溶液

用移液管准确吸取 25mL 锌标准溶液于 250mL 锥形瓶中，加约 30mL 去离子水、10mL $NH_3 \cdot H_2O\text{-}NH_4Cl$ 缓冲溶液、2 滴铬黑 T 指示剂❶，此时溶液呈酒红色，用 EDTA 标准溶液滴定至溶液呈纯蓝色即为终点。记下所消耗 EDTA 的体积，重复平行测定三次，计算 EDTA 标准溶液的准确浓度。

五、思考题

1. 标定 EDTA 标准溶液的基准物有哪些？应如何选择？

2. 用 ZnO 配制锌标准溶液时，能否先用水溶解？

3. 在滴定时为什么要加入缓冲溶液？以铬黑 T 作指示剂时为什么要控制溶液的 pH＝10？

4. 为什么配制 EDTA 标准溶液与配制锌标准溶液的方法不同？

实验十二　溶液中钙、镁混合离子含量的测定

一、实验目的

1. 了解测定水的硬度的意义。

2. 掌握 EDTA 配位滴定法测定水硬度的原理和方法。

3. 掌握铬黑 T 指示剂和钙指示剂的使用条件及终点颜色变化。

二、实验原理

水中主要杂质是 Ca^{2+}、Mg^{2+}，通常以水中 Ca^{2+}、Mg^{2+} 总量表示水的硬度，含量越

---

❶　铬黑 T 在水溶液中不稳定，易聚合变质，最好与氯化钠固体混合配制。配制好的溶液存放时间不宜过长，使用时应将装有指示剂的试剂瓶充分摇匀。

高，硬度越大。水的硬度是衡量水质的一项重要指标，尤其对工业用水的影响很大，如锅炉给水，要经常进行硬度分析，为水的处理提供依据。

常以氧化钙的量来表示水的硬度，我国沿用的硬度有两种表示方法：一种以度（°）计，1 硬度单位表示 10 万份水中含 1 份氧化钙（即每升水中含 10mg CaO）；另一种以 mmol·L^{-1} 表示。

水的总硬度的测定一般采用配位滴定法。在 pH＝10 的 $NH_3 \cdot H_2O$-NH_4Cl 缓冲溶液中，以铬黑 T 为指示剂，用 EDTA 标准溶液直接滴定水中 Ca^{2+}、Mg^{2+} 的总量，滴定至溶液由酒红色变成纯蓝色即为终点。反应式如下。

滴定前：
$$Mg^{2+} + HIn^{2-}(EBT) \xrightarrow{pH=10} MgIn^- + H^+$$
$$\text{（蓝色）} \qquad\qquad \text{（酒红色）}$$

滴定开始至化学计量点前：
$$Ca^{2+} + HY^{3-} \xrightarrow{pH=10} CaY^{2-} + H^+$$
$$Mg^{2+} + HY^{3-} \xrightarrow{pH=10} MgY^{2-} + H^+$$

滴定终点：
$$MgIn^- + HY^{3-} \xrightarrow{pH=10} MgY^{2-} + HIn^{2-}(EBT)$$
$$\text{（酒红色）} \qquad\qquad\qquad \text{（蓝色）}$$

测定 Ca^{2+} 含量时，先将被测溶液用 NaOH 调至 pH＝12，使 Mg^{2+} 沉淀为 $Mg(OH)_2$，然后加入钙指示剂，用 EDTA 标准溶液直接滴定水中 Ca^{2+}，滴定至溶液由淡红色变成纯蓝色即为终点。

如果水溶液中存在 Fe^{3+}、Al^{3+} 等干扰离子，可用三乙醇胺掩蔽；Cu^{2+}、Pb^{2+}、Zn^{2+} 等重金属离子可用 KCN 或 Na_2S 掩蔽。

三、仪器与试剂

酸式滴定管，锥形瓶，量筒，移液管。

EDTA 标准溶液（0.02mol·L^{-1}），铬黑 T 指示剂（1％），钙指示剂（1％），$NH_3 \cdot H_2O$-NH_4Cl 缓冲溶液（pH＝10），NaOH（10％），未知水样。

四、实验步骤

1. Ca^{2+}、Mg^{2+} 总量的测定

用移液管准确吸取水样 25mL 于 250mL 锥形瓶中，加入去离子水约 30mL，加入 pH＝10 的 $NH_3 \cdot H_2O$-NH_4Cl 缓冲溶液 5mL，摇匀。加入 2～3 滴 1％铬黑 T 指示剂，用 EDTA 标准溶液滴定至溶液由酒红色变成纯蓝色即为终点。记下所消耗 EDTA 的体积，重复平行测定三次，计算 Ca^{2+}、Mg^{2+} 的总量。

2. Ca^{2+} 含量的测定

用移液管准确吸取水样 25mL 于 250mL 锥形瓶中，加入 10％NaOH 溶液 5mL，摇匀。加入 2～3 滴 1％钙指示剂，用 EDTA 标准溶液滴定至溶液由淡红色变成纯蓝色即为终点。记下所消耗 EDTA 的体积，重复平行测定三次，计算 Ca^{2+} 含量。

3. Mg^{2+} 含量的确定

由 Ca^{2+}、Mg^{2+} 的总量减去 Ca^{2+} 含量即得 Mg^{2+} 含量。

五、思考题

1. 以铬黑 T 为指示剂用 EDTA 测定水中 Ca^{2+}、Mg^{2+} 总量时，为什么溶液需要用 $NH_3 \cdot H_2O$-NH_4Cl 缓冲溶液调至 pH＝10 左右？

2. 当水样中 Mg^{2+} 含量低时，以 EBT 作指示剂测定水中 Ca^{2+}、Mg^{2+} 总量时，终点不明显，因此常在水样中加入少量的 MgY^{2-}，再用 EDTA 标准溶液滴定终点就敏锐。这样做对测定结果有无影响？为什么？

3. 用 EDTA 测定水的总硬度时，哪些离子的存在有干扰？可否在加入缓冲溶液后再加三乙醇胺掩蔽 Al^{3+} 和 Fe^{3+}？为什么？

4. 测定 Ca^{2+} 含量时，为什么接近终点时 EDTA 标准溶液的滴加速度要缓慢，并充分摇动锥形瓶？

实验十三　返滴定法测定铝含量

一、实验目的

1. 了解返滴定法测定铝的原理。

2. 掌握返滴定法测定试样中铝的方法。

3. 熟悉二甲酚橙指示剂的应用条件，学会正确判断终点颜色。

二、实验原理

由于铝的水解倾向较强，易形成一系列多核羟基配合物，这些多核羟基配合物与 EDTA 配位缓慢，并对指示剂有封闭作用，故采用返滴定法测定铝。为此，可先加入过量的 EDTA 标准溶液，在 $pH=3.5$ 时煮沸几分钟，使铝与 EDTA 配位完全，然后调节溶液 $pH=5\sim6$，以二甲酚橙为指示剂，用锌标准溶液滴定过量的 EDTA 而得铝的含量。反应过程为：

滴定前：

$$Al^{3+}+H_2Y^{2-}（过量）\xrightarrow{pH=3.5}AlY^-+2H^+$$

滴定开始至化学计量点前：

$$H_2Y^{2-}（剩余）+Zn^{2+}\xrightarrow{pH=5\sim6}ZnY^{2-}+2H^+$$

滴定终点：

$$Zn^{2+}+H_3In^{4-}（黄色）\xrightarrow{pH=5\sim6}ZnH_3In^{2-}（紫红色）$$

此方法可用于简单试样的测定，如氢氧化铝、复方氢氧化铝、明矾 $[KAl(SO_4)_2 \cdot 12H_2O]$ 等样品中的铝。

三、仪器与试剂

台式天平，电子天平，酸式滴定管，锥形瓶，移液管，试剂瓶，烧杯，量筒，容量瓶，电炉。

$Na_2H_2Y \cdot 2H_2O$（AR），ZnO（AR，$800\sim1000$℃ 灼烧过），HCl（$6mol \cdot L^{-1}$），$NH_3 \cdot H_2O$（$6mol \cdot L^{-1}$），六亚甲基四胺（20%），二甲酚橙指示剂（0.2%），百里酚蓝（0.1% 的 20% 乙醇溶液），待测铝试样。

四、实验步骤

1. $0.02mol \cdot L^{-1}$ EDTA 标准溶液的配制

用台式天平称约 4g 乙二胺四乙酸二钠，用 200mL 温水溶解后，转入试剂瓶中，加水至 500mL，充分摇匀。若浑浊，应过滤后使用。

2. 锌标准溶液的配制

用电子天平准确称取 ZnO $0.4\sim0.5g$ 于烧杯中，然后逐滴加入 $6mol \cdot L^{-1}$ HCl，边加边搅拌至完全溶解（约 $2\sim3mL$，注意在氧化锌完全溶解的前提下，盐酸用量越少越好），切记不能先加水！完全溶解后定量转移至 250mL 容量瓶中，用去离子水定容，摇匀。

3. 用 ZnO 作基准物标定 EDTA 标准溶液

用移液管准确移取 25mL 锌标准溶液于 250mL 锥形瓶中，加入 1～2 滴二甲酚橙指示剂，滴加六亚甲基四胺溶液至呈现稳定的紫红色后，再过量 5mL，用 EDTA 标准溶液滴定至溶液由紫红色变为亮黄色即为终点。记下所消耗 EDTA 标准溶液的体积，重复平行测定三次，计算 EDTA 标准溶液浓度。

4. 返滴定法测定试样中铝的含量

用电子天平准确称取铝试样 0.3～0.4g 于 100mL 小烧杯中，加 6mol·L^{-1} HCl 溶液 2mL 溶解后，定量转移至 250mL 容量瓶中，用去离子水冲洗烧杯数次，一并转入容量瓶中，加去离子水稀释至刻度线，充分摇匀。

用移液管准确移取样品溶液 25mL 于 250mL 锥形瓶中，用移液管加入 0.02mol·L^{-1} EDTA 溶液 25mL，加入百里酚蓝指示剂 3～5 滴，用 6mol·L^{-1} NH$_3$·H$_2$O 调节溶液由红色变为黄色，将溶液煮沸 1～2min，冷却，加入 20％六亚甲基四胺溶液 10mL，再加入二甲酚橙指示剂 2～3 滴，此时溶液应呈黄色（如不呈黄色，可用 HCl 调至黄色），然后用锌标准溶液滴定至溶液由黄色变为紫红色即为终点。记下所消耗锌标准溶液的体积，平行测定三次，计算试样中铝的含量。

五、思考题

1. 返滴定过量的 EDTA 时，能否改用其他金属离子的标准溶液，此时要用什么指示剂？

2. 滴定时加入的 EDTA 溶液的量是否必须精确？为什么？

3. 加百里酚蓝和滴加氨水的目的是什么？

4. 对于含杂质较多的铝样品能否用返滴定法测定？为什么？

5. 试述以二甲酚橙为指示剂返滴定法测定铝的原理。

实验十四　硫代硫酸钠标准溶液的配制与标定

一、实验目的

1. 掌握硫代硫酸钠溶液的配制方法和保存条件。

2. 了解间接碘量法的基本原理。

3. 掌握间接碘量法的反应条件和滴定条件。

4. 学习用淀粉指示剂正确判断终点的方法。

二、实验原理

Na$_2$S$_2$O$_3$·5H$_2$O 一般常含有少量杂质，而且易风化、潮解，故只能用间接法配制后再进行标定。

Na$_2$S$_2$O$_3$ 溶液不稳定，容易与空气中的氧气、溶解在水中的 CO$_2$ 作用，还会被微生物分解，从而导致浓度变化。为了除去水中的 CO$_2$ 和杀灭水中的微生物，配制时应用新煮沸经冷却的去离子水。由于 Na$_2$S$_2$O$_3$ 在酸性条件下易分解出现浑浊，故加入少量 Na$_2$CO$_3$ 固体，使溶液呈微碱性并抑制微生物生长。光照能促进 Na$_2$S$_2$O$_3$ 的分解，所以配制后溶液应保存在棕色瓶中，在暗处放置 7～14 天后再标定。长期保存时，应每隔一定时期重新标定。

标定 $Na_2S_2O_3$ 溶液的基准物质有 KIO_3、$KBrO_3$、$K_2Cr_2O_7$ 等，一般采用间接碘量法。本实验以 $K_2Cr_2O_7$ 为基准物，以淀粉为指示剂来标定 $Na_2S_2O_3$ 溶液的浓度，即将一定量的 $K_2Cr_2O_7$ 在酸性条件下与过量的 KI 反应生成 I_2，析出的 I_2 在弱酸性条件下用 $Na_2S_2O_3$ 溶液滴定，根据所消耗的 $Na_2S_2O_3$ 的体积得出 $Na_2S_2O_3$ 溶液的准确浓度。反应如下：

滴定前的反应：$Cr_2O_7^{2-}+6I^-+14H^+ \xrightarrow{暗处,5min} 2Cr^{3+}+3I_2+7H_2O$

滴定反应：$\qquad\qquad I_2+2S_2O_3^{2-} == 2I^-+S_4O_6^{2-}$

三、仪器与试剂

台式天平，电子天平，碱式滴定管，棕色试剂瓶，锥形瓶，量筒，定量加液管。

$Na_2S_2O_3 \cdot 5H_2O$（AR），Na_2CO_3（AR），$K_2Cr_2O_7$（AR），HCl（$6mol \cdot L^{-1}$），KI（10%），淀粉指示剂（$10g \cdot L^{-1}$，新配）。

四、实验步骤

1. $0.05mol \cdot L^{-1}$ $Na_2S_2O_3$ 溶液的配制

用台式天平称取 6.5g $Na_2S_2O_3 \cdot 5H_2O$ 置于 1L 棕色试剂瓶中，加少许碳酸钠固体（约 $0.2g \cdot L^{-1}$），加入约 500mL 新煮沸经冷却的去离子水，充分摇匀。在暗处放置 7～14 天后标定。

2. $Na_2S_2O_3$ 溶液的标定

用电子天平准确称取 $K_2Cr_2O_7$ 0.05～0.06g 于 250mL 锥形瓶中，加入 15～20mL 去离子水溶解，加入 $6mol \cdot L^{-1}$ HCl 5mL、10% KI 溶液 10mL，暗处放置反应 5min 后加去离子水约 50mL，立即用 $Na_2S_2O_3$ 溶液滴定（注意不要剧烈摇晃锥形瓶，此时快滴慢摇）。当溶液颜色由紫红色变为黄绿色时，加 5 滴淀粉指示剂，继续滴定（此时快摇慢滴），直至溶液颜色由蓝色突变为亮绿色，即为终点。平行测定三次，按下式计算 $Na_2S_2O_3$ 溶液的准确浓度。

$$c_{Na_2S_2O_3} = \frac{6m_{K_2Cr_2O_7}}{V_{Na_2S_2O_3} M_{K_2Cr_2O_7}}$$

五、思考题

1. 为什么不能用 $K_2Cr_2O_7$ 直接标定 $Na_2S_2O_3$ 溶液，而要采用间接法？

2. 为什么指示剂要在近终点前加入而不是在滴定开始时加入？

3. 为什么在滴定前应加水稀释？若没有稀释就进行滴定，结果将如何？

4. 为什么开始滴定时要快滴慢摇，而接近终点时要慢滴快摇？

5. 间接碘量法的主要误差来源有哪些？应如何减免？

实验十五　硫酸铜溶液中铜含量的测定

一、实验目的

1. 掌握间接碘量法测定铜的原理和方法。

2. 加深理解影响氧化还原电极电势的因素。

3. 进一步熟悉用淀粉指示剂正确判断终点的方法。

二、实验原理

在弱酸性溶液中，Cu^{2+} 与过量的 KI 反应生成 CuI 沉淀，同时析出 I_2，以淀粉作指示剂，用 $Na_2S_2O_3$ 标准溶液滴定析出的 I_2，由此可计算出铜含量。反应如下：

$$2Cu^{2+} + 4I^- \Longrightarrow 2CuI \downarrow (白色) + I_2 (I_2 + I^- \Longrightarrow I_3^-)$$

$$I_2 + 2S_2O_3^{2-} \Longrightarrow 2I^- + S_4O_6^{2-}$$

Cu^{2+} 与 I^- 之间的反应是可逆的，加入过量 KI 可使反应趋于完全。但因 CuI 强烈吸附 I_3^-，使测定结果偏低，且终点不明显，故在滴定到达终点前加入 KSCN，使 CuI 沉淀（$K_{sp}^{\ominus}=1.1\times10^{-12}$）转化成溶度积更小的 CuSCN 沉淀（$K_{sp}^{\ominus}=4.8\times10^{-15}$），释放出被吸附的 I_3^-，使测定反应趋于更完全，滴定终点变得明显，从而提高分析结果的准确性。

$$CuI + SCN^- \Longrightarrow CuSCN \downarrow (米色) + I^-$$

溶液的 pH 值一般控制在 3～4。酸度过低，Cu^{2+} 易水解，反应不完全，结果偏低；酸度过高，则 I^- 被空气中的氧氧化为 I_2，使测定结果偏高。

三、仪器与试剂

电子天平，碱式滴定管，锥形瓶，容量瓶，移液管，量筒，烧杯，定量加液管。

$Na_2S_2O_3$ 标准溶液（0.05mol·L^{-1}，已标定），H_2SO_4（2mol·L^{-1}），KI（10%），KSCN（5%），淀粉指示剂（10g·L^{-1}，新配），自制的硫酸铜试样。

四、实验步骤

用电子天平准确称取自制混合均匀的硫酸铜样品 0.30～0.35g 于 250mL 锥形瓶中，加入 2mL 2mol·L^{-1} H_2SO_4 溶液和 20mL 去离子水使之溶解，加入 10% 的 KI 溶液 10mL。滴定前再加 30mL 去离子水，立即用 $Na_2S_2O_3$ 标准溶液滴定至浅黄色，加入约 1mL 淀粉指示剂，继续滴定至浅蓝色（一定要慢滴）。加入 5% 的 KSCN 溶液 5mL，摇动锥形瓶，此时蓝色转深，继续滴定至蓝色刚好消失（米色悬浊液）即为终点，记下滴定消耗的 $Na_2S_2O_3$ 标准溶液的总体积。平行测定三次，计算硫酸铜样品中的铜含量。

亦可用电子天平准确称取自制混合均匀的硫酸铜样品 3g 左右于烧杯中，加入 20mL 2mol·L^{-1} H_2SO_4 溶液和 50mL 去离子水使之溶解，然后定量转移至 250mL 容量瓶中，定容后摇匀。用移液管准确吸取 $CuSO_4$ 溶液 25mL 于 250mL 锥形瓶中，加入 30mL 去离子水后，即可按上述方法测定。

五、思考题

1. 为什么滴定反应需在弱酸性溶液中进行？

2. 加入 KI 及 KSCN 的作用是什么？KSCN 应在什么时候加入，为什么？

3. 滴定反应结束时，溶液中的 Cu^{2+} 最终反应产物为何物？

4. 加入 KSCN 溶液后，溶液为什么转为深蓝色？

5. 已知 $E^{\ominus}(Cu^{2+}/Cu^+)=0.159V$，$E^{\ominus}(I_2/I^-)=0.5355V$，为什么在本实验中 Cu^{2+} 能将 I^- 氧化为 I_2？

实验十六　高锰酸钾标准溶液的配制与标定

一、实验目的

1. 掌握高锰酸钾标准溶液的配制和标定方法。

2. 掌握用草酸作基准物标定高锰酸钾标准溶液的反应条件。

3. 了解氧化还原反应滴定中控制反应条件的重要性。

二、实验原理

$KMnO_4$ 是氧化还原滴定中最常用的氧化剂之一，高锰酸钾滴定法通常在酸性溶液中进行，反应时锰的氧化值由 $+7$ 变到 $+2$。市售的 $KMnO_4$ 常含杂质，而且 $KMnO_4$ 易与水中的还原性物质发生反应，光照和 $MnO(OH)_2$ 等都能促进 $KMnO_4$ 的分解：

$$4KMnO_4 + 2H_2O = 4MnO_2\downarrow + 4KOH + 3O_2\uparrow$$

因此配制 $KMnO_4$ 溶液时要在暗处放置 7～10 天，待 $KMnO_4$ 把还原性杂质充分氧化后，用玻璃砂芯漏斗过滤除去杂质，保存于棕色试剂瓶中，标定其准确浓度。

$Na_2C_2O_4$ 和 $H_2C_2O_4 \cdot 2H_2O$ 是标定 $KMnO_4$ 常用的基准物质，反应如下：

$$5C_2O_4^{2-} + 2MnO_4^- + 16H^+ = 10CO_2\uparrow + 2Mn^{2+} + 8H_2O$$

为使反应定量进行，需注意下列滴定条件。

① 控制合适的酸度。酸度过低，MnO_4^- 部分被还原成 MnO_2；酸度过高，$H_2C_2O_4$ 分解，一般滴定开始的适宜酸度为 $1mol \cdot L^{-1}$。为防止氧化 Cl^- 的反应发生，应在 H_2SO_4 介质中进行。

② 温度要控制在 75～85℃。低于 60℃，反应速率太慢；高于 90℃，$H_2C_2O_4$ 将分解。

③ 有 Mn^{2+} 作催化剂。滴定初期，反应很慢，$KMnO_4$ 溶液必须逐滴加入，如滴加过快，部分 $KMnO_4$ 在热溶液中将按下式分解而造成误差：

$$4KMnO_4 + 2H_2SO_4 = 4MnO_2 + 2K_2SO_4 + 2H_2O + 3O_2\uparrow$$

在滴定过程中逐渐生成的 Mn^{2+} 有催化作用，会使反应速率逐渐加快。

$KMnO_4$ 溶液本身具有特殊的紫红色，极易察觉，用作滴定剂时，不需要另加指示剂。

三、仪器与试剂

酸式滴定管（棕色），棕色试剂瓶，量筒，移液管（25mL），锥形瓶（250mL），台式天平，电子天平，电炉，酒精灯，玻璃砂芯漏斗。

$KMnO_4$（AR），$H_2C_2O_4 \cdot 2H_2O$（AR），H_2SO_4（$3mol \cdot L^{-1}$）。

四、实验步骤

1. $0.02mol \cdot L^{-1}$ $KMnO_4$ 溶液的配制

在台式天平上称取高锰酸钾约 1.7g 置于棕色试剂瓶中，加 500mL 去离子水，摇匀，塞好，暗处静置 7～10 天后将上层清液用玻璃砂芯漏斗过滤，残余溶液和沉淀倒掉，把试剂瓶洗净，将滤液倒回试剂瓶，摇匀，待标定。

2. $KMnO_4$ 溶液浓度的标定

用电子天平准确称取 0.13～0.17g $H_2C_2O_4 \cdot 2H_2O$，置于 250mL 锥形瓶中，加入 40mL 新煮沸的去离子水和 5mL $3mol \cdot L^{-1}$ H_2SO_4。待试样溶解后，加热至 75～85℃（即加热到溶液开始冒蒸气，切不可煮沸），趁热用待标定的 $KMnO_4$ 溶液进行滴定。开始滴定时，速度宜慢，在第一滴 $KMnO_4$ 溶液滴入后，不断摇动溶液，当紫红色褪去后再滴入第二滴。待溶液中有 Mn^{2+} 产生后，反应速率加快，滴定速度也就可适当加快，但也绝不可使 $KMnO_4$ 溶液连续流下。近终点时，应减慢滴定速度同时充分摇匀。在摇匀后 0.5min 内仍保持微红色不褪，表明已达到终点。滴定结束时，被滴定溶液的温度不应低于 60℃。平行测定三次，按下式计算高锰酸钾标准溶液的浓度：

$$c_{KMnO_4} = \frac{2m_{H_2C_2O_4 \cdot 2H_2O}}{5V_{KMnO_4}M_{H_2C_2O_4 \cdot 2H_2O}}$$

五、思考题

1. $KMnO_4$ 标准溶液是否可以直接配制？应该如何正确配制？

2. 滴定 $KMnO_4$ 标准溶液时，为什么第一滴 $KMnO_4$ 溶液加入后红色褪去很慢，以后褪色较快？

3. 本实验中加热溶液的目的何在？加热的温度过高行吗？为什么？

4. 标定 $KMnO_4$ 标准溶液时，H_2SO_4 溶液加入量的多少对标定结果有何影响？可否用 HCl 或 HNO_3 溶液代替？

5. 装 $KMnO_4$ 溶液的滴定管或烧杯放置较长时间后，其壁上常有棕色沉淀，不易洗净。这棕色沉淀是什么？应该如何清洗干净？

实验十七 水溶液中 COD 的测定

一、实验目的

1. 了解化学需氧量（COD）的基本概念及其在环境分析中的作用。

2. 掌握用高锰酸钾法测定水中 COD 的原理和方法。

二、实验原理

化学需氧量（COD）是反映水质污染程度的重要指标之一，是环境保护和水质控制中经常需要测定的项目。COD 是指在特定条件下，采用一定的强氧化剂处理水样时所需氧气的量，以 O_2 的质量浓度（mg/L）表示。COD 反映了水体受还原性物质污染的程度，这些还原性物质包括有机物、亚硝酸盐、亚铁盐、硫化物等。

水样 COD 的测定会因加入氧化剂的种类和浓度、反应溶液的温度、酸度和反应时间，以及催化剂的存在与否而得到不同的结果。因此，COD 是一个条件性的指标，必须严格按操作步骤进行测定。COD 的测定有几种方法：对于污染较严重的水样或工业废水，一般用重铬酸钾法；对于地表水、河水等污染不严重的水样可以用高锰酸钾法。

高锰酸钾法分为酸性法和碱性法两种，本实验以酸性法测定水样的化学需氧量。即将水样加入硫酸酸化后，加入一定量的 $KMnO_4$ 溶液，并在沸水浴中加热反应一定时间，使水样中的有机物质与 $KMnO_4$ 充分反应，然后加入一定量的 $Na_2C_2O_4$ 标准溶液，与剩余的 $KMnO_4$ 充分作用。再用 $KMnO_4$ 溶液回滴过量的 $Na_2C_2O_4$，由此可计算出水样的化学需氧量。反应如下：

$$4KMnO_4 + 6H_2SO_4 + 5C =\!=\!= 2K_2SO_4 + 4MnSO_4 + 6H_2O + 5CO_2$$
$$2KMnO_4 + 5Na_2C_2O_4 + 8H_2SO_4 =\!=\!= 5Na_2SO_4 + K_2SO_4 + 2MnSO_4 + 8H_2O + 10CO_2$$

Cl^- 在酸性高锰酸钾溶液中有被氧化的可能，含量较小时，一般对测定结果无影响；水样中 Cl^- 含量大于 $300mg \cdot L^{-1}$ 时，会使测定结果偏高，此时可加入 $AgNO_3$ 溶液来消除 Cl^- 的干扰。

测定时应取与水样相同量的去离子水测定空白值，加以校正。

三、仪器与试剂

台式天平，电子天平，酸式滴定管，移液管，锥形瓶，容量瓶，棕色试剂瓶，烧杯，水浴锅，玻璃砂芯漏斗。

H_2SO_4（$2mol \cdot L^{-1}$），$KMnO_4$（AR），$Na_2C_2O_4$（AR），$AgNO_3$（$100g \cdot L^{-1}$）。

四、实验步骤

1. 0.005mol·L^{-1} KMnO$_4$ 溶液的配制

用台式天平称取 KMnO$_4$ 固体约 0.4g 溶于 500mL 去离子水中，盖上表面皿加热至沸并保持微沸状态 1h，冷却后用玻璃砂芯漏斗过滤，滤液贮存于棕色试剂瓶中。将溶液在室温条件下于暗处静置 2～3 天后过滤备用。

2. 0.01mol·L^{-1} Na$_2$C$_2$O$_4$ 溶液的配制

用电子天平准称 Na$_2$C$_2$O$_4$ 固体 0.3～0.4g 置于烧杯中，加入约 50mL 去离子水使之溶解，然后定量转移至 250mL 容量瓶中，定容摇匀，计算 Na$_2$C$_2$O$_4$ 溶液的准确浓度。

3. 水样的测定

取适量水样（V_S）于 250mL 锥形瓶中，用去离子水稀释至 100mL，加入 5mL 2mol·L^{-1} H$_2$SO$_4$（若水样中 Cl$^-$ 含量很高，可加入 5mL AgNO$_3$ 溶液），摇匀，准确加入 10.00mL(V_1) 0.005mol·L^{-1} KMnO$_4$ 标准溶液，将锥形瓶置于沸水浴中加热 30min（若紫红色褪去，应补加适量 KMnO$_4$）。取出锥形瓶，冷却 1min，准确加入 10.00mL 0.01mol·L^{-1} Na$_2$C$_2$O$_4$ 溶液，摇匀（此时应为无色，若仍为红色，再补加 5.00mL），趁热用 KMnO$_4$ 溶液滴定至微红色，30s 不褪色即可，记下 KMnO$_4$ 溶液的用量(V_2)。若滴定温度低于 60℃，应加热至 75～85℃ 再进行滴定。

4. 测定每毫升 KMnO$_4$ 溶液相当于 Na$_2$C$_2$O$_4$ 溶液的体积(mL)

在 250mL 锥形瓶中加入 100mL 去离子水和 5mL 2mol·L^{-1} H$_2$SO$_4$，准确加入 10.00mL 0.01mol·L^{-1} Na$_2$C$_2$O$_4$ 溶液，摇匀，加热至 75～85℃，用 0.005mol·L^{-1} KMnO$_4$ 标准溶液滴定至微红色，30s 不褪色即可，记下 KMnO$_4$ 溶液的用量(V_3)。

5. 空白值的测定

在 250mL 锥形瓶中加入 100mL 去离子水和 5mL 2mol·L^{-1} H$_2$SO$_4$，摇匀，加热至 75～85℃，用 0.005mol·L^{-1} KMnO$_4$ 标准溶液滴定至微红色，30s 不褪色即可，记下 KMnO$_4$ 溶液的用量(V_4)。

按下式计算水样 COD，单位为 mg·L^{-1}：

$$COD = \frac{\left[(V_1+V_2-V_4)\dfrac{10\text{mL}}{V_3-V_4}-10\text{mL}\right]c_{Na_2C_2O_4}M_O}{V_S}$$

五、思考题

1. 本实验的测定方法属于何种滴定方式？为何要采取这种方式？
2. 水样中 Cl$^-$ 含量高时为什么对测定有干扰？应如何消除？
3. 水样加入 KMnO$_4$ 煮沸后，若紫红色消失说明什么？应采取什么措施？
4. 在测定水样的 COD 时，为什么要取与水样相同量的去离子水测定空白值？如何测定？
5. 测定水中的 COD 有何意义？有哪些测定方法？

实验十八　莫尔法测定溶液中可溶性氯化物

一、实验目的

1. 学习 AgNO$_3$ 标准溶液的配制和标定。

2. 掌握沉淀滴定法中莫尔法测定氯离子的原理和方法。

二、实验原理

用 $K_2Cr_2O_7$ 作为指示剂的银量法称为莫尔法，利用莫尔法可以测定一些可溶性氯化物中的氯含量。即在中性或弱碱性溶液中，以 $K_2Cr_2O_7$ 为指示剂，用 $AgNO_3$ 标准溶液滴定 Cl^-，AgCl 的溶解度（$K_{sp}^{\ominus}=1.77\times10^{-10}$）小于 Ag_2CrO_4 的溶解度（$K_{sp}^{\ominus}=1.12\times10^{-12}$），根据分步沉淀原理，溶液中首先析出白色 AgCl 沉淀。当 AgCl 完全沉淀后，微过量的 $AgNO_3$ 会与 $K_2Cr_2O_7$ 生成砖红色的 Ag_2CrO_4 沉淀指示终点。反应如下：

$$Ag^+ + Cl^- \Longrightarrow AgCl\downarrow \quad (白色)$$
$$2Ag^+ + CrO_4^{2-} \Longrightarrow Ag_2CrO_4\downarrow \quad (砖红色)$$

滴定最适宜的 pH 范围为 6.5～10.5，若溶液中存在铵盐，则 pH 上限不能超过 7.2。酸度过高，不利于产生 Ag_2CrO_4 沉淀；酸度过低，容易生成 Ag_2O 沉淀。指示剂用量对滴定也有影响，一般控制其浓度在 5×10^{-5} mol·L^{-1} 为宜。

凡能与 Ag^+ 和 $Cr_2O_7^{2-}$ 生成微溶化合物或配合物的离子，都干扰测定，应注意消除干扰。一些高氧化态离子在中性或弱酸性介质中发生水解，故也不应存在。

三、仪器与试剂

台式天平，电子天平，棕色酸式滴定管，移液管，锥形瓶，容量瓶，棕色细口瓶，量筒，烧杯。

NaCl(AR，500～600℃灼烧过)，$AgNO_3$(AR)，$K_2Cr_2O_7$(0.5%)，NaCl(粗食盐)。

四、实验步骤

1. 0.05mol·L^{-1} $AgNO_3$ 溶液的配制

在台式天平上称取 4.4g $AgNO_3$ 溶解于 500mL 不含 Cl^- 的去离子水中，将溶液转入棕色细口瓶中，置于暗处保存，以防见光分解。

2. 0.05mol·L^{-1} NaCl 标准溶液的配制

在电子天平上准确称取干燥的 NaCl 基准物质 0.7～0.75g 于小烧杯中，加 50mL 去离子水溶解后，定量转移到 250mL 容量瓶中，定容并充分摇匀。

3. 0.05mol·L^{-1} $AgNO_3$ 溶液的标定

吸取 25.00mL NaCl 标准溶液于 250mL 锥形瓶中，加入 25mL 去离子水和 1mL 0.5% $K_2Cr_2O_7$ 溶液，在剧烈摇动下用 $AgNO_3$ 溶液滴定至白色沉淀中刚刚出现砖红色即为终点，记录消耗的 $AgNO_3$ 溶液的体积，平行测定三次，计算 $AgNO_3$ 溶液的浓度。

4. 粗食盐中氯含量的测定

在电子天平上准确称取 0.8～1.0g 粗食盐于小烧杯中，加 50mL 去离子水溶解后，定量转移到 250mL 容量瓶中，定容并充分摇匀。

吸取 25.00mL 粗食盐溶液于 250mL 锥形瓶中，加入 25mL 去离子水和 1mL 0.5% $K_2Cr_2O_7$ 溶液，在剧烈摇动下用 $AgNO_3$ 溶液滴定至白色沉淀中刚刚出现砖红色即为终点，记录消耗的 $AgNO_3$ 溶液的体积，平行测定三次，计算粗食盐试样中氯的含量。

注：实验完毕后，一定要把滴定管中的 $AgNO_3$ 溶液倒回试剂瓶，并用自来水把滴定管清洗三次，以免 $AgNO_3$ 残留在管内。

五、思考题

1. 莫尔法测定 Cl^- 时，为什么要控制溶液的 pH 值在 6.5～10.5 范围内？

2. 以 $K_2Cr_2O_7$ 为指示剂时，指示剂用量过大或过小对测定有何影响？为什么？

3. 莫尔法测定 Cl^- 时，哪些离子干扰测定？怎样消除？

4. 实验中含银废液是否可以倒入水池中？

实验十九　重量法测定氯化钡中钡含量

一、实验目的

1. 了解晶形沉淀的沉淀条件和沉淀方法。

2. 掌握沉淀的制备、过滤、洗涤、灼烧及恒重等基本操作。

3. 掌握用硫酸钡重量法测定氯化钡中钡含量的原理和方法。

二、实验原理

用重量法测定可溶性钡盐中的钡，是用 H_2SO_4 将 Ba^{2+} 沉淀为 $BaSO_4$，经过滤、洗涤、灼烧后，以 $BaSO_4$ 形式称重，即可求得钡含量。

Ba^{2+} 能生成一系列的微溶化合物，如 $BaCO_3$、$BaCrO_4$、BaC_2O_4、$BaHPO_4$、$BaSO_4$ 等，其中 $BaSO_4$ 的溶解度最小（25℃时，0.25mg/100mL H_2O），而且 $BaSO_4$ 性质非常稳定，组成与化学式相符合，因此常以 $BaSO_4$ 重量法测定 Ba^{2+} 含量。但 $BaSO_4$ 还不能满足重量法对沉淀溶解度的要求，必须加入过量的沉淀剂以降低 $BaSO_4$ 的溶解度。

H_2SO_4 在灼烧时能挥发，是沉淀 Ba^{2+} 的理想沉淀剂，使用时可过量 50%～100%。$BaSO_4$ 沉淀初生成时，一般形成细小的晶体，过滤时易穿过滤纸，为了得到纯净且颗粒较大的晶形沉淀，应当在热的酸性稀溶液中，在不断搅拌下逐滴加入热的稀 H_2SO_4。反应介质一般为 $0.05mol \cdot L^{-1}$ 的 HCl 溶液，加热温度以近沸较好。在酸性条件下沉淀 $BaSO_4$ 还能防止 $BaCO_3$、$BaCrO_4$、BaC_2O_4、$BaHPO_4$ 等沉淀的生成。

三、仪器与试剂

高温炉，酒精喷灯或煤气灯，酒精灯，石棉网，电子天平，烧杯，漏斗，泥三角，瓷坩埚，表面皿，水浴锅，慢速定量滤纸。

$BaCl_2 \cdot 2H_2O$ 试样，H_2SO_4（$1mol \cdot L^{-1}$），HCl（$2mol \cdot L^{-1}$），$AgNO_3$（$0.1mol \cdot L^{-1}$）。

四、实验步骤

1. 瓷坩埚的处理

洗净两只瓷坩埚，在 800～850℃ 的酒精喷灯或煤气灯火焰上灼烧，第一次灼烧约 30min，取出稍冷片刻，置于干燥器中冷至室温后称重。第二次灼烧 15～20min，取出稍冷片刻，置于干燥器中冷至室温后再称重。如此操作，直至恒重为止。

2. 沉淀的制备

准确称取 0.4～0.6g $BaCl_2 \cdot 2H_2O$ 试样两份，分别置于 250mL 烧杯中，各加去离子水约 100mL 使其溶解，再各加入 2～3mL $2mol \cdot L^{-1}$ HCl，盖上表面皿，加热至沸，但勿使溶液沸腾，以防溅出。与此同时，另取 3～4mL $1mol \cdot L^{-1}$ H_2SO_4 溶液两份，分别置于两只 100mL 烧杯中，各加去离子水稀释至 30mL，加热至沸，然后将两份热的 H_2SO_4 溶液用滴管逐滴分别滴入两份热的钡盐溶液中，并用玻璃棒不断搅拌。待沉淀完毕后，于上层清液中加入稀 H_2SO_4 1～2滴，仔细观察是否有白色浑浊出现。如果上清液中有浑浊出现，必须再

加入 H_2SO_4 溶液，直至沉淀完全为止。如无浑浊出现，表示已沉淀完全，盖上表面皿，将玻璃棒靠在烧杯嘴边（切勿将玻璃棒拿出杯外，为什么？），置于水浴上加热，并不时搅拌，陈化 0.5～1h（或在室温下放置过夜）。

3. 沉淀的过滤和洗涤

溶液冷却后，用慢速定量滤纸过滤，先将上层清液倾注在滤纸上，再以稀 H_2SO_4 为洗涤液（自配 200mL 0.01mol·L^{-1} H_2SO_4 稀溶液），用倾析法洗涤沉淀 3～4 次，每次约10mL。然后将沉淀小心转移到滤纸上，并用滤纸擦净杯壁，将滤纸片放在漏斗内的滤纸上，再用去离子水洗涤沉淀至无 Cl^- 为止（用 $AgNO_3$ 溶液检验）。

4. 沉淀的灼烧和恒重

沉淀洗净后，滤干洗涤液，将沉淀和滤纸折成小包，放入已恒重的瓷坩埚中，置于泥三角上，在酒精喷灯或煤气灯上烘干和炭化，然后继续在 800～850℃ 的高温炉中灼烧 1h，取出置于干燥器中冷却至室温后，称重；第二次灼烧 15～20min，冷却后再称重。如此操作，直至恒重为止。计算 $BaCl_2·2H_2O$ 中钡的含量。

注：1. 溶液中 NO_3^-、ClO_3^-、Cl^- 等阴离子和 K^+、Na^+、Ca^{2+}、Fe^{3+} 等阳离子均可以引起共沉淀现象，所以应严格控制沉淀条件，减少共沉淀现象。

2. 滤纸炭化时空气要充足，否则硫酸盐易被滤纸中的碳还原。

3. 沉淀产品在灼烧时温度不能太高，若超过 900℃，$BaSO_4$ 会被碳还原；若超过 950℃，部分 $BaSO_4$ 会发生分解。

五、思考题

1. 为什么要在一定酸度的盐酸介质中沉淀 $BaSO_4$？

2. 为什么试液和沉淀剂都要预先稀释，而且试液要预先加热？

3. 如何检查沉淀是否完全？

4. 沉淀完毕后，为什么要保温放置一段时间后再进行过滤？

5. 用 H_2SO_4 作为沉淀剂沉淀 Ba^{2+} 时，可以过量多少？为什么？

6. 烘干和炭化滤纸时，应注意什么？

7. 什么叫恒重？为什么空坩埚也要预先恒重？

实验二十　离子交换法分离 Co^{2+} 和 Cr^{3+}

一、实验目的

1. 了解离子交换技术分离金属离子的实验方法和基本原理。

2. 掌握离子交换法的基本操作。

3. 学习 Co^{2+} 和 Cr^{3+} 的检验。

二、实验原理

离子交换法是目前分离金属离子的有效方法之一。该法的分离过程是在离子交换树脂上进行的，这种树脂是人工合成的固态高分子聚合物，具有网状结构，其骨架结构上含有许多活性官能团，可以和金属离子进行选择性交换。目前应用广泛的聚苯乙烯磺酸型阳离子交换树脂，就是苯乙烯和一定量二乙烯苯的共聚物，经浓硫酸处理，在树脂上引入磺酸基（—SO_3H）而成。

强酸型阳离子交换树脂（R—SO₃H）对不同阳离子的吸附亲和力是不同的，而吸附亲和力的大小主要取决于阳离子（M^{n+}）所带电荷的多少，一般为：

$$M^+ < M^{2+} < M^{3+}$$

因此，当把带有不同电荷阳离子的混合溶液加入阳离子交换树脂柱内时，由于树脂对不同电荷阳离子的吸附亲和力不同，便在交换柱上形成了不同的谱带。所以，Co^{2+}、Cr^{3+} 混合溶液可以在树脂上形成两个谱带。

在酸性条件下，树脂和被吸附的阳离子之间可以建立如下平衡：

$$n R—SO_3^- H^+ + M^+ \rightleftharpoons (R—SO_3^-)_n^{n-} \cdot M^+ + n H^+$$

该平衡移动的方向主要由阳离子 M^{n+} 的浓度和电荷以及体系的酸度来决定。如果增大体系的酸度，则上述平衡向左移动，被吸附的阳离子将根据它们与树脂结合程度的不同而先后被 H^+ 取代下来。通常 M^+ 最容易被淋洗剂中的 H^+ 取代下来而最先从交换柱的底部流出。M^{2+} 需要提高淋洗剂的酸度才能从树脂上被淋洗下来。如果取代与树脂结合最紧密的 M^{3+}，则淋洗剂的酸度要比前两者大得多。对于 Co^{2+}、Cr^{3+} 体系，用不同浓度的 HCl 溶液淋洗，即可将 Co^{2+}、Cr^{3+} 分离。

三、仪器与试剂

离子交换柱，玻璃纤维或脱脂棉，烧杯，表面皿，试管，量筒，酒精灯，三脚架，石棉网，pH 试纸。

强酸型阳离子交换树脂，HCl（1mol·L⁻¹、2mol·L⁻¹），$CoCl_2 \cdot 6H_2O$（AR），$CrCl_3 \cdot 6H_2O$（AR），NaF（AR），NH₄SCN-戊醇（饱和），H_2O_2（3%），NaOH（40%），HAc（6mol·L⁻¹），$Pb(Ac)_2$（0.1mol·L⁻¹）。

四、实验步骤

1. 离子交换柱的准备

取一支直径为 1cm、长约 20cm 的离子交换柱，底部塞上玻璃纤维或脱脂棉，下部用一段约 4cm 长的乳胶管连接一玻璃尖嘴。在交换柱中加入约 1/2 的去离子水，打开螺旋夹排出管中和玻璃尖嘴中的空气。然后将用去离子水浸泡 24～48h 的强酸型阳离子交换树脂和去离子水一起注入交换柱内，待树脂自动下沉，把柱中多余的水放出至水面高出树脂 1cm 左右。用 10mL 2mol·L⁻¹ HCl 淋洗树脂，再用去离子水淋洗，直至流出液的 pH=6～7。

2. Co^{2+}、Cr^{3+} 混合溶液的制备

在 16mL pH=1～2 的水中分别加入 1g $CoCl_2 \cdot 6H_2O$ 和 1g $CrCl_3 \cdot 6H_2O$，加热，微沸 10min（加热时要盖上表面皿），冷却至室温。

3. 混合溶液装柱

放出交换柱中多余的水，当交换柱内的水层几乎接近树脂层时，加入 1mL 混合溶液，打开螺旋夹，直至溶液层接近树脂层的高度。

4. Co^{2+}、Cr^{3+} 的分离

当溶液层与树脂层的顶部接近时，由交换柱的上部滴加 1mol·L⁻¹ HCl 淋洗剂，淋洗速度为 1 滴/2～3s。在交换柱的底部先用小烧杯收集淋出液，当树脂层的粉红色接近底部时，改用量筒收集淋出液，并以约每 5mL 一份分别转移到试管中。观察淋出液颜色的变化，当流出液的颜色消失后，用 NaF 及 NH₄SCN-戊醇的饱和溶液检查 Co^{2+} 是否全部被淋洗下来。

当确认 Co^{2+} 已被全部淋出后，改用 2mol·L⁻¹ HCl 淋洗树脂，淋洗速度为 1 滴/4～5s。

当树脂层的蓝紫色接近底部时，改用量筒收集淋出液，并以约每 3mL 一份分别转移到试管中。观察淋出液颜色的变化，并不断依次用 40% NaOH、3% H_2O_2 和 0.1mol·L^{-1} Pb(Ac)₂ 检验 Cr^{3+} 是否被全部淋洗下来。

Cr^{3+} 被全部淋出后，用去离子水淋洗树脂，淋洗速度约为 1 滴/s，直至流出液的 pH＝6～7。

五、思考题

1. 树脂若不事先浸泡或未达到充分膨胀，对离子交换分离效果将有何影响？

2. 制备 Co^{2+}、Cr^{3+} 混合溶液时，为什么要用 pH＝1～2 的水溶解样品？怎样获得该酸度的水？

3. 写出检验 Co^{2+} 和 Cr^{3+} 存在的化学方程式。

检验 Co^{2+} 和 Cr^{3+} 存在的方法：

① 取约 1mL 淋出液于试管中，加入约黄豆粒大小的固体 NaF，摇动，保持试管中有未溶的 NaF 固体，再加入 0.5～1mL NH_4SCN-戊醇的饱和溶液，摇动。如果戊醇层呈现蓝色，则证明有 Co^{2+} 存在。

② 取约 1mL 淋出液于试管中，加入 10 滴 40% NaOH 溶液和 10 滴 3% H_2O_2 溶液，摇动。在水浴上煮沸 5min，冷却到室温。滴加 6mol·L^{-1} HAc 溶液至 pH＝5～6，再加 2～3 滴 0.1mol·L^{-1} Pb(Ac)₂ 溶液，如果出现黄色沉淀，则表示有 Cr^{3+} 存在。

实验二十一　离子交换法测定硫酸钙的溶度积常数

一、实验目的

1. 了解离子交换树脂的处理和使用方法。

2. 学习和掌握离子交换法测定 $CaSO_4$ 溶度积常数的原理和方法。

3. 学习酸度计的使用方法。

二、实验原理

在微溶电解质 $CaSO_4$ 的饱和溶液中，存在着下列平衡：

$$CaSO_4(s) \Longrightarrow CaSO_4(aq) \Longrightarrow Ca^{2+}(aq) + SO_4^{2-}(aq)$$

其溶度积常数 $K_{sp}^{\ominus}(CaSO_4) = [Ca^{2+}][SO_4^{2-}]$。

本实验利用离子交换树脂与饱和 $CaSO_4$ 溶液进行离子交换，来测定室温下 $CaSO_4$ 的溶解度，从而确定其溶度积常数。

离子交换树脂是一类人工合成的，在分子中含有特殊活性基团且能与其他物质进行离子交换的固态、球状的高分子聚合物。含有酸性基团、能与其他物质交换阳离子的称为阳离子交换树脂，含有碱性基团、能与其他物质交换阴离子的称为阴离子交换树脂。本实验采用强酸型阳离子交换树脂，其活性基团为 R—SO_3H，其中的 H^+ 可以与饱和 $CaSO_4$ 溶液中的 Ca^{2+} 进行交换，反应式如下：

$$2R-SO_3H(s) + Ca^{2+}(aq) \Longrightarrow (R-SO_3)_2Ca(s) + 2H^+(aq)$$

$CaSO_4$ 是微溶弱电解质，其溶解部分除了 Ca^{2+} 和 SO_4^{2-} 外，还有以离子对（分子）形式存在的 $CaSO_4$（aq），因此饱和溶液中存在着离子对和简单离子间的平衡：

$$CaSO_4(aq) \Longrightarrow Ca^{2+}(aq) + SO_4^{2-}(aq)$$

其解离常数 $K_d^{\ominus} = \dfrac{[\mathrm{Ca^{2+}}][\mathrm{SO_4^{2-}}]}{[\mathrm{CaSO_4(aq)}]}$ 　　（已知 25℃时，$K_d^{\ominus} = 5.2 \times 10^{-3}$）

当溶液流经树脂时，由于 $\mathrm{Ca^{2+}}$ 被交换，平衡不断向右移动，使 $\mathrm{CaSO_4(aq)}$ 完全解离，全部 $\mathrm{Ca^{2+}}$ 被交换为 $\mathrm{H^+}$，根据流出液的 $[\mathrm{H^+}]$ 可计算出 $\mathrm{CaSO_4}$ 的溶解度 s（以 $\mathrm{mol \cdot L^{-1}}$ 表示）：

$$s = [\mathrm{Ca^{2+}}] + [\mathrm{CaSO_4(aq)}] = [\mathrm{H^+}]/2$$

溶液的 $[\mathrm{H^+}]$ 可由酸度计测定得到，从而算出 $\mathrm{CaSO_4}$ 的溶度积常数。

三、仪器与试剂

烧杯，容量瓶（100mL），pH 试纸，移液管（25mL），洗耳球，离子交换柱，玻璃纤维或脱脂棉，玻璃通条，酸度计。

$\mathrm{CaSO_4}$ 饱和溶液，732 强酸型阳离子交换树脂（柱内 $\mathrm{H^+}$ 型湿树脂约 65mL），标准缓冲溶液（pH＝4.00），HCl（$2\mathrm{mol \cdot L^{-1}}$）。

四、实验步骤

1. 装柱

在洗净的离子交换柱底部填入少量玻璃纤维或脱脂棉，将用去离子水浸泡 24～48h 的 732 强酸型阳离子交换树脂和去离子水一起注入交换柱内，保持水面略高于树脂。若树脂中夹带气泡，可用玻璃通条轻轻搅动树脂而将气泡赶尽。

2. 转型

用 130mL $2\mathrm{mol \cdot L^{-1}}$ HCl 以 30 滴/min 的流速流过离子交换树脂，然后用去离子水淋洗树脂直到流出液呈中性为止。这样做可将 $\mathrm{Na^+}$ 型树脂转变为 $\mathrm{H^+}$ 型树脂，以保证 $\mathrm{Ca^{2+}}$ 完全交换成 $\mathrm{H^+}$，否则实验结果将偏低。

3. 交换和洗脱

调整树脂上液面略高于树脂面，用移液管准确移取 25.00mL $\mathrm{CaSO_4}$ 饱和溶液，放入离子交换柱中。开始时流出液为中性水溶液，可以用烧杯承接。调节螺旋夹，使流速控制在 20～25 滴/min，不宜太快，否则将影响树脂的交换效果。当液面下降到略高于树脂（1～2cm）时，向交换柱中补充 20～30mL 去离子水洗脱交换下来的 $\mathrm{H^+}$。当液面再次下降到接近树脂时，继续补充 20～30mL 去离子水洗涤。当烧杯中的水约有 50mL 时，开始用 pH 试纸检验流出液是否显酸性，若稍显酸性则立即用 100mL 洗净的容量瓶承接。再次用去离子水洗涤时，流出速度可以调快至 40～50 滴/min，直到流出液为中性（用试纸检验 pH 值接近 7）。旋紧螺旋夹，移走容量瓶，加去离子水定容，充分摇匀。

注意在每次加液体前，液面都应略高于树脂（1～2cm），这样既不会带进气泡，又可减少溶液的混合，从而提高交换和洗涤的效率。实验完毕，应向交换柱中加去离子水，使水面高于树脂 5～6cm 以上，以免混进气泡。

4. 氢离子浓度的测定

用上述溶液润洗烧杯后，将余下的溶液倒在烧杯中，用酸度计测定溶液的 pH 值，计算 $[\mathrm{H^+}]_{100\mathrm{mL}}$ 的值。

5. 数据记录与处理

由 $[\mathrm{H^+}]_{25\mathrm{mL}} = [\mathrm{H^+}]_{100\mathrm{mL}} \times 100/25$　得溶解度为：

$$s = [\mathrm{Ca^{2+}}] + [\mathrm{CaSO_4(aq)}] = [\mathrm{H^+}]_{25\mathrm{mL}}/2$$

式中，$[H^+]_{25mL}$ 为 25mL 溶液完全交换后的 H^+ 浓度；$[H^+]_{100mL}$ 为稀释到 100mL 后测定的 H^+ 浓度。

设 $CaSO_4$ 饱和溶液中 $[Ca^{2+}]=[SO_4^{2-}]=c(mol \cdot L^{-1})$，则有：

$$K_d^\ominus = \frac{[Ca^{2+}][SO_4^{2-}]}{[CaSO_4(aq)]} = \frac{c^2}{s-c} = 5.2 \times 10^{-3} \quad (25℃时)$$

由上式得到 c 的值，将其代入 $K_{sp}^\ominus(CaSO_4) = [Ca^{2+}][SO_4^{2-}] = c^2$，即可求出硫酸钙的溶度积常数。将相关数据填入表 2-11。$CaSO_4$ 溶解度文献值见表 2-12。

表 2-11　数据记录与处理

$CaSO_4$ 饱和溶液的温度/℃		被交换 $CaSO_4$ 饱和溶液的体积/mL	
流出液的 pH 测定值		流出液的 $[H^+]_{100mL}/(mol \cdot L^{-1})$	
$[H^+]_{25mL}/(mol \cdot L^{-1})$		$CaSO_4$ 的溶解度 $s/(mol \cdot L^{-1})$	
$CaSO_4$ 饱和溶液中的 $c/(mol \cdot L^{-1})$		$CaSO_4$ 的溶度积常数 $K_{sp}^\ominus$	

注：计算解离常数时近似取用 25℃时的数据。

表 2-12　$CaSO_4$ 溶解度的文献值

温度/℃	0	10	20	30
溶解度 $s/(mol \cdot L^{-1})$	1.29×10^{-2}	1.43×10^{-2}	1.50×10^{-2}	1.54×10^{-2}

五、思考题

1. 为什么刚开始可以不用容量瓶承接流出液呢？
2. 加入 $CaSO_4$ 饱和溶液后，如果流出速度过快，将对结果造成什么影响？
3. 为什么交换前与交换洗涤后的流出液都要呈中性？
4. 树脂层为什么不允许有气泡的存在？应如何避免？
5. 为什么液面始终不得低于树脂的上表面？

实验二十二　分光光度法测定碘化铅的溶度积常数

一、实验目的

1. 了解用分光光度计测定难溶盐溶度积常数的原理和方法。
2. 学习 721E 型分光光度计的使用方法。

二、实验原理

PbI_2 饱和溶液中存在下列沉淀-溶解平衡：

$$Pb^{2+}(aq) + 2I^-(aq) \Longleftrightarrow PbI_2(s)$$

初始浓度/$(mol \cdot L^{-1})$ $\qquad$ c $\qquad$ a

反应浓度/$(mol \cdot L^{-1})$ $\qquad$ $\dfrac{a-b}{2}$ $\qquad$ $a-b$

平衡浓度/$(mol \cdot L^{-1})$ $\qquad$ $c-\dfrac{a-b}{2}$ $\qquad$ b

PbI_2 的溶度积常数表达式为：

$$K_{sp}^{\ominus}=[Pb^{2+}]\cdot[I^{-}]^2=\left(c-\frac{a-b}{2}\right)b^2$$

在一定温度下，将已知浓度的 $Pb(NO_3)_2$ 溶液和 KI 溶液按不同体积比混合，生成的 PbI_2 沉淀与其饱和溶液达到平衡，通过测定溶液中 I^{-} 的浓度，再根据系统的初始组成及沉淀反应中 Pb^{2+} 与 I^{-} 的化学计量关系，可以计算出溶液中 Pb^{2+} 的浓度，从而求得 $K_{sp}^{\ominus}(PbI_2)$。

溶液中的 I^{-} 的浓度采用分光光度法测定。在酸性条件下用 KNO_2 将 I^{-} 氧化为 I_2（保持 I_2 浓度在其饱和浓度以下），I_2 在水溶液中呈棕黄色（I_2 在不同温度下的溶解度见表 2-13）。用分光光度计在 525nm 波长处测定由各饱和溶液配制的 I_2 溶液的吸光度 A，再由标准曲线上查出 $c_{I^{-}}$，则可求得饱和溶液中 I^{-} 的浓度。

表 2-13　I_2 在不同温度下的溶解度

温度/℃	20	30	40
溶解度/[g·(100g H_2O)$^{-1}$]	0.029	0.056	0.078

注：氧化后得到的 I_2 浓度应小于室温下 I_2 的溶解度。

三、仪器与试剂

721E 型分光光度计，吸量管，洗耳球，比色皿（2cm），试管，比色管，漏斗，漏斗架，滤纸。

HCl（6mol·L^{-1}），KI（0.035mol·L^{-1}，0.0035mol·L^{-1}），KNO_2（0.020mol·L^{-1}，0.010mol·L^{-1}），$Pb(NO_3)_2$（0.015mol·L^{-1}）。

四、实验步骤

1. 绘制 A-$c_{I^{-}}$ 标准曲线

在 5 支干燥试管中分别加入 1.00mL、1.50mL、2.00mL、2.50mL、3.00mL 0.0035mol·L^{-1} KI 溶液，各加 2.00mL 0.020mol·L^{-1} KNO_2 溶液、1 滴 6mol·L^{-1} HCl 溶液，再分别加入 3.00mL、2.50mL、2.00mL、1.50mL、1.00mL 去离子水。摇匀后分别倒入比色皿中，以去离子水作参比溶液，在 525nm 波长下测定溶液的吸光度 A，记录于表 2-14 中。

表 2-14　溶液的吸光度

V/mL	1.00	1.50	2.00	2.50	3.00
$c_{I^{-}}$/mol·L^{-1}					
A					

以吸光度 A 为纵坐标，以相应的 $c_{I^{-}}$ 为横坐标，绘制标准曲线。

2. 制备 PbI_2 饱和溶液

① 取 3 支干燥的比色管，用吸量管按表 2-15 中试剂用量加入 0.015mol·L^{-1} $Pb(NO_3)_2$ 溶液、0.035mol·L^{-1} KI 溶液和去离子水，使每个比色管中溶液的总体积为 10.00mL。

表 2-15　试剂用量

编　号	$V_{Pb(NO_3)_2}$/mL	V_{KI}/mL	V_{H_2O}/mL
1	5.00	3.00	2.00

续表

编　号	$V_{Pb(NO_3)_2}/mL$	V_{KI}/mL	V_{H_2O}/mL
2	5.00	4.00	1.00
3	5.00	5.00	0.00

② 将比色管的磨口塞旋紧，充分摇荡比色管约 20min，然后静置 3～5min。

③ 将制得的含有 PbI_2 固体的饱和溶液在装有干燥滤纸的干燥漏斗上过滤，同时用干燥的试管接收滤液，弃去沉淀。

④ 在 3 支干燥的试管中用吸量管分别吸取 1 号、2 号、3 号 PbI_2 的饱和溶液 2.0mL，再分别注入 4.0mL 0.010mol·L^{-1} KNO_2 溶液及 1 滴 6mol·L^{-1} HCl 溶液。摇匀后，分别倒入比色皿中，以去离子水作参比溶液，在 525nm 波长下测定溶液的吸光度 A，填入表 2-16 并进行计算。

表 2-16　数据记录与处理

项　　目	试管编号		
	1	2	3
I^- 的初始浓度 a/mol·L^{-1}			
由饱和溶液配制的 I_2 的吸光度 A			
由标准曲线查得稀释后的 I^- 的浓度/mol·L^{-1}			
I^- 的平衡浓度 b/mol·L^{-1}			
Pb^{2+} 的初始浓度 c/mol·L^{-1}			
Pb^{2+} 的平衡浓度 $c-\dfrac{a-b}{2}$/mol·L^{-1}			
$K_{sp}^{\ominus}=\left(c-\dfrac{a-b}{2}\right)b^2$			
$K_{sp}^{\ominus}$ 的平均值			

注：在进行计算时，由于滤液被稀释了三倍，故 I^- 的平衡浓度应为从标准曲线上查得的浓度的三倍。

五、思考题

1. 配制 PbI_2 饱和溶液时，为什么一定要充分振荡？

2. 如果使用湿的试管配制比色溶液，会对实验结果产生什么影响？

实验二十三　分光光度法测定工业盐酸中微量铁

一、实验目的

1. 学习 721E 型分光光度计的工作原理和使用方法。

2. 掌握分光光度法测定微量铁的基本原理、吸收曲线和标准曲线的绘制及应用。

3. 学习吸量管的使用和溶液配制的基本操作。

二、实验原理

以邻二氮菲（亦称邻菲啰啉）作为显色剂测定微量铁的方法，具有方法灵敏、准确度高、重现性好等优点，因此在许多冶金产品和化工产品中铁含量的测定都采用邻二氮菲法。

邻二氮菲（简写 phen）在 pH $= 2 \sim 9$ 的溶液中与 Fe^{2+} 生成橙红色螯合物 $[Fe(phen)_3]^{2+}$，反应如下：

该螯合物在水溶液中非常稳定，其 $lgK_{稳}^{\ominus} = 21.3$（20℃），摩尔吸光系数 $\varepsilon_{510} = 1.1 \times 10^4 L \cdot mol^{-1} \cdot cm^{-1}$。

邻二氮菲与 Fe^{3+} 也能生成淡蓝色配合物，但该配合物稳定性较低，因此在使用邻二氮菲测定铁时，应预先用还原剂如盐酸羟胺（$NH_2OH \cdot HCl$）或对苯二酚将 Fe^{3+} 全部还原为 Fe^{2+} 后再进行显色测定。本实验采用盐酸羟胺为还原剂，反应如下：

$$4Fe^{3+} + 2NH_2OH \cdot HCl \Longrightarrow 4Fe^{2+} + 6H^+ + N_2O + 2Cl^- + H_2O$$

显色时若溶液的酸度过高（pH＜2），则显色反应进行缓慢；若酸度太低则 Fe^{2+} 易水解，也影响显色，因此通常在 pH≈5 的 HAc-NaAc 缓冲溶液中测定。

当一定波长的光通过液层厚度一定的溶液时，溶液吸光度 A 与浓度 c 的关系可以用朗伯-比尔定律表示：

$$A = \varepsilon bc$$

式中　A——吸光度，可从分光光度计上直接读出；

　　　ε——有色物质的摩尔吸光系数（特征常数），与入射光的波长以及溶液的性质、温度等有关，$L \cdot mol^{-1} \cdot cm^{-1}$；

　　　c——试液中有色物质的浓度，$mol \cdot L^{-1}$；

　　　b——液层的厚度（比色皿厚度），cm。

同一物质对不同波长的光吸收情况不同，利用分光光度法进行定量测定时，通常选择吸光物质的最大吸收波长 λ_{max} 作为入射波长，因为此时测得的摩尔吸光系数最大，即测定的灵敏度最高。测定吸光物质在不同波长下的吸光度 A，绘制 A-λ 吸收曲线，即可求得该吸光物质的最大吸收波长 λ_{max}。

在分光光度法定量测定中最常使用的方法是标准曲线法，即先配制一系列不同浓度的被测物质的标准溶液，在选定的条件下显色，在最大吸收波长下测定其相应的吸光度，绘制 A-c 标准曲线。然后将未知浓度的待测试样按同样条件、相同操作进行显色，测定吸光度，即可由测得的吸光度从标准曲线上求出被测物质的含量。

三、仪器与试剂

721E 型分光光度计，吸量管，洗耳球，比色皿（2cm），容量瓶（50mL）。

铁标准溶液（$10\mu g \cdot mL^{-1}$），邻二氮菲（$1g \cdot L^{-1}$，新配），盐酸羟胺（$100g \cdot L^{-1}$，新配），HAc-NaAc 缓冲溶液（pH=4.6），未知铁试液。

四、实验步骤

1. 溶液的配制

取 7 只 50mL 洁净的容量瓶并编号。用吸量管吸取 $10\mu g \cdot mL^{-1}$ 的铁标准溶液 0.00mL、

1.00mL、2.00mL、3.00mL、4.00mL、5.00mL 分别加入 1～6 号容量瓶中，在 7 号容量瓶中加入 3.50mL 未知铁试液。然后在 7 只容量瓶中各加入 2.00mL 盐酸羟胺溶液，摇匀。再各加入 5.00mLHAc-NaAc 缓冲溶液和 3.00mL 邻二氮菲溶液，用去离子水稀释至刻度线，摇匀，放置 10min 后测定。

2. 吸收曲线的绘制

以 1 号空白溶液作参比溶液，在分光光度计上从 470～540nm（每隔 10nm）分别测定 4 号或 5 号标准溶液的吸光度，并记录于表 2-17。以波长为横坐标，吸光度为纵坐标，绘制 $[Fe(phen)_3]^{2+}$ 的 A-λ 吸收曲线，求出最大吸收波长 λ_{max}（$[Fe(phen)_3]^{2+}$ 的 A-λ 吸收曲线也可用 Excel 直接绘制。

表 2-17　λ 与 A 数据记录

λ/nm	470	480	490	500	510	520	530	540
A								

3. 标准曲线的绘制

在最大吸收波长 λ_{max} 下，以 1 号空白溶液作参比溶液，用分光光度计分别测定 2～6 号标准溶液的吸光度，并记录于表 2-18。以 50mL 溶液中的含铁量 [即 $\mu g\cdot(50mL)^{-1}$] 为横坐标，吸光度为纵坐标，绘制 $[Fe(phen)_3]^{2+}$ 的 A-c 标准曲线。

表 2-18　A-c 标准曲线数据记录

V/mL	1.00	2.00	3.00	4.00	5.00	未知铁试液 3.50
$c/\mu g\cdot(50mL)^{-1}$						
A						

4. 未知铁试液含量的测定

以 1 号空白溶液作参比溶液，用分光光度计在最大吸收波长处测定 7 号溶液的吸光度。根据其吸光度在标准曲线上查出 50mL 试液中的铁含量，并计算原未知铁试液中的铁含量（以 $\mu g\cdot mL^{-1}$ 或 $mg\cdot L^{-1}$ 表示）。

$[Fe(phen)_3]^{2+}$ 的 A-c 标准曲线亦可用 Excel 绘制，再将 7 号溶液的吸光度值代入标准曲线对应的方程，即可求出 50mL 试液中的铁含量，并计算原未知铁试液中的铁含量（以 $\mu g\cdot mL^{-1}$ 或 $mg\cdot L^{-1}$ 表示）。

五、思考题

1. 邻二氮菲分光光度法测定微量铁时，加入盐酸羟胺、HAc-NaAc 缓冲溶液和邻二氮菲的作用是什么？加入的次序是否可前后改变？

2. 吸收曲线和标准曲线有何区别？各有什么实际意义？

3. 绘制标准曲线时测定铁标准溶液和后来测定未知铁试液为什么要在相同条件下进行？主要指哪些条件？

4. 本实验中用吸量管移取各溶液，哪些溶液的体积必须准确移取？

附：

1. $100\mu g\cdot mL^{-1}$ 铁标准溶液的配制：准确称取 0.8634g 优级纯铁铵矾 $NH_4Fe(SO_4)_2\cdot12H_2O$，置于烧杯中，加入 20mL $6mol\cdot L^{-1}$ HCl 溶液和少量去离子水，溶解后转移至 1L 容量瓶中，定容摇匀。

2. $10\mu g\cdot mL^{-1}$ 铁标准溶液的配制：准确移取 $100\mu g\cdot mL^{-1}$ 铁标准溶液 10.00mL 于 100mL 容量瓶中，

定容摇匀。

实验二十四　邻二氮菲合亚铁配合物的组成和稳定常数的测定

一、实验目的

1. 进一步学习吸收曲线的绘制及 721E 型分光光度计的使用。
2. 学习摩尔比法测定配合物组成的原理及方法。
3. 掌握配合物稳定常数的测定及计算方法。

二、实验原理

在 pH 值为 2～9 的溶液中，邻二氮菲与 Fe^{2+} 生成稳定的橙红色螯合物 $[Fe(phen)_3]^{2+}$，反应如下：

在显色前，先用盐酸羟胺（$NH_2OH \cdot HCl$）将 Fe^{3+} 还原成 Fe^{2+}，反应如下：

$$4Fe^{3+} + 2NH_2OH \Longrightarrow 4Fe^{2+} + 4H^+ + N_2O + H_2O$$

显色时溶液的酸度过高（pH<2），则显色反应进行缓慢；酸度太低，则 Fe^{2+} 易水解，影响显色，因此通常在 pH≈5 的 HAc-NaAc 缓冲溶液中测定。

Bi^{3+}、Ni^{2+}、Hg^{2+}、Ag^+、Zn^{2+} 会与显色剂生成沉淀，Co^{2+}、Cu^{2+}、Ni^{2+} 则会形成有色配合物，当以上离子共存时，应注意消除它们的干扰。

分光光度法是研究配合物组成和测定稳定常数的有效方法之一，其中摩尔比法最为常用。设金属离子 M 与配体 L 的配位反应为：

$$M + nL \Longrightarrow ML_n$$

当一定波长的光通过液层厚度一定的溶液时，溶液的吸光度 A 与浓度 c 服从朗伯-比尔定律：

$$A = \varepsilon bc$$

所以固定金属离子的浓度 c_M，逐渐增加配体的浓度 c_L，测定一系列 c_M 一定而 c_L 不同的溶液的吸光度，以吸光度 A 为纵坐标，以 c_L/c_M 为横坐标作图。当 $c_L/c_M < n$ 时，金属离子没有完全配位，随配体量的增加，生成的配合物增多，吸光度不断增大；$c_L/c_M > n$ 时，金属离子几乎全部生成配合物 ML_n，吸光度不再改变。曲线转折点（若配合物易解离，则曲线转折点不明显，应采用直线外延法求交点）所对应的横坐标 c_L/c_M 的值，就是 n 的值。此法适用于解离度小的配合物组成的测定，尤其适用于配位比高的配合物组成的测定。

由饱和法可求出配合物的摩尔吸收系数 ε，即由 c_L/c_M 的比值较高时恒定的吸光度 A_{max} 求得，因为此时全部离子都已形成配合物，故 $\varepsilon = A_{max}/(c_M b)$。

在 A-c_L/c_M 曲线转折点前段直线部分取 3 个点，计算相应配合物的稳定常数及其平均值。

$$K^{\ominus}_{稳} = \frac{[ML_3]}{[M][L]^3} = \frac{[ML_3]}{(c_M - [ML_3])(c_L - 3[ML_3])^3}$$

$$= \frac{Ac_{M}/A_{max}}{(c_{M}-c_{M}A/A_{max})(c_{L}-3c_{M}A/A_{max})^{3}}$$

三、仪器与试剂

电子天平，721E 型分光光度计，吸量管，比色皿(3cm)，容量瓶(50mL)。

铁标准溶液(10μg·mL^{-1}，约 1.79×10^{-4}mol·L^{-1})，邻二氮菲(1g·L^{-1}，1.79×10^{-3}mol·L^{-1}，测定摩尔比用)，盐酸羟胺(100g·L^{-1})，HAc-NaAc 缓冲溶液(pH=4.6)。

四、实验步骤

1. [Fe(phen)$_3$]$^{2+}$ 吸收曲线的绘制

用吸量管吸取铁标准溶液(10μg·mL^{-1}) 4.0mL 于 50mL 容量瓶中，加盐酸羟胺 2.5mL、HAc-NaAc 缓冲溶液 5mL 和 1g·L^{-1} 邻二氮菲溶液 5mL，用去离子水稀释至刻度线，摇匀，放置 10min。用 3cm 比色皿，以试剂空白溶液(即不加铁标准溶液，其他试剂加入量相同)为参比溶液，在分光光度计上从 460~540nm 间分别测定其吸光度。记录于表 2-19。

以波长为横坐标，吸光度为纵坐标，绘制 [Fe(phen)$_3$]$^{2+}$ 吸收曲线，求出最大吸收波长 λ_{max}。

表 2-19 λ 与 A 数据记录

λ/nm	460	470	480	490	500	510	520	530	540
A(4.00mL)									

2. 摩尔比法测定配合物组成、摩尔吸光系数及配合物的稳定常数

取 50mL 容量瓶 10 个，吸取铁标准溶液 10.0mL 于容量瓶中，分别加入盐酸羟胺 2.5mL，HAc-NaAc 缓冲溶液 5mL，然后依次加入 1.79×10^{-3}mol·L^{-1} 邻二氮菲 0.0mL (0 号)、1.0mL、1.5mL、2.0mL、2.5mL、3.0mL、3.5mL、4.0mL、4.5mL 和 5.0mL，用去离子水稀释至刻度线，摇匀。放置 10min 后在最大吸收波长下用 3cm 比色皿，以 0 号溶液为参比，测定各浓度溶液的吸光度，记录于表 2-20。

表 2-20 数据记录

邻二氮菲溶液的体积/mL	1.0	1.5	2.0	2.5	3.0	3.5	4.0	4.5	5.0
c_{L}/c_{M}									
A									

(1) 以吸光度 A 为纵坐标，以 c_{L}/c_{M} 为横坐标作图 (见图 2-49)，应用直线外延法求交点即得配合物的配位比。

(2) 由饱和法求出配合物的摩尔吸光系数。

(3) 在 A-c_{L}/c_{M} 曲线转折点前段直线部分取 3 个点，计算配合物的稳定常数及其平均值。

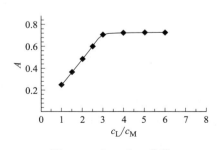

图 2-49 A-c_{L}/c_{M} 曲线

五、思考题

1. 绘制标准曲线和测定试样为什么要在相同条件

下进行？

2. 本实验测得的 n、ε、$K_{稳}^{\ominus}$ 值准确度如何？若配合物的稳定常数较大，对结果有何影响？

注：$1.79 \times 10^{-3} \mathrm{mol \cdot L^{-1}}$ 邻二氮菲溶液的配制

准确称取 0.322g 邻二氮菲于烧杯中，加 2～5mL 95％乙醇溶液溶解，定量转移至 1L 容量瓶中，用去离子水稀释至刻度线，摇匀。

实验二十五　磺基水杨酸合铁(Ⅲ)配合物的组成和稳定常数的测定

一、实验目的

1. 进一步学习 721E 型分光光度计的使用。

2. 学习用等摩尔系列法测定磺基水杨酸合铁(Ⅲ)配合物的组成和稳定常数的原理及方法。

3. 进一步掌握实验数据的处理方法。

二、实验原理

磺基水杨酸（简式为 H_3R）为无色结晶，与 Fe^{3+} 可以形成稳定的有色配合物，但 pH 值不同，形成的配合物不同。在 pH＝1.5～3.0 时，形成 1：1 的紫红色配合物（简记为 MR）；pH＝4～9 时，形成 1：2 的红色配合物（MR_2）；pH＝9～11.5 时，形成 1：3 的黄色配合物（MR_3）；当 pH＞12 时，将产生 $Fe(OH)_3$，而不能形成配合物。本实验测定 pH＜2.5 时所形成的紫红色磺基水杨酸合铁(Ⅲ)配离子的组成和稳定常数。

测定配合物组成和稳定常数的方法有 pH 法、电位法、极谱法、分光光度法以及核磁共振、电子顺磁共振等，其中分光光度法是最常应用的方法之一。分光光度法又分为等摩尔比法、等摩尔系列法、平衡移动法、直线法以及斜率比法等。

本实验采用等摩尔系列法，这种方法要求在一定条件下，溶液中的金属离子与配位体都无色，只有形成的配合物有色，并且只形成一种稳定的配合物，配合物中配体的数目 n 也不能太大。配位反应如下：

$$M + n L = ML_n$$

有色物质对光的吸收程度与溶液的浓度和液层厚度的乘积成正比：

$$A = \varepsilon b c$$

本实验中磺基水杨酸是无色的，Fe^{3+} 溶液的浓度很稀，也可认为是无色的，只有磺基水杨酸合铁配离子是有色的，因此溶液的吸光度只与配离子的浓度成正比。通过测定溶液吸光度，可以求出该配离子的组成。

等摩尔系列法是在保持溶液中金属离子浓度 c_M 与配体浓度 c_L 之和不变（即总物质的量不变）的前提下，改变 c_M 与 c_L 的相对量，配制一系列溶液，使配体摩尔分数 $x_L = n_L/(n_L + n_M)$ 从 0 逐渐增加到 1，然后用一定波长的单色光，测定溶液的吸光度。在这一系列溶液中，当配体摩尔分数 x_L 较小时，金属离子是过量的；而 x_L 较大时，配体是过量的。在这两部分溶液中，配合物 ML_n 的浓度都不可能达到最大值。只有当溶液中配体与金属离子物质的量之比与配合物的组成一致时，配合物 ML_n 的浓度才能达到最大，因而其吸光度 A 也最大。以吸光度 A 为纵坐标，配体摩尔分数 x_L 为横坐标作图（见图 2-50），即得 A-

x_L 曲线。延长曲线两边的直线部分，相交于 E 点，若 E 点
对应的横坐标为 0.50，则金属离子与配体摩尔比为 1：1，
该配合物的组成为 ML。

对于 ML 型配合物，若 M 与 L 全部形成 ML，最大吸收
处应在 E 处，即其最大吸光度应为 A_1，但由于 ML 有一部
分解离，其浓度要稍小一些，故实际测得的最大吸光度在 F
处，即吸光度为 A_2。若配合物的解离度为 α，则 $\alpha=(A_1-A_2)/A_1$，ML 型配合物的稳定常数可由下列平衡关系导出：

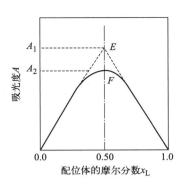

图 2-50　等摩尔系列法

$$\begin{array}{cccc} & M & + & L & = & ML \\ \text{初始浓度}/(\text{mol·L}^{-1}) & 0 & & 0 & & c \\ \text{平衡浓度}/(\text{mol·L}^{-1}) & c\alpha & & c\alpha & & c(1-\alpha) \end{array}$$

$$K^{\ominus}_{\text{稳}}=\frac{c_{\text{ML}}}{c_{\text{M}}c_{\text{L}}}=\frac{1-\alpha}{c\alpha^2}$$

式中，c 为溶液内 ML 的起始浓度，即当 $x_L=0.5$ 时，其值相当于溶液中金属离子或配
体的起始浓度的一半。

需要指出的是，这样得到的稳定常数为表观稳定常数，若要测定热力学稳定常数则还要
考虑磺基水杨酸的酸效应问题。

三、仪器与试剂

721E 型分光光度计，容量瓶(100mL，50mL)，吸量管(10mL)，比色皿(1cm)。

$HClO_4$(0.01mol·L^{-1})，磺基水杨酸(0.0100mol·L^{-1})，Fe^{3+} 溶液(0.0100mol·L^{-1})。

四、实验步骤

1. 配制 0.0010mol·L^{-1} Fe^{3+} 溶液和 0.0010mol·L^{-1} 磺基水杨酸溶液

用吸量管准确移取 10.00mL 0.0100mol·L^{-1} Fe^{3+} 溶液至 100mL 容量瓶中，用 0.01
mol·L^{-1} $HClO_4$ 溶液稀释至刻度，摇匀备用。同法配制 0.0010mol·L^{-1} 磺基水杨酸溶液。

2. 配制系列溶液

用三支 10mL 的吸量管按照表 2-21 列出的用量分别移取 0.01mol·L^{-1} $HClO_4$、
0.0010mol·L^{-1} Fe^{3+} 溶液和 0.0010mol·L^{-1} 磺基水杨酸溶液，加入已编号的 50mL 容量瓶
中，定容摇匀，静置 10min。

表 2-21　实验数据

编号	0.01mol·L^{-1} $HClO_4$ 的体积/mL	0.0010mol·L^{-1} Fe^{3+} 的体积/mL	0.0010mol·L^{-1}磺基 水杨酸的体积/mL	摩尔 分数 x	A
1	10.00	10.00	0.00		
2	10.00	9.00	1.00		
3	10.00	7.00	3.00		
4	10.00	5.00	5.00		
5	10.00	3.00	7.00		
6	10.00	1.00	9.00		
7	10.00	0.00	10.00		

3. 测定系列溶液的吸光度

用 721E 型分光光度计，在波长为 500nm、$b=1cm$ 的条件下，以去离子水为参比溶液，测定系列溶液的吸光度 A，填入表 2-21。

4. 数据处理

以吸光度 A 对磺基水杨酸的摩尔分数 x 作图，从图中找出最大吸收处，求出本实验条件下配合物的解离度、组成及稳定常数。

五、思考题

1. 用等摩尔系列法测定配合物的组成时，为什么只有当溶液中配体与金属离子物质的量之比与配合物的组成一致时，配合物的浓度才能达到最大？

2. 用吸光度 A 对配体的体积分数作图是否可以求得配合物的组成？

3. 在测定吸光度时，如果温度变化较大，对测定的稳定常数有何影响？

4. 实验中每种溶液的 pH 值是否一样？

5. 实验中用 $0.01mol \cdot L^{-1}$ $HClO_4$ 溶液控制溶液 $pH=2.0$，为什么要用 $HClO_4$？用 H_3PO_4 或 H_2SO_4 是否可以？为什么？

6. 当配合物分别为 ML、ML_2、ML_3、ML_4 时，在最大吸收处配体摩尔分数 x_L 分别为多少？A-x_L 图分别为什么形状？据此说明为什么等摩尔系列法只适于测定 n 值较小的配合物的组成。

实验二十六　六水合钛(Ⅲ)晶体场分裂能的测定

一、实验目的

1. 了解配合物的吸收光谱。

2. 了解用分光光度法测定配合物分裂能的基本原理和实验方法。

3. 熟悉 721E 型分光光度计的使用。

二、实验原理

过渡金属离子的 d 轨道在晶体场的影响下会发生能级分裂。当金属离子的 d 轨道没有被电子充满时，处于低能量 d 轨道上的电子吸收了一定波长的可见光后，就会跃迁到高能量的 d 轨道，这种 d-d 跃迁的能量差可以通过实验测定。

八面体的 $\left[Ti(H_2O)_6\right]^{3+}$ 配离子在八面场的影响下，中心离子 Ti^{3+} 的 5 个简并的 d 轨道分裂为二重简并的 d_γ 轨道和三重简并的 d_ε 轨道。在基态时中心离子 Ti^{3+} ($3d^1$) 的 3d 电子处于能量较低的 d_ε 轨道，当它吸收一定波长的可见光的能量时，就会由 d_ε 轨道跃迁到 d_γ 轨道。该 3d 电子所吸收光子的能量应等于 d_γ 轨道和 d_ε 轨道之间的能量差 ($E_{d_\gamma}-E_{d_\varepsilon}$)，即和 $\left[Ti(H_2O)_6\right]^{3+}$ 的分裂能 Δ_o 相等。根据：

$$E_{光}=E_{d_\gamma}-E_{d_\varepsilon}=\Delta_o$$

$$E_{光}=h\nu=\frac{hc}{\lambda}$$

式中　　h——普朗克常数，$6.626 \times 10^{-34} J \cdot s$；

　　　　c——光速，$3 \times 10^{10} cm \cdot s^{-1}$；

　　　　$E_{光}$——可见光光能，J；

ν——频率，s^{-1}；

λ——波长，nm。

得

$$\Delta_o = \frac{hc}{\lambda} = \frac{6.626 \times 10^{-34}(J \cdot s) \times 3 \times 10^{10}(cm \cdot s^{-1})}{\lambda}$$

$$= \frac{1.9878 \times 10^{-23}(J \cdot cm)}{\lambda}$$

$$= \frac{1.9878 \times 10^{-23} \times 5.034 \times 10^{22}}{\lambda} \quad (1J = 5.034 \times 10^{22} cm^{-1})$$

$$= \frac{1}{\lambda}(nm^{-1})$$

$$= \frac{1}{\lambda} \times 10^7 (cm^{-1})$$

λ 值可以通过吸收光谱求得：选取一定浓度的 $[Ti(H_2O)_6]^{3+}$，用分光光度计测出在不同波长下的吸光度 A，以 A 为纵坐标，λ 为横坐标作图可得吸收曲线，曲线最高峰所对应的 λ_{max} 为 $[Ti(H_2O)_6]^{3+}$ 的最大吸收波长，即：

$$\Delta_o = \frac{1}{\lambda_{max}} \times 10^7 (cm^{-1}) \quad (\lambda_{max} \text{ 单位为 nm})$$

三、仪器与试剂

721E 型分光光度计，烧杯（50mL），吸量管（5mL），洗耳球，比色皿（2cm），容量瓶（50mL）。

$TiCl_3$（15%～20%）。

四、实验步骤

1. 用吸量管移取 5mL 15%～20% 的 $TiCl_3$ 溶液于 50mL 容量瓶中，加去离子水稀释至刻度线，摇匀。

2. 以去离子水为参比溶液，用 721E 型分光光度计在波长 460～550nm 范围内，每隔 10nm 测一次 $[Ti(H_2O)_6]^{3+}$ 的吸光度（在吸收峰最大值附近，每间隔 5nm 测一次数据），并记录于表 2-22。

表 2-22 吸光度 A 与波长 λ 数据记录

λ/nm	460	470	480	490	495	500	505	510	515	520	530	540	550
A													

3. 以 A 为纵坐标、λ 为横坐标作 $[Ti(H_2O)_6]^{3+}$ 的吸收曲线，在曲线上找出吸收峰最大值 $\lambda_{max} = $ _____ nm。

4. 计算 $[Ti(H_2O)_6]^{3+}$ 的分裂能 $\Delta_o = $ _____ cm^{-1}。

五、思考题

1. 分裂能 Δ_o 的单位通常是什么？若用焦耳表示，其结果应如何计算？

2. 本实验测定吸收曲线时，溶液浓度的高低对测定分裂能的值是否有影响？

3. $[Ti(H_2O)_6]^{3+}$ 配离子的 Δ_o 文献值为 20400cm^{-1}，产生误差的原因是什么？

2.4　金属元素的性质实验

实验二十七　铬、锰微型实验

一、实验目的

1. 掌握 Cr(Ⅲ)、Cr(Ⅵ) 重要化合物的颜色、酸碱性、氧化还原性、溶解性及其相互转化。

2. 掌握 Mn(Ⅱ)、Mn(Ⅳ)、Mn(Ⅵ)、Mn(Ⅶ) 重要化合物的颜色、酸碱性、氧化还原性、稳定性及其相互转化。

3. 学会 Mn^{2+}、Cr(Ⅲ)、Cr(Ⅵ) 的鉴定方法。

4. 熟练掌握沉淀的离心分离、洗涤等操作。

二、实验原理

1. 铬的化合物

$Cr(OH)_3$ 呈两性：

$$Cr(OH)_3 + 3H^+ \!\!=\!\!=\!\! Cr^{3+} + 3H_2O$$

$$Cr(OH)_3 + OH^- \!\!=\!\!=\!\! [Cr(OH)_4]^-$$

向含有 Cr^{3+} 的溶液中加 Na_2S 并不生成 Cr_2S_3，因为 Cr_2S_3 在水中完全水解：

$$2Cr^{3+} + 3S^{2-} + 6H_2O \!\!=\!\!=\!\! 2Cr(OH)_3 \downarrow + 3H_2S \uparrow$$

在碱性溶液中，$[Cr(OH)_4]^-$ 具有较强的还原性，可被 H_2O_2 氧化为 CrO_4^{2-}：

$$2[Cr(OH)_4]^- + 3H_2O_2 + 2OH^- \!\!=\!\!=\!\! 2CrO_4^{2-} + 8H_2O$$

但在酸性溶液中，Cr^{3+} 的还原性较弱，只有 $K_2S_2O_8$ 或 $KMnO_4$ 等强氧化剂才能将 Cr^{3+} 氧化为 $Cr_2O_7^{2-}$。例如：

$$2Cr^{3+} + 3S_2O_8^{2-} + 7H_2O \overset{\triangle}{=\!=\!=} Cr_2O_7^{2-} + 6SO_4^{2-} + 14H^+$$

在酸性溶液中，$Cr_2O_7^{2-}$ 是强氧化剂。例如：

$$K_2Cr_2O_7 + 14HCl(浓) \overset{\triangle}{=\!=\!=} 2CrCl_3 + 3Cl_2 + 7H_2O + 2KCl$$

重铬酸盐的溶解度比铬酸盐的溶解度大，因此向重铬酸盐溶液中加 Ag^+、Pb^{2+}、Ba^{2+} 等离子时，通常生成铬酸盐沉淀。例如：

$$Cr_2O_7^{2-} + 4Ag^+ + H_2O \!\!=\!\!=\!\! 2Ag_2CrO_4 \downarrow + 2H^+$$

$$Cr_2O_7^{2-} + 2Ba^{2+} + H_2O \!\!=\!\!=\!\! 2BaCrO_4 \downarrow + 2H^+$$

在酸性溶液中，重铬酸盐发生反应：

$$Cr_2O_7^{2-} + 4H_2O_2 + 2H^+ \!\!=\!\!=\!\! 2CrO(O_2)_2 + 5H_2O$$

深蓝色的 $CrO(O_2)_2$ 不稳定，会很快分解为 Cr^{3+} 和 O_2，若被萃取到乙醚或戊醇中则稳定得多。此反应可用来鉴定 Cr(Ⅵ) 或 Cr(Ⅲ)。

2. 锰的化合物

Mn^{2+} 在酸性介质中稳定，只有很强的氧化剂如 $NaBiO_3$、$K_2S_2O_8$ 或 PbO_2，才可将其氧化成紫红色的 MnO_4^-，例如：

$$5NaBiO_3 + 2Mn^{2+} + 14H^+ \xrightarrow{\triangle} 2MnO_4^- + 5Bi^{3+} + 5Na^+ + 7H_2O$$

$$2Mn^{2+} + 5S_2O_8^{2-} + 8H_2O \xrightarrow{\triangle} 2MnO_4^- + 10SO_4^{2-} + 16H^+$$

这两个反应常用来鉴定 Mn^{2+}。

二价锰在碱性溶液中不稳定，$Mn(OH)_2$ 在空气中易被氧化：

$$Mn^{2+} + 2OH^- \longrightarrow Mn(OH)_2 \downarrow$$

$$2Mn(OH)_2 + O_2 \longrightarrow 2MnO(OH)_2 \downarrow$$

在中性或近中性溶液中，MnO_4^- 与 Mn^{2+} 反应生成 MnO_2：

$$2MnO_4^- + 3Mn^{2+} + 2H_2O \longrightarrow 5MnO_2 \downarrow + 4H^+$$

在酸性介质中，MnO_2 是较强的氧化剂，本身被还原为 Mn^{2+}：

$$2MnO_2 + 2H_2SO_4(浓) \xrightarrow{\triangle} 2MnSO_4 + O_2 \uparrow + 2H_2O$$

$$MnO_2 + 4HCl(浓) \xrightarrow{\triangle} MnCl_2 + Cl_2 \uparrow + 2H_2O$$

后一反应常用于实验室中制取少量氯气。

在强碱性条件下，强氧化剂能把 MnO_2 氧化成绿色的 MnO_4^{2-}：

$$2MnO_4^- + MnO_2 + 4OH^- \longrightarrow 3MnO_4^{2-} + 2H_2O$$

MnO_4^{2-} 只有在强碱性（$pH > 13.5$）溶液中才能稳定存在，在中性或酸性介质中，MnO_4^{2-} 发生歧化反应：

$$3MnO_4^{2-} + 4H^+ \longrightarrow 2MnO_4^- + MnO_2 \downarrow + 2H_2O$$

$KMnO_4$ 溶液不是很稳定。若有酸存在，则 MnO_4^- 按下式分解：

$$4MnO_4^- + 4H^+ \longrightarrow 4MnO_2 \downarrow + 3O_2 \uparrow + 2H_2O$$

在中性或弱碱中也会分解：

$$4MnO_4^- + 2H_2O \longrightarrow 4MnO_2 \downarrow + 3O_2 \uparrow + 4OH^-$$

光照对 MnO_4^- 的分解有促进作用，所以配制好的 $KMnO_4$ 溶液，应保存在棕色瓶中。

$KMnO_4$ 在酸性介质中和碱性介质中都具有氧化性，是实验室常用的试剂。在酸性介质中它的还原产物是 Mn^{2+}，在中性或弱碱性介质中还原产物是 MnO_2，而在强碱性溶液中还原产物是 MnO_4^{2-}。反应如下：

$$2MnO_4^- + 5SO_3^{2-} + 6H^+ \longrightarrow 2Mn^{2+} + 5SO_4^{2-} + 3H_2O$$

$$2MnO_4^- + 3SO_3^{2-} + H_2O \longrightarrow 2MnO_2 \downarrow + 3SO_4^{2-} + 2OH^-$$

$$2MnO_4^- + SO_3^{2-} + 2OH^- \longrightarrow 2MnO_4^{2-} + SO_4^{2-} + H_2O$$

三、仪器与试剂

试管，离心机，酒精灯，试管夹，淀粉-KI 试纸。

HNO_3（$2mol \cdot L^{-1}$，浓），H_2SO_4（$1mol \cdot L^{-1}$，$2mol \cdot L^{-1}$），HCl（$2mol \cdot L^{-1}$，$6mol \cdot L^{-1}$），$NaOH$（$2mol \cdot L^{-1}$，$6mol \cdot L^{-1}$，40%），$NH_3 \cdot H_2O$（$2mol \cdot L^{-1}$），$Pb(NO_3)_2$（$0.1mol \cdot L^{-1}$），$AgNO_3$（$0.1mol \cdot L^{-1}$），$Cr_2(SO_4)_3$（$0.1mol \cdot L^{-1}$），Na_2SO_3（$0.1mol \cdot L^{-1}$），Na_2S（$0.1mol \cdot L^{-1}$，$0.5mol \cdot L^{-1}$），$BaCl_2$（$0.1mol \cdot L^{-1}$），$KMnO_4$（$0.01mol \cdot L^{-1}$），H_2O_2（3%），$K_2S_2O_8$（s），$NaBiO_3$（s），戊醇（或乙醚）。

四、实验步骤

1. 铬的系列实验

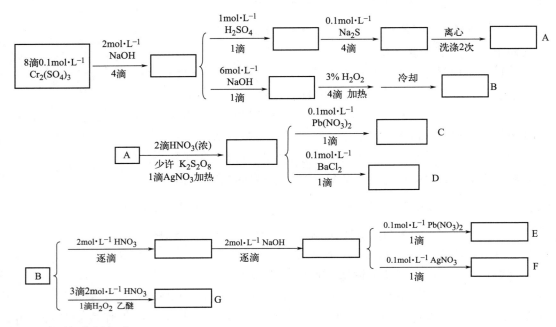

2. 锰的系列实验

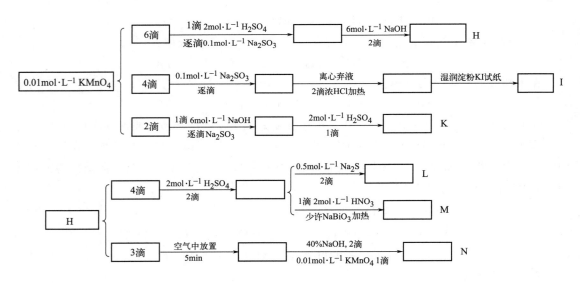

实验后将所有废液回收。

五、思考题

1. 如何用实验来确定 $Cr(OH)_3$ 和 $Mn(OH)_2$ 的酸碱性？$Mn(OH)_2$ 在空气中为什么会变色？

2. 怎样实现 $Cr^{3+} \rightarrow [Cr(OH)_4]^- \rightarrow CrO_4^{2-} \rightarrow Cr_2O_7^{2-} \rightarrow CrO_5 \rightarrow Cr^{3+}$ 的转化？怎样实现 $Mn^{2+} \rightarrow MnO_2 \rightarrow MnO_4^{2-} \rightarrow MnO_4^- \rightarrow Mn^{2+}$ 的转化？用反应方程式表示。

3. 如何鉴定 Cr^{3+} 或 Mn^{2+} 的存在？

4. 在含 Cr^{3+} 的溶液中加 Na_2S 为什么得不到 Cr_2S_3？在含 Mn^{2+} 的溶液中通入 H_2S，能

否得到 MnS 沉淀？怎样才能得到 MnS 沉淀？

5. 怎样存放 $KMnO_4$ 溶液？为什么？

实验二十八　铁、钴、镍微型实验

一、实验目的

1. 了解铁系元素氢氧化物的生成和性质。
2. 验证铁系元素配位化合物的性质。
3. 验证铁盐的氧化还原性。
4. 掌握铁系元素某些离子的鉴定反应。
5. 熟练掌握沉淀的离心分离、洗涤等操作。

二、实验原理

Fe、Co、Ni 位于周期表中第Ⅷ族，价电子构型分别为：$3d^6 4s^2$、$3d^7 4s^2$、$3d^8 4s^2$，常见价态为 +2、+3，都是银白色金属，具有顺磁性，能被磁体所吸引，性质相近，统称为铁系元素。

铁、钴、镍的 +3 氧化态的氧化物，氧化性强，并且按 Fe、Co、Ni 顺序增强；稳定性依次减弱。Co^{3+} 仅在配合物中较稳定，Ni^{3+} 极少见，多为 +2 价的氧化态，小心加热其硝酸盐可得到 Co_2O_3、Ni_2O_3。

+2 氧化态的铁、钴、镍的氢氧化物均难溶于水，呈碱性，还原性依次减弱。

+3 氧化态的铁、钴、镍的氢氧化物难溶于水，两性偏碱，且氧化性逐渐增强。

强碱与 Fe^{2+}、Co^{2+}、Ni^{2+} 盐作用，可得到其 +2 氧化态的氢氧化物，具有还原性。$Fe(OH)_2$ 在空气中极易被氧化成 $Fe(OH)_3$；$Co(OH)_2$ 则比较缓慢地被空气氧化成为 $Co(OH)_3$；而 $Ni(OH)_2$ 在空气中很稳定，仅强氧化剂才可把其氧化成 $Ni(OH)_3$。$Fe(OH)_3$ 与 HCl 仅发生中和反应，而 $Co(OH)_3$、$Ni(OH)_3$ 与 HCl 作用则可以发生氧化还原反应，产生 Cl_2。

$$Fe(OH)_3 + 3HCl =\!\!=\!\!= FeCl_3 + 3H_2O$$
$$2Co(OH)_3 + 6HCl =\!\!=\!\!= 2CoCl_2 + Cl_2\uparrow + 6H_2O$$
$$Co_2O_3 + 6HCl =\!\!=\!\!= 2CoCl_2 + Cl_2\uparrow + 3H_2O$$

Fe^{2+}、Co^{2+}、Ni^{2+} 分别为 $3d^6$、$3d^7$、$3d^8$ 结构，均未充满电子，所以其水合离子均有颜色：$[Fe(H_2O)_6]^{2+}$ 为浅绿色，$[Co(H_2O)_6]^{2+}$ 为粉红色，$[Ni(H_2O)_6]^{2+}$ 为亮绿色。无水盐的颜色分别为：Fe^{2+} 盐白色、Co^{2+} 盐蓝色、Ni^{2+} 盐黄色。$CoCl_2$ 在结晶水含量不同时，颜色不同。

Fe^{2+}、Co^{2+}、Ni^{2+} 的还原性依次减弱。在酸性条件下，$KMnO_4$、$K_2Cr_2O_7$、Cl_2 等强氧化剂可将 Fe^{2+} 氧化成 Fe^{3+}。

Fe^{2+}、Co^{2+}、Ni^{2+} 都易形成硫化物沉淀，FeS、CoS、NiS 均为黑色。FeS 可溶于 HCl，CoS、NiS 刚从溶液中析出时易溶于 HCl，放置一段时间后，则不溶于酸。

只有 Fe、Co 才有氧化态为 +3 的盐，且铁盐较多，Co(Ⅲ)盐只能以固态形式存在，溶于水迅速分解为 Co(Ⅱ)盐和 O_2，这是由于 Co(Ⅲ)具有强氧化性。此外 Fe^{3+} 可将 H_2S、

KI、$SnCl_2$、Cu 等氧化。

Co^{2+}、Co^{3+} 均能形成氨配合物，$[Co(NH_3)_6]^{3+}$ 能稳定存在于溶液中。反应如下：

$$Co^{2+}+6NH_3 \rightleftharpoons [Co(NH_3)_6]^{2+}（土黄色）$$

$$4Co^{2+}+24NH_3+O_2+2H_2O \rightleftharpoons 4[Co(NH_3)_6]^{3+}（红棕色）+4OH^-$$

$$2[Co(NH_3)_6]^{2+}+H_2O_2+2H^+ \rightleftharpoons 2[Co(NH_3)_6]^{3+}+2H_2O$$

$$4CoCl_2+4NH_4Cl+20NH_3+O_2 \xrightarrow{催化剂} 4[Co(NH_3)_6]Cl_3+2H_2O$$

在形成配合物时，Co^{2+} 先产生蓝色 Co(OH)Cl 沉淀，继续加入 NH_3 时才发生配位反应；如有 NH_4^+ 存在时，产生配合物比较容易。

Ni^{2+} 与 NH_3 可形成两种配位数的配合物，其中四配位化合物不稳定，多数情况下以六配位为主：

$$Ni^{2+}+NH_3 \cdot H_2O \xrightarrow{NH_4Cl} Ni(OH)_2 \xrightarrow{NH_4Cl+NH_3 \cdot H_2O} [Ni(NH_3)_6]^{2+}$$

Fe^{3+} 和 Co^{3+} 可与 F^- 形成稳定配合物 $[FeF_6]^{3-}$ 和 $[CoF_6]^{3-}$，由于 $[FeF_6]^{3-}$ 稳定且无色，所以常在分析化学上用来掩蔽 Fe^{3+}。

Fe^{3+} 能与 NCS^- 生成血红色配合物 $[Fe(NCS)_n]^{3-n}$，$n=1 \sim 6$，此反应很灵敏，常用来检验 Fe^{3+} 的存在（该反应必须在酸性溶液中进行，否则会因为 Fe^{3+} 的水解而得不到 $[Fe(NCS)_n]^{3-n}$）。

Co^{2+} 能与 NCS^- 生成蓝色配合物 $[Co(NCS)_4]^{2-}$，该配合物在水中不稳定，可稳定存在于乙醚、戊醇中，此反应可用来鉴定 Co^{2+} 的存在。

因为 CN^- 有还原性，Fe^{3+} 与 CN^- 不能直接化合。

$$2K_4[Fe(CN)_6]（黄血盐）+Cl_2 \rightleftharpoons 2KCl+2K_3[Fe(CN)_6]（赤血盐）$$

$$3Fe^{2+}+2[Fe(CN)_6]^{3-} \rightleftharpoons Fe_3[Fe(CN)_6]_2 \downarrow（蓝色）$$

$$4Fe^{3+}+3[Fe(CN)_6]^{4-} \rightleftharpoons Fe_4[Fe(CN)_6]_3 \downarrow（蓝色）$$

这两个反应可分别用于鉴定 Fe^{2+} 和 Fe^{3+}。经检验，上述反应生成的蓝色沉淀是结构相同的物质，为同一物质，结构式为：$Fe(Ⅲ)_4[Fe(CN)_6]_3$。

Ni^{2+} 与丁二酮肟（又叫二乙酰二肟，或简称丁二肟）反应得到玫瑰红色的内配盐。此反应需在弱酸性条件下进行，酸度过大不利于内配盐的生成；碱度过大则生成 $Ni(OH)_2$ 沉淀，适宜条件是 pH=5～10。此反应十分灵敏，常用来鉴定 Ni^{2+} 的存在。反应如下：

三、仪器与试剂

试管，离心机，酒精灯，试管夹，淀粉 KI 试纸。

$NH_4Cl(1mol \cdot L^{-1})$，$HCl(2mol \cdot L^{-1}，6mol \cdot L^{-1})$，$NaOH(2mol \cdot L^{-1}，40\%)$，$NH_3 \cdot$

$H_2O(6mol \cdot L^{-1})$，$KNCS(0.1mol \cdot L^{-1}$，饱和$)$，$NaF(1mol \cdot L^{-1})$，$K_3[Fe(CN)_6](0.1mol$ $\cdot L^{-1})$，$FeSO_4(0.1mol \cdot L^{-1})$，$Na_2S(0.1mol \cdot L^{-1})$，$CoCl_2(0.5mol \cdot L^{-1})$，$K_4[Fe(CN)_6]$ $(0.1mol \cdot L^{-1})$，$NiSO_4(0.1mol \cdot L^{-1})$，$H_2O_2(3\%)$，丁二酮肟$(10g \cdot L^{-1})$，丙酮，$NaClO$（饱和）。

四、实验步骤

1. 铁的系列实验

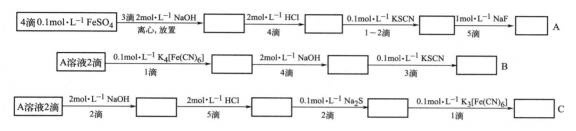

实验后将 A、B、C 溶液回收。

2. 钴的系列实验

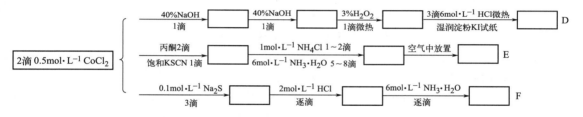

实验后将 D、E、F 溶液回收。

3. 镍的系列实验

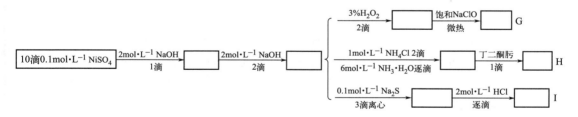

实验后将 G、H、I 溶液回收。

五、思考题

1. 总结 Fe^{2+}、Fe^{3+}、Co^{2+}、Ni^{2+} 的颜色及鉴定方法。

2. 比较铁系元素 $M(OH)_2$ 的颜色、溶解性、酸碱性和还原性。

3. 铁系元素 $M(OH)_3$ 与浓 HCl 作用的产物是否相同？为什么？

4. 一般如何制备 $Co(Ⅲ)$ 的配合物？是否用 Co^{3+} 与配位体直接形成配合物？

5. 如何配制和保存 $FeSO_4$ 溶液？

实验二十九　铜、银微型实验

一、实验目的

1. 了解铜、银的氢氧化物、氧化物、配合物的生成与性质。
2. 了解 Cu^{2+} 与 Cu^+ 的相互转化条件及 Cu^{2+}、Ag^+ 的氧化性。
3. 熟练掌握沉淀的离心分离、洗涤等操作。

二、实验原理

1. 氢氧化铜、氧化铜

$Cu(OH)_2$ 显两性，既能溶于酸，又能溶于碱，溶于碱生成 $[Cu(OH)_4]^{2-}$，并能氧化醛或葡萄糖：

$$2[Cu(OH)_4]^{2-} + C_6H_{12}O_6(葡萄糖) \Longrightarrow Cu_2O\downarrow + C_6H_{12}O_7(葡萄糖酸) + 2H_2O + 4OH^-$$

这一反应在有机化学上用来检验某些糖的存在。

$$Cu_2O + H_2SO_4 \Longrightarrow CuSO_4 + Cu + H_2O$$

$$2Cu_2O + 16NH_3 + O_2 + 4H_2O \Longrightarrow 4[Cu(NH_3)_4]^{2+} + 8OH^-$$

$$2Cu_2O + O_2 \Longrightarrow 4CuO$$

$$CuO + H_2SO_4 \Longrightarrow CuSO_4 + H_2O$$

2. 氢氧化银、氧化银

AgOH 常温下不能存在，在 $-40℃$ 时较稳定。

$$2Ag^+ + 2OH^- \Longrightarrow 2AgOH\downarrow \Longrightarrow Ag_2O\downarrow + H_2O$$

$$Ag_2O + 4NH_3 + H_2O \Longrightarrow 2[Ag(NH_3)_2]^+ + 2OH^-$$

3. $Cu(Ⅱ)$ 的配合物和硫化物

$CuSO_4$ 与适量氨水反应生成浅蓝色的碱式硫酸铜，氨水过量则生成深蓝色的 $[Cu(NH_3)_4]^{2+}$：

$$2Cu^{2+} + SO_4^{2-} + 2NH_3 + 2H_2O \Longrightarrow Cu_2(OH)_2SO_4\downarrow + 2NH_4^+$$

$$Cu_2(OH)_2SO_4 + 6NH_3 + 2NH_4^+ \Longrightarrow 2[Cu(NH_3)_4]^{2+} + SO_4^{2-} + 2H_2O$$

$$3CuS + 8HNO_3 \Longrightarrow 3Cu(NO_3)_2 + 3S\downarrow + 2NO\uparrow + 4H_2O$$

4. 银的配合物和硫化物

$$AgCl + 2NH_3 \Longrightarrow [Ag(NH_3)_2]^+ + Cl^-$$

含有 $[Ag(NH_3)_2]^+$ 的溶液在煮沸时也能将醛类或某些糖类氧化，本身还原为 Ag：

$$2[Ag(NH_3)_2]^+ + HCHO + 3OH^- \Longrightarrow HCOO^- + 2Ag\downarrow + 4NH_3 + 2H_2O$$

工业上利用这类反应来制造镜子或在暖水瓶的夹层上镀银。

$$AgBr + 2S_2O_3^{2-} \Longrightarrow [Ag(S_2O_3)_2]^{3-} + Br^-$$

$$AgI + I^- \Longrightarrow AgI_2^-$$

$$2AgI_2^- + S^{2-} \Longrightarrow Ag_2S\downarrow + 4I^-$$

$$3Ag_2S + 8HNO_3 \Longrightarrow 6AgNO_3 + 2NO\uparrow + 3S\downarrow + 4H_2O$$

5. 卤化亚铜

$$Cu^{2+} + Cu + 2HCl \Longrightarrow 2CuCl\downarrow + 2H^+$$

$$CuCl+HCl \Longrightarrow H[CuCl_2]$$

$$CuCl+2NH_3 \Longrightarrow [Cu(NH_3)_2]^+ +Cl^-$$

$$4[Cu(NH_3)_2]^+ +8NH_3+O_2+2H_2O \Longrightarrow 4[Cu(NH_3)_4]^{2+} +4OH^-$$

$$2Cu^{2+} +4I^- \Longrightarrow 2CuI\downarrow +I_2$$

6. Cu^{2+} 的鉴定

Cu^{2+} 与 $K_4[Fe(CN)_6]$ 在中性或弱酸性条件下，生成红棕色 $Cu_2[Fe(CN)_6]$ 沉淀：

$$2Cu^{2+} +[Fe(CN)_6]^{4-} \Longrightarrow Cu_2[Fe(CN)_6]\downarrow$$

此反应用来检验 Cu^{2+} 的存在。沉淀可溶于氨水中，生成蓝色的 $[Cu(NH_3)_4]^{2+}$：

$$Cu_2[Fe(CN)_6]+8NH_3 \Longrightarrow 2[Cu(NH_3)_4]^{2+} +[Fe(CN)_6]^{4-}$$

三、仪器与试剂

试管，离心机，酒精灯，试管夹。

H_2SO_4（$2mol\cdot L^{-1}$），HNO_3（$2mol\cdot L^{-1}$），$NaOH$（$2mol\cdot L^{-1}$，40%），$NH_3\cdot H_2O$（$2mol\cdot L^{-1}$，$6mol\cdot L^{-1}$），KI（$0.1mol\cdot L^{-1}$，$2mol\cdot L^{-1}$），$AgNO_3$（$0.1mol\cdot L^{-1}$），KBr（$0.1mol\cdot L^{-1}$），$CuSO_4$（$0.1mol\cdot L^{-1}$），Na_2S（$0.1mol\cdot L^{-1}$，$0.5mol\cdot L^{-1}$），$NaCl$（$0.1mol\cdot L^{-1}$），$K_4[Fe(CN)_6]$（$0.1mol\cdot L^{-1}$），$Na_2S_2O_3$（$0.1mol\cdot L^{-1}$），葡萄糖（10%），淀粉（$10g\cdot L^{-1}$）。

四、实验步骤

1. 铜的系列实验

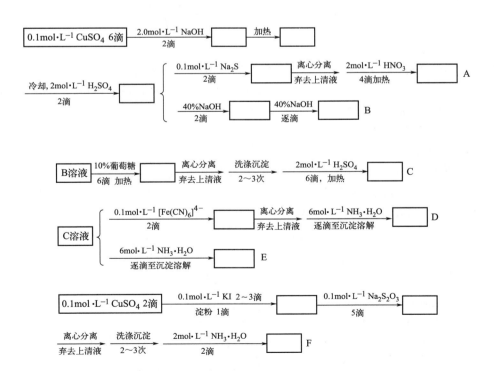

实验后将所有 Cu^{2+} 的化合物转变为 $CuSO_4$ 回收。

2. 银的系列实验

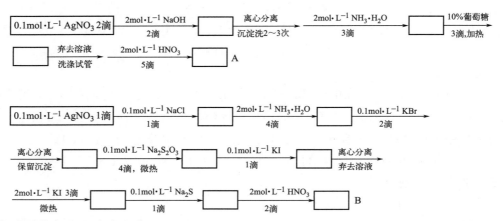

实验后将 A、B 溶液回收。

五、思考题

1. 向 $CuSO_4$ 溶液中滴加 NaOH 和 $NH_3 \cdot H_2O$ 溶液，产物有何不同？如何区别？

2. 根据元素电势图讨论 Cu(Ⅰ) 和 Cu(Ⅱ) 各自稳定存在和相互转化的条件。

3. Cu^{2+} 鉴定反应的条件是什么？Ag^+ 如何鉴定？

实验三十　锌、镉、汞微型实验

一、实验目的

1. 掌握锌、镉、汞的氢氧化物、重要配合物、硫化物的生成和性质。

2. 了解 Hg(Ⅰ) 化合物的不稳定性，掌握 Hg(Ⅰ) 与 Hg(Ⅱ) 间的相互转化。

3. 学会 Zn^{2+}、Cd^{2+}、Hg^{2+}、Hg_2^{2+} 的鉴定方法。

4. 熟练掌握沉淀的离心分离、洗涤等基本操作。

二、实验原理

镉、汞的化合物大多数是有毒的。锌的氢氧化物显两性，镉、汞的氢氧化物显碱性。$Hg(OH)_2$、$Hg_2(OH)_2$ 很不稳定，当 Hg^{2+}、Hg_2^{2+} 与 NaOH 反应时只能得到黄色的 HgO 和黑色的 Hg_2O，Hg_2O 歧化为 Hg 和 HgO。

$$Hg^{2+} + 2OH^- = HgO\downarrow + H_2O$$

$$Hg_2^{2+} + 2OH^- = Hg_2O\downarrow + H_2O$$

$$Hg_2O = Hg + HgO$$

锌与镉的化合物有较多相似性。Zn^{2+}、Cd^{2+} 与适量氨水反应生成白色氢氧化物沉淀，氨水过量则生成氨的配合物。

$$M^{2+} + 2NH_3 \cdot H_2O = M(OH)_2\downarrow + 2NH_4^+ \ (M=Zn、Cd)$$

$$M(OH)_2 + 2NH_3 + 2NH_4^+ = [M(NH_3)_4]^{2+} + 2H_2O$$

Hg(Ⅱ)、Hg(Ⅰ) 与氨水反应生成难溶于水的氨基化物，在大量 NH_4^+ 存在下，氨基化物溶于过量氨水，生成 $[Hg(NH_3)_4]^{2+}$。

104

$$HgCl_2 + 2NH_3 \rightleftharpoons NH_2HgCl \downarrow + NH_4Cl(HgCl_2 \ 共价型分子)$$

$$NH_2HgCl + 2NH_3 + NH_4^+ \rightleftharpoons [Hg(NH_3)_4]^{2+} + Cl^-$$

$$2Hg^{2+} + NO_3^- + 4NH_3 + H_2O \rightleftharpoons HgO \cdot NH_2HgNO_3 \downarrow + 3NH_4^+$$

$$2Hg_2^{2+} + NO_3^- + 4NH_3 + H_2O \rightleftharpoons HgO \cdot NH_2HgNO_3 \downarrow + 2Hg + 3NH_4^+$$

$$HgO \cdot NH_2HgNO_3 + 4NH_3 + 3NH_4^+ \rightleftharpoons 2[Hg(NH_3)_4]^{2+} + NO_3^- + H_2O$$

Hg(Ⅱ)的另一重要化合物是 $[HgI_4]^{2-}$，在 Hg(Ⅱ)的溶液中加入适量 KI 溶液，可生成金红色 HgI_2 沉淀，KI 过量生成无色的 $[HgI_4]^{2-}$。

$$Hg^{2+} + 2I^- \rightleftharpoons HgI_2 \downarrow$$

$$HgI_2 + 2I^- \rightleftharpoons [HgI_4]^{2-}$$

$K_2[HgI_4]$ 与一定量 KOH 的混合溶液称为 Nessler 试剂。

Hg_2^{2+} 与 KI 溶液反应生成黄绿色 Hg_2I_2 沉淀，Hg_2I_2 沉淀歧化为 HgI_2 和 Hg，若 KI 过量则歧化为 $[HgI_4]^{2-}$ 和 Hg。

$$Hg_2^{2+} + 2I^- \rightleftharpoons Hg_2I_2 \downarrow \longrightarrow HgI_2 + Hg$$

$$Hg_2I_2 + 2I^- \rightleftharpoons [HgI_4]^{2-} + Hg$$

这一反应表明 Hg(Ⅰ)化合物的不稳定性，即 Hg(Ⅰ)向 Hg(Ⅱ)的转化。

Hg(Ⅱ)具有氧化性，也能转化为 Hg(Ⅰ)：

$$Hg(NO_3)_2 + Hg \xrightarrow{振荡} Hg_2(NO_3)_2$$

酸性条件下 Hg^{2+} 具有较强的氧化性，能与 $SnCl_2$ 反应生成 Hg_2Cl_2 白色沉淀，进一步生成黑色的 Hg，这一反应用于 Hg^{2+} 或 Sn^{2+} 的鉴定：

$$2Hg^{2+} + [SnCl_4]^{2-} + 4Cl^- \rightleftharpoons Hg_2Cl_2 \downarrow + [SnCl_6]^{2-}$$

$$Hg_2Cl_2 + [SnCl_4]^{2-} \rightleftharpoons 2Hg + [SnCl_6]^{2-}$$

ZnS 难溶于水、HAc，而溶于稀盐酸。CdS 难溶于稀盐酸而易溶于浓盐酸，通常利用 Cd^{2+} 与 H_2S 反应生成黄色的 CdS 来鉴定 Cd^{2+}。HgS 溶于王水和 Na_2S 溶液。

$$3HgS + 12HCl + 2HNO_3 \rightleftharpoons 3H_2[HgCl_4] + 3S \downarrow + 2NO \uparrow + 4H_2O$$

$$HgS + S^{2-} \rightleftharpoons [HgS_2]^{2-}$$

在碱性溶液中，Zn(Ⅱ)与二苯硫腙形成粉红色螯合物，此反应用于鉴定 Zn^{2+}。

三、仪器与试剂

试管，离心机，酒精灯，试管夹。

HCl($1mol \cdot L^{-1}$，$2mol \cdot L^{-1}$，$6mol \cdot L^{-1}$)，HNO_3($2mol \cdot L^{-1}$，浓)，NaOH($2mol \cdot L^{-1}$，$6mol \cdot L^{-1}$)，$NH_3 \cdot H_2O$($2mol \cdot L^{-1}$，$6mol \cdot L^{-1}$)，KI($0.1mol \cdot L^{-1}$，$2mol \cdot L^{-1}$)，HAc($2mol \cdot L^{-1}$)，$SnCl_2$($0.1mol \cdot L^{-1}$)，$ZnSO_4$($0.1mol \cdot L^{-1}$)，Na_2S($0.1mol \cdot L^{-1}$)，$CdSO_4$($0.1mol \cdot L^{-1}$)，$Hg(NO_3)_2$($0.1mol \cdot L^{-1}$)，$Hg_2(NO_3)_2$($0.1mol \cdot L^{-1}$)，NH_4Cl($1mol \cdot L^{-1}$)，二苯硫腙（含 CCl_4）。

四、实验步骤

1. 锌的系列实验

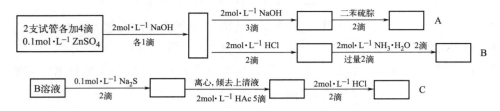

实验后将 A、C 溶液回收。

2. 镉的系列实验

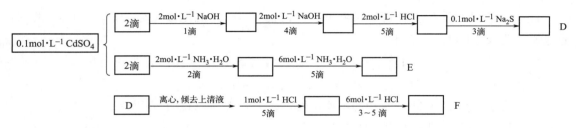

实验后将 E、F 溶液转变为 CdS 回收。

3. 汞的系列实验

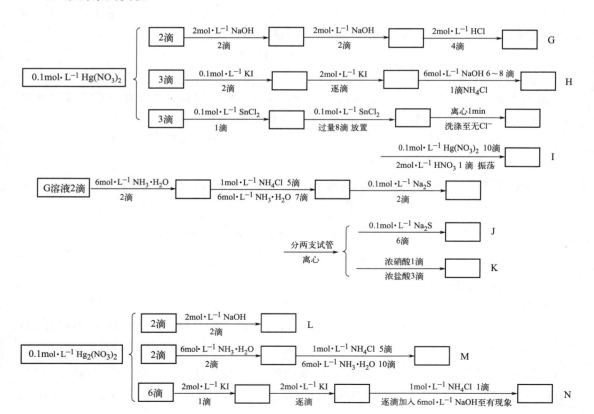

由于 Hg 量少，黑色沉淀不易观察，若将溶液离心后再观察，黑色沉淀会明显一些。实验后将所有汞的化合物转化成 HgS，回收 HgS 和 Hg。

五、思考题

1. Zn^{2+}、Cd^{2+}、Hg^{2+}、Hg_2^{2+} 与 NaOH 反应的产物有何不同？

2. Zn^{2+}、Cd^{2+}、Hg^{2+} 与氨水反应的产物分别是什么？

3. ZnS、CdS、HgS 的溶解性有何差别？

4. Hg^{2+}、Hg_2^{2+} 与 KI 反应的产物有何异同？

实验三十一　锡、铅、锑、铋微型实验

一、实验目的

1. 了解锡、铅、锑、铋的化合物的性质：氢氧化物的酸碱性，低价化合物的还原性和高价化合物的氧化性，硫化物和硫代酸盐的性质等。

2. 了解锡、铅、锑、铋的离子鉴定法。

3. 熟练掌握沉淀的离心分离、洗涤等基本操作。

二、实验原理

1. 锡、铅的化合物

锡、铅是ⅣA 族元素，原子的价电子层构型为 ns^2np^2，都能形成 +2 价和 +4 价的化合物。

$Sn(Ⅱ)$是强还原剂，如在碱性溶液中的 SnO_2^{2-}；$Pb(Ⅳ)$是氧化剂，如 PbO_2。

$Sn(Ⅱ)$和 $Pb(Ⅱ)$的氢氧化物都显两性。

锡和铅都能生成有色硫化物：SnS 为棕色，SnS_2 为黄色，PbS 为黑色，它们都不溶于水和稀酸。

SnS_2 偏酸性，在 $(NH_4)_2S$ 或 Na_2S 溶液中，能溶解生成硫代酸盐：

$$SnS_2 + (NH_4)_2S = (NH_4)_2SnS_3$$

硫代锡酸盐不稳定，遇酸分解：

$$SnS_3^{2-} + 2H^+ = H_2SnS_3 \longrightarrow SnS_2 + H_2S$$

SnS 不溶于 $(NH_4)_2S$ 溶液，但溶于多硫化物 $(NH_4)_2S_2$ 溶液及浓盐酸，如：

$$SnS + S_2^{2-} = SnS_3^{2-}$$

$$SnS + 4HCl(浓) = H_2[SnCl_4] + H_2S$$

PbS 不溶于稀酸和碱金属硫化物，但可溶于硝酸和浓盐酸。

铅能生成许多难溶的化合物，Pb^{2+} 能生成难溶的黄色 $PbCrO_4$ 沉淀，该沉淀可溶于 NaOH 溶液，在分析上常利用这个反应来鉴定 Pb^{2+}。

$SnCl_2$ 与 Hg^{2+} 反应首先生成 Hg_2Cl_2 白色沉淀，当 $SnCl_2$ 过量时，Hg_2Cl_2 进一步被还原为金属汞，沉淀为灰黑色：

$$2HgCl_2 + SnCl_2 = SnCl_4 + Hg_2Cl_2 \downarrow$$

$$Hg_2Cl_2 + SnCl_2 = SnCl_4 + 2Hg \downarrow$$

这一反应可用于 Hg^{2+} 或 Sn^{2+} 的鉴定。

$SnCl_2$ 易水解，在溶液中易被氧化。配制溶液时，应加相应酸和少量 Sn。

$PbCl_2$ 为白色固体，微溶于冷水，能溶于热水，溶于过量浓盐酸和过量 NaOH。

2. 锑和铋的化合物

锑和铋是元素周期表中的 ⅤA 族元素，原子的价电子层构型为 ns^2np^3，都能形成 +3 价和 +5 价的化合物。

Sb(Ⅲ) 的氧化物和氢氧化物都显两性，而 Bi(Ⅲ) 的氧化物和氢氧化物只显碱性。和 Sb(Ⅲ) 比较，Bi(Ⅲ) 是弱还原剂，Bi(Ⅴ) 呈强氧化性，能将 Mn^{2+} 氧化为 MnO_4^-：

$$5NaBiO_3 + 2Mn^{2+} + 14H^+ =\!=\!= 2MnO_4^- + 5Bi^{3+} + 5Na^+ + 7H_2O$$

锑和铋都能生成不溶于稀酸的有色硫化物：Sb_2S_3 黄色，Sb_2S_5 棕色，Bi_2S_3 黑色。锑的硫化物偏酸性，能溶于 $(NH_4)_2S$ 或 Na_2S 中生成硫代酸盐 SbS_3^{3-}；而铋的硫化物呈碱性，不溶于 $(NH_4)_2S$ 或 Na_2S。

Sb^{3+} 和 SbO_4^{3-} 在锡片上可以被还原为金属锑，使锡片呈黑色，利用这个反应可以鉴定 Sb^{3+} 和 SbO_4^{3-}。Sb^{3+} 在锡片上的反应为：

$$2Sb^{3+} + 3Sn =\!=\!= 2Sb\downarrow + 3Sn^{2+}$$

Bi^{3+} 在碱性溶液中可被亚锡酸钠还原为金属铋，利用这个反应可以鉴定 Bi^{3+}：

$$2Bi(OH)_3 + 3SnO_2^{2-} =\!=\!= 2Bi\downarrow + 3SnO_3^{2-} + 3H_2O$$

三、仪器与试剂

试管，离心机，酒精灯，试管夹。

H_2SO_4（2.0 mol·L^{-1}），HCl（1 mol·L^{-1}，2 mol·L^{-1}，6 mol·L^{-1}），HNO_3（2 mol·L^{-1}），NaOH（2 mol·L^{-1}），$SnCl_2$（0.1 mol·L^{-1}），KI（0.1 mol·L^{-1}），$Pb(NO_3)_2$（0.1 mol·L^{-1}），K_2CrO_4（0.1 mol·L^{-1}），$BiCl_3$（0.1 mol·L^{-1}），Na_2S（0.1 mol·L^{-1}，0.5 mol·L^{-1}），$SbCl_3$（0.1 mol·L^{-1}），$HgCl_2$（0.1 mol·L^{-1}）。

四、实验步骤

1. 锡和铅的系列实验

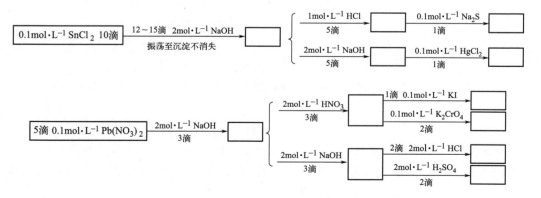

2. 锑和铋的系列实验

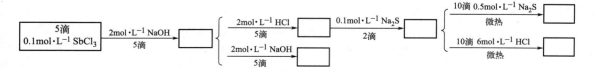

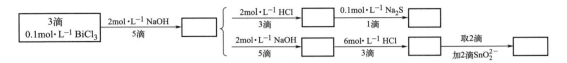

实验后将所有废液回收。

五、思考题

1. 怎样根据实验说明 Sn(Ⅱ) 和 Pb(Ⅱ) 的氢氧化物具有两性？在证明 Pb(OH)$_2$ 具有碱性时，应该用什么酸？

2. Sn(Ⅱ) 的还原性和 Pb(Ⅳ) 的氧化性是怎样证明的？

3. 怎样鉴定 Sn^{2+} 和 Pb^{2+}？

4. 怎样鉴定 Sb(Ⅲ) 和 Bi(Ⅲ) 的氢氧化物的酸碱性？

5. 怎样说明 Bi(Ⅴ) 的化合物是强氧化剂？

6. 怎样分离和鉴定 Sb^{3+} 和 Bi^{3+}？

实验三十二　阳离子混合溶液的分离鉴定

一、实验目的

1. 熟悉常见阳离子的分析特性。

2. 掌握待测阳离子的分离与鉴定的条件，并能进行分离和鉴定。

二、实验原理

1. 根据颜色粗略判断。

2. 用 KSCN 检验有无 Fe^{3+} 后再判断。

3. 对混合溶液进行沉淀和分离。

(1) 加 Cl$^-$ → $\begin{cases} 沉淀 \\ 溶液 \end{cases}$

(2) 加过量 NH$_3$·H$_2$O → $\begin{cases} 沉淀 \\ 溶液 \end{cases}$

(3) 加过量 NaOH → $\begin{cases} 沉淀 \\ 溶液 \end{cases}$

(4) 加 Na$_2$S → 沉淀 $\xrightarrow{\text{加 H}^+}$ $\begin{cases} 沉淀 \xrightarrow{\text{加 HNO}_3} 溶液 \\ 溶液 \end{cases}$

4. 离心分离后，注意溶液 pH 值的调节；离子鉴定时，注意干扰离子的掩蔽。

三、实验步骤

1. 拟定方案

从以下十组中任选一组，每组中最多不超过三种阳离子，请拟好分析方案，并进行分离鉴定。

(1) Cd^{2+}、Mn^{2+}、Cu^{2+}　　　　(2) Hg$_2^{2+}$、Cd^{2+}、Zn^{2+}

(3) Cd^{2+}、Cr^{3+}、Mn^{2+} (4) Ag^+、Pb^{2+}、Cu^{2+}

(5) Cr^{3+}、Bi^{3+}、Cu^{2+} (6) Fe^{3+}、Cr^{3+}、Ni^{2+}

(7) Zn^{2+}、Ag^+、Hg^{2+} (8) Cr^{3+}、Fe^{3+}、Cu^{2+}

(9) Zn^{2+}、Fe^{3+}、Cu^{2+} (10) Co^{2+}、Fe^{3+}、Cr^{3+}

要求：练习拟订分离方案（任选两组写在预习报告上）。

分离方案示例：

$$Cd^{2+}，Mn^{2+}、Cu^{2+} \xrightarrow{\text{过量 } NH_3 \cdot H_2O} \begin{cases} 沉淀 \xrightarrow{H^+} 溶解 \xrightarrow{HNO_3+NaBiO_3} MnO_4^- \text{ 紫色，表示有 } Mn^{2+} \\ 溶液 \xrightarrow{Na_2S} CuS，CdS \downarrow \xrightarrow{浓\ HCl} \begin{cases} CuS \downarrow \\ Cd^{2+} \text{ 用 CdS 黄色沉淀鉴定} \end{cases} \end{cases}$$

CuS 用 HNO_3 溶解，加 $K_4[Fe(CN)_6]$，有红棕色沉淀 $Cu_2[Fe(CN)_6]$，表示有 Cu^{2+}。

2. 实验报告要求

(1) 给出鉴定结果（含有哪些离子）。

(2) 写出分离鉴定的有关分离方案。

(3) 写出相关鉴定反应方程式或离子方程式。

2.5 综合性、系列性实验

实验三十三 碳酸钠的制备与纯度分析

一、实验目的

1. 通过实验了解联合制碱法的反应原理。

2. 学会利用各种盐类溶解度的差异通过复分解反应来制取盐的方法。

3. 学习水浴加热、磁力搅拌等基本操作。

4. 学习双指示剂法测定混合碱的原理与方法。

二、实验原理

碳酸钠在工业上叫作纯碱，用途很广。工业上的联合制碱法是将二氧化碳和氨气通入氯化钠溶液中，生成碳酸氢钠，然后在高温下灼烧，使其转化为碳酸钠。反应方程式为：

$$NH_3 + CO_2 + H_2O + NaCl =\!=\!= NaHCO_3 \downarrow + NH_4Cl$$

$$2NaHCO_3 \xrightarrow{\text{灼烧}} Na_2CO_3 + CO_2 \uparrow + H_2O$$

第一个反应实质上是碳酸氢铵与氯化钠在水溶液中的复分解反应，可直接用碳酸氢铵与氯化钠作用来制取碳酸氢钠：

$$NH_4HCO_3 + NaCl =\!=\!= NaHCO_3 \downarrow + NH_4Cl$$

NH_4HCO_3、$NaCl$、$NaHCO_3$ 和 NH_4Cl 同时存在于水溶液中，构成一个复杂的四元交互体系，它们在水溶液中的溶解度相互影响。但根据不同温度下各种纯净盐在水中的溶解度的不同，仍然可以粗略地判断出从反应体系中析出 $NaHCO_3$ 的最佳条件。各种纯净盐在水中的溶解度见表 2-23。

表 2-23　溶解度数据　　　　　　　　　单位：g·(100g 水)⁻¹

盐	溶解度										
	0℃	10℃	20℃	30℃	40℃	50℃	60℃	70℃	80℃	90℃	100℃
NaCl	35.7	35.8	36	36.3	36.6	37	37.3	37.8	38.4	39	39.8
NH_4HCO_3	11.9	15.8	21	27	—	—	—	—	—	—	—
$NaHCO_3$	6.9	8.15	9.6	11.1	12.7	14.45	16.4	—	—	—	—
NH_4Cl	29.4	33.3	37.2	41.4	45.8	50.4	55.2	60.2	65.6	71.3	77.3

当温度超过 35℃时，NH_4HCO_3 开始分解，所以反应温度不能超过 35℃；但温度太低又会影响 NH_4HCO_3 的溶解度，所以反应温度又不宜低于 30℃。从 2-23 表中可以看出，温度为 30~35℃时，$NaHCO_3$ 的溶解度在四种盐中是最低的，所以将研细的固体 NH_4HCO_3 溶于浓的 NaCl 溶液中，在充分搅拌下就可析出 $NaHCO_3$ 晶体。

工业纯碱、烧碱以及 Na_3PO_4 等产品大多都是混合碱，它们的测定方法有多种。例如纯碱，其组成形式可能是纯 Na_2CO_3 或 $Na_2CO_3 + NaOH$，或是 $Na_2CO_3 + NaHCO_3$，测定其组成及相对含量较简单的方法是双指示剂法。即准确称取碱试样溶于水后，先以酚酞为指示剂，用 HCl 标准溶液滴定，记录消耗 HCl 体积 V_1（mL）；再以甲基橙为指示剂，继续用 HCl 标准溶液滴定，记录消耗 HCl 体积 V_2（mL）。通过比较 V_1 和 V_2 的相对大小可以判断碱的组成，并计算得出试样中各组分的相对含量。

若 $V_2 > V_1$，组成为 $Na_2CO_3 + NaHCO_3$，则：

$$w_{Na_2CO_3} = \frac{c_{HCl} V_1 M_{Na_2CO_3}}{m}$$

$$w_{NaHCO_3} = \frac{c_{HCl}(V_2 - V_1) M_{NaHCO_3}}{m}$$

若 $V_1 > V_2$，组成为 $Na_2CO_3 + NaOH$，则：

$$w_{Na_2CO_3} = \frac{c_{HCl} V_2 M_{Na_2CO_3}}{m}$$

$$w_{NaOH} = \frac{c_{HCl}(V_1 - V_2) M_{NaOH}}{m}$$

若 $V_2 = V_1$，组成为纯 Na_2CO_3。

三、仪器与试剂

台式天平，布氏漏斗，吸滤瓶，水泵或真空泵，pH 试纸，滤纸，三脚架，玻璃棒，研钵，温度计，酒精灯，石棉网，烧杯，磁力搅拌器，量筒，瓷坩埚，高温炉或微波炉，容量瓶，锥形瓶，移液管，洗耳球，电子天平，酸式滴定管。

粗食盐，NaOH（3mol·L⁻¹），Na_2CO_3（3mol·L⁻¹），NH_4HCO_3（AR），HCl（6mol·L⁻¹），HCl 标准溶液（0.1000mol·L⁻¹），酚酞指示剂（2g·L⁻¹），甲基橙指示剂（1g·L⁻¹）。

四、实验步骤

1. 化盐与精制

称取 7.5g 粗食盐放入 100mL 烧杯中，加入去离子水配成 24%~25% 的溶液，用 3mol·L⁻¹ NaOH 和 3mol·L⁻¹ Na_2CO_3 按体积比 1:1 配制成的混合碱调至 pH=11 左右，得到大

量胶状沉淀 $[Mg_2(OH)_2CO_3$ 和 $CaCO_3]$，加热至沸，减压过滤。将滤液转移到烧杯中，逐滴加入 $6mol\cdot L^{-1}$ HCl 调至 pH＝7～8。

2. 转化

将盛有滤液的烧杯放在磁力搅拌器上，水浴加热，控制溶液的温度在 30～35℃ 之间。在不断搅拌的情况下，分多次把 12.6g 研细的 NH_4HCO_3 加到滤液中，继续保温并搅拌 10～20min，使转化反应充分进行。静置、抽滤，得到 $NaHCO_3$ 晶体（注意不可以水洗沉淀，因其溶解度较大，晶体损失较多）。

3. 制纯碱

将抽干的 $NaHCO_3$ 放入瓷坩埚中（滤纸要除去，磁搅拌子洗净后交指导教师），在高温炉中于 400℃ 灼烧 15min，或放入微波炉中将火力选择旋钮调至最高挡加热 10～15min，即得到纯碱，冷却到室温，称重并计算产率。

4. 产品检验

在电子天平上准确称取自制纯碱产品 2g 左右，用适量去离子水溶解后定量转移至 250mL 容量瓶中，定容，摇匀。吸取 25mL 于锥形瓶中，加入酚酞指示剂 2 滴，用已知准确浓度的盐酸溶液滴定至溶液的颜色由红色变为近无色，记下所用盐酸的体积 V_1(mL)。再加 1 滴甲基橙指示剂，这时溶液为黄色，继续用上述盐酸溶液滴定，使溶液颜色由黄至橙，加热煮沸 1～2min，冷却后，溶液又变为黄色，继续用盐酸溶液滴定至橙色，直至加热不褪色即为终点，记下消耗盐酸的体积 V_2(mL)。重复平行测定三次，通过比较 V_1 和 V_2 的相对大小，判断混合碱的组成，并计算各组分的含量。

五、思考题

1. 粗盐为何要精制？

2. 为什么反应液的 pH 值要控制在 7～8？过高或过低对结果有什么影响？

3. 为什么有的同学在高温加热之前固体较多，但分解之后产品却很少？

4. 为什么纯碱试样中各组分的质量分数之和小于 1？

实验三十四　三草酸合铁(Ⅲ)酸钾的制备和组成测定

一、实验目的

1. 掌握合成配合物 $K_3[Fe(C_2O_4)_3]\cdot 3H_2O$ 的基本原理和操作技术。

2. 加深对铁(Ⅲ)和铁(Ⅱ)化合物性质的了解。

3. 熟练过滤、蒸发、结晶和洗涤等基本操作。

4. 了解表征配合物结构的方法。

5. 学习用 $KMnO_4$ 法测定 $C_2O_4^{2-}$ 与 Fe^{3+} 的原理和方法。

二、实验原理

三草酸合铁(Ⅲ)酸钾 $\{K_3[Fe(C_2O_4)_3]\cdot 3H_2O\}$ 是一种绿色单斜晶体，溶于水而不溶于乙醇，受光照易分解。它是制备负载型活性铁催化剂的主要原料，也是一些有机反应的良好催化剂，在工业上具有一定的应用价值。

三草酸合铁(Ⅲ)酸钾的合成工艺路线有很多种，例如可用三氯化铁或硫酸铁与草酸钾直接合成，也可以铁为原料制得。实验室制备三草酸合铁(Ⅲ)酸钾常用的方法是：首先利用硫酸亚铁铵与草酸在酸性溶液中制得草酸亚铁沉淀，然后在草酸根离子的存在下，用过氧化氢将草酸亚铁氧化为草酸高铁化合物，加入乙醇后便可析出 $K_3[Fe(C_2O_4)_3] \cdot 3H_2O$ 晶体。主要反应为：

$$(NH_4)_2Fe(SO_4)_2 + H_2C_2O_4 + 2H_2O \Longrightarrow FeC_2O_4 \cdot 2H_2O(黄色) \downarrow + (NH_4)_2SO_4 + H_2SO_4$$

$$6FeC_2O_4 \cdot 2H_2O + 3H_2O_2 + 6K_2C_2O_4 \Longrightarrow 4K_3[Fe(C_2O_4)_3] \cdot 3H_2O + 2Fe(OH)_3 \downarrow$$

$$2Fe(OH)_3 + 3H_2C_2O_4 + 3K_2C_2O_4 \Longrightarrow 2K_3[Fe(C_2O_4)_3] \cdot 3H_2O$$

可采用化学分析法对得到的 $K_3[Fe(C_2O_4)_3] \cdot 3H_2O$ 晶体进行定性分析。K^+ 与 $Na_3[Co(NO_2)_6]$ 在中性或稀醋酸介质中，生成亮黄色的 $K_2Na[Co(NO_2)_6]$ 沉淀：

$$2K^+ + Na^+ + [Co(NO_2)_6]^{3-} \Longrightarrow K_2Na[Co(NO_2)_6] \downarrow$$

Fe^{3+} 与 KSCN 反应生成血红色 $[Fe(NCS)_n]^{3-n}$，$C_2O_4^{2-}$ 与 Ca^{2+} 生成白色 CaC_2O_4 沉淀，由此可以判断 Fe^{3+} 与 $C_2O_4^{2-}$ 处于配合物的内界还是外界。

用 $KMnO_4$ 法测定产品中的 Fe^{3+} 和 $C_2O_4^{2-}$ 的含量，并确定 Fe^{3+} 和 $C_2O_4^{2-}$ 的配位比。在酸性介质中，用 $KMnO_4$ 标准溶液滴定试液中的 $C_2O_4^{2-}$，由 $KMnO_4$ 标准溶液的消耗量可计算出 $C_2O_4^{2-}$ 的质量分数，其反应式为：

$$5C_2O_4^{2-} + 2MnO_4^- + 16H^+ \Longrightarrow 10CO_2 \uparrow + 2Mn^{2+} + 8H_2O$$

在上述测定 $C_2O_4^{2-}$ 后保留的溶液中，用锌粉将 Fe^{3+} 还原为 Fe^{2+}，再利用 $KMnO_4$ 标准溶液滴定 Fe^{2+}，其反应式为：

$$Zn + 2Fe^{3+} \Longrightarrow 2Fe^{2+} + Zn^{2+}$$

$$5Fe^{2+} + MnO_4^- + 8H^+ \Longrightarrow 5Fe^{3+} + Mn^{2+} + 4H_2O$$

由 $KMnO_4$ 标准溶液的消耗量可计算出 Fe^{3+} 的质量分数。

根据

$$n(Fe^{3+}) : n(C_2O_4^{2-}) \Longrightarrow [w(Fe^{3+})/55.8] : [w(C_2O_4^{2-})/88.0]$$

可确定 Fe^{3+} 与 $C_2O_4^{2-}$ 的配位比。

三、仪器与试剂

台式天平，吸滤瓶，布氏漏斗，水泵或真空泵，烧杯，温度计，酒精灯，烘箱，滤纸，三脚架，玻璃棒，石棉网，表面皿，量筒，电子天平，电炉，移液管（25mL），容量瓶（250mL），锥形瓶（250mL），棕色滴定管（50mL）。

$(NH_4)_2Fe(SO_4)_2 \cdot 6H_2O$（s，自制），$H_2SO_4$（$3mol \cdot L^{-1}$），$H_2C_2O_4$（$1mol \cdot L^{-1}$），$K_2C_2O_4$（饱和），乙醇（95%），$H_2O_2$（3%），KSCN（$0.1mol \cdot L^{-1}$），$Na_3[Co(NO_2)_6]$（$0.1mol \cdot L^{-1}$），$CaCl_2$（$0.5mol \cdot L^{-1}$），$KMnO_4$ 标准溶液（$0.02000mol \cdot L^{-1}$），$FeCl_3$（$0.1mol \cdot L^{-1}$）。

四、实验步骤

1. 草酸亚铁的制备

称取 5g 自制的硫酸亚铁铵固体放在 250mL 烧杯中，然后加 5～6 滴 $3mol \cdot L^{-1}$ H_2SO_4 和 20mL 去离子水，加热溶解后，再加入 25mL $1mol \cdot L^{-1}$ $H_2C_2O_4$ 溶液，加热搅拌至沸，继续搅拌片刻，停止加热，静置。待黄色 $FeC_2O_4 \cdot 2H_2O$ 晶体沉降后倾析弃去上层清液，加入 20mL 去离子水，搅拌并温热（除去可溶性杂质），静置后倾析弃去上层清液即可。

2. 三草酸合铁(Ⅲ)酸钾的制备

往上述洗涤后的草酸亚铁沉淀中加入饱和 $K_2C_2O_4$ 溶液 15mL，水浴加热至 40℃，恒温下边搅拌边慢慢滴加 3% 的 H_2O_2 溶液 20mL，沉淀转为红棕色的氢氧化铁。将溶液加热至沸，不断搅拌，先一次性加入 3mL 1mol·L^{-1} $H_2C_2O_4$ 溶液，然后再滴加 $H_2C_2O_4$ 溶液，并保持接近沸腾的温度，直至体系变成翠绿色透明溶液。冷却至室温，向溶液中一次性加入 95% 的乙醇 3mL，放入冰浴后，再逐滴加入 95% 的乙醇至有 $K_3[Fe(C_2O_4)_3]\cdot3H_2O$ 晶体析出。减压抽滤，抽干后用少量 95% 的乙醇洗涤，继续抽干后所得产品在 70～80℃ 干燥，称重，计算产率。

3. 三草酸合铁(Ⅲ)酸钾的定性分析

(1) K^+ 的鉴定

在试管中加入少量产物，用去离子水溶解，加入 1mL $Na_3[Co(NO_2)_6]$ 溶液，放置片刻，观察现象。

(2) Fe^{3+} 的鉴定

在试管中加入少量产物，用去离子水溶解，另取一支试管加入少量的 $FeCl_3$ 溶液。两支试管中各加入 2 滴 0.1mol·L^{-1} KSCN，观察现象。在装有产物溶液的试管中加入 2 滴 3mol·L^{-1} H_2SO_4，再观察溶液颜色有何变化，解释实验现象。

(3) $C_2O_4^{2-}$ 的鉴定

在试管中加入少量产物，用去离子水溶解，另取一支试管加入少量的 $K_2C_2O_4$ 溶液。两支试管中各加入 2 滴 0.5mol·L^{-1} $CaCl_2$ 溶液，观察实验现象。

4. 三草酸合铁(Ⅲ)酸钾组成的测定

(1) $C_2O_4^{2-}$ 含量的测定

在电子天平上准确称取 0.18～0.22g 干燥后的样品，放入 250mL 锥形瓶中，加入 50mL 去离子水和 10mL 3mol·L^{-1} H_2SO_4 溶液，微热溶解，然后加热至 75～85℃（即液面开始冒蒸气，切不可煮沸），趁热用 $KMnO_4$ 标准溶液滴定至粉红色，30s 内不褪色）即为终点平行测定三次并计算产物中 $C_2O_4^{2-}$ 的质量分数。保留滴定后的溶液待下一步分析使用。

(2) Fe^{3+} 含量的测定

在上述测定过 $C_2O_4^{2-}$ 的保留溶液中加入一小匙锌粉，加热近沸，直到黄色消失。继续加热 3min，使 Fe^{3+} 完全转变为 Fe^{2+}，趁热抽滤（除去多余的锌粉），用去离子水洗涤沉淀。将滤液转入 250mL 锥形瓶中，再用 $KMnO_4$ 标准溶液滴定至微红色，平行测定三次并计算铁的质量分数。

根据 (1)、(2) 的实验结果，确定三草酸合铁(Ⅲ)酸钾中 Fe^{3+} 和 $C_2O_4^{2-}$ 的配位比。

五、思考题

1. 在制备 $FeC_2O_4\cdot2H_2O$ 晶体时，为何要用去离子水洗涤生成的沉淀？

2. 氧化 $FeC_2O_4\cdot2H_2O$ 时，温度要控制在 40℃，不能太高，为什么？

3. 在制备过程中，向最后的溶液中加入乙醇的作用是什么？用乙醇洗涤的作用是什么？

4. 如何提高产率？能否用蒸干溶液的办法来提高产率？

5. 如果制得的三草酸合铁(Ⅲ)酸钾中含有较多的杂质离子，对其配合物类型的分析将有何影响？

实验三十五　茶叶中微量金属元素的分离鉴定

一、实验目的

1. 了解并掌握分离和鉴定茶叶中某些化学元素的方法。

2. 学习配位滴定法测定茶叶中钙、镁含量的方法和原理。

3. 提高综合运用元素基本性质分析和解决化学问题的能力。

二、实验原理

茶叶属于植物类有机体，主要由 C、H、O、N 等元素组成，还含有 P、I 和 Ca、Mg、Al、Fe、Cu、Zn 等微量金属元素。本实验主要是分离和定性鉴定茶叶中的 Fe、Al、Ca、Mg 等元素，并对 Ca、Mg 进行定量测定。

首先把茶叶加热灰化，即在空气中置于敞口的蒸发皿或坩埚中加热，把有机物经氧化分解而烧成灰烬。灰化后，除了几种主要元素形成易挥发物质逸出外，其余元素留在灰烬中，用酸浸取则进入溶液，因此可从浸取液中分离鉴定 Ca、Mg、Fe、Al 等元素。四种金属离子需调节溶液酸度先分离后鉴定，可利用表 2-24 给出的四种金属离子氢氧化物沉淀完全的 pH 值进行流程设计。

表 2-24　金属离子氢氧化物沉淀完全的 pH 值

化合物	$Ca(OH)_2$	$Mg(OH)_2$	$Al(OH)_3$	$Fe(OH)_3$
pH	>13	>11	5.2～9	4.1

铁铝混合溶液中，Fe^{3+} 对 Al^{3+} 的鉴定有干扰，可利用 Al^{3+} 的两性，加入过量的碱，使 Al^{3+} 转化为 AlO_2^- 留在溶液中，Fe^{3+} 则生成 $Fe(OH)_3$ 沉淀，经分离去除后，即可消除干扰。

钙、镁含量的测定可采用配位滴定法。在 pH＝10 的条件下，以铬黑 T 为指示剂，EDTA 为标准溶液，直接滴定可测得 Ca 和 Mg 的总量。若欲测 Ca、Mg 各自的含量，可在 pH＞12 时，使 Mg^{2+} 生成氢氧化物沉淀，以钙指示剂、EDTA 标准溶液滴定 Ca^{2+}，然后用差减法即得 Mg^{2+} 的含量。

Fe^{3+}、Al^{3+} 的存在会干扰 Ca^{2+}、Mg^{2+} 的测定，可用三乙醇胺掩蔽 Fe^{3+} 与 Al^{3+}。

三、仪器与试剂

研钵，蒸发皿，电子天平，烧杯，离心机，酒精灯，玻璃棒，pH 试纸，滤纸，长颈漏斗，试管，酸式滴定管，锥形瓶，量筒，容量瓶（250mL）。

茶叶，HCl（2mol·L^{-1}，6mol·L^{-1}），NH$_3$·H$_2$O（6mol·L^{-1}），KSCN（饱和），HNO$_3$（浓），(NH$_4$)$_2$C$_2$O$_4$（0.5mol·L^{-1}），NaOH（2mol·L^{-1}，40％），铝试剂（0.1％），镁试剂，HAc（6mol·L^{-1}），0.01000mol·L^{-1} EDTA 标准溶液，铬黑 T 指示剂（1％），NH$_3$·H$_2$O-NH$_4$Cl 缓冲溶液。

四、实验步骤

1. 茶叶中 Ca、Mg、Al、Fe 四种离子的分离和鉴定

（1）茶叶的处理

取 7～8g 干燥的茶叶于研钵中研细，在电子天平上称取准确质量，放入蒸发皿中，于通

风橱中用酒精灯加热充分灰化。冷却后，加 $6\,mol \cdot L^{-1}$ HCl 10mL 于蒸发皿中，搅拌溶解（可能有少量不溶物），将溶液完全转移至 150mL 烧杯中，加去离子水 20mL，再逐滴加入 $6\,mol \cdot L^{-1}$ $NH_3 \cdot H_2O$ 调溶液 pH 值约为 7，使其产生沉淀。置于沸水浴加热 30min，常压过滤，然后用去离子水洗涤烧杯和滤纸。滤液直接用 250mL 容量瓶承接，并稀释至刻度线，摇匀，贴上标签，标明为 Ca^{2+}、Mg^{2+} 混合溶液，备用。

另取 150mL 烧杯一只于长颈漏斗之下，用 $6\,mol \cdot L^{-1}$ HCl 10mL 重新溶解滤纸上的沉淀，并少量多次地洗涤滤纸。完毕后，将烧杯中滤液用玻璃棒搅匀，贴上标签，标明为 Fe^{3+}、Al^{3+} 混合溶液，备用。

（2）分离和鉴定各金属离子

从 Ca^{2+}、Mg^{2+} 混合溶液的容量瓶中倒出试液 1mL 于一洁净的试管中，向管中滴加 $0.5\,mol \cdot L^{-1}$ $(NH_4)_2C_2O_4$ 溶液至白色沉淀产生，离心分离，清液转移到另一试管中，向沉淀中加 $2\,mol \cdot L^{-1}$ HCl，白色沉淀溶解，表示有 Ca^{2+}。向清液中加入几滴 40%NaOH，再加 2 滴镁试剂，有天蓝色沉淀产生，表示有 Mg^{2+}。

从 Fe^{3+}、Al^{3+} 混合溶液的烧杯中倒出试液 1mL 于一洁净的试管中，向管中加过量的 40%NaOH 溶液，离心分离，取上层清液于另一试管中，在所得沉淀中加 $6\,mol \cdot L^{-1}$ HCl 使其溶解，然后加 2 滴饱和 KSCN 溶液，出现血红色，表示有 Fe^{3+}。在清液中加 $6\,mol \cdot L^{-1}$ HAc 酸化，加 2 滴铝试剂，放置片刻后，再加 2 滴 $6\,mol \cdot L^{-1}$ $NH_3 \cdot H_2O$ 碱化，在水浴上加热，有红色絮状沉淀产生，表示有 Al^{3+}。

2. 茶叶中 Ca、Mg 总量的测定

从 Ca^{2+}、Mg^{2+} 混合溶液的容量瓶中准确吸取试液 25mL 置于 250mL 锥形瓶中，加入三乙醇胺 5mL，再加 $NH_3 \cdot H_2O$-NH_4Cl 缓冲溶液 10mL，摇匀，最后加入 2 滴铬黑 T 指示剂，用 $0.01\,mol \cdot L^{-1}$ EDTA 标准溶液滴定至溶液由酒红色变为纯蓝色，即达终点。根据 EDTA 的消耗量，计算茶叶中 Ca、Mg 的总量（以 MgO 的质量分数表示）。

五、思考题

1. 写出实验中检出四种元素的有关化学方程式。

2. 茶叶中还有哪些元素？如何鉴定？

3. 测定钙镁含量时加入三乙醇胺的作用是什么？

4. 欲测该茶叶中 Fe 或 Al 含量，应如何设计方案？

5. 试讨论为什么 pH＝6～7 时，能将 Fe^{3+}、Al^{3+} 与 Ca^{2+}、Mg^{2+} 分离完全。

注：镁试剂的配制：取 0.01g 镁试剂（对硝基偶氮间苯二酚）溶于 1L $1\,mol \cdot L^{-1}$ NaOH 溶液中。

实验三十六　含锌药物的制备与分析

一、实验目的

1. 掌握制备 $ZnSO_4 \cdot 7H_2O$ 和 ZnO 的原理和方法。

2. 学会根据不同的制备要求选择工艺路线。

3. 熟练过滤、蒸发、结晶、灼烧及滴定分析等基本操作。

二、实验原理

$ZnSO_4 \cdot 7H_2O$ 是无色透明、结晶状粉末，易溶于水（1g/0.6mL）或甘油（1g/2.5mL），

不溶于酒精。医学上 $ZnSO_4 \cdot 7H_2O$ 可作催吐剂、杀菌剂和收敛剂。在工业上，$ZnSO_4$ 是制备其他含锌化合物的原料，也可用作电镀液、木材防腐剂和造纸漂白剂等。

$ZnSO_4 \cdot 7H_2O$ 的制备方法很多，在制药业上考虑药用的特点，可由粗 ZnO 与 H_2SO_4 作用制得 $ZnSO_4$ 溶液：

$$ZnO + H_2SO_4 = ZnSO_4 + H_2O$$

粗 ZnO 中含有 FeO、MnO、CdO 和 NiO 等杂质，当用稀 H_2SO_4 处理时，杂质也将生成相应的可溶性硫酸盐，因此必须进行除杂处理。

Fe^{2+} 和 Mn^{2+} 在弱酸性溶液中可被 $KMnO_4$ 氧化，其产物逐渐水解生成 $Fe(OH)_3$ 和 MnO_2 沉淀，反应式为：

$$MnO_4^- + 3Fe^{2+} + 7H_2O = 3Fe(OH)_3 \downarrow + MnO_2 \downarrow + 5H^+$$

$$2MnO_4^- + 3Mn^{2+} + 2H_2O = 5MnO_2 \downarrow + 4H^+$$

Cd^{2+} 和 Ni^{2+} 可与 Zn 粉发生置换反应而从溶液中除去：

$$CdSO_4 + Zn = ZnSO_4 + Cd$$

$$NiSO_4 + Zn = ZnSO_4 + Ni$$

除杂后的精制 $ZnSO_4$ 溶液经蒸发浓缩、结晶得 $ZnSO_4 \cdot 7H_2O$ 晶体，可作药用。

ZnO 是白色或浅黄色、无晶形、柔软的细微粉末，在潮湿的空气中能缓缓吸收水分及 CO_2 变为碱式碳酸锌，不溶于水或乙醇，但易溶于稀酸及 $NaOH$ 溶液。ZnO 可用作油漆颜料和橡胶填充料，在医药上用于制粉剂、洗剂、糊剂、软膏和橡皮膏等，广泛用于湿疹、癣等皮肤病的治疗，起止血收敛消毒作用，也用作营养补充剂（锌强化剂）和食品及饲料添加剂。

药用 ZnO 的制备是在 $ZnSO_4$ 溶液中加入 Na_2CO_3 溶液，生成碱式碳酸锌沉淀，经 $250 \sim 300℃$ 灼烧即得细粉末状 ZnO，其反应式如下：

$$3ZnSO_4 + 3Na_2CO_3 + 4H_2O = ZnCO_3 \cdot 2Zn(OH)_2 \cdot 2H_2O \downarrow + 3Na_2SO_4 + 2CO_2 \uparrow$$

$$ZnCO_3 \cdot 2Zn(OH)_2 \cdot 2H_2O \xrightarrow{250 \sim 300℃} 3ZnO + CO_2 \uparrow + 4H_2O$$

三、仪器与试剂

台式天平，酒精灯，吸滤瓶，布氏漏斗，水泵或真空泵，烧杯，蒸发皿，pH 试纸，滤纸，三脚架，玻璃棒，石棉网，量筒，电子天平，酸式滴定管，移液管，锥形瓶，容量瓶（250mL）。

粗 ZnO，纯 Zn 粉，H_2SO_4（$2mol \cdot L^{-1}$、$3mol \cdot L^{-1}$），$KMnO_4$（$0.5mol \cdot L^{-1}$），Na_2CO_3（$0.5mol \cdot L^{-1}$），$KSCN$（$0.1mol \cdot L^{-1}$），$NaBiO_3$（s），Na_2S（$0.1mol \cdot L^{-1}$），$NH_3 \cdot H_2O$（$6mol \cdot L^{-1}$），丁二酮肟（$10g \cdot L^{-1}$），$BaCl_2$（$0.1mol \cdot L^{-1}$），$0.01000mol \cdot L^{-1}$ EDTA 标准溶液，铬黑 T 指示剂（1%），$NH_3 \cdot H_2O$-NH_4Cl 缓冲溶液，HCl（$6mol \cdot L^{-1}$）。

四、实验步骤

1. $ZnSO_4 \cdot 7H_2O$ 的制备

（1）粗制 $ZnSO_4$ 溶液　称取市售粗 ZnO 5g 于 100mL 烧杯中，加入 30mL $2mol \cdot L^{-1}$ H_2SO_4 溶液，在不断搅拌下加热至 $85 \sim 90℃$，并维持该温度使之完全溶解，再用 ZnO 调节溶液的 $pH \approx 4$，趁热减压过滤，滤液置于 100mL 烧杯中。

（2）氧化法除 Fe^{3+}、Mn^{2+}　将上述滤液加热至 $80 \sim 90℃$，慢慢滴加 $0.5mol \cdot L^{-1}$ $KMnO_4$ 至溶液呈微红色为止，然后继续加热至溶液呈无色。控制溶液的 $pH \approx 4$，趁热减压过滤，滤液置于 100mL 烧杯中。检验滤液中 Fe^{3+}、Mn^{2+} 是否除尽（如何检验？）。

（3）置换法除 Cd^{2+}、Ni^{2+}　将除去 Fe^{3+}、Mn^{2+} 的滤液加热至 80℃左右，在不断搅拌下分批加入 0.2g 纯 Zn 粉，反应 5min 后冷却抽滤。检验滤液中 Cd^{2+}、Ni^{2+} 是否除尽（如何检验？），如未除尽，可在滤液中补加少量纯 Zn 粉，加热至 80℃左右，直至 Cd^{2+}、Ni^{2+} 除尽为止。冷却后减压过滤，滤液置于 100mL 烧杯中。

（4）$ZnSO_4 \cdot 7H_2O$ 结晶　量取约一半 $ZnSO_4$ 精制溶液于洁净的蒸发皿中，用 $3mol \cdot L^{-1}$ H_2SO_4 调节溶液的 pH≈1。然后水浴加热至液面出现晶膜，停止加热，冷却结晶，减压过滤。晶体用滤纸吸干后称重，计算产率。

2. ZnO 的制备

量取剩余的 $ZnSO_4$ 精制溶液于 100mL 烧杯中，慢慢滴加 $0.5mol \cdot L^{-1}$ Na_2CO_3 溶液，边加边搅拌，使 pH≈6.8，然后加热至沸 10min，使沉淀呈颗粒状析出。用倾析法除去上层清液，反复用热去离子水洗涤至无 SO_4^{2-} 后，滤干沉淀，并于 50℃烘干。

将上述碱式碳酸锌沉淀放在洁净蒸发皿中，在酒精灯上加热（或于 200～300℃煅烧）并不断搅拌，至取出少许反应物投入稀酸中无气泡发生时，停止加热。放置冷却得白色细粉状 ZnO，称重，计算产率。

3. ZnO 含量测定

准确称取 ZnO 试样（产品）0.15～0.2g 于 250mL 烧杯中，加 $6mol \cdot L^{-1}$ HCl 溶液 3mL，微热溶解后，加少量去离子水，定量转移至 250mL 容量瓶中，定容摇匀。用移液管吸取锌试样溶液 25mL 于 250mL 锥形瓶中，滴加氨水至开始出现白色沉淀，再加 10mL pH＝10 的 $NH_3 \cdot H_2O$-NH_4Cl 缓冲溶液，加水 20mL，加入 2 滴铬黑 T 指示剂，用 $0.01mol \cdot L^{-1}$ EDTA 标准溶液滴定至溶液由酒红色恰好变为蓝色，即达终点。平行测定三次，根据消耗的 EDTA 标准溶液的体积，计算 ZnO 的含量。

五、思考题

1. 在粗制 $ZnSO_4$ 溶液时，为什么要加 ZnO 来调节溶液的 pH 值约为 4？

2. 在精制 $ZnSO_4$ 溶液时，为什么选用 $KMnO_4$ 作氧化剂，是否还可选用其他氧化剂？

3. 煅烧碱式碳酸锌沉淀至取出少许投入稀酸中无气泡发生，说明了什么？

4. 在 $ZnSO_4$ 溶液中加入 Na_2CO_3 使沉淀呈颗粒状析出后，为什么反复洗涤该沉淀至无 SO_4^{2-}？SO_4^{2-} 的存在会有什么影响？

实验三十七　固体超强酸的制备与表征

一、实验目的

1. 了解固体超强酸的概念。

2. 掌握固体超强酸的一种制备方法。

3. 利用 IR、TG-DTA 表征其结构及热稳定性。

二、实验原理

固体酸定义为能使碱性指示剂变色或能对碱实现化学吸附的固体。固体酸通常用酸度、酸强度、酸强度分布和酸类型四个指标来表征。其中酸强度是一个固体酸将其吸附的中性碱转变为共轭酸的能力。如果这一过程是通过质子从固体转移到被吸附物的话，则可用 Hammett 函数 H_0 表示：

$$H_0 = pK_a + \lg \frac{[B]}{[BH^+]}$$

平衡时 $H_0 = pK_a$，其中 [B] 和 [BH$^+$] 分别代表中性碱及其共轭酸的浓度。

超强酸是比 100% H_2SO_4 还要强的酸，即 $H_0 < -11.93$ 的酸。在物态上它们可分为液态与固态。液态超强酸的 H_0 为 $-20 \sim -12$，固体超强酸 H_0 约为 $-16 \sim -12$。对固体超强酸的开发、研究近十几年发展很快，已合成的固体超强酸大多数与液体超强酸一样是含卤素的。如 SbF_5-$SiO_2 \cdot TiO_2$、FSO_3H-$SiO_2 \cdot ZrO_2$、SbF_5-$TiO_2 \cdot ZrO_2$ 等，最近用硫酸根离子处理氧化物制备了新型固体超强酸 M_xO_y-SO_4^{2-}。这类固体超强酸对烯烃双键异构化、烷烃骨架异构化、醇脱水、酯化、烯烃烷基化、酰化以及煤的液化等许多反应都显示出非常高的活性。在有机合成中不仅易分离，节省能源，而且具有不腐蚀反应装置、不污染环境，对水稳定、热稳定性高等优点，日益受到工业界的重视，特别是在精细化工中的应用日趋扩大，认识和研究开发固体超强酸是非常有意义的。

制备 M_xO_y-SO_4^{2-} 一般是将某些金属盐用氨水水解得到较纯的氢氧化物（或氧化物），再用一定浓度的硫酸根离子的水溶液处理，在一定温度下焙烧即可。但具体的合成条件非常重要。目前只发现有三种氧化物可合成这类超强酸，即 SO_4^{2-}/ZrO_2、SO_4^{2-}/Fe_2O_3 和 SO_4^{2-}/TiO_2。研究表明，在制备这类超强酸时，必须使用无定形氧化物（或氢氧化物），不同的金属氧化物在用硫酸溶液处理时，都有一个最佳的硫酸浓度范围，处理 ZrO_2、TiO_2、Fe_2O_3 所用硫酸浓度分别为 $0.25 \sim 0.5 mol \cdot L^{-1}$、$0.5 \sim 1.0 mol \cdot L^{-1}$ 和 $0.25 \sim 0.5 mol \cdot L^{-1}$，这样能使处理后的表面化学物种 M_xO_y 与 SO_4^{2-} 以配位的状态存在，而不形成 $Fe_2(SO_4)_3$ 或 $ZrOSO_4$ 等稳定的金属硫酸盐，氧化物表面上的硫为高价氧化态，是形成强酸性的必要条件。氧化物用硫酸处理后，其表面积和表面结构发生很大变化，其表面结构取决于氧化物的性质。ZrO_2-SO_4^{2-}、TiO_2-SO_4^{2-} 和 Fe_2O_3-SO_4^{2-} 样品在 IR 谱中出现特征的吸收峰，即在 $1390 \sim 1375 cm^{-1}$ 出现一个较强的锐吸收峰，在 $1200 \sim 900 cm^{-1}$ 范围出现幅度较宽的吸收带，这是由 S=O 键的伸缩振动引起的。当吸收吡啶蒸气后，$1390 \sim 1375 cm^{-1}$ 吸收峰将向低波数方向移动约 $50 cm^{-1}$，这是吡啶分子的电子向 S=O 键上转移，使其键级降低的缘故，这个位移幅度大小与样品的酸催化活性相关联。

本实验合成 TiO_2/SO_4^{2-} 及 Fe_2O_3/SO_4^{2-} 固体超强酸，并通过 IR、TG-DTA 表征其结构和热稳定性。

三、仪器与试剂

坩埚，烧杯，吸滤瓶，布氏漏斗，水泵或真空泵，红外灯，高温炉，TG-DTA 热分析仪，IR 分析仪，pH 试纸，滤纸，筛子（100 目，200 目）。

$TiCl_4$(AR)，$FeCl_3 \cdot 6H_2O$(AR)，$NH_3 \cdot H_2O$(28%)，H_2SO_4($0.5 mol \cdot L^{-1}$，$1.0 mol \cdot L^{-1}$)，KBr(AR)。

四、实验步骤

1. TiO_2/SO_4^{2-} 的制备

在通风柜内，取 10mL $TiCl_4$ 于 100mL 烧杯中搅拌，加入 $NH_3 \cdot H_2O$ 至溶液 pH=8，生成白色沉淀。抽滤，用蒸馏水洗至无 Cl^-，得白色固体。在红外灯下烘干后研磨成粉末，过 100 目筛后，用 $1.0 mol \cdot L^{-1}$ H_2SO_4 浸泡 14h，过滤。将粉末在红外灯下烘干，于高温炉中在 450～500℃ 下活化 3h 后，置于干燥器中备用。

2. Fe_2O_3/SO_4^{2-} 的制备

取 5g $FeCl_3$ 于 100mL 烧杯中，加入 20mL 水搅拌溶解，再边搅拌边滴加 $NH_3 \cdot H_2O$，使 $FeCl_3$ 水解沉淀，抽滤，洗涤沉淀至无 Cl^-，固体在 100℃ 以下烘干（一昼夜），并在 250℃ 下焙烧 3h 得 Fe_2O_3，研磨成粉末，过 200 目筛后用 $0.5mol \cdot L^{-1}$ H_2SO_4 浸泡 12h，过滤，于 110℃ 烘干，然后在 600℃ 下焙烧 3h 左右，置于干燥器中备用。

3. 样品的表征

（1）红外光谱的测定

取上述各样品，用 KBr 压片，分别测 IR 谱，观察各样品 IR 谱中的特征吸收峰和差异。

（2）固体超强酸的热稳定性

用上述各样品分别做 TG-DTA 热分析曲线，考察其热稳定性。条件选择：升温速率 $10℃ \cdot min^{-1}$，N_2 气氛（$50mL \cdot min^{-1}$）。

（3）超强酸催化活性测定

以冰醋酸及乙醇为原料，自制固体超强酸作催化剂合成乙酸乙酯，并与用硫酸催化的结果作比较。

注：活化温度和时间对固体超强酸的催化活性有较大影响。

五、思考题

1. 什么是固体超强酸？它有何用途？
2. 合成固体超强酸成败的关键步骤是什么？

实验三十八　四氧化三铁纳米粒子的制备

一、实验目的

1. 掌握化学沉淀方法制备四氧化三铁纳米粒子的反应原理和方法。
2. 学习无机化合物的基本性能表征。

二、实验原理

纳米材料是指晶粒和晶界等显微结构能达到纳米级尺度水平的材料，是材料科学的一个重要发展方向。纳米材料粒径很小，比表面很大，表面原子数会超过体原子数，因此纳米材料常表现出与本体材料不同的性质。在保持原有物质化学性质的基础上，呈现出热力学上的不稳定性。如纳米材料可大大降低陶瓷烧结及反应的温度，明显提高催化剂的催化活性，提高气敏材料的气敏活性和磁记录材料的信息存储量。纳米材料在发光材料、生物材料方面也有重要应用。

四氧化三铁的化学式为 Fe_3O_4，呈黑色或灰蓝色，密度为 $5.18g \cdot cm^{-3}$，熔点为 1594℃，硬度很大，具有磁性。Fe_3O_4 不溶于水和碱溶液，也不溶于乙醇、乙醚等有机溶剂，但能溶于 HCl（天然的 Fe_3O_4 不溶于 HCl）。Fe_3O_4 是一种铁酸盐，即 $Fe^{2+}Fe^{3+}[Fe^{3+}O_4]$。在 Fe_3O_4 里，一个铁原子呈 +2 价，两个铁原子呈 +3 价，故 Fe_3O_4 可看成是由 FeO 与 Fe_2O_3 组成的化合物，可表示为 $FeO \cdot Fe_2O_3$。

天然的磁铁矿是炼铁的原料，Fe_3O_4 硬度很大，可以作磨料，主要用于制造底漆和面漆，用于电子工业的磁性材料和建筑工业的防锈剂。

氧化物纳米材料的制备方法有很多，有化学沉淀法、热分解法、固相反应法、溶胶-凝胶法、气相沉积法、水热法等。化学沉淀法的原理是在所配制的溶液中加入合适的沉淀剂，控制适当的 pH 值范围，以制备出超细颗粒的前驱体沉淀物，再经陈化、过滤、洗涤、干燥以及热分解得到纳米级的复合氧化物粉末。通常所用的沉淀剂有 NH_4NO_3、$NaHCO_3$、Na_2CO_3、$(NH_4)_2CO_3$、$NaOH$、$NH_3 \cdot H_2O$，以及 $NH_3 \cdot H_2O$ 和尿素的混合液等。此法操作简单，掺杂时只需按掺杂离子所占比例配制相应溶液即可，组分也易于控制。但是，如果不能恰当地选择沉淀剂、控制适当的 pH 值或者搅拌不够充分，都有可能导致颗粒大小不均匀、沉淀不完全，甚至颗粒团聚等现象。

三、仪器与试剂

台式天平，电子天平，酸度计，滴液漏斗，烧杯，烧瓶，氮气瓶，量筒，吸量管，磁力搅拌器，磁铁。

浓 $NH_3 \cdot H_2O$(AR)，$FeCl_3 \cdot 6H_2O$(AR)，$FeCl_2 \cdot 4H_2O$(AR)，NH_4NO_3(AR)，高纯水。

四、实验步骤

1. 配制 NH_4NO_3 溶液

称 2.0g NH_4NO_3，用少量水溶解，并用 $NH_3 \cdot H_2O$ 调 pH＝10，同时保证溶液的量为 50～60mL。

2. 配制 $4mol \cdot L^{-1}$ $NH_3 \cdot H_2O$

取 2.85mL 浓 $NH_3 \cdot H_2O$ 稀释至 10mL。

3. 配制铁离子溶液

准确称取 0.954g $FeCl_2 \cdot 4H_2O$、1.297g $FeCl_3 \cdot 6H_2O$，配成 6mL 的水溶液。

4. 进行反应

在剧烈搅拌和氮气保护下，将 6mL $4mol \cdot L^{-1}$ $NH_3 \cdot H_2O$ 和 6mL 铁离子溶液通过两个滴液漏斗同时滴加至 50mL NH_4NO_3 溶液中，反应 30min。

5. 分离、洗涤产物

用磁铁分离产物，并用少量水洗涤。

6. 表征产物

通过 X 射线衍射以及磁滞回线对产物进行表征。本实验应该得到纳米级的 Fe_3O_4 粒子，磁滞回线应表现出明显的超顺磁性质。

注：本实验所用的水均为高纯水，要在实验前加热沸腾并冷却备用。

五、思考题

1. 为什么实验要用氮气保护？
2. 为什么实验用水要在实验前加热沸腾再应用？

实验三十九 石墨相氮化碳的制备与光催化降解有机染料罗丹明 B

一、实验目的

1. 掌握高温固相法制备石墨相氮化碳的方法。
2. 了解半导体光催化反应的基本原理。
3. 掌握分光光度计测定 RhB 浓度的原理及应用。

二、实验原理

从光化学的角度来看，光催化作用是半导体受光激发时引发或加速特定的氧化还原反应。当入射光子的能量高于半导体的禁带宽度时，半导体吸收能量后被激发产生光生电子-空穴对。位于半导体导带上的电子表现出较强的还原电势（$-1.5 \sim +0.5\text{V}$ vs. NHE），而价带上的空穴具有较强的氧化电势（$+1.5 \sim +0.5\text{V}$ vs. NHE），这些光生电子和空穴最终会迁移至半导体表面，与 H_2O 和 O_2 分子发生氧化还原反应从而产生 $\cdot O_2^-$ 和 $\cdot OH$ 等活性物种，这些活性物种可对罗丹明 B（RhB）等有机染料分子进行有效降解。

溶液中有机染料罗丹明 B 分子的浓度可采用分光光度法测定，罗丹明 B 的最大吸收波长 λ_{max} 为 450nm。测定光催化降解过程中一定时间间隔溶液在 $\lambda = 450$nm 处的吸光度，并通过公式计算获得光催化反应的降解效率。

三、实验设备与试剂

1. 实验设备

电子天平，马弗炉，氙灯光源，紫外可见分光光度计，坩埚，比色皿（3cm），离心管（5mL），烧杯（250mL），量筒（10mL，100mL）。

2. 实验试剂

尿素，罗丹明 B 溶液（$0.2\text{g} \cdot \text{L}^{-1}$）。

四、实验步骤

1. 石墨相氮化碳（g-C_3N_4）的制备

用电子天平称取 10g 尿素，并置于研钵中充分研磨。随后转移到加盖的氧化铝坩埚中，放置于马弗炉内，以 $2^\circ\text{C} \cdot \text{min}^{-1}$ 的升温速率加热到 550°C，并在此温度下保持 2h。待反应温度降至室温后，收集产物即为 g-C_3N_4。

2. 光催化降解染料罗丹明 B 测试

首先，准确量取 4mL $0.2\text{g} \cdot \text{L}^{-1}$ 的罗丹明 B 溶液于烧杯中，加入 76mL 去离子水进行稀释，配制浓度为 $10\text{mg} \cdot \text{L}^{-1}$ 的罗丹明 B 溶液。称取 20mg g-C_3N_4 加入上述溶液中并超声分散均匀。随后在避光条件下将反应液搅拌 30min，以确保催化剂 g-C_3N_4 与染料分子间达到吸附-脱附平衡。然后在氙灯光源下进行辐照，利用冷却水保持反应过程中反应液的温度为 25°C。每隔 15min 吸取 3mL 反应液，并用滤膜过滤去除其中催化剂得到上清液。测试结束后，通过紫外-可见分光光度计测定所取上清液在 $\lambda = 450$nm 处的吸光度。

五、数据处理

数据记录于表 2-25 中。

表 2-25　实验数据处理结果

取样时间/min	RhB 浓度 $c/(\text{mg} \cdot \text{L}^{-1})$	反应液吸光度 A	$c/c_0 (A/A_0)$
$-30^{①}$	$c_0 = 10\text{mg} \cdot \text{L}^{-1}$	$A_0 =$	1
-15	—		
0	—		
15	—		
30	—		
45	—		

续表

取样时间/min	RhB 浓度 $c/(\mathrm{mg \cdot L^{-1}})$	反应液吸光度 A	$c/c_0 (A/A_0)$
60	—		

① 表示辐照前 30min。

计算说明：

$$\mathrm{RhB\ 降解效率}\ X = \frac{\mathrm{光照时间为}\ t\ \mathrm{时溶液中\ RhB\ 的浓度}\ c}{\mathrm{初始状态下溶液的浓度}\ c_0} \times 100\%$$

$$= \frac{\mathrm{光照时间为}\ t\ \mathrm{时溶液的吸光度}\ A}{\mathrm{初始状态下溶液的吸光度}\ A_0} \times 100\%$$

分别以 c/c_0 和 $-\ln(c/c_0)$ 为纵坐标，反应时间 t 为横坐标作图，得到 g-C_3N_4 光催化降解 RhB 反应的降解效率曲线和动力学曲线。

六、思考题

1. 如何判断催化剂在暗反应过程中达到了吸附-脱附平衡？
2. 根据最终所绘制的动力学曲线，光催化降解反应属于几级反应？
3. 本实验的反应速率常数如何计算？

背景材料

以太阳能为唯一能量驱动的光催化技术，被认为是解决能源短缺与环境污染问题最有潜力的绿色手段之一。1972 年，日本东京大学的 Fujishima 和 Honda 教授首次报道了半导体 TiO_2 电极在紫外光照射下产生了光电催化析氢现象，标志着多相光催化新纪元拉开帷幕。经过几十年的研究探索，光催化技术在污染物降解、重金属离子还原、制氢、CO_2 还原、有机物转化及抗菌等方面的应用都受到广泛关注。

半导体：导电能力介于导体和绝缘体之间的固体材料为半导体。

导带（CB）与价带（VB）：在绝对零度时，电子占据最低能态，此时较低能带（价带）所有能态被电子充满，而较高能带（导带）所有能态都没有电子。

禁带宽度：半导体 CB 底部与 VB 顶部之间的禁止能量间隔称为禁带宽度。

半导体光催化反应通常包括三个过程（图 2-51）：（Ⅰ）半导体被光子能量大于其禁带宽度的光激发，其 VB 上的电子跃迁至 CB，并在 VB 上留下相应数量的空穴；（Ⅱ）光生电子和空穴克服库仑引力发生分离、扩散，并迁移到催化剂表面；（Ⅲ）光生电子和空穴分别具有较强的还原能力和氧化能力，迁移到催化剂表面的电子和空穴继续参与一系列氧化还原反应。

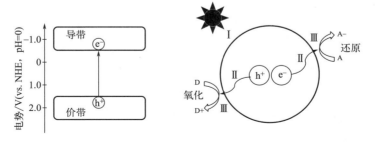

图 2-51　半导体光催化反应基本原理

氮化碳（C_3N_4）是一种很早就受到关注的聚合物材料。自 1834 年关于 C_3N_4 前驱体的首次报道以来，不同晶型的 C_3N_4 化合物被陆续合成和报道。1996 年，Teter 等人利用理论

计算推测 C_3N_4 具有五种不同的晶相：α 相、β 相、立方相、准立方相和类石墨相。然而前四种晶体结构的 C_3N_4 合成条件苛刻，实际应用局限性较大。相比而言，类石墨相(g-C_3N_4)在常温常压下结构稳定，制备方法简单，同时具有类似二维石墨的层状结构。g-C_3N_4 由 C—N 键连接的三嗪单元(C_3N_3) 或七嗪单元(C_6N_7) 周期性堆叠，构成了其面内的芳香结构，层间通过范德瓦耳斯力作用，形成了独特的二维类石墨结构。2009 年，福州大学王心晨课题组首次将 g-C_3N_4 应用于光催化制氢和有机污染物降解，至此开启了研究人员对 g-C_3N_4 的研究热潮。经实验测定，g-C_3N_4 的 CB 电势和 VB 电势分别为 $-1.3V$ 和 $1.4V$(vs. SHE，pH＝7)，禁带宽度约为 $2.7eV$，满足大多数光催化反应的热力学条件。

实验四十　石墨相氮化碳(g-C_3N_4)光催化固氮合成氨

将光催化技术与固氮反应结合，利用清洁、丰富的太阳能作为唯一能量驱动，以储量丰富的水资源和氮气为原料，即可在常温常压下进行合成氨反应。该技术是传统高能耗和高碳排放的 Haber-Bosch 工艺的理想替代方案，近几年已成为新能源领域的研究热点之一。

一、实验目的

1. 了解光催化固氮合成氨反应的基本原理。

2. 学习用分光光度计测定 NH_4^+ 含量。

3. 掌握标准曲线的绘制及定性、定量分析应用。

二、实验原理

光催化固氮合成氨反应以 N_2 和 H_2O 分别作为氮源和质子源，反应过程中 N_2 分子首先在催化剂表面发生吸附，同时半导体 g-C_3N_4 受光激发产生的光生电子和空穴迁移至催化剂表面，最终与 N_2 和 H_2O 分子参与系列氧化还原反应将 N_2 转化为氨(NH_4^+)。总反应方程式为：

$$2N_2+6H_2O \xrightarrow{h\nu} 4NH_3+3O_2$$

溶液中产物 NH_4^+ 的浓度采用纳氏(Nessler) 试剂用分光光度法进行测定，显色原理为：

$$NH_4^+ +2\left[HgI_4\right]^{2-}+4OH^- \Longrightarrow \left[Hg_2O(NH_2)\right]I+7I^-+3H_2O$$

I^- 和 Hg^{2+} 在强碱条件下与 NH_4^+ 反应生成红棕色络合物，该物质在 $\lambda＝420nm$ 处有强烈的吸收，其吸光度与溶液中 NH_4^+ 浓度成正比。

三、实验设备与试剂

1. 实验设备

固氮反应器，氙灯光源，紫外-可见分光光度计，超级恒温水槽，容量瓶(10mL，50mL，100mL)，高纯氮气气瓶。

2. 实验试剂

纳氏试剂[1]，酒石酸钾钠($KNaC_4H_6O_6 \cdot 4H_2O$)，甲醇。

四、实验步骤

1. NH_4^+ 标准曲线绘制

(1) 氨氮标准工作液配制

用电子天平准确称取 0.382g 充分干燥的 NH_4Cl 固体并溶于去离子水中，随后将其转移至 100mL 容量瓶中稀释定容，得到浓度为 1000mg·L^{-1} 的氨标准贮备液。准确移取 0.5mL 氨标准贮备液于 50mL 容量瓶中，用去离子水稀释定容，配制浓度为 10mg·L^{-1} 的氨氮标准工作液。

（2） $KNaC_4H_6O_6·4H_2O$[2] 溶液配制

称取 25g $KNaC_4H_6O_6·4H_2O$ 并溶于去离子水中，加热煮沸，待其冷却后转移至 50mL 容量瓶中稀释定容。

（3） NH_4^+ 标准曲线绘制

准确移取不同体积的氨氮标准工作液于 10mL 容量瓶中，配制质量浓度分别为 0mg·L^{-1}、0.1mg·L^{-1}、0.2mg·L^{-1}、0.3mg·L^{-1}、0.4mg·L^{-1}、0.5mg·L^{-1}、0.6mg·L^{-1}、0.7mg·L^{-1}、0.8mg·L^{-1} 和 0.9mg·L^{-1} 的系列 NH_4^+ 标准溶液。吸取 5mL 上述标准溶液于离心管中，向其中加入 100μL $KNaC_4H_6O_6·4H_2O$ 溶液和 150μL 纳氏试剂，摇匀后静置显色 10min。最后利用紫外-可见分光光度计测定波长 $\lambda = 420nm$ 处的吸光度，以吸光度为纵坐标，以 NH_4^+ 的质量浓度为横坐标，绘制 NH_4^+ 标准曲线。

2. 光催化固氮性能测试

称取适量 g-C_3N_4 催化剂超声分散于 100mL 1%（体积分数）的甲醇水溶液中。将该悬浮液转移至光催化固氮反应器中，并在黑暗条件下用高纯 N_2 吹扫 30min。通气结束后使用氙灯光源辐照 2h，光照过程中利用超级恒温水槽控制反应液温度保持在 25℃。每隔 30min 用注射器吸取 6mL 反应液并用滤膜过滤得到上层清液。最后，采用纳氏试剂分光光度法测定 NH_4^+ 浓度。

五、数据处理

数据记录于表 2-26 和表 2-27 中。

表 2-26 标准曲线

V/mL										
c/(mg·L^{-1})	0	0.1	0.2	0.3	0.4	0.5	0.6	0.7	0.8	0.9
A										

表 2-27 光催化测试结果

t/min	0	30	60	90	120
A					
c/(mg·L^{-1})					

计算说明：

根据标准曲线测定结果在 Excel 中做线性回归分析，得出标准曲线方程并计算相关系数 R^2，$R^2 \geqslant 0.99$ 证明曲线线性关系良好。将光催化测试吸光度结果代入标准曲线方程，即可求出 g-C_3N_4 所产生的 NH_4^+ 浓度。

【注释】

[1] 使用纳氏试剂时要戴好手套，若试剂接触到皮肤要及时清洗。

[2] $KNaC_4H_6O_6·4H_2O$ 作为掩蔽剂，可防止 Ca^{2+}、Mg^{2+} 和 Fe^{3+} 等金属离子对测定结果产生干扰。

第 3 章　有机化学实验

3.1　有机化学实验基础知识

3.1.1　有机化学实验常用仪器与设备

3.1.1.1　有机化学实验常用玻璃仪器

在进行有机化学实验之前，了解和熟悉所需仪器的名称、性能，选用合适的仪器，是对每个实验者的基本要求。玻璃仪器一般是由软质或硬质玻璃制成的。软质玻璃的耐温性、硬度、耐腐蚀性较差，但价格便宜，主要用于不耐温仪器的制作，如试剂瓶、普通漏斗、量筒、吸滤瓶、干燥器等。硬质玻璃具有较好的耐温性和耐腐蚀性，制成的仪器受热不易破裂，可在温度变化较大的情况下使用，如烧瓶、烧杯、试管、蒸馏瓶和冷凝管等。

玻璃一般具有较好的化学稳定性，不受一般酸、碱、盐的侵蚀，但是不能用玻璃仪器进行含有氢氟酸的实验，因为氢氟酸对玻璃有很强烈的腐蚀作用。浓碱液体和热碱溶液对玻璃也有明显的侵蚀作用。因此，玻璃容器不能长时间存放碱液，更不能使用磨口玻璃容器存放碱液。

有机化学实验中使用的玻璃仪器主要有普通和磨口两类（图 3-1），常用的玻璃仪器中以磨口仪器居多。

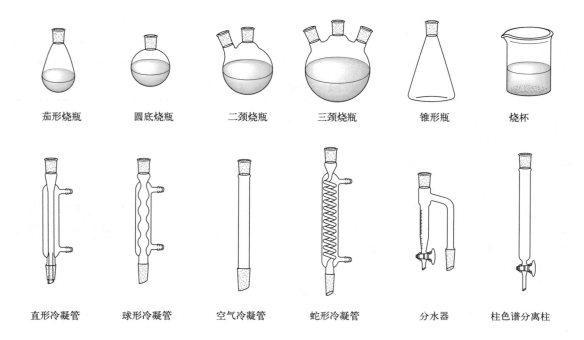

| 茄形烧瓶 | 圆底烧瓶 | 二颈烧瓶 | 三颈烧瓶 | 锥形瓶 | 烧杯 |

| 直形冷凝管 | 球形冷凝管 | 空气冷凝管 | 蛇形冷凝管 | 分水器 | 柱色谱分离柱 |

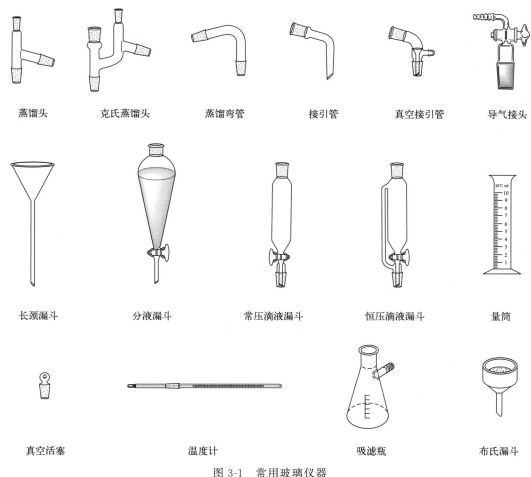

蒸馏头　　　　克氏蒸馏头　　　　蒸馏弯管　　　　接引管　　　　真空接引管　　　　导气接头

长颈漏斗　　　　分液漏斗　　　　常压滴液漏斗　　　　恒压滴液漏斗　　　　量筒

真空活塞　　　　　　　温度计　　　　　　　吸滤瓶　　　　　布氏漏斗

图 3-1　常用玻璃仪器

（1）标准磨口连接

在有机化学实验中，所用玻璃仪器之间的连接通常采用塞子连接和仪器自身的磨口连接两种方法。目前，磨口玻璃仪器已成为实验室常用仪器。除少数玻璃仪器的磨口部位是非标准磨口（如分液漏斗的旋塞和磨塞、分水器的旋塞）外，绝大多数玻璃仪器的磨口均为标准磨口。标准磨口玻璃仪器可直接与相同号码的接口紧密连接。

我国标准磨口采用国际通用技术标准。常用的锥形标准磨口为国际通用的 1/10 锥度，即磨口每长 10 个单位，小端直径比大端直径小一个单位，如轴向长度 $H=10mm$ 时，锥体大端直径 D 和小端直径 d 之差 $D-d=1mm$，锥体的半锥角为 $2°5'45''$，如图 3-2（a）所示。由于玻璃仪器的容量大小及用途不同，所以标准磨口仪器按磨口大端直径（mm）而有不同的编号，常用的标准磨口有 10、14、19、24、29、34 等多种。相同编号的内外磨口可紧密连接；不同编号的一对磨口须借助于大小接头或小大接头［如图 3-2（b）、（c）所示］才能紧密连接。磨口仪器也是用两个数字表示磨口大小，如 19/30 表示该磨口的大端直径为 19mm，磨口长度为 30mm。

使用标准磨口仪器时应注意以下几点。

① 磨口必须保持洁净，不得粘有固体杂物，否则磨口对接不紧密，导致漏气，甚至会

损坏磨口。

② 仪器用毕立即拆卸洗净，各个部件分别存放，否则放置过久，磨口连接处会黏结而难以拆开。

③ 常压下使用磨口仪器时，磨口处一般不需要涂润滑剂，以免污染反应物或产物。若用来处理盐类溶液或强碱性物质，则应在磨口表面涂上一薄层润滑脂，以免溶液蒸发后析出固体或因碱腐蚀而使磨口黏结，难以拆开。若用来进行减压蒸馏，为保证气密性，接口处必须涂上润滑脂（真空脂或硅脂）。

(a) 锥形标准磨口　　(b) 大小接头　　(c) 小大接头

图 3-2　锥形标准磨口和接头

④ 洗涤磨口时，不得用去污粉、泥灰等擦洗，以免损伤磨口，影响气密性。磨口仪器一旦发生黏结，可采取以下措施处理：

a. 将磨口竖立，在缝隙间滴加少许甘油，使其渗入磨口，使连接处松开。

b. 用热风吹，用热毛巾包裹，或在教师指导下小心地烘烤磨口外部几秒，仅使外部受热膨胀，再尝试将磨口打开。

c. 将黏结的磨口仪器放在水中逐渐煮沸，也可能使磨口打开。若磨口表面已被碱性物质腐蚀，产生了硅酸钠一类的胶黏物质，黏结的磨口就难以打开了。

d. 将粘住的磨口部位置于超声波清洗器的盛水清洗槽中，通过超声波的振动和渗透作用可将磨口打开。此方法效果较好，大多数都能打开。

（2）磨口仪器的装配

标准磨口玻璃仪器因组装方便、仪器利用率高、互换性强、可根据需要组装成各种实验装置而被广泛使用。

无论是标准磨口玻璃仪器还是普通玻璃仪器，在组装仪器时都应注意以下几点：

① 根据实验要求，正确地选用干净合适的仪器。例如：选用的圆底烧瓶大小、温度计的量程要合适等。

② 按照一定顺序装配仪器。首先应根据热源来确定主要仪器——反应器的位置（考虑整套装置的稳固，重心应尽量低一些），然后按一定顺序逐件装配，通常是自下而上、从左到右、先难后易，逐件装配。拆卸时，则按与装配相反的顺序，逐件拆除。

③ 仪器应用铁夹固定。在使用固定仪器的铁夹时应注意：一是铁夹不能与玻璃直接接触，铁夹应套上橡皮管或粘上石棉垫等；二是夹仪器的部位要正确，如冷凝管应夹在中间部位，圆底烧瓶应夹在略低于瓶口处等；三是铁夹不宜夹得过紧或过松，要松紧适当。

④ 在常压下进行的反应，其装置必须与大气相通，切不可形成密闭体系，以防爆炸。

⑤ 仪器装配要求做到严密、正确、布局合理、稳妥、便于操作和观察。例如：铁架台、刻度仪器应正对实验台外侧，不能歪斜；从正面看，仪器布局应整齐合理、高低适宜，从侧面看，整套装置应处在同一平面上。仪器装配得好，不仅能使实验安全顺利地进行，还会给人们一种美的感受。

⑥ 同一实验台有几套蒸馏装置且距离较近时，每两套装置应是头-头（蒸馏烧瓶对蒸馏烧瓶）或尾-尾（接收器对接收器）相对，切不可头-尾相对，以防引起火灾。蒸馏易挥发、易燃物质时尤其要注意。

3.1.1.2 有机化学实验常用电器

（1）鼓风干燥箱

鼓风干燥箱常简称为烘箱。实验室常用带有自动温度控制系统的烘箱，使用温度一般为50～300℃，用于干燥玻璃仪器或烘干无腐蚀性、无挥发性、加热时不分解的样品。切忌将易挥发、易燃物放入烘箱内，以免着火或爆炸。刚用乙醇或丙酮等有机溶剂淋洗过的玻璃仪器，要等有机溶剂挥发完全后才可放入烘箱，以免发生燃爆。烘干玻璃仪器时，应先尽量将仪器上的水沥干或甩干再放进烘箱内。放仪器时应自上而下依次放入，以免上层仪器上残留的水滴滴到下层，使已加热的下层玻璃仪器遇冷炸裂。仪器烘干后要用洁净的干布包住后取出或在烘箱内自然冷却后取出，以防烫伤。橡胶塞、塑料制品不能放入烘箱烘烤。带玻璃旋塞或聚四氟乙烯旋塞的玻璃仪器，应取下塞子后再放入烘箱中烘干。

若烘干加热时易分解的样品，可使用真空干燥箱（图3-3）。温度通常设置为50～120℃。使用时配合油泵，提供真空环境，大大降低了液体的沸点，会使干燥速率明显加快。

（2）气流烘干器

气流烘干器是一种用于快速烘干玻璃仪器的设备（见图3-4）。使用时，将仪器洗净后，甩掉多余的水分，然后倒扣在气流烘干器的多孔金属管上，冷热气流深入玻璃仪器的内部，以便带走仪器内壁的水分，能够快速干燥玻璃仪器。该仪器具有节能、使用方法简便、维修简单以及可以同时烘干多件玻璃仪器等优点。使用时注意随时调节热空气的挡位。气流烘干器不宜长时间加热，以免烧坏电机和电热丝。

图3-3 真空干燥箱

图3-4 气流烘干器

（3）干燥枪

干燥枪是实验室干燥仪器的常用工具，实验室中常用电吹风机替代。当需要快速干燥仪器时，开启干燥枪（电吹风机）先用热风对着仪器开口加热，驱除其中的潮气，接着用冷风吹至接近室温，然后加上干燥管或通入干燥的氮气，以防仪器冷却时潮气浸入。电吹风机也可用来驱赶薄层层析板上的易挥发溶剂。

（4）电热套

电热套由无碱玻璃纤维和金属加热丝编制的半球形加热内套和控制电路组成，多用于玻璃容器的精确控温加热（图3-5）。用电热套加热和蒸馏易燃有机物时，不易引起着火，热效率高。电热套还具有调压变压器，可用来控制加热温度，最高加热温度可达400℃左右，是有机化学实验中一种简便、较为安全的加热装置。电热套的容积一般应与烧瓶的容积相匹配，当用它进行蒸馏或减压蒸馏时，随着蒸馏的进行，瓶内物质逐渐减少，这时会使瓶壁过热，造成蒸馏物被烤焦的现象，而影响蒸馏结果，所以使用时需注意温度的控制。第一次使用时，套内有白烟和异味冒出、加热套颜色由白色变为褐色再变成白色属于正常现象，这是因为玻璃纤维在生产过程中含有油质及其他化合物，放在通风处，数分钟消失后即可正常使用。

（5）磁力搅拌器

磁力搅拌器由可旋转的磁铁和控制转速的电位器组成，使用时将聚四氟乙烯搅拌子放入反应容器内。可根据容器大小选择合适尺寸的搅拌子，以达到最佳搅拌状态。

搅拌子的转速调整应由慢到快，使搅拌子快速平稳转动，转速并非越快越好。当体系阻力较大时（如有固体等），过高的转速会使搅拌子原地打转。使用中严禁有机溶剂及强酸、碱等腐蚀性药品浸蚀搅拌器。使用完毕，擦拭干净，在干燥处存放。

磁力搅拌器可以单独使用，也可以配合电热套（一体式或可拆卸式）使用（图 3-6）。

| 图 3-5 电热套 | 图 3-6 磁力搅拌加热套 |

（6）真空泵

在实验室内进行真空操作时，可由真空泵提供真空。实验室内常用的真空泵有循环水式真空泵［简称水泵，见图 3-7(a)］及旋片式真空泵［简称油泵，见图 3-7(b)］。循环水式真空泵是以循环水作为流体，利用射流产生负压的原理而设计的一种多用真空泵，广泛用于旋转蒸发、蒸馏、结晶、过滤、减压及升华等操作中。由于水可以循环使用，避免了直排水的现象，节水效果明显。因此，循环水式真空泵是实验室常用的减压设备，一般用于对真空度要求不高的减压体系中。旋片式真空泵常在对真空度要求较高的场合下使用，主要用于高沸点物质的减压蒸馏及一些特殊处理过程。

（7）旋转蒸发仪

在溶液中的反应，需要先蒸去溶剂，然后再用重结晶、蒸馏或减压蒸馏等分离方法进一步纯化。虽然蒸馏是蒸去溶剂的一般方法，但是速度慢，产物在蒸馏过程中长时间受热还有可能发生分解或其他副反应。而且随着溶剂的蒸发，按照拉乌尔定律，溶液的沸点不断升高。因此，即使是低沸点有机溶剂（如乙醇、乙醚等）也难以从高沸点残留液中完全除去。

旋转蒸发仪又称薄膜蒸发器，是一种可在较低温度下迅速蒸去溶剂又不影响反应产物的简便装置。使用旋转蒸发仪时，圆底烧瓶盛液不得超过容积的一半。烧瓶部分浸没在热浴中。通过机械装置使烧瓶不断旋转，并用水泵或油泵使体系处于减压状态。溶液在旋转的过程中，不断地分布在旋转着的烧瓶的内壁上，形成一层薄膜，大大增加了蒸发的表面积和蒸

(a) 循环水式真空泵

(b) 旋片式真空泵

图 3-7 真空泵

发速度。这样，溶剂就能在较低的温度下迅速蒸发，并且通过冷凝器凝聚，收集在接收瓶内。根据具体情况，接收瓶可浸在冷浴中。用减压泵减压时，系统应连接一只安全瓶，以防水压降低时水倒灌入蒸发烧瓶中。旋转蒸发仪若装有一只活塞，通过相连的玻璃管伸入蒸发烧瓶中，就可以随时将待馏溶液加入而不中断蒸发过程，这样就更适用于浓度较稀而溶剂量较大的情况。

　　旋转蒸发仪是合成实验室使用最多的仪器之一，主要由电动机带动可旋转的蒸发器、冷凝器和接收器组成，主要用于在减压条件下蒸馏大量易挥发性溶剂，可用于浓缩液体、回收溶剂，尤其适用于对萃取液浓缩和色谱分离时接收液的蒸馏，可以分离和纯化反应产物。旋转蒸发器一般固定在中央试验台或边台的一边，在浓缩低沸点溶剂时，如正己烷、氯己烷等，则需配有冷却装置，以免溶剂进入到真空泵中，造成事故或污染。旋转蒸发仪如图 3-8所示。

图 3-8 旋转蒸发仪

　　① 工作原理。通过电子控制，使烧瓶在最适合的速度下，恒速旋转以增大蒸发面积。通过真空泵使蒸发烧瓶处于负压状态。蒸发烧瓶在旋转的同时置于水浴锅中恒温加热，瓶内溶液在负压下进行加热扩散蒸发。旋转蒸发器系统可以密封减压至 $400 \sim 600 \text{mmHg}(1 \text{mmHg} = 133.32 \text{Pa})$；用加热浴加热蒸馏瓶中的溶剂，加热温度可接近该溶剂的沸点；同时还可进行旋转，速度为 $50 \sim 160 \text{r} \cdot \text{min}^{-1}$，使溶剂形成薄膜，增大蒸发面积。此外，在高效冷却器作用下，可将热蒸气迅速液化，加快蒸发速率。

　　② 主要部件。旋转蒸发仪主要部件如下。

　　a. 旋转马达：通过马达的旋转带动盛有样品的蒸发瓶。

　　b. 蒸发管：蒸发管有两个作用，首先起到样品旋转支撑轴的作用，其次通过蒸发管，真空系统将样品吸出。

c. 真空系统：用来降低旋转蒸发仪系统的气压，通常实验室使用的是循环水式真空泵。

d. 流体加热锅：通常情况下都是用水加热样品。

e. 冷凝管：使用双蛇形冷凝管或者其他冷凝剂（如干冰、丙酮）冷凝样品。

f. 蒸馏烧瓶：带有标准磨口接口的梨形或圆底烧瓶。

g. 冷凝样品收集瓶：样品冷却后进入收集瓶。

131

③ 旋转蒸发仪操作规程

a. 先将水注入加热槽内。最好用纯水，自来水要放置 1～2 天后再用。

b. 将装有样品的蒸馏烧瓶通过磨口连接在蒸发管上，并用夹子固定，一般在蒸馏烧瓶和蒸发管之间接入一个防溅球，防止样品暴沸，直接进入蒸发管。

c. 调整主机高度。先按升键，主机匀速上升，再按降键，主机匀速下降到合适位置时手离键即停。

d. 调整主机角度。主机将左侧冷凝器、右侧蒸发瓶连在一起。只要松开主机和立柱连接旋钮，主机即可在 0°～45°范围内任意倾斜。调整到合适位置，使蒸馏烧瓶浸入水浴中。

e. 冷凝管与真空泵之间用硅胶管连接，使体系与真空泵相通。打开真空泵开关，当达到一定的真空度后，打开电机开关，红灯亮，转动圆形旋钮，慢慢往右旋至所需要的转速。

f. 打开加热开关，设定温控温度，打开冷凝水开关，开始自动加热，仪器开始运转。

g. 待旋蒸到所需的程度，先停止转动和加热，调整三通活塞，使体系与大气相通，再关闭真空泵，取下蒸馏烧瓶，关闭冷凝水。拔下电源插头。

④ 操作注意事项

a. 玻璃仪器应轻拿轻放，洗净烘干。

b. 加热槽应先注水后通电，不能无水干烧。

c. 所用磨口安装前需均匀涂少量真空脂。

d. 蒸馏烧瓶的溶液充装量一般不超过 50%。

e. 若真空度升不上去，需检查：各接头、接口是否密封；密封圈、密封面是否有效；主轴与密封圈之间的真空脂是否涂好；真空泵及其橡皮管是否漏气；玻璃仪器是否有裂缝、碎裂、损坏的现象。

f. 如果溶液浓缩过程中容易暴沸喷出，可通过改变真空度、降低水浴温度、减缓蒸馏瓶的旋转速度、减小液体与浓缩瓶的接触面积等方法进行控制。

g. 使用时，应先减压，再启动电机转动蒸馏烧瓶；结束时，应先停机，再通大气，以防蒸馏烧瓶在转动中脱落，最后关闭真空泵，以防水倒吸。

h. 工作结束后，关闭开关，拔下电源插头。

3.1.2　有机化学实验常用装置

铁架台、管口夹及双顶丝是用于固定玻璃仪器的组件；升降台则为实验装置中某些器件提供支撑；如图 3-9 所示。

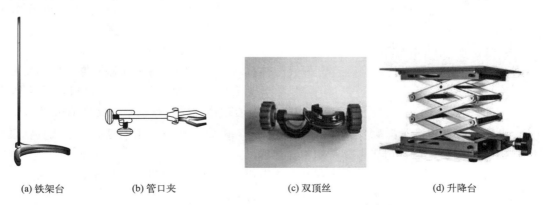

(a) 铁架台　　　　(b) 管口夹　　　　　(c) 双顶丝　　　　(d) 升降台

图 3-9　铁架台、管口夹、双顶丝与升降台

3.1.2.1 蒸馏装置

蒸馏装置主要由汽化、冷凝、接收三部分组成，主要用于分离、提纯液体化合物或常量法测沸点。常用蒸馏装置如图 3-10 所示，可根据需要选用合适的装置。图 3-10(a)是最常用的普通蒸馏装置，可用于蒸馏一般的液体化合物，但不能用于蒸馏易挥发的低沸点化合物。图 3-10(b)是可防潮的蒸馏装置，用于易吸潮或易受潮分解的化合物的蒸馏。图 3-10(c)的装置常用于蒸馏沸点在 140℃以上的液体。图 3-10(d)所示的装置则用于把反应混合物中的易挥发物质直接蒸出。图 3-10(e)是连续地边滴加、边反应、边蒸出的装置，常用于蒸出大量的溶剂。这些蒸馏装置所用尾接管如果不带小支管，则可用锥形瓶作为接收器，如图 3-10(f)所示。

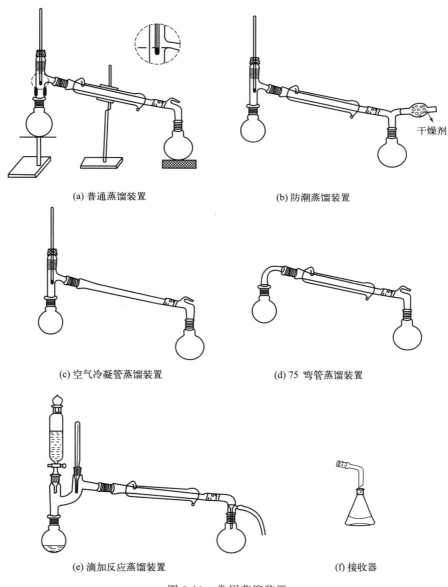

(a) 普通蒸馏装置

(b) 防潮蒸馏装置

干燥剂

(c) 空气冷凝管蒸馏装置

(d) 75 弯管蒸馏装置

(e) 滴加反应蒸馏装置

(f) 接收器

图 3-10　常用蒸馏装置

3.1.2.2 回流装置

在有机化学实验中，常遇到下面情况：其一是有些反应的反应速率很慢或难以进行，为使反应尽快进行，需使反应物长时间保持沸腾；其二是有些重结晶样品的溶解需要煮沸一段时间。在这两种情况下就需要使用回流冷凝装置（简称回流装置），使反应物或溶剂的蒸气不断在冷凝管中冷凝而返回反应器中，以防蒸气逸出。常用的回流装置如图 3-11 所示。

通常采用的是图 3-11(a)所示的普通回流装置。图 3-11(b)是可防潮的回流装置，适用于需要保持干燥的反应；图 3-11(c)是带气体吸收的回流装置，适用于回流时有水溶性气体（如 HCl、HBr、SO_2、NO_2 等）产生的反应；图 3-11(d)是带滴液漏斗的回流装置，适用于反应激烈、一次加料易使反应失控或者为了控制反应选择性而不能将反应物一次加入的实验。

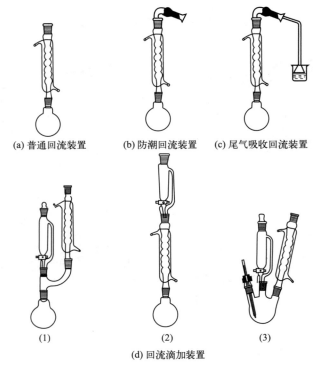

(a) 普通回流装置　　(b) 防潮回流装置　　(c) 尾气吸收回流装置

(1)　　　　　　(2)　　　　　　(3)

(d) 回流滴加装置

图 3-11　常用回流装置

在进行回流操作时应注意：①加热前不要忘记加沸石；②根据瓶内液体的特性和沸点选择适当的加热方式，如电炉、电热套、水浴、油浴或石棉网直接加热；③控制回流速度，通常以蒸气上升高度不超过冷凝管的 1/3 为宜（最好不超过球形冷凝管的第一个球）。

3.1.2.3 回流分水装置

回流分水装置如图 3-12 所示。它与回流装置的不同之处在于回流冷凝管下端连接一个分水器，回流下来的蒸气冷凝液进入分水器，分层后，有机层自动回到烧瓶，而生成的水可从分水器下口放出去，从而可使某些生成水的可逆反应进行完全。

3.1.2.4 气体吸收装置

图 3-13 为气体吸收装置。通常采用水吸收的方法，这就要求被吸收的有刺激性或有毒的气体必须具有水溶性。对于酸性物质，有时需要用稀碱吸收，图 3-13(a)、图 3-13(b)所

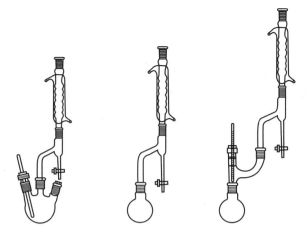

(a) 测温回流分水装置　　(b) 普通回流分水装置　　(c) 控温回流分水装置

图 3-12　回流分水装置

示的装置只能用于吸收少量气体。图 3-13(a)中的三角漏斗既不能浸入水中，也不能离水面太远。前者使体系密闭，一旦反应瓶冷却，水就会倒吸；后者易使气体逸出。若反应过程中生成气体量较大或逸出速度较快，则可用图 3-13(c)中的装置。

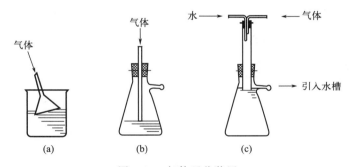

图 3-13　气体吸收装置

3.1.2.5 搅拌装置

在均相溶液中进行的反应，因加热时溶液存在一定程度的对流，可使液体各部分均匀受热，故一般可不用搅拌。但在非均相溶液中进行或反应物之一是逐渐滴加的反应，为使反应物各部分均匀受热，增加反应物之间的接触，以使反应顺利进行，达到缩短反应时间、避免不必要的副反应发生、提高产率的目的，则需使用搅拌装置。常用的搅拌装置如图 3-14所示。

3.1.2.6 密封装置

图 3-14 所示搅拌装置中的搅拌器均采用密封装置，其目的在于防止反应中的蒸气或生成的气体逸出。常用的密封装置有简单的橡皮管密封和液封密封两种，如图 3-15 所示。

简单橡皮管密封装置的制作方法是：截取一段长约 4～5cm、内径与搅拌器紧密接触、弹性较好的橡皮管套在搅拌器套管上端，然后插入搅拌器，在搅拌棒与橡皮管之间滴入少许甘油起润滑和密封作用。搅拌棒上端与搅拌器的轴连接，下端距瓶底约 5mm。其装配要求是：①从各个方向上观察搅拌棒与搅拌器的轴都必须在同一条垂直线上；②转动时搅拌棒一

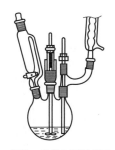

(a) 搅拌回流测温装置　　　(b) 搅拌回流滴加装置　　　(c) 搅拌回流滴加测温装置

图 3-14　常用搅拌装置

不能碰瓶底，二不能碰搅拌器套管的内壁。这种简单密封装置在减压时（1.3～1.6kPa 即 10～12mmHg）也可使用。

　　液封装置可用石蜡油或甘油进行液封。

　　搅拌棒通常用玻璃制成，式样颇多，常用的如图 3-16 所示，其中图 3-16(a)(b) 两种容易制作，且较为常用；图 3-16(c)(d) 制作较难，其优点是可伸入细颈烧瓶中，且搅拌效果好；图 3-16(e) 为筒形搅拌棒，适用于两相不混溶的体系，其优点是搅拌平稳，搅拌效果好。此外，有些实验还可使用磁力搅拌器进行搅拌。

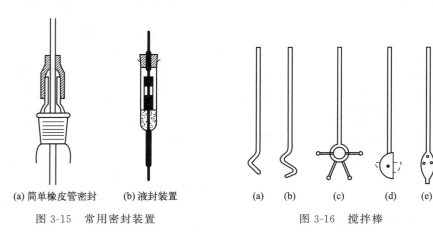

(a) 简单橡皮管密封　　(b) 液封装置　　　　　(a)　　(b)　　(c)　　(d)　　(e)

图 3-15　常用密封装置　　　　　　　　图 3-16　搅拌棒

3.1.2.7　简单分馏装置

　　分馏又称分级蒸馏。其基本原理与蒸馏相似，不同的是在装置上多了一个分馏柱，使汽化、冷凝过程由一次变为多次，所以分馏实际上就是多次蒸馏。普通蒸馏只能用来分离沸点相差较大的液体混合物，而分馏可用来分离沸点相近的液体混合物。

　　分馏柱是进行分馏操作的专门仪器，其形状各异，在简单分馏装置中常用的分馏柱如图 3-17 所示。其中图 3-17(a) 为球形分馏柱，其分馏效率较低；图 3-17(b) 为维氏（Vigreux）分馏柱，又称刺形分馏柱，是一根每隔一定距离就有一组向下倾斜的刺状物，且各组刺状物间呈螺旋排列的分馏柱，其优点是装配简单、操作方便、残留在分馏柱内的液体少；图 3-17(c) 为赫姆帕（Hempel）分馏柱，管内填充玻璃管、玻璃环或金属螺旋圈等填料，其优点是分馏效果较好，适用于分离一些沸点差较小的化合物。有机化学实验中常用的简单分馏装置如图 3-18 所示。

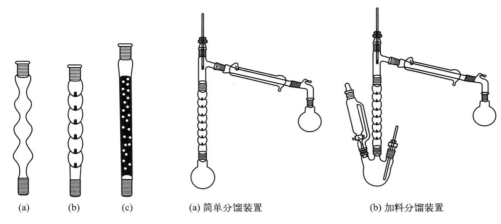

图 3-17　常用的几种分馏柱　　　　　　图 3-18　分馏装置

（a）　　　　（b）　　　　（c）　　　　（a）简单分馏装置　　　　（b）加料分馏装置

3.1.2.8　水蒸气蒸馏装置

水蒸气蒸馏是分离和纯化有机物质的常用方法。其装置包括水蒸气发生器、蒸馏及冷凝接收三部分。常用的水蒸气蒸馏装置如图 3-19 所示。

① 水蒸气发生器。水蒸气发生器 A 是铜或铁制的加热容器（也可用大的圆底烧瓶代替），盛水量以其容积的 1/2～3/4 为宜。水的液面可从侧面的玻璃管观察到。长玻璃管 B 为安全管，管的下端接近器底，根据管中水位的高低及升降情况可估计水蒸气压力的大小及判断系统是否堵塞。如果容器内气压太大，安全管内水位会上升，以调节压力；如果系统发生堵塞，水便会从安全管的上口喷出，此时应检查圆底烧瓶内水蒸气导管 C 的下口是否被阻塞。

② 蒸馏部分。蒸馏部分选用三口（或二口）圆底蒸馏烧瓶 D，为防止飞溅的液体泡沫被蒸气带入冷凝管，被蒸馏液体的加入量不超过烧瓶容积的 1/3。三口瓶的中口通过螺口接头插入水蒸气导管 C，其侧口通过馏出液导管（75°弯管）E 与直形冷凝管 F 连接。水蒸气发生器 A 与水蒸气导管 C 之间用 T 形三通管连接，T 形三通管的下端连一个螺旋夹，以便及时放出凝结下来的水滴及处理异常现象时打开夹子，使系统与大气相通。少量物质的水蒸气蒸馏可以在圆底烧瓶上装配蒸馏头或克氏蒸馏头来代替三口烧瓶，其装置如图 3-20 所示。

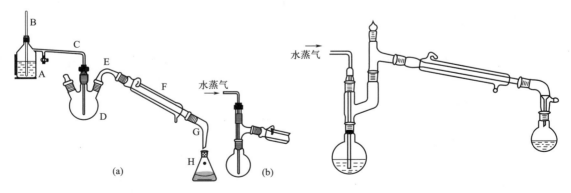

图 3-19　水蒸气蒸馏装置　　　　　　图 3-20　少量物质的水蒸气蒸馏装置

A—水蒸气发生器；B—安全管；C—水蒸气导管；

D—三口圆底烧瓶；E—馏出液导管(75°弯管)；

F—冷凝管；G—尾接管；H—接收器

137

③ 冷凝接收部分。直形冷凝管 F、尾接管 G 和接收器 H 顺次相连。

3.1.2.9　减压蒸馏装置

减压蒸馏装置包括蒸馏、抽气（减压）以及保护和测量三部分。常用的减压蒸馏装置如图 3-21 所示。其中图 3-21(a)是简单的减压蒸馏装置。

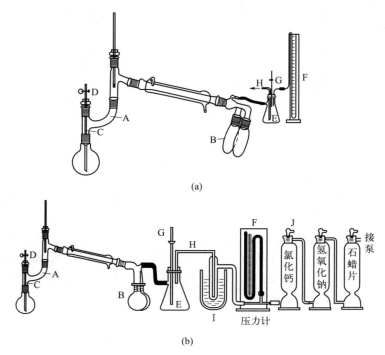

(a)

(b)

图 3-21　减压蒸馏装置

A—二口连接管；B—接收器；C—毛细管；D—螺旋夹；E—缓冲用的吸滤瓶；
F—水银压力计；G—二通旋塞；H—导管；I—冷却阱；J—干燥塔

(1) 蒸馏部分

由于减压蒸馏的特殊要求，其装置与常压普通蒸馏装置相比有以下不同之处：第一，所用玻璃仪器必须耐压；第二，为防止液体因沸腾而冲入冷凝管，通常采用克氏（Claisen）蒸馏瓶（在磨口仪器中用克氏蒸馏头配以圆底烧瓶），在带支管的颈中插入温度计，温度计水银球位置与普通蒸馏要求相同，另一颈中插入一根毛细管，用以调节进入的空气（或 N_2）量以使蒸馏保持平稳；第三，为在不中断蒸馏的情况下收集不同的馏分，采用二尾或多尾接引管；第四，根据蒸出液体的沸点不同，选用合适的热浴和冷凝管。如果蒸馏的液体量少而且沸点颇高，或者是低熔点固体，可不用冷凝管而采用图 3-22 的装置。进行减压蒸馏时，应控制热浴的温度比液体的沸点高 20～30℃；蒸馏高沸点物质时应注意保温，以减少热损失。

(2) 保护和测量部分

① 保护部分。由缓冲瓶、冷却阱和干燥塔组成。装在油泵和馏出液接收器之间，以防止有机蒸气、酸性物质和水蒸气等进入油泵或污染水银压力计中的水银。

a. 缓冲瓶。又称安全瓶，一般用壁厚、耐压的吸滤瓶，安装在接收器与冷却阱之间，其作用是调节系统压力及放气，防止泵油的倒吸。

b. 冷却阱。其构造如图 3-23 所示，使用时放在盛有冷却剂的广口保温瓶中。冷却剂的选用视需要而定，如冰-水、冰-盐、冰、干冰、干冰-乙醇等。

c. 干燥塔。通常设 2～3 个。前一个装无水氯化钙（或硅胶），用来除去水蒸气；后一个装颗粒状氢氧化钠，用来除去酸性蒸气。有时还需加一个装石蜡片（或活性炭）的干燥塔，用来吸收烃类等有机气体。

② 测量部分。实验室通常用水银压力计来测量系统的压力。图 3-24 是改进的 U 形管水银压力计，其优点是装汞容易、便于清洗，即使突然进入空气也不至于损坏压力计。此外，有的减压装置可采用弹簧式机械真空压力表进行测压。

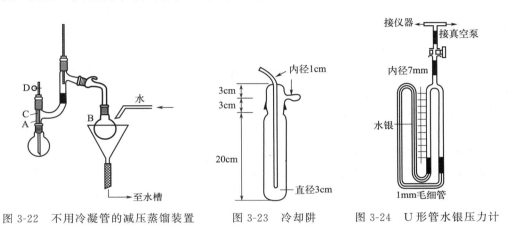

图 3-22　不用冷凝管的减压蒸馏装置　　图 3-23　冷却阱　　图 3-24　U 形管水银压力计

（3）抽气部分

常用的有水泵和油泵两种。

3.1.2.10 无水无氧操作

在有机合成研究工作中经常会遇到一些特殊的化合物，它们对空气、水很敏感，如有机锂、有机锌、格氏试剂、金属氢化物等。在这类物质的制备和处理过程中，必须使用无水无氧操作技术。否则，即使合成路线是可行的，最终也得不到预期的产物，还可能引起燃烧或爆炸等事故。化学家通过多年的研究和实践，对无水无氧操作技术已积累了丰富的经验，发明了一些特殊的仪器和技术来解决对空气、水汽敏感化合物的合成、分离、纯化、分析及保存等一系列问题。

（1）惰性气体保护

无水无氧操作一般需要在氮气、氩气或氦气等惰性气体的保护下进行。对空气和水汽不是很敏感的体系，一般直接向反应体系中通入惰性气体进行保护，这种方法简便易行，广泛用于各种常规有机合成。氮气是最常用的惰性气体，市售纯度为 99.99% 的瓶装氮气，可满足一般需要。使用普通氮气时，为确保氮气无水，可将气体经过浓硫酸洗气瓶或装有合适干燥剂的干燥塔干燥后再导入反应体系。

双排管是一种多接口的惰性气体保护装置（图 3-25），其工作原理是：两根分别具有4～8 个支管口的平行玻璃管，通过控制它们连接处的双斜三通旋塞，对体系进行抽真空和充惰性气体两种互不影响的实验操作，从而使体系得到实验所需要的无水无氧环境。该装置分成真空通道和惰性气体通道，它们之间通过特殊的阀组实现快速切换，在真空泵和真空通道之间的真空线上会安装一个冷阱，用于捕获低沸点化合物，防止其污染真空泵或收集的化合物。该装置应用广泛，一般的化学反应如回流、搅拌、滴加液体及固体投料等，分离纯化如蒸馏、过滤、重结晶、升华、提取等，以及样品的储存、转移等，都可用此操作。

　　双排管实验操作步骤：将干燥好的仪器组装成实验装置，装置的一个外接口连接到氮气分配管上，另一外接口连到真空分配管上。先关闭氮气分配管上的旋塞，打开真空分配管上的旋塞，使仪器装置处于抽真空状态，必要时可用电吹风机烘烤，以驱赶仪器壁上吸附的微量水和氧气，然后关闭真空分配管旋塞，打开氮气分配管旋塞，向仪器中充入净化的氮气，直至仪器冷至室温，再抽真空、充氮，如此反复 3 次，即可获得所需的惰性气环境，惰性气体一般用 99.9999% 高纯氮气或氩气。然后拔去仪器与真空分配管的连接管，在氮气流下将已处理过的物料从此口加入装置中，液体试剂可以用注射器加入。加料完毕，将加料口连接到液封管上。这时就可以在氮气保护下进行各种制备、分离操作。反应过程中双排管内应始终保持一定的正压，直到得到稳定的化合物。实验完成后应及时关闭惰性气体钢瓶的阀门（先顺时针方向关闭总阀，指针归零；再逆时针松开减压阀，同样让指针归零，最后关闭截止阀）。

　　如反应需先加对空气不敏感的固体试剂，可先放在反应瓶中，与体系一起抽真空，充惰性气体；如需在反应中途加入，可在连续通入惰性气体的情况下，直接从固体加料口加入。

　　另一种比较简单的方法是惰性气体气球保持法（图 3-26）。操作前，先将惰性气体充满整个气球，将带有针头的气球插入装有橡胶塞的反应瓶口，瓶口上插有另一根针头用于排出瓶中的空气，待反应瓶内被惰性气体充满后，可拔出排气针。此时，气球可使整个反应环境处于惰性气体的压力下。也可以先将反应体系抽真空，然后再连入充满惰性气体的气球。液体和固体反应物的投入均可按照上述操作方法进行。

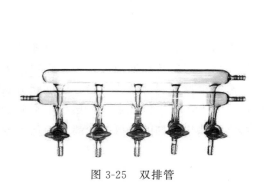

图 3-25　双排管　　　　　　　图 3-26　惰性气体气球保持法

（2）试剂或溶剂的处理

　　如果反应中有对空气和水敏感的化合物参与，所使用的试剂和溶剂必须事先通过脱水和脱氧处理。化合物的敏感性不同，处理的方法和严格程度也有所不同。为了保证试剂充分干燥，可在使用前 1～2d 向其中加入活性分子筛。分子筛的活化程序为：先在 320℃ 下加热3h，然后置于真空干燥器内冷却，再向干燥器内通入氮气，使其恢复为大气压。分子筛再生的方法也简单：将用过的分子筛放在烧瓶中加热，同时用水泵抽气，以除尽残余溶剂，然后再放入烘箱中于 320℃ 干燥 12h。

　　要除去溶剂中的氧气，可在瓶口的橡胶塞中插入一支长注射针头，向溶剂中鼓入纯化的氮气或氩气，另插入一支短注射针头至液面上使氧气排出。在驱尽氧气之后，即可拔出针头。在需要使用溶剂时，通过瓶口上的橡胶隔膜套，一边注入氮气，一边用注射器抽取溶剂。对于用粉状干燥剂干燥的溶剂，可在氮气氛围下将其从干燥剂中蒸馏出来，并在氮气氛围保护下使用。

对于会受极微量的氧和水影响的反应，可采用特制的溶剂处理器对溶剂进行严格无水无氧处理，如图3-27所示。例如，要对常用的乙醚、四氢呋喃、甲苯等溶剂进行处理，可将回流装置通过三通管与无水无氧操作线相连，经抽换气后，将经钠丝预处理过的溶剂以及钠块和二苯甲酮（质量比为1：4）转入其中，旋转双斜三通旋塞，使上下相通保持回流。当溶剂中的水分和氧气除尽后，剩余的金属钠将二苯甲酮还原成四苯基频哪醇钠，溶液由黄色变成持久的蓝紫色，即可关闭双斜三通旋塞，使溶剂积聚于储液瓶中。使用时可用注射器从侧口抽取或旋转双斜三通旋塞从下侧管放出。如继续加入上述溶剂处理，应检查蒸馏瓶中是否有足够的活性干燥剂。若回流后不出现蓝紫色，应酌情补加二苯甲酮和金属钠。蒸馏结束后，关掉热源和冷水，关闭系统中各旋塞及氮气，使该系统在无水无氧状态下封闭，供下次实验使用。如蒸馏烧瓶中高沸点物过多难以蒸馏，可将其取下，换一个已烘干的烧瓶。

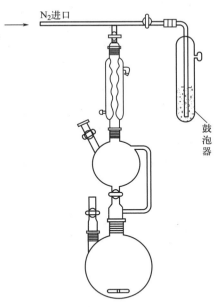

图 3-27　溶剂蒸馏系统

（3）注射器针管技术

在实验室中，常用注射器针管计量和转移对空气敏感的液体化合物，这一技术获得了普遍的应用。利用注射器针管技术处理对空气敏感的化合物需要的主要仪器是橡胶隔膜塞密封的玻璃仪器、注射器针管、细金属管及双针头管。带有橡胶隔膜塞密封的玻璃仪器是在一些普通玻璃仪器的接口插入橡胶隔膜塞（俗称橡胶翻口胶塞）。橡胶隔膜塞有一定的弹性，能和适当直径的接口管紧密配合，使仪器内物料与空气隔绝，达到密封的目的。如果接口外部有凸形边缘，橡胶隔膜塞上缘翻过来后能够和接口紧紧贴合，可以不用金属丝扎紧。橡胶隔膜塞经过几次针刺后，容易使外界空气渗入仪器内部。用针刺橡胶隔膜塞时最好刺其边缘，因为边缘的橡胶厚实易密封。刺过几次的塞子要换掉，不宜继续使用。空气可通过橡胶隔膜塞的隔膜、针孔等扩散、渗透进入仪器，所以这种密封装置不宜较长时间地储存对空气敏感的化合物。

（4）手套箱

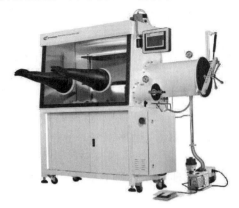

图 3-28　真空手套箱

手套箱（图3-28）是一种可以对主箱体进行抽真空的惰性气体保护箱，箱体真空度≤−1bar（1bar=0.1MPa），可快速抽空箱体内的空气，该系统由主箱体、过渡舱、控制单元、净化单元等组成，配置有净化系统。真空手套箱可满足 H_2O 和 O_2 体积分数 $\leqslant 1\times10^{-6}$ 的要求，主要工作原理是：箱体与气体净化系统形成密封的工作环境，通过气体净化系统不断对箱体内的气体进行净化（主要除去水、氧），使系统始终保持高洁净和高纯度的惰性气体环境。在这样的环境中可以进行许多在通常条件下无法实现的实验和生产。

手套箱的操作步骤如下：

① 操作前的工作

a. 检查氮气瓶里是否有氮气，如氮气不足要及时更换，氮气的输出压力设定为 0.5MPa。

b. 检查真空泵是否正常开启。

c. 检查手套箱内循环是否打开（要打开净化柱-Ⅰ和净化柱-Ⅱ中的一个）。

d. 检查设定压力是否正确（上限压力应为 +1，下限压力应为 0）。

e. 检查氧含量和露点是否正常（氧含量 $< 0.1 \times 10^{-6}$，露点 $> -40℃$）。

f. 过渡舱真空泵应处于常开状态。

② 大小舱的操作：大舱一般放大件，小舱一般放小型样品或工具。

手套箱外的物品放入时需按以下步骤操作：a. 把手套箱内的舱门关紧；b. 打开大（小）舱外面的门；c. 放入物品；d. 关紧大（小）舱外面的门；e. 抽真空抽到 -1.0 bar；f. 充入氮气到压力为 0；g. 打开手套箱内的大（小）舱门取出物品。

手套箱内的物品往外拿需按以下步骤操作：a. 把大（小）舱的两个门关紧；b. 抽真空抽到 -1.0 bar；c. 充入氮气到压力为 0；d. 打开大（小）舱里面的门把物品放入大（小）舱内；e. 关紧大（小）舱里面的门；f. 打开大（小）舱外面的门把物品取出；g. 关紧大（小）舱外面的门。

③ 操作中的注意事项

a. 系统工作中真空泵应保持开启状态。

b. 当箱内氧气体积分数 $> 200 \times 10^{-6}$ 时，应通知设备维修人员进行系统操作，否则会破坏水、氧净化系统。

c. 在启动循环前做检查，是否在进行箱体情况或再生。如以上提及的操作正在进行，绝对禁止进行循环。

d. 两个净化柱不可以同时再生。

e. 作业中应注意保护作业手套不要被损坏。

f. 使用 220V/50Hz 的电源供电，同时注意设备的接地良好。

g. 建议使用 H_2 含量为 5%～10% 的混合气源。H_2 含量低于 5%，系统还原效果差；H_2 含量高于 10%，可能会有爆炸风险。

h. 气体净化系统补水箱内必须保证有充足的循环冷却水，否则系统工作时会产生高温。冷却水的水源建议使用普通的自来水。

i. 真空手套箱箱体承受压力范围为：-3000 Pa～$+3000$ Pa。

j. 在对过渡舱抽真空时必须将过渡舱内门、外门，过渡舱上的阀门以及过渡舱与箱体连接的阀门全部关闭（除"过渡舱真空阀"），以免使箱体形成负压而损坏箱体。

k. 过渡舱内门和外门不得同时打开，以免外部气体直接扩散到箱体内，破坏洁净环境。

l. 在开启过渡舱内门前，必须先保证过渡舱和箱体之间的压力达到了平衡，否则过渡舱门无法开启，如强行开启会严重损坏过渡舱密封圈。

m. 对过渡舱抽真空时，必须保证过渡舱内没有放置密闭常压（易碎）容器，以免损坏。

n. 在对气体净化系统进行还原处理时，必须保证有混合气体和惰性气体气源，否则不能启动系统的还原程序。

o. 气体净化系统在进行净化程序时，必须保证箱体与气体净化系统之间的连接管道是畅通的。

p. 气体净化系统的废气排出口应单独连接，将废气排出室外或妥善处理。

q. 真空泵在使用时须按正确要求操作并保证有足够的真空泵油。

3.1.3　有机化合物的分离提纯

3.1.3.1　重结晶

重结晶是分离提纯固体有机化合物的一种重要的、常用的分离方法。从反应中获得的固体有机化合物很少是纯品，往往会含有未反应的原料、催化剂、反应的副产物等（常称为杂质）。通常可选用适当溶剂或混合溶剂进行重结晶以除去这些杂质。

重结晶是利用混合物中各组分在某种溶剂或混合溶剂中溶解度不同而达到分离目的的。最简单的重结晶操作应包括以下过程：①将不纯的固体有机化合物在溶剂的沸点或接近于沸点的温度下溶解在溶剂中，制成接近饱和的浓溶液，若固体有机化合物的熔点较溶剂沸点低，则应制成在熔点温度以下的饱和溶液；②若溶液含有色杂质，可加适量活性炭煮沸脱色，趁热过滤除去不溶物及灰尘等；③将热的溶液冷却，使待纯化的有机化合物结晶析出而可溶性杂质仍留在母液中；④抽气过滤，从母液中将结晶分出，洗涤结晶以除去吸附的母液，所得的结晶经干燥后进行纯度分析。如发现结晶纯度不符合要求，可重复上述操作，直至熔点不再改变。

（1）溶剂的选择

选择适宜的溶剂是重结晶提纯法的关键之一。适宜的溶剂应符合下述条件：

① 与被提纯的有机化合物不发生化学反应；

② 被提纯的有机化合物应易溶于热溶剂中，而在室温或更低温度时只能溶解少量或不溶；

③ 对杂质的溶解度应很大（杂质留在母液不随被提纯物的晶体析出，以便分离）或很小（趁热过滤除去杂质）；

④ 能得到较好的结晶；

⑤ 溶剂的沸点适中，若沸点过低，溶解度改变不大，难以分离，且操作也较难，沸点过高，附着于晶体表面的溶剂不易除去；

⑥ 溶剂应价廉易得、毒性低、回收率高、操作安全，这一点通常被人们忽视，例如苯、氯仿、吡啶等溶剂已被证明或怀疑有诱发性的毒性，所以应尽量避免使用，在使用时也应全程在通风橱中操作。

在选择溶剂时应根据"相似相溶"的一般原理。溶质往往易溶于结构相似的溶剂中。一般来说，极性溶剂溶解极性固体，非极性溶剂溶解非极性固体。在有关资料中可查到某化合物在各种溶剂中不同温度下的溶解度。然而，在实际工作中往往需通过试验来选择溶剂，溶解度试验方法如下：

取0.1g待重结晶的固体置于试管中，用滴管逐滴加入溶剂，并不断振荡，待加入的溶剂约为1mL后，若晶体全部溶解或大部分溶解，则此溶剂的溶解度太大，不适宜作重结晶溶剂；若晶体不溶或大部分不溶，但加热至沸腾（沸点低于100℃的，则应水浴加热）时完全溶解，冷却，析出大量结晶，这种溶剂一般可认为适用；若样品不全溶于1mL沸腾的溶剂中则可逐次添加溶剂，每次约加0.5mL，并加热至沸腾，若加入的溶剂总量达3~4mL，样品在沸腾的溶剂中仍不溶解，表示这种溶剂不适用。反之，若样品能溶解在 $3\sim4\,mL$ 沸腾的溶剂中，冷却后观察有没有结晶析出，还可用玻璃棒摩擦试管壁或用冰水冷却，以促使结晶析出，若仍未析出结晶，则这种溶剂也不适用；若有结晶析出，则以结晶析出的多少来选择溶剂。

按照上述方法逐一试验不同的溶剂，在几种溶剂同样都合适时，则应根据结晶的回收率、操作的难易以及溶剂的毒性、易燃性和价格等因素综合考虑来从中选择最佳溶剂。常用重结晶溶剂见表 3-1。

表 3-1　常用的重结晶溶剂

溶剂名称	沸点/℃	相对密度	极性	溶剂名称	沸点/℃	相对密度	极性
水	100.0	1.000	很大	环己烷	80.8	0.780	小
甲醇	64.7	0.792	很大	苯	80.1	0.880	小
95%乙醇	78.1	0.804	大	甲苯	110.6	0.867	小
丙酮	56.2	0.791	中	二氯甲烷	40.8	1.325	中
乙醚	34.5	0.714	小～中	四氯化碳	76.5	1.594	小
石油醚	30～60 60～90	0.680～0.720	小	乙酸乙酯	77.1	0.901	中

当一种物质在一些溶剂中的溶解度太大，而在另一些溶剂中的溶解度又太小，不能选择到一种合适的溶剂时，常使用混合溶剂以得到满意的结果。所谓混合溶剂一般由两种能以任何比例互溶的溶剂组成，其中一种对被提纯物质的溶解度较大，而另一种则对被提纯物质的溶解度较小，这样可获得新的良好的溶解性能。用混合溶剂重结晶时，可先将待纯化物质在接近良溶剂的沸点时溶于良溶剂中（在此溶剂中极易溶解）。若有不溶物，趁热滤去；若有色，则用适量（如 $1\%\sim2\%$）活性炭煮沸脱色后趁热过滤。于此热溶液中小心地加入热的不良溶剂（物质在此溶剂中溶解度很小），直至所出现的浑浊不再消失为止，再加入少量良溶剂或稍热使溶液恰好透明。然后将混合物冷却至室温，使结晶从溶液中析出。有时也可将两种溶剂先行混合，如 1:1 的乙醇和水，其操作和使用单一溶剂时相同。一般常用的混合溶剂有乙醇-水、乙醇-乙醚、乙醇-丙酮、乙醚-石油醚、乙酸乙酯-石油醚等。

（2）固体物质的溶解

大部分有机溶剂有毒性和易燃性，通常将待结晶的固体置于适当大小的锥形瓶或烧瓶中（瓶口较窄，溶剂挥发慢，也便于振荡），装上回流冷凝管，一次加入比计算量略少的溶剂，根据溶剂的沸点选择适当热浴加热至沸，如固体未完全溶解，小心地从冷凝管上端分批添加少量溶剂加热沸腾几分钟，直到固体全部溶解为止。为了防止发生意外事故，添加溶剂时一定要移开火源。在固体溶解过程中，应注意不要把不溶性杂质误认为固体没有溶解完全而加入过多溶剂。判断不溶性杂质的方法是：每次添加溶剂并回流几分钟后，观察不溶物的量是否减少。如果不溶物的量并不减少，就是不溶性杂质。也可过滤出未溶物，用新鲜溶剂检验其溶解性。

在溶解过程中，有时会出现油状物，这对物质的纯化很不利，杂质会伴随析出，并夹带少量溶剂，故应尽量避免这种现象的发生，可从下列几方面加以考虑：①所选用溶剂的沸点应低于溶质的熔点；②低熔点物质进行重结晶时，如不能选出沸点较低的溶剂，则应在比熔点低的温度下溶解固体。

用混合溶剂重结晶时，若已知两种溶剂的一定比例适用于重结晶，可事先配好混合溶剂，按单一溶剂重结晶的方法进行。要使产品纯而且产率高，掌握溶剂的合适用量是关键。从减少溶解损失来考虑，应尽可能少加溶剂，但溶液过浓，趁热过滤时会有相当多的物质析在滤纸上，溶解度随温度变化很大的化合物更是如此。因此，从这两方面考虑，多加需要量$10\%\sim20\%$的溶剂是适宜的。有时可加入过量的溶剂，趁热过滤后再浓缩除去过量的溶剂。

（3）脱色与热过滤

若溶液有颜色或存在悬浮状微粒不能使用一般过滤方法过滤，则要用活性炭处理，活性炭对水溶液脱色较好，对非极性溶液脱色效果较差。切记在使用活性炭时，不能向正在沸腾的溶液中加入活性炭，以免溶液暴沸而溅出。一般来说，将待重结晶样品溶于最小量的溶剂后，让所形成的热溶液稍冷后再加入活性炭，较为安全。活性炭的用量与溶液的颜色、杂质的多少相关，由于活性炭也会吸附部分产物，故用量不宜太大，一般为固体粗产物的$1\%\sim5\%$。加入活性炭后，在不断搅拌下煮沸$5\sim10min$，并趁热过滤。如一次脱色效果不好，可再用少量活性炭处理一次。过滤后如发现滤液中有活性炭，应予重滤，必要时使用双层滤纸。

热过滤有常压热过滤和减压热过滤两种。重结晶溶液是热的饱和溶液，遇冷会析出固体，所以需要趁热过滤。一般来说，少量溶液采用常压热过滤，大量溶液用减压热过滤。

① 常压热过滤

常用短颈或无颈的玻璃漏斗，以免溶液在漏斗下部管颈遇冷而析出结晶，影响过滤。为了过滤得快，经常采用菊花形（扇形）折叠滤纸。

热过滤用折叠滤纸由于有效表面积大、过滤速度快，在化学实验中会经常用到。折叠滤纸的方法有几种，这里介绍折叠较为均匀的一种，其折叠方法如图 3-29 所示。

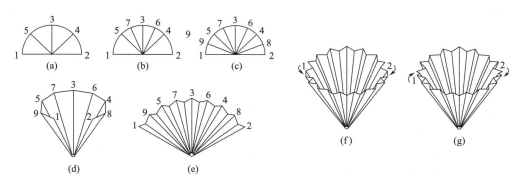

图 3-29 菊花滤纸的折叠方法

先将滤纸对折，然后再对折成 4 等分；展开成半圆，将 2 与 3 对折出 4，1 与 3 对折出 5，如图 3-29（a）所示；2 与 5 对折出 6，1 与 4 对折出 7，如图 3-29（b）所示；2 与 4 对折出 8，1 与 5 对折出 9，如图 3-29（c）所示；这时，折好的滤纸边全部向外，角全部向里，如图 3-29（d）所示；再将滤纸反方向折叠，相邻的两条边对折即可得到图 3-29（e）的形状；然后将图 3-29（f）中的 1 和 2 向相反的方向折叠一次，即可得到一个完好的折叠滤纸，如图 3-29（g）所示。折叠时注意尖端处切勿用力折压，否则易在过滤时破裂。滤纸折叠好以后，按照所用漏斗的大小剪去多余的部分，滤纸的上沿应比漏斗低一点，再将折好的滤纸展开并翻转整理好放入漏斗中，避免被手指弄脏的一面接触滤过的滤液。

② 减压热过滤

减压过滤也叫抽滤，其优点是过滤快，缺点是遇到沸点较低的溶液时，会因减压而使热溶剂沸腾、蒸发，导致溶液浓度改变，使结晶过早析出。

减压过滤装置由吸滤瓶、布氏漏斗、安全瓶和水泵（或真空泵）组成（图 3-30）。所用滤纸大小应和布氏漏斗底部恰好合适，然后用水湿润滤纸，使滤纸与漏斗底部贴紧。如抽滤样品需要在无水条件下过滤，需先用水贴紧滤纸，然后用无水溶剂洗去纸上水分（例如用乙醇或丙酮洗），确认已将水分除净后再过滤。减压抽紧滤纸后，迅速将热溶液倒入已经预热的布氏漏斗中，在过滤过程中漏斗里应一直保持有较多的溶液。在未过滤完前不要抽干，同时压力不宜降得过低，为防止由于压力低，溶液沸腾而沿抽气管跑掉，可用手稍稍捏住抽气管，或使安全瓶活塞保持不完全关闭状态，在吸滤瓶中仍保持一定的真空度，从而能继续迅速过滤。

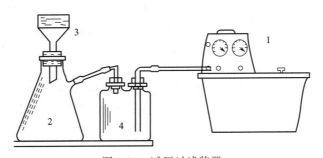

图 3-30　减压过滤装置
1—水泵；2—吸滤瓶；3—布氏漏斗；4—安全瓶

有时某些物质易于析出结晶，在过滤过程中结晶在滤纸上析出，会阻碍继续过滤，如不加以妥善处理，会损失很多产品，在小量实验中，影响严重。此时须小心将析出物与滤纸一同返回，重新制备热溶液，这种情况下，应将热溶液配制得稍稀一些。

（4）析出结晶

热过滤后的溶液经浓缩后，形成在溶剂沸点下的饱和溶液，在室温下静置或保温下静置能得到较好的晶形。在结晶前应将煮沸和浓缩时所加入的沸石等移除。产品的纯度与晶体颗粒大小有关，颗粒大小又取决于冷却速度。通常，针状晶体长 2～10mm，片状晶体以每边长 1～3mm 为佳。如果将滤液置于冷水中快速冷却，得到的晶体细小，则其相对表面积大，吸附于表面的杂质较多。如果在冷却过程中经常搅动溶液，也会导致类似的结果。必要时，可将不理想的晶体溶解重新结晶。

将浓缩后所得到的饱和溶液缓慢冷却至室温。在降温过程中，结晶应立即开始。如此时没有结晶析出，应向饱和溶液加入晶种或使用干净的玻璃棒刮擦液面下的器壁。结晶开始后，应缓慢降温并避免搅动容器，确保形成大的晶体。有时溶液中的有机物会形成过冷溶液，特别是低熔点物质，在其熔点以下会以油状物的形态从溶液中分离出来。此时饱和溶液开始变浑浊或乳化，继而形成可见小液滴，析出油状物。油状物经长时间放置或低温冷却也能固化，但油状物是杂质的优良溶剂，得到的固体常含有较多的杂质，这时可加入大量溶剂稀释。为防止油状物产生也可以重新加热溶液到沸腾，再让溶液慢慢冷却，一旦有油状物析出时就剧烈搅动，使油状物均匀分散固化，可减少杂质的含量。对于这种情况，最好另选合适的溶剂重结晶，才能获得满意的效果。为了提高回收率，减少物料在母液中的损失，常在溶液冷至室温后，用冰浴、冰盐浴或放冰箱中进一步冷却，但任何情况下冷却温度都不能低于所用溶剂的凝固点。

（5）结晶的过滤与洗涤

结晶完成后，应立即将晶体与母液分离，一般采用减压抽滤。瓶中残留的结晶可用少量滤液冲洗数次，一并移至布氏漏斗中，把母液尽量抽尽。对于细碎的、易吸附液体的固体，过滤时应使用平底瓶塞等仪器均匀地轻压滤饼表面并逐渐压实，抽滤至没有母液流出。应注意避免滤饼出现裂缝或滤饼周围与漏斗壁不能贴实，这样都会使母液不易被彻底抽出。为了除去晶体表面的母液或杂质，需要用少量冷的重结晶溶剂洗涤 1～2 次。如果结晶较多而且又用玻璃塞压紧，在加入洗涤液后，可用玻璃棒将结晶轻轻掀起并加以搅动，使全部结晶润湿然后再抽干以提升洗涤效果。如果所用溶剂沸点较高，为便于后续干燥，在完成洗去母液的步骤后，可以用溶解度更小的低沸点溶剂洗涤几次，以除去挥发较慢的高沸点溶剂。抽滤结束前，先拆除吸滤瓶与水泵之间的橡皮管，或者拔掉布氏漏斗，再关闭水泵。

（6）结晶的干燥

重结晶的样品需干燥后才能进行测试与表征。干燥晶体的方法很多，具体采用哪种方式可根据重结晶使用的溶剂和晶体化合物的性质来决定。

① 红外灯或蒸汽浴干燥。将晶体铺在表面皿上，利用红外灯或蒸汽浴的热量除去溶剂。待干燥的晶体必须是对热稳定的，要控制烘干温度比其熔点低 20～50℃。由于晶体中含有溶剂，可使其熔点降低很多，所以对于低熔点化合物，更应该注意控制烘干的温度。

② 空气晾干。对于非吸湿性的晶体，所含的溶剂又较易挥发时，可置于空气中晾干，晶体表面要覆盖一层滤纸，以免沾污。空气晾干需较长的时间。

③ 滤纸吸干。对于包含大量溶剂难以在过滤时抽干的固体，可将其置于几层滤纸之间，经挤压吸出溶剂，但是晶体常因此而沾污滤纸纤维。

（7）重结晶效果评价

重结晶是否达到满意效果，可以从回收率、产品纯度两方面评价。一般情况下可以通过薄层层析色谱比较重结晶样品、经重结晶得到的晶体以及重结晶母液的组成，检测分析提纯效果及回收率，来确定是否需要二次操作或调整、改换重结晶方案。需要注意的是，若结晶析出不完全，将母液经适当浓缩后可能再得到一部分结晶，但因母液中杂质比例明显升高，所得的二次结晶纯度往往较差。因此，应控制好溶剂量从而使结晶能够较为彻底地一次性析出。

3.1.3.2　升华

固体物质具有较高的蒸气压时，往往不经过熔融状态就直接变成蒸气，这种物态变化过程叫作升华。升华是提纯固体有机化合物的重要方法之一，但并不是所有的固体有机化合物都适合用升华方法提纯，该方法只适用于在不太高的温度下有足够大蒸汽压的固态物质。升华可用于除去不挥发杂质，或分离不同挥发度的固体混合物。利用升华纯化制得的产品，纯度较高，但操作时间长，损失也较大。

把待精制的物质放入瓷蒸发皿中，用一张穿有若干小孔的圆滤纸把锥形漏斗的口包起来，把此漏斗倒盖在蒸发皿上，漏斗颈部塞一团疏松的棉花，如图 3-31(a)所示。

在沙浴或石棉铁丝网上加热蒸发皿，逐渐地升高温度，使待精制的物质汽化，蒸气通过滤纸孔，遇到冷的漏斗内壁又凝结为晶体，附在漏斗的内壁和滤纸上，在滤纸上穿小孔可防止升华后形成的晶体落回到下面的蒸发皿中。

较大量物质的升华可在烧杯中进行。烧杯上放置一个通冷水的烧瓶，使蒸气在烧瓶底部凝结成晶体并附着在瓶底，见图 3-31(b)。

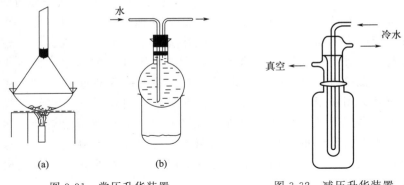

图 3-31 　 常压升华装置　　　　　　　　图 3-32 　 减压升华装置

用简易升华装置进行升华时，操作的关键是控制加热。用火源加热时，要控制火的大小，避免样品碳化。要保持所要求的温度，使用空气浴、油浴、水浴、沙浴效果更佳。

对于常压下不能升华或升华得很慢的一些物质，常常在减压下进行升华。为此，可使用图 3-32 所示的减压升华装置。升华前，必须把待精制的物质充分干燥。

从升华空间到冷却面间的距离应尽可能短（为了获得高的升华速度）。因为升华作用是在固体的表面上发生的，所以样品通常应当磨得很细。升华的温度越高，升华的速度就越快，但这样会导致微晶的生成，升华物的纯度就低了。

升华和重结晶相比，其优点是：升华通常能得到很纯净的产品；不论产品的量有多少，都可用升华的方法提纯。

3.1.3.3 　 蒸馏、分馏、水蒸气蒸馏、减压蒸馏

（1）蒸馏

蒸馏是分离和提纯液态有机化合物最常用的重要方法之一。应用这一方法，不仅可以分离挥发性物质与不挥发性物质，还可以分离沸点不同的物质（通常沸点相差 30℃ 以上）。

在通常情况下，纯粹的液态物质在大气压力下有确定的沸点。如果在蒸馏过程中，沸点发生变动，那就说明物质不纯。因此可借蒸馏的方法来测定物质的沸点和定性地检验物质的纯度。某些有机化合物往往能和其他组分形成二元或三元恒沸混合物，这些混合物也有一定的沸点。因此，不能认为沸点一定的物质都是纯物质。

① 蒸馏装置及装配方法

蒸馏装置主要由蒸馏烧瓶、直形冷凝管、尾接管、接收器、温度计等仪器组装而成。

圆底烧瓶是蒸馏时最常用的容器，它与蒸馏头组合，习惯上称为蒸馏烧瓶。蒸馏所用圆底烧瓶容量应由所蒸馏液体体积来决定。通常所蒸馏的原料液体体积应占圆底烧瓶容量的 1/3～2/3。如果装入的液体量过多，当加热到沸腾时，液体可能冲出或者液体飞沫被蒸气带出，混入馏出液中；如果装入的液体量太少，在蒸馏结束时，相对地会有较多的液体残留在瓶内蒸不出来。

蒸馏装置的装配方法：温度计插入螺口接头中（或带有皮套的温度计套管中），然后装配到蒸馏头的上磨口。调整温度计的位置，使在蒸馏时它的水银球能完全被蒸气所包围。这样才能正确地测量出蒸气的温度。通常水银球的上端应恰好位于蒸馏头的支管底边所在的水

平线上,如图 3-10(a)所示。在铁架台上,首先固定好圆底烧瓶的位置;装好蒸馏头,以后在装其他仪器时,不宜再调整蒸馏烧瓶的位置。在另一铁架台上,用铁夹夹住冷凝管的中上部位调整铁架台与铁夹的位置,使冷凝管的中心线和蒸馏头支管中心线成一直线。移动冷凝管,把蒸馏头的支管和冷凝管严密地连接起来;铁夹应调节到冷凝管的中央部位,小心地接上进水管和出水管,再装上尾接管和接收器。在蒸馏挥发性小的液体时,也可不用尾接管。

如果蒸馏出的物质易受潮分解,可在带支管的尾接管上连接一个氯化钙干燥管,以防止湿气的侵入,如图 3-10(b)所示;如果蒸馏的同时还放出有毒气体,则还需装配气体吸收装置,如图 3-13(a)所示。

如果蒸馏出的物质易挥发、易燃或有毒,则可在带支管的尾接管上连接一长橡皮管,通入水槽的下水管内或引出室外。

若要把反应混合物中的挥发性物质蒸出,可用一根 75°弯管把圆底烧瓶和冷凝管连接起来,如图 3-10(d)所示。

当蒸馏高沸点物质时(沸点≥140℃),应该使用空气冷凝管,如图 3-10(c)所示。

② 蒸馏操作

蒸馏装置装好后,把圆底烧瓶取下来,把要蒸馏的液体小心地倒入圆底烧瓶里,放 2～3 粒沸石。沸石的作用是防止液体暴沸,使沸腾保持平稳。当液体加热到沸点时,沸石能产生细小的气泡,成为沸腾中心。在持续沸腾时,沸石可以继续发挥作用,但一旦停止沸腾或中途停止蒸馏,则原有的沸石即刻失效,在再次加热蒸馏前,应补加新的沸石。如果事先忘记加入沸石,绝不能在液体加热到近沸腾时补加,因为这样往往会引起剧烈的暴沸,使部分液体冲出瓶外,有时还易发生着火事故。应该待冷却一段时间后,再行补加。如果蒸馏液体很黏稠或含有较多的固体物质,加热时很容易发生局部过热和暴沸现象,加入的沸石也往往失效。在这种情况下,可以选用适当的热浴(如油浴)或电热套加热。

用套管式冷凝管时,套管中应通入冷水,冷水用橡皮管接到冷凝管下端的进水口,从上端出来,用橡皮管导入下水道。

加热前,应再次检查仪器是否装配严密,必要时应作最后调整。开始加热时,可以让温度上升稍快些。开始沸腾时,应密切注意蒸馏瓶中发生的现象;当冷凝的蒸气环由瓶颈逐渐上升到温度计水银球的周围时,温度计的水银柱就很快地上升。调节火焰或浴温,使从冷凝管流出液滴的速度为 1～2 滴/s。应当在实验记录上记下第一滴馏出液滴入接收器时的温度。当温度计的读数稳定时,另换接收器集取。如果温度变化较大,需换几个接收器集取。所用的接收器都必须洁净,且事先都称量过。记录下每个接收器内馏分的温度范围和质量。若对集取馏分的温度范围有规定,则按规定集取。馏分的沸点范围越窄,则馏分的纯度越高。

蒸馏的速度不应太慢,否则易使水银球周围的蒸气短时间中断,致使温度计读数有不规则的变动;蒸馏速度也不能太快,否则易使温度计读数不正确。在蒸馏过程中,温度计的水银球上应始终附有冷凝的液滴,以保持气液两相的平衡。蒸馏低沸点易燃液体时(例如乙醚),附近应禁止有明火,绝对不能用明火直接加热,也不能用正在明火上加热的水浴加热,而应该用预先热好的水浴。为了保持必需的温度,可以适时地向水浴中添加热水。

当烧瓶中仅残留少量液体时,应停止蒸馏。

③ 微量蒸馏操作

提纯少量液体比提纯少量固体更加困难。简单的蒸馏装置通常适合蒸馏体积不少于 5mL 的液体。当需要提纯液体的体积在 0.5～5mL 时,为了减少沾壁和转移带来的损失,通常使用微量蒸馏装置。更少量的液体最好使用液相色谱或高效液相色谱进行分离提纯。典型的微量蒸馏装置如图 3-33。

　　将待蒸馏的液体加入微型反应器或小的圆底烧瓶，加入沸石或搅拌磁子，装上微型蒸馏头，蒸馏头的顶端装上冷凝管，被冷凝的液体收集在微型蒸馏头中。当液体的沸点高于150℃时，则无需加冷凝管，蒸馏头的颈部已足以使蒸气冷凝下来。测定蒸馏温度（沸程）时可插入微型温度计，温度计的上部用铁夹或塞子固定（注意通大气），水银球应位于蒸馏头颈部的下端［如图 3-33(a)］。若液体体积太少，不需要准确测量蒸馏温度，也可以测定外部浴温［如图 3-33(b)］。浴温一般比被蒸馏液体的沸点高 20℃。蒸馏结束后，通常用滴管转移收集液体，也可从蒸馏头的侧管倒出。

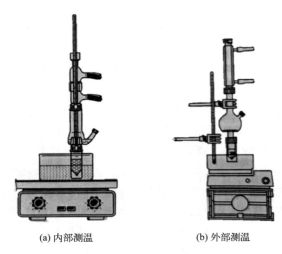

(a) 内部测温　　　　　　　　　(b) 外部测温

图 3-33　微量蒸馏装置

附　操作训练实验　　蒸馏及沸点测定

　　实验前应预习 3.1.3.3　（1）蒸馏。

A. 蒸馏和常量法测定沸点

　　【样品】　工业酒精。

　　【实验所需时间】　2～3h。

　　【实验步骤】　在 50mL 圆底烧瓶中，放置 20mL 工业酒精，加入 2～3 粒沸石，按图 3-10(a) 装配蒸馏装置，通入冷却水[1]，然后开始加热，开始温度可稍高些，并注意观察蒸馏烧瓶中的现象和温度计读数的变化。当烧瓶内液体开始沸腾时，蒸气前沿逐渐上升，待蒸气达到温度计水银球时，温度计读数急剧上升。这时应适当调小火焰（若用电热套加热，可通过调节电压来调节温度），使温度略为下降，让水银球上液滴和蒸气达到平衡，然后再稍加大火焰进行蒸馏。调节温度，控制馏出液的流出速度，以 1～2 滴/s 为宜。当温度计读数上升至 77℃时，换一个已称量过的干燥锥形瓶作接收器[2]，收集 77～79℃的馏分，即主馏分[3]。当温度计读数继续上升时再换一个接收器，当瓶内只剩下少量液体时，温度计读数会突然下降，即可停止蒸馏，不应将瓶内液体完全蒸干。称量所收集主馏分的质量或量体积，记录并计算收率，指明酒精蒸馏过程中的沸点温度。将主馏分回收至指定的回收瓶中。

B. 微量法测定沸点

【样品】　上述 77～79℃的馏分，未知样一个。

【实验步骤】

① 制沸点测定管。用薄壁玻璃管拉成内径约为 3mm 的细管，截取长约 6～8cm 的一段，将其一端封闭，作为装试料的外管。另取长约 8cm、内径约为 1mm 的毛细管，制作一根一端封闭的内管。

装试料时，把外管略微温热，迅速地把开口一端插入试料中，这样就有少量液体吸入管内。将管直立，使液体流到管底，试料高度约为 6～8mm。也可用细吸管把试料装入外管，然后把内管倒插入外管里，将试管用橡皮圈或细铜丝固定在温度计上，如图 3-34 所示。把沸点测定管和温度计放入熔点测定装置内。

② 测定方法。用热浴慢慢地加热，使温度均匀地上升。当温度达到比沸点稍高的时候，可以看到有一连串的小气泡不断地从内管中逸出。停止加热，让热浴慢慢冷却。当最后一个气泡将要冒出又缩入管内时，液体的蒸气压和外界大气压相等，此时的温度即为该液体的沸点，记录下这一温度。

图 3-34　微量法沸点测定管

【注释】

[1] 冷却水的流速以能保证蒸气充分冷凝为宜，通常只需保持缓缓的水流即可。

[2] 蒸馏有机溶液均应用小口接收器，如锥形瓶等，避免馏出液挥发。如果接收器不干燥，则馏出的有机物将有水混入，纯度降低。

[3] 主馏分为 95% 的乙醇-水的共沸混合物，而非纯物质，具有一定的共沸点和组成，不能用普通蒸馏法进行分离。因此，此法得不到纯乙醇。

【思考题】

1. 蒸馏时，蒸馏烧瓶所盛液体的量以其容积的 1/3～2/3 为宜，为什么不应少于 1/3 也不应多于 2/3？

2. 蒸馏时加入沸石的作用是什么？如果蒸馏前忘记加沸石，能否立即将沸石加至即将沸腾的液体中？当重新进行蒸馏时，用过的沸石能否继续使用？为什么？

3. 为什么蒸馏时最好控制馏出液的速度为 1～2 滴/s？

4. 如果液体具有恒定的沸点，那么能否认为它是纯物质？为什么？

（2）分馏

若液体混合物中各组分的沸点相差很大，用普通蒸馏法即可分离；若沸点相差不大，则用普通蒸馏法就难以精确分离，而应当用分馏的方法分离。

① 分馏的基本原理

如果将两种挥发性液体的混合物进行蒸馏，在沸腾温度下，其气相与液相达成平衡，出来的蒸气中含有较多易挥发物质的组分。将此蒸气冷凝成液体，其组成与气相组成相同，即含有较多的易挥发组分，而残留物中却含有较多的高沸点组分。这就是进行了一次简单的蒸馏。如果将蒸气凝成的液体重新蒸馏，即又可进行一次新的气液平衡，再度产生的蒸气中易挥发物质组分的含量又有所增加。同理，将此蒸气再经过冷凝而得到的液体中易挥发物质的含量当然也高。这样，经过反复蒸馏，最后能得到接近纯组分的两种液体。但是这样做既费时间，在重复多次蒸馏操作中的损失又很大，所以通常利用分馏来进行分离。

利用分馏柱进行分离，实际上就是在分馏柱内使混合物进行多次汽化和冷凝。当上升的蒸气与下降的冷凝液互相接触时，上升的蒸气部分冷凝放出热量，使下降的冷液部分汽化，两者之间发生了热量交换和质量交换，从而使上升的蒸气中易挥发组分增加，而下降的冷凝液中高沸点组分增加。如果连续多次，就等于进行了多次气液平衡，即达到了多次蒸馏的效果。这样，靠近分馏柱顶部易挥发物质的含量高，而烧瓶里的高沸点组分含量高。当分馏柱的效率足够高时，开始从分馏柱顶部出来的几乎是纯净的易挥发组分，而最后在烧瓶里残留的则几乎是纯净的高沸点组分。

实验室最常用的分馏柱如图 3-17 所示。球形分馏柱的效率较差，分馏柱中的填充物通常为玻璃环。玻璃环可以用细玻璃管割制而成，它的长度相当于玻璃管的直径。一般来说，图 3-17 中三种分馏柱的分馏效率都不高，但若将 300W 电炉丝切割成单圈或用金属丝网烧制成 θ 形（直径为 3～4mm）填料装入赫姆帕分馏柱，可显著提高分馏效率。若要分离沸点很近的液体混合物，则必须用精密分馏装置。

② 简单的分馏装置和操作方法

简单的分馏装置如图 3-18(a) 所示。分馏装置的装配原则和蒸馏装置相同。

把待分馏的液体倒入烧瓶中，其体积以不超过烧瓶容量的 1/2 为宜，投入几粒沸石。安装好的分馏装置经检查合格后，可开始加热。

操作时应注意以下几点。

a. 应根据待分馏液体的沸点范围，选用合适的热浴或电热套加热，不要在石棉铁丝网上直接用火加热。若选用热浴加热，可用小火加热热浴，以便使浴温缓慢而均匀地上升。

b. 待液体开始沸腾，蒸气进入分馏柱中时，要注意调节加热温度，使蒸气环缓慢均匀地沿着分馏柱壁上升即可，不宜太快。

若室温低或液体沸点较高，为减少柱内热量的散发，可将分馏柱用石棉绳和玻璃布等包缠起来，以保证馏出液顺利蒸出。

c. 当蒸气上升到分馏柱顶部，开始有液体馏出时，更应密切注意调节加热温度，控制馏出液的速度为 1 滴/(2～3)s。如果分馏速度太快，则馏出物纯度会降低；速度太慢则会导致上升的蒸气时断时续，馏出温度有所波动。

d. 根据实验规定的要求，分段收集馏分。实验完毕后，应称量各段馏分并记下各馏分的沸程。

③ 精密分馏装置和操作方法

精密分馏的原理与简单分馏相同。为了提高分馏效率，在操作上采取了两项措施。一是柱身装有保温套，保证柱身温度与待分馏物质的沸点接近，以利于建立平衡；二是控制一定的回流比（上升的蒸气在柱顶经冷凝后，回流入柱中的量和出料的量之比）。一般说来，对同一分馏柱，平衡保持得好，回流比大，则分馏效率高。

精密分馏装置如图 3-35 所示。在烧瓶中加入待分馏的物料，

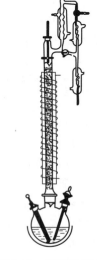

图 3-35　精密分馏装置

投入几粒沸石。柱顶的回流冷凝管中通冷却水。关闭出料旋塞（但不得密闭加热）。对保温套及烧瓶电炉通电加热，控制保温套温度略低于待分馏物料中最低的组分沸点。调节电炉温度使物料沸腾，蒸气升至柱中，冷凝，回流形成液泛（柱中保持着较多的液体，使上升的蒸气受到阻塞，整个柱子失去平衡）。降低电炉温度，待液体流回到烧瓶，液泛现象消失后，提高炉温，重复液泛1～2次，充分润湿填料。若用玻璃填料，可省去预液泛操作。

经过上述操作后，调节柱温，使之与物料组分中最低沸点相同或稍低。控制电炉温使蒸气缓慢地上升至柱顶，冷凝而全回流（不出料）。经过一定时间后，柱及柱顶温度均达恒定，表示平衡已经建立。此后逐渐旋开出料旋塞，在稳定的情况下（不液泛），按一定回流比连续出料。收集一定沸点范围的各馏分。记下每一馏分的沸点范围及质量。

附　操作训练实验　　乙醇-水混合物的分馏

【样品】　60％乙醇-水溶液（50mL）。

【实验所需时间】　2～3h。

【实验步骤】　在100mL圆底烧瓶中加入60％的乙醇-水溶液50mL，投入2～3粒沸石，安装好分馏装置，如图3-18(a)所示，用水浴[1]加热至溶液沸腾，蒸气缓慢上升，此时应严格控制加热温度，当温度约为78℃时[2]，开始收集馏分（如有前馏分，应换接收瓶），控制流出速度为1滴/(1～2)s。当蒸气温度持续下降时[3]，停止加热。用密度计测定馏出液的质量分数。记录馏出液的流出温度范围、体积、浓度及前馏分和残留液的体积。

【注释】

[1] 乙醇为易燃物，不可用明火直接加热。乙醇的沸点为78℃，低于水的沸点，故可用水浴加热。

[2] 由于温度计有一定的误差，所以在分馏时只要温度稳定在78℃左右，即可收集并记录下该温度。

[3] 在分馏要结束时，乙醇蒸气断断续续上升，温度计水银球不能被乙醇蒸气包围，因此温度出现下降或波动。

【思考题】

1. 蒸馏和分馏在原理及应用上有哪些异同？

2. 含水乙醇为什么经过反复分馏也得不到100％乙醇？

（3）水蒸气蒸馏

水蒸气蒸馏是分离和提纯有机物质的常用方法。使用这种方法时，被提纯物质应具备下列条件：不溶或几乎不溶于水；在沸腾状态下可与水长时间共存而不发生化学变化；在100℃左右时必须具有一定的蒸气压［一般不小于1.33kPa(10mmHg)］，当水蒸气通入该有机物中时，它就可在低于100℃的温度下，随水蒸气一起蒸馏出来。

① 水蒸气蒸馏原理

由两种互不相溶的液体组成的混合物的蒸气压，等于两液体单独存在时的蒸气压之和，即

$$p = p_A + p_{H_2O}$$

当组成混合物的两液体的蒸气压之和等于大气压力时，混合物就开始沸腾。混合物的沸点，要比每一物质单独存在时的沸点低。因此，在对不溶于水的有机物进行水蒸气蒸馏时，在比该物质的沸点和水的沸点 100℃ 都低的温度下就可使该物质蒸馏出来。在馏出物中，随水蒸气一起蒸馏出的有机物同水的质量之比，可按下式计算：

$$\frac{m_A}{m_{H_2O}} = \frac{M_A p_A}{18 p_{H_2O}}$$

例如，苯胺和水的混合物用水蒸气蒸馏时，苯胺的沸点是 184.4℃，苯胺和水的混合物在 98.4℃ 就沸腾。在该温度下，苯胺的蒸气压是 42mmHg（5.595kPa），水的蒸气压是 718mmHg（95.7255kPa），两者相加等于 760mmHg（101.325kPa）。苯胺的分子量为 93，所以馏出液中苯胺与水的质量比为：

$$\frac{m_{苯胺}}{m_{H_2O}} = \frac{93 \times 42}{18 \times 718} \left(或 \frac{93 \times 5.5995}{18 \times 95.7255} \right) = \frac{1}{3.3}$$

由于苯胺略溶于水，所以计算所得的仅是近似值。

水蒸气蒸馏是分离和提纯有机化合物的重要方法之一，常用于下列各种情况：

a. 混合物中含有大量的固体，通常的蒸馏、过滤、萃取等方法都不适用。

b. 混合物中含有焦油状物质，采用通常的蒸馏、萃取等方法非常困难。

c. 在常温下蒸馏会发生分解的高沸点有机化合物。

② 水蒸气蒸馏装置和操作方法

水蒸气蒸馏装置如图 3-19(a) 所示，主要由水蒸气发生器 A、三口或二口圆底烧瓶 D 和长的直形冷凝管 F 组成。若反应在圆底烧瓶内进行，可在圆底烧瓶上装配蒸馏头或克氏蒸馏头代替三口烧瓶 [图 3-19(b)]。水蒸气发生器 A 通常可用带支管的大圆底烧瓶代替。圆底烧瓶 D 应当用铁夹夹紧，它的中口通过温度计套管（或螺口接头）插入水蒸气导管 C，其侧口接 75° 弯管（馏出液导管）E。导管 C 外径一般不小于 7mm，以保证水蒸气畅通；其末端应接近烧瓶底部，以便水蒸气和蒸馏物质充分接触，同时起搅拌作用。用长的直形冷凝管 F 可以使馏出液充分冷却。由于水的蒸发热较大，所以冷凝水的流速可稍大一些。发生器 A 的支管和水蒸气导管 C 之间用一个 T 形三通管相连接，T 形三通管的下端连一个螺旋夹，以便及时放出凝结下来的水滴及处理异常现象时打开夹子，使系统与大气相通。

将要蒸馏的物质倒入烧瓶 D 中，加入量约为烧瓶容量的 1/3。操作前，水蒸气蒸馏装置应经过检查，必须严密不漏气。开始蒸馏时，先把 T 形管上的夹子打开，用热源把发生器里的水加热至沸腾。当有水蒸气从 T 形管的支管冲出时，再旋紧夹子，让水蒸气通入烧瓶中，这时可以看到烧瓶中的混合物翻腾不息，不久在冷凝管中就出现有机物和水的混合物。调节加热温度使烧瓶内的混合物不致飞溅得太厉害，并控制馏出液的速度约为 2～3 滴/s。为了使水蒸气不在烧瓶内过多地冷凝，在蒸馏时通常也可用小火将烧瓶加热。在操作时，要随时注意安全管中的水柱是否发生不正常的上升现象，以及烧瓶中的液体是否发生倒吸现象。一旦发生这种现象，应立即打开螺旋夹子，移去热源，找出发生故障的原因；必须把故障排除后，方可继续蒸馏。

当馏出液澄清透明不再含有有机物的油滴时，可停止蒸馏。这时应首先打开螺旋夹子，然后移去热源。

附 操作训练实验 苯甲醛的水蒸气蒸馏

【样品】 苯甲醛[1] 10mL。

【实验所需时间】 2～3h。

【实验步骤】 在水蒸气发生器中加入 1/2～2/3 容积的水，在 100mL 三口烧瓶中加入 10mL 苯甲醛，按图 3-19(a) 安装水蒸气蒸馏装置。打开 T 形管的螺旋夹，加热水蒸气发生器，使水迅速沸腾，当有蒸气从 T 形管冲出时，旋紧螺旋夹，让水蒸气导入三口烧瓶，同时在冷凝管内通入冷却水，不久就有乳白色的乳浊液流入接收器。当馏出液澄清透明不再有油状物时，即可停止蒸馏[2]。

将馏出液倒入分液漏斗中，静置分层，分出油层并将其置于小锥形瓶中，加入适量无水硫酸镁，振荡，直至澄清透明；滤去干燥剂，称量并计算回收率。

【注释】

[1] 苯甲醛（沸点为 178℃）进入水蒸气蒸馏时，在 97.9℃沸腾，此时苯甲醛的蒸气压为 7.5kPa，水的蒸气压为 93.8kPa，馏出液中苯甲醛占 32.1%。

[2] 应先打开螺旋夹，然后停止加热。

【思考题】

1. 水蒸气蒸馏的基本原理是什么？有何实用意义？

2. 安全管和 T 形管各起什么作用？

3. 如何判断水蒸气蒸馏的终点？

4. 停止水蒸气蒸馏时，在操作程序上应注意什么？为什么？

(4) 减压蒸馏

减压蒸馏是分离和提纯有机化合物的一种重要方法。很多有机化合物，特别是高沸点的有机化合物，在常压下蒸馏往往会发生部分或全部分解，在这种情况下，采用减压蒸馏方法最为有效。

① 减压蒸馏原理

液体沸腾的温度随外界压力的降低而降低。因此，降低蒸馏系统的压力就可以降低被蒸馏液体的沸点。这种在较低压力下进行蒸馏的操作，称为减压蒸馏或真空蒸馏。

一般的高沸点有机化合物在压力降低到 20mmHg(2.66kPa) 时，其沸点要比常压下的沸点低 100～120℃，物质的沸点和压力是有一定关系的。可通过图 3-36 近似地推算出高沸点物质在不同压力下的沸点。例如，水杨酸乙酯常压下的沸点为 234℃，现欲找其在 20mmHg(2.66kPa) 下的沸点，可在图 3-36 的 B 线上找出 234℃对应的点，将此点与 C 线上 20mmHg 处的点连成一直线，把此线延长与 A 线相交，其交点所示的温度就是水杨酸乙酯在 20mmHg 时的沸点，约为 118℃。此法得出的沸点，虽为近似值，但方法简单，在实验中有一定参考价值。

② 减压蒸馏装置

减压蒸馏装置通常由蒸馏烧瓶、冷凝管、接收器、压力计（表）、干燥塔、缓冲用的吸滤瓶和减压泵等组成，简便的减压蒸馏装置如图 3-21(a)所示。

蒸馏烧瓶通常用克氏蒸馏烧瓶，由圆底烧瓶和克氏蒸馏头组成。克氏蒸馏烧瓶有两个瓶

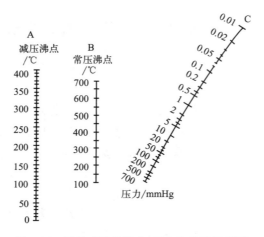

图 3-36　液体有机物沸点-压力的经验计算图

口：带支管的瓶口装配插有温度计的温度计套管，而另一瓶口则装配插有毛细管 C 的温度计套管。毛细管的下端调整到离烧瓶底 1～2mm 处，其上端套一段短橡皮管，最好在橡皮管中插入一根直径约为 1mm 的金属丝，用螺旋夹夹住，以调节进入烧瓶的空气量或 N_2 量，使液体保持适当的沸腾。在减压蒸馏时，气流由毛细管进入烧瓶，冒出小气泡，成为液体沸腾的汽化中心，同时又起一定的搅拌作用。这样可以防止液体暴沸，使沸腾保持平稳。这对减压蒸馏是非常重要的。

　　减压蒸馏装置中的接收器 B 通常用耐外压的蒸馏烧瓶或磨口厚壁梨形瓶，不能使用锥形瓶作接收器。蒸馏时，若要集取不同的馏分而又要不中断蒸馏，则可用多头接引管，多头接引管的上部有一个小支管，蒸馏系统由此支管抽成真空。多头接引管与冷凝管的连接磨口要涂少许真空脂或凡士林等，以便转动多头接引管，使不同的馏分流入指定的接收器中。

　　用耐压的厚橡皮管将多头接引管与作为缓冲用的吸滤瓶 E 连接起来。吸滤瓶的瓶口上装一个三孔橡皮管 H。导管的下端应接近瓶底，上端与减压泵相连接。

　　减压泵可选用水泵、循环水泵或油泵。水泵和循环水泵所能达到的最低压力为当时水温下的水蒸气压。若水温为 18℃，则水蒸气压为 15.5mmHg（2kPa），这对一般减压蒸馏就可以了。使用油泵要注意油泵的防护保养，防止有机物、水、酸等蒸气侵入泵内。泵内的泵油会吸收易挥发有机物的蒸气，从而受到污染，这会严重地降低泵的效率；水蒸气凝结在泵里，会使油乳化，也会降低泵的效率；酸会腐蚀泵。为了保护油泵，应在泵前面装设净化塔，里面放粒状氢氧化钠和活性炭（或分子筛、氯化钙等）以除去水蒸气、酸气和有机物蒸气。因此，用油泵进行减压蒸馏时，在接收器和油泵之间，应顺次装上冷阱、压力计（表）、净化塔和缓冲用的吸滤瓶。

　　减压蒸馏装置内的压力用水银压力计（或压力表）来测量。

　　③ 减压蒸馏操作

　　仪器安装完毕（图 3-21），在开始蒸馏前，必须先检查装置的气密性，以及装置可减压到何种程度。在克氏蒸馏瓶中放入约占其容量 1/3～1/2 的蒸馏物质。先用螺旋夹 D 把套在毛细管 C 上的橡皮管完全夹紧，打开旋塞 G，然后启动泵。逐渐关闭旋塞 G，从水银压力计测量仪器装置所能达到的减压程度[1]。

　　经过检查，确保仪器装置完全符合要求，即可开始蒸馏。加热蒸馏前，尚需调节螺旋夹

D，使仪器达到所需要的压力；如果压力超过所需要的真空度，可小心地旋转旋塞 G，慢慢地引入空气，把压力调整到所需要的真空度。如果达不到所需要的真空度，可从蒸气压温度曲线上查出在该压力下液体的沸点，据此进行蒸馏。用电热套加热，待液体沸腾后，再调节电压，使馏出液流出的速度不超过 1 滴/s。在蒸馏过程中，应注意水银压力计的读数，记录下时间、压力、液体沸点、馏出液流出速度等数据。

蒸馏完毕，停止加热，关闭电源，慢慢地打开旋塞 G，使装置系统与大气相通[2]，然后关闭油泵。待装置系统内的压力与大气压力相等后，方可拆卸仪器。

【注释】

[1] 如果需要严格检查整个系统的气密情况，可以在泵与缓冲瓶之间接一个三通旋塞。检查时，先启动油泵，待达到一定真空度后，关闭三通旋塞，这时螺旋夹 D 应完全夹紧（橡皮管内不插入金属丝），空气不能进入烧瓶内，使仪器装置与泵隔绝（此时泵应与大气相通）。如果仪器装置十分严密，则压力计上的水银柱高度应保持不变；如有变化，应仔细检查有可能漏气的地方，找出漏气部位。恢复常压后，才能进行修整。

[2] 这一操作需特别小心，一定要慢慢地打开旋塞 G，使压力计中的水银柱慢慢地恢复原状，如果引入空气太快，水银柱会很快上升，有冲破 U 形管压力计的可能。

附 操作训练实验 邻苯二甲酸二丁酯的减压蒸馏

【样品】 邻苯二甲酸二丁酯 20mL。

【实验所需时间】 2～3h。

【实验步骤】 按图 3-21(a)安装仪器。仪器安装完毕后，首先检查装置的气密性，系统的低压至少要达到 10mmHg(1.33kPa)。

经检查实验装置符合要求后，在常压下取出毛细管 C[1]，将 20mL 邻苯二甲酸二丁酯通过漏斗加入圆底烧瓶中，小心插入毛细管。用螺旋夹 D 将套在毛细管 C 上的胶皮管夹紧，打开旋塞 G，然后开泵，慢慢关闭旋塞 G，调节螺旋夹 D，使液体中产生连续而平稳的小气泡。

开启冷凝水，当系统压力达到稳定时，开始加热，控制馏出液流出速度为 1～2 滴/s，根据系统压力，查图 3-36 确定在该压力下收集馏分的沸程[2]，记录压力、温度。蒸馏结束后，一定要先移去热源，打开螺旋夹 D，再慢慢打开旋塞 G，使水银压力计逐渐复原，关闭油泵，最后拆卸仪器。

【注释】

[1] 毛细管在这里起形成沸腾中心和搅动作用。所以一定要插入液体中，并尽可能地接近瓶底。

[2] 收集馏分的沸程，一般取在一定压力下所查沸点的±2℃。

【思考题】

1. 何谓减压蒸馏？有何实用意义？

2. 开始减压蒸馏时是先抽气再加热，而结束时则先移去热源再停止抽气，操作顺序可否颠倒？为什么？

3.1.3.4　干燥

（1）液体的干燥

在有机化学实验室中，在蒸掉溶剂和进一步提纯所提取的物质之前，常常需要除掉溶液或液体中所含有的水分，一般可用某种无机盐或无机氧化物作为干燥剂来达到干燥的目的。

① 干燥剂的分类

a. 与水能结合成水合物的干燥剂，如氯化钙、硫酸镁和硫酸钠等；b. 与水发生化学反应形成另一种化合物的干燥剂，如五氧化二磷、氧化钙等；c. 能吸附水的干燥剂，如分子筛、硅胶等。

② 干燥剂的选择。选择干燥剂时，首先必须考虑干燥剂和被干燥物质的化学性质。干燥剂不应和被干燥物质发生化学反应，也不应该溶解在被干燥的液体里。其次还要考虑干燥剂的干燥能力、干燥速度和价格等。

③ 常用干燥剂

a. 无水氯化钙：吸水量较大（在 30℃ 以下形成 $CaCl_2 \cdot 6H_2O$），价格便宜，所以在实验室中广泛使用；但吸水速度不快，因而干燥的时间较长。

工业上生产的氯化钙往往还含有少量的氢氧化钙，因此这种干燥剂不能用于酸或酸性物质的干燥。同时氯化钙还能和醇、酚、酰胺、胺以及某些醛和酯等形成络合物，所以也不能用于这些化合物的干燥。

b. 无水硫酸镁：很好的中性干燥剂，价格不太高，干燥速度快，可用于干燥不能用氯化钙干燥的许多化合物，如某些醛、酯等。

c. 无水硫酸钠：中性干燥剂，吸水量很大（在 32.4℃ 以下形成 $Na_2SO_4 \cdot 10H_2O$），使用范围很广；但吸水速度较慢，且最后残留的少量水分不易被吸收。因此，这种干燥剂常用于含水量较多的溶液的初步干燥，残留的水分再用强有力的干燥剂来进一步干燥。硫酸钠的水合物（$Na_2SO_4 \cdot 10H_2O$）在 32.4℃ 就会分解而失水，所以温度在 32.4℃ 以上时不宜用作干燥剂。

d. 碳酸钾：吸水能力一般，通常形成 $K_2CO_3 \cdot 2H_2O$，可用于腈、酮、酯等的干燥，但不能用于酸、酚和其他酸性物质的干燥。

e. 氢氧化钠和氢氧化钾：用于胺类化合物的干燥比较有效；因为氢氧化钠或氢氧化钾能和很多有机化合物发生反应（例如酸、酚和酰胺等），也能溶于某些液体有机化合物中，所以使用范围很有限。

f. 氧化钙：适用于低级醇的干燥；氧化钙和氢氧化钙均不溶于醇类，对热都很稳定，又均不挥发，故不必从醇中除去，即可对醇进行蒸馏；因为氧化钙具有碱性，所以不能用于酸性化合物和酯的干燥。

g. 金属钠：用于干燥乙醚、脂肪烃和芳烃等，这些物质在用钠干燥以前，要用氯化钙等干燥剂把其中的大量水分去掉，金属钠要用刀切成薄片，最好是用金属钠压丝机把钠压成细丝后投入溶液中，以增大钠和液体的接触面。

h. 分子筛（4A、5A）：用于中性物质的干燥；干燥能力强，一般用于要求含水量很低的物质的干燥；用后的分子筛可在真空加热下活化，重复使用。

各类有机化合物常用的干燥剂见表 3-2。

表 3-2 各类有机化合物常用的干燥剂

有机化合物	干燥剂	有机化合物	干燥剂
烃	氯化钙、金属钠、分子筛	酮	碳酸钾、氯化钙(高级酮干燥用)
卤代烃	氯化钙、硫酸镁、硫酸钠	酯	氯化钙、硫酸镁、硫酸钠
醇	碳酸钾、硫酸镁、硫酸钠、氧化钙	硝基化合物	硫酸镁、硫酸钠、氯化钙、碳酸钾
醚	硫酸镁、硫酸钠	有机酸、酚	硫酸镁、硫酸钠
醛	硫酸镁、金属钠	胺	氢氧化钠、氢氧化钾、碳酸钾

④ 操作方法

把干燥剂放入溶液或液体里，一起振荡，放置一定时间，然后将溶液和干燥剂分离。干燥剂的用量不能过多，否则由于固体干燥剂的表面吸附，被干燥物质会有较多的损失；干燥剂用量也不能太少，否则加入的干燥剂便会溶解在水中，若遇此情况，可用吸管除去水层，再加入新的干燥剂。干燥剂用量一般以恰好使被干燥溶液澄清透明为宜。干燥剂颗粒不要太大，但也不能呈粉状。颗粒太大，表面积减小，吸水作用不大；粉状干燥剂在干燥过程中容易成泥浆状，分离困难。温度越低，干燥剂的干燥效果越好，所以干燥宜在室温下进行。

在蒸馏之前，必须分离干燥剂和溶液。

（2）固体的干燥

固体在空气中自然晾干是最简便、最经济的干燥方法。把要干燥的物质先放在滤纸上面或多孔性的瓷板上面压干，再在一张滤纸上薄薄地摊开并覆盖起来，然后放在空气中晾干。

烘干可以很快地使物质干燥。把要烘干的物质放在表面皿或蒸发皿中，放在水浴上、沙浴上或两层隔开的石棉铁丝网的上层烘干，也可放在恒温烘箱中或用红外线灯烘干。在烘干过程中，要注意防止过热。容易分解或升华的物质，最好放在干燥器或真空干燥箱中干燥。如烘干少量物质，也可用图 3-37 所示的手枪式真空恒温干燥器干燥，手枪把内可装入合适的干燥剂。

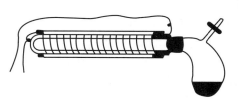

图 3-37 真空恒温干燥器

（3）气体的干燥

① 冷冻法。用冷阱（其外部采用冷却剂如冰块或者干冰）进行降温，使气体的饱和湿度随之变小。例如：在 $-32℃$ 时 1kg 干燥空气中含有 0.00078kg 水，而在 21℃ 时 1kg 干燥空气中含有 0.01578kg 水，故可借此方法使空气脱水而达到干燥的目的。

② 吸附法

a. 吸附剂吸收水分。所谓的吸附剂，即对水有相当大的亲和力，但并不与水形成化合物，也不与水作用，且加热后易脱附。如氧化铝及硅胶等中性吸附剂，干燥效果较好，介于五氧化二磷和硫酸之间，氧化铝的吸水量能达到其质量的 $15\%\sim20\%$，硅胶的吸水量更大，能达到其质量的 $20\%\sim30\%$。含有少量钴盐的硅胶，干燥时为蓝色，经水饱和则变为玫瑰色，应用较方便。此外，棉花和玻璃等也能吸附少量的水分。

b. 用干燥剂吸收水分。一般仪器有干燥管、干燥塔、U 形管、长而粗的玻璃管和不同形式的洗气瓶，其中洗气瓶用来装液体干燥剂，其他仪器装固体干燥剂。应根据被干燥气体的性质、用量、湿度以及反应条件选择不同的仪器和干燥剂。所选干燥剂不得与被干燥的气体发生反应，如浓硫酸不能用于干燥氨气和溴化氢气体，碱性干燥剂不能用于干燥酸性气体；另外，要按干燥程度选用合适的干燥剂。一般气体干燥时所用的干燥剂见表 3-3。

表 3-3 干燥气体时所用的干燥剂

干燥剂	被干燥的气体	干燥剂	被干燥的气体
石灰、碱石灰、固体氢氧化钠(钾)	NH_3、胺类	浓硫酸	H_2、N_2、CO_2、Cl_2、CO、烷烃、HCl
无水氯化钙	H_2、HCl、CO_2、CO、SO_2、N_2、O_2、低级烷烃、醚、烷烃、卤烷	溴化钙、溴化锌	HBr
五氧化二磷	H_2、O_2、CO、CO_2、SO_2、N_2、烷烃、乙烯		

为了能使干燥效果好、操作安全，应注意以下几点：用无水氯化钙、生石灰、碱石灰干燥气体时，均应用颗粒状的，切忌用粉末，以防吸潮后结块堵塞；装填时应尽量紧密，但又必须留有空隙；用浓硫酸干燥时，用量要适当，太少将影响干燥效果，过多则压力大，气体不易通过。如果干燥要求高，可同时连接两个或多个干燥装置；根据被干燥气体的性质，可放相同的干燥剂或两种不同的干燥剂（如无水氯化钙和五氧化二磷，使用时，无水氯化钙应放在五氧化二磷之前）；用洗气瓶时，其进口管与出口管不能接错，通入气体的速度不宜太快，以防止干燥效果不好或引起洗气瓶中反应太激烈。尤其要注意的是：当开启气体钢瓶时，应先调整好气流速度，再通入反应瓶中，切不可将气体钢瓶开大直接通入反应瓶中，以免气流太急，发生危险。在干燥器与反应瓶之间应连接一安全瓶，防止气流变小时反应瓶中的液体倒流；在停止通气时，应减慢气流速度，把反应瓶与安全瓶分开，再关闭钢瓶；若干燥剂还可继续使用，用毕后，应随即将通路塞住，以防吸潮。

3.1.3.5 萃取与洗涤

萃取和洗涤是利用物质在不同溶剂中的溶解度不同来进行分离操作的。萃取和洗涤在原理上是一样的，只是目的不同。从混合物中抽取所需要的物质，这种操作叫作萃取或提取；如果是弃去抽取物质，则为洗涤。

（1）萃取与洗涤原理

萃取的主要理论依据是分配定律。物质在不同的溶剂中有不同的溶解度，若在两种互不相溶的溶剂中加入某种可溶性物质，该物质便以一定比例在两液相间进行分配。在一定温度下，该物质在两相中的浓度之比为一常数，此即所谓"分配定律"，可用下式表示：

$$\frac{c_A}{c_B} = K$$

式中，c_A、c_B 分别为一种化合物在互不相溶的两液相 A 和 B 中的浓度；K 为常数，称为分配系数。

有机化合物在有机溶剂中的溶解度一般比在水中的溶解度大，故可将其从水溶液中萃取出来，但若想一次就把所需化合物完全萃取出来是不可能的（除非分配系数极大），必须重复萃取数次。可以根据分配定律的关系推算出经萃取后化合物的剩余量。

设 V 为原溶液（水）的体积；m_0 为萃取前化合物的总量，m_1、m_2、m_n 分别为萃取一次、两次、n 次后化合物的剩余量；S 为萃取溶剂的体积。

经一次萃取，原溶液中该化合物的浓度为 m_1/V；而萃取溶液中含该化合物的浓度为

$\dfrac{m_0 - m_1}{S}$；两者之比等于 K，即

$$\frac{m_1/V}{(m_0 - m_1)/S} = K$$

整理后得

$$m_1 = m_0 \frac{KV}{KV + S}$$

同理，经二次萃取后，有

$$\frac{m_2/V}{(m_1 - m_2)/S} = K$$

即

$$m_2 = m_1 \frac{KV}{KV + S} = m_0 \left(\frac{KV}{KV + S}\right)^2$$

因此，经 n 次萃取后

$$m_n = m_0 \left(\frac{KV}{KV + S}\right)^n$$

当用一定量溶剂萃取时，希望化合物在原溶液（水）中的剩余量越少越好，因为 $KV/(KV + S)$ 恒小于 1，所以 n 越大，m_n 就越小；也就是说把溶剂分成几份做多次萃取比用全部量的溶剂做一次萃取为好。但当溶剂的总量不变时，萃取次数 n 增加，S 就要减小，当萃取次数 n 增加到一定的次数后，n 和 S 这两个因素的影响就几乎相互抵消了。再增加 n，$m_n/(m_n + 1)$ 的变化很小，所以一般同体积溶剂分 3～5 次萃取即可。

上面的公式只适用于与水不互溶的溶剂（如苯、四氯化碳、氯仿等）；对于与水有少量互溶的溶剂（如乙醚、乙酸乙酯等）上述公式只是近似的，但仍可定性地指出预期的结果。

（2）从液体中萃取

通常用分液漏斗来进行液体的萃取。必须事先检查分液漏斗的盖子和旋塞是否严密，以防分液漏斗在使用过程中发生泄漏而造成损失（检查的方法通常是先用水试验）。在萃取或洗涤时，先将液体与萃取用的溶剂（或洗液）由分液漏斗的上口倒入，盖好盖子，振荡漏斗，使两液层充分接触。振荡的操作方法一般是先把分液漏斗倾斜，使漏斗的上口略朝下，如图 3-38 所示，右手捏住漏斗上口颈部，并用食指根部压紧盖子，以免盖子松开；左手握住旋塞，握持旋塞的方式既要能防止振荡时旋塞转动或脱落，又要便于灵活地旋开旋塞。振荡后，放出蒸气或产生的气体，使内外压力平衡；若在漏斗内盛有易挥发的溶剂，如乙醚、苯

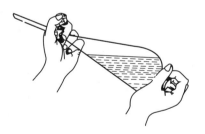

图 3-38　分液漏斗的使用

等，或用碳酸钠溶液中和酸液，振荡后更应注意及时旋开旋塞，放出气体（注意：分液漏斗的尾端要朝向无人处）。振荡数次以后，将分液漏斗放在铁环上，静置片刻，使乳浊液分层。有时有机溶剂和某些物质的溶剂一起振荡，会形成较稳定的乳浊液。在这种情况下，应该避免急剧的振荡。如果已形成乳浊液，且一时又不易分层，则可加入氯化钠等电解质，使溶液饱和，以降低乳浊液的稳定性；轻轻地旋转漏斗，也可以加速分层。在一般情况下，长时间静置分液漏斗，可达到使乳浊液分层的目的。

分液漏斗中的液体分成清晰的两层以后，就可以进行分离。分离液层时，下层液体应经

旋塞放出，上层液体应从上口倒出。如果上层液体也从旋塞放出，则漏斗旋塞下面颈部所附着的残液就会污染上层液体。

先把顶上的盖子打开（或旋转盖子，使盖子上的凹缝或小孔对准漏斗上口颈部的小孔，以使之与大气相通），把分液漏斗的下端靠在接收器的壁上。旋开旋塞，让液体流下，当液面间的界限接近旋塞时，关闭旋塞，静置片刻，这时下层液体往往会增多一些。再把下层液体仔细地放出，然后把剩下的上层液体从上口倒进另一个容器里。

萃取或洗涤时，上下两层液体都应该保留到实验完毕，否则，如果中间的操作发生错误，便无法补救和检查。

（3）从固体中萃取（提取）

从固体混合物中萃取所需要的物质，最简单的方法是把固体混合物先行研细，放在容器里，加入适当溶剂，用力振荡，然后用过滤或倾析的方法把萃取液和残留的固体分开。若被提取的物质特别容易溶解，也可以把固体混合物放在放有滤纸的锥形玻璃漏斗中，用溶剂洗涤。这样，所要萃取的物质就可以溶解在溶剂里，而被滤取出来。如果萃取物质的溶解度很小，用洗涤方法要消耗大量的溶剂和很长的时间。在这种情况下，一般用索氏（Soxhlet）提取器来提取，如图 3-39 所示。将滤纸做成与提取器大小相适应的套袋，然后把固体混合物放在纸套袋中，装入提取器中。溶剂的蒸气从烧瓶进到冷凝管中，冷凝后，回流到固体混合物里，溶剂在提取器内达到一定的高度时，就和所提取的物质一同从侧面的虹吸管流入烧瓶中。溶剂就这样在仪器内循环流动，把所要提取的物质集中到下面的烧瓶里。

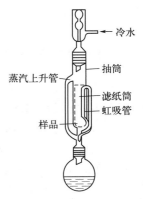

图 3-39 索氏提取器

3.1.3.6 色谱

色谱法是分离、纯化和鉴定有机化合物的重要方法之一。

20 世纪初，人们用此法来分离有色物质时，往往得到颜色不同的色带，"色谱"一词由此得名，并沿用至今。此法经不断改进，已成功地发展为各种类型的色谱分析法。与经典分离方法相比，色谱法具有高效、灵敏、准确以及简便等特点，已广泛地应用于有机化学、生物化学等的科学研究和有关的化工生产等领域中。

色谱法又称层析法，是基于分析试样的各组分在互不相溶并作相对运动的两相（流动相和固定相）中的作用不同（即在流动相中的溶解度不同，或在固定相上的物理吸附程度不同或其他亲和作用性能的差异等）而使各组分分离。

分析试样可以是液体、固体（溶于合适的溶剂中）或气体。流动相可以是有机溶剂、水、惰性载气等。固定相则可以是固体吸附剂、水或涂渍在固体表面的低挥发性有机化合物的液膜，即固定液。

色谱法按照操作不同可分为薄层色谱法、柱色谱法、纸色谱法、气相色谱法和高效液相色谱法；按照作用原理不同可分为吸附色谱、分配色谱、离子交换色谱和凝胶渗透色谱。吸附色谱是用吸附剂作固定相，利用吸附剂表面对分离组分吸附能力不同和被分离组分在流动相中溶解度的差异而进行分离的方法。分配色谱则是基于混合物各组分在固定相和流动相分配系数的差异实施分离的方法。

（1）薄层色谱法

薄层色谱法（thin layer chromatography，TLC），是一种微量、快速和简便的色谱分析方法，可用于分离混合物、鉴定和精制化合物，是近代有机分析化学中用于定性和定量的一种重要手段。薄层色谱法展开时间短（几十分钟就能达到分离目的）、分离效率高（可达到300~4000块理论塔板数）、需要样品少（数微克），可用于监测反应进程，为新反应摸索最佳的反应条件，也可为柱层析提供理想的吸附剂和洗脱剂。如果把吸附层加厚，试样点成一条线时，又可用作制备色谱，可以精制多达500mg样品。薄层色谱特别适用于挥发性小的化合物，以及那些在高温下易发生变化、不宜用气相色谱分析的化合物。

薄层色谱属于固-液吸附色谱。通常是将吸附剂均匀涂布在玻璃板上作为固定相，经过干燥活化后，在薄层板的一端用毛细管点样，置于含有适当极性的溶剂（流动相）作为展开剂的玻璃槽内进行展开，当展开剂上升一定高度后，取出薄层板停止展开。由于各种化合物对吸附剂（固定相）的吸附能力各不相同，在展开剂（流动相）上移时，会发生多次的吸附和解吸的过程，吸附能力弱的组分随流动相移动的速度快，在板的上方，吸附能力强的组分则在板的下方，各组分移动速度不同，从而达到分离的目的。

① 比移值（R_f 值）

比移值是表示色谱图上斑点位置的一个数值（图3-40），可按下式计算：

$$R_f = \frac{a}{b}$$

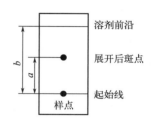

图3-40 色谱图中斑点位置的确定

式中　a——溶质的最高浓度中心至样点中心的距离；

　　　b——溶剂前沿至样点中心的距离。

R_f 值为 0.5~0.75 时分离效果较好，否则应该调整展开剂重新展开。

② 吸附剂

薄层色谱常用的吸附剂是硅胶和氧化铝，其颗粒大小一般为260目以上。硅胶是无定形多孔性物质，略具酸性，适用于酸性物质的分离。吸附剂的吸附能力与颗粒大小相关：颗粒太大，展开时溶剂移动速度快，分离效果不好；反之颗粒太小，溶剂移动太慢，斑点不集中，效果也不理想。吸附剂的活性与其含水量有关，含水量越低，活性越高。化合物的吸附能力与分子的极性有关，分子极性越强，吸附能力越大。

国产硅胶有硅胶 G（含有煅石膏作黏合剂）、硅胶 H（不含石膏，使用时需加入少量聚乙烯醇、淀粉等作黏合剂）和硅胶 F_{254}（含荧光物质，使用之后可在紫外灯下观察，有机化合物在亮的荧光板上呈暗色斑点）。

色谱用的氧化铝可分酸性、中性和碱性三种。酸性氧化铝是用1%盐酸浸泡后，用蒸馏水洗至悬浮液 pH=4~4.5，用于分离酸性物质；中性氧化铝 pH=7.5，用于分离中性物质，应用最广；碱性氧化铝 pH=9~10，用于分离生物碱、胺、碳氢化合物等。

③ 铺层

薄层板的好坏直接影响层析的效果，薄层应该尽量均匀而且厚度一致，否则展开时会出现溶剂前沿不齐的现象，无法进行重复实验。实验室常用 5cm×20cm、10cm×20cm、20cm×20cm 的玻璃板来铺层。玻璃板要预先洗净擦干。铺层可分为湿法和干法两种。

湿法铺层常用硅胶作吸附剂。例如，称取硅胶 G 20~50g，放入研钵中，加入 40~50mL 水，调成糊状，此糊大约可铺 20 块 5cm×20cm 的板，涂层厚 0.25mm。注意，硅胶 G 糊易凝结，所以必须现用现配，不宜久放。

为了得到厚度均匀的涂层，可以用涂布器铺层。将洗净的玻璃板在涂布器中间摆好，夹紧，在涂布槽中倒入糊状物，将涂布器自左至右迅速推进，即可将糊状物均匀涂于玻璃板上（见图 3-41）。如果没有涂布器也可以进行手工涂布，但涂层厚度不易控制。

干法铺层可用氧化铝作为吸附剂。最简单的方法是取一块平整干净的玻璃板，水平放置，在玻璃板上撒上一层氧化铝。另取一根直径均匀的玻璃棒，其两端绕上几圈胶布，将棒压在玻璃板上，用手自一端推向另一端，氧化铝就在板的表面形成一层薄层（见图 3-42）。

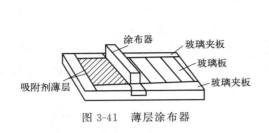

图 3-41　薄层涂布器

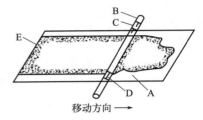

图 3-42　干法铺层

A—玻璃板；B—玻璃棒；C—防止滑动的橡皮管；
D—控制厚度的橡皮管；E—氧化铝

④ 活化

涂好的薄层板在室温下晾干后，置于烘箱内加热活化。不同吸附剂的活化条件不同：硅胶板在 105～110℃保持 30min；氧化铝板一般在 135℃活化 4h。活化之后的板应放在干燥箱内保存。如果薄层吸附了空气中的水分，板就会失去活性，影响分离效果。硅胶板的活性可以用二甲氨基偶氨苯、靛酚蓝和苏丹红三种染料的氯仿溶液，以己烷：乙酸乙酯＝9：1（体积比）的混合物为展开剂进行测定。

⑤ 点样

通常将样品溶于低沸点溶剂（丙酮、甲醇、乙醇、氯仿、乙醚或四氯化碳等）配成 1% 溶液，用内径小于 1mm、管口平整的毛细管点样。点样前，先用铅笔在薄层板上距一端 1cm 处轻轻画一横线作为起始线，然后用毛细管吸取样品，在起始线上小心点样，斑点直径一般不超过 2mm。因溶液太稀，一次点样往往不够，如需重复点样，则应待前次点样的溶剂挥发后方可重点，以防样点过大，造成拖尾、扩散等现象，影响分离效果。若在同一板上点几个样，样点间距应为 1～1.5cm。点样结束待样点干燥后，方可进行展开。点样要轻，不可刺破薄层。

样品的浓度对展开效果影响颇大，通常以 1%～2% 为宜。不同浓度在展开时，往往呈现不同的效果。低浓度样品的组分以相同的速率扩散，样点与展开点呈线性关系，即为圆形分布；高浓度样品的扩散速率比低浓度样品快，往往出现拖尾现象，展开点为钟状，影响分离效果。

在薄层色谱中，样品的用量对物质的分离效果有很大影响，所需样品的量与显色剂的灵敏度、吸附剂的种类、薄层厚度均有关系。样品太少时，斑点不清楚，难以观察，但是样品量太多时往往出现斑点太大或拖尾现象，以致不容易分开。

⑥ 展开

薄层色谱的展开需要在密闭的容器中进行。将展开剂放入展开缸中，使缸内空气饱和几分钟，再将点好试样的板放入展开。干板宜用近水平式的方法展开（见图 3-43），板的倾斜度以不影响板面吸附剂的厚度为原则，倾角一般为 $10°\sim20°$；湿板通常都会有黏合剂，所以可以直立展开（见图 3-44）。

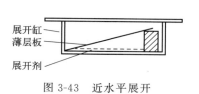

图 3-43　近水平展开

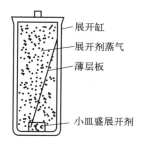

图 3-44　直立式展开

　　选择合适的展开剂对薄层色谱至关重要。展开剂的选择主要根据样品的极性、溶解度和吸附剂的活性等因素来考虑，绝大多数采用有机溶剂。溶剂的极性越大，对化合物的展开能力越强。单一溶剂展开效果不好时，可选择混合溶剂作展开剂。对于烃类化合物，一般采用非极性或极性较小的正己烷、石油醚或甲苯作展开剂。将正己烷或石油醚与乙酸乙酯或乙醚以各种比例混合能配成中等极性的溶剂，适用于许多含一般官能团的化合物的分离；对极性物质的分离常常采用极性较大的溶剂，例如二氯甲烷、丙酮、甲醇等。

　　⑦ 显色

　　被分离物质如果是有色组分，展开后薄层板上即呈现出有色斑点，可以直接观察。如果化合物本身无色，常用以下几种显色方式。

　　紫外灯显色：如果样品本身是发荧光的物质，可以在紫外灯下观察有无荧光斑点；对于不发荧光的物质，可用含有荧光剂的薄层板在紫外灯下观察，展开后样品在亮的荧光背景下显暗色斑点。

　　碘熏显色：将薄层板放入装有少量碘的密封容器中，许多有机化合物都能和碘形成棕色斑点，但当薄层板取出之后，在空气中碘逐渐挥发，谱图上的棕色斑点就消失了，所以显色之后，要立即用铅笔将斑点位置画出；此外，当薄层板上有溶剂时，由于碘蒸气也能和溶剂结合，使薄层板显色，妨碍观察，所以一般在放入容器前需要将板晾干。

　　喷显色剂：非荧光的物质可用喷雾器喷适当的显色剂，如芳香族伯胺可与二甲氨基苯甲醛生成黄-红色的席夫（Schiff）碱，羧酸可用酸碱指示剂显色等；喷雾时为使薄层不受损失，显色剂雾滴要小，喷洒均匀。

附　操作训练实验　　对硝基苯胺和邻硝基苯胺的分析

试样分别用乙醇溶解。

吸附剂：硅胶 G。

展开剂：甲苯：乙酸乙酯＝4∶1（体积比）。

展开时间：20min。

展开距离：10.5cm。

显色方法：白底浅黄色斑点，用碘蒸气熏后，斑点呈黄棕色。

R_f 值：对位，0.66；邻位，0.44。

附　操作训练实验　蓝色圆珠笔芯油的分离

将圆珠笔芯在点滴板上摩擦，然后用乙醇将残留在点滴板上的油溶解，点样。

吸附剂：硅胶 G。

展开剂：丁醇：乙醇：水＝9：3：1（体积比）。

展开时间：35min。

展开距离：4.5cm。

分离结果：按 R_f 值大小依次得到天蓝色（碱性艳蓝）、紫色（碱性紫）和翠蓝色（铜酞菁）三个斑点。

（2）柱色谱法

柱色谱法（又称柱层析法）是分离、提纯反应混合物和天然产物的重要方法。柱色谱涉及被分离的物质在液相和固相之间的分配，因此也属于固-液吸附色谱法。

柱色谱法是通过色谱柱（图 3-45）来实现分离的。常用的色谱柱有吸附色谱和分配色谱两类，吸附色谱常用氧化铝或硅胶作为固定相，分配色谱则以吸附在惰性固体（如硅藻土、纤维素等）上的活性液体作为固定相。实验室里经常使用的是吸附色谱。

柱色谱的原理与薄层色谱相同。样品从柱顶加入，在柱的顶部被吸附剂吸附，然后从柱顶部加入有机溶剂（作洗脱剂）。由于吸附剂对各组分的吸附能力不同，各组分以不同的速度下移，被吸附能力较弱的组分在洗脱剂（流动相）里的含量比被吸附能

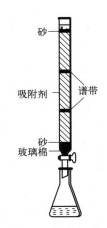

图 3-45　色谱柱

力较强的组分要多，以较快的速度向下移动。各组分随溶剂（洗脱剂）按一定顺序从色谱柱下端流出，可用容器分别收集。如各组分为有色物质，则可以直接观察到不同颜色的谱带，但如为无色物质，则不能直接观察到谱带。有时一些物质在紫外线照射下能发出荧光，则可用紫外线照射，有时则可分段集取一定体积的洗脱液，再分别鉴定。如果有一个或几个组分移动得很慢，可把吸附剂推出柱外，切开不同的谱带，分别用溶剂萃取。

柱色谱的分离效果取决于柱中平衡的建立。实际上由于溶剂的持续流动，并不存在真正的平衡，最好选择在接近平衡的情况下进行。吸附剂的用量、粒子的大小、柱子的尺寸及溶剂的极性和流速是决定分离是否有效的几个重要因素。通过选择合适的条件，几乎任何混合物均可被分离，甚至可用光学活性的固定相来分离对映异构体。

① 吸附剂

柱色谱用的吸附剂与薄层色谱类同，可以选择氧化铝和硅胶，具体选择取决于被分离化合物的种类，但柱色谱所用吸附剂一般颗粒稍大，为 100～150 目，所以分离效果不及薄层色谱好。但柱内吸附剂填充量远大于薄层色谱，且柱的大小可以调节，因此可用于分离和精制较大量的样品。柱色谱用的氧化铝分为酸性（pH＝4）、中性（pH＝7）和碱性（pH＝10），分别适用酸性、中性和碱性化合物的分离。酸碱的催化作用会导致含某些官能团的化合物发生反应，使用中性氧化铝可避免这种情况的发生。

② 溶剂（洗脱剂）

样品吸附在硅胶柱上后，用合适的溶剂进行洗脱，这种溶剂称为洗脱剂。洗脱剂的选择可以根据薄层色谱法进行探索，这样只需较少时间就能找到最佳溶剂。根据"相似相溶"原理，极性溶剂洗脱极性化合物，非极性溶剂洗脱非极性化合物；若分离复杂组分的混合物，可先将样品溶在非极性或极性很小的溶剂中，把溶液放在柱顶，然后用稍有极性的溶剂使各组分在柱中形成若干谱带，再用极性更大的溶剂洗脱被吸附的物质。当然，也可选用混合溶剂。

柱色谱常用的溶剂按洗脱能力次序排列如下：水＞甲醇＞乙醇＞正丙醇＞四氢呋喃＞乙酸乙酯＞乙醚-甲醇（99∶1）＞乙醚＞环己烷-乙酸乙酯（20∶80）＞二氯甲烷-乙醚（60∶40）＞环己烷-乙酸乙酯（80∶20）＞氯仿＞二氯甲烷＞甲苯＞环己烷＞己烷＞四氯化碳＞石油醚。

③ 溶解样品的溶剂选择

样品溶剂的选择也是柱色谱中十分重要的一环，通常根据被分离化合物中各种成分的极性、溶解度和吸附剂活性等来综合考虑：溶剂要求较纯，否则会影响样品的吸附和洗脱；溶剂和氧化铝或硅胶不能发生化学反应；溶剂的极性应比样品极性小一些，否则样品不易被吸附剂吸附；样品在溶剂中的溶解度不能太大，否则影响吸附，也不能太小，如太小，溶液的体积增加，易使色谱分散。

常用的溶剂有石油醚、甲苯、乙酸乙酯、乙醚、二氯甲烷、氯仿等。溶剂沸点不宜过高，一般为 40～80℃，使用量要尽量少。一般使用单一溶剂，有时也采用混合溶剂。如有的成分含有较多的极性基团，在极性较小的溶剂中溶解度太小，可先选用极性较大的二氯甲烷溶解，而后加入一定量的石油醚，这样既降低了溶液的极性，又减少了溶液的体积。

④ 装柱

色谱柱的尺寸范围可根据处理量和吸附剂性质而定。柱子的长径比很重要，一般的规格是：柱长与直径比为 10∶1～4∶1。实验中常用的色谱柱直径在 0.5～10cm 之间。一般来说吸附剂的质量是待分离物质质量的 20～30 倍，对于极性十分相近的组分的分离，可以达到 100～200 倍。

装柱前，先将柱子洗净、干燥，在柱的底部铺一层玻璃棉（或脱脂棉），在玻璃棉上覆盖 5mm 左右厚的洗净干燥的石英砂，然后装入吸附剂。吸附剂必须装填均匀，不能有裂缝和气泡，否则将影响洗脱和分离效果。色谱柱的填装有湿法和干法两种。

湿法：把柱子竖直固定好，关闭下端旋塞，加入溶剂到柱体积的 1/4；用一定量的溶剂和吸附剂在烧杯内调成糊状，打开柱下端的旋塞，让溶剂一滴一滴地滴入锥形瓶中，把糊状物快速倒入柱中，吸附剂通过溶剂慢慢下沉，进行均匀填料。也可以用铅笔或小木棒敲打柱身，使吸附剂沿柱壁沉落。装至柱体积的 3/4 处。

干法：在柱子上端放一漏斗，使吸附剂均匀地经漏斗成一细流慢慢装入柱中，中间不应间断，时时轻轻敲打玻璃管，使装填均匀，一直达到足够的高度，再加 5mm 砂子，不断敲打，使砂子上层成水平面。在砂子上面放一片滤纸，其直径与柱子内径相当，以保持吸附剂上端顶部平整，不受流入溶剂的干扰。如果吸附剂顶端不平，易产生不规则色带。

装好的柱子用纯溶剂淋洗，如果流速很慢，可以抽吸，使其流速大约为 1 滴/4s。连续不断地加溶剂，使溶剂始终高于吸附剂顶端。待砂层顶部有一层 1mm 高的溶剂时，即可加入要分离的混合物溶剂，然后用溶剂洗脱。

167

色谱带的展开过程中应注意以下几点：

a. 洗脱剂应连续平稳地加入，不能中断。样品量少时，可用滴管加入，样品量大时，用层析柱储液球作储存洗脱剂的容器。控制好滴加速度，可得到更好的效果。

b. 在洗脱过程中，应先使用极性小的洗脱剂淋洗，然后逐渐加大洗脱剂的极性，使洗脱剂的极性在柱中形成梯度，以形成不同的色带环。也可以分步进行淋洗，即将极性小的组分分离出来后，再改变洗脱剂的极性分出极性较大的组分。

c. 在洗脱过程中，样品在柱内的下移速度不能太快，但是也不能太慢，因为吸附表面活性较大，时间太长会造成某些成分被破坏，使色谱扩散，影响分离效果。通常流出速度为 5～10 滴/min，若洗脱剂下移速度太慢，可适当加压或用水泵减压。

d. 当色谱带出现拖尾时，可适当提高洗脱剂极性。

附　操作训练实验　　甲基橙与亚甲基蓝的分离

把 2.2mL 95% 乙醇溶液（内含 1mg 甲基橙和 5mg 亚甲基蓝）倒入色谱柱内，当混合物液面与砂层顶部相近时，加入 95% 的乙醇，这时亚甲基蓝的谱带与被牢固吸附的甲基橙谱带分离。继续加足够量的 95% 乙醇，使亚甲基蓝全部从柱子里洗脱下来。待洗脱液无色时，换水作洗脱剂。这时甲基橙向柱子下部移动，用容器收集。

（3）纸色谱法

纸色谱属于分配色谱的一种。样品溶液点在滤纸上，通过层析而相互分开。纸色谱是液-液分配色谱，其中滤纸是惰性载体，吸附在滤纸上的水作为固定相，而含有一定比例水的有机溶剂（通常称为展开剂）为流动相。展开时，被层析样品内的各组分由于在两相中的分配系数不同而达到分离的目的。

纸色谱的优点是操作简便、便宜、所得色谱图可以长期保存。其缺点是展开时间较长，一般需要几小时，因为溶剂上升的速度随着高度增加而减慢。

纸色谱所用的滤纸与普通滤纸不同，两面比较均匀，不含杂质。通常定性试验时可采用国产 1 号层析滤纸。大小可根据需要自由选择。一般上行法所用滤纸的长度约为 20～30cm，宽度视样品个数而定。

① 点样

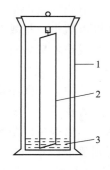

图 3-46　纸色谱筒
1—色谱筒；2—滤纸；
3—展开剂

先将样品溶于适当的溶剂中（如乙醇、丙醇或水等）。再用毛细管吸取试样点在事先已用铅笔画好的离滤纸底边 2～3cm 处的起始线上，样点的直径约为 0.3～0.5cm，两个样点的间隔为 1.5～2cm。如果样品溶液过稀，可以在样点干燥后重复点样，必要时可反复数次。点好样之后，将滤纸放入已置有展开剂的密闭槽中，如图 3-46 所示，纸的下端浸入液面 0.5cm 左右。展开剂借毛细管作用沿纸条逐渐上升。待溶剂前沿接近纸上端时，将纸条取出记下前沿位置，晾干。

② 展开剂

纸色谱所选用的展开剂与薄层色谱类似。展开剂往往不是单一的溶剂，如丁醇∶醋酸∶水＝4∶1∶5，指的是将三种溶剂按体积比先在分液漏斗中充分混合，静置分层后，取上层丁醇溶液作为展开剂用。

③ 显色

见薄层色谱。

影响比移值（R_f）的因素较多，如温度、滤纸和展开剂等。因此，R_f 虽然是每个化合物的特性常数，但因为实验条件的改变而不易重复，所以在鉴定一个具体化合物时，经常采用已知标准试样在同样条件下作对比实验。

附　操作训练实验　　如氨基酸的分离

将各为 1％溶液的甘氨酸、酪氨酸和苯丙氨酸混合点样，在混合样的两侧分别点已知标准样，用以对照和鉴定混合物中的氨基酸。

展开剂：正丁醇：醋酸：水＝4：1：1（体积比）。

显色剂：0.2％茚三酮乙醇溶液，氨基酸与之生成紫红色斑点。

附　操作训练实验　　间苯二酚及 β-萘酚的分析

试样用乙醇溶液。

展开剂：正丁醇：苯：水＝1：19：20（体积比）。

显色剂：1％三氯化铁溶液。

注意：用显色剂喷雾或浸润后，需先在红外灯下烘烤（或用其他方法稍稍加热），然后才能显色。如果仅仅晾干，则不易看到色点。

斑点颜色：间苯二酚为紫色，β-萘酚为蓝色。

（4）气相色谱法

气相色谱法（gas chromatography，GC）是用气体作为流动相的色谱法，研发于 20 世纪 50 年代，具有快速、高效和高灵敏度的优点，甚至可以分离沸点相差 0.5℃的组分，已成为石化工业、有机合成、生物化学以及环境保护和科学研究单位必不可少的工具。气相色谱主要是用于分离和鉴定沸点 500℃以下、易挥发性的多组分混合物，对于高沸点液体可使用高效液相色谱进行分离和鉴定。

根据固定相的状态不同，气相色谱又可分为气-固色谱和气-液色谱两种。气-液色谱（GLC）的固定相是吸附在小颗粒固体表面的高沸点液体，通常将这种固体称为载体或担体，而把吸附在载体表面上的高沸点液体称为固定液。气-液色谱属于分配色谱，其原理与纸色谱类似，都是利用混合物中的组分在固定相和流动相之间的分配情况不同，达到分离的目的。当样品混合物被载气带入色谱柱时，样品中各组分在固定液和流动相的气相中进行多次分配平衡，组分的极性和挥发性不同，使各组分以不同的流速流经色谱柱，从而得以分离。气-固色谱（GSC）的固定相是固体吸附剂，如硅胶、氧化铝和分子筛等，主要利用不同组分在固定相表面吸附能力的差别而达到分离的目的。由于气-液色谱中固定液的种类繁多，所以它的应用范围比气-固色谱要更为广泛。

常用的气相色谱仪由载气源、进样系统、色谱柱、柱温箱、检测器、数据处理系统和控制系统等部件组成（图 3-47）。

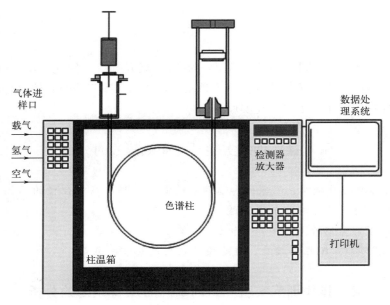

图 3-47 气相色谱结构示意图

① 气相色谱仪

a. 载气源

气相色谱的流动相为气体，称作载气。常用的载气有氢气、氮气、氦气和氩气，可由高压钢瓶和高纯度的气体发生器提供。载气中含有微量的水、氧等气体杂质，在进入色谱柱之前需通过净化管进行净化，然后通过适当的减压装置，维持柱前压在 0.4～0.6MPa，以恒定的压力和流速后进入进样系统与色谱柱。载气的选择由检测器的性质与分离要求决定，如热导检测器一般选用热导系数大的氢气或者氦气，氢火焰离子化检测器一般选用氮气。

b. 进样系统

进样系统主要由进样口、加热块、玻璃衬管等组成。进样方式一般可采用溶液直接进样、自动进样或顶空进样。溶液直接进样采用微量注射器，自动进样及顶空进样还需要在色谱仪上加附加装置。

进样时，进样口的温度应保证样品在进入色谱柱前瞬间气化，一般至少比柱温高 30～50℃；进样量应根据色谱柱及涂层厚度确定，一般不超过数微升。进样量的大小、进样时间的长短、试样的气化速度等均会影响色谱的分离效率和分析结果的准确性及重现性。目前液体试样的进样一般都用微量注射器，常用的规格有 $1\mu L$、$5\mu L$、$10\mu L$ 和 $50\mu L$ 等。在保证检测器灵敏度足够高的情况下，进样量要尽可能少。一般情况下，液体样品进样 $0.1～0.5\mu L$，气体样品进样 0.1～10mL。进样速度同样影响分离效果。进样时要求速度快，一气呵成。一般用注射器或进样阀进样时，进样时间应在 1s 以内。如果进样时间太长，会导致峰形变宽，出现拖尾现象，影响分离效果。

c. 色谱柱

色谱柱是色谱仪的心脏，在很大程度上决定着分离的效果。色谱柱的柱形、柱长度、柱内径的大小都会影响柱的分离效果。色谱柱分为填充柱或毛细管柱。填充柱的材质为不锈钢、铝或玻璃，弯曲成 U 形或螺旋形，通常为不锈钢柱。一般分析用填充柱内径为 2～5mm，柱长为 1～4m，内装吸附剂、高分子多孔小球或涂渍有固定液的载体。柱的两端置有多孔性的材料，可以允许气体通过，防止固定液泄出。载体的作用是使固定液在其表面形成一层均匀薄膜。载体应具有良好的热稳定性、化学惰性和较高的比表面积。载体粒径规格为 0.18～0.25mm、0.15～0.18mm 或 0.125～0.15mm，颗粒较小的载体具有更高的分配效率。常用载体为经酸洗并硅化处理的硅藻土或高分子多孔小球。毛细管柱不用固体载体作支持剂，而是直接将液体固定相涂在长而细的管子内壁，形成均匀的薄层。毛细管柱的材质为玻璃或石英，内径一般为 0.25mm、0.32mm 或 0.53mm，柱长 5～60m，固定液膜厚 0.1～5.0μm。

填充柱柱效低，常用于制备级样品的分离分析；毛细管柱柱效高，常用于极少量样品的分离分析。各组分间的分离度与柱长的平方根成正比，柱子长，柱的分离效果好，但柱子的压降增加，保留时间长，甚至会出现扁平峰，影响分离效果。因此，在能满足最难分离物质达到较好分离效果的前提下，尽量选择短柱，以利于缩短分析时间。同时，所选色谱柱内径要与定性、定量分析所需的样品量相适应。增加色谱柱内径，虽然可增加分离的样品量，但同时也增加了分子纵向扩散路径，使柱效降低。因此，尽可能采用内径较小的柱子，小内径的色谱柱有较高的线速，利于快速分析。

固定液的选择是能否有效分离样品中各组分的关键因素。因此，在进行色谱分析前，必须充分了解试样中各组分的性质及各类固定液的性能，以便选择最合适的固定液。通常根据"相似相溶"原则选择固定液，要求固定液的结构、性质、极性与被分离的组分相似或匹配。例如，分离非极性组分时，一般选择非极性的角鲨烷、阿匹松（apiezon）等作固定液。非极性固定液与被溶解的非极性组分之间的作用力主要是色散力，组分一般按沸点由低到高的顺序分离，即低沸点组分首先流出。如样品是极性和非极性混合物，在沸点相同时，极性物质最先流出。对于中等极性的样品，选择中等极性的固定液如多氧甲基苯基硅氧烷，组分基本上按沸点顺序分离，而沸点相同时极性物质后流出。含有强极性基团的组分一般选用强极性的固定液，如聚乙二醇等，组分主要按极性顺序分离，非极性物质首先流出。而对于能形成氢键的组分，例如甲胺、二甲胺和三甲胺的混合物，在用三乙胺作固定液的色谱柱中，则按形成氢键的能力大小分离，三甲胺最先流出，最后流出的是甲胺。对于复杂组分，一般可选用两种或两种以上的固定液配合使用，以增加分离效果；对于含有异构体的试样（主要是含有芳香型异构部分）一般应选用有特殊保留作用的有机皂土或液晶作固定液。固定液的选择除考虑结构、性质和极性以外，还必须满足热稳定性好、蒸气压低、在操作温度下应为液体等条件。如果固定液的选择性不足以解决分离问题，还可将极性不同的色谱柱串联使用。

d. 柱温箱

柱温箱温度的波动会影响色谱分析结果的重现性，因此在进行柱色谱分析时，必须精确地控制温度偏差为 ±1℃，以保证 GLC 分析结果的重复性。测试样品时，柱温一般比待测样品的沸点要低 50℃ 左右，样品中如有高沸点物质，则出峰时间变长。温度控制方式分为恒温和程序升温两种。普通的 GLC 仪器通常在恒定的温度下进行操作，也称恒温模式，用于分离沸点相近的化合物。现在常用的 GLC 仪器都配备有程序升温装置，用于分离样品中组分沸点相差较大的混合物。分析时，可在指定的时间内保持恒定的温度，分出挥发性高的组分，然后随时间的增加逐步升高柱温，使高沸点的组分在合适的时间内被洗脱出来，通常柱温越高，组分流出越快。柱温箱如果一直保持较高的温度，会加速色谱柱固定液的流失，降低色谱柱的寿命，应注意色谱柱对使用温度的要求。一般情况下，色谱柱的使用寿命为两年，注意检测并及时更换。

e. 检测器

检测器是一种将载气中被分离组分的量转变为易测量信号的装置。检测器的种类很多，可根据样品性质和实验要求选择。适合气相色谱的检测器有火焰离子化检测器（flame ionization detector，FID）、热导检测器（thermal conductivity detector，TCD）、电子捕获检测器（ECD）、火焰光度检测器（FPD）、氮磷检测器（NPD）和质谱检测器（MS）等。

热导检测器是根据各种物质与载气的导热系数不同，利用热敏元件进行检测，在气相色谱中应用广泛。凡是与载气的导热系数有一定差别的化合物都能用热导检测器检测。导热系数差别越大，检测灵敏度越高。热导检测器通常使用导热系数大的氢气或氢气作载气。实验证实，氢气的灵敏度比氮气高，有时也会使用灵敏度更高的氦气。

火焰离子化检测器对碳氢化合物响应良好，而对无机物、惰性气体或火焰中不解离的物质等无响应或响应小。FID 是根据有机物在氢气和氧气火焰中燃烧产生离子而设计的，是一种高灵敏度通用型检测器。这种检测器对温度不敏感，响应快，线性范围为 $10^6 \sim 10^7$。一般选用氮气作载气，氢气为燃气，空气为助燃气。在使用火焰离子化检测器时，检测器温度一般应高于柱温，且不得低于 150℃，以免水汽凝结，通常为 250～350℃。该检测器的灵敏度高于热导检测器。

电子捕获检测器是一种灵敏度高、选择性好的检测器，只对具有电负性的物质有响应，如含卤素、硫、磷、氮的物质，且电负性越强，检测灵敏度越高，一般可达 $10^{-14}\,g\cdot mL^{-1}$；对一般的物质，如烃类等，响应信号很小。

氮磷检测器对含氮、磷元素的化合物灵敏度高，质谱检测器能给出待测未知物某个成分相应的结构信息，可用于结构确证。

f. 数据处理系统

数据处理系统是将检测器检测到的电信号转化为数字信号，并以色谱峰的形式记录下来，由此得到气相色谱图。

② 气相色谱的应用

气相色谱可用于有机混合物的定性和定量分析。混合物经过色谱分离后，可获得各组分的响应信号随时间变化的曲线，即色谱图。图上的色谱峰是定性和定量分析的依据。从样品注入到出现第一个信号的最高点所经过的时间称为某一组分的保留时间。在色谱条件相同（色谱柱、温度和流速）的条件下，一个化合物的保留时间是一个特定的常数，无论这个化合物是以纯组分还是混合组分注入。

a. 定性分析

定性分析时，需要有待分析物的已知标准样。比较未知物与已知物的保留时间，可以鉴定未知物。在相同的色谱条件下，若样品与标准样的保留时间一致，可以认为两者相同，但不能绝对地认为两者相同，因为许多有机化合物具有相同的沸点，许多不同的有机化合物在特定的色谱条件下可能会有相同的保留时间。为了准确地鉴定未知物，必须保证在至少两种极性不同的固定相条件下进行分析，在两种情况下未知物与已知物都有相同的保留时间，则认为样品与标准样一致。如果未知物和已知物在相同的色谱条件下，在任意一种柱上的保留时间都不同（±3%），那么这两个化合物不相同。

另一种定性鉴定的方法叫作峰面积增大法，即把怀疑的某纯化合物掺进混合物，与未掺进前的色谱进行比较，看峰面积有无变化，若某一个峰面积增大，那么可以确定混合物中含有该化合物。

b. 定量分析

气相色谱可以用于定量分析少量挥发性混合物，被分析组分的质量（或浓度）与色谱图的峰面积成正比，通过测定相应的峰面积，可以确定混合物组成的相对含量。定量分析时，不同的化合物对检测器的灵敏度不一样，即相同量的不同化合物，会有不同色谱峰值，经常需要使用校正因子。在定量分析时，常用的是面积归一法、外标法和内标法。

ⅰ 面积归一法

在一定范围内色谱峰的峰高（h）或峰面积（A）与分析样品组分的含量（c）呈线性关系，即

$$h_i f_i = c_i \text{ 或 } A_i f_i = c_i$$

式中，h_i 为 i 组分的峰高；A_i 为 i 组分的峰面积；f_i 为校正因子，c_i 为 i 组分的浓度或含量。

要进行色谱定量分析，首先要准确地测出峰高或峰面积，并知道校正因子，才能将峰面积换算成该物质的浓度或含量。现代的色谱仪均配有电子积分仪，可将色谱图上各组分的峰面积和保留值记录下来。

最简单的测量峰面积的方法是三角形峰面积的近似值法，即峰高 h 乘以半峰宽 $W_{1/2}$，得到峰面积 A（图 3-48）：

$$A = h W_{1/2}$$

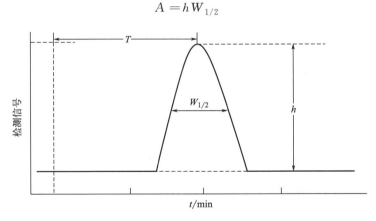

图 3-48 峰面积计算

由于样品中各组分的性质差别较大，所以检测器对同样数量不同种类化合物的相对指示信号有差异，因而定量分析时引入校正因子 f_i。由于绝对校正因子不易测定，实际工作中多采用相对校正因子 f_i'。只要知道待测物质与基准物质的浓度（c_i，c_s），分别测定相应的峰面积（A_i，A_s），即可求出相对校正因子 f_i'。

$$f_i' = \frac{f_i}{f_s} = \frac{A_s c_i}{A_i c_s}$$

面积归一法是将样品中除溶剂峰外，所有组分含量之和确定为 100%，计算其中某一组分含量的定量方法。组分各自的峰值要用相对校正因子校准。样品中某组分含量 X_i 可用下

式计算：

$$X_i = \frac{f_i A_i}{\sum (f_i A_i)} \times 100\%$$

ⅱ　外标法

在相同的操作条件下，分别将等量的样品和含待测组分的标准样进行色谱分析，比较样品与标准样中待测组分的峰值，求出待测组分的含量。

测量时，先精密称取待测物的标准样，配成样品溶液后，精密取一定量进样，得一色谱峰及峰面积；再精密称取待测样品，用相同方法测得一色谱峰及峰面积。此时，样品中待测组分含量按下式计算：

$$X_i = E_i \times \frac{A_i}{A_E}$$

式中，X_i 为样品中组分 i 的含量；E_i 为标准品中组分 i 的含量；A_i 为组分 i 的峰面积；A_E 为标准品中组分 i 的峰面积。

由于气相色谱的进样量一般仅为数微升，尤其当采用手工进样时，留针时间和室温等对进样量也有影响，故外标法测量时的精密度及准确度重复性较差。该方法使用自动进样时可提高结果的重复性。

ⅲ　内标法

当样品中各组分不能全部流出色谱柱，或检测器不能对各组分都产生响应信号，且只需要对样品中某几个出现色谱峰的组分进行定量时，可采用内标法，即在一定量的样品中加入一定量的标准物质（内标物）进行色谱分析。

内标物应能溶于样品中，其色谱峰与样品各组分的色谱峰均有良好的分离度，能完全分离，且与被测组分的色谱峰位置比较接近，称样量也应与被测组分接近。用内标法可以避免操作条件变动造成的误差，但每做一个样品都要用天平准确称量样品和内标物，适用于一些精确度较高的分析，不适合样品量大的常规分析。

测量时，先精密称取内标物及待测物的标准品，配成混合溶液后进样，然后计算相对校正因子；再精密称取内标物及待测物，配成混合溶液后进样；最后按下式进行含量的计算：

$$X_i = \frac{m_s A_i f_{s,i}}{m A_s} \times 100\%$$

式中，X_i 为样品中组分 i 的含量；m 为样品的质量；m_s 为加入内标物质的质量；A_i 为组分 i 的峰面积；A_s 为内标物的峰面积；$f_{s,i}$ 为组分 i 与内标物质相比的校正因子。

（5）高效液相色谱法

高效液相色谱法（high performance liquid chromatography，HPLC）是在经典液相色谱的基础上引入气相色谱的理论发展而来的。其色谱柱使用的填料颗粒小且均匀，小颗粒填充柱具有高柱效，但会引起高阻力，需用高压输送流动相，故又称高压液相色谱法（high pressure liquid chromatography）。与 GC 相比，HPLC 可用来分析和制备由于挥发性小不适合 GC 进行研究的大分子化合物，从而使蛋白质、核酸、多糖及合成高聚物的研究成为可能。目前已有约 80% 的有机化合物能用 HPLC 进行分离分析。另一个优于 GC 的用途是在制备模式下，相对大量的物质（约 0.1g）可以按照顺序很容易地被分离和收集。HPLC 的不足在于缺少通用的高灵敏度检测器，GC 常采用火焰离子检测器，可以检测大部分的有机化合物，甚至痕量物质。而 HPLC 却要根据被分析混合物的类型选择不同的检测器，大部分 HPLC 检测器的灵敏度仅为 GC 检测器的 1%。HPLC 和 GC 被认为是互补的技术。

高效液相色谱仪是由输液系统、进样系统、分离系统、检测系统和数据处理系统等部分组成的分析仪器，如图 3-49 所示。高效液相色谱仪根据样品中各组分在色谱柱内固定相和流动相间分配或吸附等特性的差异，由流动相将样品带入色谱柱中进行分离，经检测器检测并通过数据处理系统记录色谱图，依据各组分的保留时间和响应值（峰面积或峰高）进行定性和定量分析，具有进样量小、死体积低和检测灵敏度高等特点。

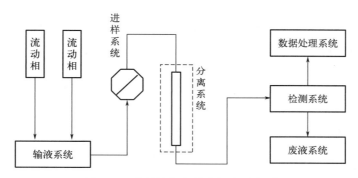

图 3-49 高效液相色谱仪组成示意图

① 输液系统

输液泵是 HPLC 系统中最重要的部件之一。输液泵的性能好坏直接影响整个系统的质量和分析结果的可靠性。输液泵应具备如下性能：a. 流量稳定，这对定性定量的准确性至关重要；b. 流量范围宽，分析型高效液相色谱仪的流量应在 $0.1 \sim 10 \text{mL} \cdot \text{min}^{-1}$ 内连续可调，制备型高效液相色谱仪的流量应能达到 $100 \text{mL} \cdot \text{min}^{-1}$；c. 输出压力高，一般应能达到 $150 \sim 300 \text{kg} \cdot \text{cm}^{-2}$；d. 液缸容积小；e. 密封性能好，耐腐蚀。

输液泵的种类很多，按输液性质可分为恒压泵和恒流泵。恒流泵按结构又可分为螺旋注射泵、柱塞往复泵和隔膜往复泵。目前应用最多的是柱塞往复泵，它的液缸容积小，可至 0.1mL，易于清洗和更换流动相，特别适用于再循环和梯度洗脱；其主要缺点是输出的脉冲性较大，现多采用双泵系统来克服，一般并联使用。输液泵应当细心操作，防止走干。缓冲液（尤其是含氯离子的）具有腐蚀作用，不允许停滞。

② 流动相

反相色谱系统的流动相常用甲醇-水体系和乙腈-水体系。流动相中应尽可能不用缓冲溶液，如需用时，应尽可能使用低浓度缓冲溶液。用十八烷基硅烷键合硅胶色谱柱时，流动相中有机溶剂含量一般不低于 5%，否则易导致柱效下降、色谱系统不稳定。正相色谱系统的流动相常用有机溶剂，如异丙醇和正己烷体系。

③ 进样系统

目前应用最为广泛的进样系统是六通阀进样器，其特点是耐高压（$35 \sim 40 \text{MPa}$）、进样量准确、重复性好、操作方便。常规高效液相色谱仪中通常使用 $10 \mu \text{L}$、$20 \mu \text{L}$ 的定量管。六通阀有采样和进样两个位置。操作时先将阀柄置于采样（load）位置，这时进样口只与定量管接通，样品通过平头微量注射器注入，停留在定量管中，多余的样品溶液分流到废液瓶。阀门处于采样位置时，流动相不经样品直接用泵送到色谱柱。将进样阀柄顺时针旋转至进样

(inject) 位置时，流动相与定量管接通，样品被流动相带入色谱柱中进行分离。样品溶剂应该保持无尘，使用前应用 $0.45\mu m$ 滤膜过滤或高速离心取清液。为避免检测时出现问题，样品一般溶解在流动相的同一种溶剂中。

④ 色谱柱

色谱柱是 HPLC 系统的心脏。分离的质量取决于色谱柱选用的固定相类型。HPLC 使用的色谱柱的长度一般为 $5\sim25cm$，直径为 $2\sim5mm$，材质通常为不锈钢，理论塔板数一般为 $1000\sim100000$。不同固定相有不同的压力限制，所以色谱柱必须使用耐高压的材料制作。使用色谱柱之前要核对生产商提供的说明，使用压力不得超过允许的最大压力，否则将会永久损坏。根据分析样品的不同，可使用不同类型的色谱柱。

a. 反相色谱柱：以键合非极性基团的载体为填充剂填充而成的色谱柱，常用的填充剂有十八烷基硅烷键合硅胶、辛基硅烷键合硅胶和苯基键合硅胶等。

b. 正相色谱柱：用硅胶填充剂或键合极性基团的硅胶填充而成的色谱柱，常见的填充剂有硅胶、氢基键合硅胶和氰基键合硅胶等，氨基键合硅胶和氰基键合硅胶也可用于填充反相交换色谱柱。

c. 离子交换色谱柱：用离子交换填充剂填充而成的色谱柱，有阳离子交换色谱柱和阴离子谱柱。

d. 手性分离色谱柱：用手性填充剂填充而成的色谱柱。

色谱柱的内径与长度，填充剂的形状、粒径与粒径分布、孔径、表面积、键合基团的表面覆盖度、载体表面基团残留量，填充的致密与均匀程度等均影响色谱柱的性能，应根据被分离物质的性质来选择合适的色谱柱。

温度会影响分离效果，HPLC 分析通常在室温下操作。为改善分离效果可适当提高色谱柱的温度，可通过调节柱温箱温度来实现，但一般不宜超过 60℃。

为了达到最理想的分离效果，上样前色谱柱必须用流动相加以平衡，使溶剂以中等流速（$0.3\sim1.0mL/min$）至少流过 5 个柱体积。例如，如果色谱柱的体积为 10mL，用之前，至少应有 50mL 的溶剂流过。

测定时先选定适合被测样品的色谱柱型号，再确定流动相比例条件。分析结束后，正反相色谱柱都必须用大于做样的溶剂比例条件洗脱和保存。正相用体积比为 90：10 的正己烷-异丙醇，反相用体积比为 70：30 的甲醇-水。

⑤ 检测系统

HPLC 最常用的检测器为紫外-可见分光检测器，其他常见的检测器有荧光检测器、蒸发光散射检测器、示差折射检测器、电化学检测器和质谱检测器等。

紫外-可见分光检测器、荧光检测器、电化学检测器为选择性检测器，其响应值与被测物质的量和结构有关；蒸发光散射检测器和示差折射检测器为通用检测器，对所有物质均有响应，结构相似的物质在蒸发光散射检测器的响应值几乎仅与被测物质的量有关。

紫外-可见分光检测器、荧光检测器、电化学检测器和示差折射检测器的响应值与被测物质的量在一定范围内呈线性关系；蒸发光散射检测器的响应值与被测物质的量通常呈指数关系，一般需经对数转换。

不同的检测器对流动相的要求不同。采用低波长检测时，还应考虑有机溶剂的截止使用波长，并选用色谱级有机溶剂。蒸发光散射检测器和质谱检测器不得使用含不挥发性盐的流动相。

为了省时和提高效率，使用 HPLC 时应注意以下几点：a. 只能用高效液相色谱级的专用溶剂；b. 流动相必须洁净；c. 平衡柱在用之前，至少应用 5 个柱体积的溶剂进行清洗；d. 所用溶剂和固定相应是兼容的；e. 只能加入洁净的样品；f. 在仪器运行过程中不要碰注射阀，使其连续注入；g. 如果使用了缓冲水溶液，要用 3 个柱体积高效液相色谱级的水冲洗仪器和定量管；h. 当长时间不用时，应用规定的溶剂来储存柱子。

在仪器使用过程应避免：让泵空转；突然改变压力，或者工作压力超过压力最大量程；体系中残留缓冲水溶液。

3.1.4 熔点测定与温度计的校正

3.1.4.1 熔点测定原理

固体物质的熔点是指该物质在大气压力下，固液两态达平衡时的温度。

若将某一化合物的固液两相置于同一容器中，那么，在一定温度和压力下可能有三种情况发生：①固相迅速转化为液相，即固体熔化；②液相迅速转化为固相，即液体固化；③固液两相同时并存。至于在某温度下哪种情况占优势，可从该化合物的蒸气压与温度的关系曲线图来理解，如图 3-50 所示。

图 3-50 中，SM 表示固体的蒸气压随温度升高而增大的曲线，$L'L$ 表示液态物质的蒸气压-温度曲线。固相的蒸气压随温度变化的速率比液相的大，两条曲线相交于 M 点，在该点（只能在此温度时）固液两相同时存在，此时的温度 T_M 即为该化合物的熔点。显然，当温度高于或低于 T_M 时，都将发生相变，即要么固相转变为液相，要么液相转变为固相，只有温度在 T_M 时，固液两相的蒸气压才是一致的，固液两相才能同时并存，这就是纯化合物有固定而又敏锐熔点的原因。一旦温度超过 T_M，只要有足够的时间，固体即可全部转变为液体，所以，要精确地测定熔点，在接近熔点时，升温速度一定要慢，不得超过 $1 \sim 2 \text{℃} \cdot \text{min}^{-1}$，只有这样才能使整个熔化过程尽可能接近于两相平衡的条件。

当固体物质中混入杂质时（两者不成固溶体），根据拉乌尔定律可知：在一定的温度、压力下，在溶剂中增加溶质（固体物质比作溶剂，杂质比作溶质）的物质的量，将导致溶剂蒸气分压降低，如图 3-51 所示。因此，该化合物的熔点必然比纯物质的熔点低。

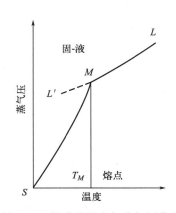

图 3-50　物质的温度与蒸气压曲线

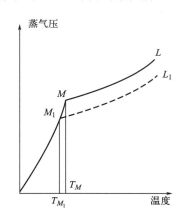

图 3-51　含少量杂质时的蒸气压曲线

同理，若将两个熔点相同的化合物以任意比例混合再测熔点，如果仍为原来的熔点（即未混合时的熔点），那么，除形成固溶体外，一般可认为这两种化合物为同一化合物；若熔点降低，则这两种化合物一定不是同种物质。

3.1.4.2　熔点测定方法

（1）毛细管法

有机化合物的熔点通常用毛细管法来测定。实际上用此法测得的不是一个温度点，而是熔化范围，即试料从开始熔化到完全熔化为液体的温度范围。纯净的固体物质通常都有固定的熔点（熔化范围约在 1℃ 以内）。如有其他物质混入，则对其熔点有显著的影响：不但使熔化温度的范围增大，而且往往使熔点降低。因此，熔点的测定常常可以用来识别物质和定性地检验物质的纯度。

在测定熔点以前，要把试料研成细末，并放在干燥器或烘箱中充分干燥。

① 熔点管的准备。拉制熔点管最好使用烘干的管径为 10～12mm 的干净薄壁软质玻璃管。像拉制滴管一样，拉成管径为 1～1.2mm 的毛细管。拉管时要密切注意毛细管的粗细，冷却后截成 150mm 长，其两端在小火焰的边缘处熔封。封闭的管底要薄。用时把毛细管从中间截断，就成为两根熔点管。

② 样品的装入。取少许已研细、干燥的样品放在洁净的玻璃表面皿上，堆成小堆，将熔点管的开口端插入试料中，装取少量粉末，然后将熔点管竖立起来，在实验台面上轻磕几下，使试料落入管底。这样重复取试料几次，试料的高度约为 2～3mm 时，将熔点管从一根长约 40～50cm 高的玻璃管中自由落到台面上，重复若干次，使试料紧聚在管底。试料必须装得均匀和结实！

图 3-52（a）所示双浴式熔点测定器的测定效果较好。该装置由 250mL 长颈圆底烧瓶、有棱缘的试管（试管的外径稍小于瓶颈内径）和温度计组成。烧瓶内盛着约占烧瓶容量 1/2 的合适的易导热液体作为热浴。热浴隔着空气（空气浴）加热温度计和试料，使它们受热均匀；试管内也可装热浴液。

图 3-52（b）所示齐列熔点管由一个 b 形管、温度计和开口塞组成。将导热液装至略高于 b 形管的上支管口的上端。把装试料的熔点管下端用少许导热液润湿（黏附于温度计上），并用橡皮圈套在温度计上（橡皮圈应置于导热液液面之上），使装试料的部分正靠在温度计水银球的中部，温度计用一个开口塞固定在 b 形管两支管口的中部。这种装置使用方便，加热快、

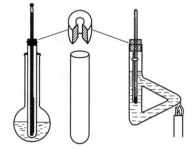

(a) 双浴式熔点测定器　　(b) 齐列熔点测定器

图 3-52　测熔点的装置

冷却也快，因而节省时间。但是在加热时，熔点测定管内的温度分布不够均匀，这往往使测得的熔点欠准确。

热浴所用的导热液通常有浓硫酸、甘油、液体石蜡等，应根据所需的温度合理选择。如果所需温度在 140℃ 以下，最好用液体石蜡或甘油。液体石蜡可加热到 220℃ 仍不变色。在需要加热到 140℃ 以上时，也可用浓硫酸，但热的浓硫酸具有极强的腐蚀性，如果加热不当，浓硫酸溅出时易伤人，因此测定过程中一定要戴护目镜。

温度超过 250℃ 时，浓硫酸发白烟，会妨碍温度的读数。在这种情况下，可在浓硫酸中加入硫酸钾，加热得到饱和溶液，然后进行测定。

在热浴中使用的浓硫酸有时由于有机物质掉入酸内而变黑，妨碍对试料熔融过程的观察。在这种情况下，可以加入一些硝酸钾晶体，以除去有机物质。

③ 测定方法。为了准确地测定熔点，加热的时候，特别是在加热到接近试料的熔点时，必须使温度上升的速度缓慢而均匀。对于每一种试料，至少要测定两次。第一次升温可较快，每分钟可上升 5℃ 左右。这样可得到一个近似的熔点，然后把热浴冷却下来，换一根装试料的熔点管（每一根装试料的熔点管只能用一次）做第二次测定。

进行第二次熔点测定时，开始时升温可稍快（开始时每分钟上升 10℃，以后减为 5℃），待温度到达比近似熔点低约 10℃ 时，再调小火焰，使温度缓慢而均匀地上升（每分钟上升 1℃），注意观察熔点管中试料的变化，记录下熔点管中刚有小液滴出现和试料恰好完全熔融时的两个温度读数，即熔程。物质越纯净，其熔程越小。如果升温太快，测得的熔点范围误差将会增大。

记录熔点时，要记录开始熔融和完全熔融时的温度，例如 121～123℃，绝不可仅记录这两个温度的平均值，例如 122℃。

测定熔点时，须用校正过的温度计。

（2）微量熔点测定法

用毛细管法测定熔点，仪器简单，方法简便，但无法观察到样品晶体在加热过程中的转化及其他变化过程。为了克服这些缺点，可用放大镜式微量熔点测定装置（显微熔点测定仪）进行测定，如图 3-53 所示。这种熔点测定装置的优点是：①可测定微量样品（≤0.1mg）的熔点；②可测高熔点（≤350℃）样品；③通过放大镜可以观察样品在加热过程中变化的全过程，如结晶水的失水、多晶体的变化及分解等。

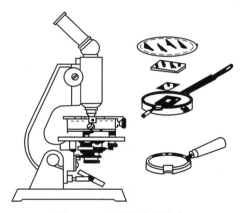

图 3-53　显微熔点测定仪

用显微熔点测定仪测定时，先将玻璃载片洗净、擦干，放在一个可移动的支撑器内，将微量样品放在载片上，使之位于电热板的中心空洞上，用一覆片盖住样品，放上桥玻璃和圆玻璃盖，调节镜头，使显微镜焦点对准样品，开启加热器，用可变电阻调节加热速度，当温度接近样品的熔点时，控制温度上升的速度为 $1～2℃·min^{-1}$，当样品结晶的棱角开始变圆时为初熔，结晶形状完全消失为全熔，记录这两个温度。停止加热，稍冷，用镊子除去圆玻璃盖、桥玻璃及载片，将一厚铝板盖在加热板上加快冷却，然后清洗玻璃片以备后用。使用该仪器时，一定要按照仪器的使用说明书小心操作，仔细观察现象，正确记录。

3.1.4.3　温度计的校正

用以上方法测定熔点时，温度计上的熔点读数与真实熔点之间常有一定的偏差。这可能是由温度计的误差所引起的。例如，一般温度计中的毛细孔径不一定是很均匀的，有时刻度也不是很准确。另外，经长期使用的温度计玻璃也可能发生体积变形而使刻度不准。为了校正温度计，可选用一标准温度计与之比较，也可选用纯有机化合物的熔点作为校正的标准。校正时只要选择数种已知熔点的纯化合物作为标准，测定它们的熔点，以观察到的熔点作横坐标，与已知熔点的差值作纵坐标，绘制曲线。在任一温度时的读数即可直接从曲线上读出。通过此方法校正温度计，可排除上述误差。标准样品的熔点如表 3-4 所示，校正时可以选用。

表 3-4　标准样品的熔点

样品	熔点/℃	样品	熔点/℃
水-冰	0	尿素	132
α-萘胺	50	3,5-二硝基苯甲酸	204～205
二苯胺	53	二苯乙二酮	95
对二氯苯	53	α-萘酚	96
苯甲酸苯酯	70	二苯基羟基乙酸	150
萘	80	水杨酸	159
间二硝基苯	90	蒽	216
乙酰苯胺	114	酚酞	215
苯甲酸	122	蒽醌	286

0℃的校正最好用蒸馏水和纯冰的混合物，在一个 15cm×2.5cm 的试管中放置蒸馏水 20mL，将试管浸在冰盐浴中冷至蒸馏水部分结冰，用玻璃棒搅动，形成冰-水混合物，将试管自冰盐浴中移出，然后将温度计插入冰-水中，轻轻搅动混合物，温度恒定后（2～3min）读数。

附　操作训练实验　　熔点测定

实验前请先预习 3.1.4 熔点测定与温度计的校正。

按图 3-52(b) 所示齐列熔点测定管来测定熔点。

【样品】　已知样品：萘。

未知样品：1 号样、2 号样（任选其一）。

【实验所需时间】　2～3h。

测熔点时，每个样品至少测定两次，即预测和精测。记录时，每个样品都要分别记录预测和精测两组数据。

【思考题】

1. 测得 A 和 B 两样品的熔点都为 100℃，将它们按任意比例混合后测得的熔点仍为 100℃，这说明什么？

2. 测熔点时，若遇下列情况，将对测定结果有何影响？

(1) 熔点管底部未封严，尚有一肉眼难以观察到的针孔；

(2) 熔点管不洁净；

(3) 样品未完全干燥或含有杂质；

(4) 样品研磨得不细或装得不紧；

(5) 熔点管壁太厚；

(6) 加热速度太快。

3.1.5　常用溶剂的纯化以及常用试剂的配制

有机化学实验离不开溶剂，溶剂不仅是反应介质，也经常用于产物的纯化和后处理。市售有机试剂规格一般分为一级（GR）保证试剂、二级（AR）分析纯试剂、三级（CP）化学纯试剂、四级（LR）实验试剂，纯度越高，价格越高。一些有机反应（如 Grignard 反应）往往对溶剂的纯度要求很高，微量杂质或者水分的存在都会大大地影响反应效果。反应开始前，常常会根据反应的性质选用合适规格的溶剂，以便使反应能够顺利地进行。

有机合成中使用溶剂的量都比较大，若仅依靠购买市售纯品，不仅成本高，有时也不一定能满足反应的要求，因此了解有机溶剂的性质及纯化方法，是十分必要的。试剂与溶剂的纯化处理，是有机合成的基本知识与基本操作内容。下面将介绍一些常用试剂和溶剂在实验室条件下的纯化方法。

（1）无水乙醚（absolute ether）

沸点 bp$=34.51$℃，$n_D^{20}=1.3526$，$d_4^{20}=0.7138$。

市售乙醚中常含有一定量的水、乙醇，此外，乙醚放置一段时间后，由于空气和光的作用会产生爆炸性的过氧化物，这对于要求以无水乙醚作溶剂的反应（如 Grignard 反应），不仅影响反应的进行，且易发生危险。因此，对于一些用无水乙醚作为反应介质的反应，实验室中常常需要将乙醚纯化。

【实验步骤】

① 过氧化物的检验与去除。取少量乙醚与等体积的 2%碘化钾溶液，加入几滴稀盐酸（2mol/L）一起振摇，若能使淀粉溶液呈紫色或蓝色，即证明有过氧化物存在。除去过氧化物的方法：在分液漏斗中加入普通乙醚和相当于乙醚体积 1/5 的新配制硫酸亚铁溶液，剧烈摇动后分去水层。

② 醇和水的检验。可用无水硫酸铜检验乙醚中是否有水存在。醇的检验：在乙醚中加入少许高锰酸钾固体和一粒氢氧化钠，放置一段时间后，若氢氧化钠表面附有棕色，即可证明有醇存在。

③ 无水乙醚的制备。在 250mL 圆底烧瓶中，放置 100mL 上述处理过的乙醚和几粒沸石，安装冷凝管。冷凝管上端插入盛有 10mL 浓硫酸的滴液漏斗。通入冷凝水，将浓硫酸缓慢滴入乙醚中，浓硫酸的脱水作用产生的热会使乙醚自行沸腾。滴加完毕后振荡整个体系。

待乙醚停止沸腾后，拆下冷凝管，改成蒸馏装置。在收集乙醚的尾接管支管处连一氯化钙干燥管，并用与干燥管连接的橡胶管把乙醚蒸气导入水槽。加入沸石后，进行水浴加热蒸馏。馏出液滴速不宜太快，以免乙醚蒸气冷凝不下来而扩散至实验室内。当收集到约 70～80mL 乙醚，且蒸馏速度明显变慢时，即可停止蒸馏。瓶内所剩残液倒入指定的回收瓶中进行后续操作（不可将水加入残液中）。

将蒸馏收集的乙醚倒入干燥的瓶中，加入少量钠屑或钠丝，然后用带有氯化钙干燥管的软木塞塞住，或在木塞中插入一末端拉成毛细管的玻璃管，这样可以防止潮气侵入并使产生的气体逸出。放置 24h 以上，使乙醚中残留的少量水和乙醇转化为氢氧化钠和乙醇钠。如果在放置之后所有的金属钠都消耗完了，或钠的表面全部被氢氧化钠所覆盖，就需要再加入少量新制的钠丝或钠片，放置至无气泡产生为止。

如果需要纯度更高的乙醚，需在氮气保护下，将上述处理后的乙醚再加入钠丝，回流，稍冷后加入二苯酮，回流使溶液变为深蓝色，经蒸馏后使用。

【注意事项】

[1] 硫酸亚铁溶液的配制：在 110mL 水中加入 6mL 浓硫酸，然后加入 60g 硫酸亚铁，搅拌溶解。硫酸亚铁溶液久置后容易氧化变质，因此需要现用现配。使用较纯的乙醚制取无水乙醚时可免去硫酸亚铁溶液洗涤。

[2] 乙醚沸点低，极易挥发，且蒸气比空气重，容易聚集在桌面、地面、低凹处。所以在使用和蒸馏过程中，实验室一定要禁止明火，尽量不要将乙醚蒸气泄漏到空气中，以免发生意外。

（2）无水乙醇

bp＝78.5℃，n_D^{20}＝1.3611，d_4^{20}＝0.7893。

乙醇和水会形成恒沸点混合物，所以不能将95.5％的工业乙醇直接蒸馏制取无水乙醇。市售的无水乙醇一般只能达到99.5％的纯度，而在许多反应中则需用纯度更高的乙醇，因此在工作中经常需制备绝对无水乙醇。通常制备无水乙醇第一步是加入氧化钙（生石灰）煮沸回流，使乙醇中的水与生石灰反应生成氢氧化钙，然后再将无水乙醇蒸出。这样得到的无水乙醇，纯度最高约为99.5％。如需纯度更高的无水乙醇，可用金属镁或金属钠进行处理。

① 用95.5％的乙醇初步脱水制取99.5％的无水乙醇。将600mL 95.5％乙醇、100g新煅烧的生石灰加入1L圆底烧瓶中，上方装置带有无水氯化钙干燥管的回流冷凝管，加热回流2～3h，然后改装成蒸馏装置，弃掉少量前馏分后，收集得到纯度达99.5％的无水乙醇。

② 用99.5％的乙醇制取绝对无水乙醇（99.95％）。

a. 方法一：用金属镁制取。

反应方程式如下：

$$2C_2H_5OH + Mg \xrightarrow{I_2} (C_2H_5O)_2Mg + H_2 \uparrow$$

乙醇中的水与乙醇镁反应生成氧化镁和乙醇：

$$(C_2H_5O)_2Mg + H_2O \longrightarrow 2C_2H_5OH + MgO$$

【实验步骤】

在1L圆底烧瓶中放置2～3g干燥纯净的镁条和0.3g碘，加入30mL 99.5％的乙醇，上方装置带有无水氯化钙干燥管的回流冷凝管（以上所用仪器必须是干燥的）。加热至微沸，碘粒完全消失（如果不发生反应，则可再加入少量碘）后，继续加热至镁完全消失，再加入50mL 99.5％的乙醇和沸石，回流1h。改为蒸馏装置，弃去少量前馏分后，产物收集于玻璃瓶中，密封保存。

【注意事项】

[1] 由于无水乙醇具有很强的吸水性，在操作过程中必须防止一切水气进入仪器中，所用的仪器必须事先干燥。在使用时操作也必须迅速，以免吸收空气中的水分。

[2] 整个实验步骤中，困难在于促使镁与乙醇开始反应的第一步。如果所制的乙醇中含有少量甲醇对实验并无影响，因为甲醇会先于乙醇与镁进行反应。

b. 方法二：用金属钠/邻苯二甲酸二乙酯制取。

反应方程式如下：

$$C_2H_5OH + Na \longrightarrow C_2H_5ONa + 1/2H_2 \uparrow$$

反应正向进行，乙醇中的水生成氢氧化钠：

$$C_2H_5ONa + H_2O \Longrightarrow C_2H_5OH + NaOH$$

邻苯二甲酸二乙酯与氢氧化钠反应，使反应正向进行：

$$o\text{-}C_6H_4(COOC_2H_5)_2 + NaOH \longrightarrow o\text{-}C_6H_4(COONa)_2 + 2C_2H_5OH$$

【实验步骤】

在1L圆底烧瓶中，加入500mL 99.5％的乙醇和3.5g金属钠，安装回流冷凝管和干燥管，加热回流 30min 后，加入 14g 邻苯二甲酸二乙酯，再回流 2h，然后蒸馏乙醇。产品储存在玻璃瓶中，用一橡胶塞塞住。由于第二个反应是可逆的，所以必须加入过量的高沸点酯，使酯与 NaOH 反应以抑制上述反应向左进行，从而达到进一步脱水的目的。乙醇具有非常强的吸湿性，所用仪器必须烘干，并尽量快速操作，以防止吸收空气中的水分。

（3）丙酮

bp＝56.2℃，n_D^{20}＝1.3588，d_4^{20}＝0.7899。

普通丙酮中往往含有少量水及甲醇、乙醛等还原性杂质，利用简单的蒸馏无法将丙酮与这些杂质分开。含有上述杂质的丙酮可用下列方法精制：

① 在 100mL 丙酮中加入 0.5g 高锰酸钾，回流，以除去还原性杂质，若高锰酸钾紫色很快消失，需要补加少量高锰酸钾继续回流，直至紫色不再消失为止。蒸出丙酮，用无水碳酸钾或无水硫酸钙干燥 1h，过滤，蒸馏收集 55.5～56.5℃的馏分。

② 在 100mL 丙酮中加入 4mL10％硝酸银溶液及 3.5mL 0.1mol/L 氢氧化钠溶液，振荡 10min，除去还原性杂质。过滤，滤液用无水硫酸钙干燥 1h 后，蒸馏收集 55.5～56.5℃的馏分。

（4）无水甲醇

bp＝64.96℃，n_D^{20}＝1.3288，d_4^{20}＝0.7914。

市售的甲醇是由合成法制备而来，纯度可达 98.5％，含有少量的水和丙酮。由于甲醇和水不能形成共沸混合物，所以可借助于高效的精馏柱将少量水除去。精制甲醇含有 0.02％的丙酮和 0.1％的水，一般已可使用。若含水量低于 0.1％，可用 3A 或 4A 型分子筛干燥。如要制得无水甲醇，可用金属镁制备（见无水乙醇）。

甲醇有毒，处理时应避免吸入其蒸气。

（5）苯

bp＝80.1℃，n_D^{20}＝1.5011，d_4^{20}＝0.8787。

普通苯含有少量的水，由煤焦油加工得来的苯还含有少量噻吩（沸点为 84℃），不能用分馏或分步结晶等方法分离除去。可采用下列方法制得无水、无噻吩的苯：

在分液漏斗内将普通苯及相当苯体积 15％的浓硫酸一起摇荡，摇荡后将混合物静置，弃去底层的酸液，再加入新的浓硫酸，这样重复洗涤操作直至酸层呈现无色或淡黄色，且检验无噻吩为止。分去酸层，苯层依次用水、10％碳酸钠溶液、水洗涤，用氯化钙干燥，蒸馏，收集 80℃的馏分。若要高度干燥可加入钠丝（见无水乙醚）进一步去水。由石油加工得来的苯一般可省去除噻吩的步骤。

噻吩的检验：取 5 滴苯于小试管中，加入 5 滴浓硫酸及 1～2 滴 1％ α,β-吲哚醌-浓硫酸溶液，振荡片刻。如呈墨绿色或蓝色，表示有噻吩存在。

苯是高毒性的化合物，操作需在通风橱进行，避免吸入其蒸气。

（6）甲苯

bp＝110.2℃，n_D^{20}＝1.4969，d_4^{20}＝0.8660。

普通甲苯含少量的水，由煤焦油加工得来的甲苯还可能含有少量噻吩。

除水方法：用无水氯化钙将甲苯干燥，过滤后加入少量金属钠片，进行蒸馏，即得无水甲苯。

除甲基噻吩方法：向 1000mL 甲苯加入 100mL 浓硫酸，摇荡约 30min（温度不要超过 30℃），除去酸层，然后再分别用水、10％碳酸钠水溶液和水洗涤，以无水氯化钙干燥过夜，过滤后进行蒸馏，收集纯品。

（7）石油醚

石油醚为轻质石油产品，是低分子量烃类（主要是戊烷和己烷）的混合物。其沸程为 30~150℃，可分为 30~60℃、60~90℃、90~120℃ 等沸程规格的石油醚，收集温度一般为 30℃ 左右。石油醚中含有少量不饱和烃，沸点与烷烃相近，用蒸馏法无法分离，必要时可用浓硫酸和高锰酸钾将其除去。通常将石油醚用其体积 1/10 的浓硫酸洗涤两三次，再用 10% 的硫酸加入高锰酸钾配成的饱和溶液洗涤，直至水层中的紫色不再消失为止。然后再用水洗，经无水氯化钙干燥后蒸馏。如需要绝对干燥的石油醚则加入钠丝（见无水乙醚）。使用石油醚作为溶剂时，由于其溶解能力低，通常加入苯、氯仿等增加其溶解能力。

（8）正己烷

$bp = 68.7℃$，$n_D^{20} = 1.3751$，$d_4^{20} = 0.6594$。

正己烷来自石油的精馏产品，往往含有不饱和烃和苯等杂质，故需先用 $KMnO_4$ 溶液洗至紫色不变以除去不饱和烃类；然后用含 20%~30% SO_3 的发烟硫酸洗至酸层不变颜色以洗去苯；分去酸层后，用水洗去残留酸，再用 5%~10% NaOH（或 Na_2CO_3）洗至酚酞呈粉红色，加无水氯化钙干燥。过滤后用金属钠进一步脱水和保护。使用前蒸馏，收集所需馏分。

（9）乙酸乙酯

$bp = 77.06℃$，$n_D^{20} = 1.3723$，$d_4^{20} = 0.9003$。

市售的乙酸乙酯中含少量水、乙醇和乙酸，可用下述方法精制：

① 在 100mL 乙酸乙酯中加入 10mL 醋酸酐、1 滴浓硫酸，加热回流 4h，除去乙醇及水等杂质，然后进行分馏。分馏液与 2~3g 无水碳酸钾振荡干燥后蒸馏，最后产物的沸点为 77℃，纯度可达到 99.7%。

② 将乙酸乙酯先用等体积 5% 碳酸钠溶液洗涤，再用饱和氯化钙溶液洗涤，然后用无水碳酸钾干燥后蒸馏。对于干燥要求较高时，可以用五氧化二磷或 4A 分子筛处理后蒸馏。

（10）四氢呋喃

$bp = 67℃$，$n_D^{20} = 1.4050$，$d_4^{20} = 0.8892$。

四氢呋喃是无色透明液体，市售的四氢呋喃常含有少量水分及过氧化物。市售的四氢呋喃可用粒状氢氧化钾干燥，放置两天后如干燥剂变为棕色糊状则说明含水分较多。如要制得无水四氢呋喃可将上述处理过的四氢呋喃与氢化铝锂在隔绝潮气下回流（通常 1000mL 四氢呋喃需 2~4g 氢化铝锂）除去其中的水和过氧化物，然后在常压下蒸馏，收集 66℃ 的馏分。精制后的液体应在氮气中保存，如需较久放置，应加 0.025% 2,6-二叔丁基-4-甲基苯酚作抗氧剂。处理四氢呋喃时，应先用小量进行试验，确定只有少量水和过氧化物，作用不致过于猛烈时，方可进行。

四氢呋喃中的过氧化物可用酸化的碘化钾溶液来试验。如过氧化物较多，可用硫酸亚铁溶液除去（详见无水乙醚）。

（11）氯仿

$bp = 61.7℃$，$n_D^{20} = 1.4459$，$d_4^{20} = 1.4832$。

普通用的氯仿含有 1% 的乙醇（作为稳定剂），这是为了防止氯仿分解为有毒的光气。为了除去乙醇，可以将氯仿用一半体积的水振荡清洗数次，然后分出下层氯仿，用无水氯化钙干燥几小时后蒸馏。

另一种精制方法是将氯仿与少量浓硫酸一起振荡两三次。每 100mL 氯仿用浓硫酸 5mL，分去酸层以后的氯仿用水洗涤，干燥，然后蒸馏。

除去乙醇的无水氯仿应保存于棕色瓶子里，避光，以免分解。氯仿不能用金属钠干燥，会引起爆炸。

（12）1,2-二氯乙烷

bp$=83.4℃$，$n_D^{20}=1.4448$，$d_4^{20}=1.2531$。

1,2-二氯乙烷为无色油状液体，有芳香味，溶于 120 份水中，可与水形成沸点为 72℃的恒沸混合物。81.5%的 1,2-二氯乙烷可与乙醇、乙醚、氯仿等相混溶，在结晶和提取时是极有用的溶剂，比常用的含氯有机溶剂更为活泼。

一般纯化可依次用浓硫酸、水、稀碱溶液和水洗涤，用无水氯化钙干燥或加入五氧化二磷加热回流 2h 以上，蒸馏收集 83℃以上馏分。

（13）吡啶

bp$=115.5℃$，$n_D^{20}=1.5095$，$d_4^{20}=0.9819$。

分析纯的吡啶含有少量水分，但已可供一般应用。如要制得无水吡啶，可与粒状氢氧化钾或氢氧化钠一同回流，然后隔绝潮气蒸出备用。干燥的吡啶吸水性很强，保存时应将容器口用石蜡封好。

（14）N,N-二甲基甲酰胺

bp$=149\sim156℃$，$n_D^{20}=1.4305$，$d_4^{20}=0.9487$。

N,N-二甲基甲酰胺（DMF）为无色液体，可与多数有机溶剂和水互溶。市售 N,N-二甲基甲酰胺含有少量水分。在进行常压蒸馏时，DMF 会部分分解，产生二甲胺与一氧化碳。酸或碱的存在会加速分解，所以加入固体氢氧化钾或氢氧化钠并在室温放置数小时后，即有部分分解。因此，最好用硫酸钙、硫酸镁、氧化钡、硅胶或分子筛干燥，然后减压蒸馏，收集 76℃/36mmHg 的馏分。如其中含水较多时，可加入 1/10 体积的苯，在常压及 80℃以下蒸去水和苯，然后用硫酸镁或氧化钡干燥，再进行减压蒸馏。如需含水量更低的 DMF，需要加入氢化钙回流 2～4h，再进行减压蒸馏。DMF 在室温下应避光贮存。N,N-二甲基甲酰胺中如有游离胺存在，可用 2,4-二硝基氟苯产生颜色来检查。DMF 属于低毒类物质，能经皮肤吸收，对皮肤和黏膜有刺激作用，应注意做好防护。

（15）二甲亚砜

bp$=189℃$（熔点 mp$=18.5℃$），$n_D^{20}=1.4783$，$d_4^{20}=1.0954$。

二甲亚砜（DMSO）为无色、无臭、微带苦味的吸湿性液体。常压下加热至沸腾可部分分解。市售试剂级二甲亚砜含水量约为 1%，通常先减压蒸馏，然后用 4A 型分子筛干燥，或加入氢化钙粉末搅拌 4～8h，再减压蒸馏收集 64～65℃/4mmHg 馏分。蒸馏时，温度不宜高于 90℃，否则会发生歧化反应生成二甲砜和二甲硫醚。二甲亚砜与某些物质混合时可能发生爆炸，例如，氢化钠、高碘酸或高氯酸镁等，应注意安全。

（16）二硫化碳

bp$=46.25℃$，$n_D^{20}=1.6318$，$d_4^{20}=1.2661$。

二硫化碳具有较高毒性（能使血液和神经中毒）、高度的挥发性和易燃性，所以使用时必须十分小心，避免吸入其蒸气。一般有机合成实验中对二硫化碳要求不高，可在普通二硫化碳中加入少量研碎的无水氯化钙，干燥后滤去干燥剂，然后在水浴中蒸馏收集。

若要制得较纯的二硫化碳，则需将二硫化碳用 0.5%高锰酸钾水溶液洗涤 3 次以除去硫化氢，再用汞不断振荡除去硫，最后用 2.5% 硫酸汞溶液洗涤，除去所有恶臭（剩余的硫化氢），再经氯化钙干燥，蒸馏收集。其纯化过程的反应式如下：

$$3H_2S + 2KMnO_4 \longrightarrow 2MnO_2 \downarrow + 3S \downarrow + 2H_2O + 2KOH$$

$$Hg + S \longrightarrow HgS \downarrow$$

$$HgSO_4 + H_2S \longrightarrow HgS \downarrow + H_2SO_4$$

（17）二氧六环

bp $= 101.52℃$，$n_D^{20} = 1.4224$，$d_4^{20} = 1.0336$。

二氧六环又称二噁烷、1,4-二氧六环，无色，易燃。其性质与醚相似，可与水任意混合。普通二氧六环中含有少量二乙醇缩醛与水，久贮的二氧六环还可能含有过氧化物。

二氧六环的纯化：一般加入二氧六环质量的 10% 的浓盐酸与之回流 3h，同时慢慢通入氮气，以除去生成的乙醛，冷至室温，加入粒状氢氧化钾直至不再溶解；然后分去水层，用粒状氢氧化钾干燥过夜后，过滤，再加金属钠加热回流数小时，蒸馏后压入钠丝保存。

（18）乙腈

bp $= 81.6℃$，$n_D^{20} = 1.3442$，$d_4^{20} = 0.7857$。

乙腈是惰性溶剂，与水、醇、醚可任意混溶，可与水生成共沸物（含乙腈 84.2%，沸点为 76.7℃）。市售乙腈常含有水、不饱和腈、醛和胺等杂质，三级以上的乙腈含量应高于 95%。

乙腈的纯化：用无水碳酸钾干燥 1～2d，过滤，与五氧化二磷（20g/L），加热回流至无色，用分馏柱分馏。

乙腈可贮存于放有分子筛的棕色瓶中。乙腈是有毒液体，常含有游离氢氰酸，使用时应注意安全。

（19）苯胺

bp $= 184.1℃$，$n_D^{20} = 1.5863$，$d_4^{20} = 1.0217$。

苯胺为无色油状液体，微溶于水，与乙醇、氯仿和大多数有机溶剂互溶。可与酸生成盐，苯胺盐酸盐的熔点为 198℃。

苯胺的纯化：市售苯胺可用氢氧化钾（钠）干燥；为除去含硫杂质，可在少量氯化锌存在下，氮气保护减压蒸馏，收集 77～78℃/2.00kPa（15mmHg）的馏分。

吸入苯胺蒸气或经皮肤吸收会引起中毒症状，操作时应做好防护。苯胺在空气中或光照下颜色变深，应密封贮存于避光处。

（20）冰醋酸

bp $= 117.9℃$，$n_D^{20} = 1.3716$，$d_4^{20} = 1.0492$。

将市售乙酸在 4℃ 下慢慢结晶，并在冷却下迅速过滤，压干。少量的水可用五氧化二磷（10g/L）回流干燥几小时除去。

冰醋酸对皮肤有腐蚀作用，接触到皮肤或溅到眼睛里时，要用大量水冲洗。

（21）亚硫酰氯

bp $= 75.8℃$，$n_D^{20} = 1.5170$，$d_4^{20} = 1.656$。

亚硫酰氯又称氯化亚砜，为无色或微黄色液体，有刺激性，遇水强烈分解。工业品常含有氯化砜、一氯化硫、二氯化硫，一般经蒸馏纯化，但经常仍有黄色。需要更高纯度的试剂时，可用喹啉和亚麻油依次重蒸纯化，但操作步骤复杂，收率低，剩余残渣难以洗净。使用硫黄处理，操作较为方便，效果较好，操作步骤为：搅拌下将硫磺（20g/L）加入亚硫酰氯中，加热，回流 4.5h，用分馏柱分馏，得无色纯品。

亚硫酰氯对皮肤与眼睛有刺激性，操作中要小心。

（22）饱和亚硫酸氢钠溶液的配制

在 100mL 40％亚硫酸氢钠溶液中，加入 25mL 不含醛的无水乙醇。混合后，如有少量的亚硫酸氢钠结晶析出，滤去固体，或倾出上层清液。此溶液不稳定，容易被氧化和分解，不能长期保存，实验前配制为宜。

（23）2,4-二硝基苯肼试剂

取 3g 2,4-二硝基苯肼，溶于 15mL 浓硫酸，将此酸性溶液慢慢加入 70mL 95％乙醇中，再加蒸馏水稀释到 100mL，过滤。取滤液保存于棕色试剂瓶中。

（24）斐林试剂

试剂 A：溶解 3.5g 硫酸铜晶体（$CuSO_4 \cdot 5H_2O$）于 100mL 水中，混浊时过滤。

试剂 B：溶解 17g 酒石酸钾钠晶体溶于 15～20mL 热水中，加入 20mL 20％氢氧化钠溶液，稀释至 100mL。

两种试剂要分别储存，使用时取等体积的试剂 A 及试剂 B 混合。氢氧化铜是沉淀，不易与样品发生反应。因此，有酒石酸钾钠存在时氢氧化铜沉淀溶解，形成深蓝色的溶液。

（25）托伦试剂

将 20mL 5％硝酸银溶液加入一干净试管内，滴加 1 滴 10％氢氧化钠溶液，然后滴加 2％氨水，振摇，直至沉淀刚好溶解。

所涉及的化学反应如下：

$$AgNO_3 + NaOH \longrightarrow AgOH + NaNO_3$$
$$2AgOH \longrightarrow Ag_2O + H_2O$$
$$Ag_2O + 4NH_3 + H_2O \longrightarrow 2[Ag(NH_3)_2]^+ OH^-$$

配制托伦试剂时应防止加入过量的氨水，否则，将生成雷酸银（$Ag—O—N\equiv C$），受热后将引起爆炸，试剂本身还将失去灵敏性。

托伦试剂久置后会析出黑色的氮化银（Ag_3N）沉淀，受震动时分解，发生猛烈爆炸，有时潮湿的氮化银也能引起爆炸。因此，托伦试剂必须现用现配。

（26）希夫试剂

配制方法：①将 0.2g 对品红盐酸盐溶于 100mL 新制的冷却饱和二氧化硫溶液中，放置数小时，直至溶液变为无色或淡黄色，再用蒸馏水稀释至 200mL，存于玻璃瓶中，塞紧瓶口，以免二氧化硫逸散；②溶解 0.5g 对品红盐酸盐于 100mL 热水中，冷却后，通入二氧化硫达饱和，至粉红色消失，加入 0.5g 活性炭，振荡，过滤，再用蒸馏水稀释至 500mL；③溶解 0.2g 对品红盐酸盐于 100mL 热水中，冷却后，加入 2g 亚硫酸氢钠和 2mL 浓盐酸，最后用蒸馏水稀释到 200mL。

品红溶液呈粉红色，被二氧化硫饱和后变成无色的希夫试剂。

醛类与希夫试剂作用后，反应液呈紫红色。酮类通常不与希夫试剂作用，但是某些酮类（如丙酮等）能与二氧化硫作用，与希夫试剂作用后能使试剂脱去亚硫酸，此时反应液就出现品红的粉红色。

（27）氯化锌-盐酸（Lucas 试剂）

将 34g 熔化过的无水氯化锌溶于 23mL 浓盐酸中，同时冷却以防氯化氢逸出，约得 35mL 溶液，放冷后，存于玻璃瓶中，塞紧盖子。

3.1.6　有机化学实验文献资源

查阅化学文献是每位化学工作者从事相关科学研究工作的必备技能。在进行课题研究之前，实验者需要了解反应物与产物的物理常数等基本信息以及它们之间的相互关系，以便于更好地提出合理的实验方案，做出正确判断，减少不必要的时间消耗。实验者也能通过文献了解相关科研方向的研究现状与最新动态。化学文献种类繁杂，如何快速了解不同文献的收录范围和特点，以便尽快查阅到所需资料显得尤为重要。这里简单介绍几类有机化学实验常用的工具书、参考书、期刊和数据库。

3.1.6.1　常用工具书

（1）《化工辞典》

该辞典是一本综合性的化学工具书，由化学工业出版社出版。1969 年首次出版，目前已出至第五版，前四版由王箴主编，2014 年出版的第五版由姚虎卿主编。该辞典收集了有机、无机、物化、分析等领域的各种化学化工名词 16000 多条，其中列出了多种有机化合物的分子式、结构式、基本物理化学性质等有关数据，以及制法与用途的简要说明。内容按各名词的笔画顺序排列，辞典前附有汉语拼音检索表，辞典末附有英文索引，查阅方便。第五版是以化学工程技术学科为核心，全面介绍了化工基础理论和技术的应用与发展，以及与化工相关专业交叉的技术。

（2）*CRC Handbook of Chemistry and Physics*

该书是由美国化学橡胶公司（Chemical Rubber Company，CRC）于 1913 年首次出版的英文的化学与物理手册。自出第一版后，几乎每年增新并再版一次，最初每版分上下两册，第五十一版后合并为一册，至今已出版了一百余版，较新的版本封面上有 CRC 标记。该书是一本关于化学、物理及相近学科数据资料最完整最详细的手册，其内容分为六个方面：A. 数学用表、B. 元素和无机化合物、C. 有机化合物、D. 普通化学、E. 普通物理常数、F. 其他。有机化学实验中经常用到 C 部（有机化合物），其中录有国际纯粹与应用化学联合会（IUPAC）对化合物的命名规则，列出了 15000 多个常见有机化合物的名称、别名、分子式、分子量、颜色、结晶形状、比旋光度、紫外吸收、熔点、沸点、相对密度、折射率以及在各种溶剂中的溶解度等物理常数。各有机化合物按照其英文名称的字母顺序排列。查阅时可利用化合物的英文名称检索、分子式检索等查出化合物的分子式及其物理常数。有机化合物中常出现同分异构现象，因此一个分子式下面可能有多个编号，需要逐条查询，不如英文名称查找方便。目前，该手册除了印刷版外，还有 CD-ROM 与网络在线版。

（3）*Dictionary of Organic Compounds*

该书由 I. V. Heilbron 担任主编，于 1934 年首次出版。直至 1996 年已出至第六版。该书收录了包括衍生物在内的 16 万种化合物的资料，按照化合物的英文名称字母排序，刊载化合物的系统命名或俗名、分子式、分子量、熔点、沸点、密度、溶解度、折射率、比旋光度、光谱数据、重结晶数据、毒性、危险指标、用途、参考文献等。可根据多种索引方式搜索，包括分子式索引，CAS 登记号对照索引、名称索引。

中译本由科学出版社于 1966 年出版，名为《汉译海氏有机化合物辞典》。全书共 4 册，按照有机化合物英文名称的字母次序排列，包括常见的有机化合物约 2.8 万条，连同其衍生物在内约 6 万条。对各有机化合物逐一介绍其组成、结构、性状、来源、物化性质及数据等，并附有参考文献以备查参考。正文前列有"前言""绪论""刊物缩写名""取代基一览表""翻译条例"等。

（4）*The Merck Index*

该书由 M. Windholz 担任主编，由美国默克公司于 1989 年首次出版，是一本收录化学品、药品、生物制品等物质相关信息的综合性百科全书。自问世以来，该书就被公认为该领域最具权威性的参考书与最可靠的信息来源，成为相关领域科研人员必不可少的参考工具。第十四版收集了 10000 多种化合物，其中药物化合物 4000 多种，常见有机化合物和试剂 2000 多种，天然产物 2000 种，元素和无机化合物 1000 种，农用化合物 1000 种。书中列出了每种化合物的命名、分子式、分子量、化学文摘、登记号、结构、性质等内容，还有这一化合物的参考文献。另外，还介绍了国外文献中以人名来命名的反应。自 2013 年以来，纸版及网络版由英国皇家化学会在全球范围内独家发行与销售，并负责内容的维护与更新。第十五版网络版收录物质条目项的数量现已超过 11500（包括纸质版未能及时收录的条目），并且每个月都在不断更新、补充。这些条目中的内容都是由专家人工进行查找、整理、筛选，以提炼出最具代表性和权威性的信息。其中有将近一半是药品，其他的为各类具有实用价值的化学与生化物质。

3.1.6.2　常用网络资源

近 20 年来，随着互联网的飞速发展，化学化工电子文献信息源大量涌现，已成为学术信息资源的重要组成部分，其内容全面和丰富、检索功能强大且灵活，大大超越了传统印刷型文献信息源。通过 Internet 检索各类化学信息与资源已经成为一种新的趋势，并成为化学工作者了解学科发展动态的首要选择。下面主要介绍一些有机化学常用的数据库。

（1）期刊全文数据库

① 美国化学会数据库

美国化学会（American Chemical Society，ACS）成立于 1876 年，现已成为世界上最大的科技学会。ACS 电子期刊可回溯到 1879 年。这些期刊涵盖了 24 个主要的学科领域，包括生物化学、药物化学、有机化学、普通化学、环境化学、材料学、燃料与能源、植物学、毒物学、食品科学、药理与制药学、物理化学、环境工程学、工程化学、微生物应用生物科技、应用化学、分子生物化学、分析化学、聚合物、无机与原子能化学、农学等。其网站除一般检索、浏览已发表论文等功能外，还可以查阅到被作者授权、尚未正式出版的最新文章动态。

② 英国皇家化学学会数据库

英国皇家化学学会（Royal Society of Chemistry，RSC）成立于 1841 年，是一个国际权威学术机构，是化学信息的一个主要传播机构和出版商。该学会出版的期刊是化学领域的核心刊物，大部分被 SCI 收录，属被引频次较高的期刊。使用者还可以通过 RSC 网站获得化学领域相关资源，如最新的化学研究进展、学术研讨会信息、化学领域的教育传播等。

③ Elsevier 数据库

Elsevier 出版集团是世界著名的科技与医学文献出版公司，已经有 180 多年历史。Science Direct 数据库（简称 SD）是 Elsevier 公司的网络全文期刊数据库系统，该库收录了自 1995 年以来的 24 个学科领域的同行评议期刊、系列丛书、手册以及参考书等电子全文期刊，覆盖的学科范围包括数学、化学、天文学、计算机科学、能源科学、生命科学、材料科学、物理学、医学、工程技术及社会科学等。

④ Wiley 期刊数据库

约翰威力国际出版公司（John Wiley & Sons Inc.）创立于 1807 年，是全球历史悠久的学术出版公司。Wiley 期刊数据库收录了 1600 多种高质量学术期刊，并通过 Wiley Online Library 提供集成访问。Wiley 期刊数据库收录的期刊涵盖学科范围广泛，包括化学化工、物理学、工程学、农学、兽医学、食品科学、医学、护理学、口腔医学、生命科学、心理学、商业、经济学、社会科学、艺术、人类学等多个学科。

⑤ 中国知网

中国国家知识基础设施（China National Knowledge Infrastructure，CNKI）始建于 1999 年，以全面打通知识生产、传播、扩散与利用各环节信息通道，打造支持全国各行业知识创新、学习和应用的交流合作平台为总目标，实现全社会知识资源传播共享与增值利用的信息化建设项目。目前，中国知网是世界上最大的连续动态更新的中国期刊全文数据库。该数据库内容涵盖期刊、博士论文、硕士论文、会议论文、报纸等学术与专业资料，工具书、年鉴、专利、标准、国学及海外文献等公共知识信息资源，内容覆盖自然科学工程技术、农业、医学、人文社会科学等各个领域。数据每日更新，支持跨库检索。

⑥ 维普中文科技期刊数据库

维普中文科技期刊数据库由重庆维普资讯有限公司于 1989 年创建，收录了自然科学、社会科学、农业科学、工程技术、医药卫生、经济管理、教育科学和图书情报等 8 个学科领域 9000 余种中文期刊全文数据资料。该数据库的北大核心期刊收录率达到 100％，CSSCI 期刊收录率达到 99.8％，CSCD 期刊收录率达到 98％。

⑦ 万方数字化期刊数据库

万方数字化期刊数据库整合数亿条全球优质知识资源，集成期刊、学位、会议、科技报告、专利、标准、科技成果、法规、地方志、视频等十余种知识资源类型，覆盖自然科学、工程技术、医药卫生、农业科学、哲学政法、社会科学、科教文艺等全学科领域，实现海量学术文献统一发现及分析，支持多维度组合检索，适合不同用户群研究。

（2）检索数据库

① Web of science

Web of Science（简称 WOS）是全球最大、覆盖学科最多的综合性学术信息资源库，将学术期刊、发明专利、学术会议、学术网站及其他各种高质量信息资源整合在同一系统内，提供自然科学、工程技术、社会科学、艺术与人文等领域的学术信息。利用 Web of Science 丰富而强大的检索功能——普通检索、被引文献检索、化学结构检索，可以迅速检索各种不同的信息资源，了解世界范围内各个学术领域的渊源、变化、动态、走势及应用情况。同时对多个数据库（包括专业数据库、多学科综合数据库及"中国科学引文数据库"等）进行单库或跨库检索，而且可使用分析工具。Web of Science 收录了论文中所引用的参考文献，并按照被引作者、出处和出版年代编制成独特的引文索引。Web of Science 是获取全球学术信息的重要数据库，下面介绍其中的三大引文索引数据库。

a. Science Citation Index Expanded（科学引文索引，简称 SCIE）历来被全球学术界公认为最权威的科技文献检索工具，提供科学技术领域重要的研究信息。共收录了 8600 多种自然科学领域的世界权威期刊，覆盖了 176 个学科领域。

b. Social Sciences Citation Index（社会科学引文索引，简称 SSCI）是一个涵盖了社会科学领域的多学科综合数据库，共收录了 3000 多种社会科学领域的世界权威期刊，覆盖了 56 个学科领域。

c. Arts & Humanities Citation Index（艺术与人文引文索引，简称 A&HCI）共收录了

1700 多种艺术与人文领域的世界权威期刊，覆盖了音乐艺术、哲学、历史、戏剧、文学与文学评论、语言和语言学、舞蹈、民俗、中世纪和文艺复兴研究、亚洲研究等 28 个学科领域。

② SciFinder[n]

CAS SciFinder[n] 是美国化学学会旗下的化学文摘社（CAS）于 1995 年专门为学术研究单位出品的新一代权威科学研究工具，是化学及相关学科智能研究平台，提供全球全面、可靠的化学及相关学科研究信息和分析工具。该数据库是目前世界上最大、最全面的化学和科学信息库，是化学领域不可或缺的、权威工具型数据库，包含了自 1907 年创刊以来的所有期刊文献和专利摘要，还整合了 Medline 医学数据库、欧洲和美国等 60 多家专利机构的全文专利资料，涵盖了应用化学、化学工程、普通化学、物理学、生物学、生命科学、医学、聚合体学、材料学、地质学、食品科学和农学等诸多领域。2009 年在桌面客户端基础上开发了功能强大、服务完善的浏览器来访问 SciFinder[n] 的网络检索平台，无需下载软件，访问数据库更加简单便捷。通过网络在线查询，可以根据分子式、化学结构式、化学反应式、CAS 号和名称等检索有机化合物的合成方法，也能检索各种化合物的物理化学性质和红外、紫外、核磁等标准谱图，同时提供许多原始文献的数据链接。

③ Reaxys

Reaxys 数据库平台是由化学家们在充分考虑化学工作者的科研流程以及使用习惯后开发设计的面对大化学科研领域的在线信息解决方案。Reaxys 整合了贝尔斯坦（Beilstein）和盖默林（Gemelin）手册、专利化学数据库（PCD）以及化学相关期刊的内容，合成了一个大的数据库，能帮助用户快速全面地查询化合物的理化数据，设计经济、高效的合成路线，最大程度地节省时间和资金成本。其收录的数据范围涵盖有机合成、药物化学、天然产物化学、无机化学和金属有机化学，并将化学反应、化合物物性数据、合成线路设计进行无缝对接，使科技检索工作更加高效、精准，并以其强大的检索功能和深入的核心信息摘录为化学研究注入新的生机。Reaxys 将来自 16000 多种化学相关学科期刊、全球七大专利局、10000 多本相关专著的核心信息进行收录和整理，用户可通过简单检索，获取该主题所有数据信息，而无需逐篇阅读全文。

Reaxys AI 逆合成（Reaxys Predict Retrosynthesis，简称 Reaxys PRT）是 Elsevier 利用 Reaxys 中的合成线路数据，结合深度神经网络 AI 算法开发的全新化合物逆合成工具，于 2018 年推出，2021 年完成与 Reaxys 的整合，目前是 Reaxys 数据库上的一个可选附属模块。该模块能高效地帮助合成人员，针对全新化合物设计有效的合成线路，优化现有线路，给科研人员全新的线路设计思路。

3.1.6.3 常用期刊

（1）综合类期刊

① *Science*

该刊创办于 1883 年，是美国科学进步联合会（American Association for the Advancement of Science，AAAS）的官方杂志，涉及科学相关的所有领域，也发表关于化学领域的重要成果，是世界权威的学术期刊之一。

② *Nature*

该刊创办于 1869 年，由英国主办。在许多科学研究领域中，很多重要、前沿的研究结果都是以短讯的形式发表在 *Nature* 上，其中也包括化学领域。*Nature* 是科学界普遍关注的国际性跨学科周刊类科学杂志。

③ *Chemical Reviews*（Chem. Rev.）

该刊创办于 1924 年，由美国化学学会发行，涵盖了化学学科所有的研究领域，为有机化学、无机化学、物理化学、分析化学、理论化学和生物化学等领域的重要研究提供全面、权威、关键和可读性强的综述。该刊是最受推崇同时也是排名最高的期刊之一。

④ *Chemical Society Reviews*（Chem. Soc. Rev.）

该刊创办于 1972 年，由英国皇家化学学会主办。该期刊专门发表与化学相关的高级评论文章，是化学、化工、能源以及材料学科领域公认的最具影响力和权威性的三大综述性学术期刊之一，属国际顶级期刊，在全世界范围内享有极高的学术影响力与权威性，所刊发的论文对相关领域的发展具有重要的引领和指导作用。

⑤ *Accounts of Chemical Research*（Acc. Chem. Res.）

该刊创办于 1968 年，由美国化学会主办，主要发表化学和生物化学领域内关于基础研究和应用的具有作者团队研究特色的述评文章，或者前瞻性观点。这些短综述都是基于作者团队的过往研究，以便向读者完整介绍研究项目。

⑥ *Journal of the American Chemical Society*（J. Am. Chem. Soc.）

该刊创办于 1879 年，由美国化学会主办，发表化学学科领域高水平的研究论文和简报，根据美国科学信息研究所（ISI）统计的数据，该刊是化学领域内引用最多的期刊之一，是世界上最有影响力的综合性化学期刊之一。

⑦ *Angewandte Chemie International Edition*（Angew. Chem. Int. Ed.）

该刊于 1888 年创刊（德文），由德国化学会主办，从 1962 年起出版英文国际版，主要发表覆盖整个化学学科各专业领域的高水平研究论文和综述文章，是目前化学学科期刊中影响力最高的期刊之一。

⑧ *Chemical Communications*（Chem. Commun.）

该刊创办于 1965 年，由英国皇家化学学会主办。该刊涵盖分析化学、催化作用、化学生物学和药物化学、计算化学和机器学习、能源和可持续化学、环境化学、绿色化学、无机化学、材料化学、纳米科学、有机化学、物理化学等领域，是化学领域的综合性期刊。

⑨ *Green Chemistry*

该刊创办于 1999 年，由英国皇家化学学会主办。该刊涵盖绿色可持续发展技术等领域，报道国内外绿色可持续发展技术工作者在该领域的科学研究等工作中取得的经验、科研成果、技术革新、学术动态等。

⑩ *CCS Chemistry*

该刊创办于 2019 年，由中国化学会主办。该刊主要发表化学科学各个领域的原创研究以及化学相关交叉领域的重要进展，是一本高认可度的国际化学期刊。收录文章类型分为通讯、小型综述和原始研究论文，以及高质量的长综述。

⑪ *Chinese Journal of Catalysis*

该刊创办于 1980 年，由中国化学会、中国科学院大连化学物理研究所主办。该刊主要刊登能源、环境、新材料、多相催化、均相催化、生物催化、光催化、有机化工、电催化、表面化学、催化动力学等学科领域的基础性及应用基础性的最新研究成果。

⑫《中国科学》化学专辑

该刊创办于 1950 年，由中国科学院主办。该刊主要刊登化学学科基础研究以及应用研究方面的创造性研究成果的研究论文、快报和简报。

（2）有机化学相关重要期刊

① *Organic Letters*（Org. Lett.）

该刊创办于 1999 年，由美国化学学会发行。该刊是有机化学领域的领先期刊，快速发表关于有机化学（包括金属有机化学和材料化学）、物理和理论有机化学、天然产物的分离与合成、新型合成方法、生物有机化学与药物化学为主题的前沿研究、创造性方法和创新理念的研究论文。

② *Journal of Organic Chemistry*（J. Org. Chem.）

该刊创办于 1936 年，由美国化学会发行。该刊主要刊登有机化学学科领域高水平的研究性论文的全文、短文和简报。全文中有较为详细的合成步骤和实验结果。

③ *Organic Chemistry Frontiers*（Org. Chem. Front.）

该刊创办于 2014 年，由中国化学会、中国科学院有机化学研究所与英国皇家化学学会合作出版。该刊为有机化学所有学科前沿研究的国际高影响期刊，主要刊登有机化学学科领域高水平的研究性论文。

④ *Organic & Biomolecular Chemistry*（Org. Biomol. Chem.）

该刊创办于 2003 年，是由英国皇家化学学会出版的专业化学期刊。该刊收录化学及有机化学相关的研究性论文，是一本在国际上比较受认可的中等级别 SCI 期刊。

⑤ *Organometallics*

该刊创办于 1982 年，由美国化学会发行。该刊收录的是有机金属、无机化学、有机化学与材料化学等领域涉及合成、化学反应、反应机理及有机金属化合物的应用等方面的研究性论文、通讯、小综述。

⑥ *European Journal of Organic Chemistry*

该刊创办于 1998 年，是由 Wiley-VCH Verlag 出版商出版的专业化学期刊。该刊发文范围涵盖有机化学等领域，报道国内外有机化学工作者在该领域取得的最新研究成果、工作进展等，是一本在国际上比较受认可的中等级别 SCI 期刊。

⑦ *Tetrahedron*

该刊创办于 1957 年，是由英国牛津 Pergamon 出版商出版的专业化学期刊。该刊主要刊登有机化学各方面的最新实验与研究论文，主要以英文发表，部分以德文或法文刊出。

⑧ *Tetrahedron Letters*

该刊创办于 1959 年，是由英国牛津 Pergamon 出版商出版的专业化学期刊。该刊主要刊登有机化学家感兴趣的通讯报道，包括新概念、新结构、新方法的简要快报。

⑨ *Synthetic Communications*

该刊创办于 1971 年，由 TAYLOR & FRANCIS INC 出版商出版，主要刊登有机合成化学相关的新方法、新路线、试剂制备与使用方面的研究论文。

⑩ *Synthesis*

该刊创办于 1969 年，由德国斯图加特 Thieme 出版，涵盖了所有涉及合成有机化学领域，包括催化、有机金属、医药、生物学和光化学，也包括其他相关学科。主要刊登有机合成方法学方面的评书文章、通讯以及文摘。

⑪《有机化学》

该刊创办于 1980 年，由中国化学会主办，中国科学院上海有机化学所承办。主要刊登机化学领域基础研究和应用基础研究的原始性研究成果，设有研究专题、综述与进展、研究通讯、研究论文、研究简报、学术动态、亮点介绍等栏目，接受中文、英文稿件。

3.2　有机化学基本实验

实验四十一　环己烯的制备

一、实验原理

醇在硫酸或磷酸催化作用下，进行分子内脱水，是实验室制备烯烃的主要方法。本实验就是用环己醇在磷酸的催化作用下脱水制取环己烯（cyclohexene）。

反应式：

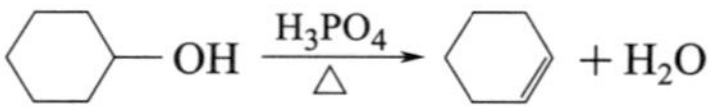

$$\text{环己醇} \xrightarrow[\triangle]{\text{H}_3\text{PO}_4} \text{环己烯} + \text{H}_2\text{O}$$

二、实验药品

环己烯，85%磷酸，饱和食盐水，无水氯化钙。

三、实验所需时间

实验所需时间为 4h。

四、实验步骤

在 50mL 圆底烧瓶中，加入 10mL 环己醇及 5mL 85%磷酸[1]，充分振荡，使两种液体混合均匀，投入沸石，按图 3-18(a) 安装仪器[2]，用 25mL 量筒作接收器。

用小火加热混合物至沸腾，控制分馏柱顶温度计读数不超过 73℃[3]，直至无馏出液为止。这时烧瓶内出现白雾，停止加热，记下粗产品中油层的体积。

将粗产品倒入小锥形瓶中，用滴管吸去水层（亦可用分液漏斗），加入等体积的饱和食盐水，充分振荡后静置。待液体分层后，用吸管吸去水层，油层转移至干燥的小锥形瓶中，加入少量无水氯化钙干燥。

将干燥后的粗制环己烯进行蒸馏[4]，收集 82～85℃馏分[5]。

纯环己烯为无色透明液体，沸点为 83℃，$d_4^{20} = 0.8102$，$n_D^{20} = 1.4465$。

五、产品的定性鉴定方法

1. 取少量产品，往其中滴加溴的四氯化碳溶液，如果红棕色消失，说明产品为环己烯。

2. 取少量产品，往其中滴加冷的稀高锰酸钾碱性溶液，如果紫色消失并有棕色沉淀生成，说明产品为环己烯。

六、思考题

1. 该实验用磷酸催化比用硫酸催化有什么优点？

2. 如果实验产率太低，主要可能是哪些操作步骤中造成的损失？

3. 在粗产品中加入饱和食盐水的目的是什么？

【注释】

[1] 本实验也可用 1mL 浓硫酸代替磷酸作脱水剂，其余步骤相同。

〔2〕最好用油浴加热，使反应受热均匀。馏出的速度要缓慢均匀，以减少未反应的环己醇蒸出。

〔3〕反应中环己烯与水形成共沸物（沸点 70.8℃，含水 10%），环己醇和环己烯形成共沸物（沸点 64.9℃，含环己醇 30.5%），环己醇与水形成共沸物（沸点 97.8℃，含水 80%），因此，加热时温度不可过高，蒸馏速度不宜过快，以减少未反应的环己醇蒸出。

〔4〕整个蒸馏装置应完全干燥。

〔5〕蒸馏烧瓶中的残留液含有环己醇。蒸馏出的产品可以用气相色谱检测其纯度，固定液可用聚乙二醇、邻苯二甲酸二壬酯等。环己烯的红外谱图和核磁共振谱图如图 3-54～图 3-55 所示。

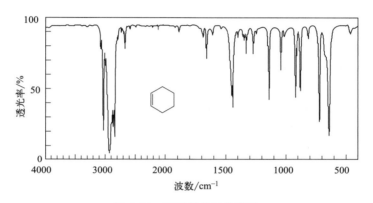

图 3-54 环己烯的红外谱图

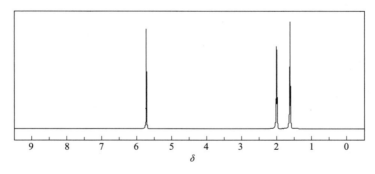

图 3-55 环己烯的核磁共振谱

实验四十二 正溴丁烷的制备

一、实验原理

在实验室中，通常以醇为原料，使其羟基被卤原子取代而制得卤代烷。

$$R\text{—}OH + HX \rightleftharpoons R\text{—}X + H_2O$$

本实验用溴化钠-硫酸法来制备正溴丁烷（n-butyl bromide）。

主反应：

$$NaBr + H_2SO_4 \longrightarrow HBr + NaHSO_4$$

$$n\text{-}C_4H_9OH + HBr \longrightarrow n\text{-}C_4H_9Br + H_2O$$

195

副反应：

$$CH_3CH_2CH_2CH_2OH \xrightarrow[\triangle]{H_2SO_4} CH_3CH_2CH\!=\!CH_2+H_2O$$

$$2n\text{-}C_4H_9OH \xrightarrow[\triangle]{H_2SO_4} (n\text{-}C_4H_9)_2O+H_2O$$

$$CH_3CH_2CH_2CH_2OH \longrightarrow CH_3CH_2CH_2CHO$$

$$CH_3CH_2CH_2CHO \longrightarrow CH_3CH_2CH_2COOH$$

$$2Br^- \longrightarrow Br_2（红棕色）$$

二、实验药品

正丁醇，溴化钠（无水）[1]，浓硫酸（相对密度 1.84），10％碳酸钠溶液，无水氯化钙。

三、实验所需时间

实验所需时间为 4h。

四、实验步骤

在 100mL 圆底烧瓶中加入 6.2mL 正丁醇，8.3g 研细的溴化钠和 1～2 粒沸石。烧瓶上装一回流冷凝管。在一个小锥形瓶中放入 10mL 水，将锥形瓶放入冷水浴中冷却，一边摇荡，一边慢慢加入 10mL 浓硫酸。将稀释后的硫酸溶液分四次从冷凝管上端加入圆底烧瓶中，每加一次都要充分振荡烧瓶，使反应物混合均匀。在冷凝管上口接一吸收溴化氢气体的装置[2]，见图 3-11（c）。注意：勿使漏斗全部浸入水中，见图 3-13（a），以免倒吸。将烧瓶放在电加热套或电炉上慢慢加热，保持回流 30min[3]。

反应完成后，将反应物冷却 5min，卸下回流冷凝管，用 75°弯管连接冷凝管进行蒸馏，如图 3-10（d）所示。仔细观察馏出液，直至无油滴馏出为止[4]。

将馏出液倒入分液漏斗中，将油层[5] 从下面放入一个干燥的小锥形瓶中，然后用 3mL 浓硫酸分两次加入锥形瓶内，每加一次都要充分振荡锥形瓶；如果混合物发热可用冷水浴冷却。将混合物倒入分液漏斗中，静置分层；放出下层的硫酸[6]。油层再依次用 10mL 水[7]、5mL 10％碳酸钠溶液和 10mL 水洗涤，将下层的粗正溴丁烷放入干燥的锥形瓶中，加 1～2g 块状的无水氯化钙，间歇振荡锥形瓶，直至液体澄清透明为止。

通过长颈漏斗将液体倒入 30mL 蒸馏烧瓶中（注意勿使氯化钙掉入蒸馏烧瓶中），加入 1～2 粒沸石，安装蒸馏装置，如图 3-10（a），加热蒸馏收集 99～102℃的馏分。

纯正溴丁烷为无色透明液体，沸点为 101.6℃，$d_4^{20}=1.277$[8]，$n_D^{20}=1.4398$。

五、产品的定性鉴定方法

取 1mL 5％硝酸银醇溶液盛于试管中，加 2～3 滴正溴丁烷，振荡后静置 5min，若无沉淀可煮沸片刻，生成淡黄色沉淀，加入 1 滴 5％硝酸，沉淀不溶者视为正反应；煮沸后只稍微出现浑浊而无沉淀（加 5％硝酸又会发生溶解），则视为负反应。

六、思考题

1. 本实验可能有哪些副反应？如何减少副反应？

2. 硫酸的浓度太高或太低对反应会有哪些影响？分别说明之。

3. 试说明粗产品精制过程中各步洗涤的作用（分别说明）。

4. 在最终蒸馏前，为什么必须用无水氯化钙干燥粗正溴丁烷？

【注释】

[1] 如用含结晶水的溴化钠（NaBr·2H₂O），可按物质的量换算，并相应地减少加入的水量。

〔2〕本实验中由于采用 1∶1 的硫酸（即 64％硫酸），回流时如果保持缓和的沸腾状态，很少有溴化氢气体从冷凝管上端逸出，这样，若在通风橱中操作，气体吸收装置可以省略。

〔3〕回流时间太短，则反应物中残留的未反应的正丁醇量相对多，产率低；回流 30min 后，此时再将回流时间继续延长，产率也不会提高多少。

〔4〕用盛清水的玻璃容器（如试管、锥形瓶、烧杯等）收集馏出液，看有无油滴。

〔5〕馏出液分为两层，通常下层为粗正溴丁烷（油层），上层为水。若未反应的正丁醇较多，或因蒸馏过久而蒸出一些氢溴酸恒沸液，则液层的密度发生变化，油层可能悬浮或变为上层。如遇此现象，可加清水稀释，使油层下沉。

〔6〕粗正溴丁烷中所含的少量未反应的正丁醇也可用 3mL 浓盐酸洗去。使用浓盐酸时，正溴丁烷在下层。

〔7〕油层如呈红棕色，系含有游离的溴。此时可用少量亚硫酸氢钠水溶液洗涤以除去溴。其反应方程式为：

$$Br_2 + NaHSO_3 + H_2O \longrightarrow 2HBr + NaHSO_4$$

〔8〕本实验制备的正溴丁烷经气相色谱分析，均含有 1％～2％的 2-溴丁烷。制备时若回流时间较长，则 2-溴丁烷含量会较高，但回流到一定时间后，2-溴丁烷的量就不再增加。原料正丁醇经气相色谱分析不含仲丁醇。气相色谱的固定液可用磷酸三甲酚酯或邻苯二甲酸二壬酯。

实验四十三　乙酸正丁酯的制备

一、实验原理

有机酸酯通常用羧酸和醇在少量酸性催化剂（如浓硫酸、固体超强酸、分子筛等）的催化作用下，进行酯化反应而制得。反应可用通式表示如下：

$$R-\overset{\overset{\displaystyle O}{\|}}{C}{-}[OH+H]{-}O{-}R' \xrightarrow{\text{催化剂}} R-\overset{\overset{\displaystyle O}{\|}}{C}-O-R' + H_2O$$

酯化反应是一个典型的、酸催化的可逆反应。为了提高酯化反应的产率，通常采用增加某一反应物用量（至于是增加酸还是醇的用量视原料来源及操作方便与否而定）或移去生成物酯或水的方法（一般都是借助形成低沸点共沸物来实现的），使反应向生成酯的方向进行。本实验就是利用移去生成物中的水来提高酯的产率的。

主反应：

$$CH_3COOH + CH_3CH_2CH_2CH_2OH \underset{\triangle}{\overset{H_2SO_4}{\rightleftharpoons}} CH_3COOCH_2CH_2CH_2CH_3 + H_2O$$

副反应：

$$CH_3CH_2CH_2CH_2OH \xrightarrow[\triangle]{H_2SO_4} CH_3CH_2CH{=}CH_2 + H_2O$$

$$2n\text{-}C_4H_9OH \xrightarrow[\triangle]{H_2SO_4} (n\text{-}C_4H_9)_2O + H_2O$$

$$CH_3CH_2CH_2CH_2OH \longrightarrow CH_3CH_2CH_2CHO$$
$$CH_3CH_2CH_2CHO \longrightarrow CH_3CH_2CH_2COOH$$

二、实验药品

正丁醇，冰醋酸，浓硫酸，10％碳酸钠溶液，无水硫酸镁。

三、实验所需时间

实验所需时间为 4h。

四、实验步骤

在干燥的 50mL 圆底烧瓶中，装入 11.5mL 正丁醇和 7.2mL 冰醋酸，再加入 3～4 滴浓硫酸[1]混合均匀，投入沸石，然后安装分水器及回流冷凝管，如图 3-12(b)所示，并在分水器中预先加水至略低于支管口。在热源（如电热套、电炉等）上加热回流，反应一段时间后把水逐渐分去[2]，保持分水器中水层液面在原来的高度。约 40min 后不再有水生成，表示反应完毕。停止加热，记录分出的水量[3]。冷却后卸下回流冷凝管，把分水器中分出的酯层和圆底烧瓶中的反应液一起倒入分液漏斗中，分别用 10mL 水、10mL10％碳酸钠溶液和 10mL 水依次洗涤，每一次洗涤都要分去水层，最后将酯层倒入小锥形瓶中，加少量无水硫酸镁干燥。

将干燥后的粗乙酸正丁酯（n-butyl acetate）倒入干燥的 50mL 蒸馏烧瓶中（注意不要将硫酸镁倒进去！），加入沸石，安装普通蒸馏装置，在电热套上加热蒸馏。收集 124～126℃的馏分。前后馏分倒入指定的回收瓶中。

纯乙酸正丁酯为无色透明液体，沸点为 126.3℃，$d_4^{20}=0.8824$，$n_D^{20}=1.3947$。

五、产品的定性鉴定方法

1．碱性异羟肟酸铁（Ⅲ）试验法[4]

将两滴乙酸正丁酯样品溶于 20 滴 $0.5\mathrm{mol \cdot L^{-1}}$ 盐酸羟氨乙醇溶液中，加入 4 滴 20％ NaOH。在水浴上加热反应混合物，沸腾 2～3min，冷却溶液，加入 2mL $1\mathrm{mol \cdot L^{-1}}$ HCl。如果出现浑浊，加入 2mL 95％乙醇。逐滴加入 5％ $FeCl_3$ 溶液，观察颜色，出现红-紫色，表明鉴定的化合物是乙酸正丁酯。

2．气相色谱法

用邻苯二甲酸二壬酯作固定液。柱温和检测温度为 100℃，气化温度为 150℃。氢为载气，流速为 45mL/min。采用热导检测器。

在此条件下，先作一标准样谱图，再将合成的乙酸正丁酯样品进行色谱分析，将得到谱图中的主馏分峰与标准样比较即可得出结论。

另外 IR 和 NMR 两谱图共同分析，可鉴定化合物的结构。

六、思考题

1. 本实验是根据什么原理来提高乙酸正丁酯的产率的？
2. 计算理论生成水量，实际收集水量可能比理论量还多，试解释之。
3. 反应完毕的粗制品中，除产物乙酸正丁酯外还含有什么物质（杂质）？如何除去？
4. 如果在最后蒸馏时前馏分较多，其原因是什么？对产率有何影响？

【注释】

[1] 浓硫酸在反应中起催化作用，故只需少量加入，如浓硫酸过多容易发生氧化反应。

[2] 本实验利用恒沸混合物除去酯化反应中生成的水。正丁醇、乙酸正丁酯和水形成的

几种恒沸混合物，如表 3-5 所示。

表 3-5 乙酸正丁酯、正丁醇和水形成恒沸混合物

恒沸混合物	组分	沸点/℃	组成(质量分数)/%		
			乙酸正丁酯	正丁醇	水
二元	乙酸正丁酯-水	90.7	72.9		27.1
	正丁醇-水	93.0		55.5	44.5
	乙酸正丁酯-正丁醇	117.7	32.8	67.2	
三元	乙酸正丁酯-正丁醇-水	90.7	63.0	8.0	29.0

〔3〕根据分出的总水量（注意扣除预先加到分水器中的水量），可以粗略地估计酯化反应完成的程度。

〔4〕该鉴定方法的基本原理是：在碱存在下，酯与盐酸羟氨反应生成异羟肟酸，后者与铁（Ⅲ）配位，生成紫色的配合物。因为铁离子在酚和醛或酮的烯醇式存在下也产生紫色，所以必须首先用 $FeCl_3$ 试验待测化合物，以排除这两种结构的存在。反应如下：

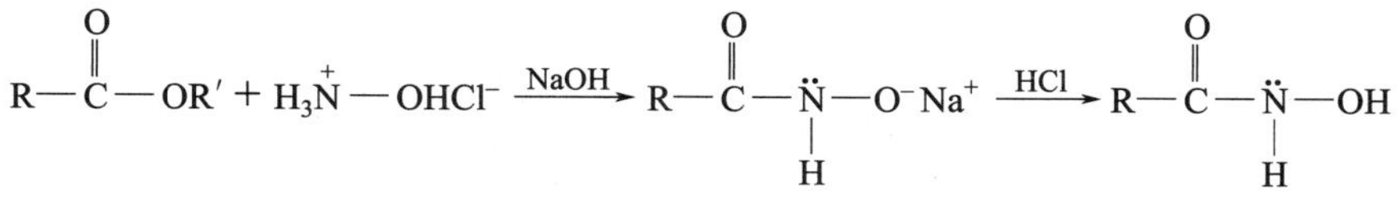

异羟肟酸

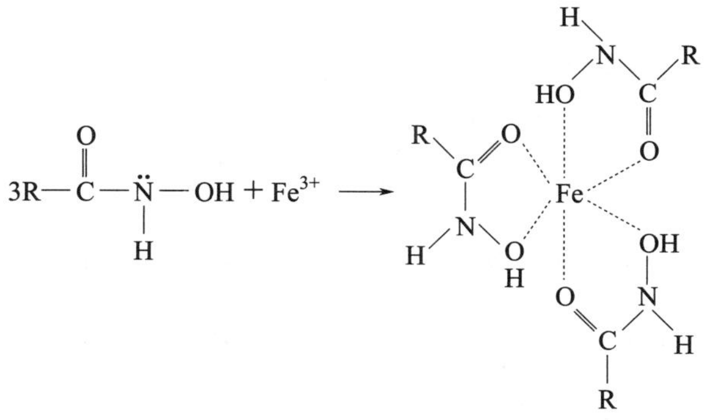

紫色络合物

实验四十四　邻苯二甲酸二丁酯的制备

一、实验原理

邻苯二甲酸二丁酯（n-dibutyl phthalate）是由邻苯二甲酸酐和正丁醇酯化反应制得的，其原理与实验四十三相似。

主反应[1]：

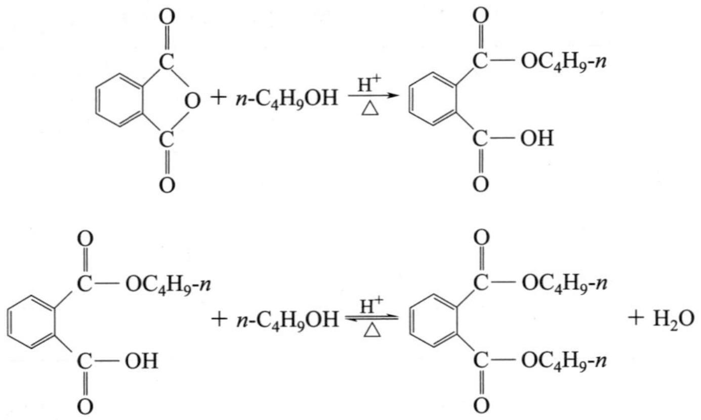

副反应：

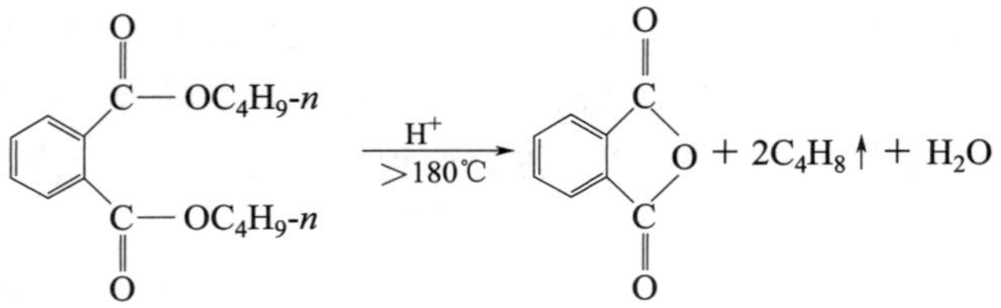

二、实验药品

邻苯二甲酸酐，正丁醇，浓硫酸，5％碳酸钠溶液，饱和食盐水。

三、实验所需时间

实验所需时间约为 6h。

四、实验步骤

在干燥的 50mL 三口烧瓶中，加入 7.4g 邻苯二甲酸酐、13.7mL 正丁醇[2]、3 滴浓硫酸及几粒沸石，摇动使充分混合。在一个侧口安装温度计，其水银球必须伸至液面下，中间瓶口安装分水器，内盛适量水，分水器上端安一回流冷凝管，另一侧口放一磨口塞，如图 3-12（a）所示。

在电热套上用小火加热，间歇摇动烧瓶，约 10min 后，固体的邻苯二甲酸酐全部消失，形成邻苯二甲酸单丁酯。

稍加大电压，使反应混合物沸腾。很快就观察到从冷凝管滴入分水器的冷凝液中有小水珠下沉[3]。随着酯化反应的进行，分出的水层逐渐增多，上层的正丁醇不断流回反应瓶中参与反应，同时反应混合物的温度也逐渐上升。待分水器中的水层不再增加，反应混合物的温度上升到 160℃时[4]，停止加热。整个反应时间需 2～3h。

当反应物冷却到 70℃以下时，将反应物倒入分液漏斗中，用等量饱和食盐水洗涤两次，再用少量 5％碳酸钠溶液中和，然后用饱和食盐水洗涤有机层到中性。将分离出来的油状粗产物进行常压蒸馏，除去正丁醇，再用油泵进行减压蒸馏，收集 180～190℃/1.33kPa（10mmHg）的馏分[5]。

纯邻苯二甲酸二丁酯为无色透明黏稠液体，沸点为 340℃，$d_4^{20}=1.045$，$n_D^{20}=1.4911$。

五、产品的定性鉴定方法

参见实验四十三乙酸正丁酯的鉴定方法。

六、思考题

1. 正丁醇在硫酸存在下加热到这样高的温度，可能有哪些副反应？硫酸用量过多会有什么不良影响？

2. 为什么用饱和食盐水洗涤后，不必进行干燥，即可进行蒸去正丁醇的操作？

【注释】

［1］邻苯二甲酸酐和正丁醇作用生成邻苯二甲酸二丁酯的反应是分两步进行的。第一步生成邻苯二甲酸单丁酯，这步反应进行得较迅速和完全。第二步是由单丁酯和正丁醇在无机酸催化作用下生成邻苯二甲酸二丁酯和水，大体积的酸与醇反应慢，需要较高的温度和较长的时间。

［2］酯化反应是一个平衡反应，使平衡向生成酯的方向移动，本实验采用过量的正丁醇。也可用如下的方法来进行本实验，即用 0.05mol 邻苯二甲酸酐和 0.1mol 正丁醇，另加 10mL 苯。这样可以利用苯和水形成二元恒沸物（沸点 69.4℃，含苯 91.1%）的方法将生成的水不断除去。

［3］正丁醇和水形成二元恒沸混合物（沸点 93℃，含正丁醇 55.5%）。恒沸混合物冷凝时分成两个液相，上层为含 20.1% 水的醇层，下层为含 7.7% 醇的水层。为了使水有效地分离出来，可在分水器上部绕几圈橡皮管并通水冷却。

［4］邻苯二甲酸二丁酯在无机酸存在下，温度高于 180℃ 易发生分解反应。

［5］邻苯二甲酸二丁酯可在不同压力下蒸馏，其沸点-压力的关系如表 3-6 所示。

表 3-6　邻苯二甲酸二丁酯沸点与压力之间的关系

压力/kPa	2.666	1.333	0.667	0.267
压力/mmHg	20	10	5	2
沸程/℃	200～210	180～190	175～180	165～170

实验四十五　乙酰苯胺的制备

一、实验原理

芳香族伯胺可用几种方法乙酰化，其乙酰化试剂可以是乙酰氯、乙酸酐和冰醋酸。其中以冰醋酸作乙酰化试剂反应最慢，但其价格便宜，操作方便，对环境不会造成污染。本实验是以冰醋酸作乙酰化试剂，利用增加反应物冰醋酸的量和移去生成物水的方法来提高乙酰苯胺（acetanilide）的产率的。

反应式：

$$\text{\bigcirc—NH}_2 + CH_3COOH \xrightarrow{Zn} \text{\bigcirc—NHCOCH}_3 + H_2O$$

二、实验药品

苯胺，冰醋酸，锌粉，活性炭。

三、实验所需时间

实验所需时间为 4h。

四、实验步骤

方法一：常量法

在 50mL 圆底烧瓶上装一支分馏柱,柱顶插一支温度计,用小量筒收集稀醋酸溶液,如图 3-56 所示。

在圆底烧瓶中放入 5mL 新蒸馏过的苯胺[1]、7.4mL 冰醋酸和 0.1g 锌粉[2],用小火加热至沸腾。控制火焰,保持温度计读数在 105℃左右。约经过 40~60min,反应所生成的水(含少量醋酸)可完全蒸出。当温度计的读数发生上下波动时(有时反应器中出现白雾),反应即达终点,停止加热。

在不断搅拌下把反应混合物趁热以细流慢慢倒入盛有 100mL 水的烧杯中。继续剧烈搅拌,并冷却烧杯,使粗乙酰苯胺成细粒状完全析出。用布氏漏斗抽滤析出的固体。用玻璃瓶塞或玻璃棒把固体压碎,再用 5~10mL 冷水洗涤以除去残留的酸液。把粗乙酰苯胺放入 150mL 热水中,加热至沸腾。如果仍有未溶解的油珠[3],需补加热水,直到油珠完全溶解为止[4]。稍冷后加入约 0.5g 粉末状活性炭[5],用玻璃棒搅拌并煮沸 2~5min。趁热用预先加热好的布氏漏斗和吸滤瓶减压过滤[6]。在烧杯中冷却滤液,乙酰苯胺呈白色片状晶体析出。减压过滤,尽量挤压以除去晶体中的水分。产品放在表面皿上用红外灯干燥。

纯乙酰苯胺是白色、有光泽的鱼鳞片状晶体,熔点为 114~116℃。

方法二:微量法

在 5mL 的锥形瓶中加入 0.13mL(1.4mmol)新蒸馏的苯胺、0.19mL(3.3mmol)冰醋酸和 3mg 锌粉,装上微型分馏头、温度计和回流冷凝管。在沙浴上小心地加热至沸腾,使反应生成的水完全蒸出[7],当温度计读数开始下降(此时反应瓶中出现白雾)时,停止加热。

在搅拌下,把反应混合物趁热细流慢慢倒入盛 3mL 水的小烧杯中,搅拌下冷却使乙酰苯胺成细粒状析出。采用如图 3-57 所示的抽滤装置,用 0.05mL 冷水洗涤固体。粗乙酰苯胺放入盛 4mL 热水的烧杯中,加热至沸腾,如果有油珠,补加热水至全部溶解[8]。冷却,乙酰苯胺晶体析出,抽滤,产物放到表面皿上干燥后测熔点。

图 3-56　乙酰苯胺制备装置

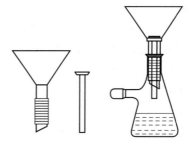

图 3-57　微量法抽滤装置

微量法产量约 50mg。

五、产品的定性鉴定方法

1. 熔点法

将制得的乙酰苯胺充分干燥后,用齐列熔点测定法或微量熔点测定仪测其熔点,将测得值与文献值比较即可得出结论。

2. 红外光谱法

将合成的乙酰苯胺的红外光谱图与标准样的红外谱图（图 3-58）对照，如果两者一致，则可确定合成的产物为乙酰苯胺。

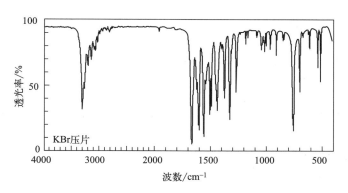

图 3-58　乙酰苯胺红外谱图

六、思考题

1. 为什么要保持蒸气温度在 105℃左右？

2. 本实验利用什么原理来提高乙酰苯胺的产率？

3. 在重结晶过程中，必须注意哪些事项才能得出产率高、品质好的产品？

【注释】

［1］久置的苯胺色深，会影响生成的乙酰苯胺的质量，使用前需要蒸馏提纯。

［2］锌粉的作用是防止苯胺在反应过程中氧化。但必须注意，不能加得过多，否则在后处理中会出现难溶于水的氢氧化锌。

［3］此油珠是熔融状态的含水的（如苯胺清澈透明可不加锌粉）乙酰苯胺（83℃时含水13％）。如果溶液温度在 83℃以下，溶液中未溶解的乙酰苯胺以固态存在。

［4］乙酰苯胺在不同温度下 100mL 水中的溶解度为：25℃，0.563g；80℃，3.5g；100℃，5.2g。在以后各步加热煮沸时，会蒸发掉一部分水，需随时补加热水。本实验重结晶时水的用量，最好使溶液在 80℃左右接近饱和状态。

［5］不要在沸腾的溶液中加入活性炭，否则会引起突然暴沸，致使溶液冲出容器。

［6］事先将布氏漏斗和吸滤瓶放在水浴锅中预热，而且预热到足够的温度。这一步若没做好，乙酰苯胺晶体将在布氏漏斗内析出，引起操作上的麻烦和造成损失。

［7］微量制备生成的水很少，温度计读数很难达到 100℃，一般为 70～80℃。

［8］产物很少，不需要加活性炭脱色。

实验四十六　苯甲醇和苯甲酸的制备

一、实验原理

此反应为没有活泼氢的醛发生的自身氧化还原反应，反应条件为浓的强碱。

主反应：

$$2 \bigob{benzene}-CHO + NaOH \longrightarrow \bigob{benzene}-COONa + \bigob{benzene}-CH_2OH$$

$$\bigobj{benzene}-COONa + HCl \longrightarrow \bigobj{benzene}-COOH$$

副反应：

$$\bigobj{benzene}-CHO + O_2 \longrightarrow \bigobj{benzene}-COOH$$

二、实验药品

苯甲醛，氢氧化钠，浓盐酸，乙醚，饱和亚硫酸氢钠溶液，10％碳酸钠溶液，无水硫酸镁。

三、实验所需时间

实验所需时间为 5h。

四、实验步骤

在 100mL 圆底烧瓶中，放入 11g 氢氧化钠和 36mL 水[1]，振荡使之溶解，冷却至室温后，加入 12.6mL 新蒸馏过的苯甲醛，投入沸石，装上回流冷凝管。注意，磨口处必须涂上凡士林，否则容易将磨口粘住。用电热套加热回流 1h，不断振荡。当苯甲醛油层消失，反应物变成透明时，表明反应已达终点。立即向烧瓶内加 40mL 冷水，摇均匀后再用水冷却[2] 至室温。

1. 苯甲醇的制备

将反应液倒入分液漏斗中，用 30mL 乙醚分三次萃取苯甲醇（benzyl alcohol）。保存萃取过的水溶液供下一步使用。合并乙醚萃取液，用 5mL 饱和亚硫酸氢钠溶液洗涤，然后依次用 10mL 10％碳酸钠溶液和 10mL 冷水洗涤。分离出乙醚溶液，用无水硫酸镁或无水碳酸钾干燥。

将干燥的乙醚溶液倒入 50mL 蒸馏烧瓶中，用热水浴加热，蒸出乙醚（倒入指定的回收瓶内），然后改用空气冷凝管，用电热套加热，蒸馏出苯甲醇，收集 198～206℃ 的馏分。

纯苯甲醇为无色液体，沸点为 205.4℃，$d_4^{20} = 1.0450$。

2. 苯甲酸的制备

在不断搅拌下，将上一步骤中保存的水溶液以细流慢慢地倒入 40mL 浓盐酸。减压抽滤析出的苯甲酸（benzoic acid）用少量冷水洗涤，挤压去水分。取出产品放在表面皿上，用红外灯烘干。粗苯甲酸可用水进行重结晶。纯苯甲酸为白色针状晶体，熔点为122.4℃。

五、产品的定性鉴定方法

1. 苯甲醇的鉴定方法

（1）卢卡斯试验

将 40g 无水或熔融过的 ZnCl_2 溶于 25mL 浓 HCl 中，在冰水浴中冷却，此溶液即为卢卡斯试剂。将 4～5 滴苯甲醇样品加到盛有 2～3mL 卢卡斯试剂的试管中，很快会观察到浑浊现象和分层现象，证明苯甲醇的存在。

（2）琼斯氧化法试验（铬酸氧化）

将 10g CrO_3 溶于 10mL 浓 H_2SO_4 中。小心地把硫酸-三氧化铬溶液加到 30mL 水中，即得到铬酸溶液。将 2 滴苯甲醇样品溶于 20 滴试剂级丙酮中，在摇动下，逐滴加 5~6 滴铬酸溶液到丙酮溶液中。2~5s 可观察到绿色沉淀 $Cr_2(SO_4)_3$。

2. 苯甲酸的鉴定方法

pH 试纸试验：将 10mg 苯甲酸样品溶于 95％乙醇中，然后，在摇动下逐滴加水，直至溶液正好变浑。立即在摇动下逐滴加入 95％乙醇，直至溶液变清。用 pH 试纸检验，若 pH 试纸变成酸型色即为正性结果。

另外，苯甲酸易溶于 Na_2CO_3 水溶液，并放出 CO_2 气体，此法也可用于鉴定苯甲酸。也可用波谱分析的方法鉴定。苯甲醇和苯甲酸的红外谱图如图 3-59、图 3-60 所示。

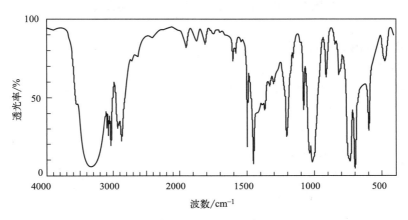

图 3-59 苯甲醇红外谱图

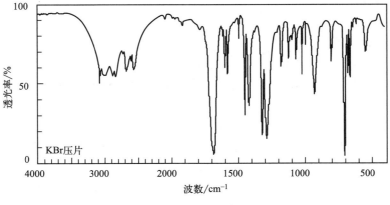

图 3-60 苯甲酸红外谱图

六、思考题

1. 为什么要用新蒸馏过的苯甲醛？长期放置的苯甲醛含什么杂质？若不除去杂质，对本实验有何影响？

2. 乙醚萃取液为什么要用饱和亚硫酸氢钠溶液洗涤？萃取过的水溶液是否也需要用饱和亚硫酸氢钠溶液处理？为什么？

【注释】

　[1] 也可以改用 11.5g 氢氧化钾和 40mL 水。

　[2] 本实验也可采用放置过夜的方法。即在 150mL 锥形瓶中，加入 11g 氢氧化钠和 11mL 水，配成溶液，冷却至室温。在振荡下分四次加入 12.6mL 新蒸馏过的苯甲醛，每加一次均应塞紧瓶塞用力振荡（若温度过高，可用冷水浴冷却），使反应物混合均匀，最后反应物呈白色糊状物。塞紧瓶塞，放置过夜。

3.3　有机化学提高实验

实验四十七　正丁基苯基醚的制备

A. 威廉森（Williamson）法

一、实验原理

卤代烃与醇钠反应是合成醚的重要方法之一，这一传统方法特别适用于不对称醚的合成。

反应式：

$$2CH_3CH_2OH + 2Na \longrightarrow 2CH_3CH_2ONa + H_2 \uparrow$$

$$CH_3CH_2ONa + C_6H_5OH \longrightarrow C_6H_5ONa + CH_3CH_2OH$$

$$C_6H_5ONa + CH_3CH_2CH_2CH_2Br \longrightarrow C_6H_5OCH_2CH_2CH_2CH_3 + NaBr$$

二、实验药品

苯酚，金属钠，正溴丁烷，无水乙醇，10％氢氧化钠溶液，无水硫酸镁，3％硫酸。

三、实验所需时间

实验所需时间为 6h。

四、实验步骤

本实验所用仪器必须是干燥的，且应在通风橱中进行。

安装好装置，即在 100mL 三口烧瓶中口装一恒压滴液漏斗，一侧口装球形冷凝管，另一侧口用磨口塞塞紧。

从三口烧瓶的一个侧口加入 1.2g 金属钠[1]，从冷凝管上口加入 25mL 无水乙醇[2]，钠与乙醇立即反应，放热，并释放出大量氢气。若反应过于剧烈，烧瓶温度过高，可用冷水浴冷却，但不宜过分冷却，以免有未反应的金属钠残留下来。

将 4.7g 苯酚溶于 5mL 无水乙醇中的混合溶液倒入三口烧瓶中，再从滴液漏斗中滴加由 7.7mL 正溴丁烷和 5mL 无水乙醇混合而成的溶液，并于 15min 内滴加完毕，间歇振荡烧瓶，加入几粒沸石，加热回流 3h。

将回流装置改为蒸馏装置，在沸水浴上尽可能将乙醇蒸出（蒸出的乙醇倒入指定的回收瓶中）。往烧瓶中的残留物里加入适量的水。用分液漏斗分出油层。油层用 10％氢氧化钠溶液洗涤两次，每次用 3mL；再依次用水、3％硫酸溶液和水洗涤，然后用无水硫酸镁干燥。

用 30mL 圆底烧瓶组装的空气冷凝管蒸馏装置蒸馏。收集 207～211℃馏分[3]。

纯正丁基苯基醚（n-butyl phenyl ether）为无色透明液体，沸点为 $210℃$，$d_4^{20}=0.94$，$n_D^{20}=1.4969$。

B. 相转移催化方法

一、实验原理

相转移催化（phase-transfer catalysis，简称 PTC）技术是 20 世纪 60 年代末出现的一种新兴而有效的合成技术。该技术的出现使有机合成方法在某些情况下摆脱了经典的技巧，而代之以新的方法。相转移催化具有反应条件温和、操作简便、反应时间短、选择性高、副反应少等优点，广泛用于有机合成中。

相转移催化反应的基本原理是：在两个不相溶的相间（液-液两相或固-液两相），借助于催化剂把一种实际参加反应的实体（如负离子）从一相（如水相）转移到另一相（如有机相）中，以使它与该相中的另一种物质发生反应，合成所需的产物。其反应过程如下（以正丁基苯基醚的制备为例）：

$$C_6H_5OH+NaOH \Longleftrightarrow C_6H_5ONa+H_2O$$

$$C_6H_5ONa+Q^+Br^- \Longleftrightarrow Q^+C_6H_5O^-+NaBr \qquad 水相$$

$$n\text{-}C_4H_9OC_6H_5+Q^+Br^- \Longleftrightarrow Q^+C_6H_5O^-+n\text{-}C_4H_9Br \qquad 有机相$$

相界

反应式：

$$C_6H_5OH+n\text{-}C_4H_9Br \xrightarrow[\text{PTC}]{\text{NaOH}} n\text{-}C_4H_9OC_6H_5$$

二、实验药品

苯酚，正溴丁烷，氢氧化钠，溴化四丁基铵，10％氢氧化钠溶液，无水硫酸镁，饱和食盐水。

三、实验所需时间

实验所需时间为 4h。

四、实验步骤

实验装置采用电动搅拌回流装置。

在 100mL 三口烧瓶中加入 6.3g 苯酚、25mL 水、5.2g 氢氧化钠、25mL 正溴丁烷和 0.3g 相转移催化剂溴化四丁基铵。安装好电动搅拌装置后，打开电动搅拌、加热回流反应 2h。

反应结束后冷却分出水层。油层用 10％氢氧化钠溶液洗涤两次，每次 10mL；再用饱和食盐水洗涤三次[4]，每次 10mL，洗至中性。洗涤好的产品用无水硫酸镁干燥。用普通蒸馏装置蒸出正溴丁烷后，改用空气冷凝管蒸馏正丁基苯基醚，收集 200～210℃馏分。

纯正丁基苯基醚为无色透明液体，沸点为 $210℃$，$d_4^{20}=0.94$，$n_D^{20}=1.4969$。

五、产品的定性鉴定方法

醚从结构上看性质很稳定，故没有简便的化学鉴定方法。脂肪族醚用物理性质或借助红外光谱与核磁共振谱来鉴定。有芳环的醚则可先制得其溴或硝基衍生物，再进行鉴定。

正丁基苯基醚的标准红外谱图见图 3-61。

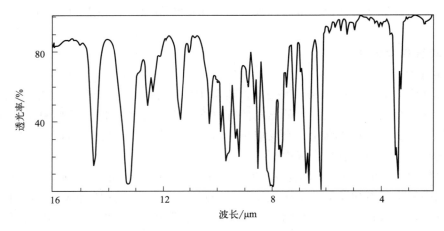

图 3-61　正丁基苯基醚红外谱图

六、思考题

1. 是否可用溴苯与正丁醇钠反应来制备正丁基苯基醚？为什么？

2. 本实验为什么不直接制备酚钠而是先制备乙醇钠溶液，再由后者来制备酚钠？

3. 本实验是否会有大量苯乙醚副产物生成？为什么？

【注释】

［1］金属钠须用压钠机制成钠丝，或在盛有环己烷等惰性烃的研钵中切成小片。

［2］无水乙醇用市售商品，也可自制。无水乙醇的自制方法是：在 500mL 圆底烧瓶中加入 200mL 95％乙醇和 50g 块状坚硬的生石灰，塞紧瓶口，放置过夜（若不放置，可适当延长回流时间）。

取下瓶塞，安装成防潮回流装置，在沸水浴上加热回流 2～3h，稍冷后卸下冷凝管，改装成防潮蒸馏装置，在沸水浴上加热蒸馏（一般用干燥剂干燥有机溶剂时，在蒸馏前应先过滤除去。但氧化钙与乙醇中的水反应生成的氢氧化钙在加热时不分解，故可留在瓶中一起蒸馏），前 5～10mL 馏分另行收集。经此处理可得 99.5％乙醇。

［3］最后纯化产物可用常压蒸馏，也可以用减压蒸馏。若用减压蒸馏，在压力为 2.26kPa（17mmHg）时，可收集 93～97℃馏分。

［4］在分水、洗涤分层操作中，由于有相转移催化剂存在，因此，分液漏斗不宜过分剧烈振荡，以免乳化不易分层。一旦乳化，加少量食盐即可分层。静置分层时，静置时间应稍长些，以使彻底分层后再分出水层，否则会降低产率。

实验四十八　乙酰水杨酸的制备

乙酰水杨酸通常被称为阿司匹林，可由水杨酸（邻羟基苯甲酸）和乙酸酐合成。早在 18 世纪，人们已从柳树皮中提取出了水杨酸，并注意到它可以用于止痛、退热和抗炎，但对肠胃刺激作用较大。19 世纪末，人们终于成功合成了可以替代水杨酸的有效药物——乙酰水杨酸。目前，阿司匹林仍然是广泛使用的具有解热止痛作用的治疗感冒的药物，并发现它有抑制心脏病、防止血栓和中风等新的功能，其医用价值似乎还未穷尽。

一、实验原理

水杨酸是具有酚羟基和羧基的双官能团化合物，能进行两种不同的酯化反应，当与乙酸酐作用时，可以得到乙酰水杨酸，即阿司匹林。如与过量的甲醇反应，则生成水杨酸甲酯，它是首先作为冬青树的香味成分被发现的，因此也称为冬青油。本实验将合成乙酰水杨酸。

反应式：

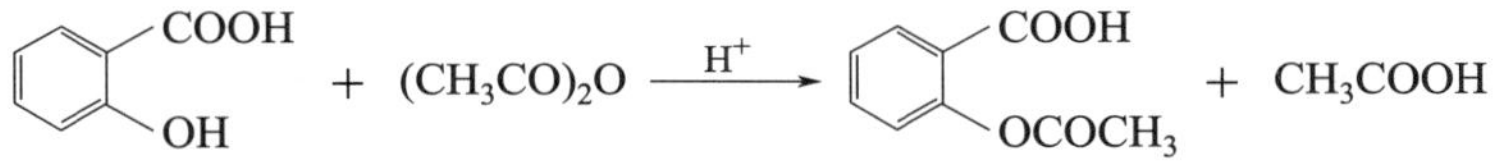

在生成乙酰水杨酸的同时，水杨酸分子之间可以发生缩合反应，生成少量聚合物。

副反应：

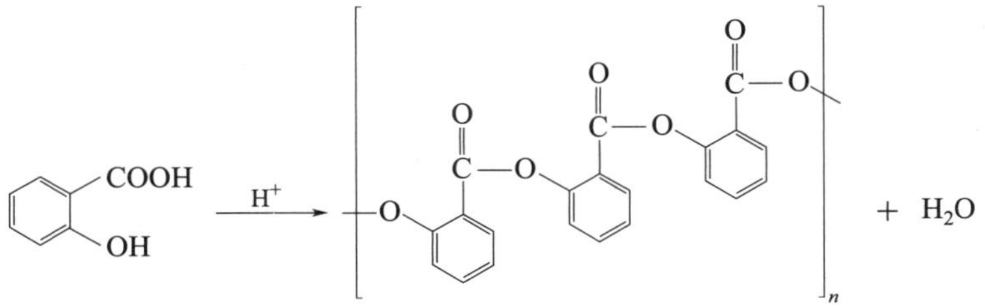

乙酰水杨酸能与碳酸氢钠反应生成水溶性钠盐，而副产物聚合物不能溶于碳酸氢钠，这种性质上的差别可用于阿司匹林的纯化。

存在于最终产物中的杂质可能是水杨酸本身，这是由乙酰化反应不完全或产物在分离步骤中发生水解造成的。水杨酸可以在纯化过程和产物的重结晶过程中被除去。与大多数酚类化合物一样，水杨酸可与三氯化铁形成深色络合物，阿司匹林的酚羟基已被酰化，不再与三氯化铁发生颜色反应，因此杂质很容易被检出。

二、实验药品

水杨酸，乙酸酐[1]，饱和碳酸氢钠水溶液，1%三氯化铁溶液，乙酸乙酯，浓硫酸，浓盐酸。

三、实验所需时间

实验所需时间为4h。

四、实验步骤

在100mL锥形瓶中加入2g水杨酸、5mL乙酸酐和5滴浓硫酸，旋摇锥形瓶使水杨酸全部溶解后，在水浴上加热5～10min，控制浴温在70～75℃。冷至室温，即有乙酰水杨酸结晶析出。如不结晶，可用玻璃棒摩擦瓶壁并将反应物置于冰水中冷却使结晶产生。加入50mL水，将混合物继续在冰水浴中冷却使结晶完全。减压过滤，用滤液反复淋洗锥形瓶，直至所有晶体被收集到布氏漏斗中。每次用滤液洗涤结晶几次，继续抽吸将溶剂尽量抽干。粗产物转移至表面皿上，在空气中风干，称量，粗产物约1.8g。

将粗产物转移至250mL烧杯中，在搅拌下加入25mL饱和碳酸氢钠溶液，继续搅拌几分钟，直至无二氧化碳气泡产生。抽气过滤，副产物聚合物应被滤出，用5～10mL水冲洗漏斗，合并滤液，倒入预先盛有3～4mL浓盐酸和10mL水配成溶液的烧杯中，搅拌均匀，即有乙酰水杨酸沉淀析出。将烧杯置于冰浴中冷却，使结晶完全。减压过滤，用洁净的玻璃塞挤压滤饼，尽量抽去滤液，再用冷水洗涤2～3次，抽干水分。将结晶移至表面皿上，干燥后约 1.58g，熔点为 133～135℃[2]。

取几粒结晶加入盛有 5mL 水的试管中，加入 1～2 滴 1% 三氯化铁溶液，观察有无颜色反应。为了得到更纯的产品，可将上述结晶的一半溶于最少量的乙酸乙酯中（需 2～3mL），溶解时应在水浴上小心地加热。如有不溶物出现，可用预热过的玻璃漏斗趁热过滤。将滤液冷至室温，阿司匹林晶体析出。如不析出结晶，可在水浴上稍加浓缩，并将溶液置于冰水中冷却，或用玻璃棒摩擦瓶壁，抽滤收集产物，干燥后测熔点。

五、产品的定性鉴定方法

1. 熔点法

将制得的乙酰水杨酸充分干燥后，测定其熔点，将测得的值与文献值比较。乙酰水杨酸为白色针状晶体，熔点为 135～136℃[2]。

2. 红外光谱法

将合成产物的红外谱图与标准红外谱图（图 3-62）对照，如果一致，则可确定合成产物为乙酰水杨酸。

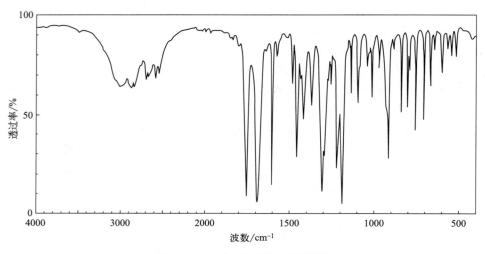

图 3-62　乙酰水杨酸的红外谱图

六、思考题

1. 制备阿司匹林时，加入浓硫酸的目的何在？

2. 反应中有哪些副产物？如何除去？

3. 阿司匹林在沸水中受热分解而得到一种溶液，后者对三氯化铁呈阳性试验，试解释之，并写出反应方程式。

4. 试对邻羟基苯甲酸和乙酰水杨酸红外谱图中官能团区的吸收峰加以解析，说明二者有何不同。

【注释】

[1] 乙酸酐应是新蒸的，收集 139～140℃馏分。

[2] 乙酰水杨酸受热易分解，因此熔点不很明显，它的分解温度为 128～135℃。测定熔点时，应先将载体加热至 120℃左右，然后放入样品测定。

实验四十九　乙酰二茂铁的制备

二茂铁的发现（T. J. Kealy 和 P. L. Pauson）是有机化学史上的一个重大事件。二茂铁是由两个环戊二烯负离子与亚铁离子形成的络合物，其中铁夹在两个环戊二烯环平面的中间，呈三明治结构。二茂铁为橙色晶体，有樟脑气味，熔点为 $173 \sim 174 \, ℃$，不溶于水，溶于乙醇、乙醚、石油醚和苯等；对紫外线、酸、碱等稳定，具有特殊的稳定性，加热到 $470 \, ℃$ 以上才开始分解，可用作紫外线吸收剂、火箭燃料添加剂和汽油的抗震剂等。二茂铁及其衍生物是重要的有机合成中间体，它们因具有独特的物理和化学性质，在功能材料和生物医学等领域得到了广泛应用。另外，二茂铁及其衍生物的合成与应用也推动了金属有机化合物结构理论的发展。由于在二茂铁等金属有机化合物结构与性质方面的开创性研究工作，德国科学家 E. O. Fischer 和英国科学家 G. Wilkinson 在 1973 年获得诺贝尔化学奖。

一、实验原理

二茂铁可由环戊二烯钾（或钠）盐与亚铁盐反应得到，也可由环戊二烯与氯化铁反应制备。反应如下：

二茂铁具有与酸、碱都不易发生反应的芳香性质，不能进行环戊二烯类似的加成反应，但更容易发生 Friedel-Crafts 酰化等芳香亲电取代反应。由于容易被氧化，有关二茂铁的反应一般在惰性气体保护下进行，但在与乙酸酐进行 Friedel-Crafts 反应时，可不必进行惰性气体保护。由于催化剂和酰化条件的不同，可得到乙酰二茂铁和 $1,1'$-二乙酰二茂铁。

主反应：

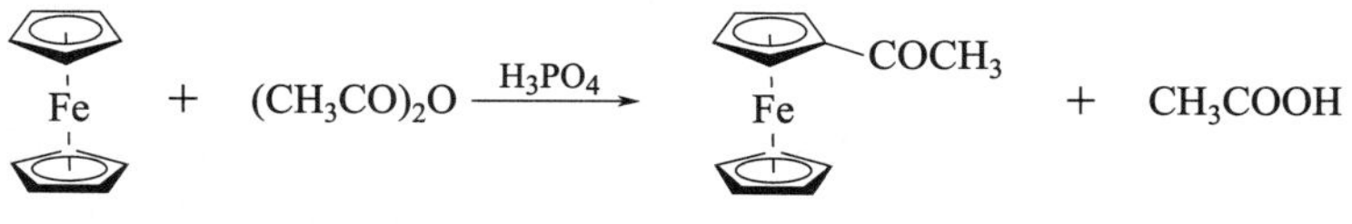

副反应：

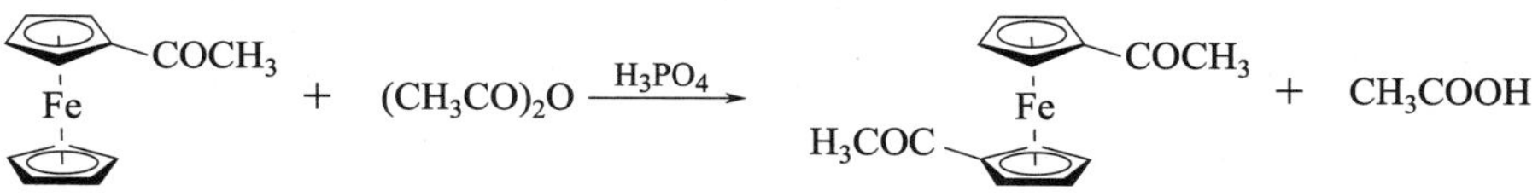

二、实验药品

85% 氢氧化钾、四水合氯化亚铁、环戊二烯、乙酸酐、乙二醇二甲醚、二甲亚砜、盐酸（$6 \, mol/L$）、85% 磷酸（$1 \, mL$）、10% 氢氧化钠溶液、碳酸氢钠、石油醚（$60 \sim 90 \, ℃$）、甲苯、乙醇、活性炭。

三、实验所需时间

实验所需时间为 8h。

四、实验步骤

1. 二茂铁的制备

在一个干燥的研钵中迅速研细 12.5g 氢氧化钾，加入 100mL 圆底烧瓶中，再加入 30mL 乙二醇二甲醚和搅拌子，在冰水浴中搅拌 1～2min 使其混合均匀。使氮气导气管的末端浸没到液面以下，向混合物中通入氮气 2min[1]。迅速取出氮气导气管，塞好烧瓶，搅拌使氢氧化钾[2]尽快溶解。

在另一个干燥的研钵中将 3.4g 四水合氯化亚铁[3]研细，加入盛有 13mL 二甲亚砜的 50mL 锥形瓶中。使氮气导气管的末端浸没到液面以下，向混合物中通入氮气 2min。迅速取出氮气导气管，塞好锥形瓶，振摇使亚铁盐溶解。在温水浴中稍加热使亚铁盐全部溶解。迅速将亚铁盐溶液转移到一个 50mL 恒压滴液漏斗中，向混合物中通氮气 2min，上口塞上一个玻璃塞。

迅速向氢氧化钾的乙二醇二甲醚悬浊液中加入 2.8mL 新蒸馏的环戊二烯，塞好塞子，搅拌约 5min。当反应混合物颜色不再发生变化后，迅速将锥形瓶的塞子换成上述 50mL 恒压滴液漏斗，在 15min 内边搅拌边滴加氯化亚铁的 DMSO 溶液。滴加完毕后继续搅拌 10min，然后将反应混合物倒入盛有 45mL 6mol/L 盐酸和 50g 碎冰的烧杯中。搅拌约 5min，待碎冰与氢氧化钾全部溶解后，抽滤，用 10mL 水分两次洗涤，抽干。若要得到更纯的二茂铁，可在石油醚（60～90℃）或环己烷、甲醇中重结晶，也可进行升华提纯。

纯二茂铁为橙色晶体，熔点为 173～174℃。

2. 乙酰二茂铁的制备

向干燥的 25mL 圆底烧瓶中加入 1.5g 二茂铁和 5mL 乙酸酐[4]，在搅拌下用滴管缓慢加入 1mL 85% 的磷酸。加完后装上球形冷凝管（上接氯化钙干燥管），开启搅拌，加热到 100℃反应 15min。反应结束后，将反应混合物倾入到盛有 25g 碎冰的 250mL 烧杯中，并用 5mL 冷水冲洗烧瓶，将清洗液倒入到烧杯中。用玻璃棒搅拌直至碎冰完全融化。在搅拌下分批加入约 37mL 10% 氢氧化钠溶液[5]，用 pH 试纸检测，直至溶液 pH 为 4～5。然后在搅拌下分批加入固体碳酸氢钠，中和至溶液 pH 为 7～8。将中和后的反应液用冰水浴冷却至室温。布氏漏斗抽滤，用 10mL 水分两次洗涤。将水尽量抽干，然后将固体取出置于滤纸上，挤压固体吸去水分。

将固体转移到一个 50mL 圆底烧瓶或磨口锥形瓶中，加入 20mL 石油醚（60～90℃），安装球形冷凝管，加热回流使固体溶解。将溶液趁热通过一个玻璃漏斗转入 50mL 圆底烧瓶或磨口锥形瓶中（注意：使烧瓶底部或瓶壁上黏附的黏稠物质[6]仍留在原烧瓶中）。向溶液中加入少量活性炭，加热煮沸 2min。趁热过滤，将滤液用水浴加热浓缩至体积约为 10mL，自然冷却，然后用冰水浴冷却。抽滤，用少量冷的石油醚（60～90℃）洗涤，尽量将溶剂抽干，得到橙色针状晶体乙酰二茂铁。

纯乙酰二茂铁为橙色晶体，熔点 84～85℃。

五、产品的定性鉴定方法

进行红外光谱测试，分析谱图并与标准红外谱图或数据进行比较（图 3-63）。

六、思考题

1. 若实验室准备的氯化亚铁中部分已变成褐色，如何用其来进行实验？

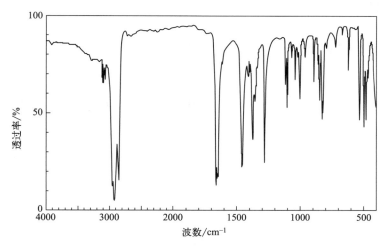

图 3-63　乙酰二茂铁的红外谱图

2. 乙酰二茂铁进行酰基化反应时，第二个乙酰基为什么不能进入第一个酰基所在的环上？

3. 二茂铁比苯更容易发生亲电取代反应，为什么不能用混酸对二茂铁进行硝化？

【注释】

[1] 通氮气是为了逐出空气。也可使用氩气，效果更佳。

[2] 氢氧化钾不能全部溶解，只溶解一部分。

[3] 放置一段时间的氯化亚铁部分氧化成褐色的氯化铁，因此最好用新的氯化亚铁。

[4] 乙酸酐使用前通常需要重新蒸馏。

[5] 加碳酸氢钠时要小心分批地加入并不时搅拌，防止气泡产生太多冲出烧杯。

[6] 黏稠物质可能是聚合物，其中二茂铁含量不高，因此一般需舍弃。但如随溶液倾倒进圆底烧瓶或磨口锥形瓶中后，则需多加一些活性炭进行吸附。

实验五十　己二酸的制备

己二酸（adipic acid）主要用于生产尼龙 66 和聚氨酯，也可同醇类反应生产己二酸酯，后者用于增塑剂、合成润滑剂等。

制备羧酸的常用方法是氧化法，即以烯烃、醇或醛为原料，用硝酸、重铬酸钾-硫酸、高锰酸钾、双氧水等氧化剂，使其氧化成羧酸。

在上述这些氧化剂中，硝酸与有机化合物发生强烈的反应，同时产生废气，重铬酸钾和高锰酸钾作为氧化剂价格低廉且产率颇高，但反应生成大量的废液和废渣，如不进行处理，则将造成严重的污染问题。因此，这些氧化剂都不能满足绿色化学的需求。双氧水作为一种清洁绿色化的氧化剂正越来越多地应用于有机合成中。

制备己二酸的原料为环己烯、环己醇或环己酮。本实验介绍两种制备己二酸的方法。

在环己烯或环己醇氧化时，将产生一些降解的二元羧酸。氧化反应一般是放热反应，所以必须严格控制反应条件和反应温度。

A. 高锰酸钾法

一、实验原理

第一种方法是以环己醇为原料，用碱性高锰酸钾为氧化剂。

反应式

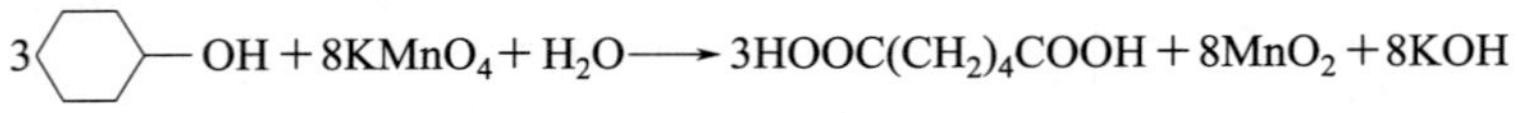

$$3 \bigcirc\!\!-OH + 8KMnO_4 + H_2O \longrightarrow 3HOOC(CH_2)_4COOH + 8MnO_2 + 8KOH$$

二、实验药品

环己醇，高锰酸钾，10% NaOH 溶液，浓盐酸，活性炭。

三、实验所需时间

实验所需时间为 4h。

四、实验步骤

在 250mL 烧杯中加入 5mL 10% NaOH 溶液和 50mL 水，搅拌下[1] 加入 6g KMnO₄ 至溶解。将反应物预热至 40℃后撤去热源，搅拌下缓慢加入 2.1mL 环己醇[2]。滴加完毕后继续搅拌至温度下降时，继续在沸水浴中加热，使反应完全[3]。

检验反应已经完成后，趁热抽滤。滤渣用少量热水洗涤。合并滤液和洗涤液，用约 4mL 的浓 HCl 酸化至呈酸性。溶液中加少量活性炭煮沸脱色。趁热抽滤，冷却后抽滤得己二酸晶体[4]。烘干后称重，并计算产率。

纯己二酸是无色单斜晶体，熔点为 153℃，$d_4^{20} = 1.3600$，易溶于乙醇，微溶于乙醚。

B. 双氧水法

一、实验原理

第二种方法是以环己烯为原料，用过氧化氢为氧化剂，钨酸钠为催化剂。该方法来自 1998 年 *Science* 上发表的原始文献。

反应式：

$$\bigcirc \xrightarrow[\text{H}_2\text{O}_2]{\text{Na}_2\text{WO}_4} HOOC(CH_2)_4COOH$$

二、实验药品

环己烯，H₂O₂，Na₂WO₄·2H₂O，三正辛胺硫酸盐，KHSO₄。

三、实验所需时间

实验所需时间为 4h。

四、实验步骤

在 100mL 三口烧瓶中依次加入 1g Na₂WO₄、0.6g 三正辛胺硫酸盐[5]、24.0g H₂O₂ (30%)[6]、0.8g KHSO₄[7] 和 4.9mL 环己烯。安装好电动搅拌装置。室温下搅拌 20min 以后，搅拌下缓慢加热至回流，在回流状态下搅拌反应 4h[8]。

将反应混合物用冰水冷却至晶体全部析出[9]，抽滤并用少量冷水洗涤。粗产品用热水重结晶。粗产品烘干以后称重并计算产率。

五、产品的定性鉴定方法

1. 测产物的熔点。

2. 测产物的红外光谱。己二酸的标准红外光谱见图 3-64。

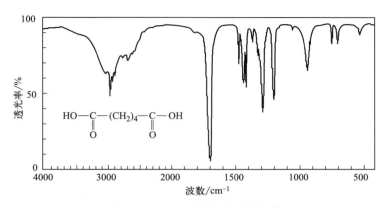

图 3-64 己二酸的标准红外光谱

六、思考题

1. 在用高锰酸钾氧化法实验中，某同学未将反应物先预热便缓慢滴加环己醇，结果发生冲料现象，你认为这是由什么原因造成的？

2. 为什么有些实验在加入最后一个反应物前应预先加热？为什么一些反应剧烈的实验，开始时的加料速度比较缓慢，待反应开始后反而可以适当加快加料速度？

3. 试由两种方法制备得到的己二酸产率、熔点和红外光谱，并结合实际的操作过程，分析总结这两种制备方法的优缺点。

【注释】

[1] 本实验是非均相反应，整个合成过程应注意搅拌。可用人工或磁力搅拌。但用人工搅拌可能会使反应产率有所降低。

[2] 氧化反应是强放热反应。环己醇的滴加速度不宜过快，滴加时应保持反应温度在 40～45℃ 之间。滴加环己醇时须撤去热源，必要时要用冷水浴冷却。

[3] 反应放出的热量足以使温度维持在 40～45℃ 之间。只有待环己醇几乎反应完后，温度才会下降。而在沸水浴中继续搅拌加热，主要是促使 MnO_2 颗粒长大便于抽滤。反应是否完全可以用以下方法来检验：在一张滤纸上点一小滴反应混合物，如有 $KMnO_4$ 存在，MnO_2 棕色斑点周围将出现紫色的环。少量的 $KMnO_4$ 对后面的分离提纯不利。可在反应混合物中加少量 $NaHSO_3$ 固体至检验无紫色环出现。

[4] 不同温度下己二酸在水中的溶解度见表 3-7。

表 3-7 不同温度下己二酸在水中的溶解度

温度/℃	15	34	50	70	87	100
溶解度/[g·(100mL)$^{-1}$]	1.44	3.08	8.46	34.1	94.8	100

[5] 三正辛胺硫酸盐起相转移催化作用。有关相转移催化作用的原理见实验四十七正丁基苯基醚的制备。

[6] 据文献，30% H_2O_2 与环己烯氧化合成己二酸的可能途径是：

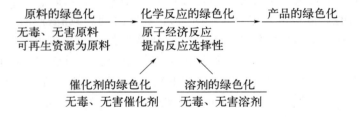

[7] $KHSO_4$ 调节反应液为酸性，保证 H_2O_2 有一定的氧化性，也可使用水杨酸、磷酸或者草酸。

[8] 由于 H_2O_2 在较高温度下易分解，故本实验开始阶段温度不宜太高，升温速度应缓慢。回流时间适当延长，己二酸的产率还将提高。

[9] 也可趁热将反应混合物倒入 250mL 烧杯中，加酸酸化至 pH 值为 1～2 后再冷却析出晶体。如固体析出不多，可将溶液加热浓缩后再冷却结晶。

七、相关知识拓展

在合成己二酸的典型路线中，由环己烯（或环己醇、环己酮）氧化是占主导的路线之一。但无论是用硝酸还是用高锰酸钾作为氧化剂，都将产生严重的环境污染。1998 年，自 Sato 在美国 *Science* 杂志上发表环己烯清洁氧化合成己二酸工艺以来，己二酸的绿色合成受到世界各国研究者的高度重视。为此，有必要介绍 21 世纪化学研究的热点之一——绿色化学。

绿色化学又称环境无害化学、环境友好化学、清洁化学。它强调用化学的技术和方法去减少或杜绝那些对人类健康、社区安全、生态环境有害的原料、催化剂、溶剂和试剂、产物、副产物等的使用和产生。所研究的中心问题是使化学反应、化工工艺及其产物具有如下特点：

原料的绿色化 ——→ 化学反应的绿色化 ——→ 产品的绿色化

无毒、无害原料　　　　原子经济反应
可再生资源为原料　　　提高反应选择性

催化剂的绿色化　　　　溶剂的绿色化

无毒、无害催化剂　　　无毒、无害溶剂

实验五十一　环戊酮的制备

一、实验原理

反应式：

$$\begin{array}{l} CH_2CH_2COOH \\ | \\ CH_2CH_2COOH \end{array} \xrightarrow[290\,℃]{Ba(OH)_2} \ \text{环戊酮} + CO_2 + H_2O$$

二、实验药品

己二酸，氢氧化钡，碳酸钾。

三、实验所需时间

实验所需时间为 4h。

四、实验步骤

将 20g 己二酸与 1g 氢氧化钡在研钵中充分混合后，置于 50mL 三口烧瓶中，装好蒸馏装置（注意：接收瓶置于冰水浴中）。

开始应小火加热，必要时摇动蒸馏烧瓶，使氢氧化钡固体与熔融的己二酸混合。当固体完全熔化后，再较快地加热，直到温度达到 285℃。

保持温度为 285～295℃[1]，进行脱羧反应，带有水和少量己二酸的环戊酮慢慢蒸出，直到烧瓶内仅有少量干燥的残渣为止，约需 1～1.5h。

将上述馏出液移入干燥的锥形瓶中，加入固体碳酸钾[2] 使水层饱和。然后，用分液漏斗分去水层，有机层用无水碳酸钾干燥后，蒸馏收集 128～131℃的馏分。

纯环戊酮（cyclopentanone）为无色液体，沸点为 130.6℃，$n_D^{20} = 1.4366$。

五、产品的定性鉴定方法

将制得的环戊酮用齐列式沸点测定法测定沸点，将测得值与文献值比较即可得出结论。

六、思考题

1. 实验中，氢氧化钡起什么作用？

2. 除本实验的方法外，还有什么方法可用来制备环戊酮？写出相关的方程式。

3. 把己二酸钠盐和碱石灰的混合物熔融，得到的主要产物是什么？

【注释】

[1] 若温度高于 300℃，未作用的己二酸也被蒸出，故温度应尽可能控制于 295℃以下。

[2] 加入碳酸钾既可以中和馏出液中的少量己二酸，还可起到盐析的作用，减少环戊酮在水中的溶解。

实验五十二　查耳酮的制备

一、实验原理

含有 α-氢原子的醛、酮在碱性条件下与芳醛发生交叉羟醛缩合反应，失水后得到 α,β-不饱和醛或酮的反应称为 Claisen-Schmidt（克莱森-施密特）缩合反应，或称 Claisen 反应。查耳酮（1,3-二苯基丙-2-烯-1-酮）又称苯亚甲基苯乙酮，可由苯甲醛与苯乙酮间的 Claisen-Schmidt 缩合反应制备，主要生成较稳定的反式产物。

反应式：

该反应的机理为：

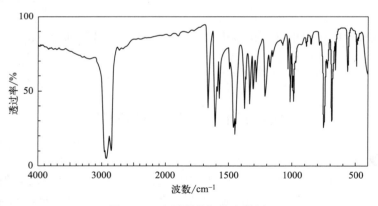

二、实验药品

苯甲醛、苯乙酮、10％氢氧化钠溶液、乙醇。

三、实验所需时间

实验所需时间为 6h。

四、实验步骤

在 50mL 三口圆底烧瓶中加入搅拌子并安装温度计，开动搅拌，从侧口加入 12.5mL 10％氢氧化钠溶液、8mL 乙醇和 3mL 苯乙酮，在此侧口上安装恒压滴液漏斗，搅拌下滴加 2.5mL 新蒸馏的苯甲醛，控制滴加速度使反应温度保持在 25～30℃，必要时用冷水浴冷却[1]。滴加完毕后继续搅拌 1～1.5h，有固体析出。然后将烧瓶在冰水浴中冷却 15min，使结晶完全。减压抽滤，用水充分洗涤固体直至洗涤液 pH 约为 7。然后用 2mL 冷乙醇洗涤，抽干后得到查耳酮粗品[2]，称重。粗产品用 95％乙醇重结晶（每克查耳酮需 4～5mL 溶剂），得浅黄色片状结晶约 3g，熔点为 56～57℃。

五、产品的定性鉴定方法

测产物熔点和红外光谱。将产物的红外光谱与查耳酮的标准红外光谱（图 3-65）对照，如果一致，产物则为查耳酮。

图 3-65　查耳酮的红外光谱图

六、思考题

1. 碱的浓度过大，反应温度过高，可能会发生哪些副反应？在实验中采取了哪些措施来避免副产物的生成？

2. 为什么查耳酮析晶困难？

【注释】

[1] 反应温度过高或过低，可用水浴冷却或加热。当温度超过 30℃时，副产物增多；温度低于 20℃时，产物变黏，不易搅拌、过滤和洗涤。

[2] 查耳酮可导致少数人皮肤过敏，处理时勿与皮肤接触。

实验五十三 手性 1,1-联萘-2-酚的制备

在众多类型的手性催化剂中，光学纯 1,1-联萘-2-酚（简称 BINOL，又称 β,β'-联萘酚或联萘酚）及其衍生物为配体的金属配合物是不对称合成中应用最广泛、不对称诱导效果最好的手性催化剂，在有机不对称合成、染料、农药、香料、食品添加剂，尤其在特种医药行业，有着重要的用途。目前 1,1-联萘-2-酚的合成方法很多，大体可分为两种：一种是直接不对称合成；另一种是合成外消旋体，然后进行拆分。拆分法制备成本低，而且容易获得高纯度的对映体，已成为主要的合成方法。

一、实验原理

外消旋 BINOL 的合成主要通过萘-2-酚的氧化偶联获得，常用的氧化剂有 Fe^{3+}、Cu^{2+}、Mn^{3+} 等，反应介质大致包括有机溶剂、水或无溶剂三种情况。本实验利用 $FeCl_3 \cdot 6H_2O$ 作为氧化剂，水作为反应介质。反应过程中，萘-2-酚被水溶液中的 Fe^{3+} 氧化为自由基后与其另一中性分子形成新的 C—C 键，然后消去一个 H，恢复芳环结构，H 可被氧化为 H^+，生成外消旋的 BINOL。

反应式：

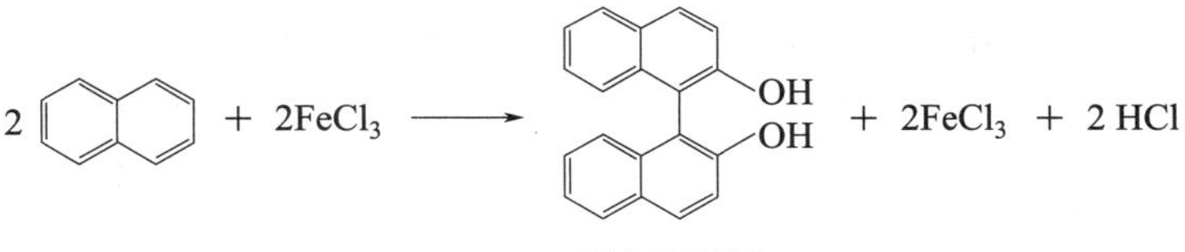

BINOL 两个邻位羟基的立体位阻，使 C—C 联萘键的自由旋转受到阻碍，两个萘环不能共平面，因此该化合物分子具有轴手性。到目前为止，BINOL 的拆分方法有 20 余种，在众多类型的光学拆分方法中，通过分子识别的方法对映选择性地形成主-客体络合物，已经被证实是最有效、实用而且方便的手段之一。这里采用容易制备的 N-苄基氯化辛可宁作为拆分试剂，因为它能够选择性地与 （±）-BINOL 中的 （R）-对映异构体形成稳定的分子络合物晶体，而 （S）-BINOL 则被留在母液中，从而实现 （±）-BINOL 的光学拆分。

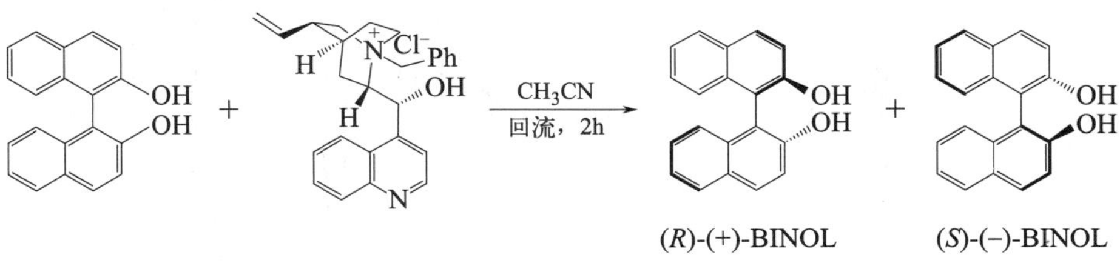

二、实验药品

$FeCl_3 \cdot 6H_2O$，萘-2-酚，N-苄基氯化辛可宁，乙腈，乙酸乙酯，无水 $MgSO_4$，固体 Na_2CO_3，甲苯。

三、实验所需时间

实验所需时间为 8h。

四、实验步骤

1. （±）-BINOL 的合成

在 50mL 锥形瓶中，将 3.8g $FeCl_3 \cdot 6H_2O$ 溶解于 20mL 水中，然后加入 1.0g 粉末状的萘-2-酚，加热悬浮液至 50～60℃保温搅拌反应 1h。冷却至室温后过滤得到粗产品，用蒸馏水洗涤以除去 Fe^{3+} 和 Fe^{2+}。用 10mL 甲苯重结晶，得到白色针状晶体，称重，计算收率，测定熔点。（±）-BINOL 熔点为 216～218℃。

2. （±）-BINOL 的拆分

在装有回流冷凝管的 50mL 圆底烧瓶中，加 1.0g（±）-BINOL 和 0.884g N-苄基氯化辛可宁以及 20mL 乙腈，加热回流 2h，然后冷却至室温，过滤析出的白色固体并用乙腈洗涤 3 次（5mL×3）。固体是 (R)-(+)-BINOL 与 N-苄基氯化辛可宁形成的 1：1 分子络合物，熔点为 248℃（分解）。母液保留，用于回收 (S)-(−)-BINOL[1]。

将白色固体悬浮于由 40mL 乙酸乙酯和 60mL 稀盐酸水溶液（1mol/L）组成的混合体系中，室温下搅拌 30min，直至白色固体消失。分出有机相，水相用 10mL 乙酸乙酯再萃取 1 次，合并有机相，用饱和食盐水洗涤，无水 $MgSO_4$ 干燥。蒸去有机相，残余物用甲苯重结晶，得到无色柱状晶体，即 (R)-(+)-BINOL，称重，计算收率，测定熔点。

将母液蒸干，所得固体重新溶于 40mL 乙酸乙酯中，并用 10mL 稀盐酸（1mol/L）和 10mL 饱和食盐水各洗涤一次，有机层用无水 $MgSO_4$ 干燥。蒸去有机溶剂，残余物用甲苯重结晶，得到 (S)-(−)-BINOL，称重，计算收率，测定熔点。

上述萃取后的盐酸层（水相）合并后用固体 Na_2CO_3 中和至无气泡放出，得到白色沉淀，过滤，用甲醇-水混合溶剂重结晶，得到 N-苄基氯化辛可宁，回收率＞90%，可重新用来拆分且不降低效率[2]。

五、产品的定性鉴定方法

1. 将产物的红外谱图与联萘酚的标准红外谱图（图 3-66）对照，如果一致，产物则为联萘酚。

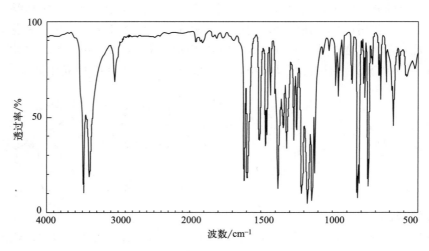

图 3-66　1,1-联萘-2-酚的红外谱图

2. 用旋光仪分别测定 (R)-(+)-BINOL 和 (S)-(−)-BINOL 的 THF 溶液的旋光度，计算其比旋光度，与标准值对照。

(R)-(+)-BINOL：熔点 208～210℃，$[\alpha]_D^{20} = +35.5$ ($c=1.0$，THF)。

(S)-(−)-BINOL：熔点 208～210℃，$[\alpha]_D^{20} = -35.4$ ($c=1.0$，THF)。

六、思考题

1. 萘-2-酚发生自由基氧化偶联生成 BINOL，该反应过程中还可能形成哪些副产物？

2. 为了提高产物的光学纯度，本实验使用了什么方法？

【注释】

[1] 非对映体的制备可放大一倍量，由两个学生合做。拆开后，一人处理 (R)-(+)BINOL 与拆分剂的分子配合物，回收 (R)-(+)-BINOL；另一人处理含 (S)-(−)-BINOL 的滤液，回收 (S)-(−)-BINOL。在其他条件不变的情况下，若用微波加热搅拌回流，仅需 20min 即可达到同样的拆分结果，大大缩短了实验时间。

[2] 实验过程中分离出的盐酸溶液中含有拆分剂，切勿倒掉。两个学生所有回收的盐酸溶液合并处理，回收拆分剂 N-苄基氯化辛可宁，干燥称量装瓶后交指导教师。

实验五十四　Suzuki-Miyaura 反应制备 4-硝基联苯

一、实验原理

Suzuki-Miyaura 反应通常指的是卤代芳烃和有机硼试剂进行的交叉偶联反应。芳烃上的取代基通常是卤素，也可以是三氟甲基磺酸基、甲基磺酸基等。有机硼试剂的优点是无毒，易得且在空气中较稳定，同时兼容反应物上共存的多种官能团，因此被广泛应用。Suzuki-Miyaura 反应已成为有机合成中碳-碳键构筑的主要方法之一。它具有反应条件温和、原料安全、低毒、底物适用性广等优点，已广泛应用于医药、农药、除草剂、新型材料等的合成。

本实验采用醋酸钯催化，无配体的条件下，通过 Suzuki-Miyaura 反应合成 4-硝基联苯，反应条件温和，后处理简单，收率高。

二、实验药品

甲苯，对硝基溴苯，苯硼酸，酸酸钯，碳酸钾，无水硫酸镁，乙酸乙酯。

三、实验所需时间

实验所需时间为 6h。

四、实验步骤

将醋酸钯、甲苯、苯硼酸、碳酸钾、对硝基溴苯、干燥的 10mLSclenk 反应管、橡胶塞、搅拌子和药匙置于手套箱小过渡舱，置换气体 3 次后转移至箱体内。依次将搅拌子、0.101g 对硝基溴苯、0.091g 苯硼酸、2mg 醋酸钯、0.138g 碳酸钾、2.0mL 甲苯加入反应管中，安装橡胶塞，然后经小过渡舱移出箱体。将支管口与惰性气体源相连，以保护反应体系。开启搅拌，加热至 75℃，保温反应。薄层色谱法监控反应，反应完成后，加入 5mL

水，用乙酸乙酯萃取（20mL×3）水相，合并有机相，无水硫酸镁干燥，过滤，旋蒸除去溶剂得粗品。粗品用柱色谱法分离纯化，得无色至黄色固体。称重计算收率，测定熔点。

纯 4-硝基联苯熔点为 113～114℃。

五、产品的定性鉴定方法

1. 测产物熔点。

2. 测产物的红外光谱。将产物的红外光谱与 4-硝基联苯的标准红外光谱（图 3-67）对照，如果一致，产物则为 4-硝基联苯。

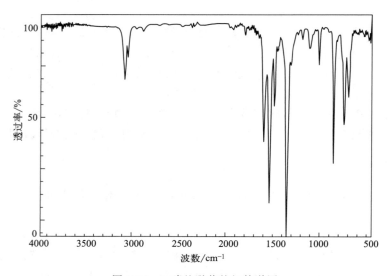

图 3-67　4-硝基联苯的红外谱图

六、思考题

1. 在使用手套箱过程中，需要注意哪些要点？

2. 柱色谱过程如何判断洗脱剂比例？

实验五十五　Beckmann 重排制备己内酰胺

一、实验原理

酮与羟胺反应生成肟：

$$\underset{R\quad R'}{C}{=}O \ +\ H_2N{-}OH \longrightarrow \underset{R\quad R'}{C}{=}N{-}OH \ +\ H_2O$$

肟在酸性催化剂如硫酸、多聚磷酸和苯磺酰氯等作用下，发生分子内重排生成酰胺的反应称为贝克曼（Beckmann）重排反应。反应机理如下：

上面的反应式说明肟重排时，其结果是羟基与处于反位的基团对调位置。贝克曼重排反应不仅可以用来测定酮的结构，而且有一定的应用价值。如环己酮肟重排得到己内酰胺，后者是一种重要的有机化工原料，主要用于制造尼龙-6 纤维和尼龙-6 工程塑料，也用作医药原料及制备聚己内酰胺树脂等。

反应式：

$$\text{环己酮} + H_2N{-}OH \longrightarrow \text{环己酮肟} + H_2O$$

$$\text{环己酮肟} \xrightarrow{85\% \ H_2SO_4} \text{己内酰胺}$$

二、实验药品

环己酮、盐酸羟胺、结晶乙酸钠、85％硫酸、20％氨水、二氯甲烷、无水硫酸钠。

三、实验所需时间

实验所需时间为 6h。

四、实验步骤

1. 环己酮肟的制备

在 25mL 圆底烧瓶中加入 1g 结晶乙酸钠、0.7g 盐酸羟胺、3mL 水和一枚搅拌子，安装好球形冷凝管，搅拌使固体溶解。用 1mL 注射器吸取 0.75mL 环己酮，从冷凝管上口加入，剧烈搅拌 2～3min[1]，此时有固体析出，呈白色粉状结晶，即为环己酮肟。冷却后，减压抽滤，并用少量水洗涤滤饼，抽干水分。抽干后在滤纸上进一步压干，得 0.75～0.78g 产物，白色晶体，产率约 95％，熔点为 89～90℃。

2. 环己酮肟重排制备己内酰胺

在 50mL 烧杯中加入 0.5g（4.4mmol）干燥的环己酮肟以及 1mL 85％硫酸。小火加热，搅拌至微沸，立即移开热源。此时发生放热反应[2]，温度会自行上升，可用温度计监测。冷却至室温后再放入冰水浴中冷却。慢慢滴加 20％氨水[3]（约 7mL），pH 试纸检测至呈碱性。将反应物转移至 10mL 分液漏斗中分出有机层，水层用二氯甲烷（2mL）萃取两次，合并有机层，用水（2mL）洗涤两次后，用无水硫酸钠干燥。过滤所得滤液用已称量的锥形瓶接收，将锥形瓶在温水浴温热下，在通风柜中浓缩至 1mL 左右，放置冷却，析出白色结晶。真空干燥，称量，产量 0.2～0.3g，产率为 40％～50％。

用环己烷或石油醚进行重结晶后，测己内酰胺熔点，文献值为 69～70℃。

五、产品的定性鉴定方法

测产物的红外光谱。己内酰胺的标准红外谱图见图 3-68。

六、思考题

1. 制备环己酮肟过程，加入乙酸钠的目的是什么？

2. 某肟发生贝克曼重排后得到一化合物 $C_3H_7CONHCH_3$，推测该肟的结构？

【注释】

[1] 搅拌要剧烈。如环己酮肟呈白色小球状，说明反应还未完全，还需继续搅拌。

[2] 由于重排反应进行得很剧烈，需要用大烧杯以利于散热。环己酮肟的纯度对反应有影响。

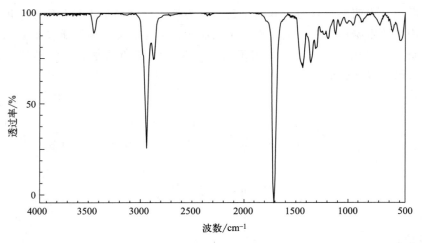

图 3-68　己内酰胺的红外谱图

[3] 用氨水进行中和时，开始要加得很慢，此时溶液较黏稠。需控制反应温度在 12～20℃，以免己内酰胺在较高温度下发生水解。

3.4　有机化学系列实验

实验五十六　肉桂酸的制备

一、实验原理

芳香醛与含有 α-氢原子的脂肪酸酐在相应的脂肪酸钠盐或钾盐（有时也可用碳酸钾代替）的作用下共热，可发生缩合反应，生成 α,β-不饱和芳酸，称为珀金（Perkin）反应。

反应式

$$\text{C}_6\text{H}_5\text{CHO} + (\text{CH}_3\text{CO})_2\text{O} \xrightarrow[\triangle]{\text{无水K}_2\text{CO}_3} \text{C}_6\text{H}_5\text{CH=CHCOOH} + \text{CH}_3\text{COOH}$$

二、实验药品

苯甲醛，无水 K_2CO_3，乙酸酐，固体 Na_2CO_3，浓盐酸，活性炭。

三、实验所需时间

实验所需时间为 4h。

四、实验步骤

在干燥的 100mL 三口烧瓶中加入 10.5g 研细的无水碳酸钾粉末[1]、7.6mL 新蒸过的苯甲醛[2] 和 13.8mL 乙酸酐，振荡使三者混合均匀。三口烧瓶上分别装配空气冷凝管和插到反应混合物中的温度计，然后，在电热套或电炉上加热回流 1h，维持反应温度在 150～170℃。反应完毕后，向三口烧瓶中加 60mL 热水。一边充分振荡烧瓶，一边慢慢加入固体碳酸钠粉末[3]，直至反应混合物呈弱碱性，然后进行水蒸气蒸馏，直到馏出液无油珠为止。

在剩余液中加入少许活性炭，加热煮沸 10min，趁热过滤。将滤液小心地用浓盐酸酸化，使滤液呈明显的酸性，再用冷水浴冷却[4]。待肉桂酸完全析出时，减压过滤。晶体用少量水洗涤，干燥，称重。

　　肉桂酸（cinnamic acid）有顺、反异构体，通常以反式形式存在，为无色晶体，熔点为133℃。肉桂酸的标准红外谱图见图3-69。

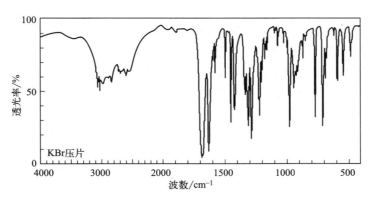

图 3-69　肉桂酸的标准红外光谱

五、产品的定性鉴定方法

　　1. 在试管中加入少许肉桂酸晶体、1mL 水和 8～10 滴高锰酸钾溶液，用力振荡。在室温下，溶液颜色发生变化；稍加热，颜色又迅速发生变化，并可闻到特殊的芳香气味。

　　2. 用溴水代替高锰酸钾，重复上述操作，但不必加热，即可发现溴的红棕色褪去。

六、思考题

　　1. 具有何种结构的醛能进行 Perkin 反应？

　　2. 苯甲醛与丙酸酐在无水碳酸钾存在下反应得到什么产物？

　　3. 本实验中，在进行水蒸气蒸馏前能否用 NaOH 代替 Na_2CO_3 中和水溶液？为什么？

【注释】

　　[1] 可用等物质的量的无水醋酸钾（或钠）代替。

　　[2] 久置的苯甲醛含有苯甲酸，故需通过蒸馏除去。

　　[3] 此处不能用氢氧化钠代替。

　　[4] 此处如剩余液过多，处理完毕后应先加热浓缩至 30mL 左右，再加浓盐酸酸化，不要先酸化再加热浓缩。

实验五十七　肉桂酸乙酯的制备

一、实验原理

以肉桂酸和无水乙醇为原料，在酸催化下可以制备肉桂酸乙酯（ethyl cinnamate）。

反应式：

$$\text{C}_6\text{H}_5\text{—CH=CHCOOH} + \text{C}_2\text{H}_5\text{OH} \underset{}{\overset{\text{H}_2\text{SO}_4}{\rightleftharpoons}} \text{C}_6\text{H}_5\text{—CH=CHCOOC}_2\text{H}_5 + \text{H}_2\text{O}$$

二、实验药品

肉桂酸，无水乙醇，浓盐酸，乙酸乙酯，10%碳酸钠，无水硫酸镁。

三、实验所需时间

实验所需时间为 4h。

四、实验步骤

在干燥的 100mL 圆底烧瓶中依次加入 5g 肉桂酸、20mL 无水乙醇，慢慢滴加浓硫酸并振荡烧瓶使混合均匀。放入沸石，安装球形冷凝管，加热回流 1.5h，此时溶液微浑浊，有少量白色固体。稍冷后，将反应装置改为常压蒸馏装置，并补加沸石，蒸出 13mL 乙醇。

冷却后在残液中加入 30mL 水[1]，振荡后将混合液移至分液漏斗中，静置，分出油层。将水层用 20mL 乙酸乙酯分两次萃取。合并所有的有机层，依次用等体积的水、10％碳酸钠、水洗涤[2]。油层用无水硫酸镁干燥，用常压蒸馏蒸去乙酸乙酯后停止加热，将蒸馏装置改为减压蒸馏。加热、油泵减压蒸馏，收集 156～158℃馏分。产物为无色油状液体。

肉桂酸乙酯的标准红外谱图见图 3-70。

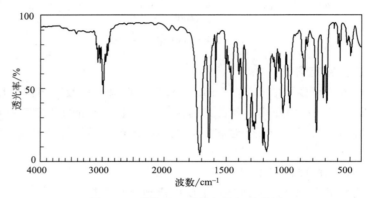

图 3-70　肉桂酸乙酯的标准红外谱图

五、产品的定性鉴定方法

将合成产物的红外光谱图与标准谱图对照，如果一致，则产物为肉桂酸乙酯。

六、思考题

1. 肉桂酸乙酯制备过程中可不可以用分水器分出所生成的水？
2. 反应时间过长有没有必要？

【注释】

[1] 此操作要求环境温度超过 25℃，如果环境温度低会导致肉桂酸乙酯冷却凝结成固体，无法进行分液操作。

[2] 环境温度低可采用保温漏斗进行分液和洗涤操作。如果没有上述实验条件，可在较低温度下不进行分液与萃取，而直接采用冷却的方式，可看到固体析出。固体可通过抽滤进行分离，分离后进行减压蒸馏即可。

实验五十八　对硝基苯甲酸的制备

一、实验原理

α-碳上含有氢的烷基苯可以被酸性高锰酸钾或重铬酸钾（钠）氧化成苯甲酸，这也是实验室制备苯甲酸的主要方法。

反应式：

$$H_3C-\!\!\!\left\langle\underset{}{}\right\rangle\!\!\!-NO_2 + K_2Cr_2O_7 + 4H_2SO_4 \longrightarrow$$

$$HOOC-\!\!\!\left\langle\underset{}{}\right\rangle\!\!\!-NO_2 + Cr_2(SO_4)_3 + K_2SO_4 + 5H_2O$$

二、实验药品

对硝基甲苯，重铬酸钾，浓硫酸，5%氢氧化钠溶液，15%硫酸，50%乙醇。

三、实验所需时间

实验所需时间为 4h。

四、实验步骤

在 100mL 三口烧瓶中依次加入 6g 研碎的对硝基甲苯、18g 重铬酸钾和 22mL 水，滴液漏斗中加入 55.2g 浓硫酸，按图 3-14(b)安装仪器[1]。开启电动搅拌器，慢慢加入浓硫酸[2]。随着浓硫酸的加入，反应温度迅速上升，物料颜色变深。控制滴加速度，使反应在低于沸腾的温度下进行（滴加时间 40～60min）。浓硫酸滴加完后，关闭滴液漏斗旋塞，稍冷后再将烧瓶放置在电热套上缓慢加热[3]，保持反应混合物微沸 30min，停止加热。冷却后，加入 75mL 冷水，搅拌均匀后，关闭电动搅拌器。将混合物冷却、抽滤，压碎粗产物，用 40mL 水分两次洗涤滤饼。滤饼呈深黄色，为对硝基苯甲酸的粗产物[4]。

粗产物中夹杂铬盐，需对粗产物进行精制。将 76mL 5%氢氧化钠溶液与粗产物放入 250mL 烧杯中，搅拌使粗产物溶解[5]，如有不溶物可温热溶之（不超过 60℃）。冷却后抽滤。在玻璃棒搅拌下将滤液倒入盛有 60mL 15%硫酸的烧杯中，有淡黄色沉淀析出，用试纸检查溶液是否呈明显酸性。呈酸性后冷却、抽滤，滤饼用少量水洗至中性。将滤饼放入 250mL 圆底烧瓶中，加入 100mL 50%的乙醇水溶液[6]。连接好球形冷凝管，加热回流，如有不溶物则继续添加 50%的乙醇水溶液至固体物质刚好溶解[7]。冷却，有淡黄色针状晶体析出。减压抽滤、干燥，得到对硝基苯甲酸。

五、产品的定性鉴定方法

1. 取少量产品与 KI 和 KIO_3 共同研细，若有棕色出现，表明有羧基存在。如观察效果不明显，加入 5 滴水和 2～4 滴淀粉溶液，呈现黄色即表明产物中含有羧基。

2. 将合成的对硝基苯甲酸的红外谱图与标准谱图（图 3-71）对照，如果一致，则产物为对硝基苯甲酸。

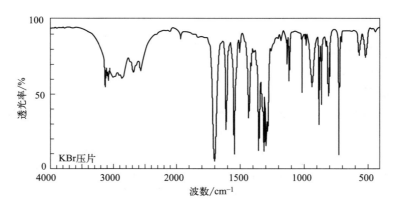

图 3-71 对硝基苯甲酸的标准红外谱图

六、思考题

1. 本实验为何采用机械搅拌和滴加硫酸的方法？

2. 投料时加入 22mL 水的目的是什么？多加是否可以？为什么？

3. 粗产品的提纯方法是什么？说明原理。

【注释】

[1] 此反应激烈，且大量放热。采用机械搅拌方法可使反应混合物温度均匀，避免局部过热。

[2] 滴加硫酸的速度要均匀且不宜过快，否则烧瓶中有大量白雾甚至出现火花。如出现上述现象应立即停止滴加硫酸，并用冷水浴冷却烧瓶。

[3] 加热速度与加热温度不宜过快过高，否则会发生冲料现象，并冷凝在管壁上，使产率降低。

[4] 产物中含有硫酸铬，使粗产物带有绿色。

[5] 对硝基苯甲酸可溶于氢氧化钠水溶液中，粗产品中硫酸铬发生如下反应。

$$Cr_2(SO_4)_3 + 6NaOH \longrightarrow 3Na_2SO_4 + 2Cr(OH)_3 \downarrow$$

[6] 乙醇为重结晶溶剂，也可用升华的方法精制。

[7] 50％乙醇的水溶液补加要少量、多次，使烧瓶中的溶液尽可能饱和，以免影响产率。

实验五十九　对氨基苯甲酸的制备

一、实验原理

硝基易被还原，在酸性介质中被还原为氨基，还原剂通常为金属（Sn、Zn、Fe）和盐酸。

反应式：

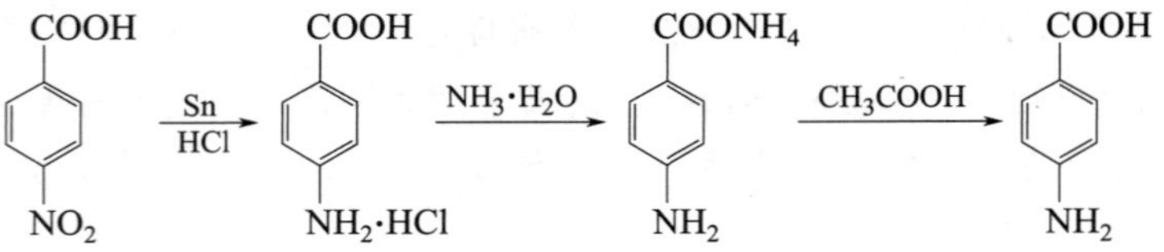

二、实验药品

对硝基苯甲酸，锡粉，浓盐酸（36％～38％），浓氨水，冰乙酸。

三、实验所需时间

实验所需时间为 3h。

四、实验步骤

在 100mL 圆底烧瓶中依次加入 4g 对硝基苯甲酸、9g 锡粉和 20mL 浓盐酸，装上球形冷凝管并通入冷却水，缓慢加热至微沸，移去热源[1]，不断振荡烧瓶，使未参与反应的对硝基苯甲酸浸入反应液中。10～20min 后，反应液透明，且烧瓶壁上无未反应的对硝基苯甲酸，稍冷后将反应液倒入 250mL 烧杯中[2]，用 5mL 水洗涤烧瓶，洗涤液也倒入烧杯中。滴加浓氨水[3]，至 pH 试纸刚好呈碱性，此时烧杯中有大量的白色糊状沉淀。减压抽滤，用少量水分两次洗涤滤饼，合并滤液[4]。向滤液中缓慢滴加冰乙酸，至滤液恰好呈酸性（用石蕊试纸检验）[5]，此时有白色晶体析出，冷却、减压抽滤，将滤饼烘干（或晾干），称重。

对氨基苯甲酸（4-aminobenzoate）为白色针状晶体，186℃熔融并分解。

五、产品的定性鉴定方法

取 0.1g 戊二醇钠和 0.1g 产物放入微型坩埚中，用 $2mol \cdot L^{-1}$ 氢氧化钾溶液碱化，并立即用 3 滴 $2mol \cdot L^{-1}$ 盐酸酸化，若溶液出现红至紫色，表明有芳香族伯胺存在。

六、思考题

1. 碱化和酸化的作用是什么？

2. 控制溶液的 pH 值有何意义？可否用氢氧化钠和盐酸代替氨水和冰醋酸？

【注释】

〔1〕还原反应放热并很快发生，液体微沸后即移去热源，否则温度过高使氯化氢气体从冷凝管上口逸出。

〔2〕本反应的锡粉不可以倒入烧杯中。

〔3〕加入氨水起碱化作用，可除去滤液中的锡离子，而对氨基苯甲酸的盐酸盐生成铵盐溶于水。反应式如下：

$$SnCl_4 + 4NH_3 \cdot H_2O \longrightarrow Sn(OH)_4 \downarrow + 4NH_4Cl$$

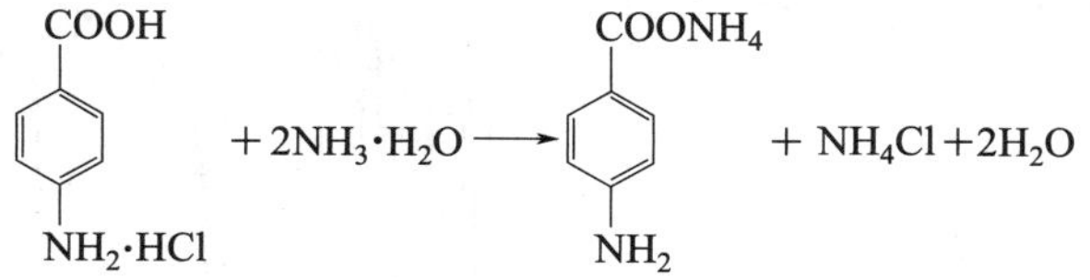

〔4〕滤液若超过 55mL，在电加热套上浓缩至 45～55mL，在浓缩过程中若有固体析出，应滤去。

〔5〕对氨基苯甲酸为两性物质，碱化或酸化时需小心控制酸碱用量，否则会使产率降低。

实验六十　对氨基苯甲酸乙酯的制备

一、实验原理

反应式：

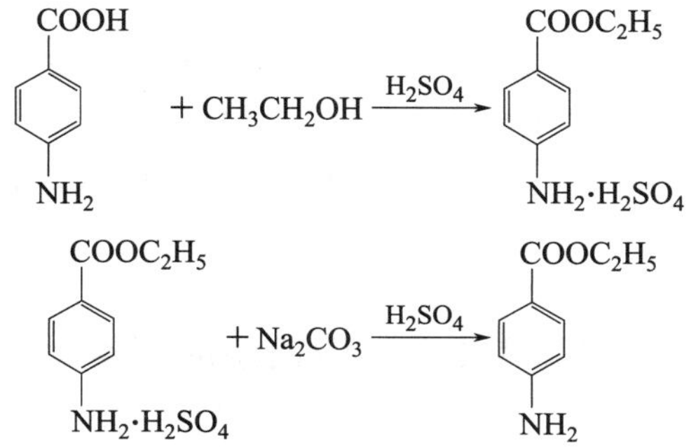

二、实验药品

对氨基苯甲酸，无水乙醇，浓硫酸，碳酸钠，10％碳酸钠溶液。

三、实验所需时间

实验所需时间为 4h。

四、实验步骤

在干燥的 100mL 圆底烧瓶中依次加入 2g 对氨基苯甲酸、20mL 无水乙醇和 2.5mL 浓硫酸[1]，混合均匀后投入沸石并安装球形冷凝管，加热回流 1h。将反应液趁热倒入装有 50mL 冷水的烧杯中，搅拌使其混合均匀，此时为透明溶液。在不断搅拌下加入碳酸钠粉末，当液面下有少许白色沉淀时[2] 滴加 10％碳酸钠溶液，使溶液呈中性，此时有大量白色沉淀析出。冷却、过滤，用 10mL 水分两次洗涤滤饼，将滤饼烘干（或晾干），得到白色粒状对氨基苯甲酸乙酯。

如需要，可将粗产品用 50％乙醇的水溶液重结晶，纯净的对氨基苯甲酸乙酯（ethyl 4-aminobenzoate）为白色针状晶体。

五、产品的定性鉴定方法

将合成产物的红外谱图与标准谱图（图 3-72）对照，如果一致，产物为对氨基苯甲酸乙酯。

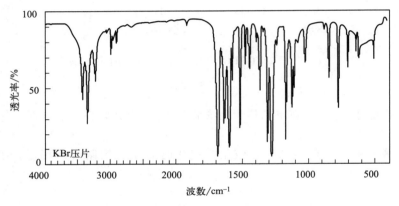

图 3-72　对氨基苯甲酸乙酯的标准红外光谱

六、思考题

1. 反应投料比例改变对实验结果有何影响？
2. 碱化时为何用碳酸钠而不用氢氧化钠？

【注释】

[1] 硫酸的加入要慢，并不断振荡烧瓶，使其混合均匀，防止加热后炭化变色，影响产品质量和收率。

[2] 碳酸钠粉末加入要少量、多次，以防大量的二氧化碳气体放出并使液体溢出烧杯。

实验六十一　溴乙烷的制备

一、实验原理

主反应：

$$NaBr + H_2SO_4 \longrightarrow HBr + NaHSO_4$$

$$C_2H_5OH + HBr \longrightarrow C_2H_5Br + H_2O$$

副反应：

$$2C_2H_5OH \xrightarrow{\text{浓 } H_2SO_4} C_2H_5OC_2H_5 + H_2O$$

$$C_2H_5OH \xrightarrow{\text{浓 } H_2SO_4} H_2C{=\!=}CH_2 + H_2O$$

二、实验药品

95％乙醇，溴化钠，浓硫酸，饱和亚硫酸氢钠溶液。

三、实验所需时间

实验所需时间为 4h。

四、实验步骤

在 100mL 圆底烧瓶中放入 18mL 水，在冷却和不断振荡下，慢慢加入 38mL 浓硫酸，冷却到室温后，再加入 20mL 95％乙醇，然后在搅拌下加入 26g 研细的溴化钠[1]，再加入 2～3 粒沸石。将烧瓶用 75°弯管与直形冷凝管相连，冷凝管下端连接尾接管。溴乙烷的沸点很低，极易挥发。为避免挥发损失，在接收器中加 10mL 冷水及 10mL 饱和亚硫酸氢钠溶液[2]，放在冷水浴中冷却，并使尾接管的末端刚好浸在接收器的水溶液中[3]。

在石棉网上用小火加热烧瓶，瓶中物质开始发泡，控制加热温度，使油状物质逐渐蒸馏出去。约 30min 后，慢慢加大火焰，直至无油滴蒸出[4]。馏出液为乳白色油状物，沉于瓶底。

将接收器中的液体倒入分液漏斗中，静置分层后，下层的粗溴乙烷放入干燥的锥形瓶中[5]。将锥形瓶浸入冰水浴中冷却，逐滴加入浓硫酸，同时振荡，直到溴乙烷变得澄清透明，且瓶底有液层分出（约需浓硫酸 8mL）。用干燥的分液漏斗仔细地分出下层的硫酸，上层的溴乙烷从分液漏斗上口倒入 50mL 蒸馏烧瓶。水浴加热蒸馏，收集 37～40℃馏分（注：接收器用冰水浴冷却）。

溴乙烷（ethyl bromide）为无色液体，沸点为 38.4℃，$d_4^{20}=1.431$。

五、产品的定性鉴定方法

参照实验四十二正溴丁烷的鉴定方法。

六、思考题

1. 本实验中哪一种原料是过量的？为什么反应物的摩尔比不是 1：1？
2. 在制备溴乙烷时，反应混合物如果不加水会有什么结果？
3. 粗产品中可能会含有什么杂质？是如何除去的？
4. 为减少溴乙烷的挥发，本实验中采取了哪些措施？

【注释】

[1] 溴化钠要研细，在搅拌下加入，以防结块而影响反应进行。也可用含结晶水的二水合溴化钠，其用量按物质的量换算，并相应减少加入的水量。

[2] 加热不均或过烈时，会有少量溴分解出来，使蒸馏的油层带棕黄色，亚硫酸氢钠可除去黄色。

[3] 在反应过程中应密切注意防止接收器中的液体发生倒吸而进入冷凝管。一旦发生此现象，应暂时把接收器放低，使尾接管下端露出液面，然后稍加大火焰，待馏出液出来时再恢复原状。反应结束后，先移开接收器，再停止加热。

[4] 整个反应过程需 0.5～1h。反应结束时，烧瓶中残液由浑浊变为澄清透明，应趁热将残液倒出，以免硫酸氢钠冷却后结块不易倒出。

[5] 要避免把水带入分出的溴乙烷中，否则加硫酸处理时将产生较多的热量而使产品挥发。

实验六十二　溴化四乙基铵的制备

一、实验原理

季铵盐是离子化合物，具有无机盐的性质，易溶于水而不溶于非极性有机溶剂。由叔胺和卤代烃作用而得。

反应式：

$$(C_2H_5)_3N + C_2H_5Br \longrightarrow (C_2H_5)_4\overset{+}{N}Br^-$$

二、实验药品

三乙胺，溴乙烷。

三、实验所需时间

实验所需时间为 8h。

四、实验步骤

在 50mL 圆底烧瓶中加入 13.8mL 三乙胺和 8.3mL 溴乙烷[1]，投入几根上端封闭的毛细管，其上端斜靠在瓶颈内壁上，装配回流冷凝管、无水氯化钙干燥管。用小火加热回流 6h[2]，回流速度控制在 1～2 滴/s，并间歇振荡烧瓶。

停止加热，冷却反应物。待固体产物尽可能析出后抽滤，将得到白色的季铵盐产物，装入用塞子塞紧的广口瓶中，置于放有变色硅胶的干燥器内保存。

五、产品的定性鉴定方法

将制备好的湿氧化银沉淀分装在两个试管中[3]，各加入 2mL 水及 1～2 滴酚酞指示剂。在一个试管中加入少量的溴化四乙基铵（tetraethylammonium bromide），振荡。观察两个试管中的液体和固体的颜色有何不同？在 pH 试纸上各滴一滴，有何不同？再用百里酚酞试纸检验，有何不同？

六、思考题

1. 还可用什么方法制备季铵盐？
2. 试解释季铵盐产品定性鉴定中的现象。

【注释】

[1] 除三乙胺和溴乙烷外，也可加入乙醇作为反应介质。

[2] 也可将三乙胺和溴乙烷充分混合后，塞紧瓶塞，放置一个星期，季铵盐沉淀析出。

[3] 湿的氧化银要现制现用。其制法为：在试管中加入 2mL 2% 的硝酸银溶液，滴加 5% 氢氧化钠溶液，至不再生成沉淀为止。过滤，用蒸馏水反复洗涤湿的氧化银沉淀，直到洗涤液不呈碱性（用酚酞试纸检验）。

实验六十三　7,7-二氯双环[4.1.0]庚烷的制备

碳烯是一种二价碳的活性中间体，其通式为 R_2C：。最简单的碳烯是：CH_2。碳烯存在

的时间很短，一般是反应过程中产生，然后立即进行下一步反应。碳烯是缺电子的，可以与不饱和键发生亲电加成反应。

二氯碳烯 Cl_2C：是一种卤代碳烯。用氯仿和叔丁醇钾发生消除反应即得二氯碳烯：

$$CHCl_3 + (CH_3)_3CO^-K^+ \longrightarrow :\overset{-}{C}Cl_3 + (CH_3)_3COH + K^+$$

$$:\overset{-}{C}Cl_3 \longrightarrow :CCl_2 + Cl^-$$

氯仿在叔丁醇钾存在下与环己烯反应，生成 7,7-二氯双环[4.1.0]庚烷（7,7-dichlorobicyclo[4.1.0]heptane）：

上述反应需要在强碱而且无水的条件下进行。

近年来，相转移催化反应得到迅速发展，可应用于上述反应。在相转移催化剂，如 $(C_2H_5)_3N^+CH_2C_6H_5Cl^-$（氯化三乙基苄基铵）存在下，氯仿与浓氢氧化钠水溶液发生反应，产生的 Cl_2C：立即与环己烯作用，生成 7,7-二氯双环[4.1.0]庚烷。通常认为反应按下列机理进行：

$$(C_2H_5)_3\overset{+}{N}CH_2C_6H_5Cl^- \xrightarrow[\text{水相}]{NaOH} (C_2H_5)_3\overset{+}{N}CH_2C_6H_5OH^-$$

$$CHCl_3 + (C_2H_5)_3\overset{+}{N}CH_2C_6H_5OH^- \xrightarrow{\text{相界面}} (C_2H_5)_3\overset{+}{N}CH_2C_6H_5\overset{-}{C}Cl_3 + H_2O$$

$$(C_2H_5)_3\overset{+}{N}CH_2C_6H_5\overset{-}{C}Cl_3 \xrightarrow{\text{有机相}} :CCl_2 + (C_2H_5)_3\overset{+}{N}CH_2C_6H_5Cl^-$$

以上反应是在相转移催化剂存在下，在有机相中原位产生二氯碳烯 Cl_2C：，产生后与环己烯完成反应。7,7-二氯双环[4.1.0]庚烷的产率可达 60%。如果没有相转移催化剂，则 Cl_2C：将与水发生反应：

碳烯与水发生反应会导致反应物被大量的消耗而不能与环己烯反应，预期产物的产率就非常低。

为使相转移反应顺利进行，反应必须在强烈搅拌下进行。本实验用四乙基溴化铵为相转移催化剂制备 7,7-二氯双环[4.1.0]庚烷。

环己烯的制备见实验四十一，制备环己烯的药品用量增加 1.5 倍。

一、实验原理

反应式：

二、实验药品

环己烯，氯仿，四乙基溴化铵，氢氧化钠，无水硫酸镁，$2mol \cdot L^{-1}$ 盐酸。

三、实验所需时间

实验所需时间为 4～6h。

四、实验步骤

在 100mL 三口烧瓶上，装配机械搅拌器（用甘油液封）、回流冷凝管及温度计。将 6g 新蒸馏过的环己烯、30g 氯仿[1]、0.4g 四乙基溴化铵[2] 加入烧瓶中。

开动搅拌器，在强烈搅拌下约于 10min 内从冷凝管上口分四次加入氢氧化钠溶液（12g 氢氧化钠溶于 12mL 水中）。10min 内反应混合物形成乳浊液，并于 25min 内其温度缓慢地自行上升到 55～60℃[3]，保持此温度回流 1h。反应物颜色由灰白变为棕黄色。

停止加热，反应物冷却至室温，然后加入 40mL 冷水，并使固体尽可能全部溶解。把反应混合物倒入分液漏斗中，静置分层，收集下面的氯仿油层。碱性水层用 20mL 氯仿分两次萃取。合并氯仿萃取液和氯仿油层，用 15mL 2mol·L^{-1} 盐酸洗涤，再用水洗涤两次，每次用 20mL 水（注意上、下层的舍取）。油层用无水硫酸镁干燥。

将干燥后的氯仿溶液进行常压蒸馏，蒸出氯仿。然后改装为减压蒸馏装置，用水浴加热，收集 80～82℃/16mmHg（2.13kPa）或 95～97℃/35mmHg（4.67kPa）、102～104℃/50mmHg（6.67kPa）的馏分。

7,7-二氯双环[4.1.0]庚烷为无色液体，沸点为 197～198℃。

五、产品的定性鉴定方法

在三个试管中分别加入少量产品，往其中一个试管中滴加溴的四氯化碳溶液，如果红棕色消失，往第二个试管中滴加高锰酸钾水溶液，如果紫色不消失，再往第三个试管中滴加硝酸银的醇溶液，如果溶液变浑浊即有白色沉淀生成，说明产品为 7,7-二氯双环 [4.1.0] 庚烷。

六、思考题

1. 相转移催化的原理是什么？
2. 为什么要用无乙醇的氯仿？
3. 写出醇钠催化的反应原理。
4. 碳烯的反应有哪些？

【注释】

[1] 应当使用无乙醇的氯仿。普通氯仿为防止分解而产生有毒的光气，一般加入少量乙醇作为稳定剂，在使用时必须除去。除去乙醇的方法是用等体积的水洗涤氯仿 2～3 次，用无水氯化钙干燥数小时后进行蒸馏。也可用 4A 分子筛浸泡过夜。

[2] 也可用其他相转移催化剂，如氯化四乙基铵、溴化三甲基苄基铵等。

[3] 若反应温度不能自行上升到 55～60℃，可在水浴或电热套上加热反应物，使反应物温度在 55～60℃ 保持 1h。

实验六十四　以乙酸乙酯为原料经三步合成庚-2-酮

庚-2-酮又叫甲基戊基甲酮，是硝化纤维素、某些涂料和油墨的优良溶剂，是惰性反应溶剂和香料原料，也是一种存在于成年工蜂和小黄蚁体内的重要的昆虫信息素。

一、实验原理

庚-2-酮的合成是由乙醇钠和乙酰乙酸乙酯反应形成乙酰乙酸乙酯的 α-碳负离子（Claisen 酯缩合反应），而后与 1-溴丁烷进行双分子亲核取代反应（S$_N$2 反应）生成丁基乙酰乙酸乙酯，经碱性水解、酮式分解得到初产物，经分离、提纯得到纯庚-2-酮。

总反应式：

$$CH_3COOC_2H_5 \xrightarrow[\text{2) } CH_3COOH]{\text{1) } NaOC_2H_5} CH_3COCH_2COOC_2H_5 \xrightarrow[\text{2) } CH_3CH_2CH_2CH_2Br]{\text{1) } NaOC_2H_5}$$

$$\underset{\underset{CH_2CH_2CH_2CH_3}{|}}{CH_3COCHCOOC_2H_5} \xrightarrow[\text{2) } 50\% \ H_2SO_4]{\text{1) } 5\% \ NaOH} \overset{O}{\underset{\|}{CH_3CCH_2CH_2CH_2CH_3}}$$

二、实验药品

金属钠[1]，乙酸乙酯[2]，50％乙酸溶液，二甲苯，正溴丁烷，5％氢氧化钠溶液，50％硫酸溶液，二氯甲烷，绝对无水乙醇，盐酸，饱和氯化钠溶液，无水硫酸镁，氯化钙。

三、实验所需时间

实验所需时间约为 18h。

四、实验步骤

1. 乙酸乙酯经缩合制乙酰乙酸乙酯

在干燥的 100mL 圆底烧瓶中加入 5g 金属钠和 25mL 干燥的二甲苯，装上冷凝管，在电热套上小心加热使钠熔融。待钠熔融后，立即拆去冷凝管，用橡胶塞塞紧圆底烧瓶，用力来回振动，得到钠珠。稍经放置后钠珠即沉于瓶底，用倾泻法将二甲苯倒入回收瓶，不能倒入水槽或废物缸，以免引起火灾。迅速向瓶中加入乙酸乙酯 55mL，重装上球形冷凝管，并在顶端装一氯化钙干燥管。反应立即开始，并有氢气泡逸出，如反应不开始或很慢时，可稍微加热。等激烈反应过后，在电热套上缓慢加热，维持微沸，直至金属钠全部反应完为止（约需 1.5h）。此时生成的乙酰乙酸乙酯钠盐反应液为橙色透明溶液。稍冷后，在搅拌下加入 50％乙酸溶液（需 30mL 左右），使反应液呈弱酸性，此时所有的固体均已溶解[3]。将烧瓶内溶液倒入分液漏斗中，加入等体积饱和氯化钠溶液，用力搅拌，静置，乙酰乙酸乙酯分层析出（判断上层还是下层）。分出粗产物用无水硫酸镁干燥。然后滤入蒸馏瓶，蒸馏除去未反应的乙酸乙酯，将粗产物转移至 25mL 克氏蒸馏瓶中，进行减压蒸馏[4]，收集 54～55℃/931Pa 的馏分即为乙酰乙酸乙酯，称重，计算收率。

乙酰乙酸乙酯为无色或微黄色透明液体，有醚样和苹果似的香气，并有新鲜的朗姆酒酒香，香甜而带些果香，香气飘逸但不持久；沸点为 180.4℃，相对密度为 1.03（20℃），易溶于水，可与醇等有机溶剂互溶。

2. 乙酰乙酸乙酯经烷基化制 2-正丁基乙酰乙酸乙酯

在干燥的 100mL 三口瓶中安装磁力搅拌装置，装上冷凝管，并在其上口接一无水氯化钙干燥管。瓶中加入 15mL 绝对无水乙醇，将 0.8g 金属钠切片，逐片加入三口瓶中，金属钠片的加入速度使乙醇保持沸腾为宜。待金属钠完全反应（约 20min）后，一次性加入 3.9mL 经干燥新蒸馏的乙酰乙酸乙酯，加热使回流，在搅拌下，于 20min 内将 3.5mL 经干燥和新蒸馏的正溴丁烷滴入三口瓶中。滴完瓶内反应物呈橘黄色，并有白色固体析出。继续搅拌回流 4h。反应结束后冷却至室温，过滤到 50mL 圆底烧瓶中。用约 5mL 绝对无水乙醇分两次洗涤溴化钠晶体，安装蒸馏装置蒸馏回收乙醇。蒸馏烧瓶冷至室温后，加入 10mL 水和 0.3mL 浓盐酸，用分液漏斗分出水层，用水（5mL×2）洗涤有机层两次。用无水硫酸镁干燥有机层，减压蒸馏，收集 107～112℃/1.73kPa（13mmHg）的馏分，产量约 3g。

2-正丁基乙酰乙酸乙酯为透明油状液体，沸点为 111.5℃/1.8kPa（13.5mmHg），65℃/0.133kPa（1mmHg），密度为 0.95g/cm^3，不溶于水，能溶于大多数有机溶剂。

3.2-正丁基乙酰乙酸乙酯经酮式分解得庚-2-酮

在加热回流反应装置中，加入上一步自制的 2-正丁基乙酰乙酸乙酯 3g 和 5% 的氢氧化钠溶液 2.5mL。在室温下剧烈搅拌 4h，完成皂化反应。随后慢慢滴加 50% 硫酸 4.6mL，有二氧化碳气体生成。当二氧化碳不再激烈逸出时，加入 30mL 水，改成蒸馏装置，蒸出产物和水的混合物，直至没有油状物蒸出为止（蒸馏温度达到 100℃ 即可）。约蒸出 15mL 液体。

用分液漏斗分出酮层，用二氯甲烷萃取水层两次，每次 5mL。合并二氯甲烷萃取液于酮层中，蒸馏回收二氯甲烷。剩下的酮层用饱和氯化钙溶液洗涤两次，每次 2mL。油层用无水硫酸镁干燥，蒸馏收集 148～152℃ 的馏分，产量约 1.2g。

庚-2-酮是无色透明液体，沸点为 151℃，熔点为 −35℃，溶于水，混溶于多数有机溶剂。

注意：本实验使用的仪器必须经过干燥，使用的试剂如乙酰乙酸乙酯、正溴丁烷等要先用无水硫酸镁干燥，使含水量降至最低，再蒸馏。

五、产品的定性鉴定方法

1. 乙酰乙酸乙酯

乙酰乙酸乙酯存在酮式和烯醇式互变异构，因此既有酮羰基的性质，又有烯醇的性质。而且这种结构中存在两个配位中心，可以与一些金属离子形成螯合物，利用这一性质可进行定性检测。检测方法有以下几种：

① 取 2～3 滴乙酰乙酸乙酯溶于 2mL 水中，加 1 滴 1% 三氯化铁溶液，观察溶液颜色的变化。再加入几滴溴水，摇动或搅拌，观察溶液颜色变化。放置片刻后观察颜色变化。记录现象并解释之。

② 取 2～3 滴乙酰乙酸乙酯滴入 3 滴新配制的 2,4-二硝基苯肼溶液中，微热后冷却可见黄色沉淀物。

③ 取 2～3 滴乙酰乙酸乙酯溶于 5mL 乙酸铜溶液中，振摇观察有淡蓝绿色沉淀生成，再加入 1mL 氯仿并振摇，可见沉淀溶解，表明此沉淀不是离子性质的盐。

2. 庚-2-酮

将合成产物的红外谱图与标准红外谱图（图 3-73）对照，如果一致，则可确定合成产物为庚-2-酮。

六、思考题

1. Claisen 酯缩合反应的催化剂是什么？本实验为什么可以用金属钠代替？

2. 本实验中加入 50% 乙酸溶液和饱和氯化钠溶液的目的何在？

3. 什么叫互变异构现象？如何用实验证明乙酰乙酸乙酯是两种互变异构体的平衡混合物？

4. 酸化过程开始析出的少量固体是什么？

5. 在本实验中用 1,4-二溴丁烷代替正溴丁烷将会得到什么产物？写出产物的化学结构式。

6. 在合成庚-2-酮的步骤中预期可能会发生什么副反应？

7. 如何利用乙酸乙酯合成 4-苯基丁-2-酮？

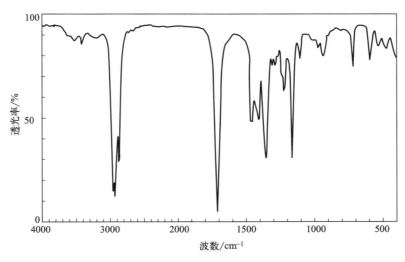

图 3-73　庚-2-酮的红外谱图

【注释】

[1] 金属钠遇水即燃烧爆炸，使用时应严格防止与水接触，也不能与皮肤接触，特别要防止小块金属钠溅入眼中。

[2] 乙酸乙酯必须绝对干燥，但要含有 1％～2％乙醇。其提纯方法如下：将普通乙酸乙酯用饱和氯化钙溶液洗涤数次，再用熔焙过的无水碳酸钾干燥，在水浴上蒸馏，收集 76～78℃的馏分。

[3] 一定要等钠反应完后再加入乙酸溶液，以防着火。用乙酸中和时，宜在搅拌下先较迅速倒入按钠计算量的 80％左右的乙酸，然后在搅拌下小心加入乙酸至溶液刚呈弱酸性。若开始时慢慢加入乙酸，会使乙酰乙酸乙酯钠盐成大块固体析出，给中和造成较大困难。应避免加入过量乙酸，否则会增加酯在水中溶解度，也会使酯因溶解较多乙酸在加热蒸馏时分解而降低产量。

[4] 减压蒸馏时应用圆底烧瓶作接收瓶，不可使用锥形瓶，否则可能会发生炸裂。

3.5　天然有机化合物的提取

实验六十五　从菠菜中提取叶绿素

众所周知，绿色植物的光合作用能够有效地把光能转化成化学能，为地球上的生物界提供能源，而光合作用的中心就是人们所熟知的叶绿素和细菌叶绿素。叶绿素存在于绿色植物中，因此，有必要简单了解一下从绿色植物中提取叶绿素的方法和叶绿素的结构及性质。

在绿色植物如菠菜叶中，存在着叶绿素 a、叶绿素 b、α-胡萝卜素、β-胡萝卜素、叶黄素等多种天然色素。这几种色素的结构如下：

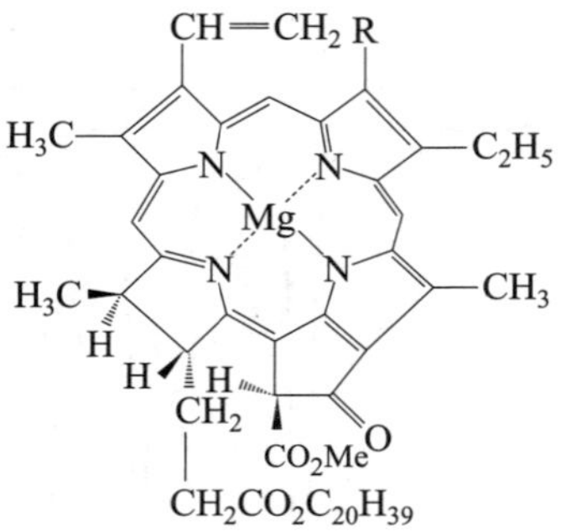

R=Me, 为叶绿素a
R=CHO, 为叶绿素b

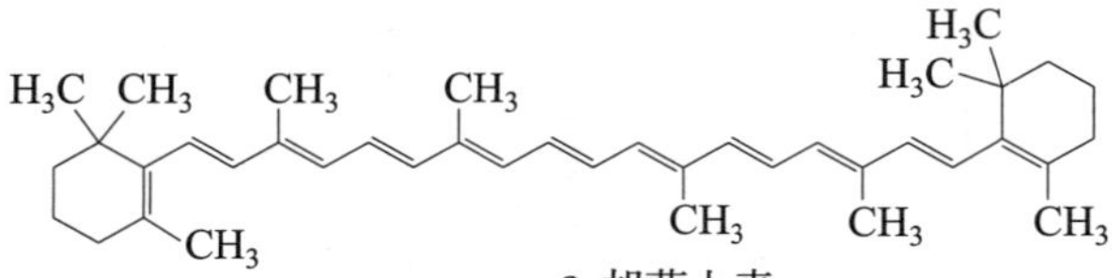

β-胡萝卜素

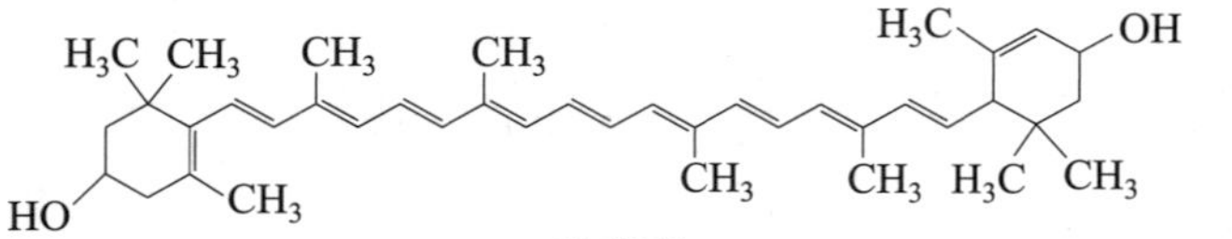

叶黄素

叶绿素 a 和叶绿素 b 的共同点是均为吡咯衍生物——卟啉与金属镁的配合物，不同点是叶绿素 a 中 R 为甲基，而叶绿素 b 中 R 为甲酰基。通常在植物中叶绿素 a 的含量是叶绿素 b 的三倍。尽管在分子式中，叶绿素分子含有一些极性的基团，但是叶绿素却不溶于水，而是易溶于有机溶剂中，这就决定了叶绿素的直接提取需要使用乙醇、丙酮等有机溶剂。另外，叶绿素是由叶绿酸与甲醇和叶绿醇形成的酯，因此可以用碱与其发生皂化反应而形成叶绿酸的盐，使之溶于水而达到分离的目的。

胡萝卜素是含有 40 个碳的长链共轭多烯，有 α-胡萝卜素，β-胡萝卜素和 γ-胡萝卜素三种异构体，其中 β-异构体含量最多。在生物体内，β-胡萝卜素受酶催化氧化即可形成有生理活性的维生素 A。目前 β-胡萝卜素已进行工业生产，作为维生素 A 使用，也可作为食品工业中的食用色素。由于胡萝卜素是只含有碳氢元素的化合物，极性相对较低，所以在提取分离的过程中扩散最快。

叶黄素又名"植物黄体素"，是一种广泛存在于蔬菜、水果等植物中的天然物质，是一种重要的抗氧化剂。实验证明，在食品中加入一定量的叶黄素可以起到预防细胞衰老和机体器官衰老的作用。其分子中也有一条含 40 个碳原子的长链，与胡萝卜素不同的是还含有氧原子，并以羟基的形式存在，因此，叶黄素的极性略大于胡萝卜素。

一、实验原理

菠菜中叶绿素的主要提取方法是有机溶剂浸泡提取和超声波辅助提取，分离常采用薄层色谱和柱色谱等方法。实验室中通常选用适当的溶剂（丙酮、石油醚等）进行提取，然后用柱色谱进行分离，收集不同色带的溶液。

二、实验药品

菠菜叶，丙酮，石油醚，饱和食盐水，蒸馏水，无水硫酸钠，粗汽油（60～90℃馏分），氧化铝，丙酮-粗汽油。

三、实验所需时间

实验所需时间为 8h。

238

四、实验步骤

1. 提取

称取 2g 菠菜叶[1]，切成碎末后置于研钵中，向研钵中加入碳酸钙粉末[2]，然后加入 20mL 丙酮，对碎菜叶进行研磨提取。将得到的绿色液体倒入烧杯中，剩余的菜叶重复上述提取过程两次，每次用 20mL 丙酮，合并三次的提取液，倒入分液漏斗中[3]。向其中加 40mL 石油醚[4] 和 100mL 饱和食盐水[5]，振荡，分去水层，将绿色的油层用 200mL 蒸馏水洗涤两次，每次 100mL，最后分出油层，并用无水硫酸钠进行干燥[6]。

将提取液在旋转蒸发仪上蒸去有机相，然后加入 3mL 粗汽油溶解所得绿色固体。

2. 分离

（1）方法一：纸色谱

准备一张预先干燥过的定性滤纸，剪成长约 10cm、宽约 1cm 的长方形。在距离滤纸一端 1cm 处用铅笔轻轻画一直线。用毛细管吸取提取液，在铅笔痕迹处画线，待液体干后重复划线五次。烧杯中加入适量展开剂（展开剂可用水、醋酸、乙醇、乙酸乙酯、石油醚等按照不同比例配制，配制的方法见 3.1.1.3 中的薄层色谱和柱色谱），展开剂不能高于 1cm。

将滤纸挂在盛有展开剂的烧杯壁上，滤纸下端浸入展开剂中，注意滤纸下端不要贴在烧杯壁上。在烧杯上面盖上培养皿。待展开剂上升至规定高度时，取出滤纸条，观察上面色带的分离情况。

（2）方法二：薄层色谱

用硅胶 G 和 0.5％羧甲基纤维素调制后制薄层板，晾干，在 110℃活化 1h。取活化后的薄层板，点样后，小心放入预先加入选定展开剂的广口瓶内，盖好瓶盖。待展开剂上升至规定高度时，取出薄层板，在空气中晾干，用铅笔做出标记，并进行测量，分别计算出 R_f 值。

（3）方法三：柱色谱

氧化铝装填柱子，以粗汽油作溶剂，将上述 3mL 产物装入柱子中，在产物到达与砂子层顶部齐平时，开始加粗汽油，当观察到黄色谱带[7] 沿柱子下移约 1/3 时，改用丙酮-粗汽油（体积比 1∶9）作洗脱剂，能促使混合物中极性比较大的化合物下移，在 45～90min 内洗涤全部物质较为合适，通过柱子观察色带下移次序，从菠菜中得到的色素下移次序如下：

β-胡萝卜素（叶红素），$C_{40}H_{56}$，黄色；叶黄素，黄色；叶绿素 a，$C_{55}H_{72}MgN_4O_5$，绿色；叶绿素 b，$C_{55}H_{70}MgN_4O_6$，黄-绿色。

用试管或小锥形瓶收集洗出液。

五、产品的定性鉴定方法

荧光现象：在试管中加入 5mL 叶绿素提取液，在直射光下（对着光源）观察溶液的透射光颜色，再背着光源观察溶液的反射光颜色。试解释原因。

H^+ 和 Cu^{2+} 对叶绿素分子中 Mg^{2+} 的取代：在小试管中加入 3mL 叶绿素提取液，向其中加入几滴 5％ HCl，振荡，观察溶液的颜色。再向其中加入少量醋酸铜粉末并加热，观察溶液颜色的变化，解释原因。

叶绿素的红外谱图如图 3-74 所示。

六、思考题

1. 为什么要首先将菠菜中的色素萃取、干燥并且用溶剂溶解成为样品？可不可以直接用菠菜的汁液作为样品？为什么？

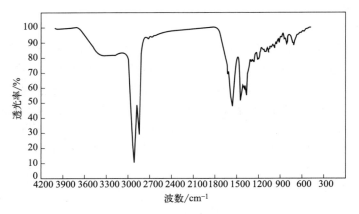

图 3-74　叶绿素的红外谱图

2. 薄层色谱的结果能与柱色谱完全对应吗?

3. 在菠菜提取叶绿素过程中, 洗脱剂的极性过小会有什么现象出现?

【注释】

[1] 菠菜需要洗净, 用滤纸吸干上面的水分。实验室中可以使用新鲜菠菜或冻菠菜; 若用冻菠菜, 则应把菠菜放在两层纸之间压挤, 以除去霜和水。

[2] 加入碳酸钙的作用是保护菠菜中的色素不受破坏。

[3] 若有必要, 在液体倒入分液漏斗之前, 可用玻璃棉过滤, 以除去固体杂质。

[4] 石油醚属于易燃液体, 使用要小心。

[5] 水的作用是除去丙酮及水溶性杂质, 盐的作用是防止乳浊液的形成。

[6] 叶绿素等色素对光很敏感, 尤其处于干燥状态下, 因此, 必须避免暴露在阳光及任何强光下。

[7] 黄色谱带容易消失, 须注意及时观察。

实验六十六　从茶叶中提取咖啡因

茶叶中含有多种生物碱, 其中以咖啡碱 (又称咖啡因) 为主, 占 1%～5%。另外, 还含有 11%～12% 的单宁酸 (又名鞣酸)、0.6% 的色素、纤维素、蛋白质等。咖啡因是弱碱性化合物, 易溶于氯仿 (12.5%)、水 (2%) 及乙醇 (2%) 等, 在苯中的溶解度为 1% (热苯为 5%)。单宁酸易溶于水和乙醇, 但不溶于苯。

咖啡因是杂环化合物嘌呤的衍生物, 化学名称是 1,3,7-三甲基-2,6-二氧嘌呤。其结构式如下:

嘌呤　　　　　1,3,7-三甲基-2,6-二氧嘌呤

含结晶水的咖啡因系无色针状结晶, 味苦, 能溶于水、乙醇、氯仿等。在 100℃ 时即失

去结晶水，并开始升华，120℃时升华相当显著，至178℃时升华很快。无水咖啡因的熔点为234.5℃。

一、实验原理

工业上，咖啡因主要通过人工合成制得。咖啡因具有兴奋中枢神经系统、兴奋心脏、松弛平滑肌和利尿等作用，还可用于治疗脑血管性的头痛，但过度使用咖啡因会增加耐药性和轻度上瘾。它还是复方阿司匹林等药物的组分之一。

从茶叶中提取咖啡因，通常有两种方法：

① 使用乙醇或氯仿等溶剂在索氏提取器中对茶叶进行充分的抽提，然后将抽提液浓缩，得到粗品咖啡因，利用升华的方法进一步纯化。

② 将茶叶浸泡在热的碱溶液中，使咖啡因溶解于水，然后加入醋酸铅溶液除去一些酸性的杂质（与醋酸铅形成沉淀），再用有机溶剂（如氯仿、二氯甲烷）将咖啡因萃取出来，最后浓缩，用丙酮重结晶可达到纯化的目的。

方法一：利用索氏提取器抽提

二、实验药品

茶叶末，95％乙醇，生石灰粉。

三、实验所需时间

实验所需时间为5h。

四、实验步骤

按100mL圆底烧瓶上安装好提取装置，见图3-39。称取茶叶末10g，放入索氏提取器的滤纸套筒中[1]，在圆底烧瓶内加入80mL 95％乙醇，再加入1～2粒沸石。加热，连续提取2～3h[2]，当提取器中液体颜色变得很浅，并完成了最后一次虹吸时，立即停止加热。取下索氏提取器和回流冷凝管，改装成蒸馏装置，回收提取液中的大部分乙醇，当烧瓶中剩余的液体体积约为10mL时停止蒸馏[3]，把残液倒入蒸发皿中，拌入3～4g生石灰粉[4]，将蒸发皿移至酒精灯上焙炒，除去水分，同时将固体碾为细小粉末。冷却后，擦去沾在边上的粉末，以免在升华时污染产物。取一只合适的玻璃漏斗（漏斗颈口塞少许棉花以防咖啡因蒸气外逸），罩在隔着刺有许多小孔的滤纸的蒸发皿上如图3-31(a)所示，小心加热升华[5]。当纸上出现白色毛状结晶时，暂停加热，冷至100℃左右，揭开漏斗和滤纸，仔细地把附在纸上及器皿周围的咖啡因用小刀刮下，残渣经拌和后用较大的火再加热片刻，使升华完全。合并两次收集的咖啡因，测定熔点。若产品不纯，可用少量热水重结晶提纯（或放入微量升华管中再次升华）。

方法二：乙醇加热提取

二、实验药品

茶叶末，95％乙醇，生石灰粉。

三、实验所需时间

实验所需时间为4h。

四、实验步骤

在圆底烧瓶中加入10g茶叶和50mL乙醇，加热回流1.5h。将提取液浓缩，回收大部分乙醇，残液转移至蒸发皿中，拌入3g生石灰，在蒸汽浴上蒸干，最后将蒸发皿移至酒精灯上焙炒片刻，使固体化合物烘干。按照方法一中所介绍的升华方法进行纯化。

方法三：碱性水溶液提取

二、实验药品

茶叶末，二氯甲烷，碳酸钠，石油醚（60～90℃）。

三、实验所需时间

实验所需时间 4h。

四、实验步骤

将 10g 碳酸钠置于 250mL 烧杯中，加入 120mL 水和 10g 茶叶末（最好为袋装茶叶，便于分离），将此混合物小火加热煮沸 20min。冷却至室温，将茶叶袋中的少量液体挤出使之流回烧杯中。将烧杯中的液体用 60mL 二氯甲烷分两次萃取，合并萃取液，用无水硫酸镁进行干燥。安装蒸馏装置，将萃取液中的二氯甲烷蒸出并回收，烧瓶中剩余的固体加入丙酮，在回流的温度下使之刚好完全溶解，然后向其中滴加石油醚至出现沉淀，冷却，抽滤，干燥，称重，测定熔点。

咖啡因的红外谱图如图 3-75 所示。

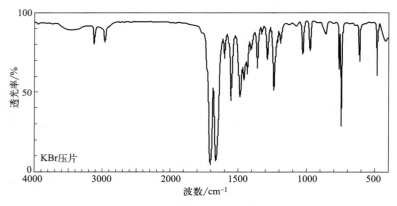

图 3-75　咖啡因的红外谱图

五、思考题

1. 三种方法各有什么优缺点？

2. 方法一中回收乙醇时是否需要再加入沸石，为什么？

【注释】

[1] 滤纸套筒大小既要紧贴器壁，又能方便取放，其高度不得超过虹吸管；滤纸包茶叶末时要严密，防止漏出堵塞虹吸管。纸套上面折成凹型，以保证回流液均匀浸润被萃取物。

[2] 若提取液颜色很淡时，即可停止提取。

[3] 乙醇不能蒸得太干，否则在转移时损失较多。

[4] 生石灰起吸水和中和作用，以除去部分酸性杂质。

[5] 在萃取回流充分的情况下，升华操作的好坏是本实验成败的关键。在升华过程中，始终都须用小火间接加热。温度太高会使滤纸炭化变黑，并把一些有色物烘出来，使产品不纯。第二次升华时，火焰亦不能太大，否则会使被烘物大量冒烟，导致产物损失。

实验六十七　从烟叶中提取烟碱

烟叶的主要成分是纤维素、烟碱、果胶、蛋白质、有机酸等，其中烟碱［1-甲基-2-（3-吡啶基）吡咯烷］又名尼古丁，是存在于烟草中的主要生物碱，为具有吡啶和吡咯两种杂环的含氮碱：

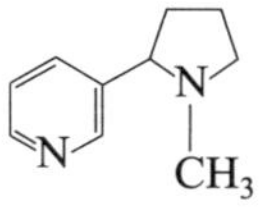

一、实验原理

烟碱的分子式为 $C_{10}H_{14}N_2$，分子量为 162，沸点为 246.1℃，相对密度为 1.0097。无色，有挥发性，当暴露于空气中时会变成棕色，并有烟草气味，纯品为无色或淡黄色油状液体。在 60℃ 以下或 200℃ 以上和水混溶。在烟叶中烟碱以和苹果酸、柠檬酸等有机酸结合的形式存在，易溶于酒精、氯仿、石油醚、煤油等有机熔剂。

尼古丁的毒性很大，而且作用迅速。1 支香烟所含的尼古丁即可毒死一只小白鼠，20 支香烟中的尼古丁可毒死一头牛。对人的致死量是 50～70mg，相当于 20～25 支香烟中所含尼古丁的量。如果将 3 支香烟所含的尼古丁注入人的静脉内 3～5min 即可死亡。它不仅对高等动物有害，对低等动物也有毒害作用，在农业上烟碱可用作杀虫剂，以及兽医药剂中的寄生虫驱除剂。

从烟叶中提取烟碱的方法通常有四种：水蒸气蒸馏法、离子交换法、溶剂萃取法和超临界萃取法。

二、实验药品

烟叶，1％稀硫酸，40％NaOH 溶液，氯仿，活性炭。

三、实验所需时间

实验所需时间为 4h。

四、实验步骤

方法一：水蒸气蒸馏法

在烟叶中加酸，使烟碱形成盐进入水相，再向其中加入强碱即可使烟碱游离出来。游离的烟碱在 100℃ 时具有一定的蒸气压（约 1333Pa），因此可以借助水蒸气蒸馏的方法来进行分离。具体方法如下。

10g 经干燥粉碎的烟叶，加入 1％稀硫酸 60mL 作为提取液，加热回流 1h，抽滤。将滤渣加入 50mL 1％稀硫酸，再加热回流抽提 1h。合并两次抽提液，蒸发浓缩至 20mL 左右，将浓缩液倒入蒸馏烧瓶中，用 40％ 的氢氧化钠中和至 pH＝12，用水蒸气蒸馏至馏出液 pH＝7（大约收集与原来体积相等的馏出液）。蒸出液用 5mL 氯仿萃取两次，合并萃取液，蒸馏出氯仿，则得到黄色油状物。

上面得到的黄色油状物中加入 5％ 的活性炭脱色，然后减压蒸馏，收集 121～123℃ 馏分，得无色油状物，量体积，计算收率。

方法二：溶剂萃取法

将烟碱用强碱游离出来之后用醚、氯仿等有机溶剂进行萃取，再将得到的萃取液加酸转化为烟碱的盐进行纯化。具体过程如下。

在 50mL 烧杯中加入 10g 经干燥粉碎的烟叶和强碱溶液（5% NaOH）20mL，搅拌 10min，使烟碱游离，然后减压过滤，尽量挤出烟丝中的提取液。再用 10mL 水洗烟叶，抽滤并挤压，将两次的滤液合并。将滤液用 90mL 乙醚分三次萃取[1]，合并萃取液（萃取时应注意不要剧烈振荡分液漏斗以免形成乳浊液给分离带来困难）。安装蒸馏装置，水浴加热蒸去乙醚[2]。向残留物中加入 5mL 甲醇，一边振荡，一边加入 10mL 饱和苦味酸的甲醇溶液，会立即出现浅黄色的烟碱盐沉淀[3]，减压过滤，干燥，测定熔点（应在 217～220℃ 之间），计算收率。

五、产品的定性鉴定方法

1. 碱性：在一支小试管中加入 0.5mL 烟碱提取液，滴入 1 滴酚酞指示剂，振荡，观察现象。

2. 被氧化：在一支小试管中加入 1mL 烟碱提取液，滴入 1 滴 $KMnO_4$ 溶液和 3 滴 Na_2CO_3 溶液，微微加热，观察现象。

3. 在一支小试管中加入 1mL 烟碱提取液，向其中逐滴滴加饱和苦味酸，观察现象。在另一支小试管中加入 1mL 烟碱提取液和 HAc 溶液，再加入碘化汞钾试剂，观察现象，对上面的定性实验中所发生的现象进行解释。

尼古丁的红外谱图如图 3-76。

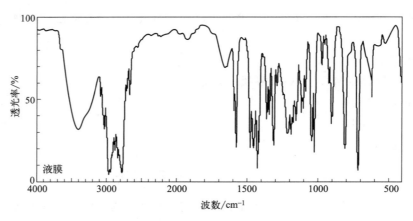

图 3-76　尼古丁的红外谱图

【注释】

[1] 乙醚萃取过程中应注意经常放气，有关萃取过程中的放气操作参照 3.1.3 介绍。

[2] 乙醚沸点低，易挥发，易燃，在蒸馏乙醚时应用水浴加热，不能有明火。蒸馏乙醚要注意安全，避免外泄的乙醚蒸气着火！

[3] 烟碱的毒性很强，其蒸气或溶液被吸入或渗入人体可使人中毒，操作时务必小心。若不慎手上沾上烟碱提取液，应及时用水冲洗后用肥皂擦洗。

3.6 设计性实验

设计性实验是指学生应用所学理论知识，自己查阅文献，自己设计有机化合物的合成路线，并在教师指导下独立完成实验全过程的综合性实验。

开设设计性实验的目的是培养学生的综合分析问题、解决问题和独立工作的能力，为今后的毕业论文和科研实践打下良好的基础。

设计性实验按下列程序开展工作：

（1）文献资料的准备。包括：查出有关原料、主副产物的物理常数；提出可能的合成路线及分离提纯方法；准备采用的合成路线及分离提纯方法；列出全部参考文献。

（2）按拟采用的合成路线提出实验方案。包括实验步骤，反应条件，所需仪器、设备、药品的规格与用量。

（3）对设计的合成路线进行可行性论证与答辩。其重点是：实验成败的关键；可能出现的问题及其防范措施和处理方法；总体设计的合理性与可行性。

（4）在教师指导下，确定实验方案并且按照实验方案进行实验探索。

（5）实验过程中对实验的结果进行及时分析，并且确定可行的路线完成实验。

（6）以论文的形式写出实验报告，通过综述、实验过程描述、实验结果与讨论和结论的形式对实验进行全面的分析与总结。

实验六十八　固体酸催化合成有机酸酯

一、固体酸催化剂概述

按照 Brønsted 和 Lewis 的酸碱含义，具有给出质子和接受电子对的固体化合物，都可称为固体酸。常见的固体酸有天然黏土、阳离子交换树脂、金属氧化物与硫化物、金属盐、氧化物混合物、杂多酸、固体超强酸等。

对于固体酸的酸性与催化效果，研究较多和效果较好的固体酸催化剂主要有分子筛类固体酸催化剂、强酸性离子交换树脂催化剂、杂多酸催化剂和其他固体酸催化剂。

1. 分子筛类固体酸催化剂

分子筛是一种具有立方晶格的硅铝酸盐化合物，主要由硅铝通过氧桥连接组成空旷的骨架结构。在结构中有很多孔径均匀的孔道和排列整齐、内表面积很大的空穴。此外还含有金属离子和水。分子筛在加热过程中失去水分导致晶体骨架结构中产生许多大小相同的空腔，空腔中又有许多直径相同的微孔相连，这些微孔的直径大小均匀，能把比孔道直径小的分子吸附到孔穴的内部，而把比孔道大的分子排斥在外，因而能把形状直径大小不同的分子、极性程度不同的分子、沸点不同的分子、饱和程度不同的分子分离开来，由此称为分子筛。

分子筛本身具有催化性能，为了提高分子筛的酸性，通常将其用酸活化，把硫酸分散于分子筛的表面与孔道内部，经过加热焙烧等方法即可得到活化分子筛催化剂。此类催化剂对酯化、重排等反应有较高的催化活性。

分子筛催化剂具有笼状结构，内部还可以负载其他的金属盐，如锆、钛、钨、镧、铁、铟等，可用于改变其化学键之间的电负性，提高分子筛的酸性。

分子筛催化剂具有较高的选择性，催化剂和反应物、产物易于分离，且催化剂能够重复使用。

2. 强酸性离子交换树脂催化剂

离子交换树脂可用有机合成方法和无机方法制成。常用的原料为苯乙烯或丙烯酸（酯），通过聚合反应生成具有三维空间立体网络结构的骨架，再在骨架上导入不同类型的化学活性基团（通常为酸性或碱性基团）而制成。离子交换树脂不溶于水和一般溶剂。大多数制成颗粒状，通常有较高的机械强度，化学性质稳定。

磺酸基具有与硫酸相似的酸性，在高分子链上引入磺酸基可起到硫酸的催化效果，同时也避免了硫酸的腐蚀性和分离难度。常用的强酸性离子交换树脂就是磺化树脂，如磺化聚苯乙烯。但是磺酸基的催化效果弱于硫酸，反应慢。

在苯膦酸锆的苯环上引入磺酸基，由于苯膦酸锆具有层状晶体结构，所以可看成是键联在无机链上的苯磺酸，具有与强酸性离子交换树脂相似的结构与性能，此类催化剂对酸与醇之间的酯化反应催化活性强。同样具有固体酸的无腐蚀、无污染、无三废排放的优点，具有良好的发展前景。

3. 杂多酸催化剂

杂多酸是由杂原子（如 Si、P、Fe、Co、Ge 等）和配原子（主要是 Mo、W、V 等）通过氧原子桥联配位形成的一类含氧酸。杂多酸分子中含有很多的水合质子，是一种很强的质子酸，并在强度上优于通常的无机酸，可以代替硫酸作为酯化反应的催化剂。

4. 固体超强酸催化剂

固体超强酸催化剂是固体酸中研究最多的化合物，其中超强酸是指酸性超过 100% 硫酸的一类酸，即把 Hammett 酸性函数 $H_0 < 11.93$ 的酸称为超强酸，有些超强酸的酸性是硫酸的一亿倍。超强酸可以分为固体超强酸和液体超强酸两类。超强酸的强酸性使其在化学和化学工业上极有应用价值——既是无机及有机的质子化试剂，又是活性极高的催化剂，能完成很多在普通环境下极难实现或根本无法实现的化学反应。

固体超强酸催化剂通常是将金属盐或者金属氧化物溶于水相，用氨水调节适当的 pH 值，形成氢氧化物沉淀，再经过陈化、抽滤、洗涤、干燥后用适量浓度的稀硫酸-过硫酸铵浸泡，经抽滤、烘干、高温焙烧等步骤制备而成的。

固体超强酸的酸性强，在催化酯化、烷烃异构化等反应中应用广泛。固体超强酸的金属原子通常采用锆、钛、锡、铁等，也有用稀土对其表面浸渍以增强表面积提高催化活性。此外，多种金属复合超强酸有好的催化活性，可通过离子的电负性、离子半径、化学键的稳定性等进行选择复合金属。

除以上几类典型的固体酸催化剂外，人们还研究了一些其他的固体酸催化剂，有代表性的就是有机金属化合物，有机金属化合物由于其独特的性质在有机催化反应中起着重要的作用，往往具有反应条件温和、选择性强、立体选择性强等特点。

二、固体酸催化剂结构与酸性

1. 分子筛类固体酸催化剂

沸石分子筛类催化剂为含水的硅铝酸盐，其一级结构单元是硅、铝分别与氧原子形成的四面体状结构，二级结构单元为硅氧四面体或者铝氧四面体通过氧桥键形成的四元、五元、六元、八元、十元、十二元环状。二级结构单元还可形成笼状结构。

沸石分子筛的酸性中心来源于骨架结构中的羟基，包括存在于硅铝氧桥上的羟基和非骨架铝上的羟基。其表现为质子酸和路易斯酸，并具有不同的酸强度。与其他固体酸催化剂相比，沸石催化剂具有较宽的可调变的酸中心和酸强度，比表面积大，孔分布均匀，孔径可调变，对反应原料和产物有良好的形状选择性。

2. 固体超强酸催化剂

固体超强酸为金属氧化物表面经过硫酸或者过硫酸铵处理后再通过焙烧而制成。X 射线光电子能谱研究表明，氧化物表面上硫为高氧化态的六价硫，导致形成超强酸中心。当硫处于低氧化态时，例如当硫为四价时几乎没有酸催化活性。红外光谱分析表明，在 SO_4^{2-}/M_xO_y 型固体超强酸中，硫酸根以双配位形式与金属氧化物表面的金属离子作用。这种作用有两种模式，即螯合式双配位态（a）和桥式双配位态（b）：

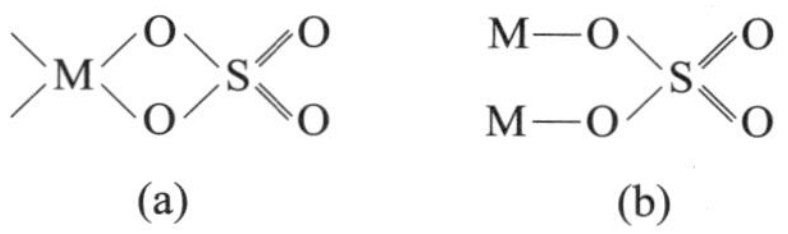

(a)　　　　　　　(b)

固体超强酸的酸中心的形成是因为 SO_4^{2-} 在金属表面配位吸附，S═O 具有吸电子诱导效应，使金属离子电负性增加，产生 Lewis 酸中心，同时更易使水发生解离吸附产生质子酸中心：

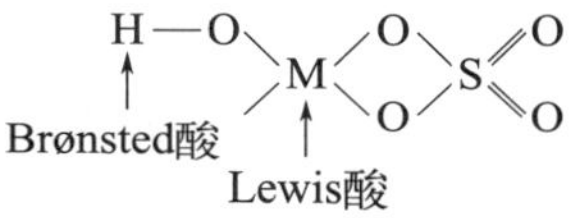

三、固体酸催化剂酸性表征

固体超强酸的结构表征方法较多，常用的有 X 射线衍射光谱（XRD）、X 射线光电子能谱（XPS）、傅里叶变换红外光谱（FT-IR）、热重-差热分析（TG-DTA）、氨气吸附微量热法（NH₃-TPD）、物理吸附法测比表面积（BET）、激光拉曼光谱（Ramnn）、扫描电镜（SEM）、透射电镜（TEM）、Hammett 指示剂法等。

X 射线衍射光谱可探测固体超强酸的结晶形态考察其晶型结构，X 射线光电子能谱可检测固体超强酸表面硫的配位状态，傅里叶变换红外光谱用来测量 Brønsted 酸和 Lewis 酸数量，热重-差热分析测量焙烧过程中表面硫损失状况，氨气吸附微量热法用于测量表面酸量，Hammett 指示剂法则测量固体超强酸表面酸强度。

四、正交实验方法简介

在有机合成实验中要考虑的因素较多，如原料的配比、催化剂的筛选、催化剂的用量、反应温度、反应时间等。正交实验设计是一种科学的实验方法，即通过正交实验表来安排最少的实验次数，从诸多因素中找出哪些因素是主要的，哪些因素是次要的，以及它们对实验的影响规律，从而确定一个最佳工艺条件。

1. 多因素实验

例如为提高某个酯化反应的收率，要考虑的因素有以下三个方面：原料的配比（0.5∶1、1∶1、1.5∶1）、反应温度（80℃、90℃、100℃）、催化剂（甲、乙、丙三种），试制定实验方案，找出最佳工艺条件。衡量实验好坏的指标是实验的收率。

将影响实验结果，并准备在实验中考察的有关条件，称为因素，本例的因素为：A（原料的配比）、B（反应温度）、C（催化剂）。

每个因素在实验范围内所选取的试验点，叫作该因素的水平，因素 A 的水平是 0.5∶1、1∶1、1.5∶1；因素 B 的水平是 80℃、90℃、100℃；因素 C 的水平是甲、乙、丙。

此实验叫作三因素三水平实验。可将其列表，见表 3-8。

表 3-8　酯化反应三因素三水平实验

水平	A 原料配比	B 反应温度/℃	C 催化剂种类
1	0.5：1	80	甲
2	1：1	90	乙
3	1.5：1	100	丙

通过实验和对实验结果的分析，试图要解决以下几个问题：①哪些是影响收率的主要因素？哪些是次要因素？②在这几个因素中，各取什么水平能达到较好的收率？③各因素取不同水平时，收率具有什么样的变化规律？

本例是三因素三水平实验，如果对每个因素的三个水平中任何一个水平的所有可能的搭配都要做实验，则要做 27 次实验，由此称其为全面实验。全面实验次数多，资源浪费严重，同时也耽误实验完成时间。而正交实验可快速完成实验过程。

2. 正交实验举例

正交表是正交实验设计中安排实验和分析实验结果的工具。上一实验范例中可采用正交实验进行，见表 3-9。

表 3-9　三因素三水平正交实验

实验号	列号 1	2	3	实验号	列号 1	2	3
1	1	1	1	6	2	3	2
2	1	2	2	7	3	1	2
3	1	3	3	8	3	2	3
4	2	1	3	9	3	3	1
5	2	2	1				

该表具有以下两个特点。

① 每一列中，不同的数字出现的次数相同，即 1、2、3 在每一列中都是各出现三次。

② 任意两列组成的同行数对出现的次数相同。即：数对 (1，1)、(1，2)、(1，3)、(2，1)、(2，2)、(2，3)、(3，1)、(3，2)、(3，3) 都是各出现一次。

正是因为该表具有上述两个特点，表明用正交表安排的实验方案是有代表性的，能够比较全面地反映各因素、各水平对酯化反应收率的影响。

将以上酯化反应中的因素与水平填入上述表格中得到表 3-10 所示的实验正交表。

表 3-10　酯化反应三因素三水平正交实验详细数据

实验号	A 原料配比	B 反应温度/℃	C 催化剂种类	收率/%
1	1(0.5：1)	1(80)	1(甲)	51
2	1(0.5：1)	2(90)	2(乙)	82

续表

实验号	A 原料配比	B 反应温度/℃	C 催化剂种类	收率/%
3	1(0.5∶1)	3(100)	3(丙)	77
4	2(1∶1)	1(80)	3(丙)	71
5	2(1∶1)	2(90)	1(甲)	69
6	2(1∶1)	3(100)	2(乙)	85
7	3(1.5∶1)	1(80)	2(乙)	58
8	3(1.5∶1)	2(90)	3(丙)	59
9	3(1.5∶1)	3(100)	1(甲)	84

3. 实验结果分析

首先分析因素 A：

将 A 取 1 水平的三次实验（实验号 1、2、3）的收率相加，其和记作 K_1，即：

$$K_1 = 51 + 82 + 77 = 210$$

将 A 取 2 水平的三次实验（实验号 4、5、6）的收率相加，其和记作 K_2，即：

$$K_2 = 71 + 69 + 85 = 225$$

将 A 取 3 水平的三次实验（实验号 7、8、9）的收率相加，其和记作 K_3，即：

$$K_3 = 58 + 59 + 84 = 201$$

根据正交实验的特点，K_1 反映了 A 取 1 水平三次及 B、C 取 1、2、3 水平各一次，K_2 反映了 A 取 2 水平三次及 B、C 取 1、2、3 水平各一次，K_3 反映了 A 取 3 水平三次及 B、C 取 1、2、3 水平各一次。

比较 K_1、K_2、K_3 数据，可以认为 B 与 C 两个因素对 K_1、K_2、K_3 的影响不大（或者说大致相同），K_1、K_2、K_3 之间的差异可认为是因 A 取三个不同的水平所致。

K_1、K_2、K_3 是三次实验的收率之和，它们的平均值分别记作 $k_1 = 70$、$k_2 = 75$、$k_3 = 67$。这三个平均值中最大数值与最小数值之间差距为 8，称为极差（R）。

同理，对因素 B 与因素 C 进行相似处理得出数据，见表 3-11。

表 3-11 酯化反应实验因素与极差

K 值	A	B	C	K 值	A	B	C
K_1	210	180	195	k_2	75	70	79
K_2	225	210	237	k_3	67	82	68
K_3	201	246	204	R	8	22	14
k_1	70	60	65				

为了直观起见，将表 3-11 以因素的水平为横坐标，平均收率为纵坐标制成因素和实验指标（即收率）的关系，如图 3-77 所示。

结果表明：

比较三个因素的极差 R，极差最大的是 B，极差最小的是 A。这一点从图 3-77 也可以看出：图形 B 的波动最大，图形 A 的波动最小。极差越大，说明该因素的水平变动时，试验指标（即产品的收率）变动越大。也就是说，该因素对实验指标的影响越大。从而可根据极差的大小来决定因素对实验指标影响的主次顺序。

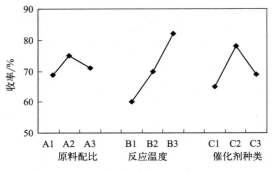

图 3-77　酯化反应影响因素极差图

B 是主要影响因素，C 的影响居中，而 A 是次要因素，那么都取收率最高的水平，就组成了一个优化的工艺条件，即 A2B3C2。该条件通常要比九次实验中收率最高的第 6 号实验（A2B3C1）好。

从图 3-77 还可以看出：随着温度的升高，反应收率还有进一步增加的趋势，可提高温度继续进行实验。

正交实验的因素与水平确定需要在基本实验或者文献基础上进行，不可随意确定因素与水平。对于影响因素大的应该继续进行条件实验加以确定。

五、设计性实验

用正交实验的方法，选择不同的催化剂种类和数量、反应温度、反应时间、反应原料的不同比例等因素设计催化酯化实验，找出最佳的反应条件。可选择的实验如下：

1. 以无水硫酸铜为催化剂合成乙酸正丁酯、乙酸异戊酯。
2. 氧化锌催化乙酸正丁酯、乙酸异戊酯。
3. 硫酸盐催化合成乙酸丁酯催化活性比较。
4. 硫酸盐催化合成邻苯二甲酸二丁酯催化活性比较。
5. 硫酸盐催化合成柠檬酸三甲酯催化活性比较。
6. 硝酸铋催化合成乙酸丁酯、乙酸苯酚酯。
7. 硝酸盐催化合成邻苯二甲酸二丁酯催化活性比较。
8. 硝酸盐催化合成柠檬酸三甲酯催化活性比较。
9. 磷酸铜催化合成乙酸丁酯、苯甲酸正丁酯。
10. 磷酸盐催化合成邻苯二甲酸二丁酯催化活性比较。
11. 磷酸盐催化合成柠檬酸三甲酯催化活性比较。
12. 金属氧化物催化合成乙酸丁酯。
13. 金属硫化物催化合成乙酸丁酯。
14. 金属氧化物催化合成邻苯二甲酸二丁酯。
15. 金属硫化物催化合成邻苯二甲酸二丁酯。
16. 锌类化合物催化合成乙酸丁酯。
17. 锌类化合物催化合成柠檬酸三丁酯。
18. 铝类化合物催化合成乙酸丁酯。
19. 铝类化合物催化合成柠檬酸三丁酯。
20. HZSM-5 分子筛催化合成乙酸丁酯。

21. 纳米 HZSM-5 分子筛催化合成松香乙酯。

22. 分子筛催化合成乙酸乙酯。

23. 分子筛制备与结构表征。

24. 杂多酸制备与合成乙酸丁酯。

25. 苯磷酸锆磺化与合成乙酸丁酯。

26. 苯磷酸锆磺化与合成邻苯二甲酸二丁酯。

27. 锆系超强酸制备与催化合成乙酸丁酯。

28. 锆系超强酸制备与催化合成乙酸乙酯、乙酸异戊酯。

29. 锆系超强酸制备与催化合成邻苯二甲酸二异戊酯。

30. 钛系超强酸制备与催化合成乙酸丁酯。

31. 钛系超强酸制备与催化合成乙酸乙酯、乙酸异戊酯。

32. 钛系超强酸制备与催化合成邻苯二甲酸二丁酯。

33. 锆-钛复合超强酸制备与催化合成乙酸乙酯、乙酸丁酯、邻苯二甲酸二丁酯。

34. 锆-钛复合超强酸制备与催化合成乙酸乙酯、乙酸丁酯、邻苯二甲酸二丁酯。

第4章 物理化学实验

4.1 物理化学实验基本操作及常用仪器使用方法

4.1.1 温度的测量和温度计

化学变化常常伴有放热或吸热现象，对于这些热效应进行精密测量，并作较详尽讨论，已成为化学的一个分支，称为热化学。而热化学实质上可以看作是热力学第一定律在化学中的具体应用。

热化学的实验数据具有实用和理论价值。反应热大小与实际生产中的机械设备、热量交换以及经济价值等问题有关。反应热数据在计算平衡常数和其他热力学量时很有用处，尤其是在热力学第三定律中对于热力学基本常数的测定，热化学的实验方法十分重要。

当体系发生变化之后，使反应产物的温度回到反应前始态的温度，体系放出或吸收的热量称为该反应的热效应。热效应常通过温度的测量来实现，温度是表征分子无规则运动强度大小（即分子平均动能大小）的物理量。当两个不同温度的物体相接触时，必然有能量以热能形式由高温物体传递至低温物体，当两物体处于热平衡时，温度就相同，这就是温度测量的基础。温度的量值与温标的选定有关。因此，本章节将根据基础化学实验的需要，对温标、温度计作一些简单的介绍。

4.1.1.1 温度的测量

温度是表征物体冷热程度的一个物理量。温度参数是不能直接测量的，一般只能根据物质的某些特性值与温度之间的函数关系，通过对这些特性参数的测量间接获得。测量温度的仪表——温度计，按照测量方式分为接触式与非接触式两类。

所谓接触式，即两个物体接触后，在足够长的时间内达到热平衡（动态平衡），两个互为热平衡的物体温度相等。如果将其中一个选为标准，当作温度计使用，它就可以对另一个物体实现温度测量，这种测温方式称为接触式测温。

所谓非接触式，即选为标准并当作温度计使用的物体，与被测物体相互不接触，利用物体的热辐射（或其他特性），通过对辐射量或亮度的检测实现温度测量，这种测温方式称为非接触测温。

（1）摄氏温标

温度的数值表示方法叫温标，用℃（摄氏度）表示温度数值的方法叫摄氏温标，是国际上使用最广泛的温度标准单位之一。它最初是由瑞典天文学家安德斯·摄尔修斯（Anders Celsius）于1742年设计的，这个温标以水在常压下（101.325kPa）的冰点为0℃，水在常压下的沸点为100℃，以这两个温度为两个定点，定点间分为100等份，1等份为1℃。用外推法或内推法求得其他温度。该方法看似合理，但是这样确定的温标有明显的缺陷，例如，把乙醇、甲苯和戊烷分别制成三支温度计，然后将它们在固定点−78.5℃和0℃上分度，再将间隔划分为78.5分度，每分度为1℃。假如把这三支温度计同时放入一搅拌良好、温度均匀的恒温槽中，可以看到，当槽温为−50℃时，以乙醇为介质的温度计的示值为

252

－50.7℃，甲苯温度计为－51.1℃，戊烷温度计为－52.6℃。当槽温为－20℃时，乙醇温度计示数为－20.8℃，甲苯为－21.0℃，戊烷为－22.4℃。为什么这三支温度计所规定的温标有这样大的差别呢？这是由于把这三种液体的膨胀系数都当作与温度无关的常数，简单地用线性函数来表示温度与液体长度的关系。实际上液体的膨胀系数是随温度改变的，所定的温标除定点相同外，其他温度往往有微小的差别。

（2）热力学温标

1848 年开尔文（Kelvin）提出了热力学温标，过去也叫作绝对温标，以 K（开尔文，简称开）表示。热力学温标以热力学第二定律为基础，根据卡诺定理推论可以看出，一个工作于两个一定温度之间的可逆热机，其效率只与两个温度有关，而与工作物质的性质和所吸收热量及做功的多少无关。

设理想的热机在 T_2 和 $T_1(T_2 > T_1)$ 两温度之间工作，工作物质在温度 T_2 下吸热 Q_2，在温度 T_1 下放热 Q_1，经一可逆循环对外做功：$W = |Q_2| - |Q_1|$，热机效率为：

$$\eta = 1 - \left| \frac{Q_1}{Q_2} \right| = 1 - \frac{T_1}{T_2}$$

卡诺循环中温度 T_2 和 T_1 仅与热量 Q_2 和 Q_1 有关，与工作物质无关，在任何工作范围内均具有线性关系，是理想的科学的温标。若规定一个固定温 T_2，则另一个温度 T_1 可由式 $T_2 = Q_2 T_1 / Q_1$ 求得。

理想气体在定容下的压力（或定压下的体积）与热力学温度呈严格线性函数关系。因此，国际上选定气体温度计来实现热力学温标。在温度较高、压力不太大的条件下，氦、氢、氮等气体的行为接近理想气体。所以，这种气体温度计的读数可以校正成为热力学温标。热力学温标规定"热力学温度单位——开尔文（K）是水三相点热力学温度的 1/273.16"。热力学温标与摄氏温标分度值相同，只是差一个常数：$T/K = 273.15 + t/℃$

气体温度计的装置复杂，使用不方便，为了统一国际的温度量值，1927 年拟定了"国际温标"，建立了若干可靠而又能高度重现的固定点。随着科学技术的发展，又经多次修订，现在采用的是 1990 年国际温标（ITS-90），其定义的温度固定点、标准温度计和计算的内插公式可参考中国计量出版社出版的《1990 年国际温标宣贯手册》和《1990 年国际温标补充资料》。

4.1.1.2 温度计

（1）水银温度计

水银温度计是常用的测温工具，优点是使用简便，准确度也较高，测温范围可以从－35～＋600℃（测高温的温度计毛细管充有高压惰性气体，以防水银汽化）。但水银温度计的缺点是其读数易受许多因素的影响而引起误差，在精确测量中必须加以校正。

一种方法是以纯物质的熔点或沸点作为标准进行校正。另一种方法是以标准水银温度计为标准，用标准水银温度计和待校正的温度计同时测定某一体系的温度，将对应值一一记录，做出校正曲线。使用时利用校正曲线对温度计进行校正。标准水银温度计是由多支测量范围不同的温度计组成的，每支都经过计量部门的鉴定，读数准确。

（2）贝克曼温度计

贝克曼温度计（图 4-1）的最小刻度是 0.01℃，可以估计读到 0.002℃，整个温度计的刻度范围一般是 5℃或 6℃，可借顶部贮汞槽调节水银球中的水银量，用于测量介质温度在－20～＋155℃范围内不超过 5℃或 6℃的温差，故这种温度计特别适用于量热、测定溶液的凝固点下降值和沸点上升值，以及其他需要测量微小温差的场合。

　　使用贝克曼温度计时，首先需要根据被测介质的温度，调整温度计水银球的水银量。例如测量温度降低值时，则贝克曼温度计置被测介质中的读数应是 4℃ 左右。如水银量过少，水银柱达不到这一示值，则需将贮汞槽中的水银适量转移至水银球中。为此，将温度计倒置，使贮汞槽中的水银借重力作用流入水银球，并与水银球中的水银相连接（如倒立时水银不下流，可以将温度计向下抖动，或将水银球放在热水中加热）。然后慢慢倒转温度计，使贮汞槽位置高于水银球，借重力作用，水银从贮汞槽流向水银球，到刻度尺处的水银面对应标尺温度与被测介质温度相当时，立即抖断水银柱：右手持温度计约二分之一处，用左手沿温度计的轴向轻敲右手手腕，使水银在 b 点处断开（注意 b 点处不得有水银滞留）。然后将温度计水银球置于被测介质中，看温度计示值是否恰当，如水银过少，则再按上法调整；如水银过多，则需从水银球中赶出一部分水银至贮汞槽中。如果要测定温度升高值，则需将温度计在被测介质中的示

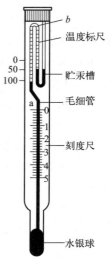

图 4-1　贝克曼温度计

值调整到 1℃ 附近。使用放大镜可以提高读数精度，这时必须保持镜面与水银柱平行，并使水银柱中水银弯月面处于放大镜中心，观察者的眼睛必须保持正确的高度，使读数处的标线看起来是直线。当测量精度要求高时，对贝克曼温度计也要进行校正。

　　（3）电阻温度计

　　电阻温度计是利用物质的电阻随温度变化的特性制成的测温仪器。任何物体的电阻都与温度有关，因此都可以用来测量温度。但是，能满足温度测量要求的物质并不多。在实际应用中，不仅要求该物质有较高的灵敏度，而且要求有较高的稳定性和重现性。按感温元件的材料来分，电阻温度计的材料有金属导体和半导体两大类。金属导体有铂、铜、镍铁和铑铁合金。目前大量使用的材料为铂、铜和镍。铂制成的为铂电阻温度计，铜制成的为铜电阻温度计，都属于定型产品。半导体有锗、碳和热敏电阻（氧化物）等。

　　（4）热电偶温度计

　　两种不同金属导体构成一个闭合线路，如果两个连接点温度不同，回路中将会产生一个与温差有关的电势，称为温差电势，也称热电势，这样的一对金属导体称为热电偶，可以利用其温差电势测定温度。但也不是任意两种不同材料的导体都可作热电偶。对热电偶材料的要求：物理、化学性质稳定，在测定的温度范围内不发生蒸发和相变现象，不发生化学变化，不易氧化、还原，不易腐蚀；热电势与温度成简单函数关系，最好是成线性关系；微分热电势要大，电阻温度系数要比电导率高，易于加工，重复性好，价格低。

　　应用时一般将热电偶的一个接点放在待测体系（热端）中，而另一接点则放在储有冰水的保温瓶（冷端）中，这样可以保持冷端的温度稳定。有时为了使温差电势增大，提高测量精度，可将几个热电偶串联成热电堆使用，热电堆的温差电势等于各个电偶热电势之和。温差电势可以用电位计或毫伏计测量。精密的测量可使用灵敏检流计或电位差计。使用热电偶温度计测定温度时，要把测得的电动势换算成温度值，因此还需做出温度与电动势的校正曲线。

4.1.2　大气压力计

　　压力是用来描述体系状态的一个重要参数。许多物理、化学性质，如熔点、沸点、蒸气

压等都与压力有关。因此，压力的测量具有重要的意义。

物理学上把均匀垂直作用于物体单位面积上的力称为压强，工程上叫压力。大气压力是用上部完全为真空的水银柱与大气压力相平衡时的水银柱高来表示的。规定在海平面、纬度 45°及温度为 0℃时的大气压力为 760mmHg 或 1.01325×10^5 Pa，并规定 10^5 Pa 为标准大气压。

气压计的式样很多，最常用的是福丁（Fortin）式和固定槽式两种。这里介绍实验室常用的福丁式气压计。如图 4-2 所示，气压计的外部为一黄铜管，内部是装有水银的玻璃管，封闭的一头向上，开口的一端插入水银贮槽中。玻璃管顶部为真空。在黄铜管的顶端开有长方形窗孔，并附有刻度标尺，以观测水银面的高低。在窗孔间放一游标尺，转动螺旋可使游标上下移动。黄铜管中部附有温度计。水银贮槽底部为一柔皮囊，下部由调节螺旋支持，转动调节螺旋可调节水银贮槽内水银面的高低。水银贮槽上部有一个倒置固定象牙针，其针尖即为标尺的零点。

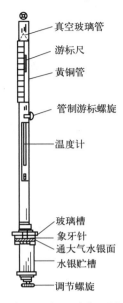

真空玻璃管
游标尺
黄铜管
管制游标螺旋
温度计
玻璃槽
象牙针
通大气水银面
水银贮槽
调节螺旋

图 4-2　福丁式气压计

使用时，首先将气压计垂直放置，旋转调节水银面位置的底部螺旋，以升高槽内水银面。利用槽后面的白瓷板的反光，注意水银面与象牙针尖的空隙，直到水银面升高到恰与象牙针尖接触为止（调节时动作要慢，不可旋转过急）。转动管制游标螺旋调节游标，使它高出水银面少许，然后慢慢旋下，直到游标前后两边的边缘与水银面的凸月面相切（此时在切点两侧露出三角形的小孔隙），便可从黄铜刻度与游标尺上读数。

4.1.3　高压钢瓶

物理化学实验中，经常要用到氧气、氮气、氢气、氩气等气体。这些气体一般都是贮存在专用的高压气体钢瓶中。气体钢瓶是由无缝碳素钢或合金钢制成的，适用于装介质压力在 15MPa 以下的气体。气瓶类型见表 4-1。

表 4-1　气瓶类型

气体种类	工作压力/MPa	试验压力/MPa	
		水压试验	气压试验
O_2、H_2、N_2、CH_4 压缩空气和惰性气体	15.0	22.5	15.0
纯净水煤气及 CO_2 等	12.5	19.0	12.5
NH_3、氯、光气和异丁烯等	3.0	6.0	3.0
SO_2 等	0.6	1.2	0.6

气体钢瓶的使用常识：

① 气瓶应在通风良好的场所使用，如果在通风条件差或狭窄的场地里使用气瓶，应采取相应的安全措施，以防止出现氧气不足或危险气体浓度加大的现象。采取的安全措施主要包括强制通风、氧气监测和气体检测等。

② 使用中的气瓶需专业人员每三年检查一次，装腐蚀性气体的钢瓶每两年检查一次，不合格的气瓶不可继续使用。

③ 使用气瓶前，使用者应对气瓶进行安全状况检查，检查重点包括瓶体是否完好、减压器、流量表、软管、防回火装置是否有泄漏、磨损及接头松懈等现象。

④ 气瓶应防止暴晒、雨淋、水浸，环境温度超过 40℃时，应采取降温措施。

⑤ 气瓶应存放在远离热源的地方，可燃性气瓶一律不准进入实验室内，并应与氧气钢瓶分开存放。

⑥ 氧气钢瓶严禁与油类物质或易燃有机物接触（特别是气瓶出口和压力表上）。氢气钢瓶应放在远离实验室的专用气房内，用紫铜管引入实验室，并安装防止回火的装置。可燃气瓶（如 H_2、C_2H_2）气门螺丝为反丝，不可燃性或助燃气瓶（如 N_2、O_2）为正丝。各种压力表一般不可混用。

⑦ 气瓶使用时要注意固定，防止倾倒，严禁卧倒使用。对已卧倒的气瓶，不准直接开气使用，使用前必须先立牢静止 15min 后，再接减压器使用。

⑧ 禁止将气瓶与电气设备及电路接触，与气瓶接触的管道和设备要有接地装置。在气、电焊混合作业的场地，要防止氧气瓶带电，如地面是铁板，要垫木板或胶垫加以绝缘。乙炔气瓶不得放在橡胶等绝缘体上。

⑨ 开启或关闭气瓶阀门时，应用手或专用扳手，不准使用其他工具，以防损坏阀件，装有手轮的阀门不能使用扳手。如果阀门损坏，应将气瓶隔离并及时维修。

⑩ 打开钢瓶总阀门时，高压表显示瓶内贮气总压力。开启总阀门时，不要将头或身体正对总阀门，防止阀门或压力表冲出伤人。

⑪ 停止使用时，先关闭总阀门，待减压阀中残留气体泄光后，再关闭减压阀。冬天，气瓶的减压器和管系发生冻结时，可用 10℃ 以下温水解冻，严禁用火烘烤或使用铁器一类的东西猛击气瓶，更不能猛拧减压表的调节螺丝，以防止气体突然大量冲出，造成事故。

⑫ 气瓶使用完毕，要妥善保管。气瓶上应有状态标签（"空瓶""使用中""满瓶"标签）。钢瓶内气体不能全部用尽，要留下一些气体，以防止外界空气进入气体钢瓶，一般应保持 0.5MPa 以上的残留压力。

⑬ 使用时注意各气瓶上漆的颜色及标字，见表 4-2，避免混淆。

表 4-2　高压气体钢瓶常用的颜色和标志

气体类别	气瓶颜色	字样颜色	字样
氮气	黑	白	氮
氧气	淡（酞）蓝	黑	氧
氢气	淡绿	大红	氢
压缩空气	黑	白	压缩空气
二氧化碳	铝白	黑	二氧化碳
氦气	银灰	深绿	氦
氨气	淡黄	黑	液氨
氯气	深绿	白	液氯
乙炔	白	大红	乙炔　不可近火
氟氯烷	铝白	黑	氟氯烷
石油气	灰	红	石油气体
氩气	银灰	深绿	氩

4.1.4 折光仪

折射率是物质的一个重要物理常数。根据折射率可以定量地分析溶液的成分，检验物质的纯度；另外还可以求算物质摩尔折射度、分子的偶极矩及测定分子结构等。

阿贝折光仪是根据光的全反射原理设计的仪器，即利用全反射临界的测定方法测定未知物质的折射率，其结构如图 4-3 所示。阿贝折光仪所需的样品量少，数滴液体即可进行测量；测量方法简便，读数准确，重复性好，无须特殊光源设备，普通日光或其他光均可；棱镜的夹层可通恒温水，保持所需的恒定温度。

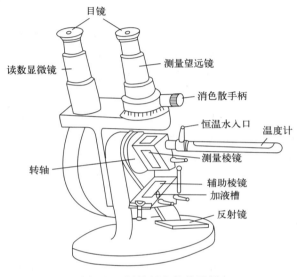

图 4-3 阿贝折光仪外形图

（1）阿贝折光仪使用方法和注意事项

① 用橡皮管将仪器上测量棱镜和辅助棱镜上保温夹套的进水口与超级恒温槽串接起来（确保连接可靠），恒温温度以折光仪上的温度计读数为准，一般选用（20.0±0.1）℃或（25.0±0.1）℃。

② 打开折射棱镜部件，移去擦镜纸。检查上、下棱镜表面，用滴管滴加少量丙酮（或无水酒精）清洗镜面，用洗耳球将镜面吹干或用擦镜纸轻轻吸干镜面（注意：用滴管时勿使管尖碰触镜面；测完样品后必须仔细清洁两个镜面，但切勿用滤纸擦拭）。

③ 滴加 1～2 滴试样于棱镜的毛玻璃面上，锁紧棱镜。

④ 调节反射镜使入射光线达最强，通过目镜观察视场，同时旋转调节手轮，使明暗分界线落在交叉线视场中。如从目镜中看到视场是暗的，可将调节手轮逆时针旋转；如视场是明亮的，则顺时针旋转。明亮区域在视场的顶部。在明亮视场下旋转目镜，使视场中的交叉线最清晰，如图 4-4 所示。因光源为白光，故在交叉线处有时呈现彩色，旋转消色散手柄使彩色消失，使视场中明暗两部分具有良好的反差，明暗分界线具有最小的色散，明暗清晰，再转动棱镜使明暗界线正好与目镜中的十字线交点重合，这时从读数显微镜即可在标尺上读出被测物的折射率 D（每

图 4-4 准确的明暗分界线与交叉线位置示意图

次测定时，两个棱镜都要啮紧，防止两棱镜所夹的液层成劈状，影响数据重复性）。为了数据的准确，必须按上述步骤测定三次样品，取其平均值。

⑤ 测量结束后，必须用少量丙酮（或无水酒精）和擦镜纸清洗镜面。合上折射镜部件前须在两个棱镜之间放一张擦镜纸。

⑥ 折光仪不要被日光直接照射或靠近热的光源（如电灯泡），以免影响测定温度。

（2）阿贝折光仪的维护

① 仪器应置于干燥、空气流通的室内，防止受潮后光学零件发霉。

② 要绝对避免滴管等其他硬物碰到镜面，擦洗时只能用擦镜纸吸干或用洗耳球吹干，不能用力擦。

③ 用完仪器后，要使金属套中的水流尽，再拆下温度计，擦净镜面，并于两镜面间夹张擦镜纸，然后放入箱内。箱内必须放干燥剂。

④ 要避免强烈振动或撞击，以防光学零件损伤而影响精度。

4.1.5　旋光仪

平面偏振光通过具有旋光性的物质时，会发生一定的偏转，描述偏转方向（左旋、右旋）及大小的物理量即旋光度。旋光度是旋光性物质的特性常数。旋光仪是测定物质旋光度的仪器。通过旋光度的测定，可以得知物质的纯度、物质在溶液中的浓度以及有关物质立体结构的知识。旋光仪广泛应用于制糖、制药、石油、食品、化工等工业部门及有关高等院校和科研单位，其外形见图 4-5。

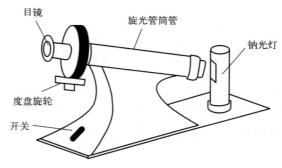

图 4-5　旋光仪外形

旋光仪光路图见图 4-6。光线从光源 1 投射到聚光镜 2、滤色镜 3、起偏镜 4 后，变成平面直线偏振光，再经半波片 5 分解成寻常光与非寻常光后，视场中出现了三分视场。旋光物质盛入试管 6 放入镜筒测定，由于溶液具有旋光性，故把平面偏振光旋转了一个角度，通过检偏镜 7 起分析作用，从目镜 9 观察，就能看到中间亮（或暗）、左右暗（或亮）的照度不等三分视场 [图 4-7(a) 或 (b)]，转动度盘手轮 12，带动度盘游标 11、检偏镜 7，使得视场照度（暗视场）相一致 [图 4-7(c)]，然后从放大镜中读出度盘旋转的角度。为了便于操作，仪器的光学系统以倾斜 20° 安装在基座上。光源采用 20W 钠光灯（波长 $\lambda = 589.3nm$）。钠光灯的限流器安装在基座底部，无需再外接限流器。仪器的偏振器均为聚乙烯醇人造偏振片。仪器采用双游标读数，以消除度盘偏心差。度盘分 360 格，每格 1°，游标分 20 格，等于度盘 19 格，用游标直接读数到 0.05°。度盘和检偏镜固定一体，手轮 12 能做粗、细转动。游标窗前方装有两块 4 倍的放大镜，供读数时用。

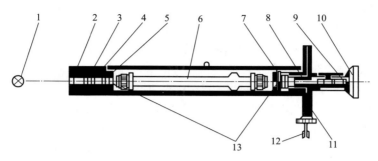

图 4-6 仪器光路图

1—光源（钠光）；2—聚光镜；3—滤色镜；4—起偏镜；5—半波片；6—试管；7—检偏镜；8—物镜；

9—目镜；10—放大镜；11—度盘游标；12—度盘手轮；13—保护片

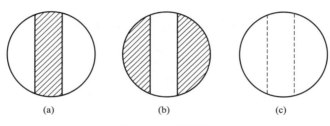

图 4-7 三分视场

旋光度结果受多种因素影响，常见的有：

（1）溶剂的影响

旋光物质的旋光度主要取决于物质本身的结构。另外，还与光线透过物质的厚度、测量时所用光的波长和温度有关。如果被测物质是溶液，影响因素还包括物质的浓度，溶剂也有一定的影响。因此，旋光物质的旋光度在不同的条件下测定结果通常不一样，一般用比旋光度作为量度物质旋光能力的标准，其定义式为

$$[\alpha]_D^t = \frac{10\alpha}{l\rho}$$

式中，D 为光源，通常为钠光 D 线；t 为实验温度；α 为旋光度；l 为液层厚度，cm；ρ 为被测物质的质量浓度，$g \cdot mL^{-1}$。

（2）温度的影响

温度升高会使旋光管膨胀而长度加长，从而导致待测液体的密度降低。另外，温度变化还会使待测物质分子间发生缔合或解离，使旋光度发生改变。

（3）浓度和旋光管长度对比旋光度的影响

在一定的实验条件下，常将旋光物质的旋光度与浓度视为正比关系，因此将比旋光度作为常数，而旋光度和溶液浓度之间并不是严格地呈线性关系，因此严格讲，比旋光度并非常数。在精密的测定中比旋光度和浓度间的关系可用下面的三个方程之一表示：

$$[\alpha]_\lambda^t = A + Bw$$

$$[\alpha]_\lambda^t = A + Bw + Cw^2$$

$$[\alpha]_\lambda^t = A + \frac{Bw}{C + w}$$

式中，w 为溶液的质量分数；A、B、C 为常数，可以通过不同浓度的几次测量来确定。

旋光度与旋光管的长度成正比，旋光管通常有 10cm、20cm、22cm 三种规格，经常使用的是 10cm 的旋光管，但对旋光能力较弱或者较稀的溶液，为提高准确度，降低读数的相对误差，需用 20cm 或 22cm 的旋光管。

4.1.6　电导仪

电导是电阻的倒数，因此电导值的测量，实际上是通过电阻值的测量来换算的，也就是说电导的测量方法应该与电阻的测量方法相同。但在溶液电导的测定过程中，当电流通过电极时，由于离子在电极上会发生放电，产生极化引起误差，故测量电导时要使用频率足够高的交流电，以防止电解产物的产生。另外，所用的电极镀铂黑是为了减少超电位，提高测量结果的准确性。

电解质溶液的电导测定目前多采用电导仪进行，其测量范围广，快速直读及操作方便，如配接自动电子电势差计后，还可对电导的测量进行自动记录。电导仪的类型很多，基本原理大致相同，这里仅以 DDS-11 电导仪为例简述其构造原理及使用方法。

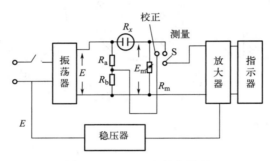

图 4-8　DDS-11 电导仪原理

由图 4-8 可知：

$$\frac{ER_m}{E_m} - R_m = R_x$$

$$\frac{1}{R_x} = \frac{E_m}{R_m(E - E_m)} = G$$

式中，E 为交流电压，V；R_x 为电导池电阻，Ω；R_m 为量程电阻，Ω；E_m 为量程电阻上的电压，V；G 为电导，S。当 E 和 R_m 均为常数时，电导 $G(1/R_x)$ 的变化必将引起 E_m 的相应变化，所以测得 E_m 的大小，即可计算出溶液的电导。

把振荡器产生的一个交流电压源 E，送到电导池 R_x 与量程电阻（分压电阻）R_m 的串联回路里，电导池里的溶液电导越大，R_x 越小，R_m 获得的电压 E_m 也就越大。将 E_m 送至交流放大器放大，再经过信号整流，以获得推动表头的直流信号输出，表头可直读电导。

DDS-11 电导仪的具体使用方法为：

① 接通电源前，先检查表针是否指零，如不指零，可调节表头上的校正螺丝，使表针指零。

② 接通电源，打开电源开关，指示灯亮。预热 15min，即可开始工作。

③ 将测量范围选择器旋钮拨到所需的范围挡。如不知被测液电导的大小范围，则应将旋钮置于最大量程挡，然后逐挡减小，以保护表不被损坏。

④ 选择电极。本仪器附有三种电极，分别适用于下列电导范围：

a. 被测液电导低于 $5\mu S$ 时，用 260 型光亮电极。

b. 被测液电导在 $5\sim150mS$ 时，用 260 型铂黑电极。

c. 被测液电导高于 $150mS$ 时，用 U 形电极。

⑤ 连接电极引线。

⑥ 用少量待测液洗涤电导池及电极 2～3 次，然后将电极浸入待测溶液中，并恒温。

⑦ 将测量校正开关扳向"校正"，调节校正调节器，使指针停在红色倒三角处。应注意在电导池接妥的情况下方可进行校正。

⑧ 将测量校正开关扳向"测量"，这时指针指示的读数即为被测液的电导值。当被测液电导很高时，每次测量都应在校正后方可读数，以提高测量精度。

4.1.7　电位差计

可逆电池必须满足的条件之一是通过的电流为无限小。当有限电流通过时，在电池内阻上会产生电位降，从而使得两极间的电位差比可逆电池电动势小。因此，只有在没有电流通过电池时两电极间的电位差才与可逆电池电动势相等。一般采用波根多夫（Poggendorf）对消法（或称补偿法）测可逆电池的电动势，常用的仪器为电位差计。电位差计是按照对消法测量原理而设计的一种平衡式电压测量仪器。它与标准电池、检流计等相配合，成为测量电压的基本仪器。

对消法的原理如图 4-9 所示，由工作回路、标准回路和测量回路组成。工作电源 E_w 与可变电阻 R 及均匀滑线电阻 AB 构成工作回路。调节可变电阻 R，可使流过回路的电流成为某一定值 I_0，这样 AB 上有一定的电位降产生。工作电源 E_w 可用电池串联或稳压电源，其输出电压必须大于待测电池的电动势。

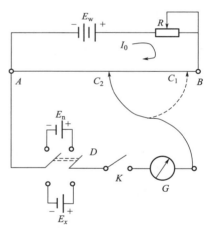

E_n 为标准电池，C 是可在 AB 上移动的触点，D 是双向电钥，K 是电键，KC 间有一灵敏度很高的检流计 G。当 D 扳向 E_n 一方时，标准回路接通，若标准电池 E_n 的电动势为 1.01865V，则先将 C 点移动到 AB 上标记 1.01865 伏的 C_1 处，闭合 K，迅速调节 R 直至 G 中无电流通过。这时 E_n 的电动势与 AC_1 之间的电位降大小相等、方向相反而对消。

图 4-9　电位差计（对消法）
测电池电动势示意

E_x 为未知电池，当 D 扳向 E_x 一方时，测量回路接通。在保持工作电流不变的情况下，闭合 K，将 C 在 AB 上迅速移动到 C_2 处，使 G 中无电流通过，这时 E_x 的电动势与 AC_2 间的电位降大小相等，方向相反而对消，于是 C_2 处所标记的电位降即为 E_x 的电动势。由于使用过程中工作电池的电压会有所变化，要求每次测量前均需重新校准工作回路的电流。

实际应用中，电位差计的滑线电阻由一系列标准电阻串联而成，工作电流总是标定为一固定数值 I_0，使电位差计总是在统一的 I_0 下达到平衡，从而可以将待测电动势的数值直接标度在各段电阻上（即标在仪器面板上），这样就可直接读取电动势的值。这里以 UJ-25 型电位差计为例，具体介绍电位差计的使用方法。

① UJ-25 型电位差计面板布局如图 4-10 所示。使用时先将有关的外部线路如工作电池、检流计、标准电池和待测电池等连接好。切不可将标准电池倒置或摇动。

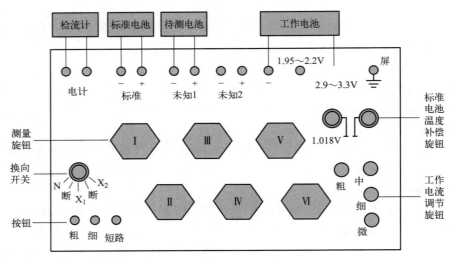

图 4-10　UJ-25 型电位差计面板示意图

②接通电源，调节好检流计光点的零位。然后将换向开关扳向"N"（校正），调节标准电池温度补偿旋钮，使其读数值与标准电池的电动势值一致（标准电池电动势调节前应先校准温度）。断续按下粗按钮（当按下粗按钮时，检流计光点在一小格范围内摆动才能按细按钮。注意按键时间不能超过 1s），视检流计光点的偏转情况，调节可变电阻 R（粗、中、细、微）使检流计光点指示零位。

③将换向开关扳向"X_1"（若待测电池接于未知 2，则扳向"X_2"），根据理论计算出待测电池的电动势，将各挡测量旋钮（六个大旋钮）预置在合适的位置。轻按粗按钮（当按下粗按钮时，检流计光点在一小格范围内摆动才能按细按钮。注意按键时间不能超过 1s）根据检流计光点偏转情况旋转各测量挡旋钮，至检流计光点指示零位，此时电位差计各测量挡小孔示数的总和，即为被测电池的电动势。

使用过程中，需要注意的是：

①标准电池的使用温度为 4～40℃，需正确连接正、负极，不能倒置，不能直接用万用电表测量其电动势，不能做电源使用。

②测试时必须先按"粗"按钮观察检流计光点是否为零，当检流计光点为零以后再按下"细"按钮观察检流计光点是否为零。无论在校正还是测量过程中，都不能将按钮长时间地按下（以免电极被极化），而应是轻轻按下，迅速观察检流计的情况，然后放开按钮，调整相应旋钮后再按按钮检查。反复调整，达到目的。在没有调准的情况下长时间地按下按钮（甚至锁定）会造成标准电池或待测电池长期放电，将损坏标准电池，或测量误差很大。

③测量过程中若出现检流计受到冲击时，应迅速按下"短路"按钮以保护检流计。

④每次测量前都要用标准电池对电位差计进行标定，否则，工作电池电压不稳或温度的变化会导致测量结果不准确。组成电池需稳定 15min 才能读数，读三次数，所读数的偏差小于 ±0.5mV，取其平均值。按粗细按钮时，要轻按，按键时间不能超过 1s。

4.2 物理化学基本实验

实验六十九 燃烧热的测定

一、实验目的

1. 了解氧弹热量计的使用方法，掌握燃烧热的定义及等压热效应与等容热效应的关系。
2. 用绝热氧弹热量计测量冰糖和奶片的燃烧热。
3. 学会用雷诺图解法校正温度，求温度改变值。

二、实验原理

根据热化学定义，可燃物质 B 的标准摩尔燃烧焓（燃烧热）指在 25℃、101.325kPa 下，1mol 物质完全氧化（燃烧）时的反应热。燃烧产物指定如下：化合物中 C 燃烧变为 $CO_2(g)$，H 燃烧变为 $H_2O(l)$，Cl 变成 $HCl(aq)$，S 变为 $SO_2(g)$，N 变为 $N_2(g)$，金属变为游离状态。

系统发生化学变化之后，系统的温度回到反应前始态的温度，系统放出或吸收的热量称为该反应的热效应。若反应是在等压条件下进行的，则该反应热是等压热效应（Q_p）；若反应是在等容条件下进行的，则该反应热是等容热效应（Q_V）。由热力学第一定律可知：

$$\Delta_r H = \Delta_r U + \Delta(pV)$$

当非体积功等于零时，$Q_V = \Delta_r U$，$Q_p = \Delta_r H$。若把参加反应的气体和反应生成的气体都看作理想气体，则它们之间存在以下关系：

$$Q_p = Q_V + \Delta n RT$$

式中，$\Delta n = \sum n_g(产物) - \sum n_g(反应物)$；$R$ 为摩尔气体常数，其值为 $8.314 \text{J} \cdot \text{K}^{-1} \cdot \text{mol}^{-1}$；$T$ 为反应时的热力学温度（$T/K = 273.15 + t/℃$，t 为环境温度，即热量计套筒的温度）。

热量计的种类很多，本实验所用的氧弹热量计是一种环境等温式的热量计。氧弹的剖面图如图 4-11 所示。

氧弹热量计的基本原理是能量守恒定律。样品完全燃烧后所释放的能量使得氧弹本身及其周围的介质和热量计有关附件温度升高，通过测量介质在燃烧前后温度的变化值，可求算样品的等容热效应。其关系式如下：

$$-\frac{m_{样}}{M} \times Q_V - lQ_l = (m_水 c_水 + c_计)\Delta T = b\Delta T \tag{4-1}$$

式中，$m_样$ 和 M 分别为样品的质量和摩尔质量；Q_V 为样品的等容热效应；l 是燃烧掉的铁丝长度；Q_l 是燃烧单位长度铁丝的热效应，其值为 $-2.9 \text{J} \cdot \text{cm}^{-1}$；$m_水$ 和 $c_水$ 分别是以水作为测量介质时，水的质量和比热容；$c_计$ 为热量计的水当量（即除水之外，系统内其他部件升高 1℃ 所需吸收的热量）；ΔT 为样品燃烧前后水温的变化值；b 为热量计常数，$\text{J} \cdot ℃^{-1}$，$b = m_水 c_水 + c_计$。

应当注意，只有当测定样品所用水的质量与用苯甲酸测定 b 值所用水的质量相同时，方可利用式(4-1)计算样品的 Q_V 值。

热量计与周围环境的热交换是无法完全避免的，因此需要用雷诺（Renolds）温度校正图对温度测量值进行校正。称取适量待测物质，估计其燃烧后可使水温上升 1.5～2.0℃。

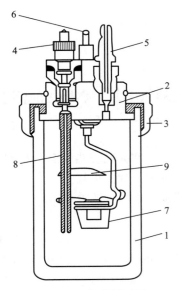

图 4-11　氧弹剖面图

1—厚壁圆筒；2—弹盖；3—螺帽；4—进气口；5—排气口；6—电极；7—燃烧杯；

8—点火电极（同时也是进气管）；9—燃烧挡板

要预先调节盛水桶内水的温度低于环境温度 1.0℃ 左右。实验操作结束后，将燃烧前后所测得的一系列水温对时间作图，可得如图 4-12 所示的曲线。图中 H 点意味着燃烧开始，热传入介质；D 点为观察到的温度最高值；当环境温度为 J 点所对应的温度时，从 J 点作水平线交曲线于 I 点，过 I 点作垂直于横轴（t）的线 ab，再将 FH 线和 GD 线分别延长交直线 ab 于 A'、C' 两点，其间的温度差值即为经过校正的 ΔT（$\Delta T = T_{C'} - T_{A'}$）。图中 AA' 是由环境辐射和搅拌导致的温度升高，故应予以扣除。CC' 是由热量计向环境的热漏造成的温度降低，计算时应考虑在内。故可认为，AC 两点的差值较客观地表示了样品燃烧引起的系统温度升高的数值。

　　在热量计绝热性能良好的情况下，会有如图 4-13 所示的 Renolds 温度校正图。由于热漏很小，而搅拌器功率较大，不断引进的能量使得曲线不出现温度极高点，此时由于搅拌而

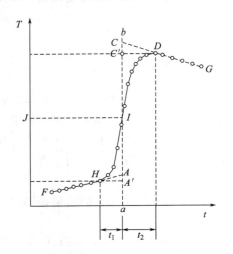

图 4-12　绝热稍差情况下的 Renolds 温度校正图

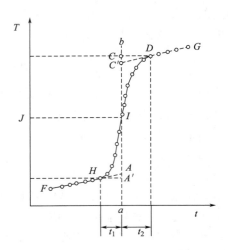

图 4-13　绝热良好情况下的 Renolds 温度校正图

引起的温度升高应扣除，即 AC' 之间的温度差值为经过校正的 ΔT。

本实验采用 XRY-1A 型氧弹热量计来测量温度，其面板如图 4-14 所示。控制器面板上有电源、搅拌、数据、结束、点火、复位六个电子开关按键和七位数码管，能对样品热值测定进行全过程操作和温度显示。其中左边两位数字代表测温次数，右边五位代表测量的实际温度，本仪器测温范围为 10～35℃。

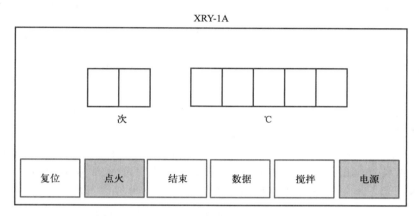

图 4-14　XRY-1A 型氧弹热量计控制器面板

开机后，测温次数从 00→99 递增，每半分钟一次，并伴有蜂鸣器的鸣响，此时按动"结束"键或"复位"键能使显示测温次数复零。按动"点火"键后，氧弹内点火丝得到约 24V 的交流电压，从而烧断点火丝，点燃坩埚中的样品，同时，测量次数复零。以后每隔半分钟测温一次并贮存测温数据，当测温次数达到 31 后，测温次数就自动复零。按"结束"键后，仪器显示全零，然后按动"数据"键，点火后的测量温度数据重新逐一在五位数码管上显示出来。实验者可以与实验时记录的温度数据（注：电脑贮存的数据是蜂鸣器鸣响的那一秒的温度值）进行核对。操作人员每按一次"数据"键，被贮存的温度数据和测温次数自动逐个显示出来，方便实验者进行核查测温记录。

三、仪器和试剂

XRY-1A 氧弹热量计	1 套	温度计（0～50℃）	1 支
氧气钢瓶	1 个	容量瓶（1000mL）	1 个
氧气减压阀	1 个	精密电子天平	1 台
压片机	1 台	0.1g 电子天平	1 台
塑料烧杯	1 个	引燃专用铁丝	
直尺	1 把	苯甲酸（AR）	
剪刀	1 把	冰糖（或饼干、奶片）	

四、实验步骤

1. 系统热容量的测定

① 用台秤称约 1g 苯甲酸，压制成片。用钢尺准确量取 20cm 的棉线、10cm 引燃专用铁丝，并用精密电子天平称量铁丝和棉线的质量。用已称好质量的棉线将苯甲酸片缠绕捆绑牢固（最好为十字花形状），将已称好质量的铁丝从棉线和苯甲酸片之间穿过，用精密电子天平准确称取捆绑后铁丝、棉线及苯甲酸片的总质量，减去之前称得的铁丝和棉线质量，即得到苯甲酸样品片的精确质量。

② 用手拧开氧弹上盖，将上盖放在专用架上，用移液管取 1mL 蒸馏水放入弹筒中。

③ 将专用铁丝两端在引火电极上装好，使药片悬在坩埚上方。用万用表检查两电极是否通路，检查后，盖好并拧紧氧弹上盖。

④ 用紫铜管将氧弹充气阀门与钢瓶减压器出口接通。先逆时针旋转钢瓶总阀门，再缓缓顺时针旋紧减压器，使低压表示数为 2MPa，氧气充入氧弹内，3min 后，观察低压表指针是否下降可判断氧弹是否漏气。若指针未下降，则表明氧弹不漏气，即可关闭减压器。

⑤ 将紫铜管与氧弹充气阀门连接的一端拆下。当所有同学充氧气结束后，要将钢瓶的总阀门关闭。由于总阀门与减压器之间有余气，所以要再次旋紧减压器，放掉余气，然后再次关闭（旋松）减压器，使钢瓶氧气表恢复原状。在充氧过程中，若发现异常，要查明原因并排除之。

⑥ 用万用表检查电极两端是否通路。若不通，应立即打开氧弹进行检查。

⑦ 用温度传感器测量热量计套筒温度（用于绘制 Renolds 温度校正图）。然后调节水温使其低于套筒温度（环境温度）1.0℃左右（用温度传感器测量）。用容量瓶准确量取低于环境温度约 1℃ 的水 2000mL 放入盛水桶中，将充好氧气的氧弹也放入盛水桶中，并将盛水桶放入热量计内。接上点火导线，连好控制箱上的所有电路导线，再准确量取低于室温约 1℃ 的水 1000mL 放入盛水桶中，盖上胶木盖，将测温传感器插入内桶。

⑧ 打开电源和搅拌开关，仪器开始显示内桶水温，每隔半分钟蜂鸣器报时一次。当内桶水温均匀上升后，每隔半分钟记下显示的温度。当记下第 10 次温度时按"点火"键（测量次数自动复零），每隔半分钟记 1 次温度数据，大约测 31 个数据（跟踪记录，实验停止后，按"结束"键，仪器显示"零"，然后按动"数据"键，点火后的数据可在仪器上重新逐个显示。实验者可以对实验记录的数据进行核对）。

⑨ 检查数据无误后，停止搅拌，取出温度传感器，打开桶盖（注意：先拿出传感器，再打开桶盖）。取出氧弹，旋松氧弹放气阀放掉氧弹内气体，打开氧弹，检查燃烧是否完全（若燃烧不完全，氧弹内会有大量黑灰，需重新测定），测量剩余铁丝的长度并记录。将盛水桶中的水倒入指定的桶中。

2. 测定冰糖（或奶片）的 Q_V

用电子天平称取 1.4～1.6g 的冰糖或奶片，测定其燃烧热，步骤同上。

五、数据处理

1. 将测量的苯甲酸和冰糖、奶片的原始数据分别列入实验前设计的表格中。

2. 利用 Renolds 图解法求出苯甲酸的 ΔT 并代入式(4-1) 求出 b 值。

3. 计算冰糖、奶片的 Q_V。由 Renolds 图解法求出冰糖（或奶片）燃烧的 ΔT，代入下式求出 Q_V。

$$-\frac{m(\text{样})}{M} \times Q_V - lQ_l = b\Delta T$$

六、思考题

1. 在使用氧气钢瓶及氧气减压阀时，应注意哪些事项？

2. 苯甲酸样品为什么要压成片状？

3. 讨论本实验的误差来源，如何使实验的误差降到最小？

七、文献值

几种物质燃烧热的文献值见表 4-3。

表 4-3 几种物质燃烧热的文献值

物质名称	等压燃烧热			测定条件
	kcal·mol^{-1}	kJ·mol^{-1}	J·g^{-1}	
苯甲酸	−771.24	−3226.9	−26460	$p^\ominus$,20℃
蔗糖	−1348.7	−5643	−16486	$p^\ominus$,25℃
萘	−1231.8	−5153.8	−40205	$p^\ominus$,25℃

注：$p^\ominus$为标准大气压。

实验七十 分解反应平衡常数的测定

一、实验目的

1. 熟悉用等压法测定固体分解反应的平衡压力，掌握真空实验技术。
2. 测定氨基甲酸铵的分解压力，计算分解反应平衡常数和有关热力学函数的变化值。
3. 了解温度对反应平衡常数的影响。

二、实验原理

氨基甲酸铵（白色固体）是合成尿素的中间产物，很不稳定，受热易分解，其分解反应为

$$NH_2COONH_4(s) \rightleftharpoons 2NH_3(g) + CO_2(g)$$

该反应是可逆的多相反应，若不将分解产物从系统中移走，则很容易达到平衡。在压力不太大时，气体的逸度近似为1，纯固态物质的活度为1，气体可看成理想气体，则分解反应的标准平衡常数 $K_p^\ominus$ 为

$$K_p^\ominus = \left(\frac{p_{NH_3}}{p^\ominus}\right)^2 \cdot \left(\frac{p_{CO_2}}{p^\ominus}\right) \tag{4-2}$$

式中，p_{NH_3}、p_{CO_2} 分别为 NH_3、CO_2 在实验温度下的平衡分压；$p^\ominus = 100kPa$。

设分解反应系统的总压力为 $p_总$，因固体氨基甲酸铵的蒸气压力可忽略，故系统的总压为 $p_总 = p_{NH_3} + p_{CO_2}$。

由氨基甲酸铵分解反应式可知：

$$p_{NH_3} = \frac{2}{3}p_总; \quad p_{CO_2} = \frac{1}{3}p_总$$

代入式(4-2) 得：

$$K_p^\ominus = \left(\frac{2}{3} \times \frac{p_总}{p^\ominus}\right)^2 \times \left(\frac{1}{3} \times \frac{p_总}{p^\ominus}\right) = \frac{4}{27} \times \left(\frac{p_总}{p^\ominus}\right)^3 \tag{4-3}$$

可见，当系统达到平衡后，只要测量其总压，便可求得实验温度下的标准平衡常数 $K_p^\ominus$。

由 van't Hoff 方程的等压微分式可知温度与平衡常数的关系为

$$\frac{d\ln K_p^\ominus}{dT} = \frac{\Delta_r H_m^\ominus}{RT^2} \tag{4-4}$$

式中，$\Delta_r H_m^\ominus$ 为氨基甲酸铵分解反应的标准摩尔热变，T 为热力学温度；R 为摩尔气

体常数，其值为 $8.314 \mathrm{J} \cdot \mathrm{K}^{-1} \cdot \mathrm{mol}^{-1}$。

若温度变化范围不大，$\Delta_r H_m^\ominus$ 可视为常数。将式（4-4）做不定积分，得：

$$\ln K_p^\ominus = -\frac{\Delta_r H_m^\ominus}{RT} + c \qquad (4\text{-}5)$$

以 $\ln K_p^\ominus$ 对 $\dfrac{1}{T}$ 作图得到一直线，其斜率为 $-\dfrac{\Delta_r H_m^\ominus}{R}$，由此可求得 $\Delta_r H_m^\ominus$。

由某温度下的标准平衡常数 $K_p^\ominus$，可以求算该温度下的标准摩尔反应吉布斯函数的变化值 $\Delta_r G_m^\ominus$：

$$\Delta_r G_m^\ominus = -RT \ln K_p^\ominus \qquad (4\text{-}6)$$

利用实验温度范围内分解反应的平均等压热效应 $\Delta_r H_m^\ominus$ 和某温度下的标准摩尔吉布斯自由能变化 $\Delta_r G_m^\ominus$，可近似的算出该温度下的标准摩尔熵变 $\Delta_r S_m^\ominus$：

$$\Delta_r S_m^\ominus = \frac{\Delta_r H_m^\ominus - \Delta_r G_m^\ominus}{T} \qquad (4\text{-}7)$$

本实验使用等压法测分解压，装置如图 4-15 所示。等压计中的封闭液可选用硅油（蒸气压小且不与系统中任何物质发生化学作用）。

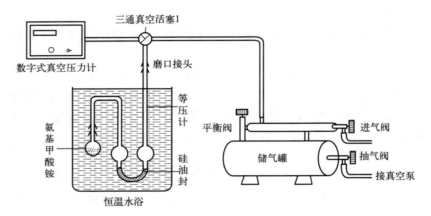

图 4-15　实验装置示意

实验中会用到真空泵，使用真空泵时需注意：泵应安装在清洁、平坦、干燥和通风良好的场所，尽量保持泵温在 $15 \sim 40 ℃$ 为宜，否则油温升高会使黏度下降，从而引起极限真空下降；另外，使用前应查看油位，以停泵时注油至油标中心为宜，过低时对排气阀不能起油封的作用，过高时，可能会引起通大气启动时喷油。

三、仪器和试剂

真空装置 1 套	等压计
储气罐	恒温槽
样品管	三通真空活塞
数字式真空压力计	氨基甲酸铵（自制）
硅油	

四、实验步骤

1. 调节恒温水浴温度为 $35.00℃$，启动搅拌，打开数字式压力计，记录大气压和室温

（实验前后都要记录，数据处理时取平均值）。

2. 抽真空。关闭进气阀，打开抽气阀和平衡阀，开启真空泵。抽气至精密数字压力计读数为 90kPa 左右，关闭抽气阀和真空泵。继续抽气 10min 后，关闭平衡阀。然后慢慢打开进气阀，油封液面齐平后，关闭进气阀。由于反应并未达到平衡，所以油封液面再次出现落差，故需要反复调节进气阀，直到油封液面齐平并保持 10min 不变时，可确认反应已达到平衡，记录分解压力和反应温度。

3. 升温至 35.50℃，再调节封闭液齐平，5min 不变时可记录分解压力，间隔 1min 后，再读 1 次分解压力。

4. 按步骤 3 的操作，依次测出 36.00℃、36.50℃和 37.00℃时的分解压力。

5. 测量完毕，打开平衡阀和进气阀，使系统与大气相通。

五、数据处理

1. 设计合适的表格将实验数据记录其中。

2. 以 $\ln K_p^{\ominus}$ 对 $\dfrac{1}{T}$ 作图，计算氨基甲酸铵分解反应的等压反应热效应 $\Delta_r H_m^{\ominus}$。

3. 计算 35.00℃时氨基甲酸铵分解反应的标准摩尔吉布斯自由能变化 $\Delta_r G_m^{\ominus}$ 和标准摩尔熵变 $\Delta_r S_m^{\ominus}$。

六、思考题

1. 当空气缓慢进入系统时，如放入的空气过多，将有什么现象出现，怎样克服？

2. 实验前为什么要抽净系统中的空气？若空气没有抽净对测量结果（压力、平衡常数）有何影响？

实验七十一 凝固点降低法测定葡萄糖的摩尔质量

一、实验目的

1. 学会使用凝固点测定技术。

2. 利用凝固点降低法测定葡萄糖的摩尔质量。

3. 通过实验加深理解稀溶液的依数性。

二、实验原理

在一定压力下，固液两相达成平衡时的温度称为液态纯物质的凝固点，固态纯溶剂与溶液呈平衡时的温度称为溶液的凝固点。根据稀溶液的依数性，指定溶剂的种类和数量后，向溶剂中加入非挥发性溶质，稀溶液的凝固点低于纯溶剂的凝固点，稀溶液凝固点的降低值只取决于所含溶质分子的数目。对于稀溶液，凝固点降低值与溶液成分的关系可由式（4-8）计算：

$$\Delta T_f = \frac{R(T_f^*)^2}{\Delta_{fus} H_m(A)} \times \frac{n_B}{n_B + n_A} \tag{4-8}$$

式中，ΔT_f 为凝固点降低值；T_f^* 为纯溶剂的凝固点；$\Delta_{fus} H_m(A)$ 为纯物质 A 的摩尔凝固热；n_A 和 n_B 分别为溶剂和溶质的物质的量。

当溶液浓度很稀时，$n_B \ll n_A$，则：

$$\Delta T_{\mathrm{f}} \approx \frac{R(T_{\mathrm{f}}^{*})^{2}}{\Delta_{\mathrm{fus}} H_{\mathrm{m}}(A)} \times \frac{n_{\mathrm{B}}}{n_{\mathrm{A}}} = \frac{R(T_{\mathrm{f}}^{*})^{2}}{\Delta_{\mathrm{fus}} H_{\mathrm{m}}(A)} \times \frac{M_{\mathrm{A}} n_{\mathrm{B}}}{m(A)} = \frac{R(T_{\mathrm{f}}^{*})^{2} M_{\mathrm{A}}}{\Delta_{\mathrm{fus}} H_{\mathrm{m}}(A)} m_{\mathrm{B}} = k_{\mathrm{f}} m_{\mathrm{B}} \quad (4-9)$$

式中，M_{A} 为溶剂的摩尔质量；m_{B} 为溶质的质量摩尔浓度；k_{f} 为质量摩尔凝固点降低常数。

如果已知溶剂的凝固点降低常数 k_{f}，并测得此溶液的凝固点降低值 ΔT_{f}，以及溶剂和溶质的质量 $m(A)$、$m(B)$，则溶质的摩尔质量由下式求得

$$M_{\mathrm{B}} = k_{\mathrm{f}} \frac{m(B)}{\Delta T_{\mathrm{f}} m(A)} \quad (4-10)$$

应该注意，溶质在溶液中有解离、缔合、溶剂化合配合物形成等情况时，不能简单地运用式(4-10)计算溶质的摩尔质量。显然，溶液凝固点降低法可用于溶液热力学性质的研究，例如电解质的电离度、溶质的缔合度、溶剂的渗透系数和活度系数以及无机化合物的结晶水个数等。

纯溶剂和溶液在冷却过程中，其温度随时间而变化的冷却曲线如图 4-16 和图 4-17 所示。纯溶剂的冷却曲线见图 4-16，曲线中的低下部分表示发生了过冷现象，即溶剂冷至凝固点以下仍无固相析出，这是由于开始结晶出的微小晶粒的饱和蒸气压大于同温度下普通晶体的饱和蒸气压，所以往往产生过冷现象，即液体的温度要降低到凝固点以下才能析出固体，随后温度再上升到凝固点。

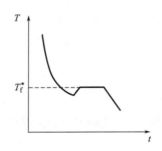

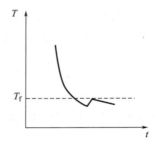

图 4-16　纯溶剂的冷却曲线　　　图 4-17　溶液的冷却曲线

溶液的冷却情况与此不同，当溶液冷却到凝固点时，开始析出固态纯溶剂。随着溶剂的析出，溶液浓度不断下降，在冷却曲线上得不到温度不变的水平线段，如图 4-17 所示。因此，在测定浓度一定的溶液的凝固点时，析出的固体越少，测得的凝固点才越准确，可将温度回升后到达的最高温度作为溶液的凝固点。同时过冷程度应尽量减小，一般可采用在开始结晶时加入少量溶剂的微小晶体作为晶种的方法，以促使晶体生成。

三、仪器和试剂

SWC-LG 凝固点实验装置　　　　SWC-ⅡC 数字式贝克曼温度计
电子分析天平　　　　　　　　　温度计
移液管（25mL）　　　　　　　　葡萄糖（AR）
蒸馏水　　　　　　　　　　　　NaCl

四、实验步骤

1. 葡萄糖的脱水处理

将一定质量葡萄糖放入 105℃ 烘箱中，烘 8h，以去掉结晶水。将烘干后的葡萄糖放入磨口瓶中密封保存，待用。用分析天平准确称量 1.2g 左右葡萄糖，用于摩尔质量的测定。

2.溶剂凝固点的测定

打开凝固点实验装置，用食盐、冰、水调节寒剂温度为−3℃。将洁净干燥的空气套管放入寒剂中，用胶塞塞住管口，使管内温度降低。用温度计测量蒸馏水的温度并记录，之后用移液管向清洁、干燥的凝固点管内加入 25.00mL 蒸馏水，并将清洗干净的磁子放入凝固点管内，将凝固点管也放入寒剂中，调节磁子的搅拌速度，充分搅拌溶液。

将贝克曼温度计探头用酒精擦洗干净后，插入凝固点管并塞紧胶塞，使贝克曼温度计探头固定在凝固点管的中央并靠近凝固点管底部位置。观察凝固点管中贝克曼温度计的温度变化，当温度达到最低点后，又开始回升，回升到最高点后又开始下降，然后趋于平衡。记录平衡时的温度，即为蒸馏水的粗测凝固点。

取出凝固点管，使管中固体完全融化，再将凝固点管直接插入寒剂中，使溶剂较快冷却，当溶剂温度降至高于粗测凝固点 0.5℃时，取出凝固点管，迅速擦干后放入空气套管中，使水温均匀而缓慢降低。当温度降到低于近似凝固点 0.2℃时，向溶剂中加入一粒绿豆粒大小的冰粒作为晶核，促使固体析出。仔细观察温度回升后贝克曼温度计的变化，直至稳定，此即为水的凝固点，记录该温度。重复上述操作三次，记录每次所测纯水的凝固点，且保证水的凝固点之间的偏差不超过±0.003℃。

3.溶液凝固点的测定

取出凝固点管，使管中的冰完全融化，加入已知质量的葡萄糖样品，按溶剂凝固点的测定方法进行测定，不同的是，溶液凝固点是取过冷后温度回升所达到的最高温度。重复测定三次，取其平均值。保证葡萄糖的凝固点之间的偏差不超过±0.003℃。

五、数据处理

1.将所得数据列表记录。

2.根据水的密度公式计算 25mL 水的质量。

3.计算葡萄糖的摩尔质量。

4.计算葡萄糖摩尔质量测定结果的相对误差。

六、思考题

1.利用凝固点降低这一稀溶液的依数性可以解决哪些实际问题？

2.如何用凝固点降低这一稀溶液的依数性解释寒剂的控温作用？

3.控制溶液的过冷程度都有哪些方法？

4.溶液过冷太甚对实验结果有何影响？

实验七十二　双液系的气-液平衡相图

一、实验目的

1.用回流冷凝法测定沸点时气相与液相的组成，绘制双液体系相图。

2.熟悉掌握阿贝折光仪的使用方法，学会由折射率确定二元液体的组成。

3.测定环己烷-无水乙醇二组分系统气-液平衡的相关数据，绘制其沸点-组成相图。由相图确定恒沸点及恒沸混合物的组成。

二、实验原理

两种纯液体组分混合构成的二组分系统称为双液系。若两个纯液体组分能够按任意比例互相混溶，则称其为完全互溶双液系。若两个纯液体只能在一定比例范围互相混溶为一相，其他比例范围内为两相，则称其为部分互溶双液系。环己烷-无水乙醇二组分系统是完全互溶双液系。液体的沸点是液体饱和蒸气压和外压相等时的温度，在外压一定时，纯液体的沸点为确定值。但双液系的沸点不仅与外压有关，还与两种液体的相对含量有关。

相图是描述系统的状态随温度、压力、组成的变化而变化的图形。相律是描述平衡系统内相数（Φ）、独立组分数（C）、自由度数（f）及影响物质性质的外界因素（如温度、压力等）之间关系的规律。根据相律：

$$f = C - \Phi + 2$$

二组分系统（$C=2$）的自由度最多为 3，即系统的状态可以由三个独立变量来决定，这三个独立变量通常为温度、压力和组成。这样，绘制二组分系统的相图需要用具有三个坐标的立体图来表示。若温度、压力、组成中的任意一个变量为常量，那么二组分系统的相图就可以用二维图形来描述。例如，在一定温度下，可以绘出系统压力 p 和组分 x 的关系图（p-x 图）；如系统的压力确定，则可绘出温度 T 和组成 x 的关系图（T-x 图）；若系统的组成确定，则可以绘制出系统温度 T 和系统压力 p 的关系图（T-p 图）。常用的是 p-x 和 T-x 图。二组分完全互溶双液系的 T-x 图如图 4-18、图 4-19、图 4-20 所示。

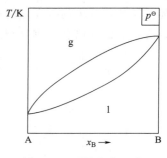

图 4-18　理想完全互溶
（或偏差不大）相图

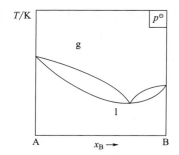

图 4-19　具有最低恒沸点相图
（正偏差很大）

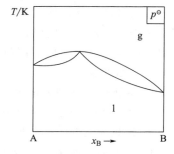

图 4-20　具有最高恒沸点相图
（负偏差很大）

本实验所测的环己烷-无水乙醇二组分系统的 T-x 图是典型的具有最低恒沸点的相图（属于正偏差较大的非理想完全互溶双液系）。

实验装置如图 4-21 所示。这是一只带回流冷凝管的长颈圆底烧瓶。冷凝管底部有一半球形小槽，用以收集冷凝下来的气相样品。

折射率是物质的一个重要物理常数，根据折射率可以定量地分析溶液的成分，检验物质的纯度；另外还可以计算物质摩尔折射度、分子的偶极矩及测定分子结构等。由于本实验选用的环己烷和无水乙醇的折射率相差颇大，而测定折射率又只需要少量样品，因此可以测定一系列不同配比的环己烷-无水乙醇溶液的沸点和折射率，在组成-折射率工作曲线上查出所测折射率对应的组成，就可绘制环己烷-无水乙醇二组分系统的 T-x 相图。压力不同时，其 T-x 相图将略有差异。表 4-4 为 $p^{\ominus}$ 下乙醇-环己烷溶液的恒沸点、组成的数据。

在 $p^{\ominus}$、25℃时，环己烷-无水乙醇系统的折射率-组成关系如表 4-5 所示。在实际实验时，若使用的试剂与表 4-4 中试剂的批次不同，需要测试环己烷实际折射率，从而利用实测值对表中数据进行校正。折射率可以采用阿贝折光仪进行测量。

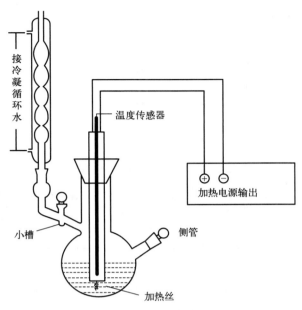

图 4-21 沸点仪的结构示意图

表 4-4 在 $p^{\ominus}$ 下乙醇-环己烷溶液的恒沸点、组成数据

沸点/℃	乙醇质量分数/%	$x_{环己烷}$
64.9	40	0.451
64.8	29.2	0.492
64.8	31.4	0.484
64.9	30.5	0.487

表 4-5 25℃时环己烷-无水乙醇系统的折射率-组成关系

$x_{无水乙醇}$	$x_{环己烷}$	n_D^{25}
1	0	1.35935
0.8992	0.1008	1.36867
0.7948	0.2052	1.37766
0.7089	0.2911	1.38412
0.5941	0.4059	1.39216
0.4983	0.5017	1.39836
0.4016	0.5984	1.40342
0.2987	0.7013	1.40890
0.2050	0.7950	1.41356
0.1030	0.8970	1.41855
0	1	1.42338

三、仪器和试剂

沸点测定仪　　　　　　　　数字阿贝折光仪（棱镜等温）

超级恒温槽　　　　　　　　调压变压器

容量瓶（100mL）　　　　　玻璃漏斗（直径 5cm）

滴管　　　　　　　　　　　丙酮（AR）

环己烷（AR）　　　　　　　无水乙醇（AR）

四、实验步骤

1. 配制溶液

按表 4-6 所列数据配制 8 瓶环己烷-无水乙醇溶液各 100mL（用 100mL 容量瓶）。

表 4-6　配制 100mL 环己烷-无水乙醇溶液所需环己烷的体积

瓶号	1	2	3	4	5	6	7	8
$V_{环}$/mL	10	23	31	45	70	93	96	98

2. 沸点的测定

将样品加到沸点仪中，并使传感器和加热丝浸入溶液内。打开冷凝水，打开电源开关调节"加热电源调节"旋钮，逐渐加大电压使溶液慢慢开始沸腾，蒸气在冷凝管中回流的高度保持 1.5cm 左右。当温度恒定后（系统达到平衡），记下温度读数（沸点），停止加热。用湿毛巾将气相冷凝液的凹槽冷却，用装有冰水的 250ml 烧杯套在烧瓶下方，使溶液快速冷却，以防溶液挥发，给组成测定带来误差。

需要注意的是，为加速达到气液平衡，可倾斜蒸馏瓶，将凹槽中的气相冷凝液倾回蒸馏瓶中，重复 3 次（加热时间不宜太长，以免物质挥发），每次倾入之前看一下温度读数（沸点），3 次读数基本不变，可认为系统达到平衡。

3. 折射率的测定

将控制折光仪温度的恒温槽温度设为（25.0±0.2）℃。用滴管取冷却的气相样品，测定其折射率。每个样品（加 1 次样）读 3 次数，取平均值（相邻读数相差不能超过 0.0002）。用另一支滴管取液相溶液，测其折射率，每个样品（加 1 次样）读 3 次数取平均值（相邻读数相差不能超过 0.0002）。

取样和测量动作要迅速。每次取样前可用洗耳球吹干滴管，将其干燥。每测完一个样品，阿贝折光仪毛玻璃面也要用洗耳球吹干（注意：一定要先测气相，后测液相）。

气相、液相折射率都测完后，将沸点仪中的溶液倒入原来装样品的容量瓶中（尽量倒干净，但不必吹干），以便循环使用。换下一个样品，重复测定操作。8 个样品全部测完，需经指导老师查合格后，方可结束实验。

五、数据处理

1. 工作曲线的绘制

实验前，要根据文献中报道的 25℃时环己烷-无水乙醇系统的折射率、组成数据绘制"折射率-组成"工作曲线。

2. 实验数据的记录和处理

结合实验的基本原理、步骤，合理地设计数据表，将实验数据及处理结果列入表中。

3. T-x 相图的绘制

在"折射率-组成"的工作曲线上，根据折射率的数值找到对应的组成，并绘出环己烷-

无水乙醇的 T-x 相图，由相图读出最低恒沸点和恒沸混合物的组成。

六、思考题

1. 在测定恒沸点时，若溶液过热或出现分馏现象，那么绘制出的相图的形状会发生什么变化？

2. 样品混合液测定时，可以粗略配制不同乙醇体积分数的溶液，为什么？

3. 每测完一个样品要将溶液倒回原瓶中，倾倒后蒸馏瓶底部的少量残留液对下一样品的测定是否有影响？

实验七十三　蔗糖水解

一、实验目的

1. 了解蔗糖水解反应的反应物浓度与旋光度之间的关系，掌握旋光仪的正确使用方法。

2. 用旋光法测定蔗糖水解反应的速率常数和半衰期。

3. 理解一级反应的特点。

二、实验原理

蔗糖是从甘蔗内提取的一种纯有机化合物，也是和生活关系最密切的一种天然碳水化合物。它是由 D-(-)-果糖和 D-(＋)-葡萄糖通过半缩酮和半缩醛的羟基相结合而生成的。蔗糖经酸性水解后，产生一分子 D-葡萄糖和一分子 D-果糖。反应如下：

$$C_{12}H_{22}O_{11}(蔗糖) + H_2O \xrightarrow{H^+} C_6H_{12}O_6(葡萄糖) + C_6H_{12}O_6(果糖)$$

该反应的速率方程由 Wilhelmy 在 1850 年建立，其速率方程如式（4-11）所示，其中 r 为反应速率，c 为 t 时刻反应物（蔗糖）的浓度，k 为反应速率常数。速率方程中没有水的浓度项，是由于在反应系统中水是大量存在的，水分子的消耗相对于水的浓度来说是微不足道的，可以近似认为水的浓度在反应前后不发生变化。这类反应称为准一级反应。

由于蔗糖水解反应在纯水中进行时反应速率极慢，而在 H^+ 催化作用下可以明显加快反应速率，因此，H^+ 可看作是催化剂，其浓度在反应前后不变。

$$r = -\frac{dc}{dt} = kc \tag{4-11}$$

将上式积分得：

$$\ln\left(\frac{c_0}{c}\right) = kt$$

$$\ln c = -kt + \ln c_0 \tag{4-12}$$

式中，c_0 是反应物（蔗糖）的初始浓度。

若以 $\ln(c/\text{mol·L}^{-1})$ 对 t 作图，可得一直线，由直线斜率即可求得反应速率常数 k。

蔗糖及其水解产物都含有不对称的碳原子，它们都具有旋光性。本实验可利用反应系统在水解过程中旋光性质的变化来度量反应进度。物质的旋光能力可用比旋光度 $[\alpha]_D^{20}$ 来度量。蔗糖、葡萄糖、果糖都是旋光性物质，它们的比旋光度为：

$$[\alpha_{蔗糖}]_D^{20} = 66.56 \qquad [\alpha_{葡萄糖}]_D^{20} = 52.5 \qquad [\alpha_{果糖}]_D^{20} = -91.9$$

上述比旋光度符号右下标的字母 D 表示偏振光波长为钠黄光，波长为 598nm。α 表示在 20℃钠黄光作光源测得的旋光度。正值表示右旋，负值表示左旋。糖的水解是能进行到底的，并且果糖的左旋性远大于葡萄糖的右旋性，因此在反应进程中，将逐渐从右旋转向左旋，可以用溶液旋光度的变化来表示蔗糖浓度的变化，进而体现反应的进程。

测量旋光度所用的仪器称为旋光仪。所测旋光度的大小与系统中所含旋光物质的旋光能力、溶剂性质、溶液的浓度、样品管长度、光源波长以及温度等均有关系。在其他条件均固定时，旋光度 α 与物质浓度成线性关系，即 $\alpha = \beta c$。比例常数 β 与物质的旋光度、溶剂性质、溶液浓度、样品管长度、温度等均有关。

设体系最初的旋光度为 α_0，最后的旋光度为 α_∞，则

$$\alpha_0 = \beta_\text{反}\, c_0 \qquad (\text{蔗糖尚未转化，} t = 0) \tag{4-13}$$

$$\alpha_\infty = \beta_\text{生}\, c_0 \qquad (\text{蔗糖全部转化，} t = \infty) \tag{4-14}$$

式中，$\beta_\text{反}$、$\beta_\text{生}$ 分别为反应物与生成物的比例常数；c_0 为反应物的初始浓度，亦即生成物最后的浓度。

当时间为 t 时，蔗糖浓度为 c，旋光度为 α_t，则

$$\alpha_t = \beta_\text{反}\, c + \beta_\text{生}\, (c_0 - c) \tag{4-15}$$

由式(4-13) 和式(4-14) 得：

$$c_0 = \frac{\alpha_0 - \alpha_\infty}{\beta_\text{反} - \beta_\text{生}} = K(\alpha_0 - \alpha_\infty) \tag{4-16}$$

由式(4-14) 和式(4-15) 得：

$$c = \frac{\alpha_t - \alpha_\infty}{\beta_\text{反} - \beta_\text{生}} = K(\alpha_t - \alpha_\infty) \tag{4-17}$$

将式(4-16) 和式(4-17) 代入式(4-12) 得

$$\ln \frac{\alpha_0 - \alpha_\infty}{\alpha_t - \alpha_\infty} = kt \tag{4-18}$$

或

$$\ln(\alpha_t - \alpha_\infty) = -kt + \ln(\alpha_0 - \alpha_\infty) \tag{4-19}$$

以 $\ln(\alpha_t - \alpha_\infty)$ 对 t 作图可得一直线，由直线斜率即可求得反应速率常数 k。反应物浓度消耗一半所需要的时间称为半衰期，用 $t_{1/2}$ 表示。将 $c = \frac{1}{2} c_0$ 代入式(4-12)，得

$$t_{1/2} = \frac{1}{k} \ln \frac{c_0}{\frac{1}{2} c_0} = \frac{\ln 2}{k} \tag{4-20}$$

上式说明一级反应的半衰期只与反应速率常数 k 有关，而与反应物的初始浓度无关。这是一级反应的一个特点。

三、仪器和试剂

旋光仪　　　　　　　磨口锥形瓶（100mL）
秒表　　　　　　　　量筒（100mL）
移液管（25mL）　　　细口瓶（500mL，公用）
水浴装置　　　　　　盐酸（AR）
蔗糖（AR）

四、实验步骤

1. 用蒸馏水练习样品管的装样技术，熟悉旋光仪的使用及读数（仪器使用前需预热

10min)。

2. 配制 0.8mol·L^{-1} 和 0.4mol·L^{-1} 蔗糖溶液各 500mL，配制 3.0mol·L^{-1} 和 1.5mol·L^{-1} HCl 溶液各 500mL。

3. 用移液管吸取 25mL 0.8mol·L^{-1} 的蔗糖溶液至 100mL 碘量瓶中，再用另一支移液管吸取 25mL 3.0mol·L^{-1} 的 HCl 溶液至装有蔗糖溶液的碘量瓶中，HCl 流出一半时开始记时，摇动锥形瓶使溶液混合均匀。迅速用少量反应液润洗样品管两次，然后将反应液装满样品管，盖好玻璃片，旋紧套盖（此时样品管内不能有气泡存在）。将样品管外面的液体擦净，放入旋光仪内，测旋光度。第 1 个数据最好在 2～4min 时读出，前 10min 内每 2min 读一次数，11～30mim 每隔 3～5min 读一次数。

4. 将装有剩余反应液的锥形瓶置于 50～60℃水浴中加热 30min（可与前述 α_t 的测试同时），然后取出锥形瓶使溶液冷却至实验温度，再测此溶液的旋光度，即为 α_∞ 值。注意水浴温度不可过高，否则将产生副反应，溶液颜色变黄。加热过程亦应避免溶液蒸发影响 α_∞ 的测定。

5. 将蔗糖溶液换成 0.4mol·L^{-1}，使其与 3mol·L^{-1} 的 HCl 溶液反应，按前述步骤 3 及 4 的操作测定 α_t 和 α_∞ 的值。

6. 利用 0.8mol·L^{-1} 蔗糖溶液与 1.5mol·L^{-1} HCl 溶液反应，仍按前述步骤 3 及 4 的操作测定 α_t 和 α_∞ 的值。

需要注意的是，反应液酸性较强，对旋光仪有很强腐蚀性，因此实验结束后，必须立即将所用仪器擦拭干净。

五、数据处理

1. 将实验记录的数据及处理结果列表表示。

2. 以 $\ln(\alpha_t - \alpha_\infty)$ 对 t 作图求速率常数 k 和半衰期 $t_{1/2}$。

六、思考题

1. 通过实验结果分析蔗糖水解是否是一级反应。

2. 不同浓度盐酸对反应速率及速率常数是否有影响，有何影响，为什么？

3. 不同浓度蔗糖对反应速率及速率常数是否有影响，有何影响，为什么？

实验七十四　乙酸乙酯皂化反应

一、实验目的

1. 用电导率仪测定乙酸乙酯皂化反应进程中的电导率。

2. 掌握用图解法求二级反应不同温度下的速率常数，并计算该反应的活化能。

3. 深入理解二级反应的特点。

二、实验原理

皂化反应是碱催化下的酯水解反应，尤指油脂的水解。狭义地讲，皂化反应仅限于油脂与氢氧化钠混合，得到高级脂肪酸的钠盐和甘油的反应，这个反应是制造肥皂流程中的一步，因此而得名。它的化学反应机制于 1823 年被法国科学家 Eugène Chevreul 发现。皂化反应除常见的油脂与氢氧化钠的反应外，还有油脂与浓氨水的反应。

乙酸乙酯皂化反应是二级反应，两种反应物的起始浓度可以相等，也可以不相等。若以

a、b 分别代表乙酸乙酯和碱（NaOH）的起始浓度，x 为在 t 时刻生成物浓度，当两种反应物的起始浓度不相等时，反应物浓度和生成物浓度随时间的变化可表示为：

$$CH_3COOC_2H_5 + OH^- \rlap{=}{=} CH_3COO^- + C_2H_5OH$$

$t=0$	a	b	0	0
$t=t$	$a-x$	$b-x$	x	x
$t=\infty$	$a-b$	0	b	b

该反应的速率方程为：

$$\frac{\mathrm{d}x}{\mathrm{d}t} = k(a-x)(b-x) \tag{4-21}$$

式中，k 为反应速率常数。

$$\frac{\mathrm{d}x}{(a-x)(b-x)} = k\,\mathrm{d}t \tag{4-22}$$

积分式(4-22)，得：

$$\frac{1}{a-b}\ln\frac{b(a-x)}{a(b-x)} = kt\,(\text{设 } a>b) \tag{4-23}$$

由实验测得不同时间 t 时的 x 值，则可依式(4-23)计算出不同时间 t 时的 k 值。如果 k 值为常数，就可证明反应是二级反应。通常是由 $\ln\dfrac{a-x}{b-x}$ 对 t 作图，若所得的是一条直线，则可证明反应是二级反应，其直线的斜率为 k 值。

不同时刻下生成物的浓度可用化学分析法测定（例如分析反应液中的 OH^- 浓度），也可以用物理化学分析法测定（如测量电导率）。本实验用电导率仪测定反应系统的电导率（κ）值，跟踪反应进程，进而测定其反应速率常数。一方面，反应系统是稀水溶液，可以假定 CH_3COONa 全部电离。溶液中参与导电的离子有 Na^+、OH^- 和 CH_3COO^- 等，而 Na^+ 在反应前后浓度不变，溶液中 OH^- 的导电能力远远大于 CH_3COO^-（即反应物与生成物的电导率值相差很大）。因此，随着反应的进行，OH^- 的浓度不断降低，溶液的电导率值也就随着下降。另一方面，在稀溶液中，可以认为每种强电解质的电导率与其浓度成正比，而且溶液的总电导率就等于组成溶液的电解质的电导率之和。

依据上述两点，对乙酸乙酯皂化反应来说，反应物与生成物只有 NaOH 和 CH_3COONa 是强电解质。在一定浓度范围内，可以认为系统电导率值的减少量与 CH_3COONa 的浓度 x 成正比，即：

$$t=0：x=\beta(\kappa_0-\kappa_t) \tag{4-24}$$

$$t=\infty：b=\beta(\kappa_0-\kappa_\infty) \tag{4-25}$$

式中，κ_0 和 κ_t 分别为溶液起始时和时间为 t 时的电导率；κ_∞ 为反应终了时的电导率值；β 为比例常数。

由式(4-24)、式(4-25)可求出 x：

$$x = \frac{b(\kappa_0-\kappa_t)}{\kappa_0-\kappa_\infty} \tag{4-26}$$

将式(4-26)代入式(4-23)得：

$$\ln\left(\frac{a}{b}\times\frac{\kappa_0-\kappa_\infty}{\kappa_t-\kappa_\infty} - \frac{\kappa_0-\kappa_t}{\kappa_t-\kappa_\infty}\right) = (a-b)kt + \ln\frac{a}{b} \tag{4-27}$$

以 $\ln\left(\dfrac{a}{b} \times \dfrac{\kappa_0 - \kappa_\infty}{\kappa_t - \kappa_\infty} - \dfrac{\kappa_0 - \kappa_t}{\kappa_t - \kappa_\infty}\right)$ 对 t 作图，可得到一条直线，由直线斜率可以求出速率常数 k。

反应速率常数 k 与温度 $T(\mathrm{K})$ 的关系一般符合阿伦尼乌斯公式，即：

$$\frac{\mathrm{d}\ln k}{\mathrm{d}T} = \frac{E_a}{RT^2} \tag{4-28}$$

当表观活化能 E_a 为常数的时候，对式（4-28）做不定积分和定积分，分别得：

$$\ln k = -\frac{E_a}{RT} + C \tag{4-29}$$

$$\ln \frac{k_2}{k_1} = \frac{E_a}{R}\left(\frac{1}{T_1} - \frac{1}{T_2}\right) \tag{4-30}$$

式中，C 为积分常数。

显然，在不同的温度下测定速率常数 k，由 $\ln k$ 对 $1/T$ 作图，应得一直线，由直线的斜率就可算出 E_a 的值。或者测两个温度下的速率常数，代入式（4-30）计算出活化能。

三、仪器和试剂

数字式电导率仪　　　　　　恒温槽

铂黑电极　　　　　　　　　水浴加热箱

短颈容量瓶（200mL）　　　秒表

粗试管 1 个　　　　　　　　细试管 2 个

移液管（25mL）3 支　　　　三角瓶（250mL）3 个

NaOH（AR）　　　　　　　乙酸乙酯（AR）

酚酞试剂　　　　　　　　　草酸（AR）

蒸馏水

四、实验步骤

1. 配制溶液

（1）乙酸乙酯溶液的配制（浓度约为 $0.02\,\mathrm{mol \cdot L^{-1}}$）

将 200mL 的短颈容量瓶洗净，加少量二次蒸馏水（少于 1/3），放在电子天平上去皮，滴加乙酸乙酯 0.35g 左右，准确称其质量并计算浓度。

注意：在称量过程中容量瓶的盖子要盖好。

（2）NaOH 溶液的配制（浓度约为 $0.02\,\mathrm{mol \cdot L^{-1}}$）

用台秤称 1g NaOH，用二次蒸馏水快速洗涤两次后，再加二次蒸馏水将 NaOH 溶解并把溶液转移至 500mL 塑料瓶中，用草酸标定其浓度（用电子天平准确称取 3 份草酸分别放入 3 个锥形瓶中，每份约 0.025g）。

2. κ_0 的测量

用移液管准确移取 25.0mL NaOH 溶液放到干燥的细试管中，再用另一只移液管准确移取 25.0mL 二次蒸馏水至该试管中，将溶液混合均匀。用滴管吸少量混合液淋洗电极两次，并把电极放入该试管中。将试管放到恒温槽中（25℃）恒温 10min，然后利用电导率仪测定 κ_0，读两次数（间隔 1min）取平均值。

3. κ_t 的测量

用移液管移取 25.0mL NaOH 溶液放到干燥的粗试管中，用另一支移液管移取 25.0mL

乙酸乙酯溶液放到干燥的细试管中。将装有溶液的两只试管盖上胶塞并放到恒温槽中恒温 10min。取出两试管，用毛巾迅速擦干试管外壁，并迅速将乙酸乙酯倒入 NaOH 中（溶液倒入一半时开启秒表记时），将两个试管中的溶液迅速来回倒几次，使反应液混合均匀，将混合液全部倒入粗试管中，再将粗试管放入恒温槽中。用滴管吸少量反应液淋洗电极，将电极插入粗试管中（注意电极事先要恒温），塞紧胶塞，最好在 3min 内读取第一个数据。实验中可两名同学交替读数，记录自己的读数，共测 40min。

第 1 名同学读数时间为：3，5，7，9，12，15，18，21，26，30，34，38（min）。

第 2 名同学读数时间为：4，6，8，10，13，16，19，24，28，32，36，40（min）。

4. κ_{∞} 的测量

测定 κ_t 后，将粗试管置于 50～60℃ 的水浴箱中，加热 30min。取出后用自来水冷却并放入恒温槽中恒温 10min，测定 κ_{∞}，读取 3 次数据（间隔 1min）取其平均值。

测完 κ_{∞}，停止实验。清洗所用的玻璃仪器，将铂黑电极浸入蒸馏水中。

5. 另一温度下 κ_0 和 κ_t 的测定

调节恒温槽温度为 30℃（或 35℃）。重复上述步骤，测定另一温度下的 κ_0 和 κ_t。实验结束后，关闭电源，取出电极，用电导水洗净并置于电导水中保存待用。

五、数据处理

1. 设计表格将数据列入表中

（1）将相关常量列表表示。

（2）实验数据及处理结果填入表格中，并用电脑进行数据处理。

2. 以 $\ln\left(\dfrac{a}{b} \times \dfrac{\kappa_0 - \kappa_\infty}{\kappa_t - \kappa_\infty} - \dfrac{\kappa_0 - \kappa_t}{\kappa_t - \kappa_\infty}\right)$ 对 t 作图，求速率常数 k。

3. 计算实验活化能。

六、思考题

1. 配制乙酸乙酯溶液时，为什么在容量瓶中要事先加入适量的蒸馏水？

2. 测 κ_0 时，为什么要在 25mL NaOH 溶液中加 25mL 的二次蒸馏水？

3. 如果 NaOH 和乙酸乙酯溶液为浓溶液时，能否用此法求 k 值，为什么？

实验七十五　原电池电动势的测定

一、实验目的

1. 掌握对消法测定电池电动势的原理及电位差计的使用方法。

2. 学会某些电极的制备和处理方法。

3. 通过电池电动势和电极电势的测定，加深理解可逆电池的电动势、可逆电极电势的概念。

二、实验原理

在电化学中对可逆电池的研究，为揭示化学能转化为电能的限度、改善电池性能提供了理论依据，也为采用可逆电池的原理研究热力学问题提供了强有力的工具。电池电动势的准确测量，能够为许多热力学数据（如平衡电势、活度系数、解离常数、溶解度、络合常数等）的获得提供很大帮助。因此，精确地测量某一电池的电动势，在物理化学研究中具有重要意义。

对于在平衡状态或无限接近于平衡状态的情况下工作的可逆电池，在等温等压条件下，当系统发生变化时，系统吉布斯自由能的减少等于对外所做的最大非膨胀功，即 $\Delta_r G = W_{f,max}$。若非膨胀功只有电功且反应进度 $\xi = 1mol$ 时，有

$$\Delta_r G_m = -zEF$$

式中，z 是按所写的电极反应，在反应进度为 1mol 时，反应式中电子的计量系数，量纲为 1；E 为可逆电池的电动势，V；F 为法拉第常数。

在电池中，若化学能转变为电能的过程是以热力学可逆方式进行的，则该电池称为可逆电池。可逆电池必须满足三个条件，缺一不可：首先，电池反应是可逆的；其次，电池必须是在接近平衡状态的情况下工作的，即无论是放电还是充电过程，通过电池的电流都十分微小；最后，电池不存在任何不可逆的液体接界。

为了使电池反应在接近热力学可逆条件下进行，必须没有电流通过电池。为了达到这个目的，一般采用电位差计测量电池的电动势。电位差计在物理化学实验中应用非常广泛，主要用以测定电动势、校正各种电表；其次作为输出可变的精密稳压电源，可应用在极谱分析、电流滴定等实验中；再次，有些电位差计（如学生型）中的滑线电阻可单独用作电桥桥臂，供精密测量电阻时应用。

电位差计是利用对消法进行电势测量的仪器，其原理是用一个大小相等、方向相反的外加电势对抗待测电池，这样待测电池中没有电流通过，外加电势的大小即等于待测电池的电动势（详见 4.1.8）。

原电池由正、负两极和电解质组成。电池在放电过程中，正极上发生还原反应，负极上则发生氧化反应，电池反应是电池中所有反应的总和。测得原电池电动势后，可计算电极的电极电势，即：$E = \varphi_+ - \varphi_-$。

以 $Zn(s)|ZnSO_4(a_1)\parallel CuSO_4(a_2)|Cu(s)$ 电池为例，其电极反应和电池反应如下：

负极反应：$Zn(s) - 2e^- \longrightarrow Zn^{2+}(a_1)$

正极反应：$Cu^{2+}(a_2) + 2e^- \longrightarrow Cu(s)$

电池反应：$Zn(s) + Cu^{2+}(a_2) \longrightarrow Cu(s) + Zn^{2+}(a_1)$

电极反应和电池反应的能斯特方程为

$$\varphi_{Zn^{2+}|Zn} = \varphi_{Zn^{2+}|Zn}^{\ominus} - \frac{RT}{2F}\ln\frac{a_{Zn}}{a_{Zn^{2+}}} \tag{4-31}$$

$$\varphi_{Cu^{2+}|Cu} = \varphi_{Cu^{2+}|Cu}^{\ominus} - \frac{RT}{2F}\ln\frac{a_{Cu}}{a_{Cu^{2+}}} \tag{4-32}$$

$$E = \varphi_{Cu^{2+}|Cu} - \varphi_{Zn^{2+}|Zn} = \varphi_{Cu^{2+}|Cu}^{\ominus} - \varphi_{Zn^{2+}|Zn}^{\ominus} - \frac{RT}{2F}\ln\frac{a_{Cu}a_{Zn^{2+}}}{a_{Cu^{2+}}a_{Zn}} \tag{4-33}$$

$$= E^{\ominus} - \frac{RT}{2F}\ln\frac{a_{Cu}a_{Zn^{2+}}}{a_{Cu^{2+}}a_{Zn}} = E^{\ominus} - \frac{RT}{2F}\ln\frac{a_{Zn^{2+}}}{a_{Cu^{2+}}}$$

到目前为止，无论是从实验上还是从理论上都没有办法计算出某个电极的电极电势，而只能测出由两个电极组成的电池的总电动势。根据 IUPAC 的规定，采用标准氢电极作为标准电极，并将其电极电势规定为零，那么其他电极的电极电势值是与标准氢电极比较而得到的相对值。由于使用标准氢电极条件要求苛刻，所以在实际中常用电势稳定、容易制备、使

用方便的二级标准电极（参比电极）来代替标准氢电极。甘汞电极、银-氯化银电极就是常用的二级标准电极，它们的电极电势可以与标准氢电极相比而精确测出，在物理化学手册中可以查到。

本实验用锌电极、铜电极分别与饱和甘汞电极或银-氯化银电极构成原电池，测量电池的电动势，进而获得铜、锌的电极电势。

必须指出，电极电势大小不仅与电极种类、溶液浓度有关，还与温度有关。本实验是在实验温度下测得的电极电势 φ_T，由式(4-31) 或式(4-32) 可计算 $\varphi_T^\ominus$，为了方便起见，可采用下式求出 298K 时的标准电极电势 $\varphi_{298}^\ominus$：

$$\varphi_T^\ominus = \varphi_{298}^\ominus + \alpha(T - 298\text{K}) + \frac{1}{2}\beta(T - 298\text{K})^2$$

式中，α、β 为电池电极的温度系数。

对铜-锌电池来说：

铜电极（$Cu^{2+}|Cu$），$\alpha = -1.6 \times 10^{-5}\,\text{V·K}^{-1}$，$\beta = 0$；

锌电极［$Zn^{2+}|Zn\,(Hg)$］，$\alpha = 1.0 \times 10^{-4}\,\text{V·K}^{-1}$，$\beta = 6.2 \times 10^{-7}\,\text{V·K}^{-2}$

三、仪器和试剂

UJ-25 型电位差计	检流计
标准电池	电极管
工作电池（3V）	电线若干
铜、锌电极	饱和甘汞电极
银-氯化银电极	硫酸铜（AR）
氯化钾（AR）	硫酸锌（AR）

四、实验步骤

1. 铜、锌电极的制备

分别将铜、锌电极用抛光粉抛光后，用蒸馏水冲洗干净，再用少量待测液淋洗。将洗好的电极插入到装好电解质溶液的电极管中，注意电极管中不能有气泡，旋紧塞子。

2. 电池电动势的测量

（1）组装待测电池

① $Zn|ZnSO_4(0.1000\text{mol·L}^{-1}) \parallel KCl(饱和)|AgCl|Ag$；

② $Zn|ZnSO_4(0.1000\text{mol·L}^{-1}) \parallel KCl(饱和)|Hg_2Cl_2|Hg$；

③ $Hg|Hg_2Cl_2|KCl(饱和) \parallel CuSO_4(0.1000\text{mol·L}^{-1})|Cu$；

④ $Ag|AgCl|KCl(饱和) \parallel CuSO_4(0.1000\text{mol·L}^{-1})|Cu$；

⑤ $Zn|ZnSO_4(0.1000\text{mol·L}^{-1}) \parallel CuSO_4(0.1000\text{mol·L}^{-1})|Cu$；

⑥ $Cu|CuSO_4(0.0100\text{mol·L}^{-1}) \parallel CuSO_4(0.1000\text{mol·L}^{-1})|Cu$。

参考图 4-22 组装上述六个电池。

（2）用电位差计测量电池电动势

① 将有关的外部线路如工作电池、检流计、标准电池和待测电池等连接好。切不可将标准电池倒置或摇动。

② 接通电源，调节好检流计光点的零位。

③ 将换向开关扳向"N"（校正），调节标准电池温度补偿旋钮，使其读数值与标准电

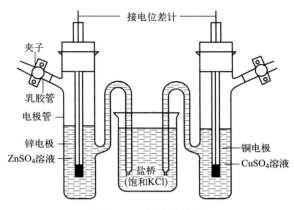

图 4-22 电池示意图

池电动势的数值一致（注意标准电池电动势的数值受温度影响会发生变动，调节前应先计算实验温度下标准电池电动势的准确数值）。

断续按下粗按钮（当按下粗按钮时，检流计光点在一小格范围内摆动才能按细按钮，注意按键时间不能超过 1s），视检流计光点的偏转情况，调节可变电阻 R（粗、中、细、微），使检流计光点指示零位。

④ 将换向开关扳向"X_1"（若待测电池接于未知 2，则扳向"X_2"），根据理论计算出待测电池的电动势，将各挡测量旋钮（六个大旋钮）预置在合适的位置。轻按粗按钮（当按下粗按钮时，检流计光点在一小格范围内摆动才能按细按钮。注意按键时间不能超过 1s），根据检流计光点偏转情况旋转各测量挡旋钮，至检流计光点指示零位，此时电位差计各测量挡小孔示数的总和，即为被测电池的电动势。

五、数据处理

1. 列表表示所测电池的电动势测定值。

2. 根据饱和甘汞电极的电极电势温度校正公式，计算实验温度下的电极电势。

$$\varphi_{SCE}/V = 0.2415 - 7.61 \times 10^{-4}\ (T - 298)$$

3. 根据测定的电池电动势，分别计算铜、锌电极的 φ_T，$\varphi_T^{\ominus}$，$\varphi_{298}^{\ominus}$ K。

4. 根据有关公式计算铜-锌电池的 $E_{理论}$（活度系数查表），并与 $E_{实际}$ 进行比较。

六、实验注意事项

1. 标准电池使用注意事项

使用温度为 4～40℃；正确连接正、负极；不能倒置；不能直接用万用电表测量其电动势；不能用作电源。

2. 测试时必须先按粗按钮观察检流计光点是否为零，当检流计光点为零以后再按下细按钮观察检流计光点是否为零。无论在校正还是测量过程中，都不能将电键长时间地按下（以免电极被极化），而应是轻轻按下，迅速观察检流计的情况，然后放开按钮，调整相应旋钮后再按按钮检查，反复调整达到目的。在没有调准的情况下长时间地按下按钮（甚至锁定）会造成标准电池或待测电池长期放电，将损坏标准电池，或导致测量误差很大。

3. 测量过程中若出现检流计受到冲击，应迅速按下"短路"按钮以保护检流计。

1. 为什么不能用伏特计测量电池电动势?
2. 对消法测量电池电动势的主要原理是什么?
3. 应用电位差计测量电动势过程中，若检流计光点总是朝向一个方向偏转，可能是什么原因?

实验七十六　溶液吸附法测定固体物质的比表面

一、实验目的
1. 了解溶液吸附法测定固体比表面的原理和方法。
2. 用溶液吸附法测定活性炭的比表面。

二、实验原理
比表面是指单位质量（或单位体积）的物质所具有的表面积，又叫比表面积，即单位物质所有能接触空气的表面积的总和，是固体物质在工业吸附剂、催化剂、颜料、水泥和聚合物等多孔结构应用中最有意义的形态特征。测定固体物质比表面的方法很多，常用的有低温吸附法、电子显微镜法和气相色谱法等，不过这些方法都需要复杂的装置或较长的时间。溶液吸附法测定固体物质比表面，仪器简单，操作方便，还可以同时测定许多个样品，因此常被采用。

在一定温度下，固体在某些溶液中吸附溶质的情况与固体对气体的吸附很相似，可用朗缪尔（Langmuir）吸附方程来处理，即:

$$\Gamma = \Gamma_m Kc/(1 + Kc) \tag{4-34}$$

式中，Γ 为平衡吸附量，即单位质量吸附剂达吸附平衡时，吸附溶质的物质的量，$mg \cdot g^{-1}$; Γ_m 为饱和吸附量，即单位质量吸附剂的表面上吸满一层吸附质分子时所能吸附的最大量，$mol \cdot g^{-1}$; c 为达到吸附平衡时，吸附质在溶液本体中的平衡浓度，$mol \cdot L^{-1}$; K 为经验常数，与溶质（吸附质）、吸附剂性质有关。

若能求得 Γ_m，则可由下式求得吸附剂比表面 $S_{比}$:

$$S_{比} = \Gamma_m LA \tag{4-35}$$

式中，L 为阿伏伽德罗常数; A 为每个吸附质分子在吸附剂表面占据的面积。

将式(4-34) 写成:

$$c/\Gamma = c/\Gamma_m + 1/(\Gamma_m K) \tag{4-36}$$

配制不同吸附质浓度的样品溶液，测量达吸附平衡后吸附质的浓度 c，可用下式计算各份样品中吸附剂的吸附量:

$$\Gamma = (c_0 - c)V/m \tag{4-37}$$

式中，c_0 为吸附前吸附质浓度，$mol \cdot L^{-1}$; c 为达吸附平衡时吸附质的浓度，$mol \cdot L^{-1}$; V 为溶液体积，L; m 为吸附剂质量，g。

根据式(4-36) 作图得直线斜率，可求得 Γ_m。

研究表明，在一定浓度范围内，大多数固体对亚甲基蓝的吸附是单分子层吸附，即Langmuir 型吸附。本实验选用活性炭为吸附剂，亚甲基蓝为吸附质，溶剂为水。如果溶液浓度过高时，可能出现多分子层吸附，实验中要选择合适的吸附剂用量及吸附质原始浓度，

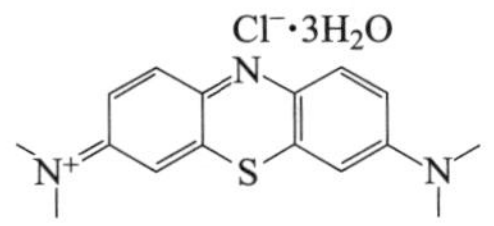

亚甲基蓝水溶液为蓝色，可用分光光度法在波长 665nm 处测定其浓度。亚甲基蓝的分子式为 $C_{16}H_{18}ClN_3S \cdot 3H_2O$，其结构如图 4-23 所示。

图 4-23　亚甲基蓝的结构

其摩尔质量为 $373.9 g \cdot mol^{-1}$，假设吸附质分子在吸附剂表面是直立的，A 值（每个吸附质分子占据的面积）取为 $1.52 \times 10^{-18} m^2$。这样根据式（4-35）即可求活性碳的比表面积。

三、仪器和试剂

721 型分光光度计　　　　　　恒温振荡器
干燥器　　　　　　　　　　　锥形瓶（磨口 100mL）
容量瓶（50mL、100mL）　　　移液管（20mL、25mL、50mL）
活性炭　　　　　　　　　　　亚甲基蓝（AR）

四、实验步骤

1. 配制 $1.000 \times 10^{-3} mol \cdot L^{-1}$ 亚甲基蓝水溶液。

2. 用电子天平称取 100.00mg 左右活性炭六份，分别放入六只洗净干燥的 100mL 磨口锥形瓶中，用移液管在六只锥形瓶中分别加入亚甲基蓝水溶液及去离子水，加入量如表 4-7 所示。将六只锥形瓶的瓶盖塞好，放在恒温振荡器内，在恒温下振荡 1～3 天（此步骤应提前做好）。

表 4-7　加入的亚甲基蓝及水的体积

锥形瓶号	1	2	3	4	5	6
亚甲基蓝/mL	20.0	25.0	30.0	35.0	40.0	50.0
水/mL	30.0	25.0	20.0	15.0	10.0	0.0

3. 配制亚甲基蓝标准溶液：用 50mL 容量瓶配制浓度为 $1.000 \times 10^{-5} mol \cdot L^{-1}$ 的亚甲基蓝标准溶液，根据实验情况可以改变标准溶液的浓度。

4. 取步骤 2 中振荡平衡后的上清液，注意不要有活性炭微粒，用分光光度计在 665nm 处分别测其吸光度。如果溶液浓度过大（吸光度 $A > 0.8$），用去离子水稀释一定倍数后测定。

5. 实验完毕，清洗比色皿和盛过亚甲基蓝溶液的玻璃器皿，先用酸洗，再用自来水清洗，最后用去离子水涮洗。

五、数据处理

1. 列表记录各样品吸附前及达吸附平衡后的浓度、活性炭质量，并记录实验温度。

2. 计算各份样品的吸附量。

3. 作 $c/\Gamma\text{-}c$ 图，通过线性拟合，求得直线斜率，根据斜率求得 Γ_m。

4. 由式（4-35）计算活性炭的 $S_{比}$。

六、注意事项

1. 测定溶液吸光度时，须用滤纸及擦镜纸轻轻擦干比色皿外部（滤纸擦拭磨砂面，擦镜纸擦拭透光面），以保持比色皿暗箱内干燥。

2. 测定吸光度时，应把稀释后的溶液摇匀再测。

3. 活性炭颗粒要均匀，且各份质量应尽量接近。

七、思考题

1. 如何确定吸附质浓度 c 是已达吸附平衡的浓度？

2. 用分光光度计测定亚甲基蓝溶液浓度时，为什么要将溶液稀释再进行测量？

3. 吸附作用与哪些因素有关？

4.3 物理化学提高实验

实验七十七 配合物的磁化率测定

一、实验目的

1. 掌握古埃（Gouy）法磁天平测定物质磁化率的基本原理和实验方法。

2. 测定一些化合物的磁化率，了解磁化率数据对推断未成对电子数和分子配键类型的作用。

二、实验原理

物质在外磁场的作用下会被磁化，被磁化的程度可用磁化强度 M 来描述，M 是一个矢量，它与磁场强度 H 成正比：

$$M = \chi H \tag{4-38}$$

式中，χ 为物质的体积磁化率，是物质的一种宏观性质。

在化学上常用质量磁化率 χ_m 或摩尔磁化率 χ_M 来表示物质的磁性质：

$$\chi_m = \frac{\chi}{\rho} \tag{4-39}$$

$$\chi_M = M\chi_m = \frac{\chi M}{\rho} \tag{4-40}$$

式中，ρ、M 分别为物质的密度和摩尔质量。χ_m 的单位为 $m^3 \cdot kg^{-1}$，χ_M 的单位为 $m^3 \cdot mol^{-1}$。

物质的原子、分子或离子在外磁场作用下的磁化现象存在三种情况。

① 逆磁性物质。物质本身并不呈现磁性，但由于其内部的电子轨道运动，在外磁场作用下会产生拉莫尔进动，感应出一个诱导磁矩来，表现为一个附加磁场，磁矩的方向与外磁场相反，其磁化强度与外磁场强度成正比，并随着外磁场的消失而消失，这类物质称为逆磁性物质，其相对磁导率 $\mu < 1$，$\chi_M < 0$。

② 顺磁性物质。物质的原子、分子或离子本身具有永久磁矩 μ_m，由于热运动，永久磁矩指向各个方向的机会相同，所以该磁矩的统计值等于零。但在外磁场作用下，一方面永久磁矩会顺着外磁场方向排列，其磁化方向与外磁场相同，而磁化强度与外磁场强度成正比；另一方面物质内部的电子轨道运动会产生拉莫尔进动，其磁化方向与外磁场相反，因此这类物质在外磁场下表现的附加磁场是上述两者作用的总结果。通常称具有永久磁矩的物质为顺磁性物质。显然，此类物质的摩尔磁化率 χ_M 是摩尔顺磁磁化率 χ_μ 和摩尔逆磁磁化率 χ_0 两部分之和，即

$$\chi_M = \chi_\mu + \chi_0 \tag{4-41}$$

但由于 $\chi_\mu \gg |\chi_0|$，故顺磁性物质的 $\mu > 1$，$\chi_M > 0$。可以近似地把 χ_μ 当作 χ_M，即：

$$\chi_M \approx \chi_\mu \tag{4-42}$$

③ 铁磁性物质。物质被磁化的强度与外磁场强度之间不存在正比关系，而是随着外磁场强度的增加而剧烈增强，当外磁场消失后，物质的磁性并不消失，呈现出滞后现象，这种物质称为铁磁性物质。

磁化率是物质的宏观性质，分子磁矩是物质的微观性质。假定分子间无相互作用，应用统计力学的方法，可以导出摩尔顺磁磁化率 χ_μ 和永久磁矩 μ_m 之间的定量关系：

$$\chi_\mu = \frac{L\mu_m^2\mu_0}{3kT} = \frac{C}{T} \tag{4-43}$$

式中，L 为阿伏伽德罗常数；k 为玻耳兹曼常数；T 为热力学温度；μ_0 为真空磁导率。物质的摩尔顺磁磁化率与热力学温度成反比这一关系，是居里（P. Curie）在实验中首先发现的，所以该式称为居里定理，C 称为居里常数。

分子的摩尔逆磁磁化率 χ_0 是由诱导磁矩产生的，它与温度的依赖关系很小。因此顺磁性物质的摩尔磁化率 χ_M 与永久磁矩 μ_m 间的关系为：

$$\chi_M = \chi_0 + \frac{L\mu_m^2\mu_0}{3kT} \approx \frac{L\mu_m^2\mu_0}{3kT} \tag{4-44}$$

式（4-44）将物质的宏观物理性质（χ_M）和微观性质（μ_m）联系起来了，因此只要实验测得 χ_M，代入式（4-44）就可算出永久磁矩 μ_m。

物质的顺磁性来自与电子自旋相联系的磁矩。电子有两个自旋状态，如果原子、分子或离子中两个自旋状态的电子数不相等，则该物质在外磁场中就呈现顺磁性。这是由于每一轨道上不能存在两个自旋状态相同的电子（泡利原理），各个轨道上成对电子自旋所产生的磁矩是相互抵消的，所以只有存在未成对电子的物质才具有永久磁矩，在外磁场中表现出顺磁性。

物质的永久磁矩 μ_m 和它所包含的未成对电子数 n 的关系可用下式表示：

$$\mu_m = \mu_B \sqrt{n(n+2)} \tag{4-45}$$

式中，μ_B 称为玻尔（Bohr）磁子，其物理意义是单个自由电子自旋所产生的磁矩：

$$\mu_B = \frac{eh}{4\pi m_e} = 9.274078 \times 10^{-24} A \cdot m^2 \tag{4-46}$$

式中，e 为电子电荷；h 为普朗克常数；m_e 为电子质量。

因此，对于顺磁性物质，只要实验测得 χ_M，即可求出 μ_m，进而算得未成对电子数 n。

由式（4-46）各式，以及各物理常量的数值，可得未成对电子数 n 的表达式：

$$n = \sqrt{797.7^2 \chi_M T + 1} - 1 \tag{4-47}$$

这对于研究某些原子或离子的电子组态，以及判断配合物分子的配键类型是很有意义的。

通常认为配合物可分为电价配合物和共价配合物两种。配合物的中心离子与配位体之间依靠静电库仑力结合起来的化学键叫电价配键，这时中心离子的电子结构不受配位体的影响，基本上保持自由离子的电子结构。如图 4-24(a) 所示，当 Fe^{2+} 与 6 个 H_2O 配位形成络离子 $[Fe(H_2O)_6]^{2+}$ 时，中央离子 Fe^{2+} 仍保持着自由离子状态下的电子组态，故此配合物是电价配合物。

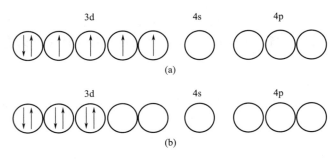

图 4-24　Fe^{2+} 在自由离子状态下的外层电子组态示意图（a）和电子组态重排示意图（b）

共价配合物则是以中心离子的空的价电子轨道接受配位体的孤对电子形成共价配键，这时中心离子为了尽可能多地成键，往往会发生电子重排，以腾出更多空的价电子轨道来容纳配位体的电子对。如图 4-24(b) 所示，当 Fe^{2+} 与 6 个 CN^- 配位体形成配合物时，Fe^{2+} 的电子组态发生重排。Fe^{2+} 的 3d 轨道上原来的未成对电子重新配对，腾出两个 3d 空轨道来，再与 4s 和 4p 轨道进行 d^2sp^3 杂化，构成以 Fe^{2+} 为中心的指向正八面体各个顶角的 6 个空轨道，以此来容纳 6 个 CN^- 中 C 原子上的孤对电子，形成 6 个共价配键。

一般认为中央离子与配位原子之间的电负性相差很大时，容易生成电价配键，而电负性相差很小时，则生成共价配键。

本实验用古埃磁天平测定物质的摩尔磁化率，其工作原理如图 4-25 所示。将圆柱形玻璃样品管（内装粉末状或液体样品）悬挂在分析天平的一个臂上，使样品管底部处于电磁铁两极的中心（即处于均匀磁场区域），样品管的顶端离磁场中心较远，磁场强度很弱，而整个样品处于一个非均匀的磁场中。但由于沿样品轴心方向，即图示 z 方向，存在一磁场强度梯度 $\partial H / \partial z$，故样品沿 z 方向受到磁力的作用，它的大小为：

$$f_z = \int_{H}^{H_0} (\chi - \chi_{空}) \mu_0 SH \frac{\partial H}{\partial z} dz \qquad (4\text{-}48)$$

式中，H 为磁场中心磁场强度；H_0 为样品顶端处的磁场强度；χ 为样品的体积磁化率；$\chi_{空}$ 为空气的体积磁化率；S 为样品的截面积（位于 x、y 平面）；μ_0 为真空磁导率。

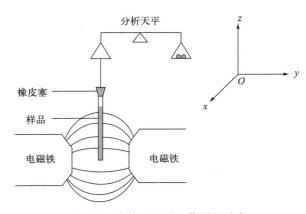

图 4-25　古埃磁天平工作原理示意

H_0 为当地的地磁场强度，约为 $40A \cdot m^{-1}$，一般可略去不计，则作用于样品的力为：

$$f_z = \frac{1}{2}(\chi - \chi_{空})\mu_0 \boldsymbol{H}^2 S \tag{4-49}$$

由天平分别称得装有被测样品的样品管和不装样品的空样品管在有外加磁场和无外加磁场时的质量变化，则有：

$$\Delta m = m_{磁场} - m_{无磁场} \tag{4-50}$$

显然，某一不均匀磁场作用于样品的力可由下式计算：

$$f_z = (\Delta m_{样品+空管} - \Delta m_{空管})g \tag{4-51}$$

于是有：

$$\frac{1}{2}(\chi - \chi_{空})\mu_0 \boldsymbol{H}^2 S = (\Delta m_{样品+空管} - \Delta m_{空管})g \tag{4-52}$$

整理后得：

$$\chi = \frac{2(\Delta m_{样品+空管} - \Delta m_{空管})g}{\mu_0 \boldsymbol{H}^2 S} + \chi_{空} \tag{4-53}$$

物质的摩尔磁化率 $\chi_M = \dfrac{M\chi}{\rho}$，而 $\rho = \dfrac{m}{hS}$，故：

$$\chi_M = \frac{M}{\rho}\chi = \frac{2(\Delta m_{样品+空管} - \Delta m_{空管})ghM}{\mu_0 m \boldsymbol{H}^2} + \frac{M}{\rho}\chi_{空} \tag{4-54}$$

式中，h 为样品的实际高度；m 为无外加磁场时样品的质量；M 为样品的摩尔质量；ρ 为样品的密度（固体样品则指装填密度）；μ_0 为真空磁导率；$\chi_{空}$ 为空气的体积磁化率，其值为 $3.64 \times 10^{-7} m^3 \cdot kg^{-1}$，但因样品管体积很小，故常予以忽略，则：

$$\chi_M = \frac{2(\Delta m_{样品+空管} - \Delta m_{空管})ghM}{\mu_0 m \boldsymbol{H}^2} \tag{4-55}$$

对于莫尔盐，则有：

$$\chi_{M莫} = \frac{2(\Delta m_{莫+空管} - \Delta m_{空管})ghM_{莫}}{\mu_0 m_{莫} \boldsymbol{H}^2} \tag{4-56}$$

若每次装样高度 h 相同，同时控制每次磁场强度 $\boldsymbol{H}$ 相同，将式(4-55) 和式(4-56) 两式相除，可得：

$$\frac{\chi_M}{\chi_{M莫}} = \frac{Mm_{莫}}{M_{莫}m} \times \frac{\Delta m_{样+管} - \Delta m_{空管}}{\Delta m_{莫+管} - \Delta m_{空管}} \tag{4-57}$$

将 $\dfrac{\chi_{M莫}}{M_{莫}} = \chi_{m莫}$ 代入上式，并将上式变形得：

$$\chi_{M样} = \frac{\chi_{m莫} M_{样} m_{莫}}{m_{样}} \times \frac{\Delta m_{样+管} - \Delta m_{空管}}{\Delta m_{莫+管} - \Delta m_{空管}} \tag{4-58}$$

该式乘号左边各项可通过计算或直接测试得到，右边的各项为空管、空管中装样品或莫尔盐时，有磁和无磁情况下的质量差，可通过实验测得，因此样品的摩尔磁化率可由式(4-58) 计算得到。莫尔盐的质量磁化率计算公式为：

$$\chi_{m莫} = \frac{9500}{T+1} \times 4\pi \times 10^{-9} (m^3 \cdot kg^{-1})$$

三、仪器和试剂

古埃磁天平　　　　　　　　　　　软质玻璃样品管

装样品工具　　　　　　　　　　　莫尔盐（NH₄）₂SO₄•FeSO₄•6H₂O（AR）

（包括研钵、角匙、小漏斗、玻棒）　K₄Fe(CN)₆•3H₂O（AR）

FeSO₄•7H₂O（AR）

四、实验步骤

1. 打开仪器预热 15min，同时将莫尔盐及其他固体样品在研钵中研细，装在小广口瓶中备用。

2. 如图 4-26 所示，取一支洁净干燥的空样品管，将其挂在磁天平的挂钩上，使样品管底部与磁极中心线平齐，准确称量空样品管的质量 m_0；缓慢增加电流调节磁场强度至 300mT，待天平读数稳定后，记录空管的质量 m_1；继续缓慢增加电流调节磁场强度至 500mT，待天平读数稳定后，记录空管的质量 m_2，再缓慢增加电流调节磁场强度至 600mT，不记录数据，稍停片刻后，缓慢减小电流将磁场强度降至 500mT，记录此时空管的质量 m_2'，继续缓慢减小电流将磁场强度降至 300mT，读取空管的质量 m_1'，将电流缓降至 0mT，再次记录空管的质量 m_0'。

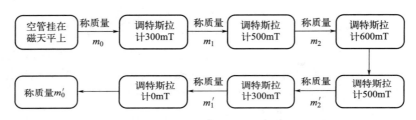

图 4-26　称取空管质量的操作流程

3. 取下样品管，将事先研细的莫尔盐通过小漏斗装进样品管，在填装时每装入 1cm 高的样品需将样品管在木垫上敲击 20 次，务必使粉末样品装填得均匀紧实。用直尺准确量取样品高度，使其大于 20cm。重复步骤 2 的操作，测定样品管装莫尔盐时的相关数据。测量完毕后将莫尔盐回收，样品管用蘸有少量乙醇的棉球擦净。

4. 用同一样品管用相同方法分别对 FeSO₄•7H₂O 和 K₄Fe(CN)₆•3H₂O 进行测试，注意每次装填的样品高度应相等。

五、数据处理

1. 计算物质有磁和无磁情况下的质量差

以空管为例，将 0mT 时测得的质量求平均值，得空管在无磁场时的质量，即 $m_{空管}^{无磁}=\dfrac{m_0+m_0'}{2}$，将 300mT 时测得的空管质量求平均值，得该磁场下空管的质量，即 $m_{空管}^{有磁}=\dfrac{m_1+m_1'}{2}$，则 $\Delta m_{空管}=m_{空管}^{有磁}-m_{空管}^{无磁}$，类似方法可计算样品管分别装有莫尔盐、FeSO₄•7H₂O、K₄Fe(CN)₆•3H₂O 的质量差。

2. 由标准物（莫尔盐）的质量磁化率 $\chi_{m莫}$ 计算所测样品的 $\chi_{M样}$

将前面所得 $\Delta m_{空管}$，样品管分别装有 FeSO₄•7H₂O 和莫尔盐时在有磁场和无磁场情况下的质量差、莫尔盐的质量、莫尔盐质量磁化率以及 FeSO₄•7H₂O 的质量、摩尔质量代入式(4-58)，计算 $FeSO_4 \cdot 7H_2O$ 在 300mT 时的摩尔磁化率。

用类似方法计算 $K_4Fe(CN)_6 \cdot 3H_2O$ 在 300mT 时的摩尔磁化率，以及 $FeSO_4 \cdot 7H_2O$ 和 $K_4Fe(CN)_6 \cdot 3H_2O$ 在 500mT 时的摩尔磁化率。

3. 计算所测样品的未成对电子数

由所得摩尔磁化率数据、式(4-44) 和式(4-45) 算出所测样品的 μ_m，由式(4-47) 求出未成对电子数 n。

4. 根据未成对电子数，讨论 $FeSO_4 \cdot 7H_2O$ 和 $K_4Fe(CN)_6 \cdot 3H_2O$ 中 Fe^{2+} 的最外层电子结构，并推测分子的配键类型。

六、思考题

1. 不同磁场强度下测得的样品摩尔磁化率是否相同？为什么？

2. 如果不同磁场强度下测得的样品摩尔磁化率不同，可能原因是什么？

实验七十八　KCl-HCl-H₂O 三组分系统相图的绘制

一、实验目的

1. 熟悉相律，掌握用三角形坐标表示三组分体系相图的方法。

2. 了解湿固相法的原理，学会确定溶液中纯固相组成点的方法。

3. 绘制 $KCl\text{-}HCl\text{-}H_2O$ 三组分系统相图。

二、基本原理

对于三组分系统（$C=3$），根据相律 $f=C-\Phi+2$，系统最多可能有四个自由度（温度、压力、两个浓度项），用三维空间的立体模型已不足以表示这种相图。保持温度（或压力、或一个浓度项）不变，则其条件自由度 $f^*=4-\Phi$，可用立体模型表示其相图。当处于等温等压条件时，其条件自由度 $f^{**}=3-\Phi$。系统最大条件自由度 $f^{**}_{max}=3-1=2$，因此，最多有两个浓度变量，可用平面图表示系统状态和组成之间的关系。

通常在平面图上用等边三角形来表示各组分的浓度。如图 4-27 所示，等边三角形的三个顶点分别表示纯组分 A、B 和 C，三条边 AB、BC、CA 分别表示 A 和 B、B 和 C、C 和 A 所组成的二组分系统，三角形内任何一点都表示三组分系统。过三角形内任一点 O，引平行于各边的平行线 a、b 和 c，根据几何学的知识可知，a、b 和 c 的长度之和应等于三角形一边之长，即 $a+b+c=AB=BC=CA=1$。因此，O 点的组成可由这些平行线在各边上的截距 a'、b' 和 c' 来表示。通常是沿着逆时针的方向在三角形的三边上标出 A、B 和 C 三个组分的质量分数。即从 O 点做 BC 的平行线与 AC 线相交，长度 a' 即为 A 的质量分数 w_A；从 O 点做 AC 的平行线与 AB 线相交，长度 b' 即为 B 的质量分数 w_B；从 O 点做 AB 的平行线与 BC 线相交，长度 c' 即为 C 的质量分数 w_C。

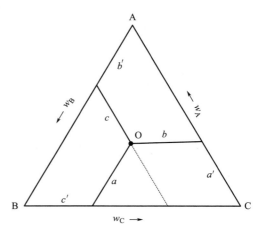

图 4-27　等边三角形法表示三元相图

由 KCl、HCl、H_2O 形成的三组分系统，当 HCl 的含量不太高时，HCl 完全溶于水形成盐酸溶液。该溶液与 KCl 有共同的负离子 Cl^-，所以当饱和的 KCl 水溶液中加入盐酸时，同离子效应使 KCl 的溶解度降低。本实验即是研究在不同浓度的盐酸溶液中 KCl 的溶解度，并通过此实验了解水盐系统的相图绘制方法和一般性质。

为了分析平衡系统各相的成分，可以采取分离各相方法，例如对于液体可以用分液漏斗来分离。由于固体上总会带有一些母液，很难分离干净，而且有些固相极易风化潮解不能离开母液而稳定存在，所以固相的分离比较困难。这时，常常采用无需分离母液就可确定固相组成的湿固相法。带有饱和溶液的固相的组成点，必定处于饱和溶液组成点和纯固相组成点的连接线上，因此同时分析几对饱和溶液和湿固相的成分，将它们连成直线，这些直线的交点即为纯固相成分。本实验就是采用这种方法求取固相组成的。

三、仪器和试剂

100mL 磨口锥形瓶	50mL 磨口锥形瓶
2mL 移液管	恒温槽
KCl（AR）	$AgNO_3$（AR）
NaOH（AR）	盐酸

四、实验步骤

1. 配制 $0.1mol \cdot L^{-1} AgNO_3$、$0.1mol \cdot L^{-1}$ NaOH，以及浓度分别为 $1mol \cdot L^{-1}$、$2mol \cdot L^{-1}$、$4mol \cdot L^{-1}$、$6mol \cdot L^{-1}$、$8mol \cdot L^{-1}$ 和 $12mol \cdot L^{-1}$ 的盐酸溶液。

2. 在 6 个洗净的 100mL 磨口锥形瓶中，分别注入 25mL 浓度为 $1mol \cdot L^{-1}$、$2mol \cdot L^{-1}$、$4mol \cdot L^{-1}$、$6mol \cdot L^{-1}$、$8mol \cdot L^{-1}$ 的盐酸溶液，剩下一个加 25mL 煮沸后放冷的蒸馏水。

3. 在每个锥形瓶中加入约 10g 的 KCl 固体，然后将每个锥形瓶置于约 30℃ 的水浴中，不断摇荡 5min 后取出，置于 25℃ 的恒温水浴中，继续摇荡 3min，然后在恒温水浴中静置 5min，待溶液澄清后，用滴管在每个锥形瓶中取饱和溶液约 0.5g，放入已知质量的 50mL 磨口锥形瓶中（或用称量瓶也可），用分析天平称量，记录每个样品的质量。

4. 取饱和溶液样品的同时，用玻璃勺取湿固相约 $0.2 \sim 0.3g$ 于另一已知质量的称量瓶中，用分析天平称其质量。在取样时应注意下述问题：

(1) 系统的温度不能改变，因此不要让锥形瓶离开恒温水槽；

(2) 取样时固相可以带有母液，但饱和溶液不能带有固相。因此，取样时要特别小心谨慎，等固相完全下沉以后再进行取样；

(3) 取样的滴管的温度应比系统的温度高些，以免饱和溶液在移液管中析出结晶，引起误差。为此，取样滴管最好先预热一下。但滴管温度也不能太高，一方面避免改变系统的温度，另一方面防止水分蒸发改变浓度。

5. 将已称重的湿固相样品用约 50mL 的蒸馏水洗到 250mL 锥形瓶中，进行滴定分析。先以酚酞作指示剂，用 $0.1mol \cdot L^{-1}$ NaOH 溶液滴定样品中的酸量，至终点后，记下滴定用去的 NaOH 溶液的体积。然后再向锥形瓶中滴入 $1 \sim 2$ 滴稀 HNO_3 溶液，使系统带微酸性。最后以 K_2CrO_4 作为指示剂，用 $AgNO_3$ 溶液滴定样品中 Cl^- 的浓度，记下所用 $AgNO_3$ 的浓度及消耗的体积。

五、数据处理

1. 根据本实验的基本原理和实验步骤，设计数据记录表并填入数据。

2. 用下列公式计算每个饱和溶液样品及湿固相样品中 HCl、KCl 和 H_2O 的质量分数，并用表列出。

$$w(HCl) = (c_1 V_1 \times 36.5)/(m \times 1000)$$
$$w(KCl) = (c_2 V_2 - c_1 V_1) \times 74.56/(m \times 1000)$$
$$w(H_2O) = 1 - w(HCl) - w(KCl)$$

式中，c_1 为滴定时所用 NaOH 的浓度，$mol \cdot L^{-1}$；V_1 为滴定时所消耗 NaOH 的体积，mL；c_2 为 $AgNO_3$ 的浓度，$mol \cdot L^{-1}$；V_2 为 $AgNO_3$ 的体积，mL；m 为样品质量，g；74.56 及 36.5 分别为 KCl 和 HCl 的摩尔质量。

3. 查阅 25℃时 KCl 在水中的溶解度，并将其换算成质量分数。

4. 将步骤 2~3 所得的结果标记在三角相图上，并将各个饱和溶液的组成点连成一饱和溶解度曲线，同时将饱和溶液的组成点与其成平衡的湿固相的组成点作连接线，将各连接线延长于一点，交点即为固相成分。

5. 标明相图中各相区的成分和各组相区的意义。

六、思考题

1. 为什么根据系统由清变浑的现象即可测定相界？

2. 本实验中根据什么原理求出 KCl-HCl-H_2O 系统的连接线？

实验七十九　电势-pH 曲线的测定与应用

一、实验目的

1. 测定 Fe^{3+}/Fe^{2+}-EDTA 系统在不同 pH 条件下的电极电势，绘制电势-pH 曲线。

2. 根据测定的电势-pH 曲线讨论较合适的脱硫条件。

二、基本原理

很多氧化还原反应不仅与溶液中离子的浓度有关，还与溶液的 pH 值有关，即电极电势与浓度和酸度成函数关系。对于这样的系统，有必要考察其电极电势与 pH 值之间的关系，从而对电极反应得到一个比较完整、清晰的认识。把一些有 H^+ 或 OH^- 参加的反应的电极电势与溶液的 pH 绘制成图，即为电势-pH 曲线，也称电势-pH 图。图 4-28 为 Fe^{3+}/Fe^{2+}-EDTA 和 S/H_2S 系统的电势（φ）-pH 曲线。

对于 Fe^{3+}/Fe^{2+}-EDTA 系统，pH 值不同，形成的配合物也有所差异。假定 EDTA 的酸根离子为 Y^{4-}，下面将 pH 值分成 3 个区间来讨论 Fe^{3+}/Fe^{2+}-EDTA 系统电极电势的变化。

① 在高 pH（图中的 ab 区间）时，溶液的配合物为 $Fe(OH)Y^{2-}$ 和 FeY^{2-}，其电极反应为：

$$Fe(OH)Y^{2-} + e^- \Longrightarrow FeY^{2-} + OH^-$$

根据电极反应的能斯特（Nernst）方程，其

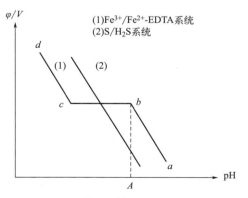

图 4-28　Fe^{3+}/Fe^{2+}-EDTA 和 S/H_2S 系统的 φ-pH 曲线

电极电势为：

$$\varphi = \varphi^{\ominus} - \frac{RT}{F}\ln\frac{a_{FeY^{2-}}\,a_{OH^-}}{a_{Fe(OH)Y^{2-}}} \tag{4-59}$$

式中，$\varphi^{\ominus}$ 为标准电极电势；a 为活度。

a 与活度因子 γ 和质量摩尔浓度 m 的关系为：

$$a = \gamma \cdot \frac{m}{m^{\ominus}} \tag{4-60}$$

同时考虑到在稀溶液中水的活度积 K_w，则按照 pH 的定义，式(4-59) 可改写为：

$$\varphi = \varphi^{\ominus} - \frac{RT}{F}\ln\frac{\gamma_{FeY^{2-}}\,K_w}{\gamma_{Fe(OH)Y^{2-}}} - \frac{RT}{F}\ln\frac{m_{FeY^{2-}}}{m_{Fe(OH)Y^{2-}}} - \frac{2.303RT}{F}pH \tag{4-61}$$

令 $b_1 = \dfrac{RT}{F}\ln\dfrac{\gamma_{FeY^{2-}}\,K_w}{\gamma_{Fe(OH)Y^{2-}}}$，在溶液离子强度和温度一定时，$b_1$ 为常数。则：

$$\varphi = (\varphi^{\ominus} - b_1) - \frac{RT}{F}\ln\frac{m_{FeY^{2-}}}{m_{Fe(OH)Y^{2-}}} - \frac{2.303RT}{F}pH \tag{4-62}$$

当 EDTA 过量时，系统中配合物的浓度可近似地看作溶液中铁离子的浓度，即 $m_{FeY^{2-}} \approx m_{Fe^{2+}}$，$m_{Fe(OH)Y^{2-}} \approx m_{Fe^{3+}}$。当 $m_{Fe^{3+}}$ 与 $m_{Fe^{2+}}$ 比例一定时，φ 与 pH 呈线性关系，即图 4-28 中的 ab 段。

② 在特定的 pH 范围内，Fe^{2+}、Fe^{3+} 与 EDTA 生成稳定的配合物 FeY^{2-} 和 FeY^-，其电极反应为：

$$FeY^- + e^- = FeY^{2-}$$

电极电势表达式为：

$$\varphi = \varphi^{\ominus} - \frac{RT}{F}\ln\frac{a_{FeY^{2-}}}{a_{FeY^-}} = \varphi^{\ominus} - \frac{RT}{F}\ln\frac{\gamma_{FeY^{2-}}}{\gamma_{FeY^-}} - \frac{RT}{F}\ln\frac{m_{FeY^{2-}}}{m_{FeY^-}} \tag{4-63}$$

$$= (\varphi^{\ominus} - b_2) - \frac{RT}{F}\ln\frac{m_{FeY^{2-}}}{m_{FeY^-}}$$

令 $b_2 = \dfrac{RT}{F}\ln\dfrac{\gamma_{FeY^{2-}}}{\gamma_{FeY^-}}$，当温度和离子强度一定时，$b_2$ 为常数。在此 pH 范围内，系统的电极电势只与 $\dfrac{m_{FeY^{2-}}}{m_{FeY^-}}$ 的比值有关，或者说只与配制溶液时 $\dfrac{m_{Fe^{2+}}}{m_{Fe^{3+}}}$ 的比值有关。此时曲线中出现平台区（如图 4-28 中的 bc 段）。

③ 在低 pH 时，系统的电极反应为：

$$FeY^- + H^+ + e^- = FeHY^-$$

同理可求得

$$\varphi = \varphi^{\ominus} - \frac{RT}{F}\ln\frac{a_{FeHY^-}}{a_{FeY^-}} = \varphi^{\ominus} - \frac{RT}{F}\ln\frac{\gamma_{FeHY^-}}{\gamma_{FeY^-}} - \frac{RT}{F}\ln\frac{m_{FeHY^-}}{m_{FeY^-}} \tag{4-64}$$

$$= (\varphi^{\ominus} - b_3) - \frac{RT}{F}\ln\frac{m_{FeHY^-}}{m_{FeY^-}} - \frac{2.303RT}{F}pH$$

令 $b_3 = \dfrac{RT}{F}\ln\dfrac{\gamma_{FeHY^-}}{\gamma_{FeY^-}}$，当温度和离子强度一定时，$b_3$ 为常数，在 $\dfrac{m_{Fe^{2+}}}{m_{Fe^{3+}}}$ 不变时，φ 与

pH 呈线性关系（即图 4-28 中 *cd* 段）。

由此可见，用惰性金属（如 Pt）作导体将 Fe^{3+}/Fe^{2+}-EDTA 系统组成电极，与另一参比电极（如饱和甘汞电极）组成电池，测量电池的电动势即可求得系统（Fe^{3+}/Fe^{2+}-EDTA）的电极电势。同时采用酸度计测出对应条件下的 pH 值，就可绘制出 Fe^{3+}/Fe^{2+}-EDTA 系统的电势-pH 曲线。

在实际应用中，Fe^{3+}/Fe^{2+}-EDTA 系统可用于天然气脱硫。天然气中的 H_2S 是一种有害物质，大量吸入会损害健康，当空气中硫化氢浓度达到 $20mg \cdot m^{-3}$ 时会引起恶心、头晕、头痛、疲倦、胸部压迫及眼、鼻、咽喉黏膜的刺激症状；硫化氢浓度达 $60mg \cdot m^{-3}$ 时，则可出现抽搐、昏迷甚至呼吸中枢麻痹而死亡。利用 Fe^{3+}-EDTA 溶液可将天然气中的 H_2S 氧化为单质 S，然后过滤除去；溶液中的 Fe^{3+}-EDTA 络合物还原为 Fe^{2+}-EDTA 络合物，通入空气又可使 Fe^{2+}-EDTA 迅速氧化为 Fe^{3+}-EDTA，从而使溶液得到再生，循环利用。其反应如下：

$$2FeY^- + H_2S \xrightarrow{\text{脱硫}} 2FeY^{2-} + 2H^+ + S\downarrow$$

$$2FeY^- + \frac{1}{2}O_2 + H_2O \xrightarrow{\text{再生}} 2FeY^- + 2OH^-$$

我们可根据测定的 Fe^{3+}/Fe^{2+}-EDTA 络合系统的电势-pH 曲线选择较合适的脱硫条件。例如，低含硫天然气 H_2S 含量约为 $1 \times 10^{-4} \sim 6 \times 10^{-4} kg \cdot m^{-3}$，在 25℃时 H_2S 的分压为 $7.29 \sim 43.56Pa$。

根据电极反应：

$$S + 2H^+ + 2e^- = H_2S(g)$$

在 25℃时，其电极电势 $\varphi(V) = 0.318 - 0.0296\lg(p/p^\ominus) - 0.0591pH$。

对于 H_2S 压力确定的 S/H_2S 系统，其 φ 和 pH 的关系如图 4-28 中的曲线（2）所示。可以看出，对任何具有一定 $\dfrac{m_{Fe^{2+}}}{m_{Fe^{3+}}}$ 比值的脱硫液而言，此脱硫液的电极电势与反应 $S + 2H^+ + 2e^- = H_2S(g)$ 的电极电势之差值在电势平台区的 pH 范围内随着 pH 的增大而增大，到平台区的 pH 上限时，两电极电势的差值最大，超过此 pH 值，两电极电势差值不再增大而是为定值。这一事实表明，任何具有一定 $\dfrac{m_{Fe^{2+}}}{m_{Fe^{3+}}}$ 比值的脱硫液在其电势平台区的 pH 上限时，脱硫的热力学趋势达到最大，超过此 pH 值后，脱硫趋势不再随 pH 增大而增加。可见图 4-28 中 *A* 点以及大于 *A* 点的 pH 值是该系统脱硫的合适条件。

还应指出，脱硫液的 pH 值不宜过大。实验表明，如果 pH＞12，会有 $Fe(OH)_3$ 沉淀析出，在实验中必须注意。

三、仪器和试剂

pH-3V 酸度电势测定仪	磁力搅拌器
复合电极	铂电极
150mL 夹套瓶	$FeCl_3 \cdot 6H_2O$
$FeCl_2 \cdot 4H_2O$	EDTA（四钠盐）
NaOH	HCl
标准缓冲溶液	N_2

四、实验步骤

1. 仪器的校正

① 打开电源开关，仪器预热 15min。

② 在仪器测量状态下，按下标定转换键，选择标定方式（一点法或两点法，建议使用两点法较准确）。若设置的是两点法标定，则用 pH 为 7 的缓冲溶液标定后，还应将电极、温度传感器清洗干净，继续用 pH 为 4 的标准缓冲溶液进行标定。

③ 第二次标定后，按换位键，仪器将自动进入测量状态，将复合电极、温度传感器用去离子水清洗干净，待用。

2. 溶液配制

分别配制 $4mol \cdot L^{-1}$ NaOH、$4mol \cdot L^{-1}$ HCl 和 $0.1mol \cdot L^{-1}$ $FeCl_3$ 溶液，并放入相应的瓶中备用。

3. 电池电动势和 pH 的测定

量取 10mL $0.1mol \cdot L^{-1}$ $FeCl_3$ 溶液放入夹套瓶中，加入 7.0g EDTA、60mL H_2O，打开磁力搅拌器搅拌，持续通氮气 10min 后加入 1.0g $FeCl_2 \cdot 4H_2O$，继续搅拌。

将清洗干净的复合电极、铂电极插入溶液中，按图 4-29 安装仪器和电极。用 $4mol \cdot L^{-1}$ NaOH 调节溶液的 pH 值（溶液颜色变为红褐色，pH 大约位于 7.5 至 8.0 之间），待仪器显示值稳定后（约 10min），可从仪器视窗直接读取溶液的 pH 值和电势数据。滴加 $4mol \cdot L^{-1}$ 的 HCl 溶液调节 pH（每次改变 pH 约 0.3），读取 pH 值和相应的电池电动势数据，直到溶液变浑浊为止。

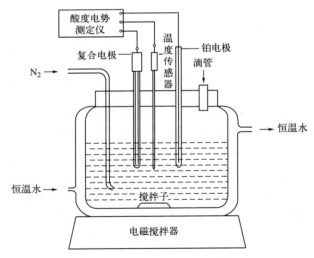

图 4-29　电势-pH 曲线测定装置

向夹套瓶中再加 1.0g $FeCl_2 \cdot 4H_2O$，重复前面操作。继续加 1.0g $FeCl_2 \cdot 4H_2O$，重复前面操作。

4. S/H_2S 体系电势-pH 曲线的绘制

在含硫低的天然气中，H_2S 含量约为 $1 \times 10^{-4} \sim 1 \times 10^{-4} kg \cdot m^{-3}$，在 25℃时相应的 H_2S 分压为 7.29～43.56Pa。当 H_2S 的分压分别为 7.29Pa 和 43.56Pa 时，计算电极电势，并绘制 φ_{H_2S}-pH 关系曲线，即 $S + 2H^+ + 2e^- \rightleftharpoons H_2S(g)$ 反应的电势-pH 曲线。

根据所得的 Fe^{3+}/Fe^{2+}-EDTA 络合系统及 S/H_2S 系统的电势-pH 曲线可选择适当的脱硫条件。

五、数据处理

1. 以表格形式正确记录数据，由测定的电池电动势求算出相对标准氢电极的 Fe^{3+}/Fe^{2+}-EDTA 系统的电极电势，绘制电势-pH 曲线，由曲线确定 FeY^- 和 FeY^{2-} 稳定的 pH 范围。

2. 通过所得的 S/H_2S 系统及 Fe^{3+}/Fe^{2+}-EDTA 系统的电势-pH 曲线，讨论合适的理论脱硫条件。

六、注意事项

1. 搅拌速度必须加以控制，防止由于搅拌不均匀造成加入 NaOH 时，溶液上部出现少量的 $Fe(OH)_3$ 沉淀。

2. 复合电极不要与强吸水溶剂接触太久，在强碱溶液中使用应尽快操作，用毕立即用水洗净，玻璃电极球泡膜很薄，不能与玻璃杯等硬物相碰。

七、思考题

1. 脱硫液的 $m(Fe^{3+})/m(Fe^{2+})$ 比值不同，测得的电势-pH 曲线有什么差异？实验中随着 $m(Fe^{2+})$ 的增加，电势-pH 曲线有什么变化？

2. 复合电极有何优缺点？其使用注意事项是什么？

实验八十　循环伏安法测定铁氰化钾

一、实验目的

1. 熟悉电化学工作站的使用，掌握循环伏安法研究电极过程和判断电极过程可逆性的基本原理。

2. 绘制铁氰化钾体系在不同扫描速率和不同浓度时的循环伏安图，了解可逆体系电化学循环伏安图的特点。

二、实验原理

循环伏安法（cyclic voltammetry，CV）是一种常用的暂态电化学测量方法，是研究电极反应动力学、反应机理和反应可逆性的重要手段之一。如图 4-30(a) 所示，其研究体系是由工作电极（working electrode，WE）、参比电极（reference electrode，RE）、辅助电极（counter electrode，CE）构成的三电极系统，工作电极和参比电极组成电位测量系统，工作电极和辅助电极组成电流测量系统。在固定面积的工作电极和参比电极之间施加对称的三角波扫描电压，如图 4-30(b) 所示，记录工作电极上得到的电流与施加电压的关系曲线，即得到循环伏安图。工作电极即待研究电极、待测电极，常用的有铂、金、玻璃、石墨及玻碳电极等，根据研究内容的需要，工作电极还可用不同材料进行修饰。参比电极常用的有饱和甘汞电极、银-氯化银电极等，辅助电极可选用固态的惰性电极，如铂丝或铂片电极等。

图 4-31 是典型的循环伏安图。当电势从较高电势 0.6V 开始扫描到 $-0.2V$ 时，工作电极上会发生还原反应 $Ox + ze^- \longrightarrow Red$，伏安曲线上出现了 1 个阴极峰，阴极峰电位为 E_{pc}；当电势从较低电势 $-0.2V$ 至 0.6V 进行扫描时，工作电极上发生氧化反应 $Red - ze^- \longrightarrow$

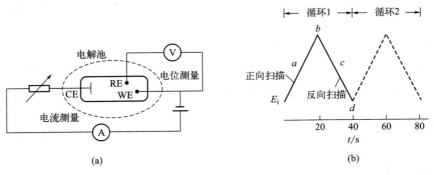

图 4-30　三电极体系（a）和循环伏安法施加的电位示意图（b）

Ox，出现了 1 个阳极峰，阳极峰电位为 E_{pa}，阳极峰电流为 i_{pa}。其中 Ox 为电活性物质的氧化态，Red 为还原态。

这样，电势扫描经过了 E_i 至 E_b 再回到 E_i 的 1 次循环，其电流响应如图 4-31 所示，电流随着电势变化而变化，正向扫描时，伏安曲线上出现了 1 个阴极峰，阴极峰电位为 E_{pc}，阴极峰电流为 i_{pc}，反向扫描时，出现了 1 个阳极峰，阳极峰电位为 E_{pa}，阳极峰电流为 i_{pa}。E_{pa}、E_{pc}、i_{pa}、i_{pc} 是循环伏安法中的重要参数，根据 E_{pa}、E_{pc}、i_{pa}、i_{pc} 可以判断电化学反应的可逆性。

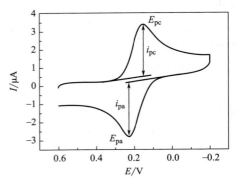

图 4-31　典型的循环伏安曲线

（1）可逆电极反应

通常用阳极峰电位（E_{pa}）和阴极峰电位（E_{pc}）的差值 ΔE_p 来判断电极反应是否为可逆反应，即衡量电极反应的可逆性。对于产物稳定的可逆系统，循环伏安曲线参数具有下述重要特征：

① $|i_{pa}|=|i_{pc}|$，即 $\left|\dfrac{i_{pa}}{i_{pc}}\right|=1$，并且与扫速、扩散系数等参数无关；

② $|\Delta E_p|=E_{pa}-E_{pc}\approx 2.3RT/(nF)$，$n$ 为转移的电子数，$|\Delta E_p|$ 为常数且不随扫速变化。

（2）准可逆电极反应

大部分电极反应都是介于可逆反应与非可逆反应之间的准可逆反应。

（3）不可逆电极反应

当电极反应不可逆时，氧化峰与还原峰的峰值电位差值较大。

$[Fe(CN)_6]^{3-}$ 与 $[Fe(CN)_6]^{4-}$ 是典型的可逆氧化还原系统。用玻璃碳、金等电极作为工作电极，进行阴极扫描时，发生还原反应：$[Fe(CN)_6]^{3-}+e^-\longrightarrow[Fe(CN)_6]^{4-}$；进行阳极扫描时，发生氧化反应：$[Fe(CN)_6]^{4-}-e^-\longrightarrow[Fe(CN)_6]^{3-}$。还原与氧化过程中电荷转移的速率很快，得到的循环伏安图中阴极波与阳极波基本上是对称的。

三、仪器和试剂

CHI660E 电化学工作站　　　铂丝电极

玻璃碳电极　　　　　　　　铁氰化钾（AR）

| 金电极 | 磷酸盐缓冲溶液（pH7.0 左右即可，含氯化钾 0.1mol/L） |
| 饱和甘汞电极 | 25mL 烧杯 |

四、实验步骤

1. 溶液的配制

以磷酸盐缓冲溶液作为溶剂，准确配制 $2\times10^{-4}\,mol\cdot L^{-1}$，$5\times10^{-4}\,mol\cdot L^{-1}$，$1\times10^{-3}\,mol\cdot L^{-1}$，$2.5\times10^{-3}\,mol\cdot L^{-1}$，$5\times10^{-3}\,mol\cdot L^{-1}$ 的铁氰化钾溶液。

2. 固体电极的预处理

将金电极依次用 $1.0\mu m$ 和 $0.3\mu m$ 的氧化铝抛光粉抛光，并用蒸馏水冲洗，直至电极表面出现较为平整的镜面状态。

3. 循环伏安测试

在 25mL 烧杯中放入 $5\times10^{-3}\,mol\cdot L^{-1}$ 铁氰化钾溶液 10mL，插入工作电极（金电极）、参比电极（饱和甘汞电极）和辅助电极（铂丝电极）。将电化学工作站绿色电极夹夹在工作电极上，白色电极夹夹在参比电极上，红色电极夹夹在辅助电极上。

（1）依次打开电脑和电化学工作站。电脑开机后，打开 CHI660E 软件的测量窗口。

（2）打开【setup】下拉菜单，在 Technique 项选择 Cyclic Voltammetry 方法，在 Parameters 项内设置关键参数：扫描范围 $-0.3\sim0.7$V，扫速 0.1V$\cdot s^{-1}$，其他参数可默认。

（3）完成上述各项设置，再仔细检查一遍电极是否连好、参数是否设置正确，点击"▶"进行测量。完成后，命名存储。

4. 不同铁氰化钾浓度下的循环伏安曲线

使用合适的电极，改变铁氰化钾浓度分别为 $2\times10^{-4}\,mol\cdot L^{-1}$、$5\times10^{-4}\,mol\cdot L^{-1}$、$1\times10^{-3}\,mol\cdot L^{-1}$ 和 $2.5\times10^{-3}\,mol\cdot L^{-1}$，考察不同铁氰化钾浓度对循环伏安图的影响。

5. 不同扫描速率下的循环伏安曲线

在铁氰化钾浓度为 $5\times10^{-3}\,mol\cdot L^{-1}$ 时，改变扫描速率，测试扫速分别变化为 0.01V$\cdot s^{-1}$、0.05V$\cdot s^{-1}$、0.1V$\cdot s^{-1}$、0.2V$\cdot s^{-1}$、0.3V$\cdot s^{-1}$、0.4V$\cdot s^{-1}$、0.5V$\cdot s^{-1}$，考察不同扫描速率对循环伏安图的影响。

五、数据处理

1. 为方便比较，将不同铁氰化钾浓度及不同扫速下的循环伏安曲线分别叠加，得到两幅循环伏安图，打印并附于实验报告中。

2. 绘制出同一扫描速率下的铁氰化钾浓度（c）与 i_{pa}、i_{pc} 的关系曲线图，讨论电活性物质浓度与循环伏安峰电流的关系。

3. 绘制出同一铁氰化钾浓度下 i_{pa} 和 i_{pc} 与相应的 $v^{1/2}$ 的关系曲线图，讨论循环伏安峰电流与扫速之间的关系。

4. 通过总结各循环伏安曲线的关键测试条件及 E_{pa}、E_{pc}、i_{pa}、i_{pc} 的数据，讨论电极过程可逆性及相关条件对循环伏安结果的影响。

六、思考题

1. 讨论循环伏安曲线中峰值电流 i_p 的影响因素（可查文献公式）。

2. 参考铁氰化钾溶液的循环伏安图，讨论如何用循环伏安方法来判断电极过程的可逆性。

3. 实验中为什么使用三电极体系？与两电极相比有什么特点？

实验八十一 最大泡压法测定溶液的表面张力

一、实验目的

1. 了解表面张力、表面自由能的定义，明确表面张力和吸附量的关系。
2. 掌握最大泡压法测定溶液表面张力的原理和技术。
3. 测定不同浓度正丙醇水溶液的表面张力，计算表面吸附量和正丙醇分子横截面积。

二、实验原理

在不考虑分子间斥力的情况下，液体内部的任何分子周围的吸引力都是平衡的，但在液体表面层的分子却不相同。因为表面层的分子，一方面受到液体内层的邻近分子的吸引，另一方面受到液面外部气体分子的吸引，而且前者的作用比后者大。因此在液体表面层中，每个分子都受到垂直于液面并指向液体内部的不平衡力，这种不平衡力使表面积有减小的趋势。

通常把增大 $1m^2$ 表面积所需的最大功 A 或增大 $1m^2$ 所引起的表面自由能的变化值 ΔG 称为单位表面的表面能，其单位为 $J \cdot m^{-2}$。把限制液体表面增大以及试图使它收缩的单位直线长度上所作用的力，称为表面张力，用 σ 表示，其单位是 $N \cdot m^{-1}$。液体单位表面的表面能和它的表面张力在数值上是相等的。

当液体中加入某种溶质时，液体的表面张力会升高或降低，对同一溶质来说，其变化的多少随着溶液浓度不同而异。吉布斯在 1878 年以热力学方法导出溶质的吸附量与溶液的表面张力及溶液浓度之间变化关系的吸附公式。对两组分的稀溶液而言，有

$$\Gamma = -\frac{c}{RT}\left(\frac{d\sigma}{dc}\right)_T \tag{4-65}$$

式中，Γ 为溶质在表层的吸附量，$mol \cdot m^{-2}$；σ 为表面张力；c 为溶质的浓度。

若 $\left(\dfrac{d\sigma}{dc}\right)_T < 0$，则 $\Gamma > 0$，称为正吸附，也就是增加浓度时，溶液表面张力降低，表面层的浓度大于溶液内部的浓度；若 $\left(\dfrac{d\sigma}{dc}\right)_T > 0$，则 $\Gamma < 0$，称为负吸附，也就是增加浓度时，溶液表面张力增加，表面层的浓度小于溶液内部的浓度。

能使表面张力降低的物质称为表面活性物质——表面活性剂。在水溶液中，表面活性物质是由极性（亲水）部分和非极性（憎水）部分构成的，具有显著的不对称结构。在水溶液表面，一般极性部分朝向溶液内部，而非极性部分朝向空气部分。在浓度极小情况下，物质分子平躺在溶液表面上，浓度逐渐增加，分子极性部分朝向溶液内部，而非极性部分朝向空气，当浓度增至一定程度时，溶质分子占据了所有表面，就形成饱和吸附层。

通过实验测得表面张力与溶质浓度的关系，可作 $\sigma\text{-}c$ 曲线，如图 4-32 所示，在曲线上任取点 a，过点 a 作曲线的切线以及平行于横坐标的直线，分别交纵轴于 b 和 b_1，

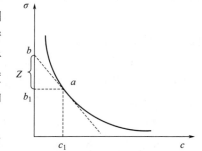

图 4-32 表面张力和浓度的关系

令 $bb_1 = Z$，得 $\Gamma = \dfrac{Z}{RT}$，利用此式可求出在该浓度时的溶质吸附量 Γ。

在一定温度下，吸附量与溶液浓度之间的关系由 Langmuir 等温式表示为：

$$\Gamma = \Gamma_\infty \frac{Kc}{1 + Kc} \tag{4-66}$$

式中，K 为常数，Γ_∞ 为饱和吸附量。

将上式取倒数可得：

$$\frac{c}{\Gamma} = \frac{c}{\Gamma_\infty} + \frac{1}{K\Gamma_\infty} \tag{4-67}$$

由 $\dfrac{c}{\Gamma}$ 对 c 作图得一直线，由直线的斜率可求得 Γ_∞，设 N 为 $1\mathrm{m}^2$ 表面上溶质的分子数，则有

$$N = \Gamma_\infty L$$

式中，L 为阿伏伽德罗常数。

由此可进一步计算，得每个乙醇分子的横截面积：

$$S_\mathrm{B} = \frac{1}{\Gamma_\infty L} \tag{4-68}$$

通常有多种方法来测定表面张力，如毛细管上升法、滴重法、吊环法、最大泡压法、吊片法、静液法等。本实验主要介绍最大泡压法测定表面张力的基本原理，其装置如图 4-33 所示。

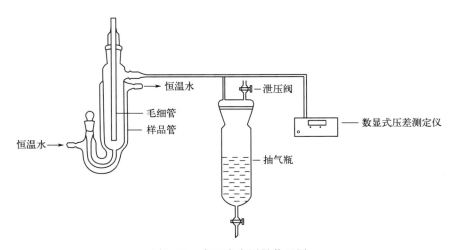

图 4-33　表面张力测量装置图

图 4-33 中毛细管下端与液面相切，毛细管上端的大气压为 p_0。测定体系内毛细管外气压为 p，当打开抽气瓶下端活塞时，抽气瓶中的水流出，系统压力 p 逐渐减小，毛细管上端的大气压力就会把毛细管液面逐渐压至管口，形成气泡，如图 4-34 所示。

在形成气泡的过程中，气泡曲率半径 r' 经历大→小→大过程，即中间有一极小值等于毛细管半径 r，根据拉普拉斯公式 $\Delta p = p_0 - p = \dfrac{2\sigma}{r}$，此时气泡承受的压力差最大，此压力差可由压力计读出，故待测液的表面张力为：

$$\sigma = \frac{r}{2} \times \Delta p_{\max} \qquad (4\text{-}69)$$

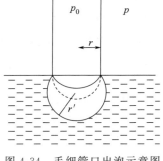

图 4-34　毛细管口出泡示意图

若用同一支毛细管测试两种不同液体，其表面张力分别为 σ_1、σ_2，压力计测得最大压力差分别为 Δp_1、Δp_2，则：

$$\frac{\sigma_1}{\sigma_2} = \frac{\Delta p_1}{\Delta p_2} \qquad (4\text{-}70)$$

若其中一种液体的表面张力已知，例如水，则另一种液体的表面张力可由上式求得。即：

$$\sigma_2 = \frac{\sigma_1}{\Delta p_1} \times \Delta p_2 = K \Delta p_2 \qquad (4\text{-}71)$$

式中，$K = \dfrac{\sigma_1}{\Delta p_1}$，称为仪器常数，可用某种已知表面张力的液体（常用蒸馏水）测得。如果将已知表面张力的液体作为标准，由实验测得其 Δp 后，就可求出仪器常数 K。然后只要用同一支毛细管测定其他液体的 Δp 值，通过式(4-71)计算，即可求得各种液体的表面张力。

三、仪器和试剂

表面张力测定装置　　　恒温水浴

容量瓶（100mL）　　　移液管

正丙醇（AR）

四、实验步骤

1. 配制正丙醇系列水溶液。

用 2mL 移液管分别移取 0.40mL、0.80mL、1.20mL、1.60mL、2.00mL、2.40mL、2.80mL 正丙醇到 100mL 容量瓶中，用蒸馏水定容。

2. 仪器检漏

将表面张力仪和毛细管洗净，将毛细管放入表面仪中，打开恒温水，调节恒温槽的温度为 25℃。在抽气瓶中放入自来水，打开泄压阀（通大气），打开表面仪左侧小瓶塞，加入蒸馏水至毛细管下端与液面刚好相切，盖紧瓶塞。按压力计上的采零按钮，使压力指示为零，关闭泄压阀。将抽气瓶下端的活塞打开，缓慢滴水，使系统内的压力降低，精密数字压力计显示一定数值时，关闭抽气瓶下端的活塞，若 2～3min 内精密数字压力计数值基本不变，则说明系统不漏气，可以进行实验。

3. 仪器常数的测定

打开泄压阀，压力计显示为零（若不为零，按一下采零按钮，使压力指示为零），关闭泄压阀，缓慢旋转抽气瓶下端的活塞使抽气瓶中的水慢慢滴出，气泡由毛细管底部冒出，通过调节抽气瓶滴水速度控制毛细管出泡的速度（每分钟 8～12 个泡，整个实验过程的出泡数应尽量相同），当气泡刚脱离管端破裂的一瞬间，记录压力计上显示的压力值，即精密数字压力计瞬间最大值，读 3 次数，取平均值。

4. 不同浓度正丙醇水溶液表面张力的测定

按步骤 3 的方法由稀到浓进行测定。注意：每次换溶液时，都要将表面仪和毛细管用少量待测液润洗两次。

5. 实验完毕，使系统与大气相通。洗净玻璃仪器，表面仪中放入蒸馏水，毛细管放到

H_2O_2-H_2SO_4 洗液中。最后结束实验者关闭电源。

五、数据处理

1. 将所测数据和计算的浓度及表面张力列表表示。

2. 作表面张力-浓度（σ-c）图（注意曲线需平滑）。在 σ-c 曲线上任意取 8 个点，过各点作曲线的切线，求得相应 $Z(bb_1)$ 值（如图 4-32 所示），计算出 Γ，并列表表示所求数据（c，Z，Γ）。

3. 作 Γ-c 图，在曲线上任取 8 个点计算 $\dfrac{c}{\Gamma}$，并列表表示所求数据 $\left(c, \Gamma, \dfrac{c}{\Gamma}\right)$。

4. 作 $\dfrac{c}{\Gamma}$-c 图，得直线，由直线斜率可求得 Γ_∞，由式(4-68)计算 S_B 值。

六、思考题

1. 最大泡压法测定表面张力时为什么要读最大压力差？

2. 如果气泡逸出得很快，或几个气泡一起逸出，对实验结果有无影响？

实验八十二　溶胶的制备和性质研究

一、实验目的

1. 利用不同的方法制备胶体溶液，并利用热渗析法进行纯化。

2. 了解胶体的光学性质，探讨不同电解质对所制备溶胶的聚沉值，掌握通过聚沉值判断溶胶荷电性质的方法。

二、实验原理

胶体现象无论在工农业生产中还是在日常生活中，都是常见的问题。为了了解胶体现象，进而掌握其变化规律，进行胶体的制备及性质研究实验很有必要。把一种或几种物质分散在另一种物质中，就构成分散系统。在分散系统中被分散的物质叫作分散相，另一种物质叫作分散介质。按分散相粒子的大小，通常把分散系统区分为分子（或离子）分散系统、胶体分散系统和粗分散系统（$r>100\text{nm}$）。胶体分散系统在生物界和非生物界都普遍存在，在实际生活和生产中也占有重要地位，如在石油、冶金、造纸、橡胶、塑料、纤维、肥皂等领域可广泛接触到与胶体分散系统有关的问题。固体以胶体分散程度分散在液体介质中即组成溶胶。溶胶具有以下基本特征：

① 它是多相体系，相界面很大；

② 胶粒粒径为 $1\sim100\text{nm}$；

③ 它是热力学不稳定体系，要依靠稳定剂使其形成离子或分子吸附层，才能得到暂时的稳定。

1. 溶胶的制备方法

（1）分散法

这种方法是用适当方式将大块物质在有稳定剂存在的情况下分散成胶体粒子的大小。常用的分散法有：

① 机械作用法。这种方法通常适用于脆而易碎的物质，如用胶体研磨或其他研磨方法把物质分散。

②胶溶法。该法不是使粗粒分散成溶胶，而只是使暂时凝聚起来的分散相又重新分散。许多新的沉淀经洗涤除去过多的电解质，再加少量的稳定剂后，又可以制成溶胶，这种作用称为胶溶作用。

③超声波法。利用超声波场的空化作用，将物质撕碎成细小的质点，该法适用于分散硬度低的物质或制备乳状液。

④电弧法。此法是以金属为电极，通电产生电弧，金属受高热变成蒸气，并在液体中凝聚成胶体质点。

⑤气相沉积法。在惰性气氛中，用电加热、高频感应、电子束或激光等热源，将要制备成的纳米级粒子材料气化，处于气态的分子或原子按照一定规律共聚或发生化学反应，形成纳米级粒子，再用稳定剂保护（此法是先分散再聚合，故也可归入凝聚法）。

（2）凝聚法

这个方法的一般特点是先制成难溶物的分子（或离子）的过饱和溶液，再使之互相结合成胶体粒子而得到溶胶。通常可以分成三种方法：

①化学凝聚法。通过化学反应，如复分解反应、水解反应、氧化或还原反应等，使生成物呈过饱和状态，然后再结合成胶粒。例如，铁、铝、铬、铜等金属的氢氧化物溶胶可以通过其盐类的水解而制得。

②物理凝聚法。利用适当的物理过程，如蒸汽骤冷，可以使某些物质凝聚成胶体粒子的大小。例如将汞的蒸气通入冷水中，就可以得到汞溶胶。此时，高温下的汞蒸气与水接触时生成的少量氧化物起稳定剂的作用。

③更换溶剂法。更换溶剂也可以制得溶胶，例如将松香的酒精溶液滴入水中，由于松香在水中的溶解度很低，使溶质成胶粒的大小析出，形成松香的水溶胶。

2. 溶胶的净化方法

在制得的溶胶中常含有一些电解质，通常除了形成胶团所需的电解质以外，过多的电解质存在反而会破坏溶胶的稳定性，因此必须将溶胶净化。常用方法有以下几种。

（1）渗析法

由于溶胶粒子不能通过半透膜，而分子离子能通过，故可把溶胶放在装有半透膜的容器内，常见的半透膜如羊皮纸、动物膀胱膜、硝酸纤维、醋酸纤维等。膜外放纯溶剂。由于膜内外杂质的浓度有差别，膜内的离子或其他能透过半透膜的杂质小分子向半透膜外迁移，不断更换膜外的溶剂，则可逐渐降低溶胶中的电解质或杂质的浓度，从而达到净化的目的，这种方法叫作渗析法。

（2）超过滤法

用孔径细小的半透膜（约 $10 \sim 300 nm$），在加压吸滤的情况下，使胶粒与介质分开，这种方法称为超过滤法。可溶性杂质能透过滤板而被除去，有时可将第一次超过滤得到的胶粒再加到纯的分散介质中，再加压过滤，如此反复进行，达到净化的目的。

3. 溶胶的聚沉

带电质点对电解质十分敏感，在电解质作用下溶胶质点因聚结而下沉的现象称为聚沉。在指定条件下使某溶胶聚沉时，电解质的最低浓度称为聚沉值，常用 $mmol \cdot L^{-1}$ 表示。影响聚沉的主要因素是与胶粒电荷相反的离子的价数、离子的大小及同号离子的作用等。一般来说，反号离子价数越高，聚沉效率越高，聚沉值越小，聚沉值大致与反离子价数的 6 次方成反比。同价无机小离子的聚沉能力常随其水合半径增大而减小，这一顺序称为感胶离子序。

与胶粒带有同号电荷的二价或高价离子对胶体体系常有稳定作用，使该体系的聚沉值有所增加。此外，当使用高价或大离子聚沉时，少量的电解质可使溶胶聚沉；电解质浓度大时，聚沉形成的沉淀物又重新分散，浓度再提高时，又可使溶胶聚沉，这种现象称为不规则聚沉。不规则聚沉的原因是，低浓度的高价反离子使溶胶聚沉后，增大反离子浓度，它们在质点上强烈吸附使其带有反离子符号的电荷而重新稳定；继续增大电解质浓度，重新稳定的胶体质点的反离子又可使其聚沉。

三、仪器和试剂

试管	锥形瓶
滴定管	移液管
烧杯	量筒
观察丁达尔现象的暗箱	$NaCl$ 溶液（$5mol \cdot L^{-1}$）
Na_2SO_3 溶液（$0.1mol \cdot L^{-1}$）	H_2SO_4（$0.1mol \cdot L^{-1}$）
$AlCl_3$ 溶液（$0.001mol \cdot L^{-1}$）	$FeCl_3$ 溶液（10％，20％）
K_2SO_4 溶液（$0.01mol \cdot L^{-1}$）	KI 溶液（$0.01mol \cdot L^{-1}$）
$K_3Fe(CN)_6$ 溶液（$0.001mol \cdot L^{-1}$）	$AgNO_3$ 溶液（$0.01mmol \cdot L^{-1}$）
10％ $NH_3 \cdot H_2O$	松香
硫黄	酒精

四、实验步骤

1. 胶体溶液的制备

（1）化学反应法

① $Fe(OH)_3$ 溶胶（水解法）

在 250mL 烧杯中加入 95mL 蒸馏水，加热至沸腾，慢慢地滴入 5mL10％ $FeCl_3$ 溶液，并不断搅拌，加完后继续沸腾几分钟水解后，得红棕色的氢氧化铁溶胶，其结构可用下式表示：

$$\{m[Fe(OH)_3] \cdot nFeO^+ \cdot (n-x)Cl^-\}^{x+} \cdot xCl^-$$

② 硫溶胶

取 Na_2SO_3 溶液（$0.1mol \cdot L^{-1}$）5mL 放入试管中，再取 H_2SO_4（$0.1mol \cdot L^{-1}$）5mL，将两液体混合，观察丁达尔现象。同法配制混合液，在亮处仔细观察透射光和散射光颜色的变化；当浑浊度增加到盖住颜色时（约经 5min），把溶胶稀释 1 倍，继续观察颜色，记下透射光和散射光颜色随时间变化的情形。

③ AgI 溶胶

AgI 溶胶微溶于水（$9.7 \times 10^{-7}mol \cdot L^{-1}$），当硝酸银溶液与易溶于水的碘化物混合时，应析出沉淀。但是如果混合稀溶液并且取其中之一过剩，则不产生沉淀，而形成胶体溶液，胶体溶液的性质与过剩离子种类有关。在此，胶粒的电荷是由过剩的离子被 AgI 所吸附，在 $AgNO_3$ 过剩时，得正电性的胶团，其结构为

$$\{m[AgI] \cdot nAg^+ \cdot (n-x)NO_3^-\}^{x+} \cdot xNO_3^-$$

在 KI 过剩时，得负电性的胶团：

$$\{m[AgI] \cdot nI^- \cdot (n-x)K^+\}^{x-} \cdot xK^+$$

取30mLKI溶液（$0.01mol \cdot L^{-1}$）注入 100mL 的锥形瓶中，然后用滴定管把 20mL

$AgNO_3$ 溶液 （$0.01mmol \cdot L^{-1}$） 慢慢地滴入，制得带负电性的 AgI 溶胶 （A）。

按此法取 30mL $AgNO_3$ 溶液 （$0.01mmol \cdot L^{-1}$），慢慢加入 20mL KI 溶液 （$0.01mol \cdot L^{-1}$），制得带正电性溶胶 （B）。

（2）改变分散介质和实验条件 （硫溶胶）

取少量硫黄置于试管中，注入 2mL 酒精，加热到沸腾 （重复数次，使硫得到充分的溶解），在未冷却前把上部清液倒入盛有 20mL 水的烧杯中，搅匀，观察变化情况及丁达尔现象。

（3）胶溶法

取 1mL 20% $FeCl_3$ 溶液放在小烧杯中，加水稀释到 10mL。用滴管逐渐加入 10% $NH_3 \cdot H_2O$ 到稍微过量时为止。过滤，用水洗涤数次。取出沉淀放在另一烧杯中，加水 20mL，再加入 20% $FeCl_3$ 溶液约 1mL，用玻璃棒搅动，并用小火加热，沉淀消失，形成透明的胶体溶液，利用溶胶的光学性质加以鉴定。

2. 溶胶的纯化

把制得的 $Fe(OH)_3$ 溶胶置于半透膜袋内，用线拴住袋口，置于 400mL 烧杯内，用蒸馏水渗析，保持温度在 60～70℃，半小时换一次水，并取 1mL 检验 Cl^- 及 Fe^{3+} （分别用 $AgNO_3$ 及 KSCN 溶液检验），直至不能检测出 Cl^- 及 Fe^{3+} 为止。也可通过测溶胶的电导率来判断溶胶纯化的程度。

3. 溶胶的聚沉作用

用 10mL 移液管在 3 个干净的 50mL 锥形瓶中各注入 10mL 前面用水解法制备的 $Fe(OH)_3$ 溶胶 （若条件许可应使用经渗析纯化过的溶胶），然后在每个瓶中分别用滴定管逐滴慢慢加入 $0.5mol \cdot L^{-1}$ 的 KCl 溶液，$0.01mol \cdot L^{-1}$ K_2SO_4 溶液，$0.001mol \cdot L^{-1}$ $K_3Fe(CN)_6$ 溶液，不断摇动。在开始有明显聚沉物出现时，停止加入电解质。若加电解质的量达到 10mL 后仍无聚沉物出现，则不再继续加入该电解质。

五、数据处理

1. 将前面制得的溶胶 A 和溶胶 B 按一定体积比例量混合，记录各自的体积。观察混合后的现象、溶胶颜色的变化、透过光颜色的变化，说明其稳定性的程度和原因。

2. 记下溶胶聚沉实验中，每次所用溶液的体积，计算聚沉值大小，说明溶胶带何种电荷，并与理论值比较。

六、思考题

1. 不同溶胶的制备方法有什么共同点和不同点？

2. 不同电解质对同一溶胶的聚沉值是否相同？为什么？

实验八十三　黏度法测定聚乙烯醇的平均分子量

一、实验目的

1. 了解黏度法测定高聚物摩尔质量的基本原理和方法。

2. 掌握用乌氏黏度计测定高聚物溶液黏度的原理和方法。

3. 测定聚乙烯醇的平均分子量。

二、实验原理

在高聚物的研究中，分子量是一个不可缺少的重要数据，它不仅反映了高聚物分子的大小，而且关系到高聚物的物理性能。例如，纤维素若是短链分子多，就不适宜做纺织材料；又如天然橡胶，若含低分子量的物质多，生胶的硫化效果也就不好。准确测定高聚物分子量的分布是一件极其复杂的工作，因此常采用高聚物的平均分子量来反映高聚物的某些特性。通常平均分子量随所用测定方法的不同而不同，所得平均值的含义也有所差异，如数均分子量 $\overline{M}_n$、质均分子量 $\overline{M}_m$、Z 均分子量 $\overline{M}_Z$、黏均分子量 $\overline{M}_\eta$ 等。

黏度是指液体对流动所表现的阻力，这种力反抗液体中邻接部分的相对移动，因此可看作是一种内摩擦。纯溶剂的黏度用 η_0 表示，η_0 是由溶剂分子之间的内摩擦所表现出来的黏度；溶液的黏度用 η 表示，η 是由溶剂分子之间的内摩擦、高聚物分子相互之间的内摩擦以及高分子与溶剂分子之间的内摩擦所表现的黏度总和。在同一温度下，一般来说，$\eta > \eta_0$。相对于溶剂，其溶液黏度增加的分数，称为增比黏度，记作 η_{sp}，即

$$\eta_{sp} = \frac{\eta - \eta_0}{\eta_0} = \frac{\eta}{\eta_0} - 1 = \eta_r - 1 \tag{4-72}$$

式中，η_r 为相对黏度。

η_r 反映的是整个溶液的黏度行为，增比黏度 η_{sp} 则反映的是扣除了溶剂分子之间的内摩擦效应后，高聚物分子之间以及高聚物分子与纯溶剂分子之间的内摩擦效应。

对于高分子溶液，增比黏度 η_{sp} 往往随溶液浓度 c 的增加而增加。为了便于比较，将单位浓度下所显示出的增比黏度 $\dfrac{\eta_{sp}}{c}$ 称为比浓黏度；而 $\dfrac{\ln\eta_r}{c}$ 称为比浓对数黏度。η_r 和 η_{sp} 都是无量纲的量。

为了进一步消除高聚物分子之间的内摩擦效应，必须将溶液无限稀释，使得每个高聚物分子彼此相隔极远，其相互干扰可以忽略不计。这时溶液所呈现出的黏度行为基本上反映了高分子与溶剂分子之间的内摩擦。这一黏度的极限值记为 $[\eta]$：

$$[\eta] = \lim_{c \to 0} \frac{\eta_{sp}}{c} = \lim_{c \to 0} \frac{\ln\eta_r}{c} \tag{4-73}$$

$[\eta]$ 称为特性黏度，其值与浓度无关。实验表明，当聚合物、溶剂和温度确定以后，高分子溶液的特性黏度与高聚物分子黏均摩尔质量的关系可用马克-豪温克（Mark Houwink）经验方程式表示：

$$[\eta] = K\overline{M}_\eta^\alpha \tag{4-74}$$

式中，K 为比例常数；α 为与分子形状有关的经验常数。它们都与温度、聚合物和溶剂性质有关，在一定的分子量范围内与分子量无关。

K 和 α 的数值只能通过其他方法确定，例如渗透压法、光散射法等。黏度法只能测定 $[\eta]$，利用式（4-74）可求算出 $\overline{M}_\eta$。

测定液体黏度的方法主要有三种：①用毛细管黏度计测定液体在毛细管里的流出时间；②用落球式黏度计测定圆球在液体里的下落速度；③用旋转式黏度计测定液体与同心轴圆柱体相对转动的情况。

测定高分子的 $[\eta]$ 时，用毛细管黏度计最为方便。当液体在毛细管黏度计内因重力作用而流出时遵守泊肃叶（Poiseuille）定律：

$$\frac{\eta}{\rho} = \frac{\pi h g r^4 t}{8lV} - m\frac{V}{8\pi lt} \tag{4-75}$$

式中，ρ 为液体的密度；l 为毛细管长度；r 为毛细管半径；t 为流出时间；h 为流经毛细管液体的平均液柱高度；g 为重力加速度；V 为流经毛细管液体的体积；m 为与仪器的几何形状有关的常数，在 $\dfrac{r}{l} \ll 1$ 时，可取 $m=1$。

对某一支指定的黏度计而言，令 $\alpha = \dfrac{\pi h g r^4}{8lV}$，$\beta = \dfrac{mV}{8\pi l}$，则式（4-75）可改写为：

$$\frac{\eta}{\rho} = \alpha t - \frac{\beta}{t} \tag{4-76}$$

当 $t > 100\text{s}$ 时，等式右边第二项可以忽略。设溶液的密度 ρ 与溶剂密度 ρ_0 近似相等。这样，通过分别测定溶液和溶剂的流出时间 t 和 t_0，就可求算相对黏度 η_r：

$$\eta_r = \frac{\eta}{\eta_0} = \frac{t}{t_0} \tag{4-77}$$

进而可分别计算得到 η_{sp}、$\dfrac{\eta_{sp}}{c}$ 和 $\dfrac{\ln \eta_r}{c}$ 的值。配制

一系列不同浓度的溶液分别进行测定，以 $\dfrac{\eta_{sp}}{c}$ 和 $\dfrac{\ln \eta_r}{c}$

为同一纵坐标，c 为横坐标作图，得两条直线，分别外推到 $c=0$ 处（如图 4-35 所示），其截距即为特性黏度 $[\eta]$，代入式（4-74）（K、α 已知），即可得到 $\overline{M}_\eta$。

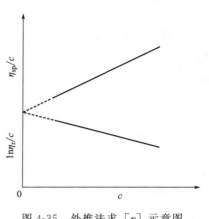

图 4-35　外推法求 $[\eta]$ 示意图

三、仪器和试剂

乌氏黏度计　　　　　　　　恒温水浴
移液管（2mL，5mL，10mL）　　秒表
聚乙二醇

四、实验步骤

1. 配制溶液

在分析天平上准确称量纯聚乙烯醇样品 1.000g，溶于盛有约 200mL 蒸馏水的 500mL 烧杯内，搅拌过程中缓慢加热至沸腾使其完全溶解，待冷却后用砂芯漏斗过滤至 1000mL 容量瓶中，用水稀释至刻度，摇匀后备用。

2. 溶液流出时间（t）的测定

将乌氏黏度计（图 4-36）放入恒温槽中（注意：黏度计要垂直），用移液管移取 10mL $1.000\text{g} \cdot \text{L}^{-1}$ 的聚乙烯醇溶液通过 A 管放入黏度计中，恒温 10min 开始测流出时间。B、C 管可套上乳胶管，先夹住 C 管使其与空气隔绝，用洗耳球从 B 管往上吸溶液使溶液超过 a 线至 G 球，松开 C 管使其通大气，用洗耳球挤压 B 管中的溶液流出，重复操作五次，使毛细管得到充分润洗。

再用洗耳球从 B 管往上吸溶液使溶液超过 a 线至 G 球，松开 C 管，使 B 管中的溶液自然向下流，当液面降至 a 线时启动秒表开始计时，液面降至 b 线时停表，记下溶液流经 ab 段所需要的时间，即溶液流出时间 t。再重复测定流出时间两次，三次流出时间取平均值（注意：每次误差不能超过 0.2s）。

将溶液进行稀释，依次往黏度计中加入二次蒸馏水 2mL、3mL、5mL、10mL，重复上

述操作。每次加完水后，可用洗耳球通过 C 管向溶液中吹气，使溶液混合均匀，混合时应注意不要把溶液吸到洗耳球中。

　　3. 溶剂流出时间（t_0）的测定

　　测完全部溶液流出时间后，将黏度计从恒温槽中取出倒掉溶液，反复用自来水、5％醋酸清洗黏度计，最后再用二次蒸馏水润洗黏度计三次（注意：一定要将毛细管部分洗涤干净）。将黏度计注入 10mL 蒸馏水，放入恒温槽中恒温 10min，用步骤 2 方法测水的流出时间。

　　4. 黏度计的洗涤

　　实验完毕后，将黏度计中水倒掉，加少量乙醇润洗，回收乙醇，再将黏度计放在干燥箱中烘干，以便其他同学使用。

五、数据处理

　　1. 记录实验所得数据，并计算 η_r、η_{sp}、$\dfrac{\eta_{sp}}{c}$、$\dfrac{\ln\eta_r}{c}$。

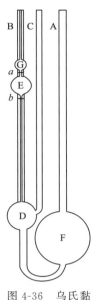

图 4-36　乌氏黏度计示意图

　　2. 绘图求 $[\eta]$ 值。以 $\dfrac{\eta_{sp}}{c}$ 和 $\dfrac{\ln\eta_r}{c}$ 分别对 c 作图，得两条直线，将直线外推至 $c=0$，求出截距即为 $[\eta]$ 值。

　　3. 30℃时，聚乙烯醇的 $K=42.8\times10^{-3}\,\mathrm{dm^3 \cdot kg^{-1}}$，$\alpha=0.64$，由式（4-74）求聚乙烯醇的黏均分子量。

六、思考题

　　1. 乌氏黏度计中的支管 C 有什么作用？除去支管 C 是否仍可以测黏度？

　　2. 请评价黏度法测定高聚物平均分子量的优缺点，指出影响测定结果准确性的主要因素。

　　3. 本实验中，如果黏度计未干燥，对实验结果有影响吗？

实验八十四　溶液法测定正丁醇的偶极矩

一、实验目的

1. 了解偶极矩与分子电性质的关系。

2. 掌握溶液法测定偶极矩的基本原理和实验技术。

3. 用溶液法测定正丁醇的偶极矩。

二、基本原理

当分子中正、负电荷中心不重合时，分子就会具有极性，分子极性用偶极矩 $\boldsymbol{\mu}$ 来度量，如图 4-37 所示。偶极矩不仅对于介质的特性有意义，同时在物理学、化学和生物学等领域都有着重要的应用。偶极矩的定义为：

$$\boldsymbol{\mu}=q \cdot d \tag{4-78}$$

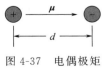

图 4-37　电偶极矩示意图

式中，q 为正、负电荷中心所带的电荷量；d 为正、负电荷中心之间的距离。$\boldsymbol{\mu}$ 是一个矢量，其单位为 $C \cdot m$，$\boldsymbol{\mu}$ 的方向规定为从正到负。

　　通过偶极矩的测定可以了解分子结构中有关电子云的分布和分子的对称性等情况，还可以用来判别几何异构体和分子的立体结构等。

极性分子正负电荷中心不重合，具有永久偶极矩，在没有外电场存在时，由于分子的热运动，偶极矩指向各个方向的机会相同，所以偶极矩的统计值等于零。

若将极性分子置于均匀的电场中，则偶极矩在电场的作用下会趋向电场方向排列。这时我们称这些分子被极化了，极化的程度可以用摩尔转向极化度 $P_{转向}$ 来衡量。

$P_{转向}$ 与永久偶极矩的平方成正比，与热力学温度 T 成反比，其关系为：

$$P_{转向} = \frac{4}{3} \pi L \frac{\mu^2}{3kT} = \frac{4}{9} \pi L \frac{\mu^2}{kT} \tag{4-79}$$

式中，k 为玻耳兹曼常数；L 为阿伏伽德罗常数。

在外电场作用下，不论是极性分子还是非极性分子，都会发生电子云对分子骨架的相对移动，分子骨架也会发生变形，这种现象称为诱导极化或变形极化，用摩尔诱导极化度 $P_{诱导}$ 来衡量。显然，$P_{诱导}$ 可分为电子极化度 $P_{电子}$ 和原子极化度 $P_{原子}$ 两项，即 $P_{诱导} = P_{电子} + P_{原子}$。

如果外电场是交变电场，极性分子的极化情况则与交变电场的频率有关。当处于频率小于 $10^{10} \, \text{s}^{-1}$ 的低频电场或静电场中，极性分子所产生的摩尔极化度 P 是转向极化、电子极化和原子极化的总和，即

$$P = P_{转向} + P_{电子} + P_{原子} \tag{4-80}$$

当频率增加到 $10^{12} \sim 10^{14} \, \text{s}^{-1}$ 的中频（红外频率）时，电场的交变周期小于分子偶极矩的弛豫时间，极性分子的转向运动跟不上电场的变化，即极性分子来不及沿电场定向，故 $P_{转向} = 0$。此时极性分子的摩尔极化度等于摩尔诱导极化度 $P_{诱导}$。当交变电场的频率进一步增加到大于 $10^{15} \, \text{s}^{-1}$ 的高频（可见光和紫外频率）时，极性分子的转向运动和分子骨架变形都跟不上电场的变化，此时极性分子的摩尔极化度等于电子极化度 $P_{电子}$。

因此，原则上只要在低频电场下测得极性分子的摩尔极化度 P，在红外频率下测得极性分子的摩尔诱导极化度 $P_{诱导}$，两者相减得到极性分子的摩尔转向极化度 $P_{转向}$，然后代入式(4-79)就可求出极性分子的永久偶极矩 μ。

对于分子间相互作用很小的系统，克劳修斯-莫索帝-德拜（Clausius-Mosotti-Debye）从电磁理论推导得到了摩尔极化度 P 与介电常数 ε 之间的关系式：

$$P = \frac{\varepsilon - 1}{\varepsilon + 2} \times \frac{M}{\rho} \tag{4-81}$$

式中，M 为被测物质的摩尔质量；ρ 为被测物质的密度；ε 为介电常数，可以通过实验测定。

因式(4-81) 是假定分子与分子间无相互作用而推导得到的，所以只适用于温度不太低的气相体系。然而测定气相的介电常数和密度，在实验上难度较大，某些物质甚至根本无法使其处于稳定的气相状态。因此提出溶液法来解决这一困难。溶液法的基本想法是，在无限稀释的非极性溶剂的溶液中，溶质分子所处的状态与气相时相近，于是无限稀释溶液中溶质的摩尔极化度 P_2^{∞} 就可以看作式(4-81) 中的 P，即

$$P = P_2^{\infty} = \lim_{x_2 \to 0} P_2 = \frac{3\alpha \varepsilon_1}{(\varepsilon_1 + 2)^2} \times \frac{M_1}{\rho_1} + \frac{\varepsilon_1 - 1}{\varepsilon_1 + 2} \times \frac{M_2 - \beta M_1}{\rho_1} \tag{4-82}$$

式中，ε_1、ρ_1 和 M_1 分别为溶剂的介电常数、密度和摩尔质量；M_2 为溶质的摩尔质量；α、β 为常数，其值可利用下列稀溶液近似公式求得：

$$\varepsilon_{溶} = \varepsilon_1 (1 + \alpha x_2) \tag{4-83}$$

$$\rho_溶 = \rho_1(1 + \beta x_2) \tag{4-84}$$

式中，$\varepsilon_溶$、$\rho_溶$分别为溶液的介电常数和密度；x_2为溶质的摩尔分数。

已知在红外频率的电场下可以测得极性分子的摩尔诱导极化度。但在实验中由于条件的限制，很难做到这一点。根据光的电磁理论，在同一频率的高频电场作用下，透明物质的介电常数ε和折射率n的关系为

$$\varepsilon = n^2 \tag{4-85}$$

习惯上用摩尔折射度$\boldsymbol{R}_2$来表示高频区测得的极化度，因为此时$\boldsymbol{P}_{转向} = 0$，$\boldsymbol{P}_{原子} = 0$，则

$$\boldsymbol{R}_2 = \boldsymbol{P}_{电子} = \frac{n^2-1}{n^2+2} \times \frac{M}{\rho} \tag{4-86}$$

同样由式(4-86)可以推导出无限稀释时溶质的摩尔折射度为

$$\boldsymbol{P}_{电子} = \boldsymbol{R}_2^\infty = \lim_{x_2 \to 0} \boldsymbol{R}_2 = \frac{n_1^2-1}{n_1^2+2} \times \frac{M_2 - \beta M_1}{\rho_1} + \frac{6n_1^2 M_1 \gamma}{(n_1^2+2)^2 \rho_1} \tag{4-87}$$

式中，n_1为溶剂的折射率；γ为常数，其值可利用如下稀溶液近似公式求得：

$$n_溶 = n_1(1 + \gamma x_2) \tag{4-88}$$

式中，$n_溶$是溶液的折射率。

考虑到原子极化度通常只有电子极化度的$5\% \sim 10\%$，而且$\boldsymbol{P}_{转向}$又比$\boldsymbol{P}_{电子}$大得多，故常常忽视原子极化度。

联立式(4-79)、式(4-80)、式(4-82)和式(4-87)，可得：

$$\boldsymbol{P}_{转向} = \boldsymbol{P}_2^\infty - \boldsymbol{R}_2^\infty = \frac{4}{9}\pi L \frac{\boldsymbol{\mu}^2}{kT} \tag{4-89}$$

上式把物质分子的微观性质偶极矩和宏观性质（介电常数、密度和折射率）联系起来了，分子的永久偶极矩就可用下面的简化式计算：

$$\boldsymbol{\mu}(\text{C} \cdot \text{m}) = 0.04274 \times 10^{-30} \sqrt{(\boldsymbol{P}_2^\infty - \boldsymbol{R}_2^\infty)T} \tag{4-90}$$

在某种情况下，若需要考虑$\boldsymbol{P}_{原子}^\infty$影响时，只需对$\boldsymbol{R}_2^\infty$作部分修正就行了。

上述测量极性分子偶极矩的方法称为溶液法，溶液法测得的溶质偶极矩与气相测得的真实值间存在偏差，造成这种现象的原因是非极性溶剂与极性溶质分子相互间的作用——"溶剂化"作用，这种偏差现象称为溶液法测量偶极矩的"溶剂效应"。

物质的介电常数可借助于电容器的电容值来表示，即

$$\varepsilon = \frac{C}{C_0} \tag{4-91}$$

式中，C为电容器以该物质为介质时的电容值；C_0为同一电容器在真空时的电容值。

通常空气电容的介电常数接近于1，所以介电常数可以近似地表示为

$$\varepsilon = \frac{C}{C_空} \tag{4-92}$$

式中，$C_空$为电容器以空气为介质时的电容值。

因此可通过测电容来计算介电常数。

实际所测电容$C'_样$包括样品的电容$C_样$和电容池的分布电容C_d两部分，即

$$C'_样 = C_样 + C_d \tag{4-93}$$

对于给定的电容池，必须先测出其分布电容C_d。可以先测出以空气为介质的电容$C'_空$，

再用一种已知介电常数 $\varepsilon_{\text{标}}$ 的物质测得其电容 $C'_{\text{标}}$，则

$$C'_{\text{空}} = C_{\text{空}} + C_{\text{d}} \quad (\text{或}: \ C'_0 = C_0 + C_{\text{d}}) \tag{4-94}$$

$$C'_{\text{标}} = C_{\text{标}} + C_{\text{d}} \tag{4-95}$$

因为

$$\varepsilon_{\text{标}} = \frac{C_{\text{标}}}{C_0} \approx \frac{C_{\text{标}}}{C_{\text{空}}} \tag{4-96}$$

所以

$$C_{\text{d}} = C'_{\text{空}} - \frac{C'_{\text{标}} - C'_{\text{空}}}{\varepsilon_{\text{标}} - 1} = \frac{\varepsilon_{\text{标}} C'_{\text{空}} - C'_{\text{标}}}{\varepsilon_{\text{标}} - 1} \tag{4-97}$$

$$C_0 = \frac{C'_{\text{标}} - C'_{\text{空}}}{\varepsilon_{\text{标}} - 1} \tag{4-98}$$

测出不同浓度溶液的电容 $C'_{\text{样}}$，按式(4-93)计算 $C_{\text{样}}$，按式(4-91)计算出不同浓度溶液的介电常数。

三、仪器和试剂

阿贝折光仪　　　　　PCM-1A 型精密电容测量仪

电容池　　　　　　　超级恒温槽

洗耳球　　　　　　　容量瓶（25mL，10mL）

正丁醇（AR）　　　　环己烷（AR）

四、实验步骤

1. 配制溶液

用称量法配制 0%、1%、5%、10% 和 15%（摩尔分数）的正丁醇溶液（环己烷作溶剂）各 20mL（除 0% 外，其余溶液的浓度只要求精确标出浓度值，其值控制在 1%、5%、10%、15% 左右）。操作时应注意防止溶质、溶剂的挥发以及吸收水汽。为此溶液配好后应迅速盖上瓶盖并置于干燥器中。

2. 折射率的测定

在（25.0±0.1）℃ 下用阿贝折光仪测定环己烷及所配制的各溶液的折射率。测定时注意各样品需加样两次，每次读取两个数据，然后取平均值。

3. 介电常数的测定

本实验采用环己烷作为标准物质，其介电常数的温度公式为：

$$\varepsilon_{\text{标}} = 2.015 - 0.16 \times 10^{-2}(t/℃ - 25)$$

式中，t 为恒温槽温度。25℃ 时 $\varepsilon_{\text{标}}$ 为 2.015。

4. 溶液密度的测定

称 10mL 容量瓶空瓶质量（记录），加入环己烷定容，称重（记录）后，溶剂倒入回收瓶中，将容量瓶用洗耳球吹干，加入 1 号溶液定容称重（记录），然后将溶液倒入原 1 号瓶中，再将瓶用洗耳球吹干。依次类推称出余下 3 种溶液的质量。

环己烷和各溶液的密度按下式计算：

$$\rho^{25℃} = \frac{m_2 - m_0}{m_1 - m_0} \cdot \rho_{\text{水}}^{25℃}$$

式中，m_0 为空瓶重量，g；m_1 为瓶加水的重量，g；m_2 为瓶加样品的重量，g；$\rho_{\text{水}}^{25℃}$ 为 25℃ 时水的密度，g·cm^{-3}

五、数据处理

1. 将数据记录和结果列表表示。

2. 作 $\varepsilon_溶 - x_2$ 图，由直线斜率求算 α 值，做 $\rho_溶 - x_2$ 图，由直线斜率求算 β 值，作 $n_溶 - x_2$ 图，由直线斜率计算 γ 值。

3. 将 ρ_1、ε_1、α 和 β 值代入式(4-84) 计算 P_2^{∞}。

4. 将 ρ_1、n_1、β 和 γ 值代入式(4-88) 计算 R_2^{∞}。

5. 将 P_2^{∞}、R_2^{∞} 值代入式(4-90) 计算乙酸乙酯分子的偶极矩 μ 值。

六、思考题

1. 正丁醇偶极矩的文献值为 1.66 Debye，比较测量值与文献值是否有偏差，分析导致这种误差的原因，并讨论如何改进。

2. 溶液法测量极性分子永久偶极矩的要点是什么？有何基本假定？推导公式时作了哪些近似计算？

3. 如何利用溶液法测量偶极矩的"溶剂效应"来研究极性溶质分子与非极性溶剂分子的相互作用？

实验八十五　低温等离子体直接分解 NO

一、实验目的

1. 了解物质的第四态——等离子体的概念及存在形式。
2. 掌握等离子体直接分解 NO 方法。

二、实验原理

固态、液态和气态是人们早已熟知的物体三态。将固态物质加热到熔点时，粒子的平均动能超过晶格的结合能，固态物质会变成液态；将液态物质加热到沸点时，粒子的动能会超过粒子之间的结合能，液态物质会变成气态物质。如果把气态物质进一步加热，气态物质则会部分电离或者完全电离，原子变成离子。如果正离子和负离子数目相等即为等离子体。等离子体常被认为是物质的第四态，被称为"等离子态""超气态""电浆体"，即电离了的"气体"。等离子态呈现出高度激发的不稳定态，其中包括离子（具有不同符号和电荷）、电子、原子和分子。看似"神秘"的等离子体，其实是宇宙中一种常见的物质，如电弧、霓虹灯和日光灯中的发光气体，又如闪电、极光等。金属中的电子气和半导体中的载流子以及电解质溶液也可以看作是等离子体。在地球上，等离子体物质远比固体、液体、气体物质少。但在宇宙中，等离子体是物质存在的主要形式，占宇宙中物质总量的 99% 以上，如恒星（包括太阳）、星际物质以及地球周围的电离层等，都是等离子体。

等离子体按产生方式、电离度等有不同分类方式，根据等离子体的粒子温度，可分为高温等离子体、热等离子体和冷等离子体（后二者又统称为低温等离子体）等。一般等离子体化学合成及大气污染物消除涉及的是冷等离子体。冷等离子体的电子温度可达 $10^4 \sim 10^5$ K，而气体温度（即中性粒子和离子温度）却可低到数百摄氏度甚至室温。冷等离子体的这种非平衡性意义重大：一方面，电子具有足够高的能量，通过碰撞使气体分子激发、解离和电离；另一方面，整个等离子体体系可以保持低温，从而实现化学反应和能量的有效利用。最常用的等离子体产生方式是气体放电，按放电气压可分为低气压（$10^{-3}\sim10$ 托[❶]）放电和高气压（数十托，大气压或更高）放电两类。直流、射频和微波等放电方式均可用于在低气压下产生空间均匀的辉光放电，但不适用于空气中污染物的处理。高气压放电主要有电晕放电和介质阻挡放电两种方式。电晕放电可利用曲率半径差异很大的非对称电极在常压下产生等离子体，但难以获得大体积均匀的等离子体。介质阻挡放电则可在常压下产生空间分布相对均匀的冷等离子体，且已成功应用于臭氧的生产达半世纪之久。介质阻挡放电也是目前在空气污染物的等离子体脱除中研究较多的一种放电方式。本实验采用介质阻挡放电直接分解 NO 气体。

介质阻挡放电（dielectric barrier discharge，DBD）又称无声放电，是有绝缘介质插入放电空间的一种气体放电。介质可以覆盖在电极上或者悬挂在放电空间里。当在放电电极上施加足够高的交流电压时，电极间的气体即使在很高的电压下也会被击穿而形成所谓的介质阻挡放电。这种放电表现很均匀、散漫和稳定，实际上是由大量细微的快脉冲放电通道构成的。通常放电空间的气体压强可达 10^5 Pa 或更高，因此这种放电属于高气压下的非热平衡放电。

介质阻挡放电的电流主要是流过微放电通道形成的，因此放电的主要过程也就必定发生在微放电中，微放电是介质阻挡放电的核心。通常，介质阻挡放电的物理过程分三个阶段：

① 放电的形成（放电的击穿）；

② 气体间隙的电流脉冲（电荷的输运）；

③ 在微放电通道中原子、分子的激发和解离，自由基和准分子等的形成。

以上三个阶段的持续时间相差很大。一般放电的击穿在几纳秒内完成，电荷输运需要 $1\sim100$ns，分子、原子的激发和反应所需的时间可能达到微秒级，甚至延续到秒。放电的击穿和电荷的传递过程可以形成微放电，在微放电形成的初期主要是电子在外加电场的作用下获得能量，与周围的气体分子发生碰撞，使气体分子激发电离，从而生成更多的电子，引起电子雪崩，形成微放电通道。在微放电后期伴随大量的化学反应发生。

介质阻挡放电是一种非常适合进行等离子体化学反应的放电形式，具有如下特点：

① 等离子体操作范围较广，可在常压甚至在加压下进行反应。

② 呈微放电形式，通过放电间隙的电流由大量微细的快脉冲电流细丝组成，放电表现稳定，均匀。

③ 具有较大体积的等离子体放电区，在反应过程中反应分子接触得较充分，有利于反应完成。

基于介质阻挡放电的优点和特点，本实验采用介质阻挡放电直接分解 NO 气体。

三、仪器和试剂

气相色谱仪　　　　　　氢气发生器

等离子体电源　　　　　气体流量控制仪

放电反应器　　　　　　控温仪

NO 气体（高纯）　　　高纯氦（高纯）

四、实验步骤

1. 安装反应器

实验用反应器分别为 A、B、C 和 D 四种类型，其中 A、B、C 为"一段式"反应器；D

[❶] 1 托（Torr）$=1$mmHg$=133.32$Pa。

为"两段式"反应器。反应器 A 为内径 15mm、厚 2mm 的刚玉管,其中心为一直径 2mm 的不锈钢管,与交流高压电源输出端相连;管外紧密缠绕以不锈钢网(不锈钢网长度控制放电空间大小)与交流高压电源的接地端相连。反应器 B 为内径 10mm、厚 1mm 的石英管,放电电极部分同上述刚玉管。反应器 C 为内径 8mm、厚 1mm 的石英管,放电电极部分同上述刚玉管。反应器 D 为内径 10mm、厚 1mm 的石英管,将放电部分与催化剂分开,两部分相距 10mm,在电炉中可同时被加热到相同温度。一段放电反应部分添加无催化活性及表面积很小的石英砂作为空白。

2. 测温装置调试

反应器用电炉加热,反应温度的测量采用如下方法:一个测温热电偶插入反应器中心的不锈钢管中,置于催化剂床层高度中点,另一个测温热电偶紧靠反应器外壁放置,高度与里面的热电偶一致。未放电时,反应气流使中心热电偶指示的温度低于外面热电偶指示的温度,当施加介质阻挡放电时,中心热电偶指示的温度略有增加,将内外温度的平均值作为反应温度。

3. 等离子体直接分解 NO

实验用气体为高纯 NO(纯度>99.99%)。将不同流速的 NO 气体通入反应器,控制一定温度,施加不同功率的等离子体,利用气相色谱对反应后的气体在线分析。用 NO 转化率评价脱除 NO 的活性,其定义为

$$\text{NO 转化率} = \frac{[NO]_0 - [NO]_{eq}}{[NO]_0} \times 100\%$$

五、数据处理

1. 计算不同实验条件下 NO 的转化率,

2. 做出 NO 转化率随等离子体功率、气体流速、反应温度的变化曲线图。

3. 由前面各曲线图,优化等离子体直接分解 NO 的实验条件。

六、思考题

1. 等离子体分解 NO 效率受哪些因素影响?

2. 如何理解反应器的直径对等离子体分解 NO 的影响?

实验八十六　常压顺-丁烯二酸催化氢化

一、实验目的

1. 了解烯酸催化氢化基本原理。

2. 通过顺-丁烯二酸催化氢化实验,掌握常压液相催化氢化操作。

二、实验原理

催化氢化反应指在催化剂的作用下氢分子加成到有机化合物的不饱和基团上的反应。可以使烯键、炔键直接加氢,也可以使许多不饱和官能团得到还原。催化氢化反应一般生成产物和水,不会生成其他副产物(副反应除外),具有绿色化、原子经济性特点,同时,产品收率高、质量好,反应条件温和,设备也具有通用性,适用于大规模和连续化生产,在工业上有重要用途。例如,石油裂解气中的乙炔和丙炔等通过钯催化部分氢化,可生产高纯度的乙烯和丙烯;在油脂工业中将液态油氢化为固态或半固态的脂肪,可生产人造奶油或肥皂工

业用的硬化油。

催化氢化的机理通常被认为是氢和有机分子中的不饱和键首先被吸附在催化剂的表面上，氢和不饱和键被催化剂的活化中心活化形成中间产物，再进一步与活化了的氢作用生成饱和有机分子，从催化剂表面脱附。催化氢化常用的催化剂有：第Ⅷ族过渡金属元素的金属催化剂，如铂、钯、镍载体催化剂及骨架镍等，用于炔、双烯烃选择加氢，油脂加氢等；金属氧化物催化剂，如氧化铜-亚铬酸铜、氧化铝-氧化锌-氧化铬催化剂等，用于醛、酮、酯、酸及 CO 等的加氢；金属硫化物催化剂，如镍-钼硫化物等，用于石油炼制中的加氢精制等；还有络合催化剂，如 RhCl[P(C$_6$H$_5$)$_3$]，用于均相液相加氢。按氢化的方法不同，催化氢化又可分为常压液相催化氢化、加压液相催化氢化和气相催化氢化。

本实验是顺-丁烯二酸在 Adams 催化剂存在下，在常温下于乙醇溶剂中进行的常压液相催化氢化：

$$\begin{array}{c} CHCOOH \\ \| \\ CHCOOH \end{array} + H_2 \xrightarrow[\text{乙醇}]{\text{Adams催化剂}} \begin{array}{c} CH_2COOH \\ | \\ CH_2COOH \end{array}$$

Adams 催化剂（PtO$_2$·H$_2$O）是铂催化剂的一种，由氯铂酸与硝酸钠熔融分解制得。氧化铂在反应过程中首先吸收氢，迅速转变成活性铂。

催化剂的活性影响催化反应的速度，它可以用半氢化时间来量度。所谓半氢化时间是氢化过程进行到被反应物吸收的氢气量达到全部氢化所需氢气量的一半时所用的时间，可以从吸收氢气的体积-时间图求得。

分子中所含不饱和键的数目可根据氢化时所消耗的氢气量计算得到。计算时应将实验条件下消耗的氢气体积换算成标准状态下的体积，再减去催化剂本身消耗的氢气体积。设氢化时温度为 t，大气压力为 p，吸收氢气的总体积为 V，t 时的氢气分压、水和乙醇的蒸气压分别为 p_H、p_W、p_E，则有：

$$\frac{p_0 V_0}{T_0} = \frac{p_H V}{T}, \quad p_H = p - p_W - p_E, \quad \frac{101325 \times V_0}{273} = \frac{(p - p_W - p_E) \times V}{273 + t}$$

故

$$V_0 = \frac{273 \times (p - p_W - p_E) \times V}{101325 \times (273 + t)} \tag{4-99}$$

式中，p_0、T_0、V_0 分别为标准状态下的气压、温度和消耗氢气体积。

而催化剂消耗的氢气体积 V_c 为

$$V_c(\text{mL}) = \frac{m_c \times 2}{M_c} \times 22.415 \tag{4-100}$$

式中，m_c 和 M_c 分别为催化剂的用量（mg）和摩尔质量。所以，反应物实际消耗的氢气体积 V_e 应为

$$V_e = V_0 - V_c$$

故分子含双键数 n 为

$$n = \frac{\text{反应物消耗的氢气摩尔数}}{\text{反应物的摩尔数}} = \frac{V_e}{22415} \times \frac{M}{m} \tag{4-101}$$

式中，M 和 m 分别为不饱和反应物的摩尔质量和称取的量。

由式(4-101)可求算不饱和化合物中的双键数。

三、仪器和试剂

常压催化氢化装置	熔点测定仪
薄膜旋转蒸发器	真空干燥器
氢气钢瓶	磁力搅拌器
布氏漏斗（4cm）	吸滤瓶（250mL）
瓷蒸发皿	顺-丁烯二酸（CP）
硝酸钠（CP）	氯铂酸（CP）
95％乙醇（CP）	

四、实验步骤

1. Adams 催化剂的制备

在瓷蒸发皿中加入 0.4g 氯铂酸，用 4mL H_2O 溶解，再加入 4g 硝酸钠，反应混合物在搅拌下用小火缓缓加热蒸发至干，在不断搅动下约在 10min 内升温至 350～370℃，在这个过程中，反应物先变稠发黏，发泡放出棕色的二氧化氮气体，并逐渐熔融成液体，再经 5min 左右温度升至 400℃左右，气体逸出量大大减少，再升温到 500～550℃，维持此温度 30min。冷却瓷蒸发皿到室温，加入少量蒸馏水溶解融块，棕色沉淀用蒸馏水倾析洗涤 2 次，然后抽气过滤，沉淀物用蒸馏水洗涤 6～7 次，抽干后置于真空干燥器中干燥备用。

2. 催化氢化操作

在氢化瓶中加入 100mg Adams 催化剂和 70mL 乙醇，再加入约 2.0g 顺-丁烯二酸，加搅拌子，盖上通气瓶塞，置于磁力搅拌器上，按图 4-38 安装好仪器。

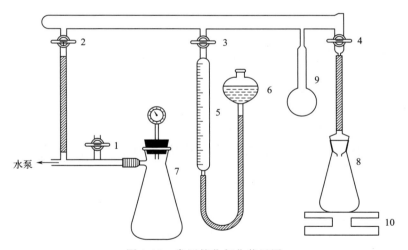

图 4-38 常压催化氢化装置图

1、2、3、4—活塞；5—量气管；6—水准瓶；7—安全瓶；8—氢化瓶；9—阱；10—磁力搅拌器

（1）排除量气管余气

打开活塞 1 和 3，转动三通活塞 2 使量气管 5 经安全瓶 7 通大气，慢慢升高水准瓶 6 使量气管内液面上升，液面接近活塞 3 时立即将活塞 3 关闭。然后放低水准瓶，置于架上。

（2）抽空氢化系统并用充氢稀释法排除空气

关活塞 1，开活塞 4，然后用水泵抽空氢化瓶 8（真空度不宜过高，以免减少乙醇的挥发）。小心转动三通活塞 2 使氢气通入。充满氢气后再小心转动活塞 2 使氢化瓶再次抽空。

如此反复 2～3 次使系统中的空气排尽。最后通入氢气并打开活塞 1，关水泵停止抽气。

（3）量气管充气

打开三通活塞 2 使氢气进入，放低水准瓶位置，使氢气通入量气管。然后关活塞 2，调整水准瓶的高度，使水准瓶内的液面和量气管中液面相平。记录量气管体积、室温和气压。

（4）氢化

保持水准瓶的液面高于量气管的液面，开动搅拌，同时计时。每隔 1min 记录体积（读取量气管刻度时要使水准瓶和它的水面相平），直至不再吸收氢气为止。关活塞 3 和 4，停止搅拌，取下氢化瓶，记录温度和大气压。

反应物经过滤，滤出催化剂（催化剂连同滤纸放入回收瓶中），滤液蒸去乙醇，得产物，产物经干燥后称重，测熔点和红外谱图。

五、数据处理

1. 半氢化时间的确定

记录相关数据，根据吸氢体积-时间关系图，由吸氢一半时所对应的时间确定半氢化时间。

2. 分子中双键数目的确定

将实验测得的吸氢体积换算成为标准状态下的吸氢体积 V_0，再减去催化剂消耗的氢气体积 V_c 得反应物消耗的氢气体积 V_e，再根据式（4-101）计算反应物分子中的双键数 n。

3. 测定产物质量及熔点

对产品进行红外表征，并对红外光谱图进行解析。

六、思考题

1. 试讨论影响催化氢化反应的因素。

2. 通过查阅文献总结 Adams 催化剂的使用注意事项。

4.4　综合设计性实验

实验八十七　生物酶催化反应动力学常数的测定

一、实验目的

1. 了解底物浓度对酶催化反应速率的影响。

2. 用分光光度法及双倒数作图法测定辣根过氧化物酶的米氏常数和最大反应速率。

3. 通过上述实验理解酶催化动力学的研究方法。

二、实验原理

酶是生物体内自然存在的一类生物催化剂，其作用是加速或抑制生物体内的化学反应。酶的催化效率比非酶催化的反应高出成千上万倍，甚至数十百万倍。这种高效的催化作用使得酶在生物体内的生命活动中扮演着不可或缺的角色。酶催化反应动力学是研究酶催化反应速率以及影响反应速率的各种因素的学科。它是生物化学反应工程、生物制药工程、生物农业工程、生物材料工程等学科的基础，也是生物医学、生物工程、生物安全等领域的热点研究课题。

酶是生物大分子，酶反应体系一般比化学反应体系复杂得多。影响酶催化反应速率的因素有浓度因素（酶浓度、底物浓度）、底物数目与结构、产物、抑制剂、激活剂、酶的结构与性质及环境条件（温度、pH、离子强度、压力）等。浓度因素是最基本的影响因素，由浓度因素的有关实验求出速率常数，进一步考虑各种影响因素的相互关系，是酶反应动力学的主要内容。

米哈利（Michaelis）和门顿（Menten）先后研究了酶催化反应动力学，提出了酶催化反应的历程，即 Michaelis-Menten 机理，指出酶(E)与底物(S)先生成中间化合物(ES)，然后中间化合物再进一步分解为产物，并释放出酶(E)，即

$$S + E \underset{k_{-1}}{\overset{k_1}{\rightleftharpoons}} ES \overset{k_2}{\longrightarrow} E + P$$

ES 分解为产物（P）为控速步骤，采用稳态法处理：

$$\frac{d[ES]}{dt} = k_1[S][E] - k_{-1}[ES] - k_2[ES] = 0$$

所以

$$[ES] = \frac{k_1[S][E]}{k_{-1} + k_2} = \frac{[E][S]}{K_m} \tag{4-102}$$

式中，$K_m = \dfrac{k_{-1} + k_2}{k_1}$，称为米氏常数（Michaelis constant）。式(4-102)也叫作米氏公式。所以，反应速率为

$$v = \frac{d[P]}{dt} = k_2[ES] \tag{4-103}$$

将 [ES] 的表示式代入后，得

$$v = k_2[ES] = \frac{k_2[E][S]}{K_m}$$

变形得

$$K_m = \frac{[E][S]}{[ES]}$$

所以米氏常数实际上相当于反应 E+S === ES 的不稳定常数。

若令酶的原始浓度为[E_0]，反应达到稳态后，酶一部分变为中间化合物，另一部分仍处于游离状态，所以[E_0]=[E]+[ES]或[E]=[E_0]-[ES]，代入式(4-102)后得

$$[ES] = \frac{[E_0][S]}{K_m + [S]} \tag{4-104}$$

代入式(4-103)得到速率公式

$$v = \frac{d[P]}{dt} = \frac{k_2[E_0][S]}{K_m + [S]} \tag{4-105}$$

当底物浓度远远大于酶浓度时，即 $K_m \ll [S]$，则 $K_m + [S] \approx [S]$，速率趋于最大值 v_{max}，则

$$v_{max} = k_2[E_0]$$

由此可以得到

$$v = \frac{v_{max}[S]}{K_m + [S]} \tag{4-106}$$

对式(4-106)进行进一步变形，两边同时取倒数，得

$$\frac{1}{v} = \frac{K_m}{[S]v_{max}} + \frac{1}{v_{max}} \tag{4-107}$$

这是一个直线方程，以 $\frac{1}{v}$ 对 $\frac{1}{[S]}$ 作图，截距为 $\frac{1}{v_{max}}$，斜率为 $\frac{K_m}{v_{max}}$，因而通过作图可得到 v_{max} 和 K_m。

过氧化物酶是存在于各种动物、植物和微生物体内的一类氧化酶。催化由过氧化氢参与的各种还原剂的氧化反应。从结构上看，过氧化物酶是由肽链与铁卟啉辅基结合构成的生物蛋白。多数植物过氧化物酶与碳水化合物结合成为糖基化蛋白。糖蛋白有避免蛋白酶降解和稳定蛋白构象的作用。过氧化物酶是果蔬成熟和衰老的指标，如苹果贮藏中，过氧化物酶出现两个峰值，一个表示呼吸转折（成熟），另一个表示衰老开始，在果蔬加工中常被当作热处理是否充分的指标。通过催化过氧化氢氧化多元酚或多元胺类底物发生显色、荧光或化学发光反应，过氧化物酶可用于微量过氧化氢含量测定，也可以和其他酶反应系统偶联用于测定许多与生命相关的物质，如葡萄糖、半乳糖、氨基酸、尿酸及胆甾醇等，亦是免疫分子和核酸分析中常用的标记物。

通常使用的过氧化物酶是从植物辣根中提取的，因此也称为辣根过氧化物酶（horseradish peroxidase，HRP）。HRP 属于血红素蛋白质的一种，是由辅基——氯化血红素（铁卟啉）和脱辅基蛋白（糖蛋白）组成，分子量为 44000。邻苯二胺能够被 H_2O_2 氧化，HRP 对此反应有强的催化作用。实验表明，在所选择的酶催化反应条件下，酶催化反应只生成一种有色物质，即 2,3-二氨基吩嗪。

本实验的反应方程式为

由朗伯-比尔定律

$$A = ad[P] \tag{4-108}$$

式中，A 为产物的吸光度；a 为摩尔消光系数；d 为样品池厚度，$d=1cm$ 时，有

$$A = a[P] \tag{4-109}$$

则有

$$\frac{d[P]}{dt} = \frac{1}{a}\left(\frac{dA}{dt}\right) \tag{4-110}$$

即

$$v = \frac{d[P]}{dt} = \frac{1}{a}\left(\frac{dA}{dt}\right) \tag{4-111}$$

综合式(4-107) 及式(4-111)，利用分光光度法可测得辣根过氧化物酶催化过氧化氢氧化邻苯二胺反应的米氏常数和最大反应速率。

三、仪器和试剂

721 分光光度计　　　　pHS-2C 型酸度计

辣根过氧化物酶　　　　邻苯二胺（AR）

30%过氧化氢　　　　　醋酸-醋酸钠缓冲溶液（pH=5.00）

四、实验步骤设计（下面为步骤提示）

1. 查阅文献并结合实验室实际条件，选择合适的分光光度计的光吸收波长、溶液 pH

及反应温度。

2. 准确称取一定质量的 2,3-二氨基吩嗪，配制溶液，测定溶液的吸光度。

3. 准确称取邻苯二胺（底物），配制不同浓度邻苯二胺溶液。

4. 构建反应，测定反应过程中体系的 A-t 曲线。

五、数据处理

1. 根据朗伯-比尔定律计算摩尔消光系数 a。

2. 将所测得的不同浓度邻苯二胺溶液的 A 对 t 作图，其直线斜率为 $\left(\dfrac{\mathrm{d}A}{\mathrm{d}t}\right)$，由 $\dfrac{1}{a}\left(\dfrac{\mathrm{d}A}{\mathrm{d}t}\right)$ 可计算出不同浓度邻苯二胺溶液时的反应速率。

3. 以 $\dfrac{1}{v}$ 对 $\dfrac{1}{[\mathrm{S}]}$ 作图，通过直线截距和斜率，得到 $v_{\max}$ 和 K_{m}。

六、思考题

1. 酶作为生物催化剂具有哪些催化剂的共性和其独特的催化特性？谈谈酶反应专一性的机制。

2. 通过查阅文献，进一步理解影响酶催化反应速率的因素。

3. 酶催化反应为什么需要在最适温度和最适 pH 下进行？

实验八十八　氧氟沙星在聚合物修饰电极表面上的电化学行为

一、实验目的

1. 了解不可逆循环伏安曲线、示差脉冲伏安曲线的特点，掌握相关的实验技术。

2. 利用循环伏安法筛选能催化氧氟沙星的电极材料。

3. 利用选择的电极及示差脉冲伏安法测定实际样品中氧氟沙星含量。

二、实验原理

循环伏安法（CV）是一种常用的电化学分析技术，它通过在工作电极和参比电极之间施加一个线性变化的电压，并在辅助电极上监测电流响应，来研究电极过程的动力学和物质的氧化还原性质。通过分析 CV 曲线，可获得用于研究电极过程、反应机理及电极反应动力学性质的重要参数，如阴阳极峰电位 E_{pc}、E_{pa} 等。典型可逆反应的 CV 曲线呈"鸭嘴"形，如前面图 4-31 所示。然而，对于大多数电极反应而言，由于其反应的不可逆性或反应涉及不可逆步骤，其 CV 曲线形状通常会偏离"鸭嘴"形。

图 4-39 为几种不同可逆性电极体系的 CV 曲线。与热力学上电极的可逆性概念有所不同，电极反应的可逆性是一个动力学概念，用于判断电极反应进行的难易程度，也可用于表示电极反应去极化作用的能力。换句话讲，就是当电流通过电极时，在金属/溶液表面的电子转移步骤速率足够快（如扩散步骤作为控制步骤）时，电极反应在动力学上基本满足电化学平衡条件。可以看出，对于准可逆体系，$|i_{\mathrm{pc}}| \neq |i_{\mathrm{pa}}|$，$|\Delta E_{\mathrm{p}}|$ 不仅比可逆体系的大，且随扫描速度 v 的增大而增大。通常将 $|\Delta E_{\mathrm{p}}|$ 及其随 v 的变化情况作为判断电极反应是否可逆和不可逆程度的重要判据。如果 $|\Delta E_{\mathrm{p}}| \approx 2.3\,RT/(nF)$，且不随 v 变化，说明反应可逆；如果 $|\Delta E_{\mathrm{p}}| > 2.3\,RT/(nF)$，且随 v 增大而增大，则反应不可逆，且 $|\Delta E_{\mathrm{p}}|$ 偏离 $2.3\,RT/(nF)$ 的程度越大，反应的不可逆程度就越高。当电极反应完全不可逆时，其逆反应非常迟缓，正

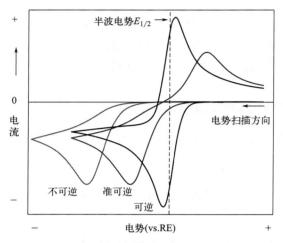

图 4-39　不同可逆性电极体系的 CV 曲线

向扫描产物来不及反应就扩散到溶液内部，此时，在 CV 曲线中就无法观察到反向扫描的电流峰。

示差脉冲伏安法（differential pulse voltammetry，DPV）是另一种电化学分析技术，是基于线性扫描伏安或阶梯扫描伏安发展起来的。在 DPV 中，除了施加一个线性变化的电压外，还会在每个电压点上叠加一个较小的矩形脉冲电压，这种脉冲电压会导致电流信号中出现一个小的扰动，通过分析这些扰动，可以消除背景电流的影响，提高检测的灵敏度和选择性。由图 4-40（a）可见，示差脉冲伏安法的扫描电压 E 波形可看作是线性增加的电压与恒定振幅的矩形脉冲的叠加。脉冲波形、脉冲高度和 ΔE 是固定的，脉冲宽度比其周期要短得多，一般取 40~80ms。在对体系施加脉冲前 20ms 和脉冲期后 20ms 测量电流。图 4-40（b）即为在一个周期中两次测量的示意图。将这两次电流的差值输出，作为这一个周期中的电解电流 $|\Delta i|$ 信号。随着电势增加，连续测得多个周期的电解电流 $|\Delta i|$，并用 $|\Delta i|$ 对电势 E 作图，即得示差脉冲伏安曲线，如图 4-41 所示。在示差脉冲伏安曲线的初始部分，电压较正，电极反应尚未发生，只有双电层充电电流，差减信号很小；在脉冲伏安曲线的最后部分，由于反应物被消耗，电压进入极限扩散区，在脉冲施加前后法拉第电流均为极限扩散电流，脉冲宽度很短，两个暂态极限电流非常接近，因此，差减信号也很小；而在中间电压区，反应

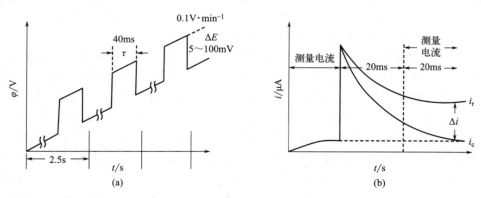

图 4-40　示差脉冲伏安法的加压方式（a）及电流-电压曲线（b）

322

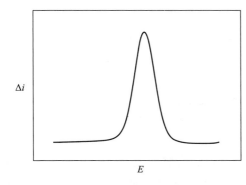

图 4-41 典型的示差脉冲伏安曲线

物表面浓度尚未下降至零，施加脉冲后，浓度降到更低，法拉第电流更大，差减信号明显。因此，示差脉冲伏安曲线为一个峰形曲线。

根据两次所测电流相减，得到 Δi，即：

$$\Delta i = \frac{n^2 F^2}{4RT} = A \Delta E D^{1/2} (\pi t_m)^{-1/2} c$$

式中，n 为电极反应的电子转移数；F 为法拉第常数；R 为气体常数；T 为热力学温度；A 为电极面积；D 为离子的扩散系数；t_m 为每个周期内从开始施加脉冲到进行电流采样所经历的时间；c 为被测离子在样品溶液中的浓度。因此，Δi 与所测物质浓度成正比，这就是定量分析的基础。

脉冲伏安法具有较高的灵敏度，随着电子电路的飞速发展，其在医药、生物和环境定量分析、复杂电极反应机理和电极反应过程动力学等多方面得到了广泛的应用。在定量检测方面，该法主要用于痕量金属元素的测定和生物化学、有机染料等的定量分析，比分子或原子吸收光谱、大部分色谱方法灵敏得多。

氧氟沙星（ofloxacin，OFLX）又名氟嗪酸、奥复星，结构如图 4-42 所示，化学式为 $C_{18}H_{20}FN_3O_4$，为白色或黄色结晶性粉末，无臭、味苦，遇光渐渐变色，属第三代喹诺酮类抗菌药物。氧氟沙星通过抑制细菌的 DNA 旋转酶 A 亚单位，阻碍细菌的 DNA 合成与复制，从而达到杀菌目的。氧氟沙星对革兰阳性球菌和多数肠杆菌科细菌有良好的杀灭作用，尤其对

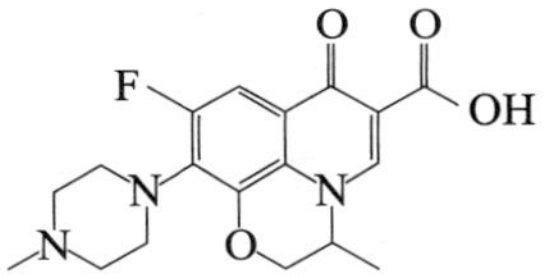

图 4-42 氧氟沙星结构

需氧革兰氏阴性杆菌的抗菌活性高，并且与其他抗生素间无交叉耐药，在临床医药领域上应用较广，是治疗呼吸道、泌尿道、肠道、皮肤、关节及软组织等感染的有效药物。但作为第三代氟喹诺酮类抗菌药的典型代表，OFLX 在环境中的降解时间较长，在环境中长时间停留且生物活性高，易聚集到土壤沉积物中，且大多数不能生物降解，经常在废水、地表水和地下水中检测到。

检测氧氟沙星对于环境中的药物残留、用药后不良反应的跟踪、研究药物之间的相互作用以及对患者耐药性监测等方面具有重要意义。氧氟沙星的检测方法有多种，其中电化学方法具有速度快、灵敏度高、检测准确、仪器简单、价格低廉等优点，是近年来检测氧氟沙星的重要手段。氧氟沙星在电极表面的电化学反应如图 4-43 所示，据此机理，可利用电化学方法对氧氟沙星进行检测。

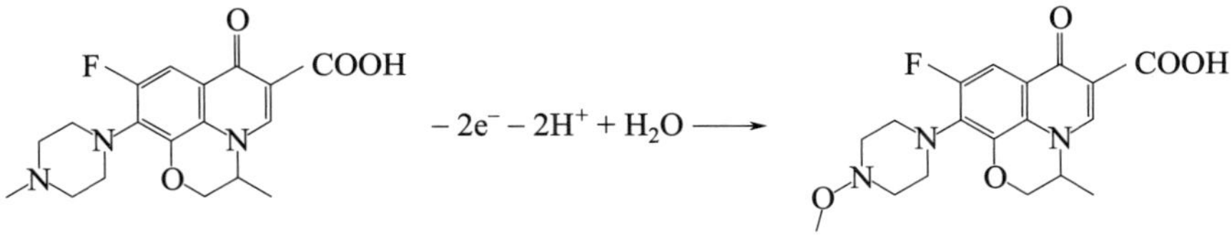

$$-2e^- - 2H^+ + H_2O \longrightarrow$$

图 4-43 氧氟沙星在电极表面的催化氧化机理

三、仪器和试剂

CHI660E 电化学工作站　　　　　电极（锌、铜、玻碳、饱和甘汞、铂丝电极各一只）

氧氟沙星（AR）　　　　　　　　磷酸盐缓冲溶液（pH＝6.5，含 0.1mol·L^{-1} 氯化钾）

对氨基苯磺酸（AR）

四、基于上述实验原理设计实验步骤（下面为步骤提示）

1. 据文献报道，聚对氨基苯磺酸修饰玻碳电极对氧氟沙星具有良好电催化作用。请查阅文献并实验，制备聚对氨基苯磺酸修饰玻碳电极。

2. 利用循环伏安法筛选出能催化氧氟沙星的电极材料。可将锌电极、铜电极、裸玻碳电极、聚对氨基苯磺酸修饰玻碳电极分别作为工作电极，饱和甘汞电极作为参比电极，铂丝电极作为辅助电极，在一定浓度氧氟沙星溶液中扫循环伏安图，根据峰电流高低选择合适的催化电极材料。

3. 绘制检测系列浓度氧氟沙星的标准曲线。

4. 测定实际样品（如氧氟沙星滴耳液）中的氧氟沙星含量。

五、数据处理

1. 筛选对氧氟沙星具有较好催化氧化作用的电极材料。

2. 绘制氧氟沙星的标准曲线。

3. 利用示差脉冲伏安法测定实际样品中氧氟沙星的含量，并利用所得数据计算制备的聚对氨基苯磺酸修饰玻碳电极检测氧氟沙星的误差。

六、思考题

1. 与循环伏安法相比，示差脉冲伏安法有哪些优点和特点？

2. 本实验中，选择催化氧氟沙星电极材料时，除了可以使用循环伏安法，还可以用什么方法？具体如何操作？

第 5 章　综合化学实验

　　综合化学实验是一门高层次的化学实验课，是为化学、化工、材料类等高年级本科生开设的一门综合性（从物质的制备、分离提纯到结构表征）的实验课程，除培养学生掌握高水平的实验技能外，还具有实验内容新颖、实用、多科性、前沿性等特点。把综合化学实验课程开设成"开放式、设计性"，这一教学模式旨在以学生为主体，充分发挥学生主动性，很好地构架从实验到科研的桥梁。学生通过综合化学实验的训练，进一步巩固和加深在低年级中开设的无机及分析化学实验、有机化学实验和物理化学实验课程所学的基本知识和技能，加强基本操作的严格训练和规范化，拓宽学生的知识面，同时培养学生综合运用基础化学和中级化学实验技能以及所学基础知识解决实际化学问题的能力、查阅文献资料的能力、设计实验的能力、熟练操作和使用近代分析仪器及解析图谱的能力。基础化学实验室是开放式、设计性综合化学实验的实施场所，是培养学生的实验素质、动手能力和科学研究能力的公共场所，而化学实验室也是易燃、易爆、有毒、有腐蚀性化学物质存在的场所，为确保开放式、设计性综合化学实验课程的顺利进行，每位学生必须注意安全、认真实验、多思考，同时也订立本操作规程，望大家认真遵守。

　　1. 实验按基础性、设计性和探索性三个层次，分阶段开出；每个层次的实验在规定的时间段内完成（具体分段时间见教学日历）。

　　2. 每个层次的实验内容学生可以自由选择；学生在实验前按所选实验写出预习报告。

　　3. 预习报告要求如下：

　　① 基础性的综合实验。写出实验目的原理、实验路线、实验方法和步骤，以及画出必要的实验装置图。

　　② 设计性和探索性的综合实验。先查阅文献，设计实验路线，写出读书报告，做好演示文稿（用 PowerPoint），然后分组进行科研小组活动的交流。

　　4. 进入基础化学实验室完成实验，学生具体实验时间需要预约登记。

　　5. 实验期间，常规时间有 3～5 位教师指导，其他时间 1～2 位教师值班。

　　6. 学生进入实验室要签到，要遵守实验室规章制度，注意安全。

　　7. 对所选实验注重掌握实验过程，记录要完整，实验允许有失败，直至成功。

　　8. 学生自带项目实验和不在实验室准备范围内的实验，只要实验室设备和条件允许，也按以上几条操作。

　　9. 实验总结报告按国内期刊的论文格式撰写。

实验八十九　气相色谱定性和定量分析

一、实验目的

1. 了解气相色谱各种定性定量方法的优缺点。

2. 掌握纯标样对照、保留值定性的方法。

3. 掌握面积和峰高归一化定量方法。

二、实验原理

气相色谱是一种强有力的分离技术，但其定性鉴定能力相对较弱。一般检测器只能检测到有物质从色谱中流出，而不能直接识别其为何物。若与强有力的鉴定技术如质谱及傅里叶变换红外光谱等联用，则能大大提高气相色谱的定性能力。在实际工作中，有时遇到的样品，其成分是大体已知的，或者是可以根据样品来源等信息进行推测的。这时利用简单的气相色谱定性方法往往能更快地解决问题。气相色谱定性方法主要有以下几种。

① 标准样品对照定性；

② 相对保留值定性；

③ 利用调整保留时间与同系物碳数的线性关系定性；

④ 利用调整保留时间与同系物沸点的线性关系定性；

⑤ 利用 Kovats 保留指数定性；

⑥ 双柱定性或多柱定性；

⑦ 仪器联用定性，如与质谱、红外光谱及原子发射光谱等检测器联用定性。

本实验采用标准样品对照定性和相对保留值定性方法。

气相色谱在定量分析方面是一种强有力的手段。常用的定量方法有峰面积百分比法、内部归一化法、内标法和外标法等。峰面积百分比法适合于分析响应因子十分接近的组分的含量，要求样品中所有组分都出峰。内部归一化法定量准确，不仅要求样品中所有组分都出峰，而且要求具备所有组分的标准品，以便测定校正因子。内标法是精度最高的色谱定量方法，但要选择一个或几个合适的内标物并不是易事，而且在分析样品之前必须将内标物加入样品中。外标法简便易行，但定量精度相对较低，且对操作条件的重现性要求较严。本实验采用内部归一化法，其计算公式如下：

$$w_i = \frac{A_i f_{mi}}{\sum A_i f_{mi}} \times 100\% \tag{5-1}$$

式中　A_i——组分 i 的峰面积；

f_{mi}——组分 i 的相对校正因子，可通过计算相对响应值 S' 求得，即

$$f_{mi} = \frac{1}{S'} = \frac{S_s}{S_i} = \frac{A_s x}{y A_i} \tag{5-2}$$

式中　S_s，S_i——标准物（常为苯）和被测物的响应因子；

A_s，y，A_i，x——标准物和被测物的色谱峰面积及进样量，有些工具书或参考书记录了文献发表的一些 f_{mi} 或 S' 值。

据以上公式，只要用标准物求得有关被测物的 f_{mi} 或 S' 值，再由待测样品测得峰面积，便可得到定量结果。峰面积的求法可用近似计算法，也可用手动积分仪。还可用剪纸称重法，但误差较大。目前最好的方法是用计算机色谱数据处理软件。

若用峰高 h 代替上述归一化公式中的峰面积 A，即所谓峰高归一化法，则也可用 h 来求 f_{mi} 或 S' 值。峰高归一化法可简化计算手续，但因基于 h 的 f_{mi} 或 S' 值会随实验参数的波动而变化，故其定量精度往往比峰面积法稍差一些。

三、仪器与试剂

GC-9790 型气相色谱仪，氢火焰检测器，毛细管色谱柱（SGE OV-17，30m×0.32mm×0.25μm）。

环己烷（AR），苯（AR），甲苯（AR），环己烷、苯和甲苯的混合物（1∶1∶1）。

四、实验步骤

1. 打开三气发生器的空气开关，待空气压力达到 0.4MPa 后，再打开氢气、氮气开关。待三者表压稳定后，打开氮气阀门及气体净化器开关，使色谱柱内的氮气压力稳定到 0.12MPa。

2. 启动色谱仪，设置实验条件如下：柱温度 70℃，气化室温度 150℃，检测器温度 130℃。氮气为载气，流速自定，衰减自选。

3. 死时间 t_0 的测定：待仪器稳定后，注入 1μL 甲烷，记录其保留时间，即 t_0。

4. 保留时间 t_R 的测定：分别吸取 0.2μL 的环己烷、甲苯和苯的标准样品进样，记录各自完整的色谱图。

5. f_{mi} 的测定：分别移取 0.5mL 环己烷、甲苯和苯于具塞试管中混合均匀，吸取 0.5μL 的标准混合液进样，记录完整的色谱图。重复两次。

6. 吸取 0.5μL 的未知试样进样，记录完整的色谱图。重复两次。

五、数据处理

1. 记录下各实验条件和进样量。

2. 求出三种标准物质的 t_R 值，并计算相邻两峰的相对保留值 α，以便对未知试样中各物质进行定性分析。

3. 以苯为基准物，计算各物质的 f_{mi}。

4. 计算未知试样中各组分 A_i 的质量分数。

六、注意事项

1. 点燃氢火焰时，应先将氢气流量开大，以保证顺利点燃。确认氢火焰已点燃后，再将氢气流量缓慢地降至规定值。氢气降得过快，会熄火。

2. 为保证实验结果的准确性，本实验每次操作都应重复进样三次，取平均值计算。

3. 由于混合样品中各组分的沸点不同，所以挥发度亦不同。为此，在实验过程中一定要避免样品的挥发。不要将样品放在温度高的地方，少开瓶盖，进样快速。

七、思考题

1. 从实验结果看，用 t_R、分离度 α 值定性时，哪种方法误差最小，为什么？

2. 为什么归一化法对进样量要求不太严格？

3. 影响色谱分离效果的因素有哪些？

实验九十　微型固定床反应器与色谱联用技术评价催化剂活性

一、实验目的

1. 掌握利用微型固定床反应器与色谱联用技术评价催化剂活性的方法。

2. 学会实验数据的处理方法，掌握评价催化剂活性的主要参数。

3. 熟悉利用气相色谱检测分析气相和液相产物的方法，掌握其测定原理。

二、实验原理

1982 年，Hassan 提出了乙醇在固体酸碱催化剂上反应的催化机理，认为乙醇首先吸附在催化剂表面的酸碱中心上并形成吸附态化合物，然后吸附态中间产物脱水生成最终产物并恢复酸碱中心。乙醇脱水反应在不同温度下的主要产物是乙烯和乙醚。一般认为，乙醇脱水生成乙烯、乙醚的过程是平行反应过程，也有的认为是平行连续反应过程，即存在乙醇脱水先生成乙醚，乙醚进一步脱水生成乙烯的过程。

$$
\begin{array}{c}
\text{CH}_3 \\
\mid \\
\text{H—C—O—H} \\
\mid \quad \mid \\
\text{H} \quad \text{A} \\
\text{B}
\end{array}
\longrightarrow
\text{CH}_2\!=\!\text{CH}_2 +
\begin{array}{c}
\text{H} \quad \text{OH} \\
\mid \quad \mid \\
\text{B} \quad \text{A}
\end{array}
$$

$$
\begin{array}{c}
\text{CH}_3 \\
\mid \\
\text{CH}_2 \\
\mid \\
\text{H—O} \\
\text{A}
\end{array}
+
\begin{array}{c}
\text{C}_2\text{H}_5 \\
\mid \\
\text{O} \\
\mid \\
\text{H} \\
\text{B}
\end{array}
\longrightarrow
\text{C}_2\text{H}_5\text{—O—C}_2\text{H}_5 +
\begin{array}{c}
\text{H} \quad \text{OH} \\
\mid \quad \mid \\
\text{B} \quad \text{A}
\end{array}
$$

乙醇脱水反应机理
A—酸中心；B—碱中心

三、实验装置和原料

1. 固定床反应装置和流程

本装置由进料系统、反应系统、加热装置和产品收集计量系统等组成。

反应管内催化剂的装填方式如图 5-1 所示。方法如下：首先催化剂底部装入预煅烧处理后的瓷环，主要起支撑作用；在瓷环层顶部铺上一层石英棉后，将催化剂装入反应管内，并轻轻振荡，以使催化剂均匀分布；然后，在催化剂层顶部加一层石英棉；最后，加入粉碎后的瓷环，目的是使反应原料进入反应管内汽化后，均匀地通过催化剂层。

实验装置如图 5-2 所示。

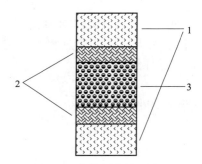

图 5-1　催化剂装填示意图
1—瓷环；2—石英棉；3—催化剂

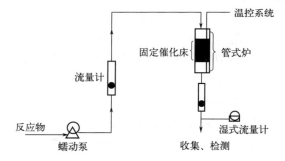

图 5-2　实验装置示意图

2. 产品分析设备

实验中产品气体的流速 v 由皂泡流量计测量，气体样品组成由气相色谱分析得到；液体产品组成使用气相色谱进行分析。

3. 实验材料

无水乙醇（AR），催化剂（ZSM-5 分子筛）。

四、实验前准备工作

1. 反应系统气密检查

用肥皂水涂在反应系统管路的连接处，然后由 N_2 气瓶向反应系统打气，如无气泡，即可认为已密封。

2. 催化剂称量

用精密天平称量 $m = 2.50g$ 催化剂，然后将催化剂放入反应管内，并振荡使其均匀分布。

五、实验步骤

1. 将装好催化剂的反应管放入加热炉内，与管路连接在一起。用电炉加热反应管，待温度达到 300℃ 后，打开液体进样泵，按照 $2mL \cdot min^{-1}$ 的液体进样速率将乙醇泵入反应系统，开始进行实验。

2. 在实验过程中，乙醇在催化剂的作用下发生脱水反应，生成乙烯、乙醚和水等产品。产物经出口管进入冷却器中，乙醚、水和未反应掉的乙醇等在此冷却下来，乙烯则进入排气管排空或皂泡流量计。

3. 在初始进样阶段，乙醇脱水是吸热反应，会引起催化剂床层温度的波动。经过约 30min，待温度稳定后，开始用皂泡流量计计量产品气体的流速 v。每 10min 测量一次产气流速，并用集气袋收集气体，用气相色谱离线分析组成。每 10min 收集液体样品分析其组成（记录 5 个实验点）。

六、数据处理

在实验过程中，应及时且准确地记录实验数据。记录的表格参见表 5-1。

表 5-1　实验数据处理结果

采样号	气体产物组成（摩尔分数）/%		液体产物组成（摩尔分数）/%			乙醇瞬时转化率 X/%	乙烯瞬时收率 Y/%	乙烯的生成速率 /(mol·g^{-1}·min^{-1})	催化剂的选择性 s /(mol·g^{-1}·min^{-1})
	乙烯	氢	乙醚	水	乙醇				
1									
2									
3									
4									
5									

1. 产物组成结果

气体和液体产物中各组分的摩尔分数可以按照气相色谱测定结果得到。

2. 根据实验结果求出乙醇的转化率、乙烯的收率及乙烯的生成速率。写清计算过程，并将计算结果填入表 5-1 中。然后，根据计算结果，绘制乙醇的转化率、乙烯的收率及乙烯的生成速率随时间的变化曲线。

3. 计算说明：

$$乙醇瞬时转化率\ X = \frac{反应掉的乙醇的量(mol \cdot min^{-1})}{乙醇进料量(mol \cdot min^{-1})} \times 100\%$$

$$乙烯瞬时收率\ Y = \frac{生成乙烯的量(mol \cdot min^{-1})}{乙醇进料量(mol \cdot min^{-1})} \times 100\%$$

$$乙醇的进料速率(mol \cdot min^{-1}) = \frac{乙醇的体积流量(mL \cdot min^{-1}) \times 0.7893(乙醇的密度,g \cdot mL^{-1})}{46.07(乙醇的摩尔质量,g \cdot mol^{-1})}$$

$$乙烯的生成速率(mol \cdot g^{-1} \cdot min^{-1}) = \frac{乙醇进料速率(mol \cdot min^{-1}) \times 乙烯的收率}{催化剂用量(g)}$$

$$催化剂的瞬时选择性 s(mol \cdot g^{-1} \cdot min^{-1}) = \frac{生成乙烯所消耗的乙醇的量(mol \cdot min^{-1}) \times 乙烯的收率}{催化剂用量(g)}$$

背景材料

在催化剂作用下，乙醇在加热条件下脱水生成气态产物乙烯。该技术在工业装置上获取乙烯是在 20 世纪 20 年代之后，所使用的催化剂主要为活性氧化铝，这是一个非均相的表面催化过程。研究发现，分子筛催化剂在乙醇脱水反应中比氧化铝催化剂具有更低的反应温度、更高的操作空速和更高的单程反应转化率及乙烯收率。特别是 ZSM-5 分子筛催化剂因其具有亲油疏水性，在催化脱水性能方面更具有优势。

近年来，国内外专家对生物发酵技术的研究取得了重大进展，为乙醇脱水制乙烯技术提供了廉价原料和技术支撑。因此，分子筛催化剂上乙醇脱水制乙烯是利用可再生资源的重要课题。

实验九十一　吡啶类、咪唑类离子液体的制备及表征

一、实验目的

1. 初步学会进行科学研究的基本步骤：科研工作的入手——工具书及资料等信息的查询、综合及分析（开题报告）；科研工作的开始——设计实验方案及实验方案的实施（实验过程）；科研工作的结束——实验结果的讨论与分析（结题报告）。

2. 查阅相关资料，提交一篇关于离子液体发展及应用的综述材料。

3. 综合应用所学化学基础知识设计实验方案。

4. 综合应用所掌握的实验技能完成实验方案。

5. 掌握离子液体合成的基本原理、方法。

6. 掌握无水无氧反应的技术。

7. 对离子液体进行性能测定及表征。

8. 了解有机化合物红外谱图解析方法。

9. 学习从合成到分析、表征的各个环节的设计和统筹安排。

二、实验原理

离子液体合成大体上有两种基本方法：直接合成法和两步合成法。两步合成法又分为复分解反应法和酸碱中和法。

1. 直接合成法

通过酸碱中和反应或季铵化反应一步合成离子液体，操作经济简便，没有副产物，产品易纯化。例如，硝基乙胺离子液体就是由乙胺的水溶液与硝酸中和反应制备的。具体制备过程是：中和反应后真空除去多余的水，为了确保离子液体的纯净，再将其溶解在乙腈或四氢呋喃等有机溶剂中，用活性炭处理，最后真空除去有机溶剂得到产物离子液体。

2. 两步合成法

如果直接合成法难以得到目标离子液体，就必须使用两步合成法。首先，通过铵化反应

制备出含目标阳离子的卤盐（［阳离子］X 型离子液体）；然后用目标阴离子 Y⁻ 置换出 X⁻ 或加入 Lewis 酸 MX_y 来得到目标离子液体，过程如下：

$$R_3N \xrightarrow{RX} [RR_3N]^+ X^- \xrightarrow{M^+Y^-,H^+Y^-} [RR_3N]^+ Y^-$$

$$R_3N \xrightarrow{RX} [RR_3N]^+ X^- \xrightarrow{\text{Lewis 酸}(MX_y)} [RR_3N]^+ [M_n X_{ny+1}]^-$$

用目标阴离子 Y⁻ 置换出 X⁻ 的方法就是复分解反应法，将制备的咪唑鎓盐与所需阴离子的无机盐，在适当溶剂及气氛中发生复分解反应，可得到所需的室温离子液体。

三、仪器与试剂

1000mL 四口烧瓶，圆底烧瓶，克氏蒸馏头，空气冷凝管，接料瓶，水浴锅，冷凝管，温度计，温度计套管，搅拌器，氮气瓶，恒压滴液漏斗，搅拌棒，铁架台，分液漏斗，真空泵，旋转蒸发器。

溴乙烷（工业品），N-甲基咪唑（工业品），1,1,1-三氯乙烷，吡啶（工业品）。

四、实验内容

1. 原料的提纯

分别将溴乙烷、N-甲基咪唑提纯，要求浓度达到 98％以上。

2. 反应装置的组装、通气试漏。

3. 溴化物离子液体的制备。

4. 产物的分离提纯：（1）旋转蒸发；（2）抽滤法。

5. 氟硼酸盐离子液体的制备。

6. 氟硼酸盐离子液体的提纯。

7. 已经制备的离子液体的表征。

五、评价指标

1. 查阅相关资料，提交一篇关于离子液体近期发展及应用情况的综述材料；设计由溴代烷、咪唑合成溴化物离子液体、溴化物离子液体制备氟硼酸盐离子液体的合理方案；设计相关离子液体的分离提纯方案；实验中产率和纯度以及产物的红外谱图作为评价指标。

2. 解释试样的红外谱图。

3. 完成实验，写出实验报告，对实验中出现的现象与结果给出合理的解释。实验报告以小论文的方式提交（格式参照一般科技论文格式）。

六、实验进程及时间安排

实验进程及时间安排见表 5-2。

表 5-2 实验进程及时间安排

时　间	实验内容或进度
第一阶段	实验讲解,布置任务,查阅资料,清点药品仪器,准备综述材料,拟订实验方案
第二阶段	反应原料的提纯,溴化物离子液体的制备及分离
第三阶段	氟硼酸盐离子液体的制备及提纯
第四阶段	溴化物离子液体、氟硼酸盐离子液体的表征
第五阶段	实验讨论总结,完成实验报告

七、思考题

1. 实验中制备的离子液体颜色较深，控制什么条件可使产品颜色较浅？

2. 分析各个实验条件对产品的影响。

实验九十二　离子液体［bmim］PF₆在萃取含酚废水中的应用

一、实验目的

1. 初步学会进行科学研究的基本步骤：科研工作的入手——工具书及资料等信息的查询、综合及分析（开题报告）；科研工作的开始——设计实验方案及实验方案的实施（实验过程）；科研工作的结束——实验结果的讨论与分析（结题报告）。

2. 查阅相关资料，提交一篇关于离子液体在萃取方面应用的综述材料。

3. 综合应用所学化学基础知识设计实验方案。

4. 综合应用所掌握的实验技能完成实验方案。

5. 掌握离子液体合成的基本原理、方法。

6. 掌握萃取的基本原理和实验方法。

7. 掌握 GC7890F 气相色谱仪的使用方法。

8. 学习从合成到应用的各个环节的设计和统筹安排。

传统的化学反应和分离过程由于使用大量的易挥发有机溶剂，对环境造成严重的污染。而室温离子液体是一种新型的绿色溶剂，无色，几乎无蒸气压，所以离子液体很难挥发，且无污染，可以实现多次循环使用。离子液体作为高效的溶剂从源头上阻止了污染的发生。近年来，离子液体已经引起了人们高度的重视。

本实验着重讨论离子液体在萃取废水中的酚方面的应用及反萃取离子液体中的酚，考察不同温度、不同配比对萃取效果的影响。

二、仪器与试剂

1000mL 四口烧瓶，圆底烧瓶，克氏蒸馏头，空气冷凝管，接料瓶，水浴锅，冷凝管，温度计，温度计套管，搅拌器，氮气瓶，恒压滴液漏斗，搅拌棒，铁架台，分液漏斗，真空泵，旋转蒸发器，移液管，吸量管，THZ-82 恒温振荡器，Nicolet Avatar 型傅立叶变换红外光谱仪，GC7890F 气相色谱仪，50mL 带塞锥形瓶。

溴丁烷，N-甲基咪唑，六氟磷酸钾，苯酚（AR），正丁醚（AR）。

三、实验内容

1. 溴化物离子液体的制备（参考实验九十一）。

2. 1-丁基-3-甲基六氟磷酸咪唑盐的制备及提纯（参考实验九十三）。

3. 绘制水溶液中酚的标准曲线。

4. 绘制丁醚溶液中酚的标准曲线。

5. 萃取系列实验。

6. 反萃取系列实验。

四、实验中关键步骤的操作方法

1. 绘制水溶液中酚的标准曲线

测定废水中酚含量时，可采用气相色谱定量方法——外标法，具体操作如下：用苯酚的纯物质加稀释剂（水），配成不同质量分数的标准溶液，取固定量标准溶液进样分析，从所得色谱图上测出响应信号（峰面积或峰高等），然后绘制响应信号（纵坐标）对质量分数（横坐标）的标准曲线。分析试样时，取和制作标准曲线时同样量的试样（固定量进样），测得该试样的响应信号，由标准曲线即可查出其质量分数。此法的优点是操作简单、计算方便，但结果的准确度主要取决于进样量的重现性和操作条件的稳定性。

配制含酚 2％、4％、6％、7％ 的水溶液，绘制标准曲线，横坐标是水溶液中酚的质量分数，纵坐标是酚的峰面积。

2. 绘制丁醚溶液中酚的标准曲线

测定丁醚中酚含量时，仍然采用外标法。配制含酚 10％、15％、20％、25％、30％ 的溶液，每次保持固定量 $0.2\mu L$ 进样，绘制标准曲线，横坐标是丁醚溶液中酚的质量分数，纵坐标是酚的峰面积。

3. 萃取实验

按照一定的体积比，将自制的离子液体与含酚废水依次倒入 50mL 带磨口玻璃塞的锥形瓶中，在恒定温度、恒定振荡频率条件下振荡 10min，使丁醚与含酚的离子液体充分反应，振荡结束后，将反应后的物质静置分层 30s，然后将上层的水相与下层的油相分开。采用气相色谱法分析水相中酚的含量。

4. 反萃取实验

按照一定的体积比，将萃取过含酚废水的离子液体与丁醚依次倒入 50mL 带磨口玻璃塞的锥形瓶中，在恒定温度、恒定振荡频率条件下振荡 10min，使丁醚与含酚的离子液体充分反应，振荡结束后，将反应后的物质静置分层 30s，然后将上层的丁醚相与下层的油相分开。采用气相色谱法分析所收集样品中的酚含量。

五、评价指标

1. 查阅相关资料，提交一篇关于离子液体在萃取方面应用情况的综述材料；设计由溴丁烷、咪唑合成溴化物离子液体、溴化物离子液体制备氟硼酸盐离子液体的合理方案；设计采用气相色谱定量方法，测定废水中酚含量的合理方案；设计采用气相色谱定量方法，测定丁醚中酚含量的合理方案；以萃取率和反萃取率作为评价指标。

2. 完成实验，写出实验报告，对实验中出现的现象与结果给出合理的解释。实验报告以小论文的方式提交（格式参照一般科技论文格式）。

六、实验进程及时间安排

实验进程及时间安排见表 5-3。

表 5-3　实验进程及时间安排

时　间	实验内容或进度
第一阶段	实验讲解，布置任务，查阅资料，清点药品仪器，准备综述材料，拟订实验方案
第二阶段	反应原料的提纯，溴化物离子液体的制备及分离，氟硼酸盐离子液体的制备及提纯
第三阶段	绘制水溶液中酚的标准曲线、绘制丁醚溶液中酚的标准曲线
第四阶段	萃取及反萃取系列实验
第五阶段	实验讨论总结，完成实验报告

七、思考题

分析各个实验条件对产品的影响，特别是温度对萃取及反萃取效率的影响。

实验九十三　咪唑类离子液体在裂解反应中的应用

一、实验目的

1. 掌握无水无氧反应的技术。
2. 掌握离子液体中缩酮裂解反应的技术。
3. 了解环境友好的离子液体的性质及应用。
4. 掌握用气相色谱监控反应过程的方法。

二、仪器与试剂

真空干燥箱，加热套，变压器，温度计，恒压滴液漏斗，冷凝管，三口烧瓶，精馏柱，锥形瓶，分液漏斗，电子天平，磁力搅拌器，超级冷冻恒温槽，气相色谱仪。

五氧化二磷（分析纯），二甲氧基丙烷（99%，工业品），冰水，氮气，$AlCl_3$（AR），N-甲基咪唑（工业品），氯代正丁烷（AR），硫酸（AR）等。

三、实验步骤

1. 离子液体的制备

制备方法参见本书实验九十一。

2. 离子液体中 2-甲氧基丙烯的制备

在带温度计、冷凝管、磁力搅拌的三口烧瓶中，先用氮气置换系统，然后加入一定量的离子液体和少量共催化剂，升温至 130℃ 左右，以 $0.5mL \cdot min^{-1}$ 的速度缓慢滴加二甲氧基丙烷进行催化裂解合成 2-甲氧基丙烯。蒸出产物，冷却收集裂解液粗产品。粗产品每隔 20min 取样分析，在气相色谱仪上分析裂解液组成。计算反应的转化率和选择性。

3. 优化工艺条件

研究离子液体用量、反应温度和反应物滴加速度对反应转化率和选择性的影响，优化工艺条件。

4. 2-甲氧基丙烯的提纯

裂解液粗产品用约 1m 的精馏柱，精馏分离裂解反应得到的裂解液，收集 35℃ 馏分，即为 2-甲氧基丙烯。然后用等体积的冰水洗涤 2 次，上层即为 99% 以上的产品。计算精馏的得率。

四、注意事项

1. 二甲氧基丙烷的加入速度不能太快，否则反应温度太低，影响裂解反应的转化率。
2. 必须控制好反应温度，温度太低则裂解转化率太低，温度太高则离子液体不稳定。
3. 由于离子液体易与水和空气反应，所以反应应在无水无氧条件下进行。
4. 提纯时收集的馏分温度不能过高，否则含量不能达到要求。
5. 洗涤时水量不能过多，否则分相不佳。
6. 产品沸点较低，注意在低温下操作、保存。

五、思考题

1. 现在常用的离子液体有哪些？各有什么特性？
2. 离子液体进行裂解反应的原理是什么？
3. 离子液体中裂解反应的主要影响因素是什么？

4. 裂解反应中的共催化剂有哪些?

背景材料

离子液体是由有机阳离子和无机或有机阴离子构成的、在室温或室温附近温度下呈液体状态的盐类。它是从传统的高温熔盐演变而来的,但与一般的离子化合物有着非常不同的性质和行为,最大的区别在于一般离子化合物只有在高温状态下才能变成液态,而离子液体在室温附近很大的温度范围内均为液态。与传统的有机溶剂相比,离子液体具有如下特点:①液体状态温度范围宽,从室温到 300℃,且具有良好的物理和化学稳定性;②蒸气压低,不易挥发,对环境的污染少;③对大量的无机物质和有机物质都表现出良好的溶解能力,且具有溶剂和催化剂的双重功能,可作为许多化学反应的溶剂或催化活性载体;④具有较大的极性可调控性,黏度低,密度大,可以形成二相或多相体系,适合作分离溶剂或构成反应-分离耦合新体系。由于这些特殊性质,离子液体与超临界 CO_2 和双水相一起构成了三大绿色溶剂,具有广阔的应用前景。

早在 1914 年,Walden 就由乙胺和浓缩的硝酸反应合成出乙基硝酸铵(熔点为 12℃),但在当时这一发现并没有引起普遍的关注。20 世纪 40 年代,Hurley 等在寻找一种温和条件电解 Al_2O_3 时把 N-甲基吡啶加入 $AlCl_3$ 中,两固体的混合物在加热后变成了无色透明的液体,这一偶然发现构成了今天所说的离子液体的原型。随后又先后合成了一些高温或低温的氯化物有机离子盐,但它们的共同缺点就是对水和空气敏感。所以人们一直在试图探寻一种稳定的离子液体。直到 1992 年,Wilkes 领导的研究小组合成了一系列咪唑阳离子与 $[BF_4^-]$、$[PF_6^-]$ 阴离子构成的对水和空气都很稳定的离子液体。由于在离子液体中进行的反应,其热力学和动力学与在传统分子溶剂中进行的反应不同,因而其过程与目前所知是有区别的。20 世纪 90 年代中期以来,在世界范围内掀起了研究室温离子液体的热潮。可以预言,离子液体的基础与应用研究将会不断地出现新的突破,特别是如果能够在离子液体的大规模制备成本和循环利用问题上有重大突破,离子液体的大规模工业应用将会迅速展开而形成新的绿色产业。

经过 20 多年的研究,室温离子液体体系不断扩展。目前制备出的室温离子液体的阳离子基本上都是有机含氮杂环阳离子,阴离子一般为体积较大的无机阴离子,如 $AlCl_4^-$、$AlBr_4^-$、AlI_4^-、BF_4^-、NO_3^- 等。常用的室温离子液体有 [Emim]BF_4、[Bmim]$AlCl_4$ 等。国内外有关离子液体化学的研究目前主要集中在离子液体的制备、物理和化学性质的表征、催化合成反应、萃取分离及电化学等方面。离子液体作为溶剂或催化剂已成为绿色化学研究的重要组成部分。

2-甲氧基丙烯是合成克拉霉素、维生素 E、维生素 A、假紫罗兰酮等产品的关键中间体,在工业生产中有着广泛的用途。本实验以二甲氧基丙烷为原料,用离子液体作为裂解催化剂和溶剂,催化裂解合成 2-甲氧基丙烯,其合成路线如下:

实验九十四　沸石分子筛的水热合成及其比表面积的测定

一、实验目的

1. 了解分子筛合成的基本原理。

2. 掌握水热合成法制备 ZSM-5 沸石分子筛及 X 射线衍射(XRD)表征。

二、实验原理

本实验以硅溶胶（SiO_2 质量分数为 30%）、硫酸铝、氢氧化钠、四丙基溴化铵、去离子水为原料合成 ZSM-5 沸石分子筛。

上述原料混合时发生如下化学反应。

1. $Al_2(SO_4)_3$ 在水溶液中水解形成 $Al(OH)_3$

$$Al^{3+} + 3H_2O \longrightarrow Al(OH)_3 + 3H^+$$

$Al(OH)_3$ 与碱作用发生反应：

$$Al(OH)_3 + OH^- \longrightarrow [HO-\underset{\underset{OH}{|}}{\overset{\overset{OH}{|}}{Al}}-OH]^-$$

此物质在过量碱存在下是稳定的。

2. 硅溶胶中 SiO_2 成水合状态

$$SiO_2 + 2H_2O \longrightarrow [HO-\underset{\underset{OH}{|}}{\overset{\overset{OH}{|}}{Si}}-OH]$$

这些水合状态的物质互相接触时发生缩聚反应，生成各种硅铝酸盐阴离子，即硅铝凝胶。例如：

$$[HO-\underset{\underset{OH}{|}}{\overset{\overset{OH}{|}}{Si}}-OH] + [HO-\underset{\underset{OH}{|}}{\overset{\overset{OH}{|}}{Al}}-OH]^- \longrightarrow [HO-\underset{\underset{OH}{|}}{\overset{\overset{OH}{|}}{Si}}-O-\underset{\underset{OH}{|}}{\overset{\overset{OH}{|}}{Al}}-OH]^- + H_2O$$

上述反应过程称为成胶过程。含有这些硅铝酸盐的反应介质是一种胶体物质，由固相凝胶（称为胶团）和液相两部分组成。胶团是非晶态物质，含有硅氧四面体，五元环和六元环等多元环及无序的硅（铝）氧骨架。在一定条件下（加热及其产生的自压力），胶团受到介质中 OH^- 的催化发生解聚，形成某种沸石所需要的结构单元（多元环），进而生成晶核。晶核不断生长，形成沸石晶体，这就构成了晶化期，自动催化作用使此过程加速进行。

在沸石分子筛合成中，原料组成、成胶情况和晶化温度、搅拌等直接影响了分子筛的合成。

为了加速晶化，可向所制备的水凝胶中加入定向剂，所谓定向剂又称为晶种，即已制备好的 ZSM-5 分子筛。

制得的 ZSM-5 沸石分子筛可用多种方法进行表征，常用的方法有 X 射线衍射(XRD)、扫描电镜(SEM)、傅里叶变换-红外光谱(FT-IR)。

三、实验设备与试剂

1. 实验设备

托盘天平，分析天平，250mL 烧杯，量筒，磁力搅拌器，晶化釜，烘箱，NOVA2200e 全自动比表面与空隙度吸附分析仪，ChemBet 3000TPR/TPD 化学吸附分析仪。

2. 试剂

硅溶胶（SiO_2 含量为 30% 的水溶液），硫酸铝，氢氧化钠，四丙基溴化铵等。

四、实验步骤

1. 合成沸石分子筛

（1）根据合成沸石分子筛原料比计算出所需各种反应物料量。合成沸石分子筛原料摩尔比为：$NaOH : TPABr : SiO_2 : Al_2O_3 : H_2O = 13.9 : 1.67 : 40 : 1.0 : 1600$。

（2）根据上述摩尔比计算出大约 80mL 凝胶中所含各组分的质量或体积。

往装有称好的硅溶胶烧杯中加入定量的去离子水，磁力搅拌 10min；然后在搅拌状态下依次加入定量的 $NaOH$、$Al_2(SO_4)_3$、四丙基溴化铵，继续搅拌 20min，得到搅拌均匀的凝胶，并测定其 pH 值。

（3）将合成的凝胶装入晶化釜中，盖好釜盖，拧紧，放入烘箱中，于 170℃ 下晶化 48h。

（4）晶化完毕将晶化釜取出，用冷水冷却到室温，打开晶化釜盖，测定上部清液 pH 值，将上部清液倒掉，用去离子水反复洗涤过滤结晶物直至水洗液 pH 值等于 9。

（5）将洗涤好的结晶物放入烘箱中，在 110℃ 下干燥 4h，然后在马弗炉中程序升温至 540℃ 焙烧 2h，将焙烧好的沸石分子筛收集起来称重。

（6）取少量焙烧好的沸石分子筛在显微镜下观察其晶体结构或进行 X 射线衍射测其特征衍射峰（XRD 谱图上 $2\theta = 7.8°$、$8.8°$、$23.2°$、$23.8°$、$24.3°$ 的五个衍射峰为 ZSM-5 沸石分子筛具有 MFI 拓扑结构的特征峰）。

2. 比表面积的测定

（1）将沸石分子筛样品压制成片状或粒状，样品要在加热炉中加热脱附一定时间，处理后样品质量要大于 0.1g。

（2）称取一定量的干燥后的样品，将其装入样品管中，安装到仪器上；打开氮气阀，调节针形阀，使气体流速为适当值；依次打开仪器电源和加热炉，调节到适当的温度并通氨气，直到基线平稳。在适当的温度下通氮气一定时间，氮气吹扫直至基线再次平稳后，开始记录数据，调节加热炉，在适当的程序升温速率下加热样品，记录数据，结束实验后，关闭仪器电源，关闭气阀。

五、注意事项

1. 计算原料比要准确，配料时要仔细，不得带入其他杂质。成胶时缓慢加入原料，要搅拌均匀。

2. 晶化釜一定要盖紧盖子，以免漏气。

3. 真空脱气时要让样品管内的绝对压力降到 10kPa 以下后才能开始加热，防止粉末飞扬被抽走造成真空管路堵塞；脱气时间与样品量有关，一般不少于 5min，但也没必要太长而浪费时间；脱气完成后要等样品管自然冷却至室温才能移至分析站分析。

4. 往杜瓦瓶中加液氮时要特别小心，注意防护，以免冻伤。

背景材料

沸石分子筛作为一种化工新材料近年来发展很快，应用也日益广泛。它是一种水合结晶型硅铝酸盐，具有均匀的微孔，其孔径与一般分子大小相当，由于孔径可用来筛分大小不同的分子，故称为沸石分子筛。

　　分子筛用作催化剂是在 20 世纪 60 年代后，由于对分子筛结构、物理化学性质进行了大量研究，人工合成沸石分子筛方面取得很大进展，使得分子筛作为催化裂化、加氢裂解、催化重整、芳烃及烷烃异构化、烷基化、歧化等过程的工业催化剂得以实现。

　　1972 年，美国 Mobil 公司开发出 ZSM 系列沸石分子筛（zeolite socony mobil），其中重要的一类是 ZSM-5。1978 年 Kokotailo 等确定了 ZSM-5 的拓扑结构（见图 5-3）——由硅氧四面体和铝氧四面体等初级结构单元通过氧桥连接，构成了五元环的次级结构单元，八个五元环进而构成 ZSM-5 的基本结构单元。基本结构单元通过公用棱边连接成链，链与链之间通过氧桥对称面关系连接构成片，片与片之间通过二次螺旋轴连接成三维骨架结构，三维骨架中包含二种相互交叉孔道，一种是平行于 Z 轴的直孔道，孔口是由椭圆形的十元环组成，长轴为 0.58nm，短轴为 0.52nm；另一种是平行于 XY 面的正弦形孔道，孔口为圆形，由十元环组成，直径为 0.54nm。正是由于 ZSM-5 具有这种独特的三维孔道结构及其择形催化性能，使其在石油加工、基本化工原料合成及精细有机化学品合成等领域中得到了广泛的应用。

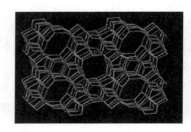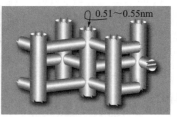

图 5-3　沸石分子筛的结构

　　比表面积：指单位质量的所有样品粒子表面积的总和，单位为 $m^2 \cdot g^{-1}$。样品比表面积是反映其性能的重要指标。

　　氮吸附测定比表面积（BET 法）：氮吸附属界面化学的范畴，本质上是固-气界面的物理吸附作用。在范德华力的作用下，样品表面对气体分子有强烈的吸附和束缚作用。其吸附热与吸附气体的液化热相近，通常在较低的温度（吸附质气体的沸点附近）下可显著进行。氮吸附法就是将定量的脱气试样置于液氮温度下的氮气流中，待其吸附的氮气达到平衡后，测定其吸附量，计算出试样的比表面积。氮吸附属于气体的等温吸附过程，即在液氮温度下，氮吸附量与平衡压力之间形成关系曲线即等温线。BET 多分子层吸附模型是一种经典的解释等温吸附过程的理论，氮吸附法就是基于 BET 理论和导出的二常数方程来测定样品比表面积。由于氮分子的尺寸相对较小（截面积为 $16.2 \times 10^{-20} m^2$），可以进到样品表面的微孔空间中去。因此，BET 法的氮吸附表面积，实际上是指样品的总表面积。

实验九十五　La、Eu 磷酸盐发光材料的制备与表征

一、实验目的

1. 初步学会进行科学研究的基本步骤：科研工作的入手——工具书及资料等信息的查

询、综合及分析（开题报告）；科研工作的开始——设计实验方案及实验方案的实施（实验过程）；科研工作的结束——实验结果的讨论与分析（结题报告）。

2. 查阅相关资料，提交一篇关于稀土发光材料进展情况的综述材料。

3. 综合应用所学化学基础知识设计实验方案。

4. 综合应用所掌握的实验技能完成实验方案。

5. 掌握利用共沉淀法制备纳米级发光粉体。

6. 了解通过 X 射线衍射仪（XRD）、透射电镜（TEM）、激光粒度测试仪等测试手段来表征物质的结构与形貌。

7. 学会使用荧光/磷光光度计，并对谱图进行分析。

二、实验原理

向含多种阳离子的溶液中加入沉淀剂后，所有离子完全沉淀的方法称共沉淀法。沉淀产物为混合物时，称为混合共沉淀。$LaPO_4:Eu$ 的共沉淀制备就是一个典型的例子。用 La_2O_3 和 Eu_2O_3 为原料来制备 $LaPO_4:Eu$ 的纳米粒子的过程如下：La_2O_3 和 Eu_2O_3 用稀硝酸溶解得到 $La(NO_3)_3$ 和 $Eu(NO_3)_3$ 溶液，将二者按一定比例配制成一定浓度的混合溶液，滴加 $(NH_4)_2HPO_4$ 溶液，便有 $LaPO_4$ 和 $EuPO_4$ 的沉淀粒子缓慢形成。反应式如下：

$$La(NO_3)_3 + (NH_4)_2HPO_4 \Longrightarrow LaPO_4\downarrow + 2NH_4NO_3 + HNO_3$$
$$Eu(NO_3)_3 + (NH_4)_2HPO_4 \Longrightarrow EuPO_4\downarrow + 2NH_4NO_3 + HNO_3$$

得到的磷酸盐共沉淀物经洗涤、烘干、煅烧就可得到发光性能很好的 $LaPO_4:Eu$ 纳米发光粉体。

在沉淀法中，沉淀剂的选择、沉淀温度、溶液浓度、沉淀时溶液的 pH 值、加料顺序及搅拌速率等对所得纳米粒子的晶型、发光性能等均有很大的影响。

三、仪器与试剂

磁力搅拌器，马弗炉，X 射线衍射仪（XRD），荧光/磷光光度计，透射电镜（TEM），激光粒度测试仪。

氧化镧 $[La_2O_3$，荧光纯（99.9%）]，氧化铕 $[Eu_2O_3$，荧光纯（99.9%）]，磷酸氢二铵 $[(NH_4)_2HPO_4$，AR]。

四、实验步骤

1. $La(NO_3)_3$ 和 $Eu(NO_3)_3$ 溶液的配制。

2. $LaPO_4$ 和 $EuPO_4$ 的沉淀的制备。

3. 磷酸盐共沉淀物经洗涤、烘干。

4. 在不同的条件下将磷酸盐共沉淀物煅烧。

5. 对产品进行 X 射线衍射分析。

6. 讨论焙烧温度对 $LaPO_4:Eu$ 形貌的影响。

7. 讨论焙烧温度对 $LaPO_4:Eu$ 发光性能的影响。

五、评价指标

1. 查阅相关资料，提交一份关于镧、铕发光材料进展情况的综述材料。设计 $LaPO_4:Eu$ 合理的制备方案；写出合成的具体实验步骤。实验中试样的尺度、纯度、发光性能将作为评价指标。

2. 比较不同焙烧温度对 $LaPO_4:Eu$ 形貌的影响情况，并对上述影响作出合理的解释。

3. 比较焙烧温度对 $LaPO_4:Eu$ 发光性能的影响情况，并对上述影响作出合理的解释。

六、实验进程及时间安排

实验进程及时间安排见表 5-4。

表 5-4　实验进程及时间安排

时　间	实验内容或进度
第一阶段	实验讲解,布置任务,查阅资料,清点药品仪器,准备综述材料,拟订实验方案
第二阶段	$La(NO_3)_3$ 和 $Eu(NO_3)_3$ 溶液的配制,$LaPO_4$ 和 $EuPO_4$ 的沉淀的制备
第三阶段	磷酸盐共沉淀物经洗涤、烘干,并在不同的条件下将磷酸盐共沉淀物煅烧
第四阶段	$LaPO_4$:Eu 形貌、发光性能的表征
第五阶段	实验讨论总结,完成实验报告

七、思考题

1. 若将 $(NH_4)_2HPO_4$ 水溶液滴加到 La、Eu 混合液中,样品的粒度会有何种变化?

2. 焙烧温度如何影响发光强度?样品粒度如何影响发光强度?

3. 如何尽可能减小纳米粒子的团聚?

背景材料

1998 年 Mr. Zhang 发现 Eu^{3+} 掺杂的纳米 Y_2SiO_6 中猝灭浓度和发光亮度均高于体材料,预示着高发光概率、高发光效率和高掺杂浓度有可能同时存在,稀土或过渡金属离子激活的绝缘体为基质的纳米发光材料开始受到关注。这种纳米材料的优异荧光特性可以弥补体材料之不足,考虑到其可能的优异性能及应用前景,此类化合物的荧光性能有待深入地研究。在理论上,稀土或过渡金属离子激活的绝缘体为基质的纳米发光材料的能级结构及荧光特性是一个全新的领域。因此,它的能级结构、光谱特性以及如何提高材料的猝灭浓度进而提高发光亮度等,是值得研究的。

目前,磷酸盐基质的纳米光致发光材料的基础理论研究工作正处于初始阶段,文献报道不多,还需深入研究。磷酸盐基质主要集中于卤磷酸盐与稀土磷酸盐。如 A. Doat 用沉淀法制备了 Eu^{3+} 掺杂的 $Ca_{10}(PO_4)_6(OH)_2$ 纳米颗粒并研究了结构对发光的影响;K. Riwotzki 在高沸点配体溶剂中液相合成了 $LaPO_4$:Eu 和 $CePO_4$:Tb 纳米晶;M. Hasse 用水热法制备了 $LaPO_4$:Eu 纳米颗粒和纳米纤维。

稀土磷酸盐是一类优良的发光材料,适用于高密度激发和高能量量子激发的环境。由于稀土磷酸盐自身的化学物理特性,磷酸镧($LaPO_4$)常被用作掺杂其他稀土离子的基质。La-PO_4:Eu 是具有高发光效率的发光材料之一,并且其热稳定性和真空紫外辐照维持率优于其他发光材料。随着高密度激发和高能量量子激发发光材料研究的发展,关于稀土磷酸盐发光材料的研究愈发引起人们的关注。

附：谱图分析

1. $LaPO_4$:Eu 的晶形结构确定

用 XRD 方法,采用 CuKα($\lambda = 0.15405nm$)作为 X 射线入射线,对以 600℃、700℃、800℃、900℃、1000℃焙烧而得的样品做 X 射线衍射分析,将所得衍射谱的 d 值和强度分布与 JCPDS 粉末衍射卡片的标准谱图 32-0493 对照,确认体系中除 $LaPO_4$ 相存在外,是否有其他杂质相存在。

通过 Scherre 公式可以计算出纳米晶颗粒粒径的大小:

$$D = \frac{0.89\lambda}{B\cos\theta} \qquad\qquad (5\text{-}3)$$

式中　D——纳米粉体粒子的直径；

　　　B——单纯因晶粒度细化引起的宽化度，单位为弧度（rad），$B = B_M^2 - B_S^2$，B_M 是纳米材料的半峰宽，B_S 是标准物的半峰宽；

　　　λ——X 射线的波长；

　　　θ——X 射线的衍射角。

2. 焙烧温度对 $LaPO_4$:Eu 形貌的影响

利用透射电镜（TEM）对不同温度样品进行测试，可明显观测到不同焙烧温度对样品尺度、样品团聚现象的影响。

3. $LaPO_4$:Eu 的发光性能研究

通过 $LaPO_4$:Eu 的发射光谱，指认 Eu^{3+} 的 5 个特征发射带（$^5D_0 \rightarrow {}^7F_J$）。

4. 焙烧温度对 $LaPO_4$:Eu 发光性能的影响

对 5 个样品的发射光谱中的最强峰(594nm)面积进行比较，做出变化曲线。

实验九十六　沸石分子筛（HZSM-5）催化合成乙酸丁酯、乙酸乙酯

有机酸酯通常可用羧酸和醇在少量酸性催化剂（如浓硫酸等）的存在下，进行酯化反应而制得。反应如下：

$$RCOOH + HOR \underset{}{\overset{H_2SO_4}{\rightleftharpoons}} RCOOR + H_2O$$

硫酸催化酯化反应速率快，但是存在氧化反应原料、产品后处理中废水过多、后处理产品损失、腐蚀反应仪器等特点，采用固体超强酸催化酯化则可避免以上缺点，而且固体酸还可重复使用。

本实验采用的沸石分子筛为 HZSM-5，活化之后进行催化酯化反应。HZSM-5 生产厂家很多，可直接购买获得。HZSM-5 也可根据实验要求与特点自己制备。

Ⅰ. 沸石分子筛（HZSM-5）催化合成乙酸丁酯

一、实验原理

酯化反应为酸催化的可逆反应，通常反应达到平衡后酯化反应结束。为了提高酯的产率，通常采用增加某一反应物用量或移去生成物酯或水的方法（一般都是借助形成低沸点共沸混合物来进行）使反应向生成酯的方向进行。由于丁醇在水中的溶解度较小，一般采用分去所产生水的方法推动平衡移动。本实验采用分水器分去反应中所产生的水。

$$CH_3COOH + C_4H_9OH \underset{}{\overset{HZSM\text{-}5}{\rightleftharpoons}} CH_3COOC_4H_9 + H_2O$$

二、实验药品

正丁醇，冰醋酸，沸石分子筛，无水硫酸镁。

三、实验所需时间

实验所需时间为 4h。

四、实验步骤

在干燥的 50mL 圆底烧瓶中，装入 23mL 正丁醇和 7.2mL 冰醋酸，再加入沸石分子

筛[1] 混合均匀，安装分水器及回流冷凝管，并在分水器中预先加水至略低于支管口。加热回流，逐渐分去所生成的水层[2]，保持分水器中水层液面在原来的高度。约 60min 后不再有水生成，表示反应完毕，停止加热，记录分出的水量[3]。

催化剂的种类、活化的时间、活化温度不同，导致其催化效果在反应过程中现象不相同，反应终点是以分出反应中生成的水来判断的。

产物冷却后卸下回流冷凝管。把分水器中分出的酯层和圆底烧瓶中的反应液一起倒入漏斗中过滤，滤去沸石。用 10mL 水洗涤，将酯层倒入小锥形瓶中，加少量无水硫酸镁干燥。

将干燥后的乙酸正丁酯倒入干燥的 30mL 蒸馏烧瓶中加入沸石，安装好蒸馏装置，在石棉网上加热蒸馏。收集 124～126℃的馏分。前后馏分倒入指定的回收瓶中。

五、思考题

1. 沸石分子筛的结构是什么？
2. 沸石分子筛催化与质子酸催化活性如何比较？
3. 反应中有哪些副产物？
4. 催化剂的活化温度对活化有什么影响？如果温度过高会导致催化剂出现什么现象？

【注释】

[1] 分子筛催化剂需要干燥保存。

[2] 本实验利用恒沸混合物除去酯化反应中生成的水。正丁醇、乙酸正丁酯和水形成几种恒沸混合物。

[3] 根据分出的总水量（注意扣除预先加到分水器中的水量）可以粗略地估计酯化反应完成的程度。

Ⅱ. 沸石分子筛（HZSM-5）催化合成乙酸乙酯

一、实验原理

乙酸与乙醇反应合成乙酸乙酯也是可逆反应，反应中生成的水能与冰醋酸和乙醇互溶，因此不可用分水器分出反应中所生成的水，如果需要分水也只能通过分馏柱将生成的水、乙酸乙酯蒸出。

$$CH_3COOH + C_2H_5OH \underset{}{\overset{HZSM-5}{\rightleftharpoons}} CH_3COOC_2H_5 + H_2O$$

二、实验药品

冰醋酸，95％乙醇，沸石分子筛，饱和碳酸钠溶液，饱和食盐水，饱和氯化钙溶液，无水硫酸钠。

三、实验所需时间

实验所需时间为 4h。

四、实验步骤

在 100mL 三口烧瓶的一侧口装配恒压滴液漏斗，另一侧口固定一个温度计，中口装配刺形分馏柱、蒸馏头、温度计及直形冷凝管。冷凝管的末端连接接引管及锥形瓶。在三口烧瓶中加入 0.5g 沸石分子筛催化剂、5mL 乙醇与 5mL 冰醋酸。然后配制 10.1mL 乙醇和 9.4mL 冰醋酸的混合溶液倒入恒压滴液漏斗中。加热烧瓶，小火回流 10min[1] 后可升温使三口烧瓶中液体通过刺形分馏柱中蒸出，此时可将恒压滴液漏斗中的混合溶液慢慢滴加到三口烧瓶中。调节加料的速度，使加料速度与酯蒸出的速度大致相等[2]。滴加完毕后，继续加热约 10min，直到不再有液体流出为止[3]。

粗产物用 10mL 饱和碳酸钠溶液、10mL 饱和食盐水洗涤[4]，用 20mL 饱和氯化钙洗涤两次[5]，每次 10mL。酯层用无水硫酸钠干燥。

将干燥后的乙酸乙酯滤入 50mL 蒸馏瓶中，蒸馏，收集 73～78℃馏分，称重，计算产率。

纯乙酸乙酯的沸点为 77.06℃，具有果香味。

五、思考题

1. 实验中冰醋酸能否被蒸出？
2. 反应中温度过高会有什么副产物生成？
3. 粗产物能否不用食盐水洗涤？

【注释】

[1] 可使初步酯化反应完成。

[2] 加热温度不可过高，否则有副产物生成。

[3] 不可蒸干烧瓶。

[4] 在此用饱和溶液的目的是降低乙酸乙酯在水中的溶解度。

[5] 如果有沉淀生成表明有未洗去的乙醇存在。

实验九十七　锆钛复合超强酸制备与催化酯化乙酸丁酯、邻苯二甲酸二丁酯

锆钛复合超强酸是固体酸的一种，由于锆与钛离子具有较大电负性，而且表面上含有高氧化态的硫原子，其具有极强的酸性。超强酸的强酸性可用于催化酯化、催化重整、异构化等反应。

Ⅰ. 锆钛复合超强酸的制备

一、实验原理

$$TiCl_4 + H_2O \longrightarrow TiO_2 + HCl$$
$$ZrOCl_2 + H_2O \longrightarrow ZrO_2 + HCl$$

二、实验药品

$ZrOCl_2 \cdot 8H_2O$，$TiCl_4$，浓盐酸，氨水，浓硫酸。

三、实验所需时间

实验所需时间为 40h。

四、实验步骤

在 250mL 三口烧瓶中加入适量四氯化钛，在三口烧瓶一端安装回流冷凝管，冷凝管上口处用温度计套管连接水管进行尾气吸收，吸收剂为水[1]。三口烧瓶另外一端用塞子密封，在中间磨口处安装 100mL 恒压滴液漏斗。滴液漏斗中加入浓盐酸[2]。缓慢滴加浓盐酸至三口烧瓶中，使四氯化钛水解[3]。

称量一定量的氧氯化锆溶于水中，按照锆、钛设定的摩尔比将两种溶液混合。室温下滴加氨水至碱性，放置 12h 使其陈化。减压过滤，用去离子水洗去氯离子[4]，110℃下干燥 12h[5]。

取出研磨成粉末，过筛[6]，用 $1.0mol \cdot L^{-1}$ 的硫酸溶液浸渍 3h，过滤，除去过量的硫酸溶液，在 105℃ 干燥 24h，在 400～600℃ 下焙烧 2～4h，即为锆钛复合超强酸催化剂，放置于干燥器中储存。

锆钛复合超强酸的制备过程中，影响酸强度的因素有：锆和钛的比例、沉化时间、粉末的平均粒径、酸化中硫酸的浓度、焙烧时间、焙烧温度。实验中可用正交实验的方法进行筛选，得到较好的催化效果。

【注释】

[1] 四氯化钛水解生成氯化氢，有大量的白烟，必须用其良性溶剂吸收，否则容易引起中毒。

[2] 如果滴加水，则反应非常迅速，生成大量固体并且容易从管口溢出。

[3] 四氯化钛与水反应生成二氧化钛，溶于盐酸。

[4] 如果不用去离子水洗去氯离子，则制备出的超强酸酸性减弱。可用硝酸银溶液鉴别洗涤液中是否含有氯离子。

[5] 干燥温度不能过高，过高则产品出现灰色或者黑色。

[6] 可根据要求选择筛子的孔径。

Ⅱ. 锆钛复合超强酸催化合成乙酸丁酯

实验过程参照实验九十六。

Ⅲ. 锆钛复合超强酸催化合成邻苯二甲酸二丁酯

一、实验原理

邻苯二甲酸二丁酯是高分子加工中常见的助剂，其制备的方法是用邻苯二甲酸酐与丁醇反应制备而成。

反应式[1]：

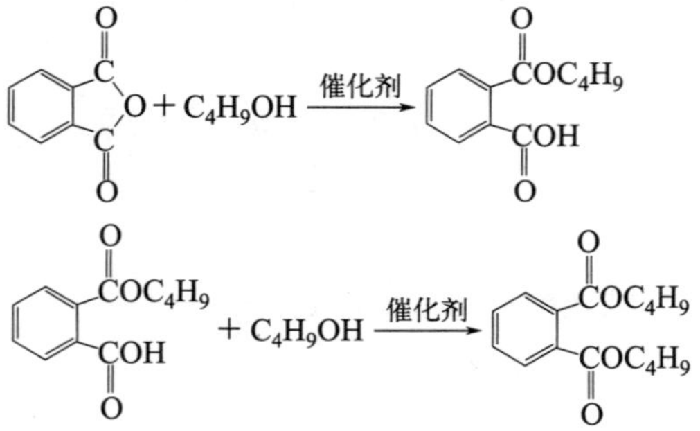

二、实验药品

邻苯二甲酸酐，正丁醇，锆钛复合催化剂，饱和食盐水。

三、实验所需时间

实验所需时间为 4h。

四、实验步骤

在 100mL 三口烧瓶中，放入 15g 邻苯二甲酸酐、27.4mL 正丁醇、0.5g 锆钛复合催化剂，安装分水器，内盛适量水，分水器上端接球形冷凝管。

用小火加热，约 10min 后，固体的邻苯二甲酸酐全部消失，形成邻苯二甲酸单丁酯[2]。

稍加大火焰，使反应混合物沸腾，分出所生成的水。待分水器中的水层不再增加，反应混合物的温度上升到 160℃时，停止加热。

当反应物冷却到 70℃以下时，将反应物倒入分液漏斗中，用等量饱和食盐水洗涤两次，将分离出来的油状粗产物进行常压蒸馏，除去正丁醇，再用油泵进行减压蒸馏，收集 180～190℃/1.33kPa(10mmHg)的馏分。

纯邻苯二甲酸二正丁酯是无色透明黏稠的液体，沸点为 340℃。

五、思考题

1. 增加正丁醇的量对反应有什么影响？

2. 减压蒸馏过程中在空气冷凝管中产生的白色固体为何物质？

【注释】

[1] 也可用邻苯二甲酸来制备，不过由于酸的酯化反应活性低于酸酐，反应通常进行不彻底。

[2] 此反应为酸酐反应，进行较快，邻苯二甲酸单丁酯为白色固体，减压蒸馏中即可看出。

实验九十八　锆系（锆、锆钛、锆锡钕）超强酸制备与催化合成柠檬酸三丁酯性能测试

锆系超强酸可由锆、锆钛、锆硅、锆锡、锆铁、锆镧等金属单独或者相互搭配合成，按照其金属原子的配比、离子电负性、配合物等因素制备不同酸强度、比表面积和催化活性的超强酸催化剂。

聚氯乙烯是用量最大的三种聚合物之一，其常用的增塑剂有邻苯二甲酸酯类（其中以 DOP、DBP 为主）、氯化石蜡、对苯二甲酸酯等，但这些都存在着环保与安全隐患。柠檬酸酯为无公害催化剂，用于食品、医药方面具有良好的安全性。

Ⅰ. 锆系超强酸催化剂的合成

锆、锆钛复合超强酸催化剂的合成方法见实验九十七。

一、实验原理

采用分别沉淀方法制备氧化锆和氧化锡，然后将其混合均匀共同在稀土元素中浸渍的方法来制备三元共混化合物。

二、实验药品

$Zr(SO_4)_2 \cdot 4H_2O$，$SnCl_4 \cdot 5H_2O$，Nd_2O_3，氨水，硫酸。

三、实验所需时间

实验所需时间为 40h。

四、实验步骤

称取硫酸锆并且将其配成质量分数为 10% 的水溶液，用氨水沉淀至 pH 值为 8～9。按照锆、锡原子比为 (1:3)～(1:9)，称取相应质量的 $SnCl_4 \cdot 5H_2O$ 配成质量分数为 5% 的水溶液，搅拌均匀。按照稀土氧化物占总体氧化物质量分数的 2%～8% 称取一定质量的细粉状 Nd_2O_3。

将上述 3 种沉淀共陈化 12h。抽滤，用蒸馏水洗涤至中性。将滤饼于 110℃下干燥 12h，研磨并过筛。用 1.0mol·L^{-1} 的硫酸溶液浸渍 3h，减压过滤，110℃下干燥 12h。

取出研磨成粉末，过筛，在 400～600℃温度下焙烧 2～4h，即为锆锡钕复合超强酸催化剂，放置于干燥器中储存。

Ⅱ．锆系超强酸催化剂催化合成柠檬酸三丁酯

一、实验原理

$$\underset{\text{COOH}}{\overset{\text{COOH}}{\text{HOCCOOH}}} + C_4H_9OH \xrightarrow{\text{催化剂}} \underset{\text{COOC}_4H_9}{\overset{\text{COOC}_4H_9}{\text{HOCCOOC}_4H_9}}$$

二、实验药品

柠檬酸，正丁醇，锆系催化剂，饱和食盐水。

三、实验所需时间

实验所需时间为 4h。

四、实验步骤

在 100mL 三口烧瓶中，放入 63g 柠檬酸、27.4mL 正丁醇、0.5g 锆系催化剂，安装分水器，内盛适量水，分水器上端安球形冷凝管。安装搅拌装置，加热回流，分出所生成的水。在反应 1h 后，每间隔 15min 同时停止搅拌，抽取 1mL 样品进行酸量滴定[1]。反应至分水器中水不生成为止，时间大约为 3h[2]。

试样中的酸含量可以用酸碱滴定方法进行测定，测定方法是配制标准碱溶液，然后用酚酞指示剂进行滴定。具体方法如下：用分析天平精确称量邻苯二甲酸氢钾标定配制的标准碱，标准碱浓度为 0.5～1mol·L^{-1}[3]；将取好的样品放入锥形瓶中，加入 5mL 水、2 滴酚酞指示剂，用标准碱滴定至样品呈现中性[4]；由所滴定的数据计算出所取样品中酸的含量，并且绘制溶液中所含酸量与反应时间变化曲线。

五、思考题

1. 还有哪些金属可以与锆制作固体超强酸？
2. 可不可以用硫代硫酸钠制备固体超强酸？
3. 制备复合超强酸除了共沉淀方法，还可以用什么方法制备？
4. 还有哪些因素影响固体超强酸的酸性？
5. 焙烧温度过高对固体超强酸的酸性有何影响？

【注释】

[1] 固体酸催化剂有酸性，因此在取样的过程中要停止搅拌，略微静置，然后取上层清液。

[2] 柠檬酸含有三个羧基，在反应过程中三个羧基都反应成为酯化产物需要时间，而且由于催化剂的催化能力不同，在整个酯化反应中的反应时间也不尽相同。

[3] 先估计浓度，称量一定量的氢氧化钠，然后再用标准酸标定。

[4] 标准碱也可以配制其他浓度的，不过要求在使用过程中注意误差与操作的方便性，例如 1mL 标准碱就能使酸变色，说明误差较大，所使用的标准碱量过大也使操作不方便。

附　　录

附录一　国际单位制的基本单位

量的名称	单位名称	单位符号	量的名称	单位名称	单位符号
长度	米	m	热力学温度	开[尔文]	K
质量	千克(公斤)	kg	物质的量	摩[尔]	mol
时间	秒	s	发光强度	坎[德拉]	cd
电流	安[培]	A			

附录二　国际单位制的辅助单位

物理量	名　称	国际符号
平面角	弧度	rad
立体角	球面度	sr

附录三　国际单位制的一些导出单位

物　理　量	名　称	国际符号	用 SI 基本单位表示
力	牛顿	N	$m \cdot kg \cdot s^{-2}$
压力	帕斯卡	Pa	$m^{-1} \cdot kg \cdot s^{-2}$
能、功、热量	焦耳	J	$m^2 \cdot kg \cdot s^{-2}$
功率	瓦特	W	$m^2 \cdot kg \cdot s^{-3}$
电量、电荷	库仑	C	$s \cdot A$
电位、电压、电动势	伏特	V	$m^2 \cdot kg \cdot s^{-3} \cdot A^{-1}$
电阻	欧姆	Ω	$m^2 \cdot kg \cdot s^{-3} \cdot A^{-2}$
电导	西门子	S	$m^{-2} \cdot kg^{-1} \cdot s^3 \cdot A^2$
电容	法拉	F	$m^{-2} \cdot kg^{-1} \cdot s^4 \cdot A^2$
磁通	韦伯	Wb	$m^2 \cdot kg \cdot s^{-2} \cdot A^{-1}$
电感	亨利	H	$m^2 \cdot kg \cdot s^{-2} \cdot A^{-2}$
磁感应强度	特斯拉	T	$kg \cdot s^{-2} \cdot A^{-1}$
光通量	流明	lm	$cd \cdot sr$
光照度	勒克斯	lx	$m^{-2} \cdot cd \cdot sr$
频率	赫兹	Hz	s^{-1}
活度(放射性强度)	贝可勒尔	Bq	s^{-1}
吸收剂量	戈	Gy	$m^2 \cdot s^{-2}$
面积	平方米	m^2	
体积	立方米	m^3	
密度	千克每立方米	$kg \cdot m^{-3}$	
速度	米每秒	$m \cdot s^{-1}$	
加速度	米每平方秒	$m \cdot s^{-2}$	
浓度	摩尔每立方米	$mol \cdot m^{-3}$	
黏度	帕斯卡秒	$Pa \cdot s$	$m^{-1} \cdot kg \cdot s^{-2}$
表面张力	牛顿每秒	$N \cdot m^{-1}$	$kg \cdot s^{-2}$
热容	焦耳每开尔文	$J \cdot K^{-1}$	$m^2 \cdot kg \cdot s^{-2} \cdot K^{-1}$
摩尔能量	焦耳每摩尔	$J \cdot mol^{-1}$	$m^2 \cdot kg \cdot s^{-2} \cdot mol^{-1}$

附录四　国际单位制词冠

因数	词　冠	符号	因数	词　冠	符号
10^{18}	艾(exa)	E	10^{-1}	分(déci)	d
10^{15}	拍(peta)	P	10^{-2}	厘(centi)	c
10^{12}	太(tera)	T	10^{-3}	毫(milli)	m
10^{9}	吉(giga)	G	10^{-6}	微(micro)	μ
10^{6}	兆(mega)	M	10^{-9}	纳诺(nano)	n
10^{3}	千(kilo)	K	10^{-12}	皮可(拉 co)	p
10^{2}	百(hecto)	h	10^{-15}	飞姆托(femto)	f
10^{1}	十(déca)	da	10^{-18}	阿托(atto)	a

附录五　一些基础化学常数

常　数	符　号	数值(　)中数字是标准误差
真空中的光速	c	$2.99792468(1) \times 10^{8} \, \mathrm{m \cdot s^{-1}}$
真空的电容率	ε_0	$8.85418782(5) \times 10^{-12} \, \mathrm{C^2 \cdot N^{-1} \cdot m^{-2}}$
电子电荷	e	$1.6021892(46) \times 10^{-19} \, \mathrm{C}$
普朗克常数	h	$6.626176(36) \times 10^{-34} \, \mathrm{m^2 \cdot kg \cdot s^{-1}}$
阿伏伽德罗常数	N_A	$6.022046(31) \times 10^{23} \, \mathrm{mol^{-1}}$
电子的静止质量	m_e	$9.109534(47) \times 10^{-31} \, \mathrm{kg}$
质子的静止质量	m_p	$1.6726485(86) \times 10^{-27} \, \mathrm{kg}$
中子的静止质量	m_n	$1.6749543(86) \times 10^{-27} \, \mathrm{kg}$
法拉第常数	$F = N_A e$	$9.648456(27) \times 10^{4} \, \mathrm{C \cdot mol^{-1}}$
里德伯常数	R_∞	$1.097378177(88) \times 10^{7} \, \mathrm{m^{-1}}$
玻尔半径	d_0	$5.2917706(44) \times 10^{-11} \, \mathrm{m}$
气体常数	R	$8.31441(26) \, \mathrm{J \cdot K^{-1} \cdot mol^{-1}}$
玻耳兹曼常数	$k = R/N_A$	$1.3880662(44) \times 10^{-23} \, \mathrm{J \cdot K^{-1}}$

附录六　国际原子量表

符号	名称	原子量	符号	名称	原子量	符号	名称	原子量	符号	名称	原子量
Ac	锕	227.028	Bi	铋	208.98037	Cr	铬	51.9961	Ga	镓	69.723
Ag	银	107.8682	Bk	锫	[247]	Cs	铯	132.90543	Gd	钆	157.25
Al	铝	26.981539	Br	溴	79.904	Cu	铜	63.546	Ge	锗	72.61
Am	镅	[243]	C	碳	12.011	Dy	镝	162.50	H	氢	1.0079
Ar	氩	39.948	Ca	钙	40.078	Er	铒	167.26	He	氦	4.0020602
As	砷	74.92159	Cd	镉	112.411	Es	锿	[252]	Hf	铪	178.49
At	砹	[210]	Ce	铈	140.15	Eu	铕	151.965	Hg	汞	200.59
Au	金	196.96654	Cf	锎	[251]	F	氟	18.9984032	Ho	钬	164.93032
B	硼	10.811	Cl	氯	35.4527	Fe	铁	55.847	I	碘	126.90447
Ba	钡	137.327	Cm	锔	[247]	Fm	镄	[257]	In	铟	114.82
Be	铍	9.012182	Co	钴	58.93320	Fr	钫	[223]	Ir	铱	192.22

元素 符号	名称	原子量	元素 符号	名称	原子量	元素 符号	名称	原子量	元素 符号	名称	原子量
K	钾	39.0983	Ni	镍	58.6934	Rb	铷	85.4678	Tc	锝	[98]
Kr	氪	83.80	No	锘	[259]	Re	铼	186.207	Te	碲	127.60
La	镧	138.9055	Np	镎	237.048	Rh	铑	102.90550	Th	钍	232.0381
Li	锂	6.941	O	氧	15.9994	Rn	氡	[222]	Ti	钛	47.88
Lr	铹	[260]	Os	锇	190.2	Ru	钌	101.07	Tl	铊	204.3833
Lu	镥	174.967	P	磷	30.97362	S	硫	32.066	Tm	铥	168.93421
Md	钔	[258]	Pa	镤	231.03588	Sb	锑	121.757	U	铀	238.0289
Mg	镁	24.3050	Pb	铅	207.2	Sc	钪	44.955910	V	钒	50.9415
Mn	锰	54.93085	Pd	钯	106.42	Se	硒	78.96	W	钨	183.85
Mo	钼	95.94	Pm	钷	[145]	Si	硅	28.0855	Xe	氙	131.29
N	氮	14.00674	Po	钋	[209]	Sm	钐	150.36	Y	钇	88.90585
Na	钠	22.989768	Pr	镨	140.90765	Sn	锡	118.710	Yb	镱	173.04
Nb	铌	92.90638	Pt	铂	195.08	Sr	锶	87.62	Zn	锌	65.39
Nd	钕	144.24	Pu	钚	[244]	Ta	钽	180.9479	Zr	锆	91.224
Ne	氖	20.1797	Ra	镭	226.025	Tb	铽	158.92534			

注：以 $^{12}C=12$ 为基准，[ ] 中为稳定同位素。

附录七　常见化合物的分子量表

化合物	分子量	化合物	分子量	化合物	分子量	化合物	分子量
$AgBr$	187.772	CaC_2O_4	128.098	$Co(NO_3)_2$	182.942		
$AgCl$	143.321	$CaCl_2$	110.983	CoS	91.00		
$AgCN$	133.886	CaF_2	78.075	$CoSO_4$	154.997		
$AgSCN$	165.952	$Ca(NO_3)_2$	164.087	$Co(NH_2)_2$	60.06		
Ag_2CrO_4	331.730	$Ca(OH)_2$	74.093	$CrCl_3$	158.354		
AgI	234.772	$Ca_3(PO_4)_2$	310.177	$Cr(NO_3)_3$	238.011		
$AgNO_3$	169.873	$CaSO_4$	136.142	Cr_2O_3	151.990		
$AlCl_3$	133.340	$CdCO_3$	172.420	$CuCl$	98.999		
Al_2O_3	101.961	$CdCl_2$	183.316	$CuCl_2$	134.451		
$Al(OH)_3$	78.004	CdS	144.477	$CuSCN$	121.630		
$Al_2(SO_4)_3$	342.154	$Ce(SO_4)_2$	332.24	CuI	190.450		
As_2O_3	197.841	CH_3COOH	60.05	$Cu(NO_3)_2$	187.555		
As_2O_5	229.840	CH_3OH	32.04	CuO	79.545		
As_2S_3	246.041	CH_3COCH_3	58.08	Cu_2O	143.091		
$BaCO_3$	197.336	C_6H_5COOH	122.12	CuS	95.612		
BaC_2O_4	225.347	C_6H_5COONa	144.11	$CuSO_4$	159.610		
$BaCl_2$	208.232	$C_6H_4COOHCOOK$	204.22	$FeCl_2$	126.750		
$BaCrO_4$	253.321	CH_3COONH_4	77.08	$FeCl_3$	162.203		
BaO	153.326	CH_3COONa	82.03	$Fe(NO_3)_3$	241.862		
$Ba(OH)_2$	171.342	C_6H_5OH	94.11	FeO	71.844		
$BaSO_4$	233.391	$(C_9H_7N)_3H_3PO_4 \cdot 12MoO_3$（磷钼酸喹啉）	2212.74	Fe_2O_3	159.688		
$BiCl_3$	315.338			Fe_3O_4	231.533		
$BiOCl$	260.432	$COOHCH_2COOH$	104.06	$Fe(OH)_3$	106.867		
CO_2	44.010	$COOHCH_2COONa$	126.04	FeS	87.911		
CaO	56.077	CCl_4	153.82	Fe_2S_3	207.87		
$CaCO_3$	100.087	$CoCl_2$	129.838	$FeSO_4$	151.909		

化 合 物	分子量	化 合 物	分子量	化 合 物	分子量
$Fe_2(SO_4)_3$	399.881	$KHC_2O_4 \cdot H_2C_2O_4 \cdot 2H_2O$	254.20	Na_2HPO_4	141.959
H_3AsO_3	125.944	$KHC_4H_4O_6$	188.178	NaH_2PO_4	119.997
H_3AsO_4	141.944	$KHSO_4$	136.170	$Na_2H_2Y \cdot 2H_2O$	372.240
H_3BO_3	61.833	KI	166.003	$NaNO_2$	68.996
HBr	80.912	KIO_3	214.001	$NaNO_3$	84.995
HCN	27.026	$KIO_3 \cdot HIO_3$	389.91	Na_2O	61.979
$HCOOH$	46.03	$KMnO_4$	158.034	Na_2O_2	77.979
H_2CO_3	62.0251	$KNaC_4H_4O_6 \cdot 4H_2O$	282.221	$NaOH$	39.997
$H_2C_2O_4$	90.04	KNO_3	101.103	Na_3PO_4	163.94
$H_2C_2O_4 \cdot 2H_2O$	126.0665	KNO_2	85.104	Na_2S	78.046
$H_2C_4H_4O_6$(酒石酸)	150.09	K_2O	94.196	Na_2SiF_6	188.056
HCl	36.461	KOH	56.105	Na_2SO_3	126.044
$HClO_4$	100.459	K_2SO_4	174.261	$Na_2S_2O_3$	158.11
HF	20.006	$MgCO_3$	84.314	Na_2SO_4	142.044
HI	127.912	$MgCl_2$	95.210	NH_3	17.031
HIO_3	175.910	$MgC_2O_4 \cdot 2H_2O$	148.355	$NH_3 \cdot H_2O$	35.046
HNO_3	63.013	$Mg(NO_3)_2 \cdot 6H_2O$	256.406	NH_4Cl	53.492
HNO_2	47.014	$MgNH_4PO_4$	137.82	$(NH_4)_2CO_3$	96.086
H_2O	18.015	MgO	40.304	$(NH_4)_2C_2O_4$	124.10
H_2O_2	34.015	$Mg(OH)_2$	58.320	$NH_4Fe(SO_4)_2 \cdot 12H_2O$	482.194
H_3PO_4	97.995	$Mg_2P_2O_7 \cdot 3H_2O$	276.600	$(NH_4)_3PO_4 \cdot 12MoO_3$	1876.35
H_2S	34.082	$MgSO_4 \cdot 7H_2O$	246.475	NH_4SCN	76.122
H_2SO_3	82.080	$MnCO_3$	114.947	$NiC_8H_{14}O_4N_4$(丁二酮肟合镍)	288.92
H_2SO_4	98.080	$MnCl_2 \cdot 4H_2O$	197.905	$NiCl_2 \cdot 6H_2O$	237.689
$Hg(CN)_2$	252.63	$Mn(NO_3)_2 \cdot 6H_2O$	287.040	NiO	74.692
$HgCl_2$	271.50	MnO	70.937	$Ni(NO_3)_2 \cdot 6H_2O$	290.794
Hg_2Cl_2	472.09	MnO_2	86.937	NiS	90.759
HgI_2	454.40	MnS	87.004	$NiSO_4 \cdot 7H_2O$	280.863
$Hg_2(NO_3)_2$	525.19	$MnSO_4$	151.002	NO	30.006
$Hg(NO_3)_2$	324.60	$(NH_4)HCO_3$	79.056	NO_2	46.006
HgO	216.59	$(NH_4)_2MoO_4$	196.04	P_2O_5	141.945
HgS	232.66	NH_4NO_3	80.043	$PbCO_3$	267.2
$HgSO_4$	296.65	$(NH_4)_2HPO_4$	132.055	PbC_2O_4	295.2
Hg_2SO_4	497.24	$(NH_4)_2S$	68.143	$PbCl_2$	278.1
$KAl(SO_4)_2 \cdot 12H_2O$	474.391	$(NH_4)_2SO_4$	132.141	$PbCrO_4$	323.2
$KB(C_6H_5)_4$	358.332	Na_3AsO_3	191.89	$Pb(CH_3COO)_2$	325.3
KBr	119.002	$Na_2B_4O_7$	201.220	$Pb(CH_3COO)_2 \cdot 3H_2O$	427.3
$KBrO_3$	167.000	$Na_2B_4O_7 \cdot 10H_2O$	381.373	PbI_2	461.0
KCl	74.551	$NaBiO_3$	279.968	$Pb(NO_3)_2$	331.2
$KClO_3$	122.549	$NaBr$	102.894	PbO	223.2
$KClO_4$	138.549	$NaCN$	49.008	PbO_2	239.2
KCN	65.116	$NaSCN$	81.074	Pb_3O_4	685.6
$KSCN$	97.182	$Na_2CO_3 \cdot 10H_2O$	286.142	$Pb_3(PO_4)_2$	811.5
K_2CO_3	138.206	$Na_2C_2O_4$	134.000	PbS	239.3
K_2CrO_4	194.191	$NaCl$	58.443	$PbSO_4$	303.3
$K_2Cr_2O_7$	294.185	$NaClO$	74.442	SO_3	80.064
$K_3Fe(CN)_6$	329.246	NaI	149.894	SO_2	64.065
$K_4Fe(CN)_6$	368.347	NaF	41.988	$SbCl_3$	228.118
$KHC_2O_4 \cdot H_2O$	146.141	$NaHCO_3$	84.007	$SbCl_5$	299.024

化　合　物	分子量	化　合　物	分子量	化　合　物	分子量
Sb_2O_3	291.518	SrC_2O_4	175.64	$ZnCl_2$	136.29
Sb_2S_3	339.718	$SrCrO_4$	203.61	$Zn(CH_3COO)_2$	183.48
SiO_2	60.085	$Sr(NO_3)_2$	211.63	$Zn(NO_3)_2$	189.40
$SnCO_3$	178.82	$SrSO_4$	183.68	$Zn_2P_2O_7$	304.72
$SnCl_2$	189.615	TiO_2	79.866	ZnO	81.39
$SnCl_4$	260.521	$UO_2(CH_3COO)_2 \cdot 2H_2O$	422.13	ZnS	97.46
SnO_2	150.709	WO_3	231.84	$ZnSO_4$	161.45
SnS	150.776	$ZnCO_3$	125.40		
$SrCO_3$	147.63	$ZnC_2O_4 \cdot 2H_2O$	189.44		

附录八　常用基准试剂

国家标准编号	名称	主要用途	使用前的干燥方法
GB 1253—2007	氯化钠	标定 $AgNO_3$ 溶液	500～600℃灼烧至恒重
GB 1254—2007	草酸钠	标定 $KMnO_4$ 溶液	105℃±2℃干燥至恒重
GB 1255—2007	无水碳酸钠	标定 HCl，H_2SO_4 溶液	270～300℃灼烧至恒重
GB 1256—2008	三氧化二砷	标定 I_2 溶液	H_2SO_4 干燥器中干燥至恒重
GB 1257—2007	邻苯二甲酸氢钾	标定 $NaOH$，$HClO_4$ 溶液	105～110℃干燥至恒重
GB 1258—2008	碘酸钾	标定 $Na_2S_2O_3$ 溶液	180℃±2℃干燥至恒重
GB 1259—2010	重铬酸钾	标定 $Na_2S_2O_3$，$FeSO_4$ 溶液	120℃±2℃干燥至恒重
GB 1260—2008	氧化锌	标定 EDTA 溶液	800℃灼烧至恒重
GB 12593—2007	乙二胺四乙酸二钠	标定金属离子溶液	硝酸镁饱和溶液恒湿器中放置7天
GB 12594—2008	溴酸钾	标定 $Na_2S_2O_3$ 溶液、配制标准溶液	180℃±2℃干燥至恒重
GB 12595—2008	硝酸银	标定卤化物及硫氰酸盐溶液	H_2SO_4 干燥器中干燥至恒重
GB 12596—2008	碳酸钙	标定 EDTA 溶液	110℃±2℃干燥至恒重

附录九　水的饱和蒸气压

温度/℃	蒸气压		温度/℃	蒸气压		温度/℃	蒸气压	
	mmHg	kPa		mmHg	kPa		mmHg	kPa
0	4.579	0.6105	14	11.99	1.5985	28	28.35	3.7797
1	4.926	0.6567	15	12.79	1.7052	29	30.04	4.0050
2	5.294	0.7058	16	13.63	1.8172	30	31.82	4.2423
3	5.685	0.7579	17	14.53	1.9372	31	33.70	4.4930
4	6.101	0.8134	18	15.48	2.0638	32	35.66	4.7543
5	6.543	0.8723	19	16.48	2.1972	33	37.73	5.0303
6	7.013	0.9350	20	17.54	2.3385	34	39.90	5.3196
7	7.513	1.0017	21	18.65	2.4865	35	42.18	5.6235
8	8.045	1.0726	22	19.83	2.6438	36	44.56	5.9408
9	8.609	1.1586	23	21.07	2.8091	37	47.07	6.2755
10	9.209	1.2278	24	22.38	2.9838	38	49.69	6.6248
11	9.884	1.3124	25	23.76	3.1677	39	52.44	6.9914
12	10.52	1.4026	26	25.21	3.3611	40	55.32	7.3754
13	11.23	1.4972	27	26.74	3.5650	41	58.34	7.7780

温度/℃	蒸气压		温度/℃	蒸气压		温度/℃	蒸气压	
	mmHg	kPa		mmHg	kPa		mmHg	kPa
42	61.50	8.1993	62	163.8	21.8382	82	384.9	51.3158
43	64.80	8.6393	63	171.4	22.8515	83	400.6	53.4089
44	68.26	9.1006	64	179.3	23.9047	84	416.8	55.5688
45	71.88	8.5832	65	187.5	24.9980	85	433.6	57.8086
46	75.65	10.0858	66	196.1	26.1445	86	450.9	60.1151
47	79.60	10.6125	67	205.0	27.3311	87	468.7	62.4882
48	83.71	11.1604	68	214.2	28.5576	88	487.1	64.9413
49	88.02	1.7350	69	233.7	29.8242	89	506.1	67.4744
50	92.51	12.3337	70	233.7	31.1574	90	525.76	70.0956
51	97.20	12.9589	71	243.9	32.5173	91	546.05	72.8007
52	102.1	13.6122	72	254.6	33.9439	92	566.99	75.5924
53	107.2	14.2922	73	265.7	35.4238	93	588.60	78.4735
54	112.5	14.9721	74	277.2	36.9570	94	610.90	81.4466
55	118.0	15.7320	75	289.1	38.5435	95	633.90	84.5130
56	123.8	16.5053	76	301.4	40.1834	96	657.62	87.6755
57	129.8	17.3052	77	314.1	41.8766	97	682.07	90.9352
58	136.1	18.1452	78	327.3	43.6364	98	707.27	94.2949
59	142.6	19.0012	79	341.0	45.4629	99	733.24	97.7573
60	149.4	19.9184	80	355.1	47.3428	100	760.00	101.3250
61	156.4	20.8516	81	369.7	49.2893			

注：该数据系根据760mmHg＝101325Pa换算而得。

附录十　弱酸的解离常数　（298.15K）

化学式	$K_a^{\ominus}$	$pK_a^{\ominus}$	化学式	$K_a^{\ominus}$	$pK_a^{\ominus}$
H_3AsO_4	$K_{a1}^{\ominus}\,5.50\times10^{-3}$	2.26	H_3PO_4	$K_{a3}^{\ominus}\,4.80\times10^{-13}$	12.32
	$K_{a2}^{\ominus}\,1.74\times10^{-7}$	6.76	$H_4P_2O_7$	$K_{a1}^{\ominus}\,1.23\times10^{-1}$	0.91
	$K_{a3}^{\ominus}\,5.13\times10^{-12}$	11.29		$K_{a2}^{\ominus}\,7.94\times10^{-3}$	2.10
H_3AsO_3	5.13×10^{-10}	9.29		$K_{a3}^{\ominus}\,2.00\times10^{-7}$	6.70
H_3BO_3	5.81×10^{-10}	9.236		$K_{a4}^{\ominus}\,4.79\times10^{-10}$	9.32
$H_2B_4O_7$	$K_{a1}^{\ominus}\,1.00\times10^{-4}$	4.00	H_2SiO_3	$K_{a1}^{\ominus}\,1.70\times10^{-10}$	9.77
	$K_{a2}^{\ominus}\,1.00\times10^{-9}$	9.00		$K_{a2}^{\ominus}\,1.58\times10^{-12}$	11.80
HCN	6.17×10^{-10}	9.21	H_2SO_4	$K_{a1}^{\ominus}\,1.00\times10^{3}$	-3.00
HF	6.31×10^{-4}	3.20		$K_{a2}^{\ominus}\,1.02\times10^{-2}$	1.99
H_2O_2	2.4×10^{-12}	11.62	H_2SO_3	$K_{a1}^{\ominus}\,1.40\times10^{-2}$	1.85
H_2S	$K_{a1}^{\ominus}\,8.90\times10^{-8}$	7.05		$K_{a2}^{\ominus}\,6.31\times10^{-2}$	7.20
	$K_{a2}^{\ominus}\,1.26\times10^{-14}$	13.9	H_2CO_3	$K_{a1}^{\ominus}\,4.47\times10^{-7}$	6.35
HBrO	2.82×10^{-9}	8.55		$K_{a2}^{\ominus}\,4.68\times10^{-11}$	10.33
HIO	3.16×10^{-11}	10.5	$HClO_2$	1.15×10^{-2}	1.94
HIO_3	1.66×10^{-1}	0.78	HClO	3.98×10^{-8}	7.40
H_5IO_6	$K_{a1}^{\ominus}\,2.82\times10^{-2}$	1.55	H_2CrO_4	$K_{a1}^{\ominus}\,1.80\times10^{-1}$	0.74
	$K_{a2}^{\ominus}\,5.40\times10^{-9}$	8.27		$K_{a2}^{\ominus}\,3.20\times10^{-7}$	6.49
H_2MnO_4	7.1×10^{-11}	10.15	HSCN	1.41×10^{-1}	0.85
HNO_2	5.62×10^{-4}	3.25	$H_2S_2O_3$	$K_{a1}^{\ominus}\,2.50\times10^{-1}$	0.60
H_3PO_4	$K_{a1}^{\ominus}\,6.92\times10^{-3}$	2.16		$K_{a2}^{\ominus}\,1.82\times10^{-2}$	1.74
	$K_{a2}^{\ominus}\,6.23\times10^{-8}$	7.21	CH_3COOH	1.74×10^{-5}	4.76

化学式	$K_a^{\ominus}$	$pK_a^{\ominus}$	化学式	$K_a^{\ominus}$	$pK_a^{\ominus}$
C_6H_5COOH	6.45×10^{-5}	4.19	C_6H_5OH	1.02×10^{-10}	9.99
HCOOH	1.772×10^{-4}	3.75	$Al(OH)_3$	6.31×10^{-12}	11.2
$HOOC(CHOH)_2COOH$	$K_{a1}^{\ominus}1.04\times10^{-3}$	2.98	SbO(OH)	1.00×10^{-11}	11.00
（酒石酸）	$K_{a2}^{\ominus}4.57\times10^{-6}$	4.34	$Cr(OH)_3$	9.00×10^{-17}	16.05
$HOC(CH_2COOH)_2COOH$	$K_{a1}^{\ominus}7.24\times10^{-4}$	3.14	$Cu(OH)_2$	$K_{a1}^{\ominus}1.00\times10^{-19}$	19.00
（柠檬酸）	$K_{a2}^{\ominus}1.70\times10^{-5}$	4.77		$K_{a2}^{\ominus}7.00\times10^{-14}$	13.15
	$K_{a3}^{\ominus}4.07\times10^{-7}$	6.39	$Pb(OH)_2$	4.60×10^{-16}	15.34
$C_6H_4(COOH)_2$	$K_{a1}^{\ominus}1.30\times10^{-3}$	2.89	$Sn(OH)_4$	1.00×10^{-32}	32.00
	$K_{a2}^{\ominus}3.09\times10^{-6}$	5.51	$Sn(OH)_2$	3.80×10^{-15}	14.42
$H_2C_2O_4$	$K_{a1}^{\ominus}5.9\times10^{-2}$	1.23	$Zn(OH)_2$	1.00×10^{-29}	29.00
	$K_{a2}^{\ominus}6.46\times10^{-5}$	4.19			

附录十一　弱碱的解离常数（298.15K）

化学式	$K_b^{\ominus}$	$pK_b^{\ominus}$	化学式	$K_b^{\ominus}$	$pK_b^{\ominus}$
NH_3	1.79×10^{-5}	4.75	$(C_2H_5)_2NH$	6.31×10^{-4}	3.2
$Be(OH)_2$	5.00×10^{-11}	10.30	$(CH_3)_2NH$	5.90×10^{-4}	3.23
$Ca(OH)_2$	$K_{b1}^{\ominus}3.70\times10^{-3}$	2.43	$C_2H_5NH_2$	4.30×10^{-4}	3.37
	$K_{b2}^{\ominus}4.00\times10^{-2}$	1.40	CH_3NH_2	4.20×10^{-4}	3.38
$Pb(OH)_2$	9.50×10^{-4}	3.02	$H_2NCH_2CH_2NH_2$	$K_{b1}^{\ominus}8.32\times10^{-5}$	4.08
AgOH	1.10×10^{-4}	3.96		$K_{b2}^{\ominus}7.10\times10^{-8}$	7.15
$Zn(OH)_2$	9.50×10^{-4}	3.02	$(CH_2)_6N_4$	1.35×10^{-9}	8.87
$C_6H_5NH_2$	3.98×10^{-10}	9.40	（六亚甲基四胺）		

附录十二　常用酸、碱的浓度

酸或碱	化学式	密度/$g\cdot mL^{-1}$	质量分数/%	浓度/$mol\cdot L^{-1}$
冰醋酸	CH_3COOH	1.05	99～99.8	17.4
稀醋酸		1.04	34	6
浓盐酸	HCl	1.18～1.19	36.0～38	11.6～12.4
稀盐酸		1.10	20	6
浓硝酸	HNO_3	1.39～1.40	65.0～68.0	14.4～15.2
稀硝酸		1.19	32	6
浓硫酸	H_2SO_4	1.83～1.84	95～98	17.8～18.4
稀硫酸		1.18	25	3
磷酸	H_3PO_4	1.69	85	15.6
高氯酸	$HClO_4$	1.68	70.0～72.0	11.7～12.0
氢氟酸	HF	1.13	40	22.5
氢溴酸	HBr	1.49	47.0	8.6
浓氨水	$NH_3\cdot H_2O$	0.88～0.90	25～28	13.3～14.8
稀氨水		0.96	10	6
稀氢氧化钠	NaOH	1.22	20	6

附录十三　常用酸、碱的质量分数和相对密度（d_{20}^{20}）

质量分数/%	相对密度						
	HCl	HNO$_3$	H$_2$SO$_4$	CH$_3$COOH	NaOH	KOH	NH$_3$
4	1.0197	1.0220	1.0269	1.0056	1.0446	1.0348	0.9828
8	1.0395	1.0446	1.0541	1.0111	1.0888	1.0709	0.9668
12	1.0594	1.0679	1.0821	1.0165	1.1329	1.1079	0.9519
16	1.0796	1.0921	1.1114	1.0218	1.1771	1.1456	0.9378
20	1.1000	1.1170	1.1418	1.0269	1.2214	1.1839	0.9245
24	1.1205	1.1426	1.1735	1.0318	1.2653	1.2231	0.9118
28	1.1411	1.1688	1.2052	1.0365	1.3087	1.2632	0.8996
32	1.1614	1.1955	1.2375	1.0410	1.3512	1.3043	
36	1.1812	1.2224	1.2707	1.0452	1.3926	1.3468	
40	1.1999	1.2489	1.3051	1.0492	1.4324	1.3906	
44			1.3410	1.0529		1.4356	
48			1.3783	1.0564		1.4817	
52			1.4174	1.0596			
56			1.4584	1.0624			
60			1.5013	1.0648			
64			1.5448	1.0668			
68			1.5902	1.0687			
72			1.6367	1.0695			
76			1.6840	1.0699			
80			1.7303	1.0699			
84			1.7724	1.0692			
88			1.8054	1.0677			
92			1.8272	1.0648			
96			1.8388	1.0597			
100			1.8337	1.0496			

附录十四　常用指示剂

1. 酸碱指示剂

名　称	变色(pH 值)范围	颜色变化	配　制　方　法
0.1%百里酚蓝	1.2~2.8	红~黄	0.1g 百里酚蓝溶于 20mL 乙醇中,加水至 100mL
0.1%甲基橙	3.1~4.4	红~黄	0.1g 甲基橙溶于 100mL 热水中
0.1%溴酚蓝	3.0~1.6	黄~紫蓝	0.1g 溴酚蓝溶于 20mL 乙醇中,加水至 100mL
0.1%溴甲酚绿	4.0~5.4	黄~蓝	0.1g 溴甲酚绿溶于 20mL 乙醇中,加水至 100mL
0.1%甲基红	4.8~6.2	红~黄	0.1g 甲基红溶于 60mL 乙醇中,加水至 100mL
0.1%溴百里酚蓝	6.0~7.6	黄~蓝	0.1g 溴百里酚蓝溶于 20mL 乙醇中,加水至 100mL
0.1%中性红	6.8~8.0	红~黄橙	0.1g 中性红溶于 60mL 乙醇中,加水至 100mL
0.2%酚酞	8.0~9.6	无~红	0.2g 酚酞溶于 90mL 乙醇中,加水至 100mL
0.1%百里酚蓝	8.0~9.6	黄~蓝	0.1g 百里酚蓝溶于 20mL 乙醇中,加水至 100mL
0.1%百里酚酞	9.4~10.6	无~蓝	0.1g 百里酚酞溶于 90mL 乙醇中,加水至 100mL
0.1%茜素黄	10.1~12.1	黄~紫	0.1g 茜素溶于 100mL 水中

2. 金属指示剂

名 称	颜色		配制方法
	游离态	化合物	
铬黑 T（EBT）	蓝	酒红	1. 将 0.5g 铬黑 T 溶于 100mL 水中 2. 将 1g 铬黑 T 与 100gNaCl 研细、混匀
钙指示剂	蓝	红	将 0.5g 钙指示剂与 100g NaCl 研细、混匀
二甲酚橙（XO）	黄	红	将 0.1g 二甲酚橙溶于 100mL 水中
磺基水杨酸	无色	红	将 1g 磺基水杨酸溶于 100mL 水中
吡啶偶氮萘酚（PAN）	黄	红	将 0.1g 吡啶偶氮萘酚溶于 100mL 乙醇中
钙镁试剂（Calmagite）	红	蓝	将 0.5 钙镁试剂溶于 100mL 水中

3. 氧化还原指示剂

名 称	变色电势 E/V	颜色		配 制 方 法
		氧化态	还原态	
二苯胺	0.76	紫	无色	将 1g 二苯胺在搅拌下溶于 100mL 浓硫酸和 100mL 浓磷酸，贮于棕色瓶中
二苯胺磺酸钠	0.85	紫	无色	将 0.5g 二苯胺磺酸钠溶于 100mL 水中，必要时过滤
邻苯氨基苯甲酸	0.89	紫红	无色	将 0.2g 邻苯氨基苯甲酸加热溶解在 100mL 2g·L^{-1} Na_2CO_3 溶液中，必要时过滤
邻二氮菲硫酸亚铁	1.06	浅蓝	红	将 0.5g $FeSO_4$·$7H_2O$ 溶于 100mL 水中，加 2 滴 H_2SO_4，加 0.5g 邻二氮杂菲

附录十五 常用缓冲溶液的配制

pH 值	配 制 方 法
0	1mol·L^{-1} HCl 溶液（不能有 Cl^- 存在时用 HNO_3）
1	0.1mol·L^{-1} HCl 溶液
2	0.01mol·L^{-1} HCl 溶液
3.6	NaAc·$3H_2O$ 8g，溶于适量水中，加 6mol·L^{-1} HAc 溶液 134mL，稀释至 500mL
4.0	将 60mL 冰醋酸和 16g 无水醋酸钠溶于 100mL 水中，稀释至 500mL
4.5	将 30mL 冰醋酸和 30g 无水醋酸钠溶于 100mL 水中，稀释至 500mL
5.0	将 30mL 冰醋酸和 60g 无水醋酸钠溶于 100mL 水中，稀释至 500mL
5.4	将 40g 六亚甲基四胺溶于 90mL 水中，加入 20mL6mol·L^{-1} HCl 溶液
5.7	100g NaAc·$3H_2O$ 溶于适量水中，加 6mol·L^{-1} HAc 溶液 13mL，稀释至 500mL
7.0	77g NH_4Ac 溶于适量水中，稀释至 500mL
7.5	NH_4Cl 60g 溶于适量水中，加浓氨水 1.4mL，稀释至 500mL
8.0	NH_4Cl 50g 溶于适量水中，加浓氨水 3.5mL，稀释至 500mL
8.5	NH_4Cl 40g 溶于适量水中，加浓氨水 8.8mL，稀释至 500mL
9.0	NH_4Cl 35g 溶于适量水中，加浓氨水 24mL，稀释至 500mL
9.5	NH_4Cl 30g 溶于适量水中，加浓氨水 65mL，稀释至 500mL
10	NH_4Cl 27g 溶于适量水中，加浓氨水 175mL，稀释至 500mL
11	NH_4Cl 3g 溶于适量水中，加浓氨水 207mL，稀释至 500mL
12	0.01mol·L^{-1} NaOH 溶液（或 KOH）
13	1mol·L^{-1} NaOH 溶液

注：1. 缓冲液配制后可用 pH 试纸检查，如 pH 值不对，可通过计算并用共轭酸或碱调节，欲精确调节 pH 值时，可用 pH 计调节。

2. 若需增加或减少缓冲液的缓冲容量时，可相应增加或减少共轭酸碱对物质的量，再调节之。

附录十六　pH 标准缓冲溶液

物　　质	10℃	15℃	20℃	25℃	30℃	35℃
0.05mol·kg^{-1}草酸钾	1.67	1.67	1.68	1.68	1.68	1.69
酒石酸氢钾饱和溶液	—	—	—	3.56	3.55	3.55
0.05mol·kg^{-1}邻苯二甲酸氢钾	4.00	4.00	4.00	4.00	4.01	4.02
0.025mol·kg^{-1}磷酸氢二钠	6.92	6.90	6.88	6.86	6.85	6.84
0.025mol·kg^{-1}磷酸氢二钾						
0.01mol·kg^{-1}四硼酸钠	9.33	9.28	9.23	9.18	9.14	9.11
氢氧化钙饱和溶液	13.01	12.82	12.64	12.46	12.29	12.13

附录十七　特殊试剂的配制

试剂	配制方法
10%SnCl$_2$ 溶液	称取 10g SnCl$_2$·2H$_2$O 溶于 10mL 热浓盐酸中,煮沸使溶液澄清后,加水到 100mL,加少许锡粒,保存在棕色瓶中
1.5%TiCl$_3$ 溶液	取 10mL 原瓶装 TiCl$_3$,用 1:4 盐酸稀释至 100mL
0.5%淀粉溶液	称取 0.5g 可溶性淀粉,用少量水搅成糊状后,倾入 100mL 沸水中,摇匀,加热片刻后冷却。加少量硼酸为防腐剂
溴甲酚绿溶液(0.0220 g·L^{-1})	取 0.220g 溴甲酚绿,加 100mL 乙醇溶解后。用水稀释至 10L
1%丁二酮肟乙醇溶液	溶解 1g 于 100mL95%乙醇中(镍试剂)
0.2%铝试剂	溶 0.2g 铝试剂于 100mL 水中
5%硫代乙酰胺	溶解 5g 硫代乙酰胺于 100mL 水中,如浑浊需过滤
奈斯勒试剂	含有 0.25mol·L^{-1} K$_2$HgI$_4$ 及 3mol·L^{-1} NaOH:溶解 11.5g HgI$_2$ 及 8gKI 于足量水中,使其体积为 50mL,再加 50mL 6mol·L^{-1}NaOH,静置后取其清液贮于棕色瓶中
六硝基合钴酸钠试剂	有 0.1mol·L^{-1} Na$_3$Co(NO$_2$)$_6$、8mol·L^{-1}NaNO$_2$ 及 1mol·L^{-1}HAc:溶解 23g NaNO$_2$ 于 50mL 水中,加 16.5mL 6mol·L^{-1} HAc 及 Co(NO$_3$)$_2$·6H$_2$O3g,静置一夜,过滤或滗取其溶液,稀释至 100mL。每隔四星期需重新配制。或直接加六硝基合钴酸钠至溶液为深红色
亚硝酰铁氰化钠	溶解 1g 于 100mL 水中,每隔数日,即重新制备
镁铵试剂	溶解 100g MgCl$_2$·6H$_2$O 和 100g NH$_4$Cl 于水中,再加 50mL 浓氨水,并用水稀释至 1L
钼酸铵试剂	溶解 150g 钼酸铵于 1L 蒸馏水中,再把所得溶液倾入 1L 6mol·L^{-1} HNO$_3$ 中。不得相反!此时析出钼酸白色沉淀后又溶解。把溶液放置 48h。取其清液或过滤后使用
对硝基苯-偶氮间苯二酚(俗称镁试剂Ⅰ)	溶解 0.001g 镁试剂(Ⅰ)于 100mL 1mol·L^{-1}NaOH 溶液
碘化钾-亚硫酸钠溶液	将 50g KI 和 200g Na$_2$SO$_3$·7H$_2$O 溶于 1000mL 水中
硫化铵(NH$_4$)$_2$S 溶液	在 200mL 浓氨水溶液中通入 H$_2$S,直至不再吸收,然后加入 200mL 浓氨水溶液,稀释至 1L
溴水	溴的饱和水溶液:3.5g 溴(约 1mL)溶于 100mL 水
醋酸联苯胺	50mL 联苯胺溶于 10mL 冰醋酸,100mL 水中
硫氰酸汞铵(0.3mol·L^{-1})	溶 8g HgCl$_2$ 和 9g NH$_4$SCN 于 100mL 水中
四苯硼酸钠(0.1mol·L^{-1})	3.4g Na[B(C$_6$H$_5$)$_4$]溶于 100mL 水中,用时新配

附录十八　常见难溶电解质的溶度积
（298.15K，离子强度 $I=0$）

化学式	$K_{sp}^{\ominus}$	$pK_{sp}^{\ominus}$	化学式	$K_{sp}^{\ominus}$	$pK_{sp}^{\ominus}$
$AgOH$	2.0×10^{-8}	7.71	CuS	6.3×10^{-36}	35.20
Ag_2CrO_4	1.12×10^{-12}	11.95	Cu_2S	2.5×10^{-48}	47.60
$Ag_2Cr_2O_7$	2.0×10^{-7}	6.70	$Cu(OH)_2$	2.2×10^{-20}	19.66
Ag_2CO_3	8.46×10^{-12}	11.07	$Fe(OH)_2$	4.87×10^{-17}	16.31
Ag_3PO_4	8.89×10^{-17}	16.05	$Fe(OH)_3$	2.79×10^{-39}	38.55
Ag_2S	6.3×10^{-50}	49.20	FeS	6.3×10^{-18}	17.20
Ag_2SO_4	1.20×10^{-5}	4.92	$FeC_2O_4\cdot2H_2O$	3.2×10^{-7}	6.50
$AgCl$	1.77×10^{-10}	9.75	Hg_2I_2	5.2×10^{-29}	28.72
$AgBr$	5.35×10^{-13}	12.27	Hg_2Cl_2	1.43×10^{-18}	17.84
AgI	8.52×10^{-17}	16.07	$HgS(黑)$	1.6×10^{-52}	51.80
$Al(OH)_3(无定形)$	1.3×10^{-33}	32.89	$MgCO_3$	6.82×10^{-6}	5.17
$BaCrO_4$	1.17×10^{-10}	9.93	$Mg(OH)_2$	5.61×10^{-12}	11.25
$BaCO_3$	2.58×10^{-9}	8.59	$Mg_3(PO_4)_2$	1.04×10^{-24}	23.98
$BaSO_4$	1.08×10^{-10}	9.97	$Mn(OH)_2$	1.9×10^{-13}	12.72
BaC_2O_4	1.6×10^{-7}	6.79	MnS	2.5×10^{-13}	12.60
Bi_2S_3	1×10^{-97}	97	$Ni(OH)_2$	5.48×10^{-16}	15.26
$Ca(OH)_2$	5.02×10^{-6}	5.30	$PbBr_2$	1.51×10^{-7}	6.82
$CaCO_3$	3.36×10^{-9}	8.47	$PbCO_3$	7.40×10^{-14}	13.13
$CaC_2O_4\cdot H_2O$	2.32×10^{-9}	8.63	PbC_2O_4	4.8×10^{-10}	9.32
CaF_2	3.45×10^{-11}	10.46	$PbCl_2$	1.70×10^{-5}	4.77
$Ca_3(PO_4)_2$	2.07×10^{-33}	32.68	$PbCrO_4$	2.8×10^{-13}	12.55
$CaSO_3$	6.8×10^{-8}	7.17	PbF_2	3.3×10^{-8}	7.48
$CaSO_4$	4.93×10^{-5}	4.31	PbI_2	9.8×10^{-9}	8.01
$Cd(OH)_2(新制备)$	7.2×10^{-15}	14.14	$Pb(OH)_2$	1.43×10^{-20}	19.84
CdS	8.0×10^{-27}	26.10	PbS	8.0×10^{-28}	27.10
$Co(OH)_2$	5.92×10^{-15}	14.23	$PbSO_4$	2.53×10^{-8}	7.60
$Co(OH)_3$	1.6×10^{-44}	43.80	$SrCO_3$	5.60×10^{-10}	9.25
$CoS(\alpha)$	4.0×10^{-21}	20.40	$SrCrO_4$	2.2×10^{-5}	4.65
$CoS(\beta)$	2.0×10^{-25}	24.70	$SrSO_4$	3.44×10^{-7}	6.46
$Cr(OH)_3$	6.3×10^{-31}	30.20	$Sn(OH)_2$	5.45×10^{-27}	26.26
$CuBr$	6.27×10^{-9}	8.20	SnS	1.0×10^{-25}	25.00
$CuCO_3$	1.4×10^{-10}	9.86	$Sn(OH)_4$	1.0×10^{-56}	56.00
$CuCl$	1.72×10^{-7}	6.76	$Zn(OH)_2(无定形)$	3×10^{-17}	16.5
$CuCN$	3.47×10^{-20}	19.46	$ZnS(\alpha)$	1.6×10^{-24}	23.80
CuI	1.27×10^{-12}	11.90	$ZnS(\beta)$	2.5×10^{-22}	21.60

附录十九　常见配离子的稳定常数

配位体	金属离子	n	$\lg\beta_n$
NH_3	Ag^+	1,2	3.24,7.05
	Cd^{2+}	$1,\cdots,6$	2.65,4.75,6.19,7.12,6.80,5.14
	Co^{2+}	$1,\cdots,6$	2.11,3.74,4.79,5.55,5.73,5.11
	Co^{3+}	$1,\cdots,6$	6.7,14.0,20.1,25.7,30.8,35.2
	Cu^+	1,2	5.93,10.86
	Cu^{2+}	$1,\cdots,4$	4.31,7.98,11.02,13.32
	Ni^{2+}	$1,\cdots,6$	2.80,5.04,6.77,7.96,8.71,8.74
	Zn^{2+}	$1,\cdots,4$	2.37,4.81,7.31,9.46

配位体	金属离子	n	$\lg\beta_n$
F^-	Al^{3+}	$1,\cdots,6$	6.10,11.15,15.00,17.75,19.37,19.84
	Fe^{3+}	1,2,3	5.28,9.30,12.06
Cl^-	Cd^{2+}	$1,\cdots,4$	1.95,2.50,2.60,2.80
Cl^-	Hg^{2+}	$1,\cdots,4$	6.74,13.22,14.07,15.07
I^-	Cd^{2+}	$1,\cdots,4$	2.10,3.43,4.49,5.41
	Hg^{2+}	$1,\cdots,4$	12.87,23.82,27.60,29.83
CN^-	Ag^+	2,3,4	21.1,21.7,20.6
	Au^+	2	38.3
	Co^{3+}	6	64.00
	Cu^+	2,3,4	24.0,28.59,30.30
	Cu^{2+}	4	27.30
	Fe^{2+}	6	35
	Fe^{3+}	6	42
	Hg^{2+}	4	41.4
	Ni^{2+}	4	31.3
	Zn^{2+}	4	16.7
SCN^-	Ag^+	2,3,4	7.57,9.08,10.08
	Cd^{2+}	$1,\cdots,4$	1.39,1.98,2.58,3.6
	Co^{2+}	4	3.00
$S_2O_3^{2-}$	Ag^+	1,2	8.82,13.46
	Hg^{2+}	2,3,4	29.44,31.90,33.24
OH^-	Ag^+	1,2	2.0,3.99
	Al^{3+}	1,4	9.27,33.03
	Bi^{3+}	1,2,4	12.7,15.8,35.2
	Cd^{2+}	$1,\cdots,4$	4.17,8.33,9.02,8.62
	Cu^{2+}	$1,\cdots,4$	7.0,13.68,17.00,18.5
	Fe^{2+}	$1,\cdots,4$	5.56,9.77,9.67,8.58
	Fe^{3+}	1,2,3	11.87,21.17,29.67
	Hg^{2+}	1,2,3	10.6,21.8,20.9
	Mg^{2+}	1	2.58
	Ni^{2+}	1,2,3	4.97,8.55,11.33
	Pb^{2+}	1,2,3,6	7.82,10.85,14.58,61.0
	Sn^{2+}	1,2,3	10.60,20.93,25.38
	Zn^{2+}	$1,\cdots,4$	4.40,11.30,14.14,17.66
en	Ag^+	1,2	4.70,7.70
	Cu^{2+}	1,2,3	10.67,20.00,21.0
EDTA	Ag^+	1	7.32
	Al^{3+}	1	16.11
	Ba^{2+}	1	7.78
	Bi^{3+}	1	22.8
	Ca^{2+}	1	11.0
	Cd^{2+}	1	16.4
	Co^{2+}	1	16.31
	Co^{3+}	1	36.00
	Cr^{3+}	1	23
	Cu^{2+}	1	18.70
	Fe^{2+}	1	14.33
	Fe^{3+}	1	24.23
	Hg^{2+}	1	21.80
	Mg^{2+}	1	8.64
	Mn^{2+}	1	13.8
	Na^+	1	1.66
	Ni^{2+}	1	18.56
	Pb^{2+}	1	18.3
	Sn^{2+}	1	22.1
	Zn^{2+}	1	16.4

注：表中数据为 20~25℃、$I=0$ 的条件下获得。

附录二十 常见氧化还原电对的标准电极电势 $E^{\ominus}$

电 极 反 应	$E^{\ominus}/V$
$Li^+ + e^- \rightleftharpoons Li$	-3.0401
$Cs^+ + e^- \rightleftharpoons Cs$	-3.026
$Ca(OH)_2 + 2e^- \rightleftharpoons Ca + 2OH^-$	-3.02
$K^+ + e^- \rightleftharpoons K$	-2.931
$Ba^{2+} + 2e^- \rightleftharpoons Ba$	-2.912
$Ca^{2+} + 2e^- \rightleftharpoons Ca$	-2.868
$Na^+ + e^- \rightleftharpoons Na$	-2.71
$Mg^{2+} + 2e^- \rightleftharpoons Mg$	-2.372
$1/2H_2 + e^- \rightleftharpoons H^-$	-2.23
$Al^{3+} + 3e^- \rightleftharpoons Al$	-1.662
$Mn(OH)_2 + 2e^- \rightleftharpoons Mn + 2OH^-$	-1.56
$ZnO_2^{2-} + 2H_2O + 2e^- \rightleftharpoons Zn + 4OH^-$	-1.215
$Mn^{2+} + 2e^- \rightleftharpoons Mn$	-1.185
$Sn(OH)_6^{2-} + 2e^- \rightleftharpoons HSnO_2^- + 3OH^- + H_2O$	-0.93
$2H_2O + 2e^- \rightleftharpoons H_2 + 2OH^-$	-0.8277
$Cd(OH)_2 + 2e^- \rightleftharpoons Cd + 2OH^-$	-0.809
$Zn^{2+} + 2e^- \rightleftharpoons Zn$	-0.7618
$Cr^{3+} + 3e^- \rightleftharpoons Cr$	-0.744
$Ni(OH)_2 + 2e^- \rightleftharpoons Ni + 2OH^-$	-0.72
$Fe(OH)_3 + e^- \rightleftharpoons Fe(OH)_2 + OH^-$	-0.56
$2CO_2 + 2H^+ + 2e^- \rightleftharpoons H_2C_2O_4$	-0.481
$NO_2^- + H_2O + e^- \rightleftharpoons NO + 2OH^-$	-0.46
$Fe^{2+} + 2e^- \rightleftharpoons Fe$	-0.447
$Cr^{3+} + e^- \rightleftharpoons Cr^{2+}$	-0.407
$Cd^{2+} + 2e^- \rightleftharpoons Cd$	-0.4030
$Ni^{2+} + 2e^- \rightleftharpoons Ni$	-0.257
$2SO_4^{2-} + 4H^+ + 2e^- \rightleftharpoons S_2O_6^{2-} + 2H_2O$	-0.22
$AgI + e^- \rightleftharpoons Ag + I^-$	-0.152
$Sn^{2+} + 2e^- \rightleftharpoons Sn$	-0.1375
$Pb^{2+} + 2e^- \rightleftharpoons Pb$	-0.1262
$MnO_2 + 2H_2O + 2e^- \rightleftharpoons Mn(OH)_2 + 2OH^-$	-0.05
$Fe^{3+} + 3e^- \rightleftharpoons Fe$	-0.037
$AgCN + e^- \rightleftharpoons Ag + CN^-$	-0.017
$2H^+ + 2e^- \rightleftharpoons H_2$	0.0000
$AgBr + e^- \rightleftharpoons Ag + Br^-$	0.07133
$[Co(NH_3)_6]^{3+} + e^- \rightleftharpoons [Co(NH_3)_6]^{2+}$	0.108
$S + 2H^+ + 2e^- \rightleftharpoons H_2S(aq)$	0.142
$IO_3^- + 2H_2O + 4e^- \rightleftharpoons IO^- + 4OH^-$	0.15
$Sn^{4+} + 2e^- \rightleftharpoons Sn^{2+}$	0.151
$Cu^{2+} + e^- \rightleftharpoons Cu^+$	0.153
$SO_4^{2-} + 4H^+ + 2e^- \rightleftharpoons H_2SO_3 + H_2O$	0.172
$AgCl + e^- \rightleftharpoons Ag + Cl^-$	0.22233
$ClO_3^- + H_2O + 2e^- \rightleftharpoons ClO_2^- + 2OH^-$	0.33
$Cu^{2+} + 2e^- \rightleftharpoons Cu$	0.3419
$Ag_2O + H_2O + 2e^- \rightleftharpoons 2Ag + 2OH^-$	0.342
$[Fe(CN)_6]^{3-} + e^- \rightleftharpoons [Fe(CN)_6]^{4-}$	0.358
$ClO_4^- + H_2O + 2e^- \rightleftharpoons ClO_3^- + 2OH^-$	0.36
$O_2 + 2H_2O + 4e^- \rightleftharpoons 4OH^-$	0.401
$H_2SO_3 + 4H^+ + 4e^- \rightleftharpoons S + 3H_2O$	0.449

电 极 反 应	$E^{\ominus}/V$
$Cu^+ + e^- \Longrightarrow Cu$	0.521
$I_2 + 2e^- \Longrightarrow 2I^-$	0.5355
$AsO_4^{3-} + 2H^+ + 2e^- \Longrightarrow AsO_3^{3-} + H_2O$	0.557
$MnO_4^- + e^- \Longrightarrow MnO_4^{2-}$	0.558
$MnO_4^- + 2H_2O + 3e^- \Longrightarrow MnO_2 + 4OH^-$	0.595
$O_2 + 2H^+ + 2e^- \Longrightarrow H_2O_2$	0.695
$Fe^{3+} + e^- \Longrightarrow Fe^{2+}$	0.771
$Hg_2^{2+} + 2e^- \Longrightarrow 2Hg$	0.7973
$Ag^+ + e^- \Longrightarrow Ag$	0.7996
$2NO_3^- + 4H^+ + 2e^- \Longrightarrow N_2O_4 + 2H_2O$	0.803
$ClO^- + H_2O + 2e^- \Longrightarrow Cl^- + 2OH^-$	0.81
$1/2O_2 + 2H^+ (10^{-7} mol \cdot L^{-1}) + 2e^- \Longrightarrow H_2O$	0.815
$Hg^{2+} + 2e^- \Longrightarrow Hg$	0.851
$Cu^{2+} + I^- + e^- \Longrightarrow CuI$	0.86
$2Hg^{2+} + 2e^- \Longrightarrow Hg_2^{2+}$	0.920
$NO_3^- + 3H^+ + 2e^- \Longrightarrow HNO_2 + H_2O$	0.934
$NO_3^- + 4H^+ + 3e^- \Longrightarrow NO + 2H_2O$	0.957
$Br_2(l) + 2e^- \Longrightarrow 2Br^-$	1.066
$2IO_3^- + 12H^+ + 10e^- \Longrightarrow I_2 + 6H_2O$	1.195
$MnO_2 + 4H^+ + 2e^- \Longrightarrow Mn^{2+} + 2H_2O$	1.224
$O_2 + 4H^+ + 4e^- \Longrightarrow 2H_2O$	1.229
$Cr_2O_7^{2-} + 14H^+ + 6e^- \Longrightarrow 2Cr^{3+} + 7H_2O$	1.232
$Cl_2(g) + 2e^- \Longrightarrow 2Cl^-$	1.35827
$ClO_4^- + 8H^+ + 8e^- \Longrightarrow Cl^- + 4H_2O$	1.389
$ClO_3^- + 6H^+ + 6e^- \Longrightarrow Cl^- + 3H_2O$	1.451
$ClO_3^- + 6H^+ + 5e^- \Longrightarrow 1/2Cl_2 + 3H_2O$	1.47
$2BrO_3^- + 12H^+ + 10e^- \Longrightarrow Br_2 + 6H_2O$	1.482
$MnO_4^- + 8H^+ + 5e^- \Longrightarrow Mn^{2+} + 4H_2O$	1.507
$Mn^{3+} + e^- \Longrightarrow Mn^{2+}$	1.5415
$MnO_4^- + 4H^+ + 3e^- \Longrightarrow MnO_2 + 2H_2O$	1.679
$PbO_2 + SO_4^{2-} + 4H^+ + 2e^- \Longrightarrow PbSO_4 + 2H_2O$	1.685
$Au^+ + e^- \Longrightarrow Au$	1.692
$H_2O_2 + 2H^+ + 2e^- \Longrightarrow 2H_2O$	1.776
$Ni^{3+} + e^- \Longrightarrow Ni^{2+}$	1.840
$Co^{3+} + e^- \Longrightarrow Co^{2+}$	1.92
$S_2O_8^{2-} + 2e^- \Longrightarrow 2SO_4^{2-}$	2.010
$F_2 + 2e^- \Longrightarrow 2F^-$	2.866

附录二十一　常用有机溶剂沸点、密度

名　称	沸点/℃	d_4^{20}	名　称	沸点/℃	d_4^{20}
甲醇	64.9	0.7914	苯	80.1	0.8787
乙醇	78.5	0.7893	甲苯	110.6	0.8669
乙醚	34.5	0.7137	二甲苯(o-, m-, p-)	约140.0	
丙酮	56.2	0.7899	氯仿	61.7	1.4832
乙酸	117.9	1.0492	四氯化碳	76.5	1.5940
乙酐	139.5	1.0820	二硫化碳	46.2	1.2632
乙酸乙酯	77.0	0.9003	硝基苯	210.8	1.2037
二氧六环	101.7	1.0337	正丁醇	117.2	0.8098

附录二十二 恒沸混合物

二元恒沸混合物按第二组分分成水、醇、羧酸、其他等大类。第二组分相同时，第一组分化合物名称排列顺序为：无机化合物、烃、杂环母体、卤烃、醇、酚、醚、醛、酮、羧酸、酯、腈、胺、含硫化合物。

三元恒沸混合物先按第二和第三组分分成大类，然后再按上述顺序排列第一组分名称。

二元恒沸混合物

组分名称	沸点/℃		组成/%			20℃时两层相对体积	相对密度
	组分	恒沸物	恒沸物	上层	下层		
氟化氢 水	19.4 100.0	111.4	35.6 64.4				
氯化氢 水	−83.7 100.0	108.6	20.2 79.8				1.102
溴化氢 水	−67.0 100.0	126.0	47.5 52.5				1.481
碘化氢 水	−35.5 100.0	127.0	57.0 43.0				
壬烷 水	150.8 100.0	95.0	60.2 39.8	100.0	100.0	上 68.0 下 32.0	上 0.719 下 1.000
环己烷 水	81.4 100.0	69.8	91.5 8.5	99.99 0.01	0.01 99.99	上 93.2 下 6.8	上 0.780 下 1.000
环己烯 水	83.4 100.0	70.8	90.0 10.0				
苯 水	80.1 100.0	69.4	91.1 8.9	99.94 0.06	0.07 99.93	上 92.0 下 8.0	上 0.880 下 0.999
甲苯 水	110.0 100.0	85.0	79.8 20.2	99.95 0.05	0.06 99.94	上 82.0 下 18.0	上 0.868 下 1.000
乙苯 水	136.2 100.0	92.0	67.0 33.0	99.95 0.05	0.02 99.98	上 70.0 下 30.0	上 0.870 下 1.000
吡啶 水	115.5 100.0	92.6	57.0 43.0				1.010
1,2-二氯乙烷 水	83.5 100.0	72.0	80.5 19.5				
氯仿 水	61.2 100.0	56.3	97.0 3.0	0.8 99.2	99.8 0.2	上 4.4 下 95.6	上 1.004 下 1.491
四氯化碳 水	76.8 100.0	66.8	97.0 3.0	0.03 99.97	99.97 0.03	上 6.4 下 93.6	上 1.000 下 1.597
氯苯 水	132.0 100.0	90.2	71.6 28.4				
乙醇 水	78.5 100.0	78.2	95.6 4.4				0.804
正丙醇 水	97.2 100.0	88.1	71.8 28.2				0.866
异丙醇 水	82.3 100.0	80.4	87.8 12.2				0.818
正丁醇 水	117.7 100.0	93.0	55.5 44.5	79.9 20.1	7.7 92.3	上 71.5 下 28.5	上 0.849 下 0.990

组分名称	沸点/℃		组成/%			20℃时两层相对体积	相对密度
	组分	恒沸物	恒沸物	上层	下层		
异丁醇 水	108.4 100.0	89.7	70.0 30.0	85.0 15.0	8.7 91.3	上 82.3 下 17.7	上 0.839 下 0.998
仲丁醇 水	99.5 100.0	88.5	68.0 32.0				0.863
叔丁醇 水	82.8 100.0	79.9	88.2 11.8				
正戊醇 水	138.0 100.0	95.4	45.0 55.0				
异戊醇 水	130.5 100.0	95.2	50.4 49.6				
叔戊醇 水	102.3 100.0	87.4	72.5 27.5				
2-乙基己醇 水	185.0 100.0	99.1	20.2 80.0	97.4 2.6	0.10 99.90	上 23.0 下 77.0	上 0.838 下 1.000
环己醇 水	161.5 100.0	−97.8	−20.0 −80.0				
苯甲醇 水	205.2 100.0	99.9	9.0 91.0				
烯丙醇 水	97.1 100.0	88.2	72.9 27.1				0.905
氯乙醇 水	128.7 100.0	97.8	42.3 57.7				1.093
苯酚 水	182.0 100.0	99.5	9.21 90.79				
乙醚 水	34.6 100.0	34.2	98.8 1.2				0.720
异丙醚 水	67.5 100.0	62.2	95.4 4.6	99.43 0.57	0.09 99.10	上 97.0 下 3.0	上 0.727 下 0.998
正丁醚 水	142.0 100.0	94.1	66.6 33.4	99.97 0.03	0.19 99.81	上 72.0 下 0.998	上 0.769 下 0.998
苯甲醚 水	153.9 100.0	95.5	59.5 40.5				
苯乙醚 水	170.4 100.0	97.3	41.0 59.0				
二苯醚 水	259.0 100.0	99.8	4.3 95.7	0.22 99.98	99.97 0.03	上 96.0 下 4.0	上 0.997 下 1.067
1,4-二氧六环 水	101.3 100.0	87.8	81.6 18.4				1.04
正丁醛 水	75.7 100.0	68.0	90.3 9.7	96.8 3.2	7.1 92.9	上 94.0 下 6.0	上 0.815
异戊醛 水	92.5 100.0	77.0	88.0 12.0				
三聚乙醛 水	124.5 100.0	90.8	74.8 25.2	98.9 1.1	10.5 89.5	上 73.0 下 27.0	上 0.998 下 1.01
糠醛 水	161.5 100.0	97.0	35.0 65.0				
丙烯醛 水	52.5 100.0	52.4	97.4 2.6				

续表

组分名称	沸点/℃		组成/%			20℃时两层相对体积	相对密度
	组分	恒沸物	恒沸物	上层	下层		
乙醛缩二乙醇	102.1	82.6	85.7	98.8	5.5	上 88.0	上 0.826
水	100.0		14.3	1.2	94.5	下 12.0	下 0.99
丁酮	79.6	73.4	88.0				0.834
水	100.0		12.0				
4-甲基-3-戊烯-2-酮	128.7	91.8	65.3	96.6	2.8	上 69.8	上 0.860
水	100.0		34.7	3.4	97.2	下 30.2	下 0.995
双丙酮醇	169.2	99.6	13.0				1.002
水	100.0		87.0				
环己酮	155.4	95.0	38.4	92.0	2.3	上 41.5	上 0.953
水	100.0		61.6	8.0	97.7	下 58.5	下 1.000
2,4-戊二酮	140.6	94.4	59.0	95.5	16.6	上 55.0	上 0.981
水	100.0		41.0	4.5	83.4	下 45.0	下 1.011
甲酸	100.7	107.1	77.5				
水	100.0		22.5				
丙酸	141.6	99.9	17.7				1.016
水	100.0		82.3				
正丁酸	163.5	99.4	18.4				1.007
水	100.0		81.6				
2-乙基己酸	228.0	99.9	3.6	98.77	0.25	上 3.7	上 0.906
水	100.0		96.4	1.23	99.75	下 96.3	下 1.000
乙酸甲酯	57.0	56.1	95.0				0.940
水	100.0		5.0				
乙酸乙酯	77.2	70.4	91.9	96.7	8.7	上 95.0	上 0.907
水	100.0		8.1	3.3	91.3	下 5.0	下 0.999
乙酸丁酯	126.5	90.7	72.9	98.8	0.68	上 75.8	上 0.882
水	100.0		27.1	1.2	99.32	下 24.2	下 0.998
乙酸异丁酯	117.2	87.5	80.5				
水	100.0		19.5				
乙酸异戊酯	142.1	93.8	63.8				
水	100.0		36.2				
丁酸丁酯	166.4	97.9	47.0	99.52	0.06	上 50.6	上 0.871
水	100.0		53.0	0.48	99.94	下 49.4	下 0.998
丁二酸二乙酯	217.7	99.9	9.0	2.05	98.2	上 93.0	上 1.005
水	100.0		91.0	97.95	1.8	下 7.0	下 1.04
苯甲酸乙酯	212.4	99.4	16.0				
水	100.0		84.0				
乙腈	82.0	76.5	83.7				0.818
水	100.0		16.3				
三乙胺	89.5	75.8	90.0				0.769
水	100.0		10.0				
三丁胺	213.9	99.8	18.0	99.7	0.01	上 22.0	上 0.781
水	100.0		82.0	0.3	99.99	下 78.0	下 1.000
二硫化碳	46.3	43.6	98.0	0.29	99.99	上 2.3	上 1.001
水	100.0		2.0	99.71	0.01	下 97.7	下 1.265
氯仿	61.2	53.5	87.0				1.342
甲醇	64.7		13.0				
四氯化碳	76.8	55.7	79.4				1.322
甲醇	64.7		20.6				

组分名称	沸点/℃		组成/%			20℃时两层相对体积	相对密度
	组分	恒沸物	恒沸物	上层	下层		
环己烷 甲醇	81.4 64.7	45.2	63.0 37.0	97.0 3.0	39.0 61.0	上 43.0 下 57.0	
苯 甲醇	80.1 64.7	58.3	60.5 39.5				0.844
甲苯 甲醇	110.6 64.7	63.7	27.6 72.4				0.813
碘甲烷 甲醇	42.5 64.7	37.8	95.5 4.5				
丙酮 甲醇	56.2 64.7	55.7	88.0 12.0				0.795
乙酸甲酯 甲醇	57.0 64.7	54.0	81.3 18.7				0.908
丙烯酸甲酯 甲醇	80.5 64.7	62.5	46.0 54.0				
氯仿 乙醇	61.2 78.5	59.4	93.0 7.0				1.403
四氯化碳 乙醇	76.8 78.5	65.0	84.2 15.8				1.377
1,2-二氯乙烷 乙醇	83.5 78.5	70.5	63.0 37.0				
苯 乙醇	80.1 78.5	67.8	67.6 32.4				0.848
甲苯 乙醇	110.6 78.5	76.7	32.0 68.0				0.815
环己烷 乙醇	81.4 78.5	64.9	69.5 30.5				
溴乙烷 乙醇	38.0 78.5	37.0	97.0 3.0				
碘乙烷 乙醇	72.2 78.5	63.0	86.0 14.0				
1-溴丁烷 乙醇	101.6 78.5	75.0	57.0 43.0				
正丁醛 乙醇	75.7 78.5	70.7	39.4 60.6				0.835
乙酸乙酯 乙醇	77.1 78.5	71.8	69.0 31.0				0.863
乙腈 乙醇	82.0 78.5	72.9	43.0 57.0				0.788
苯 异丙醇	80.1 82.3	71.5	66.7 33.3				0.838
甲苯 异丙醇	110.6 82.3	80.6	42.0 58.0				
2-溴丙烷 异丙醇	59.8 82.3	57.8	88.0 12.0				
2-碘丙烷 异丙醇	89.4 82.3	76.0	68.0 32.0				
异丙醚 异丙醇	82.3 82.3	66.2	85.9 14.1				

组分名称	沸点/℃		组成/%			20℃时两层相对体积	相对密度
	组分	恒沸物	恒沸物	上层	下层		
乙酸异丙酯 异丙醇	89.0 82.3	80.1	47.4 52.6				0.822
甲苯 正丁醇	110.6 117.7	105.6	73.0 27.0				0.846
环己烷 正丁醇	81.4 117.7	79.8	90.0 10.0				
1-溴丁烷 正丁醇	101.6 117.7	98.6	87.0 13.0				
正丁醚 正丁醇	142.0 117.7	117.6	17.5 82.5				0.804
乙酸丁酯 正丁醇	126.5 117.7	117.6	32.8 67.2				0.832
甲苯 异丁醇	110.6 108.4	101.2	55.5 44.5				0.836
异丁基溴 异丁醇	91.0 108.4	88.8	88.0 12.0				
乙酸异丙酯 异丁醇	116.5 108.4	107.4	45.0 55.0				
苯 叔丁醇	80.1 82.8	74.0	63.4 36.6				
甲苯 异戊醇	110.6 130.5	110.0	86.0 14.0				
乙酸异戊酯 异戊醇	142.5 130.5	129.1	2.6 97.4				
苯 烯丙醇	80.1 97.1	76.8	82.6 17.4				0.874
甲苯 烯丙醇	110.6 97.1	91.5	50.0 50.0				
3-碘-1-丙烯 烯丙醇	102.0 97.1	89.4	72.0 28.0				
苯酚 环己醇	182.0 161.5	183.0	87.0 13.0				
1,2-二溴乙烷 乙二醇	131.6 197.2	130.9	96.5 3.5				
苯 甲酸	80.1 100.7	71.1	69.0 31.0				
甲苯 甲酸	110.6 100.7	85.8	50.0 50.0				
苯 乙酸	80.1 118.1	80.1	98.0 2.0				0.882
甲苯 乙酸	110.6 118.1	105.4	72.0 28.0				0.905
环己烷 乙酸	81.4 118.1	116.7	19.0 81.0				

组分名称	沸点/℃		组成/%			20℃时两层相对体积	相对密度
	组分	恒沸物	恒沸物	上层	下层		
正丁醚 乙酸	142.0 118.1	116.7	19.0 81.0				0.983
1,4-二氧六环 乙酸	101.5 118.1	119.5	23.0 77.0				1.05
苯 环己烷	80.1 81.4	77.8	55.0 45.0				0.834
氯仿 丙酮	61.2 56.2	64.7	80.0 20.0				1.268
氯仿 甲醇 水	61.2 64.7 100.0	52.6	81.0 15.0 4.0	32.0 41.0 27.0	83.0 14.0 3.0	上 3.0 下 97.0	上 1.022 下 1.399
环己烷 乙醇 水	81.0 78.5 100.0	62.1	78.3 17.0 7.0				
环己烯 乙醇 水	82.9 78.5 100.0	64.1	73.0 20.0 7.0				
苯 乙醇 水	80.1 78.5 100.0	64.6	74.1 18.5 7.4	86.0 12.7 1.3	4.8 52.1 43.1	上 85.5 下 14.2	上 0.866 下 0.892
碘乙烷 乙醇 水	80.1 78.5 100.0	74.4	51.0 37.0 12.0	81.3 15.6 3.1	24.5 54.8 20.7	上 46.5 下 53.5	上 0.849 下 0.855
甲苯 乙醇 水	110.6 78.5 100.0	61.0	86.0 9.0 5.0				
1,2-二氯乙烷 乙醇 水	84.0 78.5 100.0	67.8	77.1 15.7 7.2	11.6 41.8 46.6	82.5 12.5 2.3	上 13.3 下 86.7	上 0.941 下 1.167
氯仿 乙醇 水	61.2 78.5 100.0	55.5	92.5 4.0 3.5	1.0 18.2 80.3	95.8 3.7 0.5	上 6.2 下 93.8	上 0.976 下 1.441
四氯化碳 乙醇 水	76.8 78.5 100.0	61.8	86.3 10.3 3.4	7.0 48.5 44.5	94.8 5.2 <0.1	上 15.2 下 84.4	上 0.935 下 1.519
正丁醛 乙醇 水	75.7 78.5 100.0	67.2	80.0 11.0 9.0	82.0 11.0 7.0		上 97.3 下 2.2	下 0.838
乙醛缩二乙醇 乙醇 水	103.6 78.5 100.0	77.8	61.0 27.6 11.4				
乙酸乙酯 乙醇 水	77.1 78.5 100.0	70.2	82.6 8.4 9.0				0.901

组分名称	沸点/℃		组成/%			20℃时两层相对体积	相对密度
	组分	恒沸物	恒沸物	上层	下层		
氯乙酸乙酯 乙醇 水	143.5 78.5 100.0	81.4	20.8 61.7 17.5				
乙腈 乙醇 水	82.0 78.5 100.0	72.9	44.0 55.0 1.0				
异丙醚 异丙醇 水	67.5 82.3 100.0	61.8	91.0 4.0 5.0	94.7 4.0 1.3	1.0 5.0 94.0	上 97.2 下 2.8	上 0.732 下 0.990
乙酸异丙酯 异丙醇 水	89.0 82.3 100.0	75.5	76.0 13.0 11.0	81.4 13.0 5.6	2.9 11.5 85.6	上 94.0 下 6.0	上 0.870 下 0.981
丁醚 正丁醇 水	142.0 117.7 100.0	90.6	34.5 34.6 29.9	49.0 46.0 5.0	0.3 4.9 94.8	上 76.5 下 23.5	上 0.796 下 0.995
乙酸丁酯 正丁醇 水	126.5 117.7 100.0	90.7	63.0 80.0 29.0	86.0 11.0 3.0	1.0 2.0 97.0	上 75.5 下 24.5	上 0.874 下 0.997
乙酸仲丁酯 仲丁醇 水	112.2 99.5 100.0	85.5	52.4 27.4 20.2	62.2 31.7 6.0	0.6 4.6 94.8	上 86.0 下 14.0	上 0.858 下 0.994
乙酸异丁酯 异丁醇 水	116.5 108.4 100.0	86.8	46.5 23.1 30.4				
四氯化碳 叔丁醇 水	76.8 82.2 100.0	64.7	85.0 11.9 3.1				
乙酸异戊酯 异戊醇 水	142.5 130.5 100.0	93.6	24.0 31.2 44.8				
苯 烯丙醇 水	80.1 97.0 100.0	68.2	82.2 9.2 8.6	90.7 8.7 0.6	0.4 17.7 80.9	上 91.2 下 8.8	上 0.877 下 0.985
甲苯 烯丙醇 水	110.6 97.0 100.0	80.6	53.4 31.4 15.2	64.9 32.4 2.7	2.2 27.4 70.4	上 83.0 下 27.0	上 0.856 下 0.950
二硫化碳 丙酮 水	46.3 56.2 100.0	38.04	75.21 23.98 0.81				
氯仿 丙酮 水	61.2 56.2 100.0	60.4	57.4 38.4 4.0				
苯 乙腈 水	80.1 82.0 100.0	66.0	68.5 23.3 8.2				
环己烷 丙酮 甲醇	81.4 56.2 100.0	51.5	40.5 43.5 16.0				
氯仿 丙酮 甲醇	61.2 56.2 64.7	57.5	47.0 30.0 23.0				
乙酸甲酯 丙酮 甲醇	57.0 56.2 64.7	53.7	76.8 5.8 17.4				0.898

附录二十三　不同温度下水的黏度 η 和表面张力 γ

$t/℃$	$\eta/(mPa·s)$	$\gamma/(10^{-3}N·m^{-1})$	$t/℃$	$\eta/(mPa·s)$	$\gamma/(10^{-3}N·m^{-1})$
0	1.787	75.64	25	0.8904	71.97
5	1.519	74.92	26	0.8705	71.82
10	1.307	74.23	27	0.8513	71.66
11	1.271	74.07	28	0.8327	71.50
12	1.235	73.93	29	0.8148	71.35
13	1.202	73.78	30	0.7975	71.20
14	1.169	73.64	35	0.7194	70.38
15	1.139	73.49	40	0.6529	69.60
16	1.109	73.34	45	0.5960	68.74
17	1.081	73.19	50	0.5468	67.94
18	1.053	73.05	55	0.5040	67.05
19	1.027	72.90	60	0.4665	66.24
20	1.002	72.75	70	0.4042	64.47
21	0.9779	72.59	80	0.3547	62.67
22	0.9548	72.44	90	0.3147	60.82
23	0.9325	72.28	100	0.2818	58.91
24	0.9111	72.13			

附录二十四　水的折射率（钠光）

温度/℃	折射率	温度/℃	折射率	温度/℃	折射率
0	1.33395	19	1.33308	26	1.33243
5	1.33388	20	1.33300	27	1.33231
10	1.33368	21	1.33292	28	1.33219
15	1.33337	22	1.33283	29	1.33206
16	1.33330	23	1.33274	30	1.33192
17	1.33323	24	1.33264		
18	1.33316	25	1.33254		

附录二十五　几种有机物的蒸气压

物质的蒸气压 p（Pa）按下式计算：$\lg p = A - \dfrac{B}{C+t} + D$

式中，A，B，C 为常数；t 为温度，℃；D 为压力单位的换算因子，其值为 2.1249。

名　　称	分子式	适用温度范围/℃	A	B	C
四氯化碳	CCl_4		6.87926	1212.021	226.41
氯仿	$CHCl_3$	$-30\sim150$	6.90328	1163.03	227.4
甲醇	CH_4O	$-14\sim65$	7.89750	1474.08	229.13
1,2-二氯乙烷	$C_2H_4Cl_2$	$-31\sim99$	7.0253	1271.3	222.9
醋酸	$C_2H_4O_2$	$0\sim36$	7.80307	1651.2	225
		$36\sim170$	7.18807	1416.7	211
乙醇	C_2H_6O	$-2\sim100$	8.32109	1718.10	237.52
丙醇	C_3H_8O	$-30\sim150$	7.02447	1161.0	224
异丙醇	C_3H_8O	$0\sim101$	8.11778	1580.92	219.61
乙酸乙酯	$C_4H_8O_2$	$-20\sim150$	7.09808	1238.71	217.0
正丁醇	$C_4H_{10}O$	$15\sim131$	7.47680	1362.39	178.77
苯	C_6H_6	$-20\sim150$	6.90661	1211.033	220.790
环己烷	C_6H_{12}	$20\sim81$	6.84130	1201.53	222.65
甲苯	C_7H_8	$-20\sim150$	6.95464	1344.80	219.482
乙苯	C_6H_{10}	$-20\sim150$	6.95719	1424.251	213.206

附录二十六　液体的折射率

名称	n_D^{25}	名称	n_D^{25}	名称	n_D^{25}
甲醇	1.326	乙酸乙酯	1.370	甲苯	1.494
水	1.33252	正己烷	1.372	苯	1.498
乙醚	1.352	1-丁醇	1.397	苯乙烯	1.545
丙酮	1.357	氯仿	1.444	溴苯	1.557
乙醇	1.359	四氯化碳	1.459	苯胺	1.583
醋酸	1.370	乙苯	1.493	溴仿	1.587

附录二十七　不同温度的水的折射率

温度/℃	15.00	20.00	25.00	30.00	35.00
折射率	1.33334	1.33296	1.83252	1.38195	1.33131

附录二十八　无限稀释离子的摩尔电导率

单位：10^{-4} $m^2 \cdot S \cdot mol^{-1}$

离子 ＼温度/℃	0	18	25	50	离子 ＼温度/℃	0	18	25	50
H^+	240	814	350	466	OH^-	105	172	192	284
K^+	40.4	64.6	74.5	116	Cl^-	41.1	65.5	75.5	116
Na^+	26	43.5	50.9	82	NO_3^-	40.4	61.7	70.6	104
NH_4^+	40.2	64.5	74.5	115	$C_2H_2O_2^{2-}$	20.3	34.6	40.8	67
Ag^+	82.9	54.3	63.5	101	$\frac{1}{2}SO_4^{2-}$	41.1	68	79	125
$\frac{1}{2}Ba^{2+}$	33	55	65	104	$\frac{1}{2}C_2O_4^{2-}$	39	63	73	115
$\frac{1}{2}Ca^{2+}$	80	51	60	98	$\frac{1}{3}C_6H_5O_7^{3-}$	36	60	70	113
$\frac{1}{3}La^{3+}$	86	61	72	119	$\frac{1}{4}[Fe(CN)_6]^{4-}$	58	95	111	173

附录二十九　凝固点降低常数 K_f

溶　剂	纯溶剂的凝固点/℃	K_f	溶　剂	纯溶剂的凝固点/℃	K_f
水	0	1.858	对二氯苯	52.7	7.11
醋酸	16.6	3.9	樟脑	4	37.7
苯	5.45	6.07	对二溴苯	86.0	12.5
萘	80.1	6.9			

附录三十　饱和标准电池在 0～40℃ 内的温度校正值 ΔE_t

$t/℃$	$\Delta E_t/\mu V$	$t/℃$	$\Delta E_t/\mu V$	$t/℃$	$\Delta E_t/\mu V$
0	+345.60	15	+175.32	19.2	+31.35
1	+353.94	16	+144.30	19.3	+27.50
2	+359.13	17	+111.22	19.4	+23.63
3	+361.27	18.0	+76.09	19.5	+19.74
4	+360.43	18.1	+72.47	19.6	+15.83
5	+356.66	18.2	+68.83	19.7	+11.90
6	+350.08	18.3	+65.17	19.8	+7.95
7	+340.74	18.4	+61.49	19.9	+3.98
8	+328.71	18.5	+57.79	20.0	0
9	+314.07	18.6	+54.07	20.1	−4.00
10	+296.90	18.7	+50.33	20.2	−8.02
11	+277.26	18.8	+46.57	20.3	−12.06
12	+255.21	18.9	+42.80	20.4	−16.12
13	+230.83	19.0	+39.00	20.5	−20.20
14	+204.18	19.1	+35.19	20.6	−24.30

续表

$t/℃$	$\Delta E_t/\mu V$	$t/℃$	$\Delta E_t/\mu V$	$t/℃$	$\Delta E_t/\mu V$
20.7	−28.41	21.8	−74.85	31	−540.65
20.8	−32.54	21.9	−79.18	32	−598.75
20.9	−36.69	22	−83.53	33	−658.16
21.0	−40.86	23	−127.94	34	−718.84
21.1	−45.05	24	−174.06	35	−780.78
21.2	−49.25	25	−221.84	36	−843.93
21.3	−53.47	26	−271.22	37	−908.25
21.4	−57.71	27	−322.15	38	−973.73
21.5	−61.97	28	−374.62	39	−1040.32
21.6	−66.24	29	−428.54	40	−1108.00
21.7	−70.54	30	−483.90		

附录三十一 镍铬-镍硅（镍铬-镍铝）热电偶的热电势

分度号 EU-2，自由端温度为 0℃

工作端温度/℃	0	1	2	3	4	5	6	7	8	9
	mV（绝对伏）									
+ 0	0.00	0.04	0.08	0.12	0.16	0.20	0.24	0.28	0.32	0.36
10	0.40	0.44	0.48	0.52	0.56	0.60	0.64	0.68	0.72	0.76
20	0.80	0.84	0.88	0.92	0.96	1.00	1.04	1.08	1.12	1.16
30	1.20	1.24	1.28	1.32	1.36	1.41	1.45	1.49	1.53	1.57
40	1.61	1.65	1.69	1.73	1.77	1.82	1.86	1.90	1.94	1.98
50	2.02	2.06	2.10	2.14	2.18	2.23	2.27	2.31	2.35	2.39
60	2.43	2.47	2.51	2.56	2.60	2.64	2.68	2.72	2.77	2.81
70	2.85	2.89	2.93	2.97	3.01	3.06	3.10	3.14	3.18	3.22
80	3.26	3.30	3.34	3.39	8.48	3.47	3.51	3.55	3.60	3.64
90	3.68	3.72	3.76	3.81	3.85	3.89	3.93	3.97	4.02	4.06
100	4.10	4.14	4.18	4.22	4.26	4.31	4.35	4.39	4.43	4.47
110	4.51	4.55	4.59	4.63	4.67	4.72	4.76	4.80	4.84	4.88
120	4.92	4.96	5.00	5.04	5.08	5.13	5.17	5.21	5.25	5.29
130	5.33	5.37	5.41	5.45	5.49	5.53	5.57	5.61	5.65	5.69
140	5.73	5.77	5.81	5.85	5.89	5.93	5.97	6.01	6.05	6.09
150	6.13	6.17	6.21	6.25	6.29	6.33	6.37	6.41	6.45	6.49
160	6.53	6.57	6.61	6.65	6.69	6.73	6.77	6.81	6.85	6.89
170	6.93	6.97	7.01	7.05	7.09	7.13	7.17	7.21	7.25	7.29
180	7.33	7.37	7.41	7.45	7.49	7.53	7.57	7.61	7.65	7.69
190	7.73	7.77	7.81	7.85	7.89	7.93	7.97	8.01	8.05	8.09
200	8.13	8.17	8.21	8.25	8.29	8.33	8.37	8.41	8.45	8.49
210	8.53	8.57	8.61	8.65	9.10	8.73	8.77	8.81	8.85	8.89
220	8.93	8.97	9.01	9.06	9.10	9.14	9.18	9.22	9.26	9.30
230	9.34	9.38	9.42	9.46	9.50	9.54	9.58	9.62	9.66	9.70
240	9.74	9.78	9.82	9.86	9.90	9.95	9.99	10.03	10.07	10.11
250	10.15	10.19	10.23	10.27	10.31	10.35	10.40	10.44	10.48	10.52
260	10.56	10.60	10.64	10.68	10.72	10.77	10.81	10.85	10.89	10.93
270	10.97	11.01	11.05	11.09	11.13	11.18	11.22	11.26	11.30	11.34
280	11.38	11.42	11.46	11.51	11.55	11.50	11.63	11.67	11.72	11.76
290	11.80	11.84	11.88	11.92	11.96	12.01	12.05	12.09	12.13	12.17

工作端温度/℃	0	1	2	3	4	5	6	7	8	9
	mV(绝对伏)									
300	12.21	12.25	12.29	12.33	12.37	12.42	12.46	12.50	12.54	12.58
310	12.62	12.66	12.70	12.75	12.79	12.83	12.87	12.91	12.96	13.00
320	13.04	13.08	13.12	13.16	13.20	13.25	13.70	13.33	13.37	13.41
330	13.45	13.49	13.53	13.58	13.62	13.66	13.70	13.74	13.79	13.83
340	13.87	13.91	13.95	14.00	14.04	14.08	14.12	14.16	14.21	14.25
350	14.30	14.34	14.38	14.43	14.47	14.51	14.55	14.59	14.64	14.68
360	14.72	14.76	14.80	14.85	14.89	14.93	14.97	15.01	15.06	15.10
370	15.14	15.18	15.22	15.27	15.31	15.35	15.39	15.43	15.48	15.52
380	15.56	15.60	15.64	15.69	15.73	15.77	15.81	15.85	15.90	15.94
390	15.99	16.02	16.06	16.11	16.15	16.19	16.23	16.27	16.32	16.36
400	16.40	16.44	16.49	16.53	16.57	16.63	16.66	16.70	16.74	16.79
410	16.83	16.87	16.91	16.96	17.00	17.04	17.08	17.12	17.17	17.21
420	17.25	17.29	17.33	17.38	17.42	17.46	17.50	17.54	17.59	17.63
430	17.67	17.71	17.75	17.79	17.84	18.88	17.92	17.96	18.01	18.05
440	18.09	18.13	18.17	18.22	18.26	18.30	18.34	18.38	18.43	18.47
450	18.51	18.55	18.60	18.64	18.68	18.73	18.77	18.81	18.85	18.90
460	18.94	18.98	19.03	19.07	19.11	19.16	19.20	19.24	19.28	19.33
470	19.37	19.41	19.45	19.50	19.54	19.58	19.62	19.66	19.71	19.75
480	19.79	19.83	19.88	19.92	19.96	20.01	20.05	20.09	20.13	20.18
490	20.22	20.26	20.31	20.35	20.39	20.44	20.48	20.52	20.56	20.61
500	20.65	20.69	20.71	20.78	20.82	20.87	20.91	20.95	20.99	21.04
510	21.08	21.12	21.16	21.21	21.25	21.29	21.33	21.37	21.42	21.46
520	21.50	21.54	21.59	21.63	21.67	21.72	21.76	21.80	21.84	21.89
530	21.93	21.97	22.01	22.06	22.10	22.14	22.18	22.22	22.27	22.31
540	22.35	22.39	22.44	22.48	22.52	22.57	22.61	22.65	22.69	22.74
550	22.78	22.82	22.87	22.91	22.95	23.00	23.04	23.08	23.12	23.17
560	23.21	23.25	23.29	23.34	23.38	23.42	23.46	28.50	23.55	23.59
570	23.63	23.67	23.71	23.75	23.79	23.84	23.88	23.92	23.96	24.01
580	24.05	24.09	24.14	24.18	24.22	24.27	24.31	24.35	24.39	24.44
590	24.48	24.52	24.56	24.61	24.65	24.69	24.73	24.77	24.82	24.86
600	24.90	24.04	24.99	25.03	25.07	25.12	25.15	25.19	25.23	25.27
610	25.32	25.37	25.41	25.46	25.50	25.54	25.58	25.62	25.67	25.71
620	25.75	25.79	25.84	25.88	25.92	25.97	26.01	26.05	26.09	26.14
630	26.18	26.22	26.26	26.31	26.35	26.39	26.43	26.47	26.52	26.56
640	26.60	26.64	26.69	26.73	26.77	26.82	26.86	26.90	26.94	26.99
650	27.03	27.07	27.11	27.16	27.20	27.24	27.28	27.32	27.37	27.41
660	27.45	27.49	27.53	27.57	27.62	27.66	27.70	27.74	27.79	27.83
670	27.87	27.91	27.95	28.00	28.04	28.08	28.12	28.16	28.21	28.25
680	28.29	28.33	28.38	28.42	28.46	28.50	28.54	28.58	28.62	28.67
690	28.71	28.75	28.79	28.84	28.88	28.92	28.96	29.00	29.05	29.09
700	29.13	29.17	29.21	29.26	29.30	29.34	29.38	29.42	29.47	29.51
710	29.55	29.59	29.63	29.68	29.72	29.76	29.80	29.84	29.89	29.93
720	29.97	30.01	30.05	30.10	30.14	30.18	30.22	30.26	30.31	30.35
730	30.39	30.43	30.47	30.52	30.56	30.60	30.64	30.68	30.73	30.77
740	30.81	30.85	30.89	30.93	30.97	31.02	31.06	31.10	31.14	31.18
750	31.22	31.26	31.30	31.35	31.39	31.43	31.47	31.51	31.56	31.60
760	31.64	31.68	31.72	31.77	31.81	31.85	31.89	31.93	31.98	32.02
770	32.06	32.10	32.14	32.18	32.22	32.26	32.30	32.34	32.38	32.42
780	32.46	32.50	32.54	32.59	32.63	32.67	32.71	32.75	32.80	32.84
790	32.87	32.91	32.95	33.00	33.04	33.09	33.13	33.17	33.21	33.25

附录三十二 KCl 溶液的电导率 κ

单位：$S \cdot cm^{-1}$

$t/\text{℃}$	$c/\text{mol} \cdot \text{dm}^{-3}$				$t/\text{℃}$	$c/\text{mol} \cdot \text{dm}^{-3}$			
	1.000	0.1000	0.0200	0.0100		1.000	0.1000	0.0200	0.0100
0	0.06541	0.00715	0.001521	0.000776	23	0.10789	0.01229	0.002659	0.001359
5	0.07414	0.00822	0.001752	0.000896	24	0.10984	0.01264	0.002712	0.001386
10	0.08319	0.00933	0.001994	0.001020	25	0.11180	0.01288	0.002765	0.001413
15	0.09252	0.01048	0.002243	0.001147	26	0.11377	0.01313	0.002819	0.001441
16	0.09441	0.01072	0.002294	0.001173	27	0.11574	0.01337	0.002873	0.001468
17	0.09631	0.01095	0.002345	0.001199	28		0.01362	0.002927	0.001496
18	0.09822	0.01119	0.002397	0.001225	29		0.01387	0.002981	0.001524
19	0.10014	0.01143	0.002449	0.001251	30		0.01412	0.003036	0.001552
20	0.10207	0.01167	0.002501	0.001278	35		0.01539	0.003312	
21	0.10400	0.01191	0.002553	0.001305	36		0.01564	0.003368	
22	0.10594	0.01215	0.002606	0.001332					

参 考 文 献

[1] 罗世忠，魏庆丽，李会平，等.基础化学实验.3版.北京：科学出版社，2020.

[2] 王广胜，朱英，孙晓波，等.基础化学实验.北京：北京航空航天大学出版社，2024.

[3] 路璐，刘强强，郑兴文，等.无机化学实验.北京：化学工业出版社，2024.

[4] 崔爱莉.基础无机化学实验.北京：清华大学出版社，2018.

[5] 姚慧.分析化学实验.北京：化学工业出版社，2020.

[6] 张明晓.分析化学实验教程.北京：科学出版社，2008.

[7] 魏琴.无机及分析化学实验.北京：科学出版社，2018.

[8] 谢练武，郭亚平.无机及分析化学实验.北京：化学工业出版社，2017.

[9] 兰州大学.有机化学实验.4版.北京：高等教育出版社，2017.

[10] 高职高专化学教材编写组.有机化学实验.5版.北京：高等教育出版社，2020.

[11] 北京大学化学与分子工程学院有机化学研究所.有机化学实验.3版.北京：北京大学出版社，2015.

[12] 天津大学有机化学教研室.有机化学实验.北京：高等教育出版社，2017.

[13] 吴美芳，李琳.有机化学实验.北京：科学出版社，2013.

[14] 申东升.当代有机合成化学实验.北京：科学出版社，2014.

[15] 张华.有机结构波谱鉴定.大连：大连理工大学出版社，2009.

[16] 威廉斯，弗莱明.有机化学中的光谱方法：6版.张艳，邱頔，施卫峰，等译.北京：北京大学出版社，2015.

[17] 李述文.实用有机化学手册.上海：上海科学技术出版社，1981.

[18] 吕俊民.有机化学实验常用数据手册.大连：大连理工大学出版社，1994.

[19] 玉占君，冯春梁.物理化学实验.北京：化学工业出版社，2014.

[20] 朱万春，张国艳，李克昌，等.基础化学实验：物理化学实验分册.北京：高等教育出版社出版，2017.

[21] 复旦大学，武汉大学，南京大学，等.物理化学实验.北京：高等教育出版社，2004.

[22] 孙越.物理化学实验（中英文对照）.北京：北京大学出版社，2024.

[23] 吕俊民.有机化学实验常用数据手册.大连：大连理工大学出版社，1994.

[24] 克罗克福特，诺威尔，拜尔德，等.物理化学实验.郝润蓉，刘瑞麟，林秋竹，等译.北京：人民教育出版社，1980.

[25] 罗澄源，向明礼.物理化学实验.3版.北京：高等教育出版社，2004.

[26] 顾良证，武传昌，岳瑛.物理化学实验.北京：高等教育出版社，1989.

[27] 杨百勤.物理化学实验.北京：化学工业出版社，2001.

[28] 刘澄蕃.物理化学实验.北京：化学工业出版社，2002.

元素周期表

IUPAC 2013

图例说明：
- 原子序数（红色的为放射性元素）
- 元素符号（红色的为放射性元素）
- 元素名称（注▲的为人造元素）
- 价层电子构型

示例：95 Am 镅▲ 5f⁷7s² −243.06138(2)▲
- 氧化态：+2 +3 +4 +5 +6

氧化态（单质的氧化态为0，常见的为红色）
以 ¹²C＝12 为基准的原子质量（注▲的是半衰期最长同位素的原子质量）

区块颜色：s区元素 ／ p区元素 ／ ds区元素 ／ d区元素 ／ 稀有气体 ／ f区元素

电子层：K L M N O P Q

主表（周期 1–7，族 IA–ⅧA）

周期	IA	ⅡA	ⅢB	ⅣB	ⅤB	ⅥB	ⅦB	ⅧB			ⅠB	ⅡB	ⅢA	ⅣA	ⅤA	ⅥA	ⅦA	ⅧA(0)
1	1 H 氢 1s¹ 1.008																	2 He 氦 1s² 4.002602(2)
2	3 Li 锂 2s¹ 6.94	4 Be 铍 2s² 9.0121831(5)											5 B 硼 2s²2p¹ 10.81	6 C 碳 2s²2p² 12.011	7 N 氮 2s²2p³ 14.007	8 O 氧 2s²2p⁴ 15.999	9 F 氟 2s²2p⁵ 18.998403163(6)	10 Ne 氖 2s²2p⁶ 20.1797(6)
3	11 Na 钠 3s¹ 22.98976928(2)	12 Mg 镁 3s² 24.305											13 Al 铝 3s²3p¹ 26.9815385(7)	14 Si 硅 3s²3p² 28.085	15 P 磷 3s²3p³ 30.973761998(5)	16 S 硫 3s²3p⁴ 32.06	17 Cl 氯 3s²3p⁵ 35.45	18 Ar 氩 3s²3p⁶ 39.948(1)
4	19 K 钾 4s¹ 39.0983(1)	20 Ca 钙 4s² 40.078(4)	21 Sc 钪 3d¹4s² 44.955908(5)	22 Ti 钛 3d²4s² 47.867(1)	23 V 钒 3d³4s² 50.9415(1)	24 Cr 铬 3d⁵4s¹ 51.9961(6)	25 Mn 锰 3d⁵4s² 54.938044(3)	26 Fe 铁 3d⁶4s² 55.845(2)	27 Co 钴 3d⁷4s² 58.933194(4)	28 Ni 镍 3d⁸4s² 58.6934(4)	29 Cu 铜 3d¹⁰4s¹ 63.546(3)	30 Zn 锌 3d¹⁰4s² 65.38(2)	31 Ga 镓 4s²4p¹ 69.723(1)	32 Ge 锗 4s²4p² 72.630(8)	33 As 砷 4s²4p³ 74.921595(6)	34 Se 硒 4s²4p⁴ 78.971(8)	35 Br 溴 4s²4p⁵ 79.904	36 Kr 氪 4s²4p⁶ 83.798(2)
5	37 Rb 铷 5s¹ 85.4678(3)	38 Sr 锶 5s² 87.62(1)	39 Y 钇 4d¹5s² 88.90584(2)	40 Zr 锆 4d²5s² 91.224(2)	41 Nb 铌 4d⁴5s¹ 92.90637(2)	42 Mo 钼 4d⁵5s¹ 95.95(1)	43 Tc 锝▲ 4d⁵5s² 97.90721(3)▲	44 Ru 钌 4d⁷5s¹ 101.07(2)	45 Rh 铑 4d⁸5s¹ 102.90550(2)	46 Pd 钯 4d¹⁰ 106.42(1)	47 Ag 银 4d¹⁰5s¹ 107.8682(2)	48 Cd 镉 4d¹⁰5s² 112.414(4)	49 In 铟 5s²5p¹ 114.818(1)	50 Sn 锡 5s²5p² 118.710(7)	51 Sb 锑 5s²5p³ 121.760(1)	52 Te 碲 5s²5p⁴ 127.60(3)	53 I 碘 5s²5p⁵ 126.90447(3)	54 Xe 氙 5s²5p⁶ 131.293(6)
6	55 Cs 铯 6s¹ 132.90545196(6)	56 Ba 钡 6s² 137.327(7)	57~71 La~Lu 镧系	72 Hf 铪 5d²6s² 178.49(2)	73 Ta 钽 5d³6s² 180.94788(2)	74 W 钨 5d⁴6s² 183.84(1)	75 Re 铼 5d⁵6s² 186.207(1)	76 Os 锇 5d⁶6s² 190.23(3)	77 Ir 铱 5d⁷6s² 192.217(3)	78 Pt 铂 5d⁹6s¹ 195.084(9)	79 Au 金 5d¹⁰6s¹ 196.966569(5)	80 Hg 汞 5d¹⁰6s² 200.592(3)	81 Tl 铊 6s²6p¹ 204.38	82 Pb 铅 6s²6p² 207.2(1)	83 Bi 铋 6s²6p³ 208.98040(1)	84 Po 钋▲ 6s²6p⁴ 208.98243(2)▲	85 At 砹▲ 6s²6p⁵ 209.98715(5)▲	86 Rn 氡▲ 6s²6p⁶ 222.01758(2)▲
7	87 Fr 钫▲ 7s¹ 223.01974(2)▲	88 Ra 镭▲ 7s² 226.02541(2)▲	89~103 Ac~Lr 锕系	104 Rf 𬬻▲ 6d²7s² 267.122(4)▲	105 Db 𬭊▲ 6d³7s² 270.131(4)▲	106 Sg 𬭳▲ 6d⁴7s² 269.129(3)▲	107 Bh 𬭶▲ 6d⁵7s² 270.133(2)▲	108 Hs 𬭁▲ 6d⁶7s² 270.134(2)▲	109 Mt 鿏▲ 6d⁷7s² 278.156(5)▲	110 Ds 𨭎▲ 281.165(4)▲	111 Rg 𬬭▲ 281.166(6)▲	112 Cn 鿔▲ 285.177(4)▲	113 Nh 鿭▲ 286.182(5)▲	114 Fl 𫓧▲ 289.190(4)▲	115 Mc 镆▲ 289.194(6)▲	116 Lv 𫟼▲ 293.204(4)▲	117 Ts 鿬▲ 293.208(6)▲	118 Og 鿫▲ 294.214(5)▲

★ 镧系

57 La 镧 5d¹6s² 138.90547(7)	58 Ce 铈 4f¹5d¹6s² 140.116(1)	59 Pr 镨 4f³6s² 140.90766(2)	60 Nd 钕 4f⁴6s² 144.242(3)	61 Pm 钷▲ 4f⁵6s² 144.91276(2)▲	62 Sm 钐 4f⁶6s² 150.36(2)	63 Eu 铕 4f⁷6s² 151.964(1)	64 Gd 钆 4f⁷5d¹6s² 157.25(3)	65 Tb 铽 4f⁹6s² 158.92535(2)	66 Dy 镝 4f¹⁰6s² 162.500(1)	67 Ho 钬 4f¹¹6s² 164.93033(2)	68 Er 铒 4f¹²6s² 167.259(3)	69 Tm 铥 4f¹³6s² 168.93422(2)	70 Yb 镱 4f¹⁴6s² 173.045(10)	71 Lu 镥 4f¹⁴5d¹6s² 174.9668(1)

★ 锕系

89 Ac 锕▲ 6d¹7s² 227.02775(2)▲	90 Th 钍 6d²7s² 232.0377(4)	91 Pa 镤 5f²6d¹7s² 231.03588(2)	92 U 铀 5f³6d¹7s² 238.02891(3)	93 Np 镎▲ 5f⁴6d¹7s² 237.04817(2)▲	94 Pu 钚▲ 5f⁶7s² 244.0642(4)▲	95 Am 镅▲ 5f⁷7s² 243.06138(2)▲	96 Cm 锔▲ 5f⁷6d¹7s² 247.07035(3)▲	97 Bk 锫▲ 5f⁹7s² 247.07031(4)▲	98 Cf 锎▲ 5f¹⁰7s² 251.07959(3)▲	99 Es 锿▲ 5f¹¹7s² 252.0830(3)▲	100 Fm 镄▲ 5f¹²7s² 257.09511(5)▲	101 Md 钔▲ 5f¹³7s² 258.09843(3)▲	102 No 锘▲ 5f¹⁴7s² 259.1010(7)▲	103 Lr 铹▲ 5f¹⁴6d¹7s² 262.110(2)▲